PRESENT-
DAY
SPANISH

Bernard Levy

THE CITY COLLEGE OF THE CITY UNIVERSITY OF NEW YORK

PRESENT-
DAY
SPANISH

THIRD EDITION
Completely Revised and Enlarged

HOLT, RINEHART AND WINSTON
New York   Toronto   London

Library of Congress Catalog Card Number: 69–11758
Printed in the United States of America
SBN: 03-069180-X

012345   4   987654321

To Ruth Frances

Introduction

The Spanish of this book is the language of everyday use, as reflected in the speech and informal writing of educated people. The conversational models offered are virtually a transcription of the actual speech of natives of Madrid, recorded during a year's stay in the city. This is the common coin of the language—the Spanish which "cannot be learned from books", and in the use of which the foreigner usually feels himself beyond his depth.

The book is intended for those who wish to achieve effectiveness and a reasonable degree of naturalness of expression in the spoken language. In this respect, it seeks to supply an unfulfilled need. The treatment of conversational Spanish in other available manuals is only incidental and most often summary. Hitherto, colloquialisms and other popular speech forms have always been included sparingly, and usually they have been left undistinguished from more respectable phraseology. Elliptical turns of expression and set phrases, complicated, in many cases, by their various meanings or implications, have likewise never been adequately treated.

In the matter of synonyms and paronyms, both of capital importance in the effective use and understanding of a foreign language, there has been an even greater lack. The most comprehensive reference works and dictionaries devoted to these subjects are inadequate even for the most urgent needs of everyday use. Cognate words, which resemble each other in orthography and differ in meaning in the two languages, are indifferently translated in the best bilingual dictionaries. And everyone who has referred even cursorily to Spanish dictionaries of synonyms recognizes their lamentable insufficiency. They are polemical and personal in tone, and unscientific in approach.

Because of all this, I have tried to arrive at the essential meanings of synonyms and paronyms and at definitive conclusions with respect to other questions of language directly from innumerable examples of creditable, present-day usage. I have always consulted Spanish lexicographers, but only as a point of departure. Indeed, in a great many cases, I have formulated conclusions divergent from those of the dictionaries. But, whereas these conclusions are original, the sentences included to illustrate them are not. Culled from reputable newspapers and the works of modern writers of distinction, the sentences are almost always quoted intact to authenticate the discussion. In view of the practical nature of the book, I have thought it unnecessary to cite the sources of these quotations.

The material of *Present-Day Spanish* is presented under three divisions: model conversations in Spanish; an English translation; and a section of notes devoted to definitions, to questions of usage, and to synonymy.

The conversations deal primarily with commonplace matters, and my purpose is to present them on a colloquial plane removed equally from vulgarity and affectation. They are not, of course, literary in style. On the other hand, they contain a great many pedestrian terms, within the limits of good taste. In every case, however, an attempt has been made to indicate the popular tonalities of words and expressions and to translate them accordingly.

Some readers may prefer to keep their own speech free of all or most colloquial and popular terminology, and possibly with good cause. Yet, unless such expressions are sufficiently well understood, conversation with natives will be difficult, and much of contemporary literature will be without meaning. Consequently, these less reputable, if very common, turns of expression appear only in parentheses, as variants of more acceptable speech forms.

An English translation has been placed side by side with the Spanish conversations. I have been painstaking to attain in the English as great a degree of naturalness as is consonant with the limitations of translation. The English equivalents are, consequently, in no sense literal. My purpose has been to determine the most common locutions or words or images which would be used by Spanish-speaking and English-speaking people in the presence of the same phenomena. The English equivalents have also been chosen with a view to conveying not merely the meaning but also the tone of the original. Wherever possible, colloquial and popular English has been given for parallel Spanish phraseology. Under these circumstances, individual terms may be compared to better advantage within their respective contexts.

The notes are not meant to serve merely in an auxiliary capacity as an aid toward a clearer understanding of the text. They are really an independent unit of material introduced for whatever value of their own they may have. In addition to the matters already described, they contain examples of the use of more difficult words or locutions, particularly when these are translatable by various English equivalents. In this way, the reader will feel freer to apply the language of the text under varying circumstances.

The most common epistolary forms used in social and business correspondence will be found in the Appendix. A special effort has been made to present the usual salutations and complimentary closes in the order of intimacy, on the one hand, and formality, on the other.

The list of commonly used similes, to be found elsewhere in the Appendix, is, to my knowledge, the first such collection to be offered English-speaking readers. I have included only those comparisons which form part of the idiomatic structure of Spanish and English, and are common media of expression in their respective realms. The origins of these locutions are of special interest in themselves as reflections of Spanish folklore, history, and literature. Furthermore, they afford a deeper insight into the meaning and use of the idioms. The conclusions of scholars on this matter have been indicated in such cases where the meaning might be otherwise unclear.

Note to the Third Edition

Spanish has evolved strikingly in the twenty-eight years since the first revision of *Present-Day Spanish* in 1941. This second revision has therefore been very extensive, and the text has been enlarged by three additional chapters.

As in the previous editions, I have attempted to achieve authenticity in present-day usage. I have tested all of the material repeatedly in Madrid over a period of some eight months during the past four years against the speech and informal writing of educated Spaniards. Only those examples of usage appear in the text which have reasonably wide currency.

I trust that the elimination of the reference bibliography and the glossary of Mexicanisms from this edition will not inconvenience the reader unduly. They seem unnecessary in view of the fact that practical dictionaries of Americanisms and stylistics, and very helpful unilingual Spanish dictionaries have become readily available in recent years.

On the other hand, there has been a significant lag in the study of Spanish synonyms, of paronyms common to English and Spanish, and of the less obvious complexities involved in translating from one to the other of these languages. Much remains to be done in these areas, in which I hope the present edition will be of use.

Madrid, 1969

Note to the Teacher

In a strict sense, *Present-Day Spanish* cannot be classified as a composition book, a reader, or a review of grammar, since it does not fit the patterns which these now familiar categories of language books have come to follow. On the other hand, its purpose is to fulfill, in some small measure at least, the functions of each of them. I have therefore received, either directly or through the publishers, many inquiries about the level at which the book may be introduced, about the place it may properly occupy in the present program of study, and particularly about the possible methods of using the text and exercises in actual classroom recitations. I am grateful to the many teachers who have shown a kind interest, and it is by way of response to their letters that this note has been included in this edition.

The material is intended for intensive study. It may be used most effectively, perhaps two out of four times a week, in conjunction with literary texts assigned in third-year college classes for extensive reading. And because essentially the nature of the work is intensive, much of the classroom recitation should be carried on with books closed.

The teacher may begin by reading short phrases of the Spanish text, and then have them translated orally into English by several students in turn, who will recite with their books closed. Literal meanings may be stressed as the students offer their translations. The same procedure may be used later in translating the English page into Spanish, and again only brief word groups should be translated by one student reciting after the other.

When this portion of the work has been completed, exercise C should be attempted with books open. Students should be asked to explain, preferably in Spanish, the exact use of the italicized words, basing their explanations on the notes to which this section of the exercises corresponds. In this way, the mastery of the material in the notes can be measured, and amplified when necessary.

When section D of the exercises takes the form of a free composition, it may be assigned as written work at the board. When it appears under the heading of *tema* as a connected English dialogue to be translated into Spanish, it may be carried on orally by pairs of students, to parallel actual conversations. The teacher may find it advisable to interrupt the dialogue in order to elicit corrections either from the students reciting or from other members of the class.

The disconnected sentences of section B, which provide drill in idiomatic and word use, serve also to stress the application of one or at most two new grammatical principles per lesson. These grammatical points are indicated at the head of the section, where the student is also referred to lines of the text in which he will find illustrative sentences. This study of grammar, however, is cumulative: there is a constant review of all grammatical rules stressed in the preceding lessons. It may therefore be advisable for the teacher to amplify the point or points of grammar of each lesson with an explanatory sentence or two, in advance perhaps, when he is giving a future assignment. The student may be required to keep a record of these grammatical points in a notebook, and be referred at some later date to those of them which he may subsequently misapply.

Of course, the capacity of each group of students will temper the speed at which the material is covered. And each teacher will, no doubt, employ methods of his own, depending on the aim he has set. So that not all of these suggested methods of procedure need necessarily be followed for each lesson. I trust therefore that the exercises and procedures described have erred on the side of abundance rather than otherwise. For my intention has been to provide a choice which the individual teacher will make according to his purpose and experience.

There is enough material in a chapter for two intensive assignments. Therefore each has been divided into two parts or lessons, which are indicated in the text of the conversations. The exercises at the end of the chapters have been arranged accordingly, in two sets, to correspond to the chapter divisions. An average assignment should include: half a chapter as far as indicated in the conversations, all the notes referred to in that portion of the text, and finally the set of exercises that corresponds to it.

Contents

PRESENT-
DAY
SPANISH

I The Choice of a Hotel in Madrid

■

Mr. and Mrs. Smith have moved into a hotel in Madrid, a city they happen to be visiting during a business trip which Mr. Smith is making. He and his wife are getting ready to have breakfast.

MR. SMITH Ring for the maid and order coffee, an omelette, a couple 5
of rolls or toast, if you like, and butter. I want to have (eat) a
good breakfast this morning.

MRS. SMITH I have been ringing for quite a while already, but this bell
evidently must be out of order (out of commission, *colloquial*). No
one answers. 10

MR. S. Well then, I'll go out into the hall to phone.

MRS. S. At the same time, you might leave word to have the car come
at ten and wait for us at the door.

MR. S. I am sorry to have to disappoint you, but I'm going to need
the car all morning. You must bear in mind I've come here on 15
business, and that comes first. I have to go to Mr. X's office at ten-
thirty to come to terms with him on a contract which is being
offered me with very advantageous prospects. It is likely (not
unlikely) that we shall reach an understanding this very day.

MRS. S. Very well then, we'll put off our ride for a more convenient 20
moment. While you are gone about that matter, I'll use the time
to write several letters which I have left around unfinished for
heaven knows how long. I shall drop a line to Mrs. Z to let her
know that we have been here since the day before yesterday. (*Mr.
Smith goes out and returns shortly afterward.*) 25

MR. S. They'll bring up the breakfast right away. The bell-boy told
me that the children left a message that they had gone out to take
a stroll around the city and that they will join us at lunch time.

MRS. S. It wouldn't have been amiss for them to have let us know
last night. Fortunately, they know enough Spanish to be able to 30
get about alone and make themselves understood.

2

La elección de un hotel en Madrid I

■

*Los Sres. Smith se han instalado en un hotel de Madrid, ciudad
que accidentalmente visitan en un viaje de negocios que el Sr.
Smith realiza. Éste y su señora se disponen a desayunar.*

5 EL SR. SMITH   Llama a la criada y pide café, una tortilla a la francesa,[1]
un par de panecillos o tostadas, si quieres, y mantequilla. Quiero
desayunar bien (tener, hacer un buen desayuno) esta mañana.

LA SRA. SMITH   Ya estoy llamando desde hace (un) rato, pero, por lo
visto, este timbre[2] debe de estar descompuesto (estropeado,[3] *algo*
10 *familiar*). Nadie acude.[4]

EL SR.   Entonces voy a salir al pasillo para llamar por teléfono.

LA SRA.   Al mismo tiempo, puedes avisar para que el coche venga a
las diez y nos espere a (en) la puerta.

EL SR.   Siento tener que contrariarte, pero el coche voy a necesitarlo
15 yo toda la mañana. Debes tener presente que he venido aquí a mis
negocios, y que ellos son lo primero. A las diez y media tengo que
ir al bufete[5] del señor X para concertar[6] con él un contrato que se
me ofrece con muy ventajosas perspectivas. Es fácil (no es difícil)
que lleguemos a una inteligencia hoy mismo.

20 LA SRA.   Bien, pues entonces dejaremos nuestro paseo para mejor
ocasión. Mientras vas a ese asunto, yo aprovecharé el tiempo para
escribir varias cartas que tengo por ahí sin terminar[7] desde hace
sabe Dios cuánto. Le pondré unas líneas a la señora Z para
comunicarle[8] que estamos aquí desde anteayer. (*El señor Smith*
25 *sale y vuelve a poco rato.*)

EL SR.   Ahora traerán el desayuno. Me ha dicho el botones que los
chicos dejaron recado de que habían salido a dar una vuelta por la
ciudad y que se reunirán con nosotros a la hora del almuerzo.

LA SRA.   No hubiera estado de más[9] que nos hubiesen avisado anoche.
30 Por fortuna, saben bastante español para poder andar solos y
hacerse entender.

■ ■

MRS. S.   What can have become of my fountain (ballpoint) pen? Have
you seen it around?

MR. S.   Why, you have it right before your eyes (under your nose,
colloquial)! Don't you see it there, next to the telephone book?   35

MRS. S.   Oh, of course. It would have been a shame to lose it. I've
had it for ten years, and it has always worked very well for me. I've
never had to spend anything on it (to go to any expense with it) for
repairs. (*Someone knocks at the door.*)

MR. S.   It's the maid knocking. Come in.   40

THE MAID   May I come in? Good morning. Here you are, sir. (*She
places the breakfast service on the coffee table.*) Would you like
anything else?

MRS. S.   Not just now, thank you. Do you know at what time the
mail is collected? I am very eager (anxious) for these letters to   45
leave as soon as possible.

THE MAID   Yes, madam. The first collection is made at noon, but there
is also another late in the afternoon. (*She leaves.*)

MRS. S.   The breakfast looks fine. I don't know why, but it seems to
me that the sea air and life on board have done me worlds of   50
good, and given me an appetite. I'll have to go on a diet if I want
to continue to keep my figure. I'll avoid getting fat at any cost.

MR. S.   As far as I am concerned, it doesn't matter much to me whether
I gain or lose. I won't deprive myself of anything in the way of   55
meals because Spanish cooking is very delicious.

MRS. S.   I don't expect that the change in food will harm us, but in
case (*or* if) it does, we can find out whether there is an American
restaurant. There must certainly be a great variety of restaurants
in Madrid. On the way here, I saw several that looked fine. I   60
hadn't thought for a moment that we would find such a modern
city. We are in a second-rate hotel which, nevertheless, combines
all up-to-date conveniences,—dial telephone, showers, running
water, steam heat, elevator,— in short, everything you need to be
perfectly comfortable.   65

4   CAPÍTULO I

LA SRA. ¿Qué habrá sido de mi estilográfica (bolígrafo)? ¿La has visto por ahí?

EL SR. Pero mujer,[10] ¡si la tienes delante de los ojos (las narices, *familiar*)! ¿No la ves ahí, al lado de la guía de teléfonos?

LA SRA. ¡Ah ya! Hubiera sido una lástima perderla. Hace diez años que la tengo, y siempre me ha dado muy buen resultado. No he tenido nunca que gastar en (meterme en gastos de) composturas[11] con ella. (*Llaman a la puerta.*)

EL SR. Es la chica quien llama. ¡Adelante (pase)!

LA CRIADA ¿Se puede? ¡Buenos días![12] Aquí tienen los señores. (*Coloca sobre un velador el servicio con el desayuno.*) ¿Desean los señores alguna otra cosa?

LA SRA. Por ahora, no, gracias. ¿Sabe Vd. a qué hora se recoge el correo? Tengo mucho interés en que estas cartas salgan cuanto antes (lo antes posible).

LA CRIADA Sí señora. La primera recogida se hace a mediodía, pero también hay otra a última hora de la tarde. (*Sale.*)

LA SRA. El desayuno parece excelente. No sé por qué, pero me parece que el aire del mar y la vida a bordo me han sentado a las mil maravillas, y me han abierto el apetito. Tendré que ponerme a régimen[13] si quiero seguir guardando la línea. A todo trance evitaré engordar.

EL SR. Por lo que a mí toca, no me importa gran cosa ganar o perder peso. No me privaré de nada en las comidas porque la cocina española es muy rica.[14]

LA SRA. No espero que el cambio de alimentos (alimentación) nos haga daño, pero, por si acaso, podremos enterarnos de si hay un restaurante norteamericano. Seguramente habrá en Madrid gran variedad de restaurantes. Al venir, he visto algunos de muy buena apariencia[15] (buen aspecto). Yo ni remotamente había pensado encontrar una ciudad tan moderna. Estamos en un hotel de segundo orden que, no obstante, reúne todas las comodidades del día: teléfono automático, duchas, agua corriente, calefacción central, ascensor, en fin, todo lo que hace falta para estar a gusto.[16]

Notas

1. Tortilla.

Tortilla a la francesa: *plain omelette.*

Tortilla a la española: confeccionada con patatas.

Tortilla de jamón: hecha con jamón picado (*chopped*) en menudos trozos.

2. Timbre—campana—campanilla—cascabel.

Timbre: *bell rung by electricity or a spring.*

Tocar el timbre: *to ring the bell.*

El timbre de la puerta suena. *The doorbell is ringing.*

Un timbre de bicicleta: *a bicycle bell.*

Campana: de dimensiones grandes, forma análoga a la de una copa invertida, provista de badajo (*clapper*) o martillo (*hammer*).

Una campana de iglesia: *a church bell.*

Campanilla: campana de reducidas dimensiones.

El presidente de la Cámara tiene a mano una campanilla que agita para requerir silencio. *The president of the House has within reach of his hand a bell which he rings to request silence.*

Cascabel: pequeña esfera metálica, hueca, con una bolita suelta en el interior, y que al agitarse produce un sonido.

Polichinela tiene un vestido cubierto de cascabeles. *Punch has a costume covered with bells.*

Ponerle el cascabel al gato (*frase hecha*): *to bell the cat.*

3. Estropear—echar a perder.

Estropear: *to spoil, to damage.*

Aquel traje se me estropeó con la primera mojadura. *That suit was spoiled for me by its first drenching.*

El cortador estropeó la tela al tratar de cortar el traje. *The cutter spoiled the cloth in trying to cut the suit.*

Me estropeó la tarde. *He spoiled the afternoon for me.*

Este actor estropeó la representación. *This actor spoiled the performance.*

Echar a perder: inutilizar o deteriorar casi completamente; lleva implícita una idea de mayor daño o perjuicio que **estropear.**

La cocinera echó a perder la comida. *The cook ruined the meal.*

Echó a perder el trabajo hasta entonces realizado. *He rendered useless the work that had been accomplished until then.*

4. Acudir.

Acudir: ir allí donde alguien o algo requiere nuestra presencia.

No acudió al llamamiento a filas. *He didn't respond to the call to the colors.*

Acudió puntualmente a la cita. *He kept his date punctually.*

5. Bufete—consulta—gabinete—dirección.

Bufete: *lawyer's office.*

Abrir bufete: *to open an office (said exclusively of lawyers).*

Sala de consulta (*o* **consulta**) de un médico: *doctor's office.*

¿Dónde tiene la consulta el doctor X? *Where does Doctor X have his office?*

Gabinete (*o* **clínica dental**): *dentist's office.*

Dirección: despacho del director de un establecimiento (escuela, hospital, prisión, gran almacén).

La profesora llevó a la dirección al alumno para que fuese reprendido. *The teacher took the boy to the office to be reprimanded.*

(Para **oficina** y **despacho,** véase p. 232, n. 2.)

6. Concertar.

Concertar: *to agree on; to arrange terms, to come to terms (on).*

Concertar un tratado: *to arrange the terms of a treaty.*

Han concertado un acuerdo para cooperar en un servicio aéreo. *They have come to terms on an agreement to work together on an airline service.*

Han concertado con esta entidad el suministro de petróleo durante diez años. *They have come to terms with this organization to supply oil for ten years.*

Concerted action: acción conjunta.

7. *Translations of the prefix "un-".*

"Un-" prefixed to a past participle is translated by **sin** *followed by the infinitive.*

Dejaron la casa sin pintar. *They left the house unpainted.*

La lección está sin terminar. *The lesson is unfinished.*

The Spanish equivalent for "un-" prefixed to an adjective is **poco** *followed by the adjective.*

La conferencia fue poco interesante. *The lecture was uninteresting.*

Es un estudiante poco inteligente. *He is an unintelligent student.*

LA ELECCIÓN DE UN HOTEL EN MADRID   **7**

8. Comunicar—informar—participar—avisar.

Comunicar algo a alguien, o comunicarle a uno que . . .: ponerle en conocimiento de algo, *to let know, inform.* **Comunicar** es un término de uso más general que **informar, participar** y **avisar,** los cuales tienen un significado específico que delimita su uso.

> Le comunicaré que dentro de unos días saldré de viaje. *I'll let him know (inform him) that I'll leave on a trip in a few days.*
>
> Me comunicó su intención de estudiar el próximo año en París. *He let me know (informed me) of his intention to study in Paris next year.*

Informar. Si la comunicación tiene un carácter oficial, la palabra indicada es **informar,** *to inform, to notify, to report.* Le informamos a alguien de algo; o le informamos que . . ., de que . . ., o para que. . . .

> El Gobierno le informó de su nuevo cargo. *The Government notified him of his new position.*
>
> El ministro informó a la nación por televisión (de) que el Gobierno hacía todo lo posible por impedir la subida de los precios. *The minister informed (reported to) the nation by television that the Government was doing everything possible to prevent the rise in prices.*
>
> La compañía de seguros informó a sus afiliados para que revisasen sus cuentas sin tardanza. *The insurance company notified its clients to review their accounts without delay.*
>
> Los periódicos informaron hoy acerca de (sobre) la reanudación de los bombardeos. *The newspapers reported today on the renewal of the bombings.*

Participar sugiere comunión de intereses que comparten informante e informador. Describe, pues, una actitud más bien personal y comprometida (*of involvement*) por parte de ambos. Participamos algo a alguien, o le participamos que. . . .

> Me participó mediante una invitación la boda de su hija. *He let me know (informed me) of his daughter's wedding through an invitation.*
>
> Les participó que el anciano había muerto. *He let them know (informed them) that the old gentleman had died.*

Además de esta acepción, **participar** tiene también la de advertir amonestando: *to warn, to admonish.*

> Le participo que de no ser más escrupuloso en sus operaciones bancarias, me veré obligado a tomar medidas severas. *I'm letting you know (I warn you) that I shall be obliged to take severe measures if you are not more scrupulous in your banking transactions.*

8

Ya le participé al vecino de arriba que me quejaría ante el casero si no pusiese fin a las fastidiosas reuniones que celebra a las horas más intempestivas (inoportunas). *I've already let my upstairs neighbor know (warned him) that I would complain to the landlord if he didn't put a stop to the annoying meetings he holds at the most inappropriate (inopportune) times.*

Avisar: comunicar una noticia a alguien para que sepa oportuna y debidamente a qué atenerse.

Avisar a los bomberos, a la policía, en caso de urgencia: *to notify the fire department (lit., the firemen), the police, in case of an emergency.*

Avíseme cuando llegue el médico, cuando empiece la transmisión del partido, cuando él llame por teléfono. *Let me know when the doctor arrives, when the broadcast of the game begins, when he telephones.*

N.B. Le comuniqué (*y no* le avisé) lo que pasó ayer. *I let him know what happened yesterday.*

Avisar es también sinónimo de **prevenir** o **advertir:** *to warn.*

La mamá avisó varias veces a sus hijos que no se asomaran a la ventanilla del tren. *The mother warned her children several times not to lean out the train window.*

9. Estar de más.
Estar de más: estar fuera de lugar e inoportuno.

No estaría de más llevar un paraguas, pues el día amenaza lluvia. *It wouldn't be amiss to take an umbrella because it looks like rain.*

10. Mujer, hombre as exclamations.
Mujer: *frequent exclamation, not to be translated; used exclusively when speaking to women or girls.*

Hombre: *exclamation identical in force to* **mujer;** *used when speaking to men, women or children of either sex.*

11. Componer—reparar—arreglar.
Componer y **reparar** implican cierto grado de competencia técnica por parte del que hace lo que indican estos verbos.

Componer. Generalmente se componen cosas de dimensiones relativamente reducidas (relojes, plumas, zapatos, maletas, cerraduras).

Mi reloj no marcha (anda), no da (marca) la hora bien; y eso que lo compusieron ya tres veces. *My watch doesn't work (run), doesn't keep good time; and yet they've repaired it three times already.*

Reparar. Se reparan cosas de mayor tamaño y complicación (maquinarias, coches, casas).

LA ELECCIÓN DE UN HOTEL EN MADRID   **9**

No podían reparar mi coche por falta de piezas de recambio. *They couldn't repair my car because of the lack of spare parts.*

Las reparaciones de las maquinarias (máquinas) del buque se efectúan a bordo. *Repairs of the ship's machinery (engines) are done on board.*

Arreglar es una palabra imprecisa y general. Puede emplearse en lugar de **componer** y **reparar** (como, por ejemplo, en todas las frases en que figuran en esta nota), pero en tal caso, **arreglar** evoca más bien el efecto final de las acciones de dichos verbos. Se arregla una cosa de cualquier modo, haciendo que vuelva a funcionar bien o meramente que tenga cierta utilidad. Quien arregla no necesita obligadamente habilidad, capacitación o cualificación especiales. La cosa arreglada está otra vez en condiciones de ejecutar sus funciones, pero, a menudo, sólo de modo provisional.

Mi hijo arregla todo lo que se estropea en casa. *My son fixes everything that gets out of order at home.*

¡Las veces que traté de arreglar la ventana, y no conseguí nada! *How many times I tried to fix the window, and I just didn't manage!*

12. ¡Buenas! como fórmula apocopada de saludo.

¡Buenos días! Esta fórmula de saludo se emplea desde el amanecer hasta la una de la tarde aproximadamente; **¡buenas tardes!**, a partir de esa hora hasta el anochecer; y **¡buenas noches!**, a cualquier hora de la noche.

La fórmula apocopada, **¡buenas!** o **¡muy buenas!**, puede reemplazar cualquiera de los saludos anteriores.

13. Régimen—dieta.

Régimen: estar a régimen (seguir un régimen), *to be on a diet.*

Dieta. La palabra **dieta**, usada en expresiones como **estar a dieta** y **poner a dieta,** indica, las más de las veces, restricción de gran severidad en la alimentación de un enfermo.

El paciente está a dieta de leche. *The patient is on a milk diet.*

14. Rico.

Rico: palabra familiar en este sentido; significa muy sabroso o agradable al paladar.

Es un plato rico. *It is a delicious (tasty) dish.*

Rich food: alimentos azucarados (*sweet*), alimentos condimentados (*seasoned*).

(Con referencia a la voz española **delicioso,** véase p. 217, n. 10.)

Rica *is also used colloquially as a term of endearment like the English "darling".*

15. Apariencia—aparición.

Apariencia: parecer exterior de una persona o cosa.

Las apariencias engañan no pocas veces. *Appearances are not infrequently deceiving.*

El traje le daba la apariencia de un árabe. *His dress gave him the appearance of an Arab.*

Aparición: acción de aparecer.

La primavera se revelaba por la aparición de los gitanos. *Spring manifested itself with the appearance of the gypsies.*

Fue sorprendido por la repentina aparición del forastero. *He was surprised by the sudden appearance of the stranger.*

Aparición significa también **espectro** o **fantasma.**

No cree en apariciones. *He doesn't believe in ghosts.*

To put in an appearance: hacer acto de presencia.

16. To be comfortable.

To be comfortable. Tratándose de personas, se traduce por **estar bien, estar a gusto** y **estar cómodo.**

Estará más cómodo en el jardín. *He will be more comfortable in the garden.*

Respecto de muebles, *to be comfortable* se traduce por **ser cómodo.**

Esta butaca es muy cómoda. *This armchair is very comfortable.*

Ejercicios

■

PRIMERA PARTE*

A. CUESTIONARIO

1. ¿Qué desea pedir el Sr. Smith para el desayuno?
2. ¿Por qué no acude nadie cuando llama la Sra. Smith?
3. ¿En qué tiene el Sr. Smith que contrariar a su mujer?
4. ¿Por qué irá el Sr. Smith al bufete de cierto abogado?
5. ¿En qué va a emplear el tiempo la Sra. Smith durante la ausencia de su marido?
6. ¿Qué dijo el botones al Sr. Smith acerca de los jóvenes?
7. ¿Qué diferencia en el uso hay entre "estropeado" y "descompuesto"?

B. MODISMOS Y GRAMÁTICA

I *Repaso de los verbos regulares. El presente con "desde hace" y "hace"* (*página 3, línea 8 y p. 5, l. 36*).

1. He will eat a good breakfast. **2.** They have been ringing for the maid for quite a while. **3.** They will bear in mind that you have come on business. **4.** The bell has been out of order for a month. **5.** He called up shortly afterward. **6.** We dropped them a line to let them know that you had arrived the day before yesterday. **7.** Several letters have been lying around for heaven knows how long. **8.** I took a stroll and joined them at lunch time. **9.** He had left a message that they would leave everything for a more convenient time. **10.** What has become of the car?

---

* Chapter divisions to which the exercises correspond are indicated by ■ and ■ ■ in the text of the conversations.

II *El empleo del subjuntivo.*

1. Evidently, you didn't leave word for the car to wait at the door. **2.** It is likely they will reach an understanding today. **3.** It would not be amiss for them to order breakfast now. **4.** It is unlikely that they will move into that hotel. **5.** I am sorry you did not come to terms with him on the contract.

C. ESTUDIO DE PALABRAS

1. She is *un*intelligent. The house is *un*finished. **2.** I looked at the *bell* in the church. He waited at the door, and then rang the *bell*. Several children had little *bells* on their costumes. The crier (el pregonero) has been ringing his *bell* for quite a while. **3.** The lawyer opened his *office* the day before yesterday. The doctor's *office* is unpainted. We kept our date in the *office* of the hospital. I am sorry to have to wait in the dentist's *office*. **4.** *Concertaron* los padres el matrimonio de los jóvenes. A *concerted* effort. **5.** Mi enfermedad me *echó a perder* las vacaciones. La lluvia le *estropeó* el día. **6.** I *notified* the police at once. The company will *notify* you to pay the proper amount. Did you *let* your parents *know about* the change?

D. TEMA

Have you been in Washington for a long time?

Yes, we have been here for a month, but I had left so many things undone that I could not phone you until the day before yesterday. We dropped you a line from Madrid during the summer.

Yes, we received several letters. You wrote that your husband was occupied all day. Did you know enough Spanish to get about alone?

"We came here on business," my husband would say, "and you must bear in mind that that comes first." So I often had to go out alone for a stroll. I used to make myself understood very easily.

—Will you have lunch with me this afternoon?

I am sorry to have to disappoint you. Mary telephoned this morning, and left word that her teacher wishes to see me in the school office. I am sorry this occurred. I have been wanting to see you for heaven knows how long.

Well, I'll phone you tomorrow. We'll put off our lunch for a more convenient moment.

■ ■

SEGUNDA PARTE

A. CUESTIONARIO

1. ¿Dónde se encontraba la estilográfica que buscaba la Sra. Smith?
2. ¿Por qué hubiera sido una lástima perderla?
3. ¿Por qué preguntó la Sra. Smith a qué hora se recogía el correo?
4. ¿Qué le había abierto el apetito?
5. ¿Por qué tendría que ponerse a régimen?
6. ¿Cuáles eran las comodidades que reunía el hotel donde se instalaron?
7. ¿Qué giro se prefiere en el buen hablar: tener algo delante de los ojos, o delante de las narices? ¿Por qué?

B. MODISMOS Y GRAMÁTICA

I *Repaso de los verbos "hacer" y "seguir". "Seguir" y el gerundio (p. 5, l. 52).*

1. You continued to knock at the door, and the maid answered as soon as possible. **2.** Life on board has been doing me a world of good. **3.** As far as he was concerned, it did not matter much whether he continued to get fat. **4.** The food will not harm you, but, in case it does, eat only in first-rate restaurants. **5.** We have everything we need. **6.** The mail will be collected late in the afternoon. **7.** Why, it is next to the telephone book. **8.** The car has been working well for some time. **9.** The owner will have to go to some expense to repair it. **10.** On the way here, he assured us that the change in food would not harm the children.

II *El empleo del subjuntivo.*

1. I hope he will not find out if they notify the police. **2.** It is a pity you didn't look at the book; it was right before your eyes. **3.** They are eager to have the children live in a hotel with all up-to-date conveniences. **4.** I am sorry you did not make yourself understood when he spoke about steam heat and running water. **5.** He is eager for you to be comfortable.

14   CAPÍTULO I

1. The chair is not *comfortable*. We are not *comfortable*. **2.** Fortunately, he is going to put in an *appearance* tonight. *Appearances* are important. The *appearance* of the teacher made them run. **3.** La sopa es muy *rica*. I don't eat *rich* food. Habla, *rica;* dime lo que quieres. **4.** The sick man is on a vegetable *diet*. I have been on a *diet* for two weeks in order to lose weight. **5.** The watchmaker *repaired* the watch. The mechanic could not *repair* the car. Even a child can *fix* (*repair*) it.

D. TEMA

Is there a great variety of good hotels in Madrid?

There are many second-rate hotels which combine all up-to-date conveniences: running water, showers, steam heat, and dial telephones. Unfortunately, we did not find out about them at once.

Evidently, you weren't comfortable in your first hotel. It is a pity it wasn't good.

The elevator never worked, and they did not want to go to the expense of repairing it. The maid never used to knock at the door before entering the room. Even when something was right before her eyes, she never used to see it.

Didn't you leave the hotel when the children arrived?

Yes, we were very eager for them to have all up-to-date conveniences.

II Motoring in Spain

∎

MR. S.   Look at the view you get from this window.

MRS. S.   I am glad that, when you asked for the room, you were so insistent that it be an outside one. This way we have three windows which face the street, and a very sunny room because of the southern exposure. This floor we are on, according to what they told us downstairs in the lobby, is called the second, but, if I am not mistaken, it is the fourth.

MR. S.   Surely it's the fourth; but you must realize that, in Madrid, starting with the ground floor, the first flight up was generally called *entresuelo*, the second, *principal*, the third was called the first, and so on. This order was funny (odd) wasn't it? In recently constructed buildings, these terms are no longer used, and floors are designated in numerical order: first, second, etc.

MRS. S.   The higher up we are, the better. This way, the street noise won't annoy us so much. Sometimes it gets deafening with the heavy traffic, the automobile horns, and the racket (*colloquial*) that the street vendors make with their shouts.

MR. S.   It's enough to get on anybody's nerves. Even the papers have taken up this matter. As recently as this morning a newspaper carried an article protesting against the din in the streets. The city government recently decided to adopt measures intended to eliminate the unnecessary noises. I had foreseen this disadvantage of (this objectionable feature in) the noise, and therefore selected this quiet street (street which has little traffic).

MRS. S.   I think we've made a good choice.

Por España en automóvil II

■

EL SR. Fíjate en la vista que se abarca desde esta ventana.
LA SRA. Celebro que, al pedir la habitación,[1] hayas insistido[2] tanto
en que fuese exterior. Así tenemos tres balcones[3] que dan a la
calle, y un cuarto muy soleado por su orientación[4] al mediodía
5 (porque está orientado al mediodía). Este piso en que estamos,
según nos dijeron abajo en el hall,[5] se llama el segundo, pero, si
no me equivoco (si no estoy equivocada), es el cuarto.
EL SR. ¡Claro que es el cuarto![6] pero tienes que darte cuenta[7] de que,
en Madrid, a partir de la planta baja, generalmente el primer
10 piso de encima se llamaba entresuelo, el segundo, principal, al
tercero le llamaban el primero, y así sucesivamente. Tenía gracia[8]
(era original) este orden, ¿no es verdad? En los edificios recién
construidos, ya no se emplean estos términos, y se designan los
pisos por orden numérico: primero, segundo, etc.
15 LA SRA. Cuanto más arriba estemos, mejor. Así el ruido de la calle
no nos molestará tanto. A veces se hace ensordecedor con la
circulación (tráfico) intensa, las bocinas de los autos, y el jaleo
(familiar) que arman[9] los vendedores ambulantes con sus pregones.
EL SR. Es para crispar los nervios a cualquiera. Hasta la prensa[10]
20 se ha ocupado de este asunto. Sin ir más lejos esta mañana
un periódico traía un artículo protestando contra la algarabía
callejera. Últimamente el Ayuntamiento ha decidido tomar
medidas encaminadas a suprimir los ruidos innecesarios. Este
inconveniente[11] del ruido lo había previsto yo, y por eso elegí
25 esta calle de poca circulación.
LA SRA. Creo que hemos hecho buena elección.

MR. S.   And as far as making ourselves understood is concerned, you must have noticed that we aren't having any trouble at all.

MRS. S.   Aside from (not counting) the miserable time we had of it in that little town near San Sebastián, we've managed (things) with- 30 out any great complications, and we're getting along (getting by, *colloquial*), since we entered Spain.

MR. S.   I remember very well. We had stopped because of the break-down of the car (flat tire, motor trouble), and were so hard put to it (in such difficulty) to make them understand what we wanted. 35

MRS. S.   Everyone has been very lovely to us and has gone to any extreme to oblige us.

MR. S.   Yes, there are no two ways about it. So far as courtesy is concerned (in respect to courtesy), Spain can set an example to 40 many.

MRS. S.   Compare the conduct of a policeman (traffic policeman) here and in the country we just left. There, on the slightest provocation, they reprimand you (bawl you out, *slang*), while here they always know how to show due consideration. I hope courtesy won't be the 45 only attractive feature that will make our stay in Spain agreeable. By the way, are you determined to spend a long time in Madrid?

MR. S.   That depends; it depends on the course that things will take. As a last resort, if my affairs kept me in Madrid longer than I 50 foresaw, you and the children could go off to a beach and I, in the meantime, would stay on here.

MRS. S.   You'll do nothing of the sort (*colloquial*); that's out of the question. Get it out of your head, because I am unwilling to leave you here alone. 55

MR. S.   Offhand, I cannot tell you how long we shall have to remain here, but, in any case, we can always take an occasional run into the country to spend Sundays.

MRS. S.   We'd better drop the question and not anticipate what 60 circumstances may bring.

EL SR. Y en cuanto a hacernos comprender, habrás notado que no
tenemos (encontramos) dificultad alguna.

LA SRA. Descontando (quitando) el mal rato[12] que pasamos en aquel
30 pueblecito cerca de San Sebastián, desde que entramos en España
nos las arreglamos[13] sin grandes complicaciones, y lo vamos
pasando bien (vamos tirando, *familiar*).

EL SR. Recuerdo muy bien. Nos habíamos detenido por causa de la
avería del auto (pinchazo, desarreglo del motor), y nos vimos tan
35 apurados (pasamos tantos apuros) para darles a entender lo que
queríamos.

LA SRA. Todo el mundo ha sido muy amable con[14] nosotros y se ha
desvivido por complacernos.

EL SR. Sí, no hay que darle vueltas. En cuanto a (en lo tocante a,
40 respecto a) cortesía, España puede servir de ejemplo a muchos.

LA SRA. Compara el comportamiento de un guardia (agente de
circulación) aquí y en el país que acabamos de dejar. Allí, por
cualquier cosa, le reprenden (le echan a uno un broncazo, *popular*),
45 mientras que aquí saben guardar siempre la debida consideración.
Espero que la cortesía no sea el único atractivo que nos haga
agradable la estancia en España. A propósito, ¿estás decidido a
pasar en Madrid una larga temporada?[15]

EL SR. Según y conforme; depende del rumbo que tomen las cosas.
50 En último caso, si mis asuntos me retuviesen en Madrid más de
lo previsto, tú y los chicos podríais marcharos a una playa y yo,
mientras tanto, continuaría aquí.

LA SRA. ¡Ca![16] (*familiar*) eso ni pensarlo (suponerlo). Que se te quite
de la cabeza, pues yo no estoy dispuesta a dejarte aquí solo.

55

EL SR. Así de momento, no puedo decirte cuánto tiempo tendremos
que permanecer aquí, pero, en todo caso (de todas formas),
siempre podremos hacer alguna escapada que otra al campo a
pasar los domingos.

60 LA SRA. Mejor será que dejemos esto y no nos adelantemos (an-
ticipemos) a lo que las circunstancias dispongan.[17]

Notas

1. Habitación—cuarto—sala.

Cuarto es sinónimo de **habitación** en cuanto que generalmente se limita el empleo de los dos términos a viviendas (*dwellings*) u hoteles (donde vive un individuo o familia) en contraposición a edificios públicos. **Sala** se usa esencialmente para denotar recintos (*enclosures*) generalmente de cierta amplitud en donde se desarrollan funciones o actividades de tipo público.

Tenemos dos habitaciones contiguas en el hotel. *We have two adjoining rooms in the hotel.*

Todas las habitaciones de nuestro piso son grandes. *All the rooms in our apartment are large.*

Sala de lectura: *reading room;* sala de conferencias: *lecture hall;* sala de espera: *waiting room;* sala de actos: *auditorium.*

N.B. **Sala** sirve también para designar el espacio en que están los asientos de un teatro o cine, donde se sitúan los espectadores: *house, hall.*

La sala estaba llena. *The house was full.*

Cuarto está perdiendo terreno en el castellano actual a expensas de la palabra **habitación.** Se limita cada vez más su empleo a ciertas frases hechas:

Cuarto de baño: *bathroom;* cuarto de estar (sala de estar): *living room.*

N.B. *Classroom*: clase o aula.

2. Insistir en—empeñarse en.

Este último verbo añade una idea de terquedad (*stubbornness*) o indica la resolución de llevar a cabo un propósito.

Se empeñó en llevarme la contraria. *He persisted in contradicting me.*

Se empeña en tocar el piano cuando más molesta. *She persists in playing the piano when it is most annoying.*

Se empeñó en terminar la carrera, y lo consiguió. *He persisted in finishing his course and managed to.*

Insisto en (*y no* me empeño en) mi derecho. *I insist on my right.*

Insisto en (*y no* me empeño en) este hecho. *I insist on this fact.*

Empeñarse *cannot be used unless the sentence indicates a resolve to carry out an action.*

3. Balcón.

Balcón: *balcony* or *balcony window.*

¡Abra Vd. el balcón! *Open the balcony window!*

4. Orientación; exponer—*to expose.*

Orientación de un edificio: *exposure of a building.* Escuela de Orientación Profesional: *Professional (Vocational) Guidance School.*

To make an exposure (photography): hacer una exposición. Exposición de pintura: *exhibition of painting.*

Exponer:

Expuso sus doctrinas en varias conferencias. *He expounded his doctrines in several lectures.*

Es dañoso exponer la cabeza a un sol intenso. *It is harmful to expose one's head to an intense sun.*

Los artículos están artísticamente expuestos en el escaparate. *The articles are artistically exhibited in the shop-window.*

In the sense of "to denounce" or "to unmask", "to expose" is translated by **desenmascarar.**

He exposed the hypocrite. Desenmascaró al hipócrita.

5. Hall—vestíbulo—portal—pasillo.

Hall. El sentido de este anglicismo, muy corriente en los países de habla española, se ha discutido mucho en estos últimos años. Significa la pieza interior de un edificio, casa o piso (*apartment*), inmediata a la puerta de entrada, pero se emplea sobre todo y muy corrientemente en el sentido de *lobby of a hotel, theater, or apartment house* (bloque de viviendas).

Venden periódicos extranjeros en el hall del hotel. *They sell foreign newspapers in the lobby of the hotel.*

Vestíbulo es sinónimo de **hall,** pero se usa tan frecuentemente en el sentido de *foyer* (la entrada de un piso particular) como en el de *lobby* (la entrada de un edificio o casa).

Les esperaremos en el vestíbulo o hall del teatro. *We'll wait for them in the lobby of the theater.*

Según el plano del apartamento, podríamos acomodar en el vestíbulo sendos estantes (*o* estanterías) de libros en cada uno de los testeros laterales. *According to the floorplan of the apartment, we could accommodate both bookcases in the foyer, one on each of the side walls.*

En el sentido de *lobby*, es decir, la entrada inmediata a la puerta que da a la calle, la palabra **vestíbulo** puede ser sustituida por **portal**: *vestibule*, si es de pequeñas dimensiones.

N.B. *"Portal" in the sense of entrance or door should be translated by* **puerta** *or* **puerta imponente**, *and in the sense of "adorned façade of a church", by* **portada.**

The hallway: el pasillo.

6. Claro—desde luego—por supuesto.

¡Claro! o **¡claro está!**: *surely, certainly, or sure* (an American colloquialism).

Of course debe traducirse por **desde luego** o **por supuesto.**

7. Realizar—*to realize;* dar cuenta de—darse cuenta de.

Realizar: *to carry out* (*a project*).

Realizó su propósito. *He carried out his purpose.*

Realizar tiene también un sentido comercial.

Un comerciante realiza sus existencias. *A merchant converts his merchandise on hand into cash.*

To realize: darse cuenta de, hacerse cargo de.

Now I realize my mistake. Ahora me doy cuenta (me hago cargo) del error.

Dar cuenta de: *to give an account of.*

Los periódicos dan cuenta del accidente. *The newspapers give an account of the accident.*

8. Gracia *as a translation of laughter.*

Causar (hacer) gracia: *to provoke laughter.*

Fue una cosa que hizo mucha gracia. *It was a thing that provoked much laughter.*

Sus chistes me causan (hacen) gracia. *His jokes make me laugh.*

Tener gracia: *to be humorous* (*funny*).

¡Qué gracia tiene este actor! *How humorous this actor is!*

Esta película tiene mucha gracia (es muy graciosa). *This moving picture is very funny* (*amusing*).

9. Armar (como voz familiar).

Armar se emplea como voz familiar en el sentido de **causar** o **producir,** cuando va acompañada de palabras que expresan confusión y desorden.

Armar un lío (*familiar*): *to raise a fuss (to make a mess of things,* colloquial).

Armar un escándalo: *to make a scene.*

Armar ruido: *to make a lot of noise.*

Armar un jaleo (*familiar*): *to raise a racket* (colloquial).

Armarla (se sobrentiende lucha, pelea o bronca): *to start in (fighting, quarreling, brawling).*

Los borrachos no tardarán en armarla.   *The drunkards will start in soon.*

10. Prensa.

Prensa: *frequently used in the sense of "newspapers".*

La prensa de la noche no puede salir antes de las siete los lunes.   *The evening papers cannot appear on Mondays before seven o'clock.*

Acostumbro a leer la prensa en la cama, antes de levantarme.   *I am accustomed to reading the papers in bed before getting up.*

Me traen la prensa por la mañana muy temprano.   *The papers are brought to me very early in the morning.*

11. To object.

To object tiene en inglés dos significados distintos: (*1*) *to offer arguments or reasons against something;* (*2*) *to be or feel averse to something.* En el primer caso, se traduce por **objetar,** y en el segundo por **oponerse a.**

Cuando le dijimos que vendiese cuanto antes el coche, objetó que todavía estaba en Méjico.   *When we told him to sell the car as soon as possible, he objected (saying) that it was still in Mexico.*

I object to your going (to your departure). Me opongo a que se vaya Vd. (a su partida).

Asimismo, el sustantivo *objection,* cuando lleva implícita la idea de la desventaja personal que nos resultará de algo, se traduce por **inconveniente,** y cuando se trata de una razón que se presenta en contrario de una opinión o designio, por **objeción.**

Opuso (hizo) serias objeciones a mi interpretación del asunto.   *He raised serious objections to my interpretation of the matter.*

Cuando hacemos objeciones a un proyecto, señalamos sus puntos débiles.   *When we raise objections to a project, we point out its weak points.*

No veo inconveniente en aceptarlo.   *I see no objection to accepting it.*

No tengo inconveniente en que venga.   *I have no objection to his coming.*

12. Pasar un mal rato.

Pasé un mal rato en casa del dentista. *I had a miserable time of it at the dentist's.*

Pasé muy mal rato en el examen. *I had a very miserable time of it at the examination.*

13. To manage; administrador—gerente.

To manage: arreglárselas y administrar. Arreglárselas (componérselas) para: *to manage (it) to.*

¿Cómo me las arreglaré (compondré) para llegar a tiempo? *How shall I manage (it) to arrive on time?*

¿Cómo se las arregló para resolver a su favor el asunto? *How did you manage to solve the matter in your favor?*

¡Ya me las arreglaré! *I'll manage it!*

Arreglarse se puede usar en lugar de **arreglárselas.**

No sé cómo arreglarme para traducir esto en tan poco tiempo. *I don't know how I shall manage to translate this in such a short time.*

To manage a business: administrar.

Administra la hacienda de la familia de su mujer. *He manages the estate of his wife's family.*

Administrador—gerente.
Administrador: *agent.*

El administrador de la casa es el que cobra el alquiler. *The agent of the house is the one who collects the rent.*

Gerente: *manager.* El gerente tiene funciones más amplias y más complicadas que las del administrador; rige o dirige una empresa de grandes proporciones.

El consejo de administración del banco (de una gran empresa) le nombró gerente de una sucursal. *The board of directors of the bank (of a large enterprise) appointed him manager of a branch.*

14. Con *as a translation of "to".*

With adjectives expressing an attitude toward others, **con, para con,** *and* **para** *are used to translate the English "to".*

No seáis crueles con los animales. *Don't be cruel to animals.*

Es muy bueno para con (con, para) sus padres. *He is very good to his parents.*

15. Temporada—estación.

Estación denota cada uno de los cuatro períodos de tres meses en que se divide el año.

Las cuatro estaciones del año son primavera, verano, otoño, invierno. *The four seasons of the year are spring, summer, fall, winter.*

Temporada es un período de tiempo de duración indefinida: *time, some time, a period of time.*

Pasé una temporada en Madrid.   *I spent some time in Madrid.*

Temporada es también el tiempo del año en que periódicamente se realiza o se verifica algo.

La temporada de fútbol: *the football season;* la temporada de ópera: *the opera season.*

16. ¡Ca!—¡de ningún modo!—¡qué va!

¡Ca!: interjección familiar, equivale al giro familiar inglés *nothing of the sort (kind),* usado las más de las veces con un verbo.

—Dígale que iré mañana. —¡Ca! no, señor.   *"Tell him I'll come tomorrow." "You'll do nothing of the sort! No sir."*

De ningún modo: *by no means.*

—Vd. se queda a dormir aquí. —¡Ca! no... ¡De ningún modo!   *"You stay and sleep here." "I'll do nothing of the sort, no ... By no means!"*

¡Qué va! (*popular*): *go on!* (slang)

—Estamos llevando un camino equivocado y tendremos que desandar lo andado. —¡Qué va! Sólo debemos tirar por la primera bocacalle a (de) la derecha, y atajaremos mucho.   *"We are taking a wrong road and shall have to walk back again." "Go on! We have only to turn right at the first corner, and our way will be much shorter."*

17. Disponer—*to dispose of;* **disposición**—*disposition.*

Disponer:

¿Dispone Vd. de mucho tiempo?   *Have you much time at your disposal?*

Dispongo de capital.   *I have capital at my disposal.*

Tengo tres horas disponibles.   *I have three hours available.*

Se dispone a partir.   *He gets ready to leave.*

To dispose of: deshacerse de.

¿En qué condiciones se deshizo Vd. del automóvil?   *Under what conditions did you dispose of the automobile?*

Disposición:

Estoy a su disposición.   *I am at your disposal.*

Acusa buena disposición para las matemáticas.   *He reveals a real aptitude for mathematics.*

No me gusta la disposición de los muebles.   *I don't like the arrangement of the furniture.*

Disposition:

She has a gay (kindly) disposition.   Tiene un natural alegre (bondadoso).

Ejercicios

■

PRIMERA PARTE

A. CUESTIONARIO

1. ¿Por qué se alegra la Sra. Smith de tener una habitación exterior?
2. ¿Por qué está tan soleado el cuarto?
3. ¿Por qué se equivoca ella acerca del piso en que están?
4. ¿Por qué es preferible no vivir en la planta baja?
5. ¿Qué medidas ha tomado el Ayuntamiento, según el periódico que lee el Sr. Smith?
6. ¿Por qué es tan ensordecedor el ruido de la calle?
7. ¿Por qué no se usa la palabra "jaleo" en el buen hablar?

B. MODISMOS Y GRAMÁTICA

I *Repaso del verbo "dar". "Si" con el presente de indicativo (p. 17, l. 6).*

1. If the room has a southern exposure, it will be very sunny, no doubt.
2. He realized that we got a magnificent view from that window. 3. If we are not mistaken, the first floor up is not called the first floor. 4. The names are funny, aren't they? 5. They have been raising a racket for an hour.
6. You must realize that the street noises will get on their nerves. 7. They will have three windows facing the street. 8. They will give him an outside room on a quiet street. 9. Surely the traffic is very heavy. 10. If the city government takes steps to eliminate the racket which the automobile horns raise after twelve o'clock, the newspapers will not print any more articles protesting against it.

26   CAPÍTULO II

II *El empleo del subjuntivo.*

1. I am glad that the newspapers have taken up the matter. **2.** The lower the better. **3.** He insisted that we should not live on the ground floor. **4.** It is likely that they will make a good choice. **5.** It wouldn't be amiss for you to say that you didn't realize it.

C. ESTUDIO DE PALABRAS

1. I *realize* that you are mistaken. *Realizó* su propósito porque había previsto el inconveniente. La prensa *da cuenta de* las medidas que ha tomado el Ayuntamiento. *Se da cuenta de* que el cuarto no está muy soleado. **2.** He *persists* in annoying me. We *insist* on the fact that you did not notice the two windows. **3.** He doesn't like the *exposure* of the room. This situation is enough to get on anyone's nerves; I shall have to *expose* him. No va a *exponer* tales doctrinas. **4.** He raised serious *objections* to what the papers are saying. If these measures are calculated to eliminate the difficulty, I have no *objection* to defending them. I *objected* to his making a scene. We wanted to go down to the ground floor to see Mr. Smith, but they *objected* [saying] that he was not at home. **5.** I am glad he found a policeman in the *lobby* of the theatre. We kept our date in the *lobby* of the hotel at ten o'clock. The drunkards started in in the *hallway*. Armó un lío en el *hall* del hotel. Encontrará a los niños en el *portal* o en la calle. The *portals* of the church were beautiful. **6.** He has five *rooms*, a large kitchen and two *bathrooms*. The *living room* is small. I met him in the *reading room*.

D. *Escríbanse unas 100 palabras sobre las condiciones que deba reunir una habitación que se desee alquilar.*

■ ■

SEGUNDA PARTE

A. CUESTIONARIO

1. ¿Por qué pasaron tantos apuros en un pueblecito?
2. ¿Cuál es el ejemplo de la cortesía en España que da la Sra. Smith?
3. ¿Van a pasar todo el verano en Madrid?
4. ¿Dejará la Sra. Smith solo a su marido?
5. ¿Qué podrán hacer los domingos?
6. ¿Qué giros o palabras se emplean en el buen hablar en lugar de "echarle un broncazo a uno", "¡ca!", e "ir tirando"?

B. MODISMOS Y GRAMÁTICA

I *Repaso del verbo "poder". "Si" con el imperfecto de subjuntivo* (*p. 19, l. 50*).

1. There are no two ways about it. **2.** If we managed things well, we could stay on in Madrid the whole summer season. **3.** This could serve as an example. He has been serving as an interpreter for several years. **4.** If he had a miserable time of it there, he would leave. **5.** That is out of the question; but try to make them understand what you need. **6.** Offhand, I can't say whether he will be willing to drop the matter. **7.** If you took a run into the country tomorrow, I should accompany you. **8.** He has no trouble in making himself understood. **9.** If he were hard put to it to remain here, I should help him. **10.** That depends. It depends on the course that things will take.

II *El empleo del subjuntivo.*

1. I hope that this will make our stay in New York agreeable. **2.** Get that out of your head. **3.** It will be better for them not to go to the beach today. **4.** He insists that we should go to any extreme to oblige them. **5.** He hoped that we would not anticipate what circumstances might bring.

C. ESTUDIO DE PALABRAS

1. Así de momento, no puedo decir si el secretario *dispone de* tanto tiempo. When I spoke to him of the motor trouble, he insisted that I should *dispose* of the car. **2.** His conduct is excellent, and he has a kind *disposition*. Demuestra buena *disposición* para los negocios. **3.** How shall I *manage* to forget that deafening noise? I think they made a good choice; he *manages* the houses very well. **4.** He showed all due consideration; he wasn't indifferent *to* them. **5.** *Go on!* He'll get by. *By no means.* He will get along. **6.** La *temporada* de ópera se supera (outdoes itself) cada año. Pasé una *temporada* allí el invierno pasado; no es la mejor *estación* para jugar al golf.

D. TEMA

I think we shall have trouble in disposing of our house. We have so little time available before leaving that I don't know how we shall manage.

It's a charming house near the center of town, and faces a quiet street, doesn't it?

Surely. You never hear that deafening noise of the heavy traffic and automobile horns, which we hear at the bank office.

Well then, I could sell it easily during your absence.

You'll do nothing of the kind, thank you. That's out of the question. You have been too lovely to us already. I know you would go to any extreme to oblige us.

Go on! In any case, I've decided to stay on in Madrid the whole summer season, and I could manage to sell it without complications.

Will your business keep you here all the time?

Offhand, I couldn't tell how long I should have to stay, but, in any case, I could always take an occasional run up to the mountains on Sundays.

III A Morning in the Puerta del Sol

■

*John leaves his room early in the morning and meets his sister
Mary on the stairway of the hotel.*

JOHN Gosh! You got up early, too. After the twelve-hour trip
yesterday, that left me exhausted (worn out), and the rush (*colloquial*) we had with the baggage, I didn't intend to get up in time ₅
for breakfast,—far from it. But, you see, I am as fresh as if nothing
happened. I jumped out of bed a half hour ago, took a shower
(showered), and here I am.—And you, how are you?

MARY I couldn't sleep a wink all night long despite my fatigue. I ₁₀
spent it tossing about in bed without finding a comfortable position
or being able to fall asleep.

JOHN What do you say to going out without waking dad and mother?
—It's foolish to remain here and waste the morning.

₁₅

MARY Right! But I think it will be better to leave a message for them
so that they won't expect us until noon.

JOHN I am going to leave word at the desk. (*He goes and returns at
once*).

MARY Shall we take the car? ₂₀

JOHN That's out of the question. Dad wouldn't mind a bit (*ironically*).
Let's go toward the center of town, to the Puerta del Sol. (*They go
out into the street.*)

MARY Wait a while; there on the other side of the street there is a
shop-window which looks very nicely dressed (attractive). I am ₂₅
going to take a look at it.

JOHN I was just saying to myself that it wouldn't take you long to
annoy me (make me sick, *colloquial*) with your mania for stopping
at all the shop-windows. It's the limit (*colloquial*)! It beats everything (*slang*)! We have not gone shopping. One can't go anywhere ₃₀
(any place) with you!

30

Una mañana en la Puerta del Sol III

■

A primera hora¹ de la mañana, Juan abandona su habitación
y coincide² en la escalera del hotel con su hermana María.

JUAN   ¡Caray! también tú has madrugado. Después de las doce
horas del viaje de ayer que a mí me dejaron rendido (molido),
5   y del ajetreo³ que hemos tenido con el equipaje, no pensaba, ni
con mucho (ni mucho menos), levantarme a tiempo para desayunar.
Pero, ya ves, estoy tan campante, como si tal cosa. Salté de la
cama hace media hora, tomé (me di) una ducha (me duché), y
aquí me tienes.⁴—Y tú, ¿qué tal?

10   MARÍA   No pude pegar los ojos en toda la noche a pesar del cansancio.
La pasé dando vueltas en la cama sin encontrar postura⁵ cómoda
ni poder conciliar el sueño.

JUAN   ¿Qué te parece si saliésemos a la calle sin despertar a papá y a
mamá?—¡No va a ser cuestión de⁶ quedarnos aquí desperdiciando
15   (malgastando) la mañana!

MARÍA   De acuerdo; pero creo que será mejor dejarles un aviso para
que no cuenten con nosotros hasta mediodía.

JUAN   Voy a dejar el encargo en la conserjería. (*Va y vuelve en seguida.*)

20   MARÍA   ¿Llevaremos el coche?

JUAN   Eso ni pensarlo siquiera. ¡Bueno⁷ se había de poner papá!
—Vamos hacia el centro, a la Puerta del Sol. (*Salen a la calle.*)

MARÍA   Espera un poco; allí en la otra acera hay un escaparate que
25   parece muy bien presentado (llamativo). Voy a darle un vistazo.

JUAN   ¡Ya me decía yo que no tardarías en molestarme (darme la
lata, *familiar*) con tu manía de pararte en todos los escaparates!
¡Es el colmo (la caraba, *popular*)! No hemos salido de compras.
30   ¡Contigo no se puede ir a ninguna parte (a ningún sitio)!

MARY   Oh, all right! Don't get into such a mood; the situation doesn't warrant it.

JOHN   What we came to Madrid for is not to see shop-windows but the city.

■ ■

MARY   I think the Puerta del Sol is at the end of this street. If I recall correctly, there are nine streets that start at or end in the square.

JOHN   We could check those facts by consulting a guidebook. In Madrid it's still quite worthwhile to know in what direction the Puerta del Sol lies. Despite the development of the capital, it continues to be one of the most congested areas.

MARY   It must be quite a task (job, *colloquial*) regulating the flow of traffic here. Pedestrians as well as drivers of vehicles must obey the traffic lights, if they don't want to be fined.

JOHN   I am wondering if all the streets that start at this square are one-way. Let me remind you that here too automobiles have to keep left to pass any other vehicle. It is necessary to be careful when crossing streets, and to keep your eyes wide open to drive a car through them.

MARY   What building is that very big one there with so many automobiles parked in front?

JOHN   That one occupying the whole block opposite?

MARY   Yes, that one.

JOHN   I seem to recall it's the Ministry of the Interior. Let's see those plaques on the façade. Oh, yes. They refer to the War of Independence, when the people of Madrid rose in arms, on the second of May, 1808, against Napoleon's troops and sustained fierce encounters with them. The resistance they offered the invaders was such that the latter were never complete masters of the situation.

MARY   I have an idea it was a struggle that left a profound impression on the popular mind, to the extent that it is considered a decisive factor in the course that Spanish history took throughout the whole XIXth century.

32   CAPÍTULO III

MARÍA ¡Bueno, hombre! ¡No te pongas así, que no es para tanto!

JUAN A lo que hemos venido a Madrid no es a ver escaparates sino la ciudad.

■ ■

35 MARÍA Creo que la Puerta del Sol está al final[8] de esta calle. Si mal no recuerdo, hay nueve calles que arrancan de la plaza o desembocan en ella.

JUAN Esos datos podríamos comprobarlos[9] consultando una guía. —En Madrid aun es muy interesante saber hacia dónde cae la
40 Puerta del Sol. No obstante el desarrollo de la capital, sigue siendo uno de los centros de mayor afluencia.

MARÍA Debe de costar bastante trabajo el regular aquí el movimiento del tráfico. Tanto los transeúntes como los conductores[10] de vehículos tienen que atenerse[11] a las señales luminosas (los semáforos),
45 si no quieren ser multados.[12]

JUAN Estoy preguntándome si todas las calles que parten de esta plaza son de dirección única. Te advierto[13] que aquí los autos también tienen que llevar la izquierda para adelantar (pasar) cualquier otro vehículo. Hay que tener cuidado al cruzar las calles y abrir mucho
50 los ojos (tener los ojos muy abiertos) para conducir un auto por ellas.

MARÍA ¿Qué edificio es aquél tan grande que está allí con tantos automóviles aparcados (estacionados) delante?

JUAN ¿Aquel que ocupa toda la manzana[14] de enfrente?

55 MARÍA Ése mismo.

JUAN Creo recordar que es el Ministerio de la Gobernación. (Vamos) a ver aquellas placas de la fachada. ¡Ah ya! se refieren a la guerra de la Independencia, cuando el pueblo madrileño se alzó en armas el dos de mayo de 1808 contra las tropas de Napoleón y
60 sostuvo con ellas choques encarnizados. Fue tal la resistencia que opusieron[15] a los invasores que éstos nunca fueron dueños absolutos de la situación.

MARÍA Tengo idea de que fue una lucha que dejó huella profunda en el espíritu popular, hasta el punto de que se estima como factor
65 de peso en el curso que siguió (rumbo que tomó) la historia española a través de todo el siglo XIX.

Notas

1. A última hora—tarde; hacérsele tarde—llegar tarde.

A última hora: próximo al final, debe distinguirse de **tarde,** que significa con retraso.

Early in the afternoon: a primera hora de la tarde. *Late in the afternoon:* a última hora de la tarde.

Late news: noticias de última hora.

A última hora llegó el señor X a la reunión.   *Mr. X arrived at the meeting towards the end.*

No me gusta llegar tarde a la oficina.   *I don't like to get to the office late.*

Nótese que los giros *I am* (*you are, we are, etc.*) *late* pueden traducirse por **se me (le, nos) hace tarde** o **llegar tarde. Hacérsele tarde** indica que uno lleva retraso respecto del horario que se ha fijado y denota el temor que uno tiene de no conseguir realizar algo a tiempo.

Perdón, tengo que marcharme a escape; se me hace tarde para (llegar a) una cita.   *Excuse me, I must hurry off; I'm late for an appointment.*

Por un motivo u otro, siempre se me hace tarde y me gano la regañuza (*familiar*) del jefe.   *For one reason or another, I'm always late and get a lecture from the boss.*

Llegar tarde es realizar la acción expresada por este verbo después de la hora prevista.

Esta vez he llegado tarde. Procuraré evitarlo en lo sucesivo.   *I'm late this time. I'll try to avoid it in the future.*

2. Coincidir—encontrar—verse—conocer—reunir; reunión—mitin.

Coincidir: concurrir simultáneamente dos o más personas en un mismo lugar.

Coincidí con X en el buque, en la travesía, en la velada, en casa de Z, en el teatro.   *I happened to be on the same ship, the same crossing, at the same party, at Z's house, at the same theatre with X.*

N.B. En otras acepciones **coincidir** equivale a *to coincide.*

To meet by chance (run across): encontrar (tropezar con).
Encontré a (tropecé con) X camino del cine. *I met (ran across) X on the way to the movies.*

To meet by previous arrangement or appointment: **verse** *used reflexively.*
I'll meet you tomorrow at six at the café. Nos veremos mañana a las seis en el café.
I'll meet John this afternoon. Juan y yo nos veremos esta tarde, o me veré con Juan esta tarde.
Where will you meet John? ¿Dónde se verá Vd. con Juan?

"To meet" in the sense of make the acquaintance of: conocer.
Tanto gusto en conocerle: *delighted to meet you.*

"To meet" in the sense of a group that convenes: reunirse.
Los socios del club se reúnen aquí. *The members of the club meet here.*

Meeting: reunión. Mitin: reunión donde se discuten públicamente asuntos *políticos.*

Estuvo impresionado por lo que dijeron varios obreros en un mitin de anarquistas del Liceo Rius. *He was impressed by what several workers said in a meeting of anarchists at the Liceo Rius.*

"To meet" in the sense of fulfill requirements: reunir.
El candidato reúne todas las condiciones requeridas. *The candidate meets all the required conditions.*

3. Ajetreo.

Hoy hubo mucho ajetreo en la oficina. *There was a great rush (colloquial) at the office today.*

Los días que preceden a la partida para un viaje son de mucho ajetreo. *The days that precede a departure for a trip are very busy ones.*

4. Tener *used with expressions of place.*

Aquí tiene Vd. el libro. *Here is the book.*

La señora que tengo al lado (detrás, delante) me es desconocida. *The lady who is at my side (behind me, in front of me) is a stranger to me.*

5. Postura—*posture.*

Postura: modo de colocar el cuerpo o alguna de sus partes, *position of the body or one of its parts.*

Al sentarse tomó una postura incómoda. *In seating himself he assumed an uncomfortable position.*

Tuvo que tomar una postura forzada, torciendo el cuerpo, para pasar por la entrada de la cueva. *He had to assume a strained position by twisting his body, in order to get through the entrance to the cave.*

UNA MAÑANA EN LA PUERTA DEL SOL   **35**

Pablo instruía al jinete inexperto sobre el uso de la rienda y la postura de la cabeza. *Paul gave the inexperienced horseman instructions on the use of the reins and the position of the head.*

Posture:

This boy has good posture. Este chico se mantiene erguido.

It is advisable to have good posture to enjoy good health. Es recomendable mantenerse erguido (derecho) para gozar de buena salud.

6. No es cuestión de.

No es cuestión de perder tiempo discutiendo eso. *It's foolish to waste time discussing that.*

Decidimos quedarnos en casa porque no era cuestión de llegar a la hora de acabar la reunión. *We decided to stay home because it was foolish to arrive when the meeting was coming to a close.*

7. Algunas frases irónicas de uso frecuente.

¡Buena la hemos hecho! *We made a fine mess of it!*

¡Menudo escándalo se armó! *They created no small scene.*

Hace la friolera de veinte años que no le he visto. *It is a trifling matter of twenty years since I saw him last.*

¡Nos hemos lucido en el examen (partido) (intento)! *We made a fine show of ourselves in the examination (game) (attempt)!*

¡Valiente idea! *A wonderful idea (ironic)!*

Tuve que escuchar esas y otras lindezas por el estilo. *I had to listen to those and other charming remarks (ironic) of the sort.*

8. Fin—final.

Fin es el punto preciso que determina el término de algo en el espacio o tiempo. **Final** es la última etapa, fase o parte de algo que precede inmediatamente al fin.

Al llegar a este punto, dio fin a su comedia. *On reaching this point, he brought his comedy to an end.*

Es el fin del mundo. *It's the end of the world.*

No me gusta el final de la ópera por prolongarse demasiado la muerte de la protagonista. *I don't like the end of the opera because the death of the heroine is prolonged too much.*

Al final de su vida, se retractó de sus errores. *He retracted his errors at the end of his life.*

N.B. Final de (*o* del) trayecto (*frase hecha*): *end of the line.*

9. Comprobar—probar.

Comprobar: verificar, *to check or verify*. Probar: demostrar o hacer patente la certeza de un hecho, *to prove*.

Emprendió la exploración del interior de su residencia, y volvió a comprobar su estado lamentable. *He undertook the examination of the interior of her residence, and again verified its lamentable state.*

Aquel ambiente de inmoralidad, de falsedad se reflejaba en las cátedras. Andrés Hurtado pudo comprobarlo al comenzar a estudiar Medicina. *That atmosphere of immorality, of falseness was reflected in the professorial chairs. Andrés Hurtado could verify it when he began to study medicine.*

Hay que probar su afirmación con documentos. *You must prove your statement with documents.*

10. Conductor—conductor.

Conductor: cobrador de autobús, revisor de tren.

Conductor de autobús: *bus driver.*

Maquinista de tren: *engineer.*

11. Atenerse a.

A ese respecto, no sé a qué atenerme. *In respect to that, I don't know what to abide by.*

Hay que atenerse a lo que digan. *You must abide by what they may say.*

Me atengo a lo dicho. *I abide by what has been said.*

12. Multa.

Imponer (poner) una multa a alguien: multar, *to fine.*

Le impusieron (pusieron) una multa de (multaron con) X pesetas. *They fined him an undetermined amount of pesetas.*

Hacer efectiva una multa es pagarla.

13. Advertir.

Le advierto que todavía no he desayunado. *Let me remind you that I haven't had breakfast yet.*

Le advierto que las monedas de cobre, aunque inglesas, pasan. *Let me remind you that copper coins, even though they are English, are accepted.*

En estas frases, **advertir** significa: querer que se tenga presente que. . .

Advertir significa también *to warn.*

Se lo advierto por última vez. *I warn you about it for the last time.*

UNA MAÑANA EN LA PUERTA DEL SOL   37

14. *Translations of "block".*

Manzana: en las poblaciones, conjunto de varias casas contiguas formando una unidad limitada generalmente por cuatro calles, *a block of houses or a square block.* *"X blocks away" is expressed in terms of meters.*

> La casa está a doscientos metros de aquí. *The house is about one block away.*

15. Oponer.

To oppose: oponerse a.

> No se opondrá a la elección de X. *He will not oppose X's election.*

> Me opongo rotundamente a sus planes. *I am flatly opposed to his plans.*

Se comparará el uso del verbo pronominal con el de su forma simple.

> Diga Vd. las razones que tenga que oponer a éstas. *State the arguments you have to offer against these.*

Ejercicios

■

PRIMERA PARTE

A. CUESTIONARIO

1. ¿Por qué estaba Juan tan rendido?
2. ¿Se durmió María en seguida?
3. ¿Por qué dejaron un aviso a sus padres?
4. ¿Qué fue a hacer María en la otra acera?
5. ¿Por qué se enfadó Juan?
6. En el buen hablar ¿qué se dice en lugar de "dar la lata", y "la caraba"?

B. MODISMOS Y GRAMÁTICA

Repaso de los verbos en "-ar" y "-er" que alteran la vocal acentuada de la raíz (root). "Para" usado con el infinitivo, y "para que" usado con el subjuntivo (p. 31, l. 6 y p. 31, l. 16).

1. She got up on time in order to go out shopping. **2.** The shop-windows are attractively dressed so that everyone will stop to take a look at them.

3. It was foolish to get into such a mood. **4.** He expects me; I cannot continue to waste the morning here. **5.** He doesn't have to get up early, because he works in the store on the other side of the street. **6.** If you took a warm shower, you would not spend the night tossing about in bed. **7.** I will leave a message for him so that he will come here after the rush. **8.** That is out of the question. They wouldn't mind a bit! **9.** He hasn't been able to fall asleep for an hour. **10.** If you don't annoy me, I shan't be so worn out.

C. ESTUDIO DE PALABRAS

1. I *met* him while I was walking toward the center of town. I must *meet* John at the hotel desk. It wouldn't take me long to *meet* all the requirements. I want to *meet* them; introduce me. Don't get into such a mood; the group will *meet* in order to discuss it. **2.** I don't know whether the papers will arrive *late* in the afternoon. The actors arrived *late*. I'm *late;*I'll take a taxi. You're *late;* the curtain went up ten minutes ago. **3.** The boy who is at my right has good *posture*. Un hombre acostado está en la *postura* de un hombre que duerme; cuando despierta y se levanta, toma diferente *postura*. **4.** The *meeting* of the Spanish club was interesting. En el *mitin,* se discutió la política del Gobierno.

D. TEMA

Here is the book which you left at the hotel desk for me. After reading it, I couldn't sleep all night. I tossed about in bed without being able to find a comfortable position. I thought I'd never be able to fall asleep.

What do you say to going out at once? It is foolish to stay here. The air will do you a world of good.

Right! But first I'll take a shower. It won't take me long.

I'll wait for you on the other side of the street. I want to take a look at that attractive shop-window.

You make me sick with your mania for stopping at shop-windows.— Wait a while. Before going out, will you please phone John? If he is not at home, leave word for him to join us later. He wouldn't mind a bit, if I went out this morning without phoning him!

I remember that John said he would go out shopping with his wife today. But, in any case, I'll leave the message at his mother's house.

■ ■

SEGUNDA PARTE

A. CUESTIONARIO

1. ¿Cuáles son los datos que quieren comprobar en una guía acerca de la Puerta del Sol?
2. ¿Por qué resulta tan difícil regular la circulación en la Puerta del Sol?
3. ¿Por qué hay que tener tanto cuidado al cruzar las calles de Madrid?
4. ¿Cuánto espacio ocupa el Ministerio de la Gobernación?
5. ¿A qué se refieren las placas que hay en él?

B. MODISMOS Y GRAMÁTICA

Repaso de los verbos en "-ir" que alteran la vocal acentuada de la raíz. "Deber de" como expresión de probabilidad (p. 33, l. 42). El participio presente como equivalente de "by" usado con el participio presente inglés (p. 33, l. 38).

1. The Puerta del Sol must be at the end of this street. 2. They checked those details by referring to the plaques on the Ministry of the Interior. 3. The street was opened yesterday; it starts at First Avenue and ends in the Square. 4. Please keep right; you will have to continue driving the car behind the trolley. 5. You would be fined, if you didn't obey the traffic lights. 6. It must be quite a job to tell in what direction the center of town lies. 7. I want you to realize that this is a one-way street. 8. I think I remember that you can reach the street by going around the Square. 9. I have an idea that you may park in front of the building. 10. He is wondering whether they will offer such resistance.

C. ESTUDIO DE PALABRAS

1. There was such a rush in the train that the *conductor* forgot to ask him for his ticket. El *conductor* del tranvía tiene un hermano que es *revisor*. 2. Le *advierto* que estas revistas se consideran como factor de peso en la psicología popular. El médico le *advirtió* que moriría, si seguía viviendo en esa forma. 3. Here is the *block* of houses to which I referred. The street is two *blocks* away; check that in the guidebook. 4. It is foolish to *oppose* his desires.

En el mitin, *opusieron* mucha resistencia a su programa. **5.** Estas manifestaciones *prueban* la agitación de las masas. ¿Cómo *comprobar* tales datos? **6.** Pongamos *fin* a esta discusión, pues está poniéndome nervioso. Apenas si pude alcanzar sus últimas palabras; el auditorio irrumpió en aplausos al *final* del discurso.

D. TEMA

There's John's car parked in front of the hotel. The one parked near the traffic light? That's the one. John must be in the elevator now. I was wondering why he hadn't come earlier. I think I remember he said he would have to go to the Ministry of the Interior. (*John enters.*) This is the limit! I couldn't find my way. The street I took is one way, and ends in the Puerta del Sol. So, I had to go around the square. There are so many traffic lights that I lost a great deal of time there.

You must keep your eyes open when driving a car through the Puerta del Sol.

I was fined there once because I did not obey a traffic light.

The police have to be very careful, as there is such a constant stream of cars.

I know that many drivers oppose the present method of regulating traffic there. But I want you to realize that there are few accidents. You can check that by reading the papers.

IV In a Sidewalk Café

■

JOHN   Let's sit down for a while at this sidewalk café, shall we? In that way (*or* then) we'll be able to rest, and incidentally (*or* while we're at it) take the fresh air.

MARY   I'd love (like very much) to. We've probably covered no less than three kilometers. It's somewhat farther from here to the hotel ₅ than we had supposed in the beginning (to start with), and a little rest will not be amiss.

JOHN   Fine, but first let's get a newspaper at any one of these stands. It seems that the papers carry headlines today that are attracting lots of attention. Maybe they refer to that treaty which was put ₁₀ (went) into effect a while ago making the situation in the Far East tenser and tenser. Let's see what any of these papers carries about the matter.

MARY   Here is one, the *A B C*, which is among the most important because of the large circulation it has. ₁₅

JOHN   I'll take this one, *El Pueblo*. Just imagine! This country is continuing to carry on negotiations with the great powers to agree on terms for a loan.

MARY   Yes, and the commentator brings out (points out) the fact that the United States is ready to do everything possible to come to its ₂₀ aid.

JOHN   They give an account here of the negotiations in which our Government is taking part, stating that they are in full swing and reaching their peak just at present. The only thing that seems to hamper them somewhat is the involved situation in Europe at ₂₅ the present time. That is where the trouble is coming to a head (*or* brewing).

En la terraza de un café IV

■

JUAN ¿Quieres que nos sentemos un rato en la terraza de este café? Así podremos descansar, y tomaremos el fresco (el aire), de paso.[1]

MARÍA Por mí (por mi parte), encantada. No habremos recorrido
5   menos de tres kilómetros. De aquí al hotel hay[2] bastante más de lo que habíamos supuesto al principio (en un principio), y un pequeño descanso no estará de más.

JUAN Bueno, pero antes vamos a comprar algún periódico en cualquiera de estos puestos. Parece que hoy la prensa trae unos
10   titulares que llaman mucho la atención. A lo mejor se refieren a ese tratado que hace poco se puso (entró) en vigor haciendo la situación en el Extremo Oriente cada vez más tirante. Veamos lo que trae del asunto cualquiera de estos diarios.

MARÍA Aquí tienes uno, el *A B C*, que es de los más importantes por
15   la gran tirada que alcanza.

JUAN Yo tomaré (cogeré) este otro, *El Pueblo*. Hombre, ¡fíjate! este país sigue haciendo gestiones cerca de[3] las grandes potencias[4] para concertar un empréstito.[5]

MARÍA Sí, y el cronista[6] hace resaltar (destaca, señala) el hecho de
20   que los Estados Unidos están dispuestos a hacer (todo) lo posible para acudir en su ayuda.

JUAN Aquí dan cuenta de las negociaciones en que interviene[7] nuestro Gobierno, asegurando[8] que están en plena actividad y que en los momentos actuales[9] llegan a su punto cumbre. Únicamente parece
25   dificultarlas algún tanto la complicada situación del momento actual en Europa. Por este lado la cosa está que arde.[10]

■ ■

MARY Turn over the sheet; let's see on what page the theatrical section is. Perhaps they are presenting (reviving) a play of Alejandro Casona in some theatre. Look; just yesterday one opened, and here ₃₀ is the review. To judge by what it says, the play was a howling success. It must be really worth while.

JOHN What a coincidence! They are advertising a film (picture, *colloquial*) here which was shown (which played, *colloquial*) in ₃₅ New York about a year ago but I missed it at the time—one of those movies (*colloquial*) that make (the people in) the audience shake (rock) (split their sides) with laughter because of the sheer absurdity.

MARY When you least expect it, you are agreeably surprised. Oh, ₄₀ look; here on the last page is the advertisement that dad had inserted (put in) last night. It has been placed at the bottom of the "Want Ad" section.

JOHN Do you recall the automobile that we found yesterday turned upside down (over) in the middle of the road (highway) about five ₄₅ kilometers from Madrid, which kept the traffic blocked until they came from the garage and towed it in? It was a mess (*colloquial*). The small news items include a detailed report of the accident. The automobile had collided with a truck coming in the opposite direction. Wishing to avoid the collision, the driver had un- ₅₀ fortunately struck (run down [over]) a person who was passing by on a bicycle.

MARY I should say I remember. When we stopped to fill our tank, the attendant at the gas station told us it was the fifth accident that had occurred at that sharp curve which is near the scene of the in- ₅₅ cident. And yet there is a signpost with a warning to slow down before taking the curve. But there are people who pay no attention, and besides their own lives endanger those of other people.

₆₀

JOHN Here comes the waiter. Shall we take a cold drink or a bite to eat? As you like (just as you say).

44   CAPÍTULO IV

■ ■

MARÍA Dobla la hoja a ver en qué plana está la sección de espectáculos
(la cartelera). Acaso en algún teatro se represente (se haga la
30 reposición de) una obra de Alejandro Casona. ¡Mira! precisamente se estrenó ayer una, y aquí viene la reseña crítica (la crítica).
A juzgar por lo que dice, la obra alcanzó un éxito clamoroso.
¡Debe de ser cosa seria![11]

JUAN ¡Qué casualidad! Aquí está anunciada una película que se
35 proyectó (se puso, se echó, popular) en Nueva York hace cosa de
un año, pero yo perdí la ocasión[12] de verla entonces: una de esas
películas que, de puro[13] absurdas, hacen al público desternillarse
(morirse) (troncharse, popular) de risa.

40 MARÍA Cuando menos se piensa,[14] resulta[15] uno agradablemente
sorprendido. ¡Ah, mira! aquí en la última plana viene el anuncio
que papá mandó insertar (poner) anoche. Lo han colocado al pie
de la sección de "Bolsa del Trabajo."

JUAN ¿Recuerdas el automóvil que encontramos ayer volcado en
45 medio del camino (la carretera) a unos cinco kilómetros de Madrid,
y que tuvo interrumpido el tránsito hasta que vinieron del garage
y lo remolcaron (llevaron a remolque)? ¡Era un lío (familiar)!
La crónica de sucesos[16] trae una información[17] detallada del
accidente. El auto había chocado con un camión que venía en
50 dirección contraria (opuesta). Por desgracia, queriendo evitar el
choque, el conductor había alcanzado (atropellado, arrollado)
a un individuo que pasaba en bicicleta.

MARÍA ¡Ya lo creo que recuerdo! Cuando nos detuvimos a llenar
(cargar) el depósito, nos dijo el encargado del surtidor de gasolina
55 que era ya el quinto accidente que se había producido en aquella
curva tan cerrada que hay en las inmediaciones del lugar del suceso.
¡Y eso que[18] hay un indicador advirtiendo que, para tomar la
curva, debe aminorarse (aflojarse, acortarse) la marcha! Pero hay
quien no hace caso, y además de la vida propia pone en peligro la
60 ajena.[19]

JUAN Aquí viene el camarero. ¿Tomamos (tomaremos) un refresco,[20]
un tentempié? En fin lo que quieras (tú dirás).

EN LA TERRAZA DE UN CAFÉ   **45**

Notas

1. De paso—al mismo tiempo.

Al mismo tiempo (*at the same time*): a la vez.

Estudia español y griego al mismo tiempo (a la vez). *He is studying Spanish and Greek at the same time.*

De paso: al tratar de otro asunto; i.e., *at the same time, but indicating a matter of incidental importance.*

El corregidor pronunció estas palabras, dirigiendo de paso una rápida y cínica mirada a la molinera. *The magistrate uttered these words, at the same time (incidentally) casting a rapid and cynical glance at the miller's wife.*

De paso *is often used like the colloquial English phrase "while I am (you are, he is, etc.) at it".*

Iré a ver al Sr. X y de paso saludaré a su hermano. *I shall go to see Mr. X and, while I'm at it, I'll say hello to his brother.*

2. Some translations of "far".

¿Cuánto hay (qué distancia hay) de aquí a Madrid? *How far is it from here to Madrid?*

La casa no está lejos de aquí. *The house is not far from here.*

Estoy muy lejos de suponer tal cosa. *I am far from supposing such a thing.*

Lo que Vd. dice está muy lejos de ser cierto. *What you are saying is very far from the truth.*

Far from it: ni mucho menos (ni con mucho).

3. Cerca de.

Además del sentido de **junto a** (**a poca distancia de**), **cerca de** se usa con verbos como **mediar** e **influir** en el sentido de **con.** Empleado con sustantivos como **embajada, embajador** o **misión** se traduce por *to*.

Influyó cerca de quien podía ayudarle. *He used his influence with a person who could help him.*

Se le encargó de una delicada misión cerca del Gobierno inglés. *He was entrusted with a delicate mission to the English Government.*

4. Potencia—poder.

Potencia: capacidades y fuerzas inherentes en seres vivos, máquinas y organismos sociales.

Por una curiosa inversión de las potencias imaginativas, suele el español hacerse ilusiones sobre su pasado. *Through a curious inversion of his imaginative powers (faculties), the Spaniard is wont to create illusions for himself about his past.*

Era un latigazo de la primavera acelerando con su excitación la vida, dando mayor potencia a los sentidos. *It was a whiplash of spring, quickening life with its excitation and giving greater power to the senses.*

Las potencias del Norte: *the powers (countries) of the North.*

El caballo de vapor es la unidad que expresa la potencia de una máquina. *Horse power is the unit that expresses the power of a motor.*

Poder: dominio, imperio (*control*) o derechos que pueden ejercer una persona o cosa sobre otras.

Cayó en poder del enemigo. *He fell into the power (under the domination) of the enemy.*

Lo que me pide no está en mi poder. *What you are asking of me is not within my power (beyond my control).*

Dar plenos poderes a una persona: *to give full powers (rights and control) to a person.*

Con un solo ejemplo se demuestra el poder de la rutinaria costumbre en aquel hombre. *With one single example, the power of routine over that man is demonstrated.*

5. Empréstito—préstamo.

Un **empréstito** se efectúa entre entidades (*companies*) comerciales o entre estados; **préstamo** es la palabra genérica; equivale a **empréstito** y además se hace entre particulares (*private individuals*).

El Gobierno emite un empréstito (préstamo) en el interior del país o bien lo negocia con otro país. *The Government floats a loan within the country or else negotiates it with another country.*

La empresa hizo un empréstito (préstamo) por valor de 1.000.000 de pesetas al cuatro por ciento. *The company made a loan in the amount of 1,000,000 pesetas at four per cent.*

Solicité y me hizo un préstamo de cien mil pesetas. *I applied for, and he granted me, a loan of one hundred thousand pesetas.*

Prestamista: *money-lender.*

EN LA TERRAZA DE UN CAFÉ   **47**

6. Editor—editor; el editorial—la editorial.

Cronista: *the editor of a particular section of a newspaper.* Cronista de salones: *society editor.*

Editor of a newspaper, magazine: redactor. El editorial: *the editorial.* La editorial (la casa editorial): *the publishing house.* Editor: *publisher.*

7. Intervenir—to intervene.

Intervenir significa tomar parte en (*to take part in*) o interponerse entre dos o más que riñen (*to intervene*).

Estos son los actores que intervienen (toman parte) en la comedia. *These are the actors that take part in the comedy.*

Intervino un tercero en (la) discordia. *A third party intervened in the dispute.*

Tratándose de un período de tiempo, *to intervene* se traduce por **mediar.**

Tres meses mediaron entre los esponsales y la boda. *Three months intervened between the engagement and the marriage.*

8. Some translations of "statement"; palabras as a translation of "remarks".

He stated (*affirmed, declared*) that this was true. Aseguró (afirmó, declaró) que esto era lo cierto.

Las declaraciones (afirmaciones) del ministro fueron acogidas con reservas. *The statements (affirmations) of the minister were received with reservations.*

Se vio obligado a hacer una declaración oficial sobre el asunto. *He was obliged to make an official statement on the matter.* (N.B. Declaración (*testimony*) es también un término técnico en el lenguaje jurídico.)

¿Cuándo prestó declaración este testigo? *When did this witness give his testimony?*

Las afirmaciones del testigo perjudicaron al acusado. *The statements of the witness harmed the accused.*

Según el último balance mensual, aparece a mi favor un saldo de X pesetas. *According to the last monthly statement, there is a balance in my favor of X pesetas.*

El conferenciante dijo algunas palabras previas. *The lecturer made a few preliminary remarks.*

Dijo algunas palabras malintencionadas. *He made a few nasty remarks.*

9. Actual—*actual;* efectivo—*effective.*

Actual: *present.*

El actual monarca griego: *the present Greek monarch.*

La situación actual del Gobierno es difícil. *The present situation of the Government is difficult.*

"Actual" may be translated by **real** *or* **efectivo.**

Éstos son hechos reales y no falsos. *These are actual accomplishments, not fallacious ones.*

¿Lo cree Vd. realmente? *Do you actually believe it?*

Es el presidente efectivo. *He is the actual president.*

Efectivo (*actual*): real y verdadero en oposición a lo quimérico, dudoso o nominal. *Effective:* eficaz o efectivo.

Un remedio, un equipo eficaz o efectivo; una medicina, una medida, una intervención eficaz o efectiva: *an effective remedy, piece of equipment, medicine, measure, role.*

Es un orador, jugador eficaz o efectivo. *He is an effective speaker, player.*

N.B. Hacer efectivo (*frase hecha*): llevar a cabo o llevar a la práctica, *to implement.*

Hacer efectivo un propósito, plan o cambio propuesto: *to implement a purpose, plan, or proposed change.*

10. Estar que arde.

Las relaciones existentes entre estos países están muy tirantes. La cosa está que arde. *Existing relations between these countries are very tense. Things are coming to a head.*

Nadie podía poner orden ni concierto en el seno del Gobierno. La cosa estaba que ardía. *Nobody could bring about order or harmony within the Government. Things were coming to a head.*

Ellos están que arden. *They have reached the breaking point.*

Estoy que ardo con él. *He and I have reached the breaking point.*

11. Ser (una) cosa seria.

Este cuadro es (una) cosa seria. *This picture is really worthwhile.*

No compare este modelo de auto con otros; éste es (una) cosa seria. *Don't compare this model with other cars; this one is really worthwhile.*

The expression is also used in a more literal sense.

El médico dice que esta enfermedad es una cosa seria. *The doctor says this illness is a serious matter.*

The adjective **serio** *is often used in the sense of "reliable".*

Es una casa seria. *It is a reliable firm.*

12. *Some translations of "to miss".*

To miss tiene varias traducciones en español. *To miss* con el significado de sentir la ausencia de algo o alguien, añorar (*to pine for*): echar de menos.

Cuando estoy en el extranjero, echo mucho de menos a mis amigos. *When I am abroad, I miss my friends very much.*

Abandoné mi carrera de ingeniero; ahora me doy cuenta de cuánto la echo de menos. *I gave up the course of study in engineering; now I realize how much I miss it.*

To miss puede traducirse por **perder** en el sentido de no aprovechar algo, o no llegar a tiempo para conseguirlo. En el primer caso, es más expresivo emplear la forma pronominal (*the reflexive form*).

Me perdí lo mejor de la película porque me marché. *I missed the best part of the picture because I left.*

Si no aceptas la invitación, te habrás perdido una deliciosa fiesta. *If you don't accept the invitation, you'll miss a delightful party.*

Perdió el avión por haberse retrasado el taxi debido al intenso tráfico. *He missed the airplane because the taxi was delayed due to the heavy traffic.*

Pasársele algo a uno equivale a *to miss* en el sentido de dejar atrás una estación, parada o sitio.

Iba distraído en el metro y se me pasó la estación. *I was distracted in the subway and missed my station.*

Con la oscuridad se nos pasó la bocacalle. *I missed the crossing in the darkness.*

13. *Some idiomatic uses of* **puro.**

Sus labios apenas se veían de puro chicos. *Her lips were scarcely visible because of their extreme smallness.*

La tienda tenía un papel amarillo, que se despegaba de puro viejo. *The store had yellow wallpaper that was peeling off because of extreme age.*

14. *Some translations of "to expect";* **expectación**—*expectation.*

¿A qué hora espera Vd. que venga? *At what time do you expect him to come?*

Pienso (espero) ir a París la semana que viene. *I intend (expect) to go to Paris next week.*

No contamos con él hoy. *We don't expect him today.*

Expectación: *expectancy or eagerness.*
Había gran expectación para oír el discurso de X. *There was great eagerness to hear X's speech.*
El anuncio del estreno había despertado gran expectación. *The announcement of the opening had created great eagerness (awakened great expectancy).*
Expectation: esperanza.
Eso colma mis esperanzas. *That comes up to all my expectations.*

15. Resultar.

La mañana se presentaba nublosa, pero el día resultó muy soleado. *The morning looked cloudy, but the day turned out (to be) very sunny.*
Esta máquina de escribir me resultó más cara de lo que había pensado. *This typewriter proved (to be) dearer than I had thought.*
El individuo desconocido resultó ser el señor X. *The unknown person turned out to be Mr. X.*

16. Crónica de sucesos.

La **crónica de sucesos** abarca (comprende) aquellas incidencias no muy relevantes (notables) y que se refieren exclusivamente a delitos y accidentes.

17. Información—referencia; información—informe; informe—referencia.

Información—referencia. Una **información** sobre un asunto tiene unidad de contenido y la amplitud que su mejor exposición requiere. Es un término objetivo. Una **referencia** sobre un asunto es una mera impresión total o parcial del mismo, comunicado a alguien.

Una información (referencia) periodística: *a newspaper account (report).*

Un periódico publica (una) amplia información sobre la conferencia naval de Londres. *A newspaper publishes a full account about the naval conference in London.*

Según referencias oficiales (oficiosas), podemos afirmar que el acuerdo ha sido aplazado. *According to official (unofficial) reports, we can state that the agreement has been deferred.*

El Gobierno prohibió que las informaciones periodísticas relataran el suceso. Dejó sólo referencias fragmentarias. *The Government prohibited newspaper accounts relating the occurrence. It permitted only fragmentary reports.*

Vd. me ha dado una referencia equivocada de lo que ocurrió en el banquete. *You gave me a mistaken report of what occurred at the banquet.*

EN LA TERRAZA DE UN CAFÉ   **51**

Información—informe. Estas dos palabras sirven para traducir *"information"*, y además tienen sentidos específicos. En el sentido de *"information"*, **información** se usa en singular, denotando un conjunto de datos sobre una materia determinada; la palabra **informes,** que se usa en plural en esta acepción, alude a datos parciales sobre algo.

Información teatral, deportiva (de un periódico): *theatrical, sport section.*

Oficina de información (correos, trenes, hoteles): *information bureau.*

He pedido informes (información, referencias) sobre este empleado. *I have asked for information (references) about this employee.*

¿Dónde podrían darme (facilitarme) informes o información de esto? *Where could they give (furnish) me information about this?*

¿Dónde podré conseguir informes o información sobre este asunto? *Where can I get information on this matter?*

Informe—referencia. Informe se emplea también en el sentido de dictamen de un técnico competente: *report.*

Informe pericial, médico: *expert, doctor's report.* El médico entregó a la compañía de seguros su informe sobre el presunto asegurado. *The doctor remitted his report on the prospective client for insurance to the insurance company.*

Sólo los técnicos emiten informes; en otros casos *report* debe traducirse por **referencia** o, en la sala de clase, por **trabajo.**

El profesor me encargó un trabajo sobre Lope de Vega. *The teacher assigned me a report on Lope de Vega.*

18. Y eso que.

Vd. no hizo el trabajo que le encargué; y eso que insistí bastante en que no dejara de hacerlo. *You didn't do the work I assigned you, and yet I was rather insistent about your not failing to do it.*

19. Ajeno.

No codicies los bienes ajenos. *Don't covet the possessions of others.*
La fruta del cercado ajeno es más sabrosa que la del propio. *The fruit of other people's gardens is tastier than that of our own.*

Es ajeno a mis propósitos. *It is unrelated to my purposes.*

Robar es apoderarse de lo ajeno contra la voluntad de su dueño. *To rob is to seize another's property against the owner's will.*

20. Refresco.

Refresco: bebida fresca (fría) hecha con (a base de) agua natural o de seltz y jarabe (*syrup*) de frutas: *soft drink.*

Ejercicios

■

A. CUESTIONARIO

1. ¿Por qué se sientan en la terraza del café?
2. ¿Por qué no estará de más un pequeño descanso?
3. ¿A qué se refieren los titulares que trae la prensa?
4. ¿Qué gestiones está haciendo el Gobierno de aquel país?
5. ¿Cuáles son los hechos que hace resaltar el cronista?
6. ¿Qué es lo que más dificulta las negociaciones?

B. MODISMOS Y GRAMÁTICA

Repaso del verbo "querer". "Querer" usado con el subjuntivo (p. 43, l. 1). "De lo que" como equivalente de "than" (p. 43, l. 5).

1. He wanted me to take the fresh air. **2.** These headlines must be attracting lots of attention. **3.** Maybe this means that they want the treaty to go into effect at once. **4.** If he is right, it is farther from here to the hotel than we thought. **5.** If the United States were going to take part in the present negotiations, the commentator would bring that out. **6.** The papers carry articles which say that the situation is becoming tenser and tenser. **7.** They agreed with the great powers on the terms of the loan more quickly than we had believed. **8.** Things have been coming to a head for a long time. **9.** They sat down at that sidewalk café so that their friend would be able to see them. **10.** They came to our aid by sending the troops at once.

C. ESTUDIO DE PALABRAS

1. He says he can eat and read the headlines *at the same time.* He spoke of the tense situation, pointing out *at the same time* some errors in the press. **2.** *Actualmente,* las negociaciones han llegado a su punto culminante. Did you *actually* take those steps? **3.** El presidente *efectivo* no está dispuesto a desenmascararse. Estos medios no son *efectivos.* **4.** How *far* is the Ministry of the Interior from here? It is *far* from being important. Was it interesting?

Far from it. **5.** Two weeks *intervened* between the day on which the treaty went into effect and the accounts of it carried by the papers. Nuestro país ha *intervenido* en las discusiones de la conferencia de Lima. **6.** At first, the great *powers* came to their aid. The government hasn't the *power* to do that. The car has a lot of *power;* it covered the two hundred kilometers in two hours. This commentator has great mental *powers*. The soldiers have fallen into the *power* of the enemy. **7.** After the accident, he asked me for a *loan* of fifty dollars. If the situation becomes tenser, the government will float a *loan*. **8.** The *editor* is not in Madrid. Los *editores* leyeron con cuidado el manuscrito del autor. **9.** These *statements* of the witness are among the most important. The bank will send me my monthly *statement* tomorrow. **10.** La editorial tiene una sucursal (*a branch*) en Málaga. El editorial viene en la página treinta.

D. *Escríbanse unas 100 palabras acerca de la prensa moderna.*

■ ■

SEGUNDA PARTE

A. CUESTIONARIO

1. ¿Qué le llama la atención a María en la cartelera?
2. ¿Cómo es la película de que habla Juan?
3. ¿Dónde se encuentra el anuncio que mandó insertar su padre?
4. ¿Qué habían visto en la carretera a cinco kilómetros de Madrid?
5. ¿Cómo había ocurrido el accidente?
6. ¿Qué les dijeron en el surtidor de gasolina acerca de la curva?
7. ¿Qué advierte el indicador?
8. ¿Qué giros se emplean en el buen hablar en vez de "troncharse de risa" y "echar una película"?

B. MODISMOS Y GRAMÁTICA

Repaso del verbo "venir". El uso del pretérito para indicar que un acto comienza o termina en un momento dado del pasado. El uso del imperfecto para indicar que el acto o estado ni comienza ni termina en un momento dado del pasado (p. 45, l. 49 y p. 45, l. 52).

1. We collided with a truck which was coming from the opposite direction. **2.** When we saw the car, it was in the middle of the highway about five miles from Madrid. **3.** He wanted us to look at the theatrical section and read the review of the play that opened last night. **4.** He will burst out laughing

54   CAPÍTULO IV if he sees the advertisement we had put in the Want Ad section. **5.** If the play were a howling success, they would revive it. **6.** He took a cold drink; —and yet the doctor did not want him to do it. **7.** We shall have to have the car towed until the next gasoline station, because we did not stop to fill the tank. **8.** He must have read the sign, as he cut down his speed when we came to the sharp curve. **9.** They drove so fast through sheer stupidity. **10.** Judging by what the review says, they will continue to show the picture here.

C. ESTUDIO DE PALABRAS

1. Will they give me *information* about the Want Ad section? The *information* bureau is in the lobby of the hotel. El periódico trae una *información* detallada del choque de los dos camiones. **2.** According to *reports* I've had, the car ran over a man at the curve. A competent expert remitted a *report* on these foods. The teacher assigned them a *report* on the author. **3.** Los anuncios llamativos de la nueva película despertaron gran *expectación*. The gasoline proved to be very good; it came up to all my *expectations*. **4.** He *proved* all the points. That will *prove* to be more important than you think. **5.** He *missed* a wonderful opportunity. We *missed* the stop and had to walk back. Do you *miss* your family?

D. TEMA

I'm sorry I missed that film in New York. It was shown there two and a half years ago.

I saw it when it opened. The advertisement in this paper looks attractive, doesn't it? Just look; it occupies the whole last page.

To judge by what the reviews say, it will probably be a howling success. But, when you least expect it, you are often disagreeably surprised.

In this case, however, I think it will certainly come up to all expectations. It is really worth while. It was so funny that the whole audience split its sides laughing. I left the theatre unable to walk from sheer fatigue. I had laughed so much. Let's go and see it tomorrow, shall we?

I'd like to very much. But, unfortunately, tomorrow I shall be fifty miles away from here. My chauffeur was driving the car, and had an accident yesterday in El Escorial. I shall have to have the car towed to Madrid. It's a mess.

I read the account of the accident in the newspapers. I didn't know it was your car. It wasn't a serious thing, I hope?

V The Streets of Madrid

■

JOHN (*Looking at his watch*) The morning has flown by (time flies). It's almost twelve by my watch; it's three minutes to.

MARY Your watch doesn't run very well (doesn't keep very good time). It is always a few minutes slow or fast, and you have to set it every little while; and knowing how punctual you are. . . . 5 It's (well) after twelve.

JOHN (*He motions to the waiter to come over* (*he claps a couple of times for the waiter*), *and hands him a one-hundred peseta note.*) Take it out (of the bill). I haven't any small change.

WAITER I'm sorry; you will have to wait a moment. I haven't enough 10 either to give you change. (*He goes to the cashier's desk, changes the bill, and returns.*) Here are twenty-one pesetas, fifty céntimos; the tip is included. Thank you. (*The young people leave the café and go along Carmen Street in the direction of the Gran Vía.*)

JOHN They charged us a lot for the drinks. Of course, they would 15 have been cheaper if we had taken them at the bar, but I didn't think the difference in prices (rates) would be so appreciable. Another time we'll know what suits our purpose best.

MARY You didn't notice the price list under the glass covering the top of our table; everything was on it.—Look what lovely little 20 boxes of bonbons there are in this confectionary shop. I'm going in to buy five pesetas' worth of hard candy.

JOHN All right, I won't argue with you. What's the good of insisting with you, if you always get your way anyway? But hurry up and don't tarry there too long. I'll wait outside here. (*Mary enters, and* 25 *comes out after a little while.*)—At last you've come out! I was just beginning to get impatient. You took ten minutes to buy your fine (*ironic*) candy.

■ ■

JOHN I shouldn't like to walk home. Let's take the subway or the bus if the stop is nearby. I'll ask that policeman how often the busses 30 run that go to La Concepción section, because I am doubtful. (*He addresses a traffic policeman, speaks to him for a few short*

Las calles de Madrid V

■

JUAN (*Mirando el reloj*) La mañana se ha pasado volando (el tiempo vuela). Van a dar las doce por mi reloj; faltan tres minutos.

MARÍA Tu reloj no anda muy bien (no es muy exacto). Siempre atrasa o adelanta algunos minutos, y tienes que ponerlo en hora cada poco (a cado paso); y con lo puntual[1] que tú eres. ... Ya pasa (con mucho) de las doce.

JUAN (*Hace seña al camarero de que venga (da un par de palmadas para que el camarero acuda), y le entrega un billete de cien pesetas.*) ¡Cobre Vd. esto! No tengo suelto.

EL CAMARERO Perdone; tendrá Vd. que aguardar un momento. Tampoco tengo yo para darle la vuelta.[2] (*Va a la caja, cambia el billete, y vuelve.*) Aquí tiene Vd. veintiuna cincuenta; la propina está incluida.[3] Muchas gracias. (*Los jóvenes salen del café y siguen por la calle del Carmen en dirección a la Gran Vía.*)

JUAN Nos han cobrado muy caros los refrescos. Desde luego, hubieran salido más baratos tomándolos en el mostrador[4] (la barra), pero no creí que la diferencia de precios (tarifas)[5] fuese tan notable. Para otra vez ya sabemos lo que nos tiene (trae) más cuenta.[6]

MARÍA Tú no te has fijado en[7] la nota[8] de precios que había en nuestra mesa debajo del cristal del tablero;[9] allí venía todo.—Mira qué cajitas de bombones tan monas hay en esta confitería. Voy a entrar a comprar cinco pesetas de caramelos.

JUAN Bueno, no voy a llevarte la contraria. ¿A qué[10] insistir contigo si, de todos modos, siempre te sales con la tuya? Pero date prisa y no te entretengas[11] ahí demasiado; yo espero aquí fuera. (*María entra, y a poco[12] sale.*)—¡Por fin[13] has salido! Ya empezaba a impacientarme. Has tardado[14] diez minutos en comprar tus dichosos (*irónico*) caramelos.

■ ■

JUAN No quisiera volver a pie (volver andando) a casa. Vamos a tomar el "metro" o el autobús si la parada está cerca. Preguntaré a aquel guardia cada cuánto[15] pasan los autobuses que van al barrio de la Concepción, porque yo estoy en duda. (*Se dirige a un*

minutes, and returns.) It's amazing (beyond belief)! It can't be! He told me that they run every twenty minutes. Who could have thought it? ₃₅

MARY It doesn't (really) matter. Let's take the subway. After all, what difference does it make? If it were a matter (question) of a long trip (a trip of any length)—but it won't take us more than twenty minutes.

JOHN What the dickens is that fellow (*colloquial*) (guy, *slang*) shouting ₄₀ there who has so many people around him listening open-mouthed? I don't understand a word (a bit) of what he is saying. As if he'll get any good out of shouting like that! (*They approach the people who are grouped around the vendor.*)

MARY He is selling costume jewelry at twenty pesetas apiece— ₄₅ necklaces, wrist watches, rings, earrings,—stuff that would be dear if sold at half the price.

JOHN The vendor is no fool, and knows how to flatter his customers. Wait a moment; I am going to take a picture.

MARY How odd (funny) that a policeman (cop, *slang*) doesn't come ₅₀ to tell him to move on! It seems they close their eyes to cases like this.

JOHN Let's not waste (lose) any more time here. It's high time to go home. Oh, look! What a shame! There goes our bus; we've missed it. (*When another bus arrives, they get on and stay on the platform.*) ₅₅

JOHN (*After paying the fare*) Here are the three pesetas I owed you; now we're even.

MARY There was no (particular) hurry. Of course, there is still a debt standing which I haven't settled with you. ₆₀

JOHN Why, that debt had slipped my mind! It's odd, because I am ordinarily short of funds (money) (without a cent, broke, *slang*).

MARY Say, look! (*colloquial*) What kind of demonstration is that? What a lot of people are marching! The bus will have to make a ₆₅ detour through a side street.

(*The young people try to read the signs carried by the demonstrators marching at the head (in front), while the bus turns the first corner.*) Look at that sign; look what it says: Peace, Yes; War, No.

agente de circulación, habla con él breves momentos, y vuelve.) ¡Qué
barbaridad![16] ¡No puede ser! Me ha dicho que pasan cada veinte
35 minutos. ¡Quién había de creerlo!

MARÍA No tiene (mucha) importancia. Tomemos el "metro". Al fin
y al cabo ¿qué más da? Si se tratase (fuese cuestión [cosa]) de un
trayecto largo (kilométrico, *familiar*)—pero no tardaremos más
de veinte minutos.

40 JUAN ¿Qué mil diablos grita allí aquel individuo (*familiar*) (tío,
popular) que tiene tanta gente alrededor escuchándole con la boca
abierta? No entiendo palabra (ni pizca, *familiar*) de lo que dice.
¡Ni que[17] adelantase algo (ganara) con vociferar así! (*Se acercan a
la gente que forma corro[18] alrededor del vendedor.*)

45 MARÍA Está vendiendo bisutería (quincalla) a veinte pesetas la pieza:
collares, pulseras, anillos, pendientes: chismes[19] que vendidos a
mitad de precio saldrían caros.

JUAN El vendedor no tiene pelo de tonto, y sabe halagar a los com-
pradores. Espera un momento; voy a sacar una fotografía.

50 MARÍA ¡Qué raro [20] que ningún guardia (poli, *popular*) venga a decirle
que circule! Parece que hacen la vista gorda (cierran los ojos)
ante casos así (*o* como éste).

JUAN No malgastemos (perdamos) más tiempo aquí. Ya[21] es hora de
volver a casa. ¡Ah, mira! ¡Qué lástima! Allí va nuestro autobús;
55 ¡lo hemos perdido! (*Cuando llega otro autobús, suben y se quedan
en la plataforma.*)

JUAN (*Después de pagar los billetes*) Ahí van las tres pesetas que te
debía: ya estamos en paz.

MARÍA No corría (ninguna) prisa. Desde luego, todavía queda en pie
60 una deuda que no he saldado contigo.

JUAN Ya se me había escapado (ido) de la memoria esa deuda. ¡Es
raro! pues yo, por lo común, ando escaso de fondos (dinero)
(estoy sin blanca; estoy limpio *o* a dos velas, *populares*).

MARÍA ¡Atiza! (*familiar*) ¿Qué manifestación es aquélla? ¡La de gente
65 que desfila! El autobús tendrá que dar un rodeo por una calle
lateral.

(*Los jóvenes tratan de leer los carteles que llevan los manifestantes
que van en cabeza (al frente), mientras el autobús da la vuelta a
(vuelve, dobla [por]) la primera esquina.*) Mira aquel cartel, lo que
70 dice: Paz, Sí; Guerra, No.[22]

LAS CALLES DE MADRID   **59**

Notas

1. Puntual—*punctual*.

La palabra **puntual** tiene un sentido mucho más amplio que la palabra inglesa *punctual*. Además de *punctual*, significa *accurate*.

Era muy puntual en hacer todo lo que le mandaban. *He was very punctual in doing everything they ordered him to do.*

Carezco de datos para referir puntualmente lo que ocurrió. *I lack facts to relate accurately what occurred.*

Empezó a referir con gran puntualidad y despejo cuanto le había pasado. *He began to relate with great accuracy and facility all that had happened to him.*

2. Cambiar—dar la vuelta.

Cambiar una cantidad de dinero es dar otra equivalente pero en moneda menor.

To change a five-dollar bill: cambiar un billete de cinco dólares.

Dar la vuelta de: dar el resto de un gasto pagado con moneda superior a su importe.

Cobre Vd. el importe, y déme Vd. la vuelta. *Take out the amount, and give me the change.*

Suelto: *small change*, monedas metálicas de diversos valores. Hay monedas de una peseta, de dos cincuenta (dos pesetas, cincuenta céntimos), de cinco pesetas (llamadas "duros"), de veinticinco, cincuenta y cien pesetas. Inferiores a la peseta existen dos monedas, una de cincuenta y otra de diez céntimos.

3. Incluido—inclusive—incluso.

Incluido: *included*. Inclusive: *inclusive*. Incluso: *even (including)*.

Precio del cubierto con el vino incluido (con el vino aparte): *price of the full course meal with wine included (with wine separate).*

Este trozo no está incluido en el texto. *This selection is not included in the text.*

Se examinarán mañana los candidatos del veinte al treinta inclusive. *Candidates numbers twenty to thirty inclusive will be examined tomorrow.*

Leyó hasta el capítulo XV inclusive. *He read through Chapter XV (inclusive).*

Incluso me afirmó que no vendría. *He even declared to me that he would not come.*

Le abandonaron todos, incluso sus amigos. *They all abandoned him, even (including) his friend.*

60

4. Bar—barra—mostrador.

Mostrador (*counter* o *bar*) es una especie de mesa o tablero que se emplea en las tiendas para presentar los géneros (*merchandise*), y en los cafés o bares para servir toda clase de alimentos o bebidas. *Barra* (*bar*) es una modalidad de mostrador usada en los bares o cafés.

Bebamos algo en el mostrador (*o* barra). *Let's drink something at the bar.*

Bar: pequeño café donde se sirve a los clientes indistintamente en el mostrador o en las mesas.

Colegiarse: *to become a member of the bar* (*a lawyer*). Colegio de abogados: *bar* (*in law*).

5. Some translations of "rate".

"Rate" should be translated carefully.

Hotel rates: tarifas de hoteles. ¿Qué tarifas tiene este hotel? *What are the rates of this hotel?*

Customs, railroad, postage rates: tarifas arancelarias, ferroviarias, de franqueo. Las tarifas reducidas se aplican, entre otros, a los soldados en los ferrocarriles. *Reduced rates on railroads are extended to soldiers, among others.*

Con la marcha que lleva el tren, llegará con gran retraso. *At the rate the train is going, it will arrive very late.*

El auto lleva una velocidad (anda a razón) de sesenta kilómetros por hora. *The auto is traveling at the rate of sixty kilometers per hour.*

A razón de 80 pesetas por semana: *at the rate of 80 pesetas a week.*

La fábrica produce a razón de cinco automóviles por día. *The factory produces at the rate of five automobiles per day.*

¿Cómo está el cambio hoy? *What are the rates of exchange today?*

¿Qué tipo de interés tiene este banco? *What rate of interest does this bank offer?*

A este paso no acabaremos nunca. *At this rate we shall never get through.*

El Gobierno adoptó una serie de medidas destinadas a contener el excesivo ritmo de crecimiento de la demanda. *The Government adopted a series of measures intended to restrain the excessive rate of increase in demand.*

En la capital, el ritmo de la construcción es asombroso. *The rate of construction is amazing in the capital.*

LAS CALLES DE MADRID   **61**

6. Tener o traer (más) cuenta.

Tener (o traer) (más) cuenta a uno: *to be (more) advisable for one.*

Nos tiene (trae) más cuenta tomar esta habitación. *It is more advisable for us to take this room.*

Le tiene (trae) más cuenta tomar el tren de las nueve. *It is more advisable for him to take the nine-o'clock train.*

Al testigo no le tiene (trae) cuenta hablar; le tiene más cuenta callarse. *It is advisable for the witness not to talk; it is more advisable for him to remain silent.*

Tener en cuenta: *to take into consideration.*

Tendré en cuenta su comportamiento de ahora. *I shall take into consideration his present conduct.*

7. Fijarse—reparar.

Fijarse en: parar la consideración en; mirar con atención concentrada.

Reparar en: pasar la vista por algo y adquirir la noción superficial de que existe.

La dama obligaba a su hija mayor a vestirse de una manera pobre y ridícula, con el objeto de que nadie se fijara en ella. *The lady obliged her older daughter to dress in a poor and ridiculous manner so that nobody would notice (center his interest upon) her.*

Cerca ya de la pila del agua bendita, Calitea reparó en alguien que se adelantaba, pero en quien sólo podía descubrir un bulto negro. *Calitea, now near the holy water basin, noticed someone moving forward, but she could make out only a black mass.*

Leonora, insensible a la curiosidad, sin reparar en los centenares de ojos fijos en ella, seguía hablando de sus asuntos. *Leonore, oblivious to their curiosity, without noticing the hundreds of eyes fixed upon her, continued to speak about her affairs.*

Rafael dejó de examinarla para fijarse en su señora. *Raphael stopped examining her to fix his attention upon her mistress.*

8. Nota; notar—anotar.

Nota (lista) de precios: *price list.* (N.B. Es el único caso en que **nota** equivale a **lista**.)

Tomaré nota de su conducta. *I shall take note of his conduct.*

Tomaré nota de sus señas. *I shall make a note of your address.*

El alumno toma notas (apuntes) durante la explicación del profesor. *The student takes notes during the teacher's explanation.*

¿Qué nota ha obtenido Vd. en el último curso? *What mark did you get in your last year?*

Es un actor de nota (de calidad). *He is an actor of note.*

Notar: advertir, percibir.

Fíjese bien y notará que el papel tiene un defecto. *Look carefully and you will notice that the paper has a defect.*

Anotar: tomar nota de o apuntar.

Déme su dirección; quiero anotarla en mi agenda. *Give me your address; I want to make note of it in my address book.*

9. Some translations of "top".

Top (*of a mountain*): cumbre; (*of a tree*): copa; (*of a box or pot*): tapa.
Tophat: sombrero de copa, chistera.

El vaso está lleno hasta los bordes. *The glass is full to the top.*

La botella está llena hasta arriba. *The bottle is full to the top.*

Hacia el (*o* al) principio, hacia (*o* a) la mitad, hacia el (*o* al) final de la página: *towards (or at) the top, towards (or in) the middle, towards (or at) the bottom of the page.*

Jugar el peón: *to spin the top.*

10. Some translations of "what's the good of...?"

¿**A qué?** o ¿**para qué?**: *What's the good of...?*

¿A (para) qué llorar? *What's the good of crying?*

¿A (para) qué hablar de esas cosas? *What's the good of speaking about those things?*

Para qué sirve y **de qué sirve** se emplean también en este sentido.

¿De qué (para qué) sirvieron tantos sacrificios? *What was the use of so many sacrifices?*

¿De qué (para qué) sirve trabajar tan duramente? *What's the good of working so hard?*

11. Entretener—divertir.

Entretener es meramente ocupar la atención de alguien. **Divertir** es distraerle a uno con algo que le proporcione vivo y animado placer.

Lleváronle a la sacristía, y allí le tuvieron entretenido hasta que desapareció el peligro. *They took him to the vestry, and kept his attention occupied until the danger disappeared.*

El niño se divierte en disparar a los ojos de los concurrentes los huesos de las cerezas. *The child amuses himself by throwing cherry pits at the eyes of the guests.*

12. A *as an equivalent of* **después de.**

A, usado con un sustantivo y el artículo definido, equivale a **después de** o **más tarde;** a veces este giro va seguido de la preposición **de** más infinitivo.

Se marchó a los dos días.   *He left two days later.*

Vino a la media hora.   *He came a half hour later (afterward).*

A los quince días de llegar, enfermó.   *He got sick two weeks after arriving.*

N.B. **A** o **al poco de** se usa en este mismo sentido.

A poco de estar allí esperando, empezó a inquietarse.   *He began to worry after waiting there a little while.*

13. Por fin—al fin—en fin.

Por fin indica un estado de impaciencia o tensión cuya terminación origina esta exclamación, *at last.*

Por fin, cuando ya desesperaba de conseguirlo, pude hacerme comprender.   *At last when I despaired of accomplishing it, I was able to make myself understood.*

Por fin: *at last.* **Al fin:** después de todo, *finally.*

Por fin (al fin) se firmó la paz.   *At last (finally) the peace treaty was signed.*

Al fin César se decidió a pasar el Rubicón.   *Finally Caesar decided to cross the Rubicon.*

En fin: en resumidas cuentas, *all in all, in short, after all.*

Me dijo esto, lo otro y lo de más allá, en fin, una serie de tonterías.   *He told me this, that, and the other thing, all in all (in short) a lot of nonsense.*

En fin, ¿para qué vamos a hablar de este asunto tan enojoso?   *After all, why should we speak of a subject as annoying as this one?*

14.   ¿Cuánto tiempo le lleva (tarda Vd. en) ir a casa?   *How long does it take you to get home?*

Tardé dos horas en reparar el auto *o* me llevó dos horas repararlo.   *I took two hours to repair the car* or *it took me two hours to repair it.*

15. *Some translations of "how" in exclamations.*

"How", followed by an adjective or adverb in interrogative sentences, cannot often be directly translated into Spanish. The following are a few equivalents for the most common cases.

¿Cada cuánto (tiempo) le visita?   *How often do you visit him?*

¿A (con) qué velocidad corre?   *How fast does it run?*

*With adjectives of dimension, the formula ¿***cómo es de?** *may be used.*

How big, small, long, short, wide, narrow, etc., is it? ¿Cómo es de grande, pequeño, largo, corto, ancho, estrecho, etc.?

In other cases, where no equivalent exists, the formula ¿**es muy. . .?** *may be used.*

How interesting is it? ¿Es muy interesante?

In exclamations the following translations may be used.

¡Qué pequeño es! *How small it is!*

¡Cuán hermosa es la casa! *How beautiful the house is!*

¡Vd. no tiene idea de lo largas que son las lecciones! *You have no idea how long the lessons are!*

16. Barbaridad.

El paciente tiene cuarenta y un grados de fiebre. ¡Qué barbaridad! *The patient has a fever of forty-one degrees (centigrade). It's amazing (beyond belief)!*

¡Qué barbaridad! el buque ha hecho la travesía en cuatro días. *It's amazing (beyond belief); the ship made the crossing in four days!*

Esta edición es bárbara (*familiar*). *This edition is amazing (i.e., because of its good or bad qualities).*

Hay una barbaridad (*familiar*) de obreros parados. *There are lots and lots (colloquial) of unemployed workers.*

Come una barbaridad (*familiar*). *He eats a lot (colloquial).*

Es una barbaridad casarse tan joven. *It is an absurd thing to marry so young.*

No recuerdo las barbaridades que dijo (hizo). *I do not recall the absurd things he said (did).*

17. Ni que.

Ni que: frase irónica que equivale a **como si.**

Su mujer gasta vestidos muy caros; ¡ni que fuese esposa de un millonario! *His wife wears very expensive dresses. As if she were the wife of a millionaire!*

Me reprende Vd. injustamente; ¡ni que yo lo hubiera hecho intencionadamente! *You are scolding me unjustifiedly. As if I had done it on purpose.*

18. Corro—coro.

Corro: cerco que forma la gente. **Coro:** conjunto de personas reunidas, de ordinario, para cantar o regocijarse.

Desde luego, mis ojos se fijaron en una de las muchachas que formaban corro alrededor del columpio. *From the start, my eyes were fixed on one of the girls who were forming a circle around the swing.*

El solista es menos importante que el coro. *The soloist is less important than the chorus.*

—Sí, sí, dijeron a coro todos los presentes. *"Yes, yes," said all those present in chorus.*

19. Chisme.

Chisme significa *gossip.*

No me cuente Vd. chismes. *Don't tell me any gossip.*

En un sentido algo familiar, **chisme** equivale a **artefacto** o **armatoste,** nombres dados a cosas cuyo uso aparece impreciso al primer golpe de vista, y de las cuales no recordamos el verdadero nombre.

Este chisme (*aludiendo al ascensor*) casi nunca funciona; voy a bajar andando. *This thing* (alluding to the elevator) *almost never works; I am going to walk down.*

¿Puede Vd. captar (coger) la onda de Sevilla con este chisme (*refiriéndose a un aparato receptor*)? *Can you get Seville with this thing* (*what-you-may-call-it,* colloquial) (referring to a radio set)?

20. Raro.

Además del sentido de la palabra inglesa *rare* (escaso en su clase), **raro** tiene también el de extraño o extravagante.

Los salvajes que gastaban hongos de fieltro hacían muy rara figura. *The savages who were wearing felt derby hats cut a queer figure.*

Fue un caballero principal, aunque muy raro. *He was a prominent gentleman, although very peculiar.*

21. Ya.

Ya tiene valor temporal, exclamativo y de intensificación. Sus empleos más frecuentes con valor temporal son los siguientes. En primer lugar, **ya** denota que una acción se ha llevado a cabo con anterioridad al momento en que se habla: *already.*

Ya hicimos un viaje a España el año pasado. *We already took a trip to Spain last year.*

Ya sirve también para indicar la situación actual por contraposición a la anterior: *now.*

> Estaba muy enfermo, pero ya está sano. *He was very ill, but now he is in good health.*

Ya se emplea frecuentemente como partícula para dar mayor intensidad al sentido que tiene la frase de por sí; en tal caso se traduce al inglés de varias maneras según el contexto.

> Ya volverá; no te preocupes. *He'll come back, all right; don't worry.*
> Ya se ve (nota, sabe) que el problema del tráfico de la ciudad no tiene remedio. *You see (note, know) now (to be sure, of course) that the traffic problem in the city is beyond remedy.*
> No repitas más, hombre; ya te entiendo. *Don't repeat any more. Look, I understand you all right.*

Ya sirve también para subrayar la prontitud con que algo se hace o se debe hacer, o el hecho de que se está haciendo en un momento determinado.

> Ya hay que decidirse; no podemos aplazar más nuestra actuación. *We must decide right now; we cannot postpone action any more.*
> —¡Camarero! —Ya voy. *"Waiter!" "I'm coming (right away)." ("I'm on my way.")*
> No le llames más. Ya viene. *Don't call him any more. He's coming (right away). (He's on his way.)*

Empleado en ciertas exclamaciones, **ya** equivale a *I see* o *I understand.*

> —No empleé la palabra en sentido irónico. —Ya. *"I didn't use the word in an ironic sense." "I see (what you mean)."*

¡Ah ya!: *Oh yes!* Este giro indica que el que habla recuerda algo o cae en la cuenta de ello.

> ¡Ah ya! ahora recuerdo que efectivamente coincidimos el año pasado allí. *Oh yes, now I remember that we did meet there last year as a matter of fact.*

¡Ah ya! empleado en sentido irónico indica que uno no cree lo que le dicen.

> ¡Ah ya! conque tuviste la gripe ayer y no pudiste ver el partido de fútbol. *Oh sure, so you had the grippe yesterday and couldn't see the football game (I'd like to believe it).*

¡Ya, ya!: exclamación que indica que alguien asiente a lo que se dice o bien lo contrario cuando se usa con sentido irónico.

— ¿Has comprendido? — ¡Ya, ya! *"Did you understand?" "Oh sure."*

— ¡Ya, ya! tiene Vd. razón; el contrato tiene que firmarse antes del quince. *Yes, sure, you are right; the contract must be signed before the fifteenth.*

¡Ya, ya! así que ganaste mucho en las carreras (a los caballos), pero no tienes para pagarte una copa. *Oh, sure (I'd like to believe it).* So *you won a lot at the races (on the horses), but you haven't enough to buy yourself a drink.*

¡Ya... ya...! se emplea en frases distributivas: ... *as well as* ...

Ya unos ya otros tendrán que estar de servicio durante el fin de semana. *One group of you as well as the others will have to be on duty during the weekend.*

22. Nada de—no.

Nada de indica la negativa (*refusal*) a aceptar, tolerar, permitir o conceder algo: *no.*

Nada de (no se permiten o toleran) tonterías, discusiones; *no fooling around, no arguments.*

— ¿Me das tres duros para tomarme una gaseosa con una tableta de chocolate o cualquier dulce, papá? —Nada de duros y nada de dulces, hijo. *"Will you give me three duros (fifteen pesetas) to get a soda pop and a bar of chocolate or some cake, daddy?" "No duros and no cake, sonny."*

Cuando pidió un coche nuevo a sus padres, su respuesta fue tajante: Nada de coches. *When he asked his parents for a new car, the answer was peremptory: No cars.*

No, antepuesto al verbo y pospuesto a las demás partes de la oración, sirve para negar algo; indica a menudo que uno contesta de manera negativa en lugar de afirmativa a una afirmación o pregunta explícitas o implícitas.

—¿Estás ocupado? —Ahora, no. *"Are you busy?" "Not now."*

—¿Os marcháis? —Yo, no. *"Are you leaving?" "Not I."*

—¿Llegaron Juan y María? —María, sí, Juan, no. *"Did John and Mary arrive?" "Mary did, John didn't."*

Pospuesto a un nombre de persona o cosa, en frases exclamativas, **no** indica la oposición radical a las mismas y la opción por la alternativa correspondiente.

¡Democracia, sí; dictadura, no! *Democracy, yes; dictatorship, no!*

68

Ejercicios

■

A. CUESTIONARIO

1. ¿Qué hora marca el reloj de Juan?
2. ¿Qué tiene Juan que hacer a cada rato?
3. ¿Por qué hace seña al camarero?
4. ¿Qué hace el camarero antes de volver a la mesa?
5. ¿Qué les tendrá más cuenta hacer en lo sucesivo?
6. ¿Por qué no va a llevarle Juan la contraria a su hermana?

B. MODISMOS Y GRAMÁTICA

I *Repaso del verbo "creer". El imperativo (p. 57 l. 9; p. 57, l. 20 y p. 57, l. 24).*

1. "Hurry up and don't argue with me," said John to his brother. **2.** Anyway, I didn't want them to have (get) their way. **3.** If they wish to continue walking in the direction of the library, it will be more advisable for them to take this street. **4.** He bought fifty cents' worth of candy, so that all the children might have a little. **5.** It's well after three by my watch. **6.** Your watch is fast. Set it now. **7.** What's the good of using a watch when it does not keep good time? **8.** He has been waiting outside here for an hour because she took so long to buy the candy. **9.** By taking their drinks at the counter, they would have paid less. **10.** I changed a ten-dollar bill at the cashier's desk.

II *El empleo del subjuntivo.*

1. The policeman motioned him to continue. **2.** I didn't think you had noticed the glass on top of the table. **3.** He clapped a few times for the waiter. **4.** I don't think the tip is included. **5.** I didn't want him to charge you so much for the books.

C. ESTUDIO DE PALABRAS

1. Hizo una relación *puntual* del suceso. Lo escribió con toda la *puntualidad* que requería el caso. **2.** They haven't any small *change*. The bill was two dollars. Here is the *change*. You don't have to *change* a five-dollar bill;

I'll pay. **3.** Escribió hasta el número doscientos cincuenta *inclusive*. *Incluso* se puso enfadado. No hemos *incluido* el libro en el envío. **4.** He will become a member of the *bar* this spring. Many people were drinking at the *bar*. **5.** At this *rate*, we shall not finish the work until next week. Have you ever traveled at that *rate?* Hotel *rates* in Chile are very low. **6.** He *noticed* all the details with great interest. He entered the room without *noticing* his friend. **7.** Voy a *anotar* sus señas. No *notó* mi ausencia. **8.** He filled the glass to the *top*. The *tops* of the trees were not visible. There is a flag on the *top* of the mountain. He lifted the *top* of the basket, and saw a little animal inside. There is an interesting sentence at the *top* of the page. **9.** Nos *divertimos* cantando y bailando hasta las dos de la madrugada. Se *entretuvo* en la oficina leyendo un periódico. **10.** Fuimos primero al cine, y luego volvimos a casa, *en fin* no hicimos nada interesante. *Al fin*, se descubrió un método enteramente eficaz. *Por fin*, me dijo el dentista que podría irme. **11.** If it *takes* you an hour to go there, *take* a taxi.

D. *Escríbanse unas 100 palabras describiendo el café adonde fueron a tomar algo los jóvenes del diálogo.*

■ ■

SEGUNDA PARTE

A. CUESTIONARIO

1. ¿Qué va a preguntar Juan al guardia?
2. ¿Qué vende el individuo que tiene tanta gente alrededor!
3. ¿Qué va a hacer Juan antes de tomar el autobús?
4. ¿Qué dice Juan cuando le da las tres pesetas a María?
5. ¿Qué ven los jóvenes desde la plataforma del autobús?
6. ¿Qué giros o palabras se emplean en el buen hablar en vez de "tío", "estar a dos velas" y "¡atiza!"?

B. MODISMOS Y GRAMÁTICA

Repaso del verbo "decir". "Decir" seguido del indicativo y del subjuntivo (*p. 59, l. 34 y p. 59, l. 50*).

1. They told me to walk home because it would take me only ten minutes. **2.** He told me that they had taken a picture after the policeman told them to move on. **3.** What difference does it make? They have been closing their eyes to cases like this for years. **4.** As if they'll get any good out of carrying those placards! **5.** There is a debt still standing which he hasn't settled with me. **6.** What the dickens is he shouting to the traffic policeman? I don't understand a word of what he is saying. **7.** By making a detour through this side street, we shall arrive sooner than you say. **8.** "Turn the corner," shouted the man who was marching at the head of the demonstrators. **9.** He's no fool; he knows that it doesn't matter much. **10.** There's no particular hurry. I don't think it's time to leave.

C. ESTUDIO DE PALABRAS

1. He knows *how* charming the girls are. *How* big is the dog? *How* small the animal is! *How* often do the busses run? **2.** The *chorus* sang very well. Este grupo de políticos tiene *corro* aparte. **3.** Esta mujer es aficionada a *chismes*. Al levantar el aparato, le cayó este *chisme*. **4.** Es *raro* que le guste esta bisutería. Estos insectos son muy *raros* en los Estados Unidos. **5.** *Ya* se ve que no entiende. No llores, niño; *ya* nos veremos algún día. Ayer podíamos haberlo hecho, pero hoy *ya* es imposible. —¿Vd. dice que se cansó del cometido (*assignment*)? —*Ya*; era de esperar. —Vd. dejó el libro en casa de tu amigo. —¡Ah *ya*! estaba tan absorto en la conversación. . . . **6.** *No* television until you do your homework. You'll go tomorrow, *not* today. The choice is easy: help, yes; but interference, *no*.

D. TEMA

It's amazing! The busses run only every twenty minutes. I asked a traffic policeman how often the subway trains run, but I couldn't understand a word of what he was saying.

How odd! You've been studying Spanish for a year. You thought you understood the language very well. As if you were a native of Madrid!

Well, there were lots of automobiles and a whole circle of people gathered around a man who was leading a group of demonstrators. Then, there was a fellow selling costume jewelry and shouting like mad. The noise was so deafening that I couldn't hear the policeman.

I suppose you walked home.

Yes, and I took some very interesting pictures of side streets. At last, a bus passed. I was on the platform, when I found that I was short of money. I couldn't even pay the fare.

I suppose you'll want me to lend you some money now. There is still a debt standing between us, you know.

Gosh! That had slipped my mind. I'll settle it the first of the month.

Oh, it really doesn't matter. There is no particular hurry.

VI The Depression

■

*Mr. Smith leaves his hotel, gets into his automobile, starts
the motor, and the car moves away. When he arrives in front
of the café at which he has made an appointment to meet Mr.
Pérez, he gets out and locks the door of the automobile.
He enters the café, walks around the place, and goes to join* 5
*Mr. Pérez, of whom he catches sight, sitting at a table in
the back.*

MR. S. So glad to see you, Mr. Pérez. Pardon my tardiness, but I
couldn't help it. It's a real pleasure for me to greet (say hello to)
you again. 10

MR. P. The pleasure is mine, Mr. Smith. I have been waiting for you
for only a few minutes.

MR. S. I was detained a good half hour at the intersection of Goya
and Velázquez Streets because two taxis had caught their bumpers.
The drivers (chauffeurs) came to blows on that account, although 15
the damage was slight in importance. The occupants of their two
cars almost did likewise. In fact a dickens of a rumpus was raised
(*colloquial*) with their wrangling (row, *colloquial*), and the noise
of the horns blown by the drivers of the cars held up there without
being able to move forward or backward.—I (must) ask you to 20
excuse me for having delayed so much (come so late), as I don't
like to keep anybody waiting.

MR. P. Not at all, Mr. Smith. I was hardly aware of time, because 25
I spent it glancing through this magazine. One article particularly
struck my attention in which the author very successfully (aptly)
analyzes the causes on which the depression of the twenties was
based. This is one of the most logical (suitable) magazines to treat
these questions, since it is edited by a group of university profes- 30
sors very well versed in the subject of economics.

La crisis económica VI

■

El Sr. Smith sale del hotel, sube a su automóvil, pone en marcha el motor, y el coche arranca. Cuando llega delante del café en que se ha citado con el señor Pérez, baja y echa[1] (la) llave a la puerta del auto. Entra en el café, da una vuelta por el local, y va a reunirse con el señor Pérez a quien distingue sentado ante una mesa al fondo.[2]

EL SR. S.   ¡Tanto gusto en verle, señor Pérez! Perdone Vd. mi tardanza, pero no he tenido más remedio.[3] Tengo un verdadero placer[4] en volver a saludarle.

EL SR. P.   El placer es mío (para mí), señor Smith. Le espero desde hace sólo algunos minutos.

EL SR. S.   Estuve detenido[5] media hora larga ahí en el cruce de las calles de Goya y Velázquez porque dos taxis habían trabado (enganchado) los parachoques. Con este motivo (con (por) esta causa), aunque los desperfectos[6] eran de escasa importancia, los conductores (chóferes) (se) llegaron ([se] vinieron) a las manos. No faltó mucho para que hiciesen lo propio (otro tanto) los ocupantes de los dos vehículos. Lo cierto es que se armó una algarabía (*familiar*) de mil diablos con la reyerta (bronca, *familiar*), y con los bocinazos que daban los conductores de los autos detenidos allí sin poder seguir adelante ni retroceder.—Le ruego dispense que me haya retrasado tanto (haya llegado con tanto retraso [tan tarde]), pues no me gusta hacer esperar a nadie.

EL SR. P.   De ningún modo, señor Smith. Apenas si[7] me di cuenta del tiempo, porque lo pasé hojeando[8] esta revista. Particularmente me ha llamado la atención un artículo en que el autor analiza muy acertadamente las causas a que obedeció[9] la crisis económica de los años veinte. Ésta es una de las revistas más indicadas[10] (adecuadas)[11] para tratar (de) estas cuestiones, puesto que está redactada por un grupo de catedráticos muy versados en materia económica.

MR. S.   The opinions of economists have been so divergent in these last few years, that in spite of (despite) their competence, one doesn't know what to follow. It is dangerous to venture a definite 35 conclusion. Even though the contributors to this magazine have the reputation of being specialists, the opinions they advance (manifest) should not be accepted blindly on that score alone.

■ ■

MR. P.   Yes, I've just read a book which analyzes the depression. The author brings out the fact that sales increased appreciably when 40 it became fashionable to buy things on the instalment plan. Merchants were satisfied with the transactions, but when the time to pay came, the trouble began. When the instalment periods expired, the debtors couldn't make their payments good, and the situation got worse from one extension to another. What a very different 45 situation from the present one!

MR. S.   That's it (right). I share your opinion and also consider that reason to which the author alludes as (*literally* that that reason . . . was) the basic one for the depression. We must also recognize, however, that those tragic results were short-lived. 50

MR. P.   The book describes very vividly (graphically) (depicts vividly) the critical period which the United States experienced. The author says that it had its beginnings to a great extent in the overproduction (large-scale production) which was started during the World War and stimulated (actuated) by it. He states that business 55 had so much merchandise on hand that it found no outlet for it anywhere when the European market was lacking. As a consequence of this difficulty, it was necessary to cut down (reduce) expenses, and therefore (consequently) to limit production. That explains the reason for unemployment, which was on the increase 60 from that time on, the reduction in salaries, and the consequent social unrest.

EL SR. S. Son tan discrepantes (divergentes) en estos últimos tiempos las opiniones de los economistas que, a pesar de (no obstante) su competencia, uno no sabe a qué atenerse. Es arriesgado aventurar una conclusión definitiva. Si bien los colaboradores de esa revista tienen fama[12] de especialistas, no por eso deben aceptarse a ojos cerrados las opiniones que emitan.

■ ■

EL SR. P. Sí, acabo de leer un libro que analiza la crisis. El autor resalta que aumentaron notablemente las ventas cuando se puso de moda comprar cosas a plazos. Los comerciantes estaban satisfechos de la operación,[13] pero a la hora de pagar, fue ella.[14] Cuando vencieron los plazos, los deudores no pudieron hacer efectivos los pagos y, de prórroga en prórroga,[15] el asunto fue empeorando cada vez más. ¡Qué situación más distinta de la de ahora!

EL SR. S. Eso es. Yo comparto su opinión y también estimo que ése a que alude el autor fue el motivo[16] primordial de la crisis. Debemos reconocer, empero, que aquellos funestos resultados fueron transitorios.

EL SR. P. El libro describe muy al (o a lo) vivo (plásticamente, con mucha viveza) (evoca vivamente) el crítico momento que atravesaron los Estados Unidos[17] (atravesó Estados Unidos). El autor dice que arrancó, en gran parte, de la superproducción (producción en serie) que se inició durante la Guerra Mundial, y que fue fomentada (impulsada) por ella. Afirma que el comercio disponía de tantas existencias que, cuando faltó el mercado de Europa, no encontró salida para ellas en ninguna parte. A consecuencia de esta dificultad, hubo que restringir (reducir) gastos y, por (lo) tanto (por consiguiente), limitar la producción. Ello explica el porqué del paro (paro forzoso) que, desde entonces, fue en aumento, la reducción (rebaja) de sueldos,[18] y el malestar social consiguiente.

LA CRISIS ECONÓMICA   75

MR. S. It's odd, eh? According to that author, just this very phenomenon of buying on the instalment plan, which created that great 65
depression, is now one of the fundamental reasons for the great
economic development experienced on both sides of the Atlantic.
Who could have imagined at that time such a turn in the trend
of the economy of the West?

MR. P. Yes, but despite the high level we enjoy in our economy, no 70
definitive solution has been achieved for the disruptions created
by labor problems. Conflicts between unions and producers take
on nowadays the same intensity as then. The frequency with which
workers go on strike in all branches of industry confirms it clearly.
The primarily agricultural countries, which tend to be self-suffi- 75
cient, barely manage to escape this havoc.

MR. S. Economic problems are just so much harder to solve as no
country will fail to be affected by what happens beyond its borders.
Economic isolation will actually be, to my way of thinking, an 80
increasingly greater disaster for any country which persists in it.

EL SR. S. ¡Es curioso, eh! Este mismo fenómeno de la compra a plazos
que provocó aquella gran crisis, según ese autor ha sido justamente
uno de los motivos fundamentales en la actualidad del gran desarrollo económico experimentado en (a) los dos lados del Atlántico.
¡Quién habría podido imaginar en aquella época semejante vuelco
en la trayectoria de la economía occidental!

EL SR. P. Sí, pero no obstante el alto nivel económico (de) que goza-
mos, no se ha conseguido una solución definitiva a los trastornos
producidos por los problemas laborales. Los conflictos entre los
sindicatos y productores revisten hoy día la misma intensidad que
en aquel entonces. La frecuencia con que los obreros[19] se declaran
en huelga en todos los ramos de la industria lo confirma a las
claras. Apenas logran substraerse a estos estragos los países
eminentemente agrícolas, que tienden a bastarse a sí mismos.

EL SR. S. Los problemas económicos son tanto más difíciles de resolver
cuanto que ningún país dejará de ser afectado por lo que pasa
más allá de sus fronteras. El aislamiento económico constituirá,
a mi modo de ver, un desastre cada vez mayor[20] para el país que
se obstine en él.

Notas

1. *To close—to lock;* **echar—tirar—arrojar.**

To close—to lock.

Al salir cerré la puerta, pero no eché la llave. *On leaving I closed the door, but I didn't lock it.*

La puerta está cerrada con llave. *The door is locked (with the key).*

Echaré el cerrojo, porque la llave no está en la cerradura. *I'll draw the bolt, because the key is not in the lock.*

Echar—tirar—arrojar. Estos tres verbos traducen la palabra inglesa *to throw*, despedir a alguien o algo más o menos lejos de nosotros. No obstante el sentido general que tienen de común los tres verbos, el uso ha creado entre ellos distinciones muy claras. **Echar** es meramente desplazar algo o a alguien de cualquier modo, de ordinario sin esfuerzo.

Lo echó por el balcón. *He tossed it out (of) the balcony window.*

Este verbo fija nuestra atención en el objeto despedido, y, a veces, en el lugar en donde va a parar. Así equivale a menudo a **colocar** o **poner.**

Vestía apresuradamente la chaqueta que tenía echada sobre los hombros. *He was hurriedly putting on the coat he had thrown over his shoulders.*

La muchacha estaba echando los huevos en el cesto. *The girl was putting the eggs into the basket.*

Echó mano al sombrero. *He brought his hand up to his hat.*

Echaba los brazos al cuello de Flores. *She was throwing her arms around Flores' neck.*

Tirar describe los movimientos y el esfuerzo que caracterizan el acto de *to throw.*

Uno de los jugadores le tiró la pelota. *One of the players threw the ball to him.*

Jugó con navajas y botellas, con platos y faroles, tirándolos al aire en complicadas suertes para recogerlos con las manos. *He toyed with razors and bottles, plates and lanterns, throwing them into the air in complicated patterns to catch them with his hands.*

Tiene dos acepciones particulares. En primer lugar, es despedir una cosa para que dé en algo o alguien, hiriéndolos.

Le tiró el libro a la cabeza. *She threw the book at his head.*

Los chiquillos dejaron de tirarle piedras. *The children stopped throwing stones at him.*

En segundo lugar, es el verbo más adecuado para expresar la idea de desprecio; tiramos algo para deshacernos o zafarnos de ello, cuando no tiene para nosotros ningún valor y nos estorba.

Después, encendió un cigarro, y tiró lejos de él el fósforo. *Afterward, he lit a cigar, and threw the match far away.*

Tire Vd. la basura. *Throw out the garbage.*

Arrojar es usualmente un acto precipitado y a veces violento; va acompañado a menudo de una emoción más o menos fuerte.

El instinto de defensa, o más bien el miedo, me dio cierta ferocidad. Me arrojé sobre el desconocido, empujándolo con codos y rodillas. *The instinct of self-defense, or rather fear, gave me a certain ferocity. I hurled myself upon the stranger, pushing him with my elbows and knees.*

La enamorada se arrojó al cuello de su madre, anegándola en lágrimas copiosas. *The lovesick girl threw her arms around her mother's neck, bathing her in copious tears.*

2. *Some translations of "back".*

The back of a chair, of a stage, of a room, of the hand, of a check, of a coin (*medallion*): el respaldo de una silla; el fondo de un escenario; el fondo de una habitación; el dorso (revés) de la mano; el dorso de un cheque; el reverso de una moneda (medalla).

Instrucciones al dorso: *directions on the back.*

Le agredió por detrás. *He attacked him from the back.*

Cayó de espaldas. *He fell on his back.*

The back of a person: las espaldas.

The back of an animal: lomo. Ir a lomo(s) de mula: *to ride on the back of a mule.*

Destacarse sobre el fondo: *to stand out against the background.*

Se echó hacia atrás. *He jumped back.*

El cangrejo anda para atrás. *The crab goes backwards.*

Volverse atrás (de lo dicho): *to back out* (*of what one has said*).

Volverse atrás de un acuerdo: *to go back on an agreement.*

Sobre este punto hemos de volver más adelante; ahora prosigamos. *We are to come back to this point further on; now let us proceed.*

3. *Some translations of "to help";* **ayudar—socorrer.**

I can't help it. No tengo remedio.

No hay remedio para ello. *There is no help for it.*

No tengo más remedio que hacerlo. *I cannot help but do it.*

No puedo menos de reírme. *I can't help but laugh.*

En otras circunstancias, *to help* se traduce por **ayudar** o **socorrer.** **Socorrer** implica necesidad apremiante.

Le socorrieron cuando estaba a punto de perecer. *They came to his aid when he was on the point of death.*

4. Placer—gusto.

El placer (*pleasure, joy*) es una sensación placentera que absorbe nuestro ánimo y nuestros sentidos. El gusto, mucho menos intenso que el placer, es meramente una impresión agradable que nos produce algo atractivo.

¡Cómo amargaba a Pito aquella pesadumbre el placer de la victoria! *How much more bitter that sadness made the joy of victory for Pito!*

Silvestre gozaba en aquellos días tibios de otoño del placer de vivir. *Silvestre enjoyed the pleasure (felt the joy) of living on those warm autumn days.*

Husmear en los libros viejos es sí un placer. *Prying into old books is indeed a joy (pleasure).*

Doña* Inés pensó, sin duda, en el rato de gusto que iba a tener contribuyendo a chasquear a don Álvaro. *Inés thought, no doubt, of the pleasant time she was going to have by contributing to Álvaro's disappointment.*

Recuerdo con gusto los días que pasé allí. *I remember with pleasure the days I spent there.*

5. Parar—detener.

En **detener** hay siempre la idea de continuación subsiguiente; el verbo describe una interrupción o un alto temporal en un proceso continuado.

—Aguarda, hija, no vayas tan a prisa—dijo Golfín deteniéndose— déjame encender un cigarro. *"Wait, child, don't go so quickly," said Golfín stopping; "let me light a cigar."*

Hirió también el oso, pero sólo le detuvo un momento. *He also wounded the bear, but stopped him only for a moment.*

---

* **Don** and **doña,** used with given names, are more formal in tone than the given name alone.

80   CAPÍTULO VI

Subí de cuatro en cuatro los escalones; y sin detenerme a respirar, llamé a la puerta de Valenzuela. *I ran up the steps four at a time, and without stopping to breathe, I knocked at Valenzuela's door.*

En **parar** hay la posibilidad de continuación subsiguiente, pero la idea fundamental es que se ha hecho cesar el movimiento, o que alguien o algo ha llegado a su destino predeterminado.

¿Cuándo se parará el mundo? *When will the world end?*

Otras veces abría el libro de pronto por el último capítulo, para ver en qué paraba aquello. *At other times he opened the book suddenly to the last chapter to see how it would all end.*

Paró su caballo a la puerta de una antigua casa, y entregó las bridas al lacayo. *He stopped his horse at the door of an old house, and handed the reins to the lackey.*

Parar un motor, un tren o un automóvil es hacer cesar la causa propulsora.

6. Desperfecto—daño—perjuicio.

Desperfectos: *slight damages.*

El paquete llegó con desperfectos por falta de cuidado en el transporte. *The package arrived with slight damages through lack of care in transportation.*

En **perjuicio** entra una idea de mal indirecto. Quien sufre perjuicio o perjuicios, se encuentra más o menos imposibilitado en la realización de una finalidad propuesta.

Reclamó a la compañía ferroviaria por el perjuicio sufrido a causa del retraso del tren, ya que no pudo llegar a tiempo para concertar un contrato. *He put in a claim against the railroad company for damages sustained because of the lateness of the train, since he could not arrive in time to arrange the terms of a contract.*

Daño, por el contrario, da a entender un mal directamente ocasionado en una persona o cosa.

Reclamó al propietario de la casa por el daño sufrido, al caer en la escalera y romperse una pierna, por estar los peldaños en malas condiciones. *He put in a claim against the owner of the house for damages sustained, when he fell on the stairway and broke a leg, because the steps were in bad condition.*

En una carrera, un corredor lleva una ventaja sensible sobre su rival más próximo; cae, y se hace daño, pero esto no le perjudica porque llega, no obstante, el primero. *In a race, one runner holds a considerable lead over his nearest rival; he falls, and hurts himself, but this does not harm him, because he comes in first nevertheless.*

LA CRISIS ECONÓMICA   **81**

Daños son la mayoría de las veces de índole material; la palabra **perjuicio** tiene un carácter más abstracto en su aplicación.

El auto sufrió en el accidente daños de consideración. *The auto met with considerable damage in the accident.*

Me perjudicó en mi reputación. *He damaged my reputation.*

7. Apenas si.

Apenas si lo comprendo. *I can hardly (scarcely) understand it.*

—El paquete pesa cinco libras. —Vd. se equivoca, pues apenas si llega a tres. *"The package weighs five pounds." "You're mistaken, since it hardly comes to three."*

8. Hojear—leer por encima.

To glance (leaf) through a book: hojear un libro. Hojear: pasar ligeramente las hojas de un libro, leyendo algunos pasajes para darse cuenta superficial de él.

To glance at a letter: echar (dar) un vistazo a una carta.

To read through hurriedly, to skim (over) (a book, letter): leer por encima (un libro, una carta).

9. Obedecer *(to be based on).*

Mi actitud obedece a otros motivos. *My attitude is based on other grounds.*

¿A qué obedece su comportamiento conmigo? *On what is your behavior towards me based?*

10. Logical—lógico.

Es el hombre más indicado para este puesto. *He is the most logical man for this position.*

Si Vd. quiere comprar tabaco, vaya a un estanco, pues es el lugar más indicado. *If you want to buy tobacco go to a cigar store, since it is the most logical place.*

When "logical" means "based on logic or reason", it is translated by **lógico.**

Ésta es la única posición lógica que podemos adoptar. *This is the only logical position we can adopt.*

11. Adecuado—*adequate.*

No es éste el momento más adecuado para tratar esa cuestión. *This isn't the most suitable moment to treat that question.*

Los gastos deben ser adecuados a los ingresos. *The expenditures should be commensurate with the receipts.*

Un smoking no es adecuado para esta reunión *A tuxedo is not suitable for this meeting.*

La sala es suficiente (insuficiente) para la cantidad de gente que ha de reunirse allí. *The room is adequate (inadequate) for the number of people who are to meet there.*

12. *Reputation*—reputación.

"To have the reputation of (being)" is translated by **tener fama de.** En este caso, **tener fama de** equivale a **se dice que.**

Tiene fama de mentiroso. *He has the reputation of a liar.*

Tiene fama de (ser) excelente cirujano. *He has the reputation of being an excellent surgeon.*

En otros casos, *reputation* se traduce por **reputación,** y *fame* por **fama.**

Este acto echaría por los suelos la reputación de la mujer. *This act would ruin the woman's reputation.*

Un abogado de gran fama: *a lawyer of great fame.*

13. Transacción—*transaction.*

Operaciones de banca y bolsa: *banking and stock exchange transactions.*

Las dos empresas concertaron la operación sobre estas bases. *The two firms agreed upon the transaction on these bases.*

En la Cámara, los grupos adversarios llegaron a una transacción respecto de la nueva ley. *The opposing groups in the House reached a settlement with respect to the new law.*

Transacción también significa *transaction,* pero se emplea frecuentemente en el sentido de *settlement.*

El sentido dominante en la política monárquica fue el de transacción entre el absolutismo y la soberanía popular. *The dominant tendency in the politics of the monarchy was one of compromise between absolutism and popular sovereignty.*

Las partes aceptaron la transacción propuesta para evitar el pleito. *The parties accepted the proposed settlement to avoid suit.* (Véase p. 117, n. 11.)

LA CRISIS ECONÓMICA

14. *Some translations of "trouble".*

Cuando lleguemos a casa, será ella. *When we get home, the trouble will start.*

Cuando la vea, será ella. *When I see her, the trouble will start.*

¡La que se va a armar, cuando lleguemos a casa! *What trouble there will be when we get home!*

If you do that, you will get into trouble. Si Vd. hace eso, se meterá en un lío (*familiar*).

No se busque Vd. un lío (*familiar*). *Don't look for trouble.*

Esto fue bastante para armarse un cisco (*popular*) de mil demonios. *This was enough to raise a dickens of a mess* (colloquial).

Encuentro dificultad en (para) hacerme comprender. *I have trouble in making myself understood.*

Esta obligación que he contraído me da (mucho) que hacer (pensar). *This obligation I've contracted gives me (a lot of) trouble.*

La gente del hampa da (mucho) que hacer a la policía. *The underworld gives the police (a lot of) trouble.*

15. Extender—*to extend.*

Prorrogar: dejar continuar una cosa por un tiempo determinado, o suspenderla hasta una fecha ulterior.

Prorrogaron el plazo del vencimiento. *They extended the date of maturity.*

Pidió y obtuvo una prórroga. *He requested and obtained an extension.*

Extender: hacer que una cosa ocupe más espacio que antes.

España extendió su poderío hasta el Nuevo Mundo. *Spain extended its power as far as the New World.*

Extender y extensión tienen varios sentidos que no corresponden a las palabras inglesas *to extend* y *extension.*

Los escribanos extendieron un testimonio sobre la muerte. *The notaries issued an affidavit concerning the death.*

Vio por primera vez la inmensa extensión del océano. *He saw the vast expanse of the sea for the first time.*

Enormes extensiones de tierra permanecen incultas en tanto que los obreros están parados. *Enormous tracts of land remain uncultivated while workmen are unemployed.*

En toda la extensión de la palabra: *in the full sense of the word.*

16. Motivo—móvil.

Motivo: *ground, cause.* Móvil: *motive.*

¿Qué motivos de divorcio admite la ley? *What grounds for divorce does the law recognize?*

¿Qué motivos le he dado para que se comporte (porte) así conmigo? *What grounds have I given you for acting that way towards me?*

¿Cuáles fueron los móviles del crimen? *What were the motives for the crime?*

No sé qué móvil le habrá impulsado a abandonar la casa paterna. *I don't know what motive may have impelled him to leave his father's house.*

17. (Los) Estados Unidos.

En España se dice **Estados Unidos** o **los Estados Unidos** como equivalentes de *The United States.* Generalmente cuando se usa la forma sin artículo, exige el verbo en singular. Por el contrario, la forma con artículo va seguida del verbo en plural.

18. Salario—sueldo—honorario—paga—pago—jornal.

Salario (*wages*) es, en primer lugar, la cantidad fija de dinero que se da a un criado.

No discutió el salario, ni habló de otras condiciones para la admisión del nuevo criado. *He didn't discuss the wages, nor did he speak of other conditions for accepting the new servant.*

También se aplica esta palabra al estipendio que se da de ordinario a trabajadores manuales.

Los obreros piden una jornada de ocho horas y un aumento general de un cincuenta por ciento en los salarios. *The workmen are requesting an eight-hour day and a general increase of fifty per cent in wages.*

Los marineros tripulaban la lancha por un mezquino salario. *The sailors manned the boat for a scanty wage.*

Sueldo es la remuneración asignada a empleados de comercio y funcionarios públicos.

Le habían colocado en una oficina del Estado, adonde iba solamente a cobrar el sueldo. *They had employed him in a government office, where he used to go merely to get his salary.*

En estos últimos años, los profesores (periodistas, dependientes) ganan un buen sueldo. *In these last few years, teachers (newspaper men, clerks) have been earning a good salary.*

Pago: *payment.*

En pago de: *in payment for.*

La balanza de pagos: *the balance of payments.*

LA CRISIS ECONÓMICA

Paga: *pay (in general and particularly of soldiers).*
La paga de este soldado no le basta para vivir con arreglo a su clase.
This soldier's pay does not permit him to live in keeping with his class.
Con motivo de la Navidad, los trabajadores perciben una paga extraordinaria, a veces el equivalente de lo que cobran durante un mes.
Workers receive a bonus for Christmas, often equivalent to what they earn in a month.

Honorario(s): *fee(s).* Es la cantidad que perciben los que practican profesiones liberales, sin que se haya necesariamente estipulado de antemano.
El abogado le envió la cuenta de sus honorarios. *The lawyer sent him a bill for his fees.*

Jornal: *day-wage.*
El trabajo era abrumador y el jornal pequeño: diez duros al día. *The work was oppressive and the wage small—fifty pesetas a day.*

19. Trabajadores—obreros—operarios—jornaleros—peones.
Trabajador (*worker*) es el que produce de cualquier modo, manual o intelectualmente.
El día que impere para el trabajador manual el régimen ideal de ocho horas de trabajo al día, tendrá tanto tiempo como cualquier otro trabajador, verbigracia, los intelectuales, para cultivar su espíritu. *When the ideal regime of an eight-hour day is in effect for the manual worker, he will have as much time to cultivate his mind as any other worker—for example, the intellectual.*

Obrero (*workingman*) es el que, sin tener necesariamente conocimientos o competencia especiales, interviene *manualmente* en la realización de una obra material. Los obreros constituyen una clase social y económica.
El obrero tiene el mismo derecho que los demás hombres a ser hombre, es decir, a educarse totalmente—tal es una de las razones fundamentales para que la jornada de labor manual no absorba todas las horas útiles del obrero. *The workingman has the same right as other men to be a man, that is to say, to receive a broad education—this is one of the fundamental reasons why the working day should not absorb all the useful hours of the workingman.*

El **operario** (*operator, mechanic*) es un obrero que tiene cierto oficio (*trade*) o especialización, de ordinario en el manejo de determinados mecanismos o herramientas.

Llamé al fontanero pidiéndole que me enviase un operario que reparase el grifo. *I called the plumber asking him to send me a mechanic to repair the faucet.*

Los operarios de la imprenta tienen que trabajar hasta muy entrada la noche. *The operators of the printing establishment have to work late into the night.*

Jornalero (*day laborer*) es el que gana un jornal, alquilando su esfuerzo en cosas que no requieren la uniformidad que un oficio habitual exige. Es un trabajador de baja clase.

Peón (*laborer*) es un jornalero que hace trabajos rudos, en especial, en los caminos o en labores agrícolas.

Un peón caminero en mangas de camisa daba lánguidos azadonazos en las hierbecillas nacidas al borde de la cuneta. *A road laborer in shirt sleeves was languidly raking (his hoe over) the low grass rising at the edge of the shoulder of the road.*

20. Mayor.

Mayor: más grande: *greater; bigger, larger.* Aplicado a seres vivos, significa de más edad: *older.*

Esta mesa (dificultad) es mayor (o más grande) que aquélla. *This table is larger (this difficulty is greater) than that one.*

Es el hermano mayor (menor). *He is the older (younger) brother.*

Es tres años mayor (menor) que yo. *He is three years older (younger) than I.*

Una persona mayor: cualquier adulto: *grown-up;* o bien una persona entrada (metida) en años: *an older person, a person on in years.* Hacerse (ser) mayor: llegar a ser (o ser) adulto: *to grow up (to be a grown-up).*

Cuando seas (te hagas) mayor, podrás conducir un coche. *When you become a grown-up (grow up), you'll be able to drive a car.*

Debe de tener unos catorce años, pero parece ya una persona mayor. *He must be about fourteen, but he looks like a grown-up already.*

Es una persona muy mayor. *He is quite on in years.*

Es una persona mayor, y no se le puede pedir que suba seis pisos dos veces al día. *He is an older person, and you can't ask him to walk up six flights twice a day.*

Ejercicios

■

A. CUESTIONARIO

1. ¿Qué hizo el señor Pérez, cuando llegó delante del café?
2. ¿Por qué llegó con tanto retraso?
3. ¿Qué hacía el señor Smith mientras esperaba a Pérez?
4. ¿Qué le había llamado particularmente la atención?
5. ¿Por qué es tan arriesgado aventurar una conclusión definitiva respecto a la crisis económica?
6. ¿Qué palabra se emplea en el buen hablar en lugar de "bronca"?

B. MODISMOS Y GRAMÁTICA

I *Repaso del verbo "ir". Verbos de movimiento usados con la preposición "a" y el infinitivo. Los pronombres personales: colocación en la oración (p. 73, l. 10; p. 73, l. 11 y p. 73, l. 26).*

1. I am very glad to see you, John. I have been waiting for you here for a good half hour. 2. He told us to get into the car and go there at once before joining our friends. 3. He wanted them to make an appointment with us. 4. We realized that they would come to blows. 5. They raised a rumpus by shouting and blowing their horns when their bumpers had been caught. 6. Tell him to go and walk around the café. 7. He has the reputation of being well versed in that subject. 8. Although their opinions are divergent, they do not condemn each other on that account. 9. If his conclusion were founded only on the opinions you advance, I should not be willing to accept it blindly. 10. It must be dangerous to venture such an opinion.

II *El empleo del subjuntivo.*

1. We almost did likewise. 2. He begged us to lock the door carefully. 3. I don't believe he wanted to say hello to him. 4. Excuse me for having kept you waiting. 5. He did it so that they would be able to move forward more easily.

C. ESTUDIO DE PALABRAS

1. This magazine is so poor that I am going to *throw* it away. She *threw* a coat over her shoulders. He *threw* himself against the door. **2.** I noticed the *back* of the mule. He was leaning on the *back* of the chair. There is a blackboard in the *back* of the room. He wrote his name on the *back* of the paper. The *back* of the coin has an interesting design. Did you notice the child's *back?* **3.** They ran to *help* him because he was drowning. He can't *help* it; he is tired. I *helped* her write the letter. **4.** Serenity and not *pleasure* is what you ought to seek. Bring me some coffee, please. I'll do it with *pleasure.* **5.** When will all this *stop?* He *stopped* to light his cigarette. **6.** You cannot claim any *damage* if you sell the car before that date. It will cost $100 to repair the *damages.* **7.** This is a *logical* answer. This is the most *logical* book for your needs. **8.** La situación del radiador no es *adecuada* para calentar toda la habitación. This office is *adequate.* **9.** He tried to ruin her *reputation.* They have the *reputation* of being very intelligent.

D. *Escríbanse unas 100 palabras sobre lo que sucede cuando dos taxis traban los parachoques.*

■ ■

SEGUNDA PARTE

A. CUESTIONARIO

1. ¿Por qué fue empeorando la situación económica, según el Sr. Pérez?
2. ¿De dónde arrancó la crisis económica de los años veinte, según dice el Sr. Smith?
3. ¿Por qué hubo que restringir gastos?
4. ¿Qué trajo consigo la limitación de la producción?
5. ¿Qué hicieron los obreros?
6. ¿Por qué dice el Sr. Smith que el aislamiento económico es un desastre?

B. MODISMOS Y GRAMÁTICA

Repaso del verbo "poner". "Ser" y "estar" usados con participios pasivos (p. 75, l. 41 y p. 75, l. 55).

1. Unemployment has been on the increase for many years. **2.** If workers go on strike in many branches of industry, there will be a great deal of social unrest. **3.** Expenses were cut down and production was limited because there was no foreign outlet for merchandise on hand. **4.** If people began to buy

things on the instalment plan, the number of sales would be increased.
5. I share your opinion, and consider that the problem was competently
solved by the government. **6.** Before the instalment period expired, I lent
him some money so that he could make his payment good. **7.** When the
transaction was concluded, he got up and tried to open the door, but it was
locked. **8.** The situation is becoming so much more difficult, as large-scale
production is increasing. **9.** Therefore, I wanted him to explain the reason
for this havoc. **10.** Do not speak to them about it, or the trouble will begin.

C. ESTUDIO DE PALABRAS

1. These *transactions* were made some years ago. Una *transacción* mediana
vale más que un buen pleito. **2.** They have *trouble* in making themselves
understood. That child gave her a lot of *trouble*. The report my teacher
assigned me is giving me *trouble*. He got into *trouble* by saying that he saw
the accident. **3.** The instalment period expires this month; I don't think I
shall get an *extension*. Miró con placer la vasta *extensión* de tierras fértiles.
4. I don't know what the *motives* for such an act were. Hay mil *motivos*
para hacerlo. **5.** There was a general reduction of *wages* in the factory. The
soldier cannot marry if he receives such *pay*. Judges receive a good *salary*.
The lawyer receives good *fees*, and his chauffeur a good *wage*. **6.** An intellectual *worker* needs less food than a manual *worker*. These are ordinary
workingmen, and yet they read excellent books. He spoke to the *mechanic*
in the shop. The *laborers* were carrying heavy objects. **7.** Los *mayores* deben
tener en cuenta los problemas de la juventud en su trato con ella. Está muy
ágil, aun siendo una persona tan *mayor*. El niño dice que su ilusión (*ambition*)
es ser astronauta cuando sea *mayor*. Representa ser *mayor* de lo que es.
Aunque es *mayor* que su hermano en estatura, tiene cinco años menos. Es
mayor que su hermana, ya puede votar. **8.** Estados Unidos *ha* firmado el
tratado de comercio. Los Estados Unidos no *van* a tomar parte en la conferencia.

D. *Escríbanse unas 100 palabras sobre el paro forzoso en los Estados
Unidos.*

VII A Sensational Lawsuit

■

MRS. S. (*Addressing the chambermaid*) I am expecting a visit from
Mrs. López any minute. As soon as she arrives, please let me know.
Is that clear?

THE CHAMBERMAID Quite, madam. I'll do so. (*A few minutes later the
maid announces Mrs. López's arrival, and Mrs. Smith tells her to* 5
show her into the living room [sitting room]).

MRS. L. How splendid you're looking! I should really be sorry to
take up your time if you have anything to do. I know only too well
that this time of day isn't the most appropriate for paying visits.

MRS. S. Not at all. (Not in the least.) Anything but that! How can 10
you say that? Precisely because I didn't know what to do, I had
intended to use the morning to attend (to spend it attending) to
my mail. That's the reason you find me typing.—Don't stand on
ceremony, and make yourself at home. I am sorry they haven't
turned the heat on yet, but nobody can get along (do anything, 15
colloquial) with the janitor.

MRS. L. You don't have to tell me, good heavens! I also complained
to the landlord, but it's practically impossible to get them to turn
it on.—Is the whole family out? 20

MRS. S. My husband was in a hurry to have breakfast and left a while
ago, because he had made an appointment with the son of that
lawyer whom you met in San Sebastián. He was on vacation with
us. His son is a young man recently out of the university, who
seems to show a great deal of promise, to judge by the way my 25
husband has of praising him.

MRS. L. Yes, I do recall. There is no comparison between father and
son; the latter is by all odds brighter. Everyone admired his fine
qualities. He argued brilliantly in court the cases in which he took
part recently, and they were, to be sure, sensational enough. He 30
is still young, and although he is thirty at most, no one would
take him for more than twenty, which is what he looks.

Un pleito sensacional VII

■

LA SRA. S. (*Dirigiéndose a la camarera*) Espero de un momento a otro la visita de la Sra. López. En cuanto llegue, haga el favor de avisarme. ¿Entendido?

LA CAMARERA. Perfectamente, señora. Así lo haré. (*A los pocos mi-*
5 *nutos la camarera anuncia la visita de la Sra. López, y la Sra. Smith dice que la haga pasar a la sala de estar [al gabinete]*).

LA SRA. L. ¡Qué excelente aspecto tiene Vd.! ¡Cuánto sentiría (lamentaría) restarle tiempo si tiene que hacer! Demasiado sé que estas horas no son las más a propósito (indicadas) para hacer[1] visitas.
10 LA SRA. S. ¡De ningún modo! (¡De ninguna manera!) ¡No faltaba más![2] ¿Cómo dice Vd. eso? Precisamente por no saber qué hacer, me había propuesto emplear (pasar)[3] la mañana despachando (atendiendo a) la correspondencia. De ahí que me sorprenda Vd. escribiendo a máquina.—Déjese Vd. de cumplidos, y hágase cuenta
15 de que está en su casa. Siento que todavía no hayan encendido la calefacción, pero no hay quien se entienda con (se averigüe con, *familiar*) el portero.

LA SRA. L. ¡No me diga, por Dios! Yo también reclamé[4] al casero, pero es punto menos que imposible conseguir que la enciendan.—
20 ¿Ha salido toda la familia?

LA SRA. S. Mi marido tuvo prisa por desayunar y salió hace poco, porque se había citado con el hijo de aquel abogado que Vd. conoció en San Sebastián. Estaba de vacaciones con nosotros. Su hijo es un joven recién salido de la Universidad, y que parece
25 promete mucho, a juzgar por la manera[5] que mi marido tiene de elogiarle.

LA SRA. L. Sí, ya recuerdo. No hay punto de comparación entre padre e hijo; éste es a todas luces más inteligente. Todo el mundo estimaba sus excelentes cualidades.[6] Informó[7] brillantemente ante el
30 tribunal en las causas en que ha actuado últimamente, y que, por cierto, fueron bastante ruidosas. Todavía es joven, y aunque tiene treinta años cuando más (todo lo más), nadie le echaría arriba de los veinte que representa.

MRS. S. If we are to believe what the newspapers said at the time, those cases are grouped with the most sensational ones. The incidents of the last trial in which he took part were on everybody's lips. Do you recall? 35

MRS. L. Yes, surely. Nobody was able to understand why that unfortunate girl, who minutes before had been in such a good mood, cracking jokes (joking) with all those present, eventually shot herself right there under very curious circumstances. Apparently no reasonable cause was found to which the suicide could be attributed, and the police finally laid the blame on the sweetheart. No lawyer wished to take charge of his defense. Mr. Pérez took it upon himself, and succeeded in untangling (clearing up) the mystery, proving that the accused had (taken) no part at all in what had occurred. In his defense, he dispelled even the slightest shadow of a doubt. 40 45

MRS. S. He had to overcome several obstacles in order to achieve his triumph.—Essentially the cause of the suicide came down to a motive about which there was nothing peculiar. It was the well-known case of the girl whose family had come down in the world after failing in business. Rather than adapt herself to the financial straits of her new situation, she preferred to take her life (commit suicide).—I remember the success Mr. Pérez had in commenting on the victim's letters. He showed clearly that, not having the wherewithal to adhere to the standard of living to which she was accustomed, she was unable to forego its comforts. She hadn't had the courage to resign herself to her new situation. 50 55

MRS. L. When will your husband be back?—I know he is very rushed with his affairs, and scarcely can be at home except occasionally during the day. 60

MRS. S. I think he will have at least a couple of hours' work in Mr. Pérez's office, and will probably be obliged to eat out today with him and a former classmate. 65

MRS. L. Well then, I should like very much for us to have lunch together. Is there any objection to it?

MRS. S. Why should there be? Certainly not. But we shall have to wait a little, for the children won't be long, and we'll all be able to lunch together. 70

LA SRA. S. Si hemos de dar crédito[8] a lo que la prensa decía por
35 entonces, se cuentan aquellos procesos entre los más sensacionales.
Las incidencias del último juicio en que intervino estuvieron en
boca de todo el mundo. ¿Recuerda Vd.?

LA SRA. L. ¡Claro! Nadie acertaba a explicarse[9] por qué aquella desgraciada muchacha, que momentos antes estaba de tan buen
40 humor,[10] gastando bromas (bromeando) con todos los concurrentes, acabó pegándose un tiro[11] allí mismo en circunstancias
muy extrañas. Al parecer no se encontraba causa razonable a que
achacar el suicidio, y la policía acabó por echarle la culpa al
novio. Ningún abogado quería encargarse de su defensa. El señor
45 Pérez la tomó sobre sí (a su cargo, por su cuenta), y consiguió
desentrañar (aclarar) el misterio, probando que el acusado no
había intervenido para nada en lo ocurrido. En su discurso de
defensa, desvaneció hasta la más ligera sombra de duda.

LA SRA. S. Tuvo que allanar bastantes obstáculos para alcanzar su
50 triunfo.—En el fondo se reducía[12] la causa del suicidio a un móvil
que nada tenía de particular. Era el tan conocido caso de la
muchacha cuya familia había venido a menos después de fracasar[13]
en sus negocios. Antes que acomodarse (adaptarse) a las estrecheces
económicas de la nueva situación, prefirió quitarse la vida (suici-
55 darse).—Recuerdo el acierto que el Sr. Pérez tuvo comentando las
cartas de la víctima. Mostró a las claras que, no teniendo con
qué sostener el plan de vida a que estaba acostumbrada, no podía
prescindir de sus comodidades. No había tenido valor[14] para
conformarse[15] con la nueva situación.

60 LA SRA. L. ¿Cuándo estará de vuelta su marido?—Ya sé que anda
muy ajetreado con sus cosas,[16] y que apenas podrá estar en casa
algún momento que otro durante el día.

LA SRA. S. Creo que tendrá, cuando menos, para un par de horas en
el bufete del Sr. Pérez, y que acaso se vea obligado a comer fuera
65 hoy con él y un antiguo compañero de estudios.[17]

LA SRA. L. Mucho desearía entonces que almorzásemos juntas. ¿Hay
algún inconveniente en ello?

LA SRA. S. ¡Cómo[18] ha de haberlo! ¡Claro que no! Pero tendremos
que esperar un poco, pues los chicos no tardarán, y podremos
70 almorzar todos juntos.

UN PLEITO SENSACIONAL   95

Notas

1. *To pay;* **pagar—pagar por.**

To pay a visit: hacer una visita. *To return a visit:* devolver una visita.

To pay attention: prestar, poner atención.

Pagar—pagar por:

    He repaid him in the same coin. Le pagó en la misma moneda.

    ¿Cuánto ha pagado por el coche? *How much did he pay for the car?*

    ¿Quién pagó los billetes? *Who paid for the tickets?*

    Pagué tres mil pesetas por este traje. *I paid three thousand pesetas for this suit.*

    Hasta ayer, no pude pagar el traje. *Until yesterday, I couldn't pay for the suit.*

    Vd. pagará las consecuencias. *You will pay for the consequences.*

    Pagó su error con la vida. *He paid with his life for his mistake.*

Si se quiere puntualizar el importe de una compra, se usará **pagar por,** y si se quiere dar a entender que una deuda ha sido cancelada, se dirá **pagar.** En sentido figurado se usa **pagar** y nunca **pagar por.**

2. No faltaba más.

    —¿Vendrá Vd. esta noche? —Desde luego, no faltaba más. *"Will you come tonight?" "Yes, of course, by all means."*

    —¿Escribirá Vd. mañana esta carta? —No faltaba más; esté Vd. seguro de que lo haré. *"Will you write this letter tomorrow?" "Don't have the slightest doubt; you may be sure I'll do it."*

El giro se usa también en sentido irónico: *that is the last straw.*

    Encima de quitarle el dinero, le maltrataron. No faltaba más. *In addition to taking his money away, they maltreated him. This was the last straw.*

3. *To spend time:* pasar el tiempo.

To spend money (on something): gastar dinero (en algo).

Está físicamente agotado. *He is physically spent.*

4. *To complain.*

To complain se traduce por **quejarse** o **reclamar. Quejarse:** exteriorizar sentimientos de dolor, pena o descontento. **Reclamar:** pedir algo, con frecuencia oficialmente, que nos es debido según una ley, reglamento o nuestra opinión personal o bien oponerse a una cosa.

Se queja de los fuertes dolores de cabeza tan habituales en él. *He complains of strong headaches so habitual with him.*

No tendré más remedio que quejarme al portero si no recoge los cubos de basura a la hora debida. *I'll just have to complain to the janitor if he doesn't pick up the garbage pails at the proper time.*

Reclamaré al jefe del negociado sobre un error en mi cuenta. *I'll complain (that is, put in or make a complaint) to the head of the section about an error in my account.*

Reclamé en Correos acerca de un paquete que llegó destrozado. *I complained (put in a complaint) at the Post Office about a package that arrived damaged.*

5. A, de, en *used with* modo *or* manera.

The prepositions **a, de,** *and* **en** *are used with* **modo** *or* **manera.**

A mi (su, nuestra) manera: *in my (your, our) way.* (**A** *indicates the manner particular to an individual.*)

De esta, otra, tal, cierta, qué manera. *In this, another, such a, a certain, what manner.*

En manera alguna admito discusiones sobre este punto. *I shall in no way admit argument on this point.*

En cierta manera, Vd. obró como convenía. *To a certain extent, you acted appropriately.*

6. Cualidad—calidad.

Cualidad: lo que hace que una persona o cosa sea lo que es. Una **cualidad** de algo o alguien es una característica que les es inherente.

Eres un joven de buena presencia; hasta ahora sólo supiste malgastar tus cualidades. *You are a young man of good appearance; up to now you have been able only to waste your natural qualities.*

No obstante sus malas cualidades, nos sería útil su colaboración por la experiencia que tiene en este ramo industrial. *Despite his bad qualities, his collaboration would be useful to us because of the experience he has in this branch of industry.*

Una buena cualidad se reconocía en él, la de no ser rencoroso. *One good quality was recognizable in him, that of not being spiteful.*

Las aguas de esta fuente son muy conocidas por sus cualidades medicinales que han devuelto la salud a muchos enfermos. *The waters of this fountain are very well known for their medicinal qualities which have restored the health of many sick people.*

Calidad es un término de **comparación;** indica la superioridad o inferioridad de algo o alguien respecto de otras cosas o personas de su especie o género.

Las cualidades de la seda son la delgadez y la fuerza. *The qualities of silk are thinness and strength.*
Esta seda es de inferior calidad. *This silk is of inferior quality.*
Le parecían cosas plebeyas, buenas para gente de calidad inferior. *They seemed to him plebeian things, fit for people of lesser quality.*
Venden tomates y calabazas cuya excelente calidad, suma abundancia y consiguiente baratura exceden a toda ponderación. *They sell tomatoes and pumpkins whose excellent quality, great abundance, and consequent cheapness are beyond all praise.*

7. *Some legal terminology in common use.*

El fiscal y el defensor informan ante el tribunal. *The prosecuting attorney and the defense lawyer present their cases in court.*
Audiencia: palacio de justicia, *courthouse.*
Le llevaron a la comisaría por alterar el orden público. *They took him to the police court for disturbing the peace.*
El tribunal supremo puede confirmar o anular las sentencias dictadas por los tribunales inferiores. *The supreme court can uphold or reverse the decisions rendered by the lower courts.*
El juez que instruye (*conducts*) el sumario (*preliminary proceedings*) se llama juez de instrucción.
Un abogado defiende una causa ante los tribunales. *A lawyer argues a case in court.*
Llevar a alguien a los tribunales: *to take someone to court.*
Entablar acción civil o criminal contra alguien: *to bring civil or criminal proceedings against someone.*

Poner (entablar) un pleito; entablar (incoar) un proceso contra alguien: *to bring suit against someone.*

Demandante (*plaintiff*) y demandado (*defendant*) son las partes que entran en litigio.

Comparecer ante el juez de grado o por fuerza: *to appear in court willingly or unwillingly.*

Declarar ante el juez (ante el tribunal): *to testify in court.* Testigos de (propuestos por) la acusación: *witnesses for (introduced by) the state.* Testigos de (propuestos por) la defensa: *witnesses for (introduced by) the defense.*

En términos jurídicos: *in legal language.* Procedimientos jurídicos: *legal procedure.*

Salir bajo fianza: *to go free on bail.* Salir fiador por: *to post bail for someone.*

Interrogar a un testigo: *to examine a witness.* El interrogatorio de un testigo: *the cross-examination of a witness.*

8. Crédito—*credit.*

Crédito equivale a *credit* como término comercial.

Ventas al contado y a crédito: *sales for cash and on credit.*

Carta de crédito: *letter of credit.*

Crédito *is also commonly used in the sense of "credence", particularly in the phrase* dar crédito a: creer, *"to believe, give credence to".*

No me merece ningún crédito. *He isn't worthy of my confidence.*

No daba crédito a sus oídos (a sus ojos). *He did not believe his ears (eyes).*

9. Explicarse (*to understand*).

No puedo explicármelo. *I can't understand it.*

No me explico (no concibo, comprendo) que haya descendido hasta ese extremo. *I can't understand his going to that extreme (how he could have gone to that extreme).*

10. Humor.

Humor en el sentido de *mood* sirve para describir el estado de ánimo contento o descontento, hostil o amable de uno.

No tengo humor esta tarde. *I am out of sorts this afternoon.*

No tengo humor para ir al cine. *I am in no mood to go to the movies.*

Estar de buen (mal) humor: *to be in (a) good (bad) humor.*

Le contestó de (con) mal humor (malhumoradamente, de mal talante). *He answered him ill-humoredly.*

En la acepción de aptitud para ver el lado cómico de las cosas significa buen humor o humorismo y se traduce por *humor.*

El humorismo (humor) de Swift: *Swift's humor.*

Tiene sentido del humor (tiene buen humor). *He has a sense of humor.*

N.B. No estoy para bromas (*frase hecha*). *I am in no mood for jokes.*

11. Le pegó (tiró) un tiro. *He fired a shot at him.*

Disparó el fusil al apretar el gatillo. *Pressing the trigger, he fired the gun.*

Se echó el fusil a la cara, y le apuntó. *He brought the gun to his shoulder, and aimed at him.*

La fuerza pública hizo fuego sobre los que iban al frente de la manifestación. *The police fired on those who led the demonstration.*

Abrir el fuego: *to open fire.*

La bala (el tiro) dio en el blanco. *The bullet (shot) hit the mark.*

Hacer un disparo (sobre): *to fire a shot (at).*

Había tiroteo en la calle. *There was shooting in the street.*

12. Reducir.

Además de los sentidos que tiene de común con el parónimo inglés, **reducir** significa sujetar a alguien privándole de libertad.

Fue reducido a prisión. *He was taken off to prison.*

A viva fuerza, pudieron reducir al demente. *By sheer force, they were able to overpower the madman.*

Reducirse es venir a ser: *to come (down) to.*

Lo que Vd. tiene que hacer se reduce a esto; viene a ser lo mismo (la misma cosa). *What you have to do comes to this; it comes to the same thing in the end.*

N.B. *"To come to" in the sense of "to amount to":* **elevarse a.**

Los gastos de la casa se elevan, ascienden, suben a X dólares. *The expenses of the house come to X dollars.*

Como adjetivo **reducido** significa **limitado.**

Una habitación, cama, mesa de reducidas dimensiones: *a room, bed, table of limited size.*

13. Some translations of "to fail".

Fracasó en su intento. *He failed in his attempt.*

El estreno del drama fue un fracaso estrepitoso. *The opening of the drama was a tremendous failure.*

El Banco Tal quebró (está en quiebra). *Bank So-and-so has failed.*

El profesor le suspendió en la asignatura. *The teacher failed him in the course.*

El profesor suspendió (se cargó, *argot estudiantil*) a la mitad de los alumnos. *The teacher failed (flunked, student slang) half his students.*

14. Valor—Valentía.

Valor (*courage*) es la firmeza moral propia de un espíritu superior a todo riesgo que le permite a uno afrontar un peligro o cumplir con una obligación arriesgada.

Me falta valor para escribirle a ella: dile que me perdone. *I lack courage to write her. Tell her to forgive me.*

Tuvo valor de negarlo. *He had the courage to deny it.*
No tenía valor de acercarse a su padre. *He didn't have the courage to approach his father.*

Valentía (*bravery*) es la ostentación arrogante y a veces jactanciosa del valor.

"La valentía busca los lances; el valor los evita, pero no los rehusa cuando la obligación o la necesidad lo exigen." (López de la Huerta) Dieron muchas muestras de valentía al atacar al enemigo, y no perdieron su valor aun al tener que retroceder. *They gave many signs of bravery in attacking the enemy, and did not lose their courage even when they had to retreat.*

Esencialmente el **valor** es de carácter moral y la **valentía** de carácter físico.

15. Conformarse—*to conform;* **conformidad.**

El verbo **conformarse** se usa poco en el sentido de "corresponder a" (*to conform to*). Por el contrario, es de uso común en la acepción de **contentarse** o **resignarse.**

No me conformo con menos de esto. *I will not resign myself to less than this.*

To conform: ajustarse a, estar conforme con.

Este proyecto se ajusta a (está conforme con) las leyes establecidas. *This project conforms to the established laws.*

Me ajustaré estrictamente (obraré conforme) a la ley. *I shall conform strictly to (act in conformity with) the law.*

Conformidad *is used in the sense of "resignation" as well as that of "agreement".*

Hay que tener conformidad ante el dolor. *One must have resignation in the face of grief.*

De conformidad con lo que la ley prevé en estos casos: *in conformity with what the law provides in these cases.*

16. Ser cosa de uno—**allá él, ellos, usted,** etc.

No se meta Vd. en eso; son cosas suyas. *Don't butt into that; it's his affair.*

Este asunto es cosa mía; no se preocupe. *This matter is my affair; don't worry.*

Se ha marchado de la reunión sin despedirse; no le haga Vd. caso, son cosas suyas. *He left the meeting without saying good-bye; don't pay any attention to him, it is just like him.*

Son cosas de España. *It's just like Spain.*

Se notarán los dos sentidos de **es cosa mía, suya,** etc. Se comparará este giro con la expresión **allá él, usted, ellos,** etc., que significa una actitud de absoluta indiferencia.

Si él quiere arriesgarse, allá él. *If he wants to expose himself, that's his affair.*

Si Vds. insisten, les dejo el campo libre: allá Vds. *If you insist, I shall leave you a clear road; it's your affair.*

17. Compañero.
Compañero es cualquier persona con la que se comparte una situación circunstancial más o menos prolongada, o un oficio.

Compañero de trabajo, de fábrica, de oficina, de club: *fellow worker, fellow worker in a factory, fellow worker in an office, fellow member of a club.*

El encargado del ascensor nos explicó que reemplaza a su compañero. *The elevator man explained to us that he is replacing the person who works with him.*

Si no estoy en la tienda, mi compañera le atenderá. *If I am not in the store, the girl who works with me will take care of you.*

Compañero de clase, de habitación, de camarote: *classmate, roommate, cabin mate.*

Compañeros de viaje, de verano, de hotel: *people on the trip, vacationing during the summer, in the hotel with one.*

N.B. **Compañero de viaje** tiene también un sentido político: *fellow traveler.*

El jefe del partido político clandestino y sus compañeros de viaje tratan de hacer un enjuague con otro partido de su tendencia. *The head of the secret (underground) political party and his fellow travelers are trying to horse trade with another party of his leanings.*

Refiriéndose a profesiones liberales (las de médico, ingeniero, abogado, por ejemplo), se dice **compañero de profesión** (*frase hecha*): *colleague.*

Compañero de juego (*frase hecha también*); persona con quien se forma pareja en los juegos como el bridge o el dominó: *partner.* N.B. *Business partner:* socio).

18. ¡Cómo no!—¡cómo que no!
¡Cómo no!: rechaza una duda expresada en la interrogación que precede.

—¿Vd. entiende lo que quiero? —¡Cómo no he de entender! *"Do you understand what I want?" "Of course, why shouldn't I understand?"*

—¿Vd. no irá esta noche? —¡Cómo no he de ir, si tengo las entradas en el bosillo! *"You won't go tonight?" "Of course, why shouldn't I go if I have the tickets in my pocket?"*

¡Cómo que no! indica una discrepancia de parecer con una afirmación precedente.

—Vds. no han cumplido lo ofrecido. —¡Cómo que no (hemos cumplido lo ofrecido)! *"You didn't fulfill your offer," "Why, we certainly did!"* —Vd. no se ha levantado hoy temprano. —¡Cómo que no me he levantado hoy temprano! *"You did not get up early today." "Why, I certainly did!"* —Un testamento sin firma de testigos no es válido. —¡Cómo que no! *"A will without the signature of witnesses is not valid." "Why, of course it is!"*

Ejercicios

■

PRIMERA PARTE

A. CUESTIONARIO

1. ¿Qué debía hacer la camarera, en cuanto llegase la Sra. López?
2. ¿Qué hacía la Sra. Smith, cuando llegó su amiga?
3. ¿Por qué se había quejado la Sra. Smith al portero?
4. ¿Por qué había salido el Sr. Smith?
5. ¿En qué circunstancias encontraron por primera vez al joven abogado?
6. ¿Representaba el abogado los años que tenía?

B. MODISMOS Y GRAMÁTICA

Repaso del verbo "saber". El verbo "sentir" seguido del infinitivo y del subjuntivo (p. 93, l. 7 y p. 93, l. 15).

1. As I was typing the letters, I told him to show Mr. Pla into the office. 2. I am sorry to say that they will not turn on the heat today. 3. We are sorry that it will be practically impossible to attend to the mail now. 4. I'm expecting them any minute. I know that they will come later than you think. 5. Don't stand on ceremony; make yourself at home. 6. He must have understood me incorrectly. I said, "Please let them know." 7. I am sorry he is in a hurry to leave. 8. To judge by his appearance, he is not a young doctor recently out of school. 9. I shall continue to say that there is no comparison between this lawyer and the one who argued in court yesterday. 10. I want you to know that no one would take him for more than twenty.

C. ESTUDIO DE PALABRAS

1. You'll *pay for* your cruelty. I *paid for* this book; he gave me the other one. I told them to *pay* attention. How much did they *pay for* the car? **2.** —¿Le estorbo, señor? —¡*No faltaba más!* Pase Vd. Ayer tuvo el tercer accidente con el coche nuevo. *No faltaba más.* **3.** He wants me to *spend* the season there. Don't *spend* all your money. **4.** I was sorry he didn't do it *in his own way.* He must have done it *in the same way.* No es, *en cierto modo,* conveniente. **5.** This young man has fine *qualities.* He is a person of *quality.* I don't like the *quality* of these gloves. **6.** The plaintiff in the *case* had not signed the contract. The prosecuting attorney argued brilliantly in the *case.* **7.** No podemos *quejarnos* del tiempo. El maestro *se ha quejado* del discípulo. Va a *reclamar* contra el fallo (*decision*).

D. TEMA

How splendid you're looking, Mrs. Jones! Please be seated, and make yourself at home.

If you have anything to do, please tell me. I am sorry I did not telephone you before coming. I tried to call you several times during the week, but it is practically impossible to find you at home in Madrid.

I am delighted you came in this way. We were all on a vacation last week. We took a run up to the Escorial. That's the reason why you did not find us at home.

Did you meet Mrs. Pla there?

As a matter of fact, I am expecting a visit from her any minute. She was there with her son, a young lawyer recently out of school.

We know them very well. He is a young man who seems to show a great deal of promise. He is very young; I think he is thirty at most.

Well, nobody would take him for more than twenty-five. And yet, he has already taken part in some sensational cases.

You don't have to tell me, good heavens! To judge by what my husband says, the young man is by all odds one of the most intelligent lawyers in Madrid.—How long did you stay?

I know only too well that this isn't the most appropriate season for spending time there. We had wanted to spend two weeks, but it was very cold, and we could not get them to turn on the heat. So we left after a week.

■ ■

SEGUNDA PARTE

A. CUESTIONARIO

1. ¿En qué circunstancias se pegó un tiro la desgraciada muchacha?
2. ¿Qué acabó por hacer la policía?
3. ¿Qué consiguió hacer el Sr. Pérez?
4. ¿Cuál fue la causa del suicidio según la tesis del abogado?
5. ¿Cómo comentó el Sr. Pérez las cartas de la víctima?
6. ¿Cuándo volvería a casa el Sr. Smith?
7. ¿Qué es un bufete?

B. MODISMOS Y GRAMÁTICA

Repaso del verbo "ver". Las distintas traducciones de la palabra inglesa "what" (*p. 93, l. 11; p. 95, l. 34; p. 106* **A** 1, **A** 2, **A** 4, **A** 7).

1. I don't see what motive the girl had for taking her life. **2.** What are the important incidents of the last trial in which he took part? **3.** What did he do in order to prove that the family had come down in the world after failing in business? **4.** They did not understand what had happened nor why the unfortunate girl had shot herself. **5.** I was sorry they eventually blamed the young man who had taken no part at all in what had occurred. **6.** We should not be able to adhere to this standard of living, if we did not forego many comforts. **7.** She doesn't want me to wait because her husband has two or three hours' work in the office. **8.** He saw that, by continuing to speak in that way, he would be able to dispel the slightest shadow of doubt. **9.** He commented on the letters so that everybody might see how the family had suffered. **10.** We shall be compelled to explain everything if he isn't back before ten o'clock.

C. ESTUDIO DE PALABRAS

1. They have been in a bad *humor* for some time. *Humor* is an important matter in the theatre. **2.** We cannot *understand* their believing such a statement. We *understand* them perfectly. **3.** The soldier *shot* the man. He pressed the trigger and *fired*. **4.** It will *come to* the same thing in the end. The bill will *come to* fifty pesetas at least. The situation *comes to* a simple question of dates. **5.** If it *fails* this time, we shall abandon all our attempts. When the banks *failed*, there were demonstrations in the streets. I don't want to *fail* (in) English this year. **6.** She hadn't the *courage* to adapt herself to her new financial straits. The sailors conducted themselves with great *bravery* during the storm. **7.** Debemos *conformarnos* con las situaciones inevitables en lugar de quejarnos inútilmente. He did not *conform* strictly to what we had demanded. **8.** Son *cosas de* la vida. No haremos caso de lo que ellos le ordenen, porque no es *cosa nuestra*. If you want to do such a thing, that's *your affair*. **9.** —¿Lo hará Vd. sin falta esta noche? —¿*Cómo no* he de hacerlo? —Vd. no vio lo ocurrido. —¡*Cómo que no* lo vi! **10.** Mi *compañero* de habitación tiene la costumbre de leer la prensa hasta las altas horas de la noche. La camarera es inteligente, pero su *compañera* no atina con nada (*gets nothing clearly*). Este psicólogo siempre está en pugna con sus *compañeros* de profesión. Es un antiguo *compañero* de clase mío que llegó muy lejos.

D. *Escríbanse unas 100 palabras sobre un proceso criminal reseñado últimamente en la prensa.*

VIII An Afternoon at Home

■

The family is (chatting) at the table after dinner.

MR. S. I am going to our branch office. I have to interview some young men who have applied for the position left vacant since we discharged (fired, *slang*) our typist. He was a young man in whom we had placed our confidence, but he didn't get along very well with the manager. They couldn't abide (stand the sight of, *colloquial*) each other. Their frequent quarrels interrupted the smooth functioning of the office routine, and the situation had to be remedied.
—Now we shall have to be very careful (watch ourselves, *colloquial*) in taking on another, because we cannot employ just anybody.

MRS. S. I hope you will get through on time and won't forget that John has bought the tickets (got the seats) for this afternoon's performance at the Teatro Español.

MR. S. I really have earned a moment of relaxation. I shall do everything possible to be punctual. But if, by chance, I don't arrive on time, leave my ticket at the box-office, and I shall pick it up.

MRS. S. We shall wait for you in the lobby until the bells ring announcing that the curtain is going up.

MR. S. I don't know what's happening to me. Next thing I know I'll be losing my head. I have mislaid my brief-case with my papers,— unless I've (actually) lost it somewhere.—At this rate I'll never get to the office. (*When Mr. Smith gets ready to go, the telephone rings.*) That confounded telephone! It doesn't give you a chance to breathe.

THE WAITRESS The young lady is wanted on the telephone. (*Mary goes to the telephone booth.*)

MR. S. So much the better! I thought it was for me. Good-bye. (*He leaves.*)   ■ ■

MARY Hello, hello!—Yes, speaking (at the phone).—Speak a little louder. Oh, it's you, Miss Díaz. I've always known you to be dependable about your engagements. I expected your (telephone) call any minute. You and I have many things (much) to talk

Una tarde en casa VIII

■

La familia se encuentra (charlando) de sobremesa.[1]

EL SR. S. Me marcho a la oficina de nuestra sucursal. Tengo que entrevistarme con algunos jóvenes que han solicitado[2] el puesto vacante[3] desde que despedimos (pusimos en la calle, echamos) al
5 mecanógrafo. Era un muchacho en quien habíamos depositado (puesto) nuestra confianza, pero no se llevaba muy bien con el jefe. No podían verse (ni pintados, *familiar*). Sus frecuentes disgustos[4] interrumpían la buena marcha de la oficina, y hubo que poner remedio a ello.—Ahora tendremos que poner gran cuidado
10 (mirarnos mucho, *familiar*) para (al) admitir[5] a otro, pues no se puede colocar[6] a cualquiera.

LA SRA. S. Espero que acabarás a tiempo y no olvidarás que Juan ha sacado las entradas[7] (localidades) para la función de esta tarde en el (Teatro) Español.

15 EL SR. S. Verdaderamente bien ganado tengo un rato de esparcimiento.[8] Haré (lo posible) por ser puntual. Pero si, por casualidad, no llego a la hora (a tiempo), dejadme la localidad en la taquilla (contaduría), y yo la recogeré.

LA SRA. S. Te esperaremos en el vestíbulo hasta que suenen los timbres
20 avisando que se va a levantar el telón.

EL SR. S. No sé lo que me pasa. No sé dónde tengo la cabeza. He olvidado la cartera[9] con mis papeles, a no ser que (a menos que) la haya extraviado (perdido) en alguna parte.—A este paso, nunca llegaré a la oficina. (*Cuando se dispone a marchar el Sr. Smith,*
25 *suena el teléfono.*) ¡Dichoso teléfono! no le deja ni respirar a uno.

LA CAMARERA Llaman a la señorita al teléfono. (*María va a la cabina* [*telefónica*].)

EL SR. S. ¡Menos mal! Creí que era a mí.—¡Adiós! (*Sale.*)
30 ■ ■

MARÍA ¡Diga! ¡Diga!—Sí señorita; al habla (al aparato).—¡Hable un poco más alto!—Ah, es Vd., señorita Díaz. Ya sabía yo que Vd. era formal[10] en sus compromisos.[11] Esperaba su llamada[12] (telefónica) de un momento a otro. Tenemos muchas cosas

about.—What do you say? That you will drop over here within [35] an hour? I shall be delighted, if you do. I shall wait for you.— So long. . . . (*To Mrs. S.:*) Do you see how Miss Díaz kept her word? We became very friendly at the watering-place; her way with people won my friendship from the first moment (from the start). [40]

MRS. S. Yes, I do recall; I took a liking to her too. She was full of humorous, clever remarks. No one was better than she in the art of carrying on a conversation. Has she remained single, or did she marry that young man who was so good-looking (who had such a fine appearance), whom she introduced to us as her fiancé? [45]

MARY So far as I know, she hasn't married yet. Moreover, there were rumors that she had broken off with him, but I don't know exactly. In any case that caused (a lot of) talk.—Ever since (then), she has been in Madrid. Aside from some private lessons she gives, she has been teaching French literature in a school for girls. [50]

MRS. S. It's obvious that she works very hard. How can she stand such a burden? Belonging to a well-to-do family as hers is, she should have enough to live on comfortably, without any need for earning her living by herself. [55]

MARY She doesn't wish to be a burden on her family. She is convinced that a modern girl ought to be in a position to support herself and not need anyone. She is so hard-working that she will be able to make a future for herself in teaching and go (get) very far.

MRS. S. Well, while she is on her way, we can devote the time to [60] writing a letter which I have here in a rough pencil copy. It was a good idea to take the portable typewriter with us, let your father say what he may. He reluctantly compromised on our including it in the baggage. No doubt he thought it could be ruined with all the commotion of traveling. [65]

MARY Do you want me to make a carbon copy of the letter? Where do you keep the carbon paper?

MRS. S. It's not necessary.

MARY Mrs. Suárez won't take amiss (mind) your writing her letter on the typewriter? [70]

MRS. S. I don't believe she will be annoyed (put out) by that, attributing to it an importance it doesn't have.

110   CAPÍTULO VIII

₃₅ (mucho) que hablar Vd. y yo.—¿Cómo dice?—¿Que pasará por
aquí dentro de una hora? Me dará una alegría con ello.—La
aguardo.—Hasta ahora. . . . (*A la Sra. S.:*) ¿Ves cómo la señorita
Díaz ha cumplido su palabra? Nos hicimos muy amigas en el
balneario; su don de gentes se ganó mi simpatía desde el primer
₄₀ momento (desde el principio).

LA SRA. S. Sí, ya recuerdo; a mí también me cayó en gracia.[13] Tenía
ocurrencias[14] muy graciosas. No había quien la aventajase en
saber llevar una conversación.[15] ¿Sigue soltera o se ha casado
con aquel muchacho de tan buen tipo (que tenía tan buen tipo),
₄₅ y que nos presentó como prometido suyo?

MARÍA Que yo sepa, no se ha casado todavía. Es más; corrieron
rumores de que había roto con él, pero no lo sé de fijo. En todo
caso, eso dio (mucho) que hablar.—De entonces acá (desde entonces), ella se encuentra en Madrid. Aparte de algunas clases
₅₀ particulares que da, explica literatura francesa en un colegio de
señoritas.

LA SRA. S. Se ve que trabaja de firme. ¿Cómo puede resistir[16] semejante tarea?[17] Perteneciendo a una familia acomodada como es
la suya, debería de tener con qué vivir desahogadamente, sin
₅₅ necesidad de ganarse la vida por sí misma.

MARÍA No quiere pesar sobre la familia. Está persuadida de que una
muchacha moderna debe estar en condiciones de sostenerse[18] a
sí misma y no necesitar de nadie. Es tan trabajadora que podrá
labrarse un porvenir en la enseñanza y llegar muy arriba (alto).

₆₀ LA SRA. S. Bueno, mientras viene, podemos dedicar el tiempo a
escribir una carta que tengo aquí en un borrador hecho a lápiz.[19]
Ha sido un acierto traer con nosotros la máquina (de escribir)
portátil, diga lo que diga tu papá. A regañadientes, transigió con
que la incluyésemos en el equipaje. Seguramente pensaba que
₆₅ podría deteriorarse[20] con tanto ajetreo de viajes.

MARÍA ¿Quieres que saque copia de la carta? ¿Dónde tienes el papel
carbón?

LA SRA. S. No hace falta.

MARÍA ¿No tomará a mal la Sra. Suárez que le escribas la carta a
₇₀ máquina?

LA SRA. S. No pienso que se moleste por (con) eso, concediéndole
una importancia que no tiene.

UNA TARDE EN CASA   **111**

Notas

1. Sobremesa.

Estar de sobremesa: continuar sentados alrededor de la mesa, una vez terminada la comida.

La sobremesa se prolongó hasta muy entrada la tarde. *The after-dinner table conversation was extended late into the afternoon.*

De sobremesa acostumbro a tomar café y fumar un puro. *I am accustomed to take coffee and smoke a cigar at table after dinner.*

Los programas de radio y televisión que se ofrecen después del almuerzo suelen llamarse **programas de sobremesa.**

2. *To apply to someone for something.*

To apply (to someone) for something: solicitar algo (de alguien).

He escrito una carta al Director de la empresa solicitando un empleo. *I have written a letter to the head of the firm applying for a job.*

Los alumnos que hayan de sufrir examen lo solicitarán del (dirigirán una solicitud al) Decano. *Students who are to take an examination will apply for it (will send an application) to the Dean.*

Los propietarios que deseen acogerse a los beneficios de la nueva ley lo solicitarán del (dirigirán una solicitud al) Ayuntamiento. *Landlords who wish to come under the benefits of the new law will apply for it (send an application) to the municipal government.*

To apply to somebody: dirigirse a alguien.

Dirigirse a la autoridad competente: *to apply to the proper person in authority.*

An application: una solicitud.

Hizo una solicitud pidiendo un empleo. *He made an application for a job.*

Dirigir una solicitud a: *to send an application to.*

3. Vacante—*vacant.*

Vacante se refiere bien a una persona que está sin empleo (*out of a job*) o bien a un cargo o puesto (de trabajo) que está libre en espera de que alguien lo ocupe (*unfilled*).

Después de mi enfermedad quedé vacante al no ser recibido de nuevo por mi empresa. *I was out of a job after my illness when I was not taken on again by my firm.*

112 CAPÍTULO VIII

Tenemos cinco plazas vacantes en la sección de contabilidad a partir de septiembre. *We have five unfilled positions (vacancies) in the accounting department beginning in September.*

A vacant apartment (room): un piso (habitación) libre o desocupado. (**Vacante** puede emplearse en este último caso como sinónimo de libre o desocupado, pero su empleo en tal sentido no es muy frecuente.) N.B. **Vacante,** como sustantivo femenino, se emplea en el sentido de puesto de trabajo o cargo disponibles: *vacancy.*

En esta empresa se han producido a lo largo del año en curso muchas vacantes que no se han podido cubrir por falta de personal capacitado. *In the course of the current year, many vacancies have opened in that company, which could not be filled for lack of qualified personnel.*

4. Disgusto—*disgust.*

Según el contexto, **disgusto** significa **pesadumbre moral** o **mero desagrado.**

La desordenada vida que lleva da muchos disgustos a sus padres. *The disorderly life he is leading is causing his parents a great deal of grief.*

Está matando a disgustos a su pobre mujer. *He is killing his poor wife with grief.*

Si yo me casase con semejante mujer, le daría un disgusto a mi madre. *If I married such a woman, I should give my mother cause for grief.*

Esto lo hago a disgusto. *I do this with displeasure.*

Veo con disgusto que su conducta no responde a lo que yo esperaba. *I see with displeasure that his conduct does not measure up to what I expected.*

Se notará que el verbo **disgustar** tiene sólo el sentido atenuado del sustantivo **disgusto.**

Su conducta me disgusta. (Es decir, no apruebo su conducta porque me molesta.). *His conduct displeases me.*

Disgustarse (o tener un disgusto) con alguien es enfadarse o romper la amistad con alguien: *to fall out (or to have a falling-out) with someone.*

Se ha disgustado con su amigo. *He has fallen out with his friend.*

He tenido un disgusto con mi compañero. *I have had a falling-out with my companion.*

Disgusting: asqueroso. *To disgust:* repugnar, dar asco.

Era una escena asquerosa. *It was a disgusting scene.*

¡Qué asco! *How disgusting!*

Me repugna este sujeto. *This individual disgusts me.*

5. Admitir.

Admitir tiene varios significados distintos de los del verbo *to admit*.

No admito que se me trate de ese modo. *I don't allow people to treat me in that way.*

Hoy todo el mundo admite que la tierra es redonda. *Today everybody grants that the earth is round.*

Se admite el pago en especie. *Payment in goods is allowed.*

6. Poner—colocar—meter—posar.

Poner (*to put*) tiene un sentido más general que los demás verbos.

No recuerda dónde puse las gafas. *He doesn't remember where he put his glasses.*

Me puse de mal humor. *It put me in a bad humor.*

Se puso el sombrero. *He put on his hat.*

El acto de **colocar** (*to place*) lleva implícita la idea de cuidado y atención; nuestro propósito es que algo o alguien ocupe un lugar determinado.

En los estantes de las paredes fue colocando Silvestre los ejemplares de su modesta colección de mariposas. *Silvestre was placing the specimens of his modest collection of butterflies on the shelves in the walls.*

—Sí, Lorenzo mío, pero no me mires; oye no más—dijo, colocándose de modo que don Lorenzo no viese lo escrito en el papel. *"Yes, Lorenzo, but don't look; just listen," she said, placing herself so that Lorenzo would not see what was written on the note.*

El esmero exquisito con que todos los objetos se hallaban colocados en sus puestos bien claramente anunciaba el sexo y la calidad de la persona que habitaba allí. *The exquisite care with which all the objects were placed in their respective places showed very clearly the sex and quality of the person who lived there.*

Meter (*to put in or into*) es introducir una cosa dentro de otra o en alguna parte.

Hecha la empanada, fue la misma niña a meterla en el horno. *After the meat pie had been prepared, the same girl went to put it into the stove.*

Corrió a meterse en un rincón. *He ran and placed himself in a corner.*

Metió la mano en el bolsillo. *He put his hand into his pocket.*

Posar (*to rest*) es descansar o apoyar algo sobre otra cosa por cierto tiempo. Se dice en especial de las aves que se asientan sobre algo después de haber volado.

Un gorrión viene a posarse en la torre. *A sparrow comes to rest on the tower.*

El niño obedeció al punto, posando los labios sobre la imagen del Señor. *The child obeyed at once, resting his lips on the picture of the Lord.*

Posaba el libro con frecuencia sobre la mesa, y se quedaba largo rato pensativa con la mano en la mejilla. *She frequently rested the book on the table, and remained pensive for a long while with her hand on her cheek.*

Sus ojos la seguían, y se posaban en ella con respeto. *His eyes followed her, and rested upon her respectfully.*

7. Billete—entrada—localidad—ticket.

Billete es un trozo de papel o cartulina (*thin cardboard*), impreso, que nos vemos obligados a sacar (comprar) para poder viajar en tren, autobús, avión u otro medio de transporte colectivo (*mass transportation*).

Entrada se usa para denominar el papel o cartulina, impreso, que da derecho a asistir a algún espectáculo (cine, teatro, centro recreativo [*amusement center*], museo o lugar de interés).

Sacó un par de entradas para la sesión de la tarde. *He bought a couple of tickets for the afternoon performance.*

Localidad se emplea como sinónimo de **entrada** siempre que se haga referencia al sitio que se va a ocupar. También tiene esta palabra el sentido de **asiento.**

Sacó cuatro localidades (entradas) de patio de butacas (de primer piso) (de segundo piso). *He bought four seats (tickets) in the orchestra (in the first balcony) (in the second balcony).*

—Estas son nuestras localidades—dijo, señalando con el dedo (a) dos butacas que estaban unas filas más atrás. *"These are our seats," he said, pointing to two seats a few rows back.*

Ticket: este anglicismo se hace cada vez más general, empleándose para una gran variedad de fines diferentes a los de **entrada** o **billete.**

El encargado le dio un ticket cuando aparcó el coche. *The attendant gave him a ticket when he parked the car.*

Perdí el ticket (resguardo) que debía entregar al relojero al recoger mi reloj. *I lost the ticket (claim check) which I was to hand the watchmaker when I picked up my watch.*

N.B. Billete de lotería (*frase hecha*): *lottery ticket.*

Boleto, usado corrientemente en Hispanoamérica en el sentido de billete o entrada, tiene un empleo poco frecuente en España, y casi limitado a designar papeletas de rifa (*raffle tickets*).

8. *To relax.*

To relax: esparcir el ánimo, relajarse. *Relaxation:* esparcimiento, relajación.

Vd. necesita un cambio de aires. Después del intenso trabajo de estos días, le vendría bien un poco de esparcimiento (relajación) en el campo. *You need a change of air. After your intensive work of these last few days, a little relaxation in the country would do you good.*

La tensión nerviosa que sufría exigía que esparciese el ánimo (se relajase). *The nervous tension from which he was suffering demanded that he relax.*

Relajar y **relajación** tienen el sentido de las correspondientes palabras inglesas en fisiología.

Relajar un músculo: *to relax a muscle.*

Relajación de los músculos cardíacos: *relaxation of the heart muscles.*

Nótense los usos corrientes de estas palabras en español.

La propaganda subversiva consiguió relajar la disciplina del ejército. *The subversive propaganda succeeded in breaking down* (*relaxing*) *the discipline of the army.*

La última época del imperio romano se caracterizó por la relajación de la moral. *The last period of the Roman Empire was characterized by the loosening of morals.*

9. Cartera—bolso—bolsa—saco.

Cartera (de bolsillo): *wallet.*

En mi cartera llevo el carnet de identidad, el carnet de conducir, y algún dinero. *I carry my identification card, my driving license and some money in my wallet.*

Cartera significa también *briefcase,* utensilio de piel u otro material flexible en que se llevan papeles, documentos y libros.

Bolso: *handbag, pocketbook.* Esta prenda, usada por mujeres, sirve para llevar pequeños artículos, enseres (*paraphernalia*) (barrita de labios [*lipstick*], tijeras, lima [*file*], polvera [*compact*], llavero [*keyring*]), y otras cosas de uso frecuente.

Bolsa: *bag* or *shopping bag;* recipiente (*container*) de papel, las más de las veces, que sirve para llevar artículos de compra.

Con frecuencia las mujeres usan bolsa para hacer sus compras en los supermercados. *Women frequently use a shopping bag to make their purchases in supermarkets.*

Bolsa de golf: *golf bag.*

Saco es un continente generalmente hecho de tela basta (*coarse*) o papel fuerte y de grandes dimensiones: *sack*.

Los peones descargaban los sacos de patatas del camión. *The laborers unloaded sacks of potatoes from the truck.*

10. Formal—formalista.

Es un niño muy formal y aplicado. *He is a serious-minded and diligent child.*

Él es bastante formal para no divertirse recurriendo a eso. *He is serious-minded enough not to amuse himself by resorting to that.*

El niño no ha de ser tan formal como los mayores. *The child does not have to be as serious-minded as the grown-ups* (colloquial).

Formal clothes: traje de etiqueta. En un baile de gala los asistentes deben ir con (en) traje de etiqueta: los caballeros, de smoking; las damas, con traje de noche. *At a formal dance those attending should go in formal clothes: the gentlemen, in tuxedo; the ladies, in evening dress.*

Los ingleses son formalistas en sus actos. *The English are formal in their actions*

He received me very formally. Me recibió con mucha etiqueta.

11. Compromiso—*compromise.*

Compromiso:

Tengo un compromiso con él. *I have an engagement with him.*

Hacer honor a sus compromisos: *to meet one's obligations.*

Es un compromiso ineludible de todo punto. *It is in every respect an unavoidable obligation.*

Me puse en un compromiso con su inoportuna intervención. *He put me in a predicament with his inopportune intervention.*

N.B. Predicamento: *prestige.*

El misionero goza de gran predicamento (prestigio) en la tribu. *The missionary enjoys great prestige in the tribe.* (**Predicamento** es una palabra no muy frecuente en el lenguaje corriente; se usa más a menudo en este sentido la palabra **prestigio**.)

Compromise: transacción; *to compromise:* transigir.

Los litigantes llegaron a una transacción para evitar el pleito. *The litigants reached a compromise to avoid suit.*

De no poder llegarse a un arreglo, más vale transigir. *If an agreement cannot be reached, it is better to compromise.*

Transigir sobre un punto: *to compromise on a point.*

N.B. **Compromiso** puede traducirse por *compromise*, pero tiene un significado restringido que debe tenerse muy en cuenta. En este sentido, es un convenio (*agreement*) entre dos partes, por el cual aceptan el arbitraje de un tercero para resolver sus diferencias. Cuando no pueden dos litigantes llegar a una transacción, pueden, sin embargo, resolver el litigio recurriendo al compromiso; es decir, convienen en aceptar el fallo (*decision*) de un tercero.

12. Tener una conferencia telefónica con Barcelona: *to have a telephone conversation with Barcelona.*

Meter una ficha en la ranura: *to put a token in the slot.*

Hacer girar el disco para marcar el número: *to turn the dial to indicate the number.*

Póngame Vd. con el número tal (déme Vd. el número tal). *Give me number so-and-so.*

Decir algo por teléfono: *to say something on (over) the telephone.*

Alguien interceptó la conferencia. *Someone interrupted (cut off) the call.*

Conferencia interurbana: *long-distance call.*

Colgar, descolgar el aparato (el auricular): *to hang up, take off the receiver.*

Comunica *o* está comunicando. *The line is busy.*

Póngase al aparato. *Come to the phone.*

Aquí X. *X speaking.*

Haga Vd. el favor de aproximarse al micrófono. *Please come closer to (or speak into) the mouthpiece.*

13. Caer en gracia.

Caer en gracia dícese de personas o cosas que producen en alguien y en un momento dado una impresión favorable, suscitando su interés y simpatía.

A los niños les ha caído en gracia el perrito que les regalamos, y no quieren desprenderse de él (dejarlo). *The children have taken a liking to the dog we gave them as a present, and they don't want to give it up.*

Tiene un aspecto agradable (buena pinta, *familiar*); me ha caído en gracia. *He has a pleasant appearance (looks nice, familiar); I've taken a liking to him.*

Puede caernos en gracia un pueblo, un libro, un animal. *We can take a liking to a town, a book, an animal.*

118 CAPÍTULO VIII

14. Tuvo la ocurrencia de hacer la excursión en motocicleta. *He had the bright idea of making the trip by motorcycle.*

¡Qué ocurrencia tan rara!—ir de etiqueta a tal reunión. *What a queer idea—to go to such a meeting in formal clothes!*

Es un chico muy ocurrente. *He is an ingenious fellow.*

15. Conversación—palique—charla.

Conversación:

Entablar, trabar una conversación: *to begin (open) a conversation.*

Mantener una conversación: *to keep a conversation going.*

La conversación decae (languidece). *The conversation is lagging.*

Dejar la conversación: *to drop the conversation.*

Desviar la conversación hacia otro punto: *to turn the conversation to another point.*

Palique: conversación insustancial (*light conversation*).

Los novios estuvieron toda la mañana de palique. *The sweethearts spent the whole morning in light conversation.*

Charla (*chat*): conversación animada. Charla es también una conferencia (*lecture*), pero es de índole más familiar o de menos pretensiones que la conferencia.

Dar una charla sobre El Greco: *to give a talk on El Greco.*

16. Resistir—resistirse a—resistírsele.

No resisto este calor. *I cannot (with)stand this heat.*

No resisto por más tiempo sus bravatas. *I can't stand his bravados any longer.*

No resiste el más ligero análisis. *It cannot withstand the slightest analysis.*

Hay que resistirse; conténgase Vd. *You must bear up; restrain yourself.*

I can't resist tasting it. No puedo resistir las ganas de probarlo.

No resiste (a) la tentación. *He doesn't resist temptation.*

Resistió el (al) ataque del enemigo. *He resisted the enemy's attack.*

Resistirse a algo o resistirse a hacer algo: no estar dispuesto a, o oponer resistencia a: *to be reluctant or averse to.*

Me resistí a hablarle francamente. *I was reluctant to speak frankly to him.*

Mi madre se resiste a la idea de que nos casemos. *My mother is averse to the idea of our marrying.*

Resistírsele algo a alguien es serle algo particularmente difícil.

Se me resiste el latín. *I just can't get Latin.*

Se me resiste creer que este chico se haya graduado. *I just can't believe that this boy has graduated.*

17. Tarea—quehacer—faena.

Tarea es todo trabajo que requiera destreza, inteligencia o ingenio: *task;* significa además cualquier cometido asignado: *assignment.*

Yo era encargado de la delicada tarea de fabricar hondas que hacía de cáñamo y trozos de cordobán que los chicos me traían. *I was entrusted with the delicate task of manufacturing slings which I made from hemp and bits of Cordovan leather the children brought me.*

Una tarea artística, literaria o estética: *an artistic, literary or esthetic task.*

Mi tarea se reduce a cuidar de los niños. *My assignment comes down to taking care of the children.*

El profesor escribió en la pizarra la tarea para casa. Los alumnos debían hacer la tarea de casa antes del día siguiente. *The teacher wrote the homework assignment on the blackboard. The pupils were to do the homework (assignment) before the next day.* (N.B. *Homework:* **tarea de casa** [desde el punto de vista del profesor] y **tarea para casa** [a los ojos de los alumnos]. La palabra **deberes,** en plural, se emplea como sinónimo de **tarea** en ambos casos.)

Quehacer (*duty, job, chore*): obligación continuada y general más bien que concreta.

El quehacer de las naciones ricas es ayudar a los países subdesarrollados. *The duty (job) of rich nations is to help the underdeveloped countries.*

Quizás el principal quehacer de todo profesor sea el conocimiento individual de cada uno de sus alumnos. *Perhaps the main job of every teacher is an individual acquaintance with each of his pupils.*

Quehacer se emplea frecuentemente también para designar trabajos rutinarios. Los quehaceres de la casa: *chores or household duties.*

Algunas criadas daban vueltas por la cocina atendiendo a sus quehaceres. *A few servants were stirring about in the kitchen attending to their household duties (chores).*

Faena (*heavy work*): trabajo laborioso y penoso.

Las faenas del campo: *heavy work in the fields.*

Las faenas de la casa le eran más gravosas cada vez. *The work of the house was more and more onerous for her.*

120 CAPÍTULO VIII

18. ¿Quién sostiene (mantiene) la familia? *Who supports the family?*
No gana para sostener (mantener) a sus padres. *He doesn't earn enough to support his parents.*
No tiene para sostener el coche; consume demasiado. *He hasn't enough to keep up the car; it consumes too much.*
No soporto más tiempo esta situación. *I shall not tolerate this situation any longer.*
Soportaba el dolor resignadamente. *He bore his pain with resignation.*

19. Escribir a lápiz (con lápiz): *to write in pencil.*
Escribir a pluma (con pluma *o* con tinta): *to write in ink.*
Dibujar al pastel, pintar al óleo: *to draw in crayon, to paint in oil.*
Escribir a máquina: *to write on the typewriter* (or *to type*).
Escribir a mano: *to write by hand.*

20. Deteriorar—*to deteriorate.*

Deteriorar (verbo transitivo): acabar por estropear (*to spoil*) algo de una forma gradual: *to ruin.*

El niño deteriora sus dientes comiendo caramelos excesivamente. *The child is ruining his teeth by eating hard candies to excess.*

El perro deterioró la alfombra arrancando los hilos de los flecos. *The dog ruined the rug by pulling out the threads of the fringes.*

Los niños deterioraron el piano golpeándolo sin piedad día tras día. *The children ruined the piano by beating it mercilessly day after day.*

To deteriorate (verbo intransitivo en inglés) se traduce por **deteriorarse.**

Las cosas se deterioran con el (paso del) tiempo. *Things deteriorate with (the passage of) time.*

Nuestra cerca metálica se ha oxidado y se deteriora a ojos vistas. *Our metal fence has become rusty and is deteriorating visibly.*

Ejercicios

■

PRIMERA PARTE

A. CUESTIONARIO

1. ¿Qué debe hacer el Sr. Smith cuando llegue a la oficina?
2. ¿Por qué quiere la señora que termine a tiempo?
3. ¿Qué debe hacer ella si su marido no llega a tiempo?
4. ¿Por qué dice el Sr. Smith que no sabe dónde tiene la cabeza?
5. ¿Qué hace cuando suena el teléfono?

B. MODISMOS Y GRAMÁTICA

Repaso del verbo "leer". El uso del subjuntivo con conjunciones temporales (p. 109, l. 19; p. 122, A. 1. y p. 122, A. 5).

1. When he remedies the situation, he will really deserve a moment of relaxation. **2.** They will not place their confidence in anybody until he has shown that he will not interrupt the office routine. **3.** When you apply for a position, you must be very careful to be punctual. **4.** If he did not get along well with the manager, they would discharge him. **5.** They told the bell-boy to get two seats for this afternoon's performance. **6.** At this rate, the meeting will be constantly interrupted until he comes. **7.** I am sorry they fired the typist; she did everything possible to help them. **8.** When he cannot arrive on time, we leave his ticket in the box-office, and he picks it up. **9.** For many hours, he has been interviewing people applying for the job. **10.** If they continue to act in that way, they will not be able to stand the sight of each other.

C. ESTUDIO DE PALABRAS

1. In case of difficulty, *apply* to the secretary. He *applied* to the dean for a change of classes. 2. Tuvo un *disgusto* con el vecino. Miró con *disgusto* la carta que había recibido. He felt *disgust*. No quiere dar un *disgusto* a su mujer, relatándole lo que había exigido su hijo. 3. No *admitieron* la explicación que intentó dar. El caso no *admite* dilación. El profesor no *admitió* las distinciones que quería señalar. 4. He *put* the briefcase on the floor, and then *put* on his coat. She *placed* the flowers carefully around the room. He timidly *put* his finger into the hot water. 5. He took a trip to the country to *relax*. *"Relax* the muscles of your arm," said the doctor. 6. El empleo está *vacante* desde hace varios meses. Si sigues *vacante*, tendrás que volver a la capital. Hay varias *vacantes* en la factoría. 7. I bought four orchestra *tickets*. If you take the train, buy your *tickets* in advance. Where must one get the *tickets* to go into the museum? Here's the *ticket* they gave me when I left the shirts in the laundry. 8. Uno de los panecillos que traía se me cayó de la *bolsa*. Metió la barrita de labios en su *bolso*. Cargaron el camión con los *sacos* de cemento. 9. No caben todos los libros en la *cartera*. Llevaba mi carnet de conducir en la *cartera* que perdí.

D. TEMA (See Appendix 1.)

310 Main St.
Washington, D. C.
October 19, 19—

Mr. John Smith
Harrington & Co.
Baltimore, Maryland

My dear Mr. Smith:

Through your New York manager, Mr. James Henley, I have learned that you are interviewing typists for your new branch in Baltimore. He suggested that I write a letter to the Baltimore manager applying for the position. I am therefore sending you this application.

I am including several letters of recommendation, as well as the one Mr. Henley was kind enough to send me.

Will you please let me know when it will be convenient for you to see me personally, as he suggests?

Yours truly,
John Doe

■ ■

A. CUESTIONARIO

1. ¿Qué era lo que esperaba María de un momento a otro?
2. ¿Qué rumores corrieron acerca de la señorita Díaz?
3. ¿Qué hacía ella en Madrid?
4. ¿Por qué no tenía que ganarse la vida por sí misma?
5. ¿Qué decidieron hacer la Sra. Smith y María hasta que llegase la señorita Díaz?
6. ¿Conoce Vd. a alguien que tome a mal que le escriban una carta a máquina?

B. MODISMOS Y GRAMÁTICA

I *Repaso del verbo "traer". El subjuntivo usado en oraciones relativas* (*p. 111, l. 42 y p. 124,* **A.** 6).

1. I am looking for a serious-minded young man who can teach mathematics at the school, and give private lessons. **2.** Do you know anyone who has such a way with people as he? **3.** If you drop over here during the day, bring the copy which I made when I typed the letter yesterday. **4.** Her mother told her to marry that young man who has such a fine appearance, but there are rumors that she broke off with him. **5.** If he were willing to work hard, he would earn a living for himself and live very comfortably. **6.** We are convinced that this will cause a lot of talk. **7.** I want my son to make a future for himself in the profession. **8.** When I find that rough pencil copy, will you bring your portable typewriter to me here? **9.** Don't attribute so much importance to a thing which he would do reluctantly in any case. **10.** He must be in a position to support his family very well.

II *El empleo del subjuntivo*

1. So far as I know, there is nobody who can help him. **2.** He will not take amiss your bringing the portable typewriter with you. **3.** We do not believe you are a burden on your family. **4.** He compromised on our doing the work in two weeks. **5.** Let them say what they like; I looked everywhere for someone who could help us.

124   CAPÍTULO VIII

C. ESTUDIO DE PALABRAS

1. The people at the gathering were so *formal* that we could not discuss those things. Un hombre *formal* cumple siempre con lo que promete. **2.** His actions put me in a *predicament*. El autor goza de gran *predicamento* en el pequeño pueblo donde reside. **3.** Se trata de *un compromiso* que tengo con un amigo en el campo. We must reach a reasonable *compromise* before this evening. **4.** We shall have to drop this *conversation* if it becomes too personal. Our *conversations* about almost nothing lasted until the wee hours of the morning. **5.** The *task* of educating the youth of the country must be entrusted to the most capable people. "These are my usual *chores*," she answered, smiling. He is not strong enough to do the *heavy work* in the fields like a laborer. **6.** *Soportó* todo lo que él mandó sin decir palabra. He doesn't earn enough to *support* his wife and children. **7.** You must wear *formal* clothes if you are going to a *formal* dance. **8.** *Se me resisten* las ciencias. *Me resisto a* salir a estas horas de la madrugada. **9.** Le *cayó en gracia* por su proceder con los niños. **10.** A la larga, el sol *deteriora* la pintura del coche. Una casa sin habitar es fácil que *se deteriore*.

D. *Describase en 100 palabras una conferencia telefónica que se haya tenido con un amigo.*

IX Shopping in Department Stores

■

Miss Díaz and Mary go out shopping.

MARY What's the quickest way to Martínez's Department Store? It advertises very often (over) the radio, and I am curious to see what it is like.

MISS D. I think it will be more advisable for us (suit our purpose better) to walk. We could go down through Alcalá Street, and then up the Gran Vía. We would be there in five minutes by (the) subway, but on the trip we should have to change at the Puerta del Sol.

The girls decide to take the subway, and go toward the nearest station. They go down to the platform, take the train, and when they get to the right station, they leave the car, and walk towards the department store.

MARY What a spacious store! It looks very much like those in New York. First, let's go to the glove department.

MISS D. (*Addressing the saleslady*) Please show us some kid gloves, size six. I prefer a light color (shade) to a dark one.

THE SALESLADY Excuse me a moment. I'll be with you in a minute, as soon as I wait on this lady.

MARY This store must make terrific (tremendous) profits, don't you think?

MISS D. Of course. Just imagine how much they must make. Why, only so far this year they have considerably increased their business and have had to alter their place completely. I used to come here before only occasionally. But since the new manager has taken charge of (has been running) the establishment, things have improved to such an extent, that you frequently get real bargains here.

THE SALESLADY (*Showing the gloves for which they asked her*) Just notice the quality of these gloves. You have come at the right time, because just (precisely) today our end-of-season sale starts. A couple of weeks ago, you would have had to pay for these gloves twice the price at which we offer them today. We have very little stock left now.

De compras en los grandes almacenes

■

La señorita Díaz y María salen de compras.

MARÍA ¿Por dónde[1] llegaríamos antes a los Almacenes (Galerías) Martínez? Se anuncian muchas veces por (la) radio,[2] y tengo curiosidad por ver cómo son.[3]

5 LA SRTA. D. Creo que nos convendrá más (tendrá más cuenta) ir a pie. Pudiéramos tomar por la calle de Alcalá abajo, y después subir por (la) Gran Vía. Con el "metro" iríamos en cinco minutos, pero en el trayecto tendríamos que cambiar de línea en (la Puerta del) Sol.

10 *Las muchachas deciden tomar el "metro" y se dirigen a la estación más próxima. Descienden al andén, toman el "metro", y cuando llegan a la estación conveniente,[4] se bajan del coche, y se encaminan hacia los almacenes.*

MARÍA ¡Qué almacenes tan (más) amplios![5] Se parecen en mucho a

15 los de Nueva York. Primeramente (primero), vamos a la sección de guantería (guantes).

LA SRTA. D. (*Dirigiéndose a la dependienta*) Enséñenos, por favor, algunos guantes de cabritilla del número[6] diez y seis. Prefiero un color (tono) más bien claro que oscuro.

20 LA DEPENDIENTA Perdonen un momento. Estoy con Vds. al instante, en cuanto atienda a esta señora.

MARÍA Estos almacenes deben de realizar (hacer) ganancias[7] (hacer beneficios) formidables (fabulosas, tremendas), ¿no le parece?

LA SRTA. D. Desde luego. Fíjese si[8] los hacen, que en lo que va de

25 año han ampliado considerablemente el negocio y han tenido que reformar[9] por completo el local. Yo antes sólo venía aquí alguna vez que otra. Pero desde que el nuevo gerente se ha hecho cargo del (dirige el) establecimiento, han mejorado las cosas hasta tal punto que con frecuencia se encuentran aquí verdaderas gangas.

30

LA DEPENDIENTA (*Mostrando los guantes que le han pedido*) Vean (aprecien) Vds., señoritas, la calidad de estos guantes. Han llegado Vds. con oportunidad,[10] señoritas, pues precisamente (justamente, cabalmente) hoy empieza nuestra liquidación de fin de temporada.

35 Hace un par de semanas, hubieran tenido que pagar Vds. por estos guantes el doble del precio en[11] que hoy se los ofrecemos. Nos quedan ya muy pocas existencias.

MARY   The material looks fine (*colloquial*). I should gladly take a half dozen pairs, but I haven't enough money with me. The only way I could pay for them would be C.O.D.(on receiving them at home). 40
THE SALESLADY   I'm sorry I can't oblige you, miss, but we cannot make any but cash sales. We do not make deliveries.

Mary tries on a few pairs until she decides on one to her taste. The saleslady wraps the pair which Mary will take, telling her to pay the 45 *amount at the cashier's desk.*

■ ■

MISS D.   Gosh, there is Mrs. Álvarez! And what a loud dress she has on!
MARY   Yes, I have known her for a long while, and there is a great deal of shoddiness (*colloquial*) about her. Wishing to put on airs 50 (to act high-hat, *slang*), she falls into an affectation which makes her appear ridiculous in everybody's eyes.
MISS D.   The poor woman is very boring. She has pretentions to being intellectual in her conversation, although she has to wrack her brains in order to use the high-sounding language that she learns 55 in the circles she frequents. In them, they make fun of (kid, *slang*) the good woman, catering to her whims and flattering her vanity. Once when an acquaintance of hers brought up some gross errors she had fallen into (had made), she almost lost (was on the verge of losing) her self-control, and did something rash. She had to 60 vent her anger in some way, and raised a terrible outcry. She was mortified by the slight that they had offered her (offense which had been given her), and left (walked out) in a huff (*colloquial*). We who witnessed the scene were able only with much difficulty to restrain our laughter, but later we learned that the occurrence 65 had been no laughing matter. The poor lady fell sick, and even had to stay in bed as a consequence of the incident.

MARY   I know her daughter, and it has always pained me to think that so refined and sensitive a girl as she is has to suffer her 70 mother's being the laughingstock of her friends (has to bear the brunt of all that). But her daughter can't do anything with her, because she pays no attention.
MISS D.   She is looking at us; let's not slight her. Let's go over and greet her. 75

MARÍA   El género parece estupendo (*familiar*). Yo de buena gana me
quedaría con media docena de pares, pero no llevo encima[12]
bastante dinero. Únicamente los podría pagar al recibirlos en casa.

LA DEPENDIENTA   Lamento no poder complacerla, señorita, pero no
podemos hacer otras ventas que al contado. No hacemos servicio
a domicilio.

*María prueba algunos pares hasta decidirse por uno de su gusto. La
dependienta envuelve el par que va a llevarse María, diciéndole que
pague el importe en (la) caja.*

∎ ∎

LA SRTA. D.   ¡Caramba! allí está la señora Álvarez. ¡Y qué vestido
tan chillón trae!

MARÍA   Sí, la conozco de antiguo, y tiene mucho (bastante) de[13] cursi
(*familiar*). Queriendo darse tono (darse postín, *popular*), incurre
en una afectación que la pone en ridículo a los ojos de todo el
mundo.

LA SRTA. D.   Es muy pesada la pobre señora. Presume de[14] ilustrada
en la conversación aunque tenga que devanarse los sesos para
usar el lenguaje altisonante que aprende en los círculos que fre-
cuenta. En ellos, se burlan de (le toman el pelo a, *popular*) la
buena señora, llevándole la corriente y halagando su vanidad.
Una vez que un conocido suyo le sacó a relucir[15] algunos errores[16]
de bulto en que había incurrido (que había cometido), por poco[17]
pierde el dominio sobre sí, y hace un disparate. Tenía que descargar
su cólera (ira) de algún modo, y puso el grito en el cielo. Se dolía
de aquella desconsideración que se le había hecho (ofensa que
se le había inferido),[18] y salió de allí (tomó la puerta), dándose
a todos los diablos[19] (*familiar*). A duras penas, podíamos los que
presenciábamos la escena contener la risa, pero más tarde supimos
que lo ocurrido no había sido cosa de juego. La pobre señora se
puso mala, e incluso tuvo que guardar cama a consecuencia del
lance.

MARÍA   Yo conozco a su hija, y siempre me ha dado pena pensar que
una muchacha, tan fina y sensible[20] como ella es, tenga que
aguantar que su madre sea el hazmerreír de las amigas (tenga que
llevar el peso de todo aquello). Pero su hija no puede con ella,
porque no hace (ningún) caso.

LA SRTA. D.   Nos está mirando; no le hagamos un desaire (la desaire-
mos). Vayamos a saludarla.

EN LOS GRANDES ALMACENES   **129**

Notas

1. ¿Por dónde se sale? *How do you get out?* (*Where is the exit?*)
Se sale por aquí. *You go out this way.*
¿Por dónde se va a la calle catorce? *How to you get to Fourteenth Street?*

2. Apagar o quitar (poner, encender, o poner en marcha) la radio o la televisión, un aparato (de televisión o de radio): *to turn off* (*on*) *the radio, the television, a* (*television or radio*) *set.*
Los aparatos se ponen, dando vueltas a un mando o pulsando un botón. *You turn on the sets by turning a knob or pressing a button.*
Poner alto o bajo (subir o bajar) el aparato: *to turn the volume of the set up or down.*
Darle más o menos volumen al aparato: *to increase or lower the volume of the set.*
N.B. La abreviatura **tele** es de uso tan frecuente en español como *TV* en inglés. Esta noche hay un buen programa en la tele. *There is a good program on TV tonight.*
¿Cuáles son las horas de emisión de esta estación (emisora)? *What are the broadcasting hours of this* (*broadcasting*) *station?*
Emite con onda (con una longitud de onda) de X metros. *It broadcasts on a wave length of X meters.*
En esta ciudad se emiten programas en cinco canales. *Programs are broadcast over five channels in this city.*
No es clara la imagen de la pantalla. *The image on the screen isn't clear.*
¿Dónde compró Vd. aquel televisor (*o* televisión)? *Where did you buy that television set?*
Este bloque de viviendas tiene una comodidad más para los inquilinos: la antena colectiva de televisión. *This apartment house has an additional convenience for its tenants: a master television antenna.*
En España se ha construido una red de emisoras destinadas a la difusión de programas en frecuencia modulada. *They have constructed a network of stations in Spain intended for broadcasting F.M. programs.*
Vi el partido en (*o* por) televisión anoche; lo escuchó por radio en onda corta o larga. *I saw the game on television last night; he listened to it on radio short or long wave.*

Un aparato con cinco lámparas (transistores) con antena interior, que funciona con pilas o con corriente alterna o continua: *a five-tube (transistor) set with built-in antenna that works on batteries or alternating or direct current.*

Radioyentes: *radio audience.*

Radiar (emitir) o televisar un programa (transmitir un programa por radio o ofrecerlo por televisión): *to broadcast or televise a program (to transmit a program by radio or give it on television).*

El altavoz: *the loud-speaker.*

Los auriculares no han caído en desuso. *Earphones have not fallen into disuse.*

Sincronizar o sintonizar una estación: *to tune in a station.*

El locutor de radio (speaker de radio): *the radio announcer;* el locutor o presentador de televisión: *the television announcer.*

3. ¿Cómo es su novia? *What is your sweetheart like?*

¿Cómo es el libro? *What is the book like?*

¿Cómo es su carácter? *What is his character like?*

4. Conveniente—cómodo.

Conveniente: provechoso, oportuno, aconsejable (*advisable*), lo que conviene (*advisable, suitable, profitable*).

Nunca es conveniente satisfacer los caprichos de un niño. *It is never advisable to satisfy the caprices of a child.*

No es un clima conveniente a su estado de salud. *It is not a climate suitable for his state of health.*

Es un negocio muy conveniente, porque, aunque se tenga que trabajar en él duramente, produce dinero. *It is a very suitable business, because, although one must work hard in it, it brings in money.*

Convenient: cómodo; *to be convenient:* resultar cómodo.

Me resulta más cómodo ir en el metro, porque tengo una estación a un paso de casa. *It is more convenient for me to go by subway, because I have a station right by my house.*

Adoptar una actitud cómoda ante una situación desagradable: *to adopt a convenient attitude in the face of an annoying situation.*

Me resulta cómodo ir a aquel banco, porque cae más cerca de mi casa. *It is convenient for me to go to that bank, because it is nearer my house.*

Envíemelo cuando más conveniente le parezca. *Send me it when it seems most advisable to you.*

Envíemelo cuando más cómodo le resulte. *Send it to me when it is most convenient for you.*

Fue un arreglo muy cómodo para los dos. *It was a very convenient arrangement for the two.*

No atiende más que a su propia conveniencia, es decir, a lo que de algún modo puede beneficiarle. *He bothers only with his own interests, that is to say, with what in some way can benefit him.*

Lo primero es mi comodidad. *My convenience comes first.*

La ducha es una de las comodidades que esta casa ofrece. *The shower is one of the conveniences that this house offers.*

5. Amplio—*ample.*

Amplio: *spacious, roomy; full, extensive.*

La prensa publica amplias informaciones del suceso. *The papers publish full accounts on the matter.*

Le dio las más amplias explicaciones sobre su conducta. *He gave him the fullest explanation of his conduct.*

Andaba embozado en amplia capa hasta los ojos. *His face was muffled up to the eyes in his roomy cape.*

La calle de Jovellanos es amplia. *Jovellanos Street is spacious.*

Ample: suficiente, bastante.

El surtido es bastante (suficiente) para nuestras necesidades. *The stock is ample for our needs.*

El texto actual es bastante (suficiente). *The present text is ample.*

6. Número—talla—dimensiones—tamaño.

Número concreta la medida de ciertas prendas de vestir como **talla** lo hace de otras.

El número de guantes, zapatos, sombreros, camisas, cuellos: *the size of gloves, shoes, hats, shirts, collars.*

La talla de un traje, abrigo, vestido: *the size of a suit, overcoat, dress.*

Talla además de dimensiones de las prendas de vestir citadas, significa la estatura o altura de una persona.

No hizo (o le rechazaron para) el servicio militar por no tener la talla mínima. *He did not do his (or they rejected him for) military service because he did not have the minimum height required.*

Talla indica las más de las veces el resultado de la medida exacta de la altura de una persona.

Mi talla (estatura) es de un metro setenta y cinco centímetros. *My height is one meter seventy-five centimeters.*

Estatura es de uso más frecuente en este sentido, expresando bien la medida exacta bien la impresión producida por la altura de una persona.

—¿Qué talla (estatura) tiene? —Es de poca, corta, baja, gran, alta estatura. *"What is his height?" "He is short, large, tall of stature."*
En sentido figurado, se emplea exclusivamente la palabra **talla**. Es un escritor de poca (mucha, gran) talla (altura). *He is a writer of small (great) stature.*

N.B. Téngase en cuenta la diferencia entre **talla** y **talle**. **Talle** denomina la figura de una persona, y más particularmente la parte del cuerpo que va de la cintura (*waist*) al pecho.
Tiene un talle cimbreante y airoso. *She has a willowy and graceful figure.*
La pareja se cogió por el talle e hizo una reverencia ante el público para corresponder a sus aplausos. *The couple took each other around the waist and bowed to the audience to acknowledge its applause.*

Dimensiones—tamaño. Estas dos palabras son realmente sinónimos; pero la primera, **dimensiones,** se usa más bien para las medidas exactas, o para la apreciación más o menos aproximada de objetos o cosas cuya extensión no puede ser abarcada completamente desde el punto de vista de la persona que los contempla.

Hablamos de las dimensiones de un parque, después de medirlo exactamente o meramente apreciando la magnitud a simple vista. *We speak of the size of a park after measuring it exactly or merely noting how big it is just by looking at it.*

Tamaño no denota una medida exacta; es esencialmente la impresión de grandeza o volumen que nos produce algo o alguien que miramos. Se aplica generalmente a cosas relativamente pequeñas, especialmente en comparaciones de todos los días.

Las dimensiones (*o* el tamaño) de un cuadro, mesa, baúl: *the size of a picture, table, trunk.*

Del tamaño de (*frase hecha*) un alfiler, una semilla: *the size of a pin, seed.*

Una bola del tamaño de un melón: *a ball the size of a melon.*

This size: así de grande.

Me compró un perro así de grande, pequeño, alto, bajo. *He bought me a dog, this big, small, tall, short.*

7. Ganancia—beneficio—provecho.

Comprar algo y venderlo en (por) más supone una ganancia (un beneficio). *Buying something and selling it for more implies a profit.*

Beneficio es todo lo que produce una inversión (*investment*). **Ganancia** equivale a **beneficio,** y tiene también otros sentidos.

Ganancias y pérdidas (*frase hecha*): *profit and loss.*

Las ganancias del día (de un botones, vendedor de periódicos, taxista) *the day's earnings (of a bell-boy, newspaper vendor, taxi driver).* (En este sentido **ganancias** se refieren a todo lo ganado por alguien aparte de un jornal o sueldo fijo.)

Provecho: la utilidad que se saca de algo.

Sacar provecho de un campo cultivándolo: *to turn a field to profit by cultivating it.*

Sacar provecho de un curso: *to profit from a year's work at school.*

8. Fíjese si.

Fíjese si hacía frío, que mi coche se heló. *Just imagine how cold it was. Why, my car froze!*

Fíjese si tiene suerte, que le toca la lotería siempre que juega. *Just imagine how lucky he is. Why, he wins the lottery every time he plays!*

Si no fíjese: expresión elíptica que significa: *if* (*I, you, he, etc.*) *hadn't, just imagine what would have happened.*

Anoche me cogió el chaparrón en plena calle, y me metí en un café; si no fíjese. . . . *Last night the downpour caught me in the middle of the street, and I dropped into a café. If I hadn't, just imagine what would have happened.*

9. Cerrado por reformas: *closed for alterations.*

Reformaron todo el edificio. *They altered the whole building.*

Refiriéndose a prendas de vestir, se dice también **arreglar** o **hacer un arreglo (en).**

El sastre tendrá que arreglar (hacer algún arreglo en, reformar, hacer alguna reforma en) esta chaqueta, porque (me) queda muy estrecha. *The tailor will have to alter (make an alteration in) this coat, because it is very tight (on me).*

10. Oportunidad.

La oportunidad con que acudieron en su auxilio le salvó la vida. *The opportuneness with which they came to his aid saved his life.*

Se elogiaba la oportunidad del acuerdo. *They praised the opportuneness (timeliness) of the agreement.*

En estos últimos años, **oportunidad** ha llegado a significar *opportunity,* traducido también por **ocasión**; pero el sentido esencial de la palabra es **la cualidad de oportuno.**

Aproveche Vd. esta ocasión (oportunidad). *Take advantage of this opportunity.*

11. *He sold the car for 1,000 dollars.* Vendió el coche en 1.000 dólares. *These jewels are valued at half a million pesetas.* Estas joyas se evalúan en medio millón de pesetas. *The losses are estimated at 200,000 pesetas.* Las pérdidas se estiman en 200.000 pesetas. Compró la casa en 100.000 duros. *He bought the house for 100,000 duros.* El vendedor nos lo dejó en 100 pesetas, después que habíamos regateado algo. *The salesman let us have it for 100 pesetas, after we had bargained a bit.* Aseguró la casa en 100.000 pesetas. *He insured the house for 100,000 pesetas.* Eso reduce (aumenta) en un 50 por 100 las posibilidades de avería. *That reduces (increases) the possibilities of damage by 50 per cent.*

En los casos citados, **a** reemplaza a **en** única y exclusivamente cuando equivale a **a razón de.**

Vende la mantequilla a 100 pesetas (el) kilo. *He sells the butter at 100 pesetas a (per) kilo.*

12. No lleva ninguna arma encima. *He has no weapon on him.*

No llevo encima con qué hacer frente a ese gasto. *I haven't enough (money) on me to meet that expense.*

Este giro es de uso muy restringido; en otros casos para traducir *to have with one* se usa **traer consigo.**

No traigo el libro, pañuelo, reloj conmigo. *I haven't my book, handkerchief, watch with me.*

13. Tiene algo (mucho) de exagerado esa novela. *There is something exaggerated about (a good deal of exaggeration in) that novel.*

Tiene algo de ridículo su actitud. *There is something ridiculous about his attitude.*

Tiene poco de delicada su conducta. *His conduct is hardly delicate.*

No tiene nada de tonto. *There is nothing foolish about him.*

14. Presumir—presumir de.

Presumir de: vanagloriarse de, jactarse de.

Presume de bonita. *She has pretentions to beauty.*

Presume de valiente. *He has pretentions to bravery.*

Presume de (ser una) autoridad en la materia. *He has pretentions to authority on the subject.*

EN LOS GRANDES ALMACENES

Presume de (ser) versado en historia. *He has pretentions to being versed in history.*

N.B. Cuando **presumir de** va seguido de un adjetivo, las más de las veces, se omite el verbo **ser**; en los demás casos, su uso u omisión es libre.

Como verbo intransitivo, empleado sin la preposición **de**, **presumir** significa: *to be vain or to be clothes-conscious.*

Presumido tiene estos dos significados: presuntuoso (*presumptuous*) o excesivamente preocupado con el vestir y arreglo (*too conscious of one's clothes or grooming*).

Es muy presumida. *She is very assuming or clothes-conscious.*

Presumir se usa también en el sentido de **suponer.**

No presumí ni por un momento que le encontraría aquí. *I didn't presume (suppose) even for a moment that I should find you here.*

Presuming that such is the case: suponiendo (presumiendo) que tal sea el caso.

Presunción se emplea en los dos sentidos de suposición y de afectación vanidosa.

La presunción es un vicio de los necios. *Self-satisfaction(presumptuous-ness) is a vice of fools.*

On the presumption that you would approve (of) my action, I sold our shares. En el supuesto (la presunción) de que Vd. aprobaría mi hecho, vendí nuestras acciones.

Don't presume, give me facts. Déjese de suposiciones (presunciones), y déme datos.

15. Sacar a relucir.

Sacar a relucir: mencionar algo, casi siempre con inoportunidad.

Sacó a relucir cosas que todo el mundo tenía olvidadas. *He brought up things that everybody had forgotten.*

Siempre cuida de sacar a relucir todo lo que pueda dañarme. *He always takes special pains to bring up everything that can harm me.*

Plantear: someter a discusión.

En la discusión del proyecto, el diputado planteó un caso no previsto. *In the discussion of the project, the representative brought up an unforeseen case.*

En la clase, se plantean siempre cuestiones muy interesantes alrededor de este tema. *In the classroom, interesting questions are brought up around this subject.*

No se confunda **sacar a la luz** que significa dar a conocer, con **sacar a relucir.**

Un erudito saca a la luz datos desconocidos sobre un personaje histórico. *A scholar brings to light unknown data on an historical personage.*

16. Error—equivocación—falta.

Error (*error or mistake*) es un concepto no coincidente con la verdad; obedece a un juicio defectuoso. *To make a mistake* se traduce por **cometer un error, incurrir en un error.** "Hacer un error" es inaceptable.

Equivocación (*oversight*) es el acto de tomar una cosa por otra; obedece a una inadvertencia de la mente.

Por equivocación, tomé el tren de Valencia. *Through an oversight, I took the Valencia train.*

Falta es sinónimo de **error**; refiriéndose a la ortografía, **falta** es la palabra más indicada.

Hacer faltas de ortografía: *to make mistakes in spelling.*

17. Por poco.

Por poco: *almost, on the verge of.* Este giro va seguido las más de las veces por el tiempo presente del verbo.

Tropezó y por poco se cae. *He tripped and almost fell.*

Dio crédito a esas habladurías (chismes) (cuentos, *familiar*) (cuentos chinos, *popular*), y por poco le acusa. *She believed that idle talk (gossip) (those stories, colloquial) those cock-and-bull stories, slang), and was on the verge of accusing him.*

18. Inferir—*to infer.*

Le infirió una herida al agredirle. *Attacking him, he inflicted a wound.*

Le infirió un daño irreparable con aquellas noticias hechas para desprestigiarle. *He caused him irreparable harm through that news manufactured to lessen his prestige.*

En el sentido de inducir una cosa de otra, **inferir** equivale a *infer.*

De lo que Vd. dice, infiero que ello no es cierto. *From what you say, I infer that that is not true.*

19. Darse a todos los diablos.

Darse a todos los diablos: este giro familiar significa irritarse (*to be in a huff*, colloquial) o desesperarse (*to go to pieces*, colloquial).

Dábase a todos los diablos, considerando perdido su dinero. *Thinking his money lost, he went to pieces.*

EN LOS GRANDES ALMACENES **137**

No hay que darse a todos los diablos, como Vd. hace, porque su hijo haya escapado de casa; ya volverá. *You must not go to pieces, as you're doing, because your son may have run away from home; he will come back, you may be sure* (or *all right*).

20. Sensible—*sensible.*

Sensible no significa *sensible.*

Es una muchacha tan extremadamente sensible que el más leve contratiempo la hace llorar. *She is such an extremely sensitive girl that the slightest mishap makes her cry.*

El alma sensible del artista no se avenía a aquel ambiente. *The sensitive soul of the artist did not harmonize with that atmosphere.*

La obra se publicó con sensibles alteraciones. *The book was published after appreciable changes.*

A consecuencia de tan sensible accidente, perdieron la vida los trabajadores. *In consequence of such a lamentable accident, the workers lost their lives.*

She is a very sensible girl. Es una muchacha de muy buen sentido (razonable, sensata, con sentido común).

Hay que ponerse en razón y no exagerar el daño. *You must be sensible and not exaggerate the injury.*

Ejercicios

■

A. CUESTIONARIO

1. ¿Por qué les tiene más cuenta ir a pie a los almacenes?
2. ¿Qué pide la Srta. Díaz a la dependienta?
3. ¿Qué prueba que los almacenes hacen grandes ganancias?
4. ¿Cuándo empezaron a encontrarse gangas en los almacenes?
5. ¿Por qué no se queda María con varios pares de guantes?
6. ¿En qué cosa no puede complacer la dependienta a María?

B. MODISMOS Y GRAMÁTICA

Repaso del verbo "salir". Colocación del adverbio en la frase (p. 127, l. 25 y p. 129, l. 40). Colocación del adverbio en la oración subordinada (p. 127, l. 36).

1. As soon as I have waited on this lady, I shall show you some dresses which arrived from our branch in Paris just yesterday. **2.** This store also advertises on the radio when the end-of-season sale begins. **3.** I shall take five pairs of gloves. **4.** Just imagine what bargains you find here. Why, I had to pay twice the price for these gloves in X's Department Store yesterday. **5.** When you get to the right station, change trains. **6.** They have altered the place completely, and I want you to see what it is like now. **7.** They are looking for a new manager who can take charge of the establishment. **8.** I am sorry I cannot oblige you by lending you the 100 pesetas, but I haven't enough money with me. **9.** He told us it would be more advisable for us to walk up the Gran Vía. **10.** We told the saleslady to show us a pair of light shoes, size 9.

C. ESTUDIO DE PALABRAS

1. *How* do you enter the theatre? *How* do you turn on this radio set? **2.** It is not *convenient* for me to take the subway. Siempre es *conveniente* dar un paseo al aire libre. **3.** El rey dio *amplios* poderes a su embajador. She has *ample* time to go shopping in the afternoon. **4.** What is the *size* of the closet? She forgot the *size* of her husband's suit. He was eating an orange the *size* of a melon. **5.** *Profits* and losses thus far this year are as follows. What *profit* did you derive from the weeks you spent in the library? **6.** The *opportuneness* of the radio program interested the radio audience. He wants us to take advantage of the *opportunity*. **7.** The coffee is sold *at* 25 cents per pound. Such a car will never again be sold *at* this price. **8.** He hasn't his book *with* him. They haven't any money *with* them. **9.** Su *talla* es de un metro setenta centímetros. La *talla* del vestido es demasiado grande. Un artista de esa *talla* nunca pintaría tal lienzo. Su señora todavía tiene un *talle* esbelto. Su pareja la cogió por el *talle*.

D. TEMA

I was just tuning in a foreign station when you came in.
I think the English stations broadcast at this time. Can you get Europe?
Just imagine whether I can. Why, I have already got Japan.
What are the foreign programs like?
They resemble ours. Ever since a new manager has taken charge of Station X, things have improved to such an extent that the quality of the broadcasting is fine.
Radios used to be sold for double the price at which you can buy them now.
For that reason, I think it is always advisable to buy a very good set.
X's Department Store advertised some fine ones yesterday in their end-of-season sale.
I suppose they do not make tremendous profits, but the number of sales must be very great.

■ ■

SEGUNDA PARTE

A. CUESTIONARIO

1. ¿Cómo está vestida la señora Álvarez?
2. ¿Por qué incurre en tanta afectación?
3. ¿Por qué perdió una vez el dominio de sí misma?
4. ¿Qué se supo más tarde acerca del lance?
5. ¿Por qué están tristes las muchachas al pensar en la hija de la Sra. Álvarez?
6. ¿Por qué se deciden a saludar a la señora?

B. MODISMOS Y GRAMÁTICA

I *Repaso del verbo "conocer". El uso de los verbos "ser" y "estar" para indicar características que son respectivamente poco susceptibles de variación y esencialmente variables (p. 129, l. 55; p. 129, l. 72; p. 140, A. 5).*

1. It's no laughing matter; he is very sick and has to stay in bed. **2.** I've known them for a long time, but they never say hello to me when I meet them at the club. **3.** He is really very stupid. When he puts on airs in that way, I almost lose my self-control. **4.** If you were tired, why did you wrack your brains to find the error you had made? **5.** I am sorry that you must bear the brunt of all their anger. **6.** They all kid him because of that affectation which makes him appear ridiculous in everybody's eyes. **7.** She vented her rage by raising a terrible outcry when someone brought up that incident. **8.** We can't do anything with him because he is even more sensitive than you think. **9.** If you knew her well, you would not slight her in that way. **10.** We continued to restrain our laughter only with much difficulty, but there really was something sad about the incident.

II *El empleo del subjuntivo.*

1. Although the color of her dress is very bright, it is not loud. **2.** I shall read this long novel unless it is boring. **3.** She walked out in a huff although they had not insulted her. **4.** I do not believe you know the people who witnessed the scene. **5.** It pains me to think that you slighted her.

C. ESTUDIO DE PALABRAS

1. Es una mujer muy *presumida.* Why did you *presume* this fact? **2.** Siempre *sacaba a relucir* lo que tan a regañadientes le había dicho. He *brought up* an interesting question, which we considered carefully. *Sacó a la luz* un manuscrito importante sobre la vida de Shakespeare. **3.** The engineer made a gross *error* in his plans. There were five spelling *mistakes* in his report. **4.** Es tan *sensible* que toma a mal cosas que no tienen la menor importancia. If he were *sensible*, he would not raise such an outcry.

D. *Escríbanse unas 100 palabras sobre una mujer presumida que se conozca.*

X The Book Department

■

MISS D. We are on the wrong floor. The book department is on the floor below (two floors below). This store seems to be a city in miniature.

MARY I should like to see whether it is possible to get a book here published by X, which, I think, is out of print. It is a very thrilling [5] travel book that I had in my library. Someone borrowed (asked to borrow) it from my brother, and he, fully aware of the fact that lending books makes me angry, didn't hesitate to do so on his own responsibility. Naturally, there is no way of recovering a lent book, and since then I have considered it lost. [10]

MISS D. Perhaps he didn't do it deliberately. Don't worry about that. At (the) worst, there are more than enough old bookstores where you can easily get a secondhand copy.

MARY The author is a well-known scholar, who holds the position of [15] curator of an anthropological museum at present. He was at the head of a scientific expedition that went to gather data on a savage tribe concerning (about) which he has done highly valuable research work. In the book, he describes the risks (dangers) they ran (met, faced). The plans of the expedition were carefully worked [20] out to avoid making missteps, since that would have proved costly.—As a result of a serious accident, an airplane that fell, or something of the sort (like it), the expenses exceeded by far (went far beyond) their estimated budget. They had to pull all sorts of strings so that the government might get them out of their plight. [25]

MISS D. That type of book fascinates (appeals to), and rightly so, a great number of readers.—After all, it is a type of literature which adds great educational value to the interest of the story.

[30]

MARY (*To the salesman*) Have you a copy of Z's work? The title has slipped my mind. Although I have it on the tip of my tongue, I remember only that it deals with something related to his last expedition.

THE SALESMAN Oh, yes. I know which book you refer to. Recently, [35] the author revised that work. It has just been published, to the general approval of the critics. It was put on sale a week ago today.

La sección de libros X

■

LA SRTA. D. Nos hemos equivocado de[1] piso. La sección de libros está en el piso (la planta) de abajo (dos pisos o dos plantas más abajo). Estos almacenes parecen una ciudad en pequeño.

MARÍA Quisiera ver si es posible conseguir[2] aquí un libro de la Editorial X, que me parece está agotado. Es un libro de viajes muy emocionante que yo tenía en mi biblioteca. No sé quién se lo pidió prestado[3] a mi hermano, y él, a sabiendas[4] de que me da rabia prestar libros, no vaciló en hacerlo por su cuenta. Claro que un libro prestado no hay manera de recuperarlo, y desde entonces lo di por perdido.

LA SRTA. D. Tal vez no lo haya hecho intencionadamente. No se apure (se preocupe) Vd. por eso. En el peor de los casos, lo que sobra[5] son librerías de ocasión donde fácilmente puede conseguir un ejemplar de segunda mano.

MARÍA El autor es un conocido erudito, que, en la actualidad, desempeña el cargo de conservador de un museo antropológico. Estuvo al frente[6] de una expedición científica que fue a recoger datos sobre una tribu salvaje acerca de la cual lleva realizados trabajos de investigación valiosos en alto grado (en extremo). Describe en la obra los peligros que corrieron (afrontaron, arrostraron). Los planes de la expedición fueron cuidadosamente elaborados[7] para no dar ningún paso en falso, pues ello les habría salido caro.— Por resultas de un grave accidente, un avión que cayó, o cosa por el estilo (cosa parecida), los gastos excedieron (pasaron) con mucho del presupuesto hecho. Tuvieron que tocar todos los resortes para que el Gobierno les sacase del apuro.

LA SRTA. D. Esa clase de libros apasiona, y con razón, a (es del gusto de) gran cantidad (número) de lectores.—En fin de cuentas (después de todo), es un género literario que al interés de la narración une (añade) un gran valor instructivo.

MARÍA (Al dependiente)—¿Tiene Vd. un ejemplar[8] de la obra de Z? Se me ha olvidado el título. Aunque lo tengo en la punta[9] de la lengua, sólo recuerdo que versa sobre algo relacionado con[10] su última expedición.

EL DEPENDIENTE ¡Ah! ya sé a qué libro se refiere Vd. Últimamente (recientemente), el autor ha refundido esa obra. Acaba de publicarse con[11] general aprobación (gran aplauso) de los críticos. Se ha puesto a la venta hoy hace ocho días.

LA SECCIÓN DE LIBROS   143

MARY It is curious that it escaped my attention, for I try to keep abreast of (keep posted on) the works that are published on that subject. (*After buying the book, Mary and her companion go out into the street.*) How little this book cost me! In America books are sky-high. They cost a fortune.

MISS D. How much does an ordinary novel cost you on an average?

MARY It costs three times as much as here, but don't forget that there, as a general rule, books are bound, while here they are usually unbound.

■ ■

MISS D. I am going to let you in on a piece of news. I'll wager you can't guess what I have planned for next (the coming) month.

MARY How should I know? Do tell me. I am consumed with curiosity (you are making me curious).

MISS D. Well, the fifteenth of that month is the date Charles and I have set for our wedding.

MARY Heartiest congratulations (please accept my sincerest congratulations). I don't have to tell you how glad I am, and how much happiness I wish you in your marriage.

MISS D. Thanks! I know that you share my happiness. There will be nothing ceremonious (showy, *colloquial*) about our wedding. I am in favor of the greatest simplicity in wedding ceremonies.

MARY At one time, ceremonious weddings were (all) the rage, but they have gone out of fashion. And where do you intend to set up house (make your home)?

MISS D. Right here in Madrid. Of course, my marriage will upset (destroy, wreck) the plan I had to take competitive civil service examinations for a high school position. I shall give up my present position, and think only of being a good housewife.

MARY You have changed your mind recently. I thought that you were determined to continue teaching even after you were married.

MISS D. That really was my intention, but my fiancé doesn't want me to carry it out.

(*Mary catches one of her stockings on a nail of the chair.*)

MARY Goodness gracious! That's a fine thing I've done! I've torn this stocking. It doesn't matter much; these stockings had a run, and I had meant them to be worn around the house.

144

MARÍA   Es curioso que se haya escapado a[12] mi atención, pues procuro
40   estar al corriente (al tanto) de las obras que se editan sobre tal
materia. *(Después de comprado el libro, María y su acompañante*
salen a la calle.) ¡Qué barato me ha salido este libro! En América
los libros están por las nubes. Cuestan un dineral.
LA SRTA. D.   Por término medio, ¿a cómo le sale a Vd. una novela corriente?[13]
45   MARÍA   Sale por tres veces más que aquí, pero no olvide Vd. que allí,
por regla general, los libros están encuadernados, mientras que
aquí, de ordinario, están en rústica.

■ ■

LA SRTA. D.   Voy a comunicarle una noticia. ¿A que[14] no adivina Vd.
lo que tengo proyectado para el mes que entra (mes entrante)?
50   MARÍA   ¡Cualquiera (lo) sabe! ¡Cuénteme a ver! Estoy muerta de
curiosidad (me hace Vd. entrar en curiosidad).
LA SRTA. D.   Pues que el día quince de ese mes es la fecha que he
fijado con Carlos para nuestra boda.
MARÍA   ¡Mi cordial enhorabuena! (le doy (reciba) mi más sincera
55   enhorabuena). ¡Excuso[15] decirle cuánto me alegro, y cuánta
felicidad le deseo en su matrimonio!
LA SRTA. D.   ¡Gracias, mujer! Ya sé que Vd. participa de[16] mi felicidad.
Nuestra boda no tendrá nada de ceremoniosa (aparatosa, *familiar*).
Soy amiga de la mayor modestia en bodas.
60   MARÍA   En algún tiempo, hicieron (mucho) furor las bodas ceremoniosas, pero se han pasado de moda. Y ¿dónde piensan Vds.
(tienen intención de) poner casa (hacer su nido, *familiar*)?
LA SRTA. D.   Aquí mismo en Madrid. Desde luego, mi casamiento
deshará (echará a rodar, echará por tierra, dará al traste con) el
65   proyecto que tenía de presentarme a oposiciones[17] a cátedras de
Instituto.[18] Renunciaré a mi actual cargo, y sólo pensaré en ser
una buena ama de casa (mujer de mi casa).
MARÍA   Vd. ha cambiado de opinión[19] desde algún tiempo a esta parte.
Yo creía que estaba decidida a continuar dedicada a la enseñanza,[20]
70   incluso (aún) después de casada.
LA SRTA. D.   Efectivamente,[21] ése era mi propósito, pero mi prometido
no quiere que lo lleve adelante.
(María engancha una de sus medias en un clavo de la silla.)
MARÍA   ¡Jesús! ¡Buena la he hecho! ¡Me he rasgado esta media! No
75   es gran cosa; estas medias tenían una carrera (un punto), y las
había destinado[22] para andar por casa con ellas.

LA SECCIÓN DE LIBROS   **145**

Notas

1. Me equivoqué de número, y entré en la casa de al lado. *I read the wrong number, and entered the house next door.*

When referring to small objects, it is more advisable to translate "the wrong" by **equivocadamente.**

Tomé equivocadamente el paquete, abrigo, libro, un objeto cualquiera. *I took the wrong package, overcoat, book or any object.*

2. *To get.*

To get debe traducirse con cuidado.

Tráigame un vaso de agua, el sombrero. *Get (fetch) me a glass of water, the hat.*

No puedo conseguir (encontrar) el libro en ninguna parte. *I can't get (find, obtain) the book anywhere.*

¿En qué estación podré coger (tomar) el tren? *At what station can I get (take) the train?*

¿Dónde podré coger (tomar) el autobús? *Where can I get (take) the bus?*

Vaya Vd. a buscarme (comprarme) un periódico, una botella de vino, panecillos. *Get (buy) me a newspaper, a bottle of wine, rolls.*

Voy a buscar (comprar) un periódico. *I am going to get (buy) a newspaper.*

¿Qué nota obtuvo (consiguió) en la asignatura? *What mark did you get (receive) in the course?*

Empobrecerse: *to get poor.* Enriquecerse: *to get rich.* Casarse: *to get married.* Enfermar: *to get sick.* Emborracharse: *to get drunk.*

Pesqué (*familiar*) (pillé, *familiar*) una mojadura (un catarro) ayer. *I got (colloquial) a drenching (a cold) yesterday.*

Una solterona que no logró pescar marido: *an old maid who couldn't get a husband.*

3. Pedir prestado—tomar prestado—llevar prestado.

Pedir prestado: solicitar la donación temporal de algo.

Tomar prestado: aceptar una cosa a título de préstamo y no de donación.

No consentiré que me regale el libro; en todo caso lo tomaré (pediré) prestado. *I shan't allow you to give me the book; I'll just borrow it.*

Llevar prestado: tomar consigo un objeto prestado.

Vd. se llevó prestado un libro de aquí, y todavía no lo ha devuelto. *You borrowed a book from here, and have not returned it yet.*

4. A sabiendas.

Lo hizo a sabiendas: es decir, sabiendo lo que hacía. *He did it fully aware of the situation, that is to say, knowing what he was doing.*

Le negó toda ayuda a sabiendas de que su negativa significaba la ruina. *He denied him any help, aware that his refusal meant ruin.*

Se casó civilmente a sabiendas de la familia. *His family was aware of the fact that he had had a civil marriage.*

5. De sobra—de más.

De los siete libros que recibí sobran dos. *Of the seven books I received, there are two more than necessary (enough).*

De sobra—de más. De sobra: exceso sobre lo necesario: *more than enough.* Esta expresión fija la atención sobre una necesidad satisfecha en exceso. De más: demasiado: *too much.* Esta expresión se refiere a una evaluación puramente **numérica** del exceso que sobrepasa a los límites convenidos.

Tengo tiempo de sobra. *I have more than enough time.*

Vd. me ha cobrado diez pesetas de más, y no tengo el dinero de sobra para ajustar bien mis cuentas. *You have charged me ten pesetas too much, and I haven't more than the necessary amount of money to settle my accounts.*

6. Al frente—a la cabeza.

Al frente: en una posición de primera línea, que generalmente le confiere a uno cierta **responsabilidad** o la dirección de algo. **A la cabeza:** aplícase a algo o alguien que está en o entre los primeros puestos, bien por el mero orden físico en que se encuentra, bien por la superioridad que ostenta dentro de una categoría o grupo determinado.

Lleva dos años al frente de aquella empresa. *He has been (at) the head (in charge) of that company for two years.*

Después de dos períodos (mandatos) como senador, vino a ponerse al frente de su partido. *After two terms as senator, he got to be (at) the head of his party.*

N.B. Al frente de un escrito o libro: en la parte inicial que precede al texto: *in the front (of a book).*

¿Quiénes iban a la cabeza del desfile? *Who were at the head of the parade?*

Estar a la cabeza de la cola: *to be at the head of the line.*

Juan siempre está a la cabeza de la clase. El profesor es quien está al frente de la misma. *John is always at the head of the class. The teacher is the one who is in charge of it.*

7. Elaborar—*to elaborate on; elaborate.*

Elaborar: preparar.

Se ha designado una comisión para elaborar un proyecto de ley. *They have appointed a committee to work out a bill.*

Este chocolate está elaborado con cacao de la mejor calidad. *This chocolate is made with cacao of the best quality.*

To elaborate on: ampliar.

No hizo más que ampliar la idea madre que le había dado. *He did no more than elaborate on the fundamental idea he had given him.*

El adjetivo *elaborate* da idea de cuidado y esmero en la ejecución de una cosa. Además, se usa en el inglés corriente en el sentido de *ornate.* Así es que, en estas dos acepciones, difiere considerablemente de la palabra española **elaborado,** que equivale meramente a **hecho** o **preparado.**

Planes muy elaborados, un discurso muy elaborado: *elaborate plans, an elaborate speech.* (N.B. Con el adverbio **muy, elaborado** puede revestir la idea de muy pensado, preparado con esmero, y generalmente se aplica a cosas complejas.)

Una casa, una representación, unos muebles suntuosos: *an elaborate house, performance; elaborate furniture.*

8. Copia—ejemplar.

"Copy" is translated by **copia** *only when it implies a reproduction of an original.*

Un libro (periódico) que alcanzó una tirada de 100.000 ejemplares: *a book (newspaper) that reached an edition of 100,000 copies.*

Es una copia y no un original. *It is a copy and not an original.*

9. Punta—punto.

Punta es un extremo agudo o puntiagudo.

La punta de un lápiz, una espada, un palo, del bigote, una nariz, una bayoneta: *the point of a pencil, sword, stick, moustache, nose, bayonet.*

Sacar punta a un lápiz con un sacapuntas: *to sharpen a pencil with a pencil sharpener.*

Por excepción, *penpoint* se traduce por **punto de pluma.**

Punto:

Punto (*period*) es un signo de puntuación que se coloca al final de las frases.

A las cinco en punto: *at five sharp (on the dot).*

Trató varios puntos interesantes en su discurso. *He treated several interesting points in his speech.*

Tejidos de punto: *knitted goods.*

10. Este asunto no está relacionado *con* el que ahora tratamos. *This subject is not related to the one which we are treating now.*

Su propósito está estrechamente relacionado *con* el que yo persigo. *His purpose is closely related to the one which I am pursuing.*

Está emparentado conmigo. *He is related to me.*

11. *Con* gran contento de sus amigos, aceptó la invitación. *To the great delight of his friends, he accepted the invitation.*

Recitó una composición humorística *con* general regocijo de los circunstantes. *He recited a humorous composition to the general merriment of the bystanders.*

12. Escapar a—escapar de.

The distinction in the use of these forms should be compared to that existing between "to escape from" and "to escape", used transitively.

"To escape someone or something" (**escapar a**) *is to get, or be, out of the way of a person or thing one wishes to avoid, while "to escape from"* (**escapar** o **escaparse de**) *is to free oneself from detention, discomfort or danger to which one is already subjected.*

(Me) escapo de su vigilancia (es decir que ya está vigilando). *I escape from his vigilance.*

Escapo a su furia (es decir, me las arreglo para evitarla). *I escape his fury.*

Un preso ya en la cárcel puede escapar(se) de ella; mientras que un negociante culpable, sabiendo que será encarcelado, puede darse maña para escapar a la cárcel que le aguarda.

El pájaro (se) escapó de la jaula. *The bird escaped from the cage.*

Así, **escapar a** significa pasar inadvertido.

Eso escapa a la humana inteligencia. *That escapes human intelligence.*

Es un detalle que no puede haber escapado a su penetración (perspicacia). *It is a detail which cannot have escaped his understanding (perspicacity).*

N.B. **Escapar a** un sitio significa también correr hacia él, es decir, a escape (*hurriedly*).

Escapo a casa del médico a buscarle. *I am rushing (over) to the doctor's house to get him.*

Escapo ahora mismo a mi casa. *I shall rush (over) to my house right now.*

13. Corriente—ordinario.

Un hombre corriente: *an ordinary (average) man.*

Ordinario, lo mismo que *common* en inglés, tiene doble sentido. Significa, por un lado, grosero, vulgar, chabacano; y, por otro, corriente. ¡Es una actriz ordinaria! (*She is an ordinary actress,* or *she is a coarse actress.*): puede significar que no tiene mérito relevante, o bien que carece de educación distinguida. Para evitar esta confusión a que se presta el adjetivo **ordinario** en ciertos casos, conviene usar **corriente** para traducir *ordinary,* y **ordinario** para traducir *coarse.*

14. Apuesto (a) que.

Apuesto (a) que: se emplea también **a que.**

(Apuesto) a que no viene hoy. *I'll wager he won't come today.*

15. Excusar.

Excusado es (huelga) señalar la importancia de este tema. *It is needless to point out the importance of this subject.*

Excuso entrar en detalles que todos Vds. conocen. *I don't have (it is needless for me) to go into details that you all know.*

Excusar equivale también a **disculpar** (*to excuse*).

Excúseme Vd., pero no puedo aceptar su invitación. *Excuse me, but I can't accept your invitation.*

16. Participar—participar en—participar de.

(Para **participar** en el sentido de **comunicar,** véase p. 8, n. 8.)
Usado en primera persona, este verbo puede prestar a la frase que introduce un tono intensivo de enfado o amonestación. *Understand* en el imperativo se emplea en inglés con este sentido.

Le participo que me marcho esta noche. *Understand that I'm leaving tonight.*

Participar en algo es tomar parte en ello.

Participó en la revolución. *He participated (took part) in the revolution.*

Participar de se emplea en dos acepciones distintas: recibir una parte de algo que se reparte: *to share in;* o tener algunos rasgos o características en común con algo o alguien: *to have something in common with.*

Participar del dolor de alguien: acompañarle en él.

Participar del poder, de los beneficios: *to share the power, the benefits.*

Pedro Antonio de Alarcón es un cuentista realista, que participa del romanticismo. *Pedro Antonio de Alarcón is a realistic short story writer who has traits in common with romanticism.* Participa en los negocios (interviene en ellos). *He takes an active part in the business.* Participa de los negocios (está afectado por las ganancias o pérdidas que ocasionan). *He shares in the business.*

17. Oposiciones.

Presentarse a (o hacer) oposiciones a un cargo público: *to take examinations for a government position.* Se convocan oposiciones para ingreso en el cuerpo de policía o correos. *Civil service examinations for entrance into the police or post office department are being announced.*

18. Instituto.

Instituto es cualquier centro oficial de segunda enseñanza. Por **oficial** se entiende estatal, pues sólo los del Estado son oficiales. Para el ingreso se requiere haber cursado (terminado con éxito) la enseñanza primaria (o escolar) de cuatro o cinco años, y aprobar un examen especial sobre los conocimientos adquiridos. En el Instituto se cursa (se estudia) el bachillerato que consta de dos etapas: elemental, que dura cuatro años o cursos: primero, segundo, tercero y cuarto; y superior, que dura dos (que son quinto y sexto). (El bachillerato superior se divide en dos especialidades: de Ciencias y de Letras.) El Instituto da los dos títulos correspondientes de Bachiller Elemental y Bachiller Superior. Los que obtienen el título de Bachiller Superior pueden estudiar en el mismo Instituto el Curso Preuniversitario de un año que, una vez aprobado, da acceso a la Universidad. Las calificaciones son numéricas, de uno a diez, con sus correspondientes denominaciones: de uno a cuatro, suspenso; cinco y seis, aprobado; siete y ocho, notable; nueve, sobresaliente; diez, matrícula de honor.

19. Parecer—opinión—dictamen.

Parecer es la primera impresión o reacción que no profundiza una persona. **Opinión** acusa un criterio elaborado y más fundado. Se dice **formar una opinión** y no "formar un parecer". Asimismo, se dice **a mi parecer** y **en mi opinión**. **Dictamen** es el juicio que forma o emite sobre una cosa una persona de competencia experta o técnica.

Referíle el caso, y pedíle su parecer delante de su marido. *I related the situation to her, and asked her opinion in her husband's presence.*

Créalo Vd. o no lo crea, tengo una gran opinión de Vd. *Believe it or not, I have a fine opinion of you.*

De este modo, cada cual formará la opinión que le parezca más acertada. *In this way, each one will form the opinion which seems to him most valid.*

El médico lo reconoció, y emitió su dictamen. *The doctor examined him, and gave his opinion.*

20. Enseña Historia. *He is teaching history.*

Enseña muy bien. *He teaches well.*

—¿Qué profesión tiene su hijo? —Se dedica a la enseñanza (*y no enseña*). *"What is your son's profession?" "He teaches."*

Explica literatura francesa en la escuela. *He teaches (gives) French literature at the school.*

21. Efectivamente.

Efectivamente (en efecto): expresión de afirmación o confirmación usada cuando ésta se desprende lógicamente de algo ya mencionado: *actually, really, just as you say.*

—¿Se alegró Vd. de haber hecho el viaje? —Efectivamente (en efecto, pues sí), lo pasé mejor de lo que pensaba. *"Were you glad you had made the trip?" "I actually (why yes I) had a better time than I thought I would."*

—Me enteré que su hermano se casó recientemente. —Efectivamente (en efecto, pues sí) hace aproximadamente un mes ya. *"I heard your brother married recently." "(Why yes or) actually it's about a month already."*

(Para **actual** y **efectivo**, p. 49, n. 9)

22. Destinar.

Destinar: ordenar, señalar o determinar una cosa para algún fin o efecto (*to reserve for, to mean for*).

Habían llegado a la sala destinada a recibir. *They had come to the room reserved for receiving guests.*

Una jaca de no mala estampa era destinada al caballero. *A not unhandsome pony was reserved (meant) for the gentleman.*

Destinaba los ahorros a costear el pasaje. *He was reserving his savings to pay for his passage.*

Ejercicios

■

A. CUESTIONARIO

1. ¿Por qué dice la Srta. Díaz que se han equivocado de piso?
2. ¿Qué había hecho su hermano?
3. ¿Quién es el autor del libro a que se refiere?
4. ¿Qué ocurrió a causa de un accidente?
5. Cuando la Srta. Díaz pide el libro al dependiente, ¿qué contesta éste?
6. ¿Por qué dice María que es verdad que salen los libros más baratos en España que en América?

B. MODISMOS Y GRAMÁTICA

I *Repaso del verbo "caer". El uso del subjuntivo con giros impersonales* (*p. 145, l. 39 y p. 153,* **A.** *6*).

1. It is true that we have gone to the wrong store; books are sky-high here. **2.** It's curious they didn't try to pull more strings to have the budget increased. **3.** It's odd that it makes him angry to speak of anything related to the subject. **4.** There is no way of getting a book which deals with the research work he did on the subject. **5.** Of course, I hesitated to rent the floor below because it is dearer than this one. **6.** At worst, we can put the revised edition on sale when the old edition is sold out. **7.** On the average, these foreign products cost three times more than you say. **8.** After all, he has been keeping abreast of these matters for a long time. He has never made a misstep because he always works out his plans carefully in advance. **9.** Don't worry; I told him to buy a bound copy of the book. **10.** It is interesting that he deliberately did not speak of their thrilling adventures and the dangers they had met.

II *El empleo del subjuntivo.*

1. Although it's on the tip of my tongue, I cannot remember the name. **2.** It is probable that the airplane fell into the sea. **3.** It is likely that those things will cost a fortune. **4.** Did you think he would do something of the sort? **5.** It is unlikely that he will consider it true.

C. ESTUDIO DE PALABRAS

1. I took the *wrong* apple. They took the *wrong* train. **2.** *Get* my book, which is on the table. He *got* a copy of the book in the book department. He *got* an interesting result in his research work. He went out to *get* a newspaper. When did he *get* sick? **3.** He *borrowed* fifty dollars. You may *borrow* the book from the library for two weeks. **4.** He has *more than enough* friends to help him. He sent six books *too many*. **5.** El pan que *elabora* la casa X es muy bueno. Why didn't he *elaborate* on your idea? It was an *elaborate* speech. They worked out *elaborate* plans. **6.** An original would cost a fortune; buy a good *copy*. There are only five *copies* of the play in the library. **7.** This is the most important *point* in the play. The child touched the *point* of his father's moustache. **8.** Are you *related* to them? The point is not *related* to the question. **9.** Se le hacía tarde, y *escapó* al teatro. I don't know why this *escaped* your attention. When did they *escape* from jail? **10.** Un grupo de mujeres iba *a la cabeza de* la manifestación. Está *al frente de* una de las mayores empresas del país.

D. *Escríbanse unas 100 palabras sobre el género literario que más apasiona al público hoy en día.*

■ ■

SEGUNDA PARTE

A. CUESTIONARIO

1. ¿Qué noticia le comunica la Srta. Díaz a María?
2. ¿Qué contesta María cuando oye la noticia?
3. ¿Qué piensa de las bodas aparatosas?
4. ¿Por qué va a renunciar la Srta. Díaz a su cargo?
5. ¿Por qué no se apura María cuando engancha una media en un clavo de la silla?

B. MODISMOS Y GRAMÁTICA

Repaso del verbo "andar". "Pensar" seguido del infinitivo (to intend); *"pensar de" y "pensar en"* (to think of) (*p. 145, l. 62; p. 145, l. 67 y p. 154,* **A.** *3*).

1. What do you think of the plans which he is trying to carry out? **2.** He is thinking of the date which they have set for the wedding. **3.** She has been teaching for five years, but she intends to give up her position and become a housewife. **4.** Is it true that what he has planned will upset the project? **5.** If the couple set up house right here in New York, the husband would take a civil service examination. **6.** Does he actually want you to let me in on the news? **7.** When these stockings have a run, I shall wear them around the house. **8.** I am sorry I made you so curious, because I do not want you to think about the matter. **9.** Although ceremonious weddings were the rage at one time, I am not in favor of them now. **10.** Do tell me. I want to offer him my sincerest congratulations.

C. ESTUDIO DE PALABRAS

1. *Excuse* me. *Excuso* decirle que estas cosas se han pasado de moda. **2.** Me *participó* que la boda no tendría nada de ceremoniosa. Las dos hermanas han *participado del* dinero. *Participa en* las actividades. **3.** In my *opinion* the car was not meant for this gentleman. The problem is so difficult that I cannot form an *opinion* now. What is the doctor's *opinion* about the illness? **4.** One son *teaches*, and the other has a share in their father's business. What subject does he *teach* in the school? **5.** El presidente *actual* es el Sr. Jones. He has the *actual* power.

D. TEMA

I'll wager you can't guess what happened.

Do tell me. You are making me very curious.

My son took civil service examinations, and will have a position next month. What do you think of that?

I don't have to tell you how glad I am. Please give him my sincerest congratulations.

He and Jane have also set the date for their wedding.

Really? Where do they intend to set up house?

Right here in Houston. Of course, this will upset the plans we had to take a larger apartment.

Jane will be an excellent housewife. Will she continue teaching?

At first my son did not want her to continue, but he has recently changed his mind.

I really think that is a good idea. It would be absurd for her to give up her position at present.

Good heavens! I did not notice the run in my stocking. Please excuse me. I am going to change stockings at once.

XI Classes Begin at the University

■

John and his fellow-student George walk towards the University.

GEORGE   I am eager (anxious) to return to school, and I am looking forward to the opening of the University. I've had my fill of (I am surfeited with) vacations. This year I don't intend to miss class (to cut, *student slang*) even once. I have matriculated (enrolled) in the last year of my course (in my senior year), and I want to be graduated in June at all costs.

JOHN   I too have made up my mind to work in earnest (seriously) this year. The other day, before the registration period ended, I went to the (secretary's) office to pay my matriculation fees for the courses I intend to take in order to come under the new curriculum (course of study). I think nothing else remains to be done.

GEORGE   You haven't possibly forgotten about (overlooked, disregarded) the laboratory fees? You know every student has to pay them for the consumption of materials used and the use of laboratory equipment.

JOHN   Of course, you can't avoid that. If, however, there possibly still were some requirement for me to meet, it would be well for me to go to the (secretary's) office to make sure. There will be plenty of time. We have the (whole) morning ahead of us to take care of all these details. And, by the way, I am not very good in chemistry, and should like to know whether the professor is very particular (is hard on the students, *student slang*). According to reports (I've had), that course is not required for me. I can easily replace it by any other elective course if it doesn't upset my program. The (very) case has arisen whereby (it just so happens that) the physics class is (meets) at the same hour as the chemistry class.

GEORGE   You will not have to resort (have recourse) to that, if you work conscientiously from the start and study (the work) thoroughly. The teacher is anything but particular (strict). He is very fair in his grades (marks), and makes an effort to bring the work (contents) of the course within the reach of his students. He tries to remove (obviate) all preliminary obstacles, so that the students will not find themselves compelled to waste time overcoming them.

JOHN   Anyway, I want to consult (have a consultation with) him about this particular matter. I don't know him at all, but he looks like

La apertura de curso en la Universidad XI

Juan y su condiscípulo Jorge se dirigen a la Universidad.[1]

JORGE   Tengo ansiedad (estoy ansioso) por volver a clase, y deseo
vivamente la apertura[2] de la Universidad. Ya estoy harto (hastiado)
de vacaciones. Este año no pienso faltar a clase (fumarme la clase,
5   *argot estudiantil*) ni una sola vez. Me he matriculado en el último
curso de la carrera, y quiero a toda costa[3] (a todo trance) gra-
duarme en junio.

JUAN   Yo también he tomado la resolución de trabajar de firme (en
serio) este curso. El otro día (días pasados), antes de que se acabase
10   el plazo (período) de la matrícula, fui a la Secretaría a pagar los
derechos (de matrícula) de las asignaturas que pienso estudiar
para acogerme al nuevo plan de estudios. Creo que nada más
resta[4] por hacer.

JORGE   ¿No se habrá olvidado Vd. de (pasado por alto, hecho caso
15   omiso[5] de) los derechos de prácticas? Vd. sabe que cada alumno
tiene que abonarlos[6] por el consumo de materias que se utilizan,
y el uso del material[7] de laboratorio.

JUAN   Naturalmente, pues de eso no se puede prescindir. Sin embargo
y por si acaso me quedó algún requisito por llenar, bueno será
20   que vaya a la Secretaría para cerciorarme. No ha de faltar tiempo.
Tenemos la mañana por delante para ocuparnos de todos estos
detalles (pormenores). Y, a propósito, no estoy muy fuerte (bien)
en Química, y quisiera saber si el catedrático es muy exigente
(aprieta mucho, *argot estudiantil*). Según mis referencias, esa
25   asignatura no es obligatoria para mí. Fácilmente podré reempla-
zarla por otra voluntaria si no me echa a rodar el horario. Precisamente se da el caso de que la clase de Física es (tiene lugar)
a la misma hora que la de Química.

JORGE   No tendrá Vd. que apelar (recurrir) a eso, si desde el prin-
30   cipio trabaja Vd. a conciencia y estudia a fondo. El profesor tiene
de todo menos de exigente (incomprensivo). Es muy justo en sus
calificaciones (notas), y se esfuerza por poner al alcance de sus
discípulos el contenido de la asignatura. Procura allanar todos
los obstáculos preliminares, para que los estudiantes no se vean
35   en la precisión (necesidad) de malgastar tiempo venciéndolos.

JUAN   De cualquier modo, quiero consultarle (con él) (hacerle una
consulta) sobre este particular. Me es completamente desconocido,

a nice person. We can see that teacher's program in full detail on the bulletin board, and take advantage of the time (interval) between classes to speak to him. It is a shame that I left these things to be straightened out at the last minute (at the last). 40

■ ■

GEORGE Would you mind (have any objection to) going to the post office with me? I have to register this letter without fail today, and call for (pick up) mail that there may be for me at (the) 45 General Delivery (Window). There was a delivery at two o'clock. Is it far from here to the post office?

JOHN I'll go with you gladly (with pleasure). We'll get there in no time (in a jiffy, *colloquial*), by continuing along this street.

50

GEORGE It's obvious there isn't a short cut in Madrid you don't know.

JOHN How much commotion there is in the streets! Anyone would say this is a holiday and not a working day. And yet, on second thought, there is nothing unusual about it, since the streets of Madrid are seldom quiet. 55

GEORGE Don't let it surprise you. The special drawing of the lottery occurred (took place) today. I never play, because I am always unlucky (luck is always against me, *colloquial*), (there's a jinx on me, I never get a break, *slang*).

JOHN Just see how excitedly the people over there are surrounding 60 that boy and raising him on their shoulders.

GEORGE He must have won some important prize. The lottery has always brought about (given rise to) very many (a lot of) incidents, one funnier than the other. I remember the case of a relative whom I went to congratulate on his luck in winning a few thousand 65 pesetas in a drawing. As soon as I found out in the papers, I went straight to his house. When the door opened, I noticed an expression of ill-humor on his face, which didn't augur anything good. I scarcely opened my mouth to tell him what I had come for, when he cut me short. He made it clear that the lucky person 70 hadn't been he but his maid, who, sure enough (*colloquial*) (to be sure), had run out when she found out the news, leaving her household duties undone. She had left him in the lurch. All in all, I had put my foot in it (*slang*), but it wasn't so bad because my uncle did not mind (did not take it amiss). 75

158   CAPÍTULO XI

pero tiene cara de buena persona. En el tablón, podremos ver con todo detalle las horas de clase de ese profesor, y aprovechar un intermedio de clases para hablarle. Es lástima que yo haya dejado para última hora (para el último momento) (para lo último) (el) puntualizar estas cosas.

■ ■

JORGE ¿Tendría Vd. inconveniente en acompañarme a (la Casa de) Correos? Tengo que certificar sin falta hoy mismo esta carta, y recoger la correspondencia que tenga en Lista (de Correos). Hubo un reparto a las dos. ¿Hay mucho de aquí a Correos?

JUAN Le acompañaré gustoso (con gusto). Siguiendo a lo largo de esta calle, llegaremos (iremos) en un instante (en un periquete, en un santiamén, en un abrir y cerrar de ojos, *familiares*).

JORGE Se conoce que en Madrid no hay atajo desconocido para Vd.

JUAN ¡Cuánto bullicio hay por las calles! Cualquiera diría que es día de fiesta (día festivo) y no de trabajo (día laborable). Por más que, bien mirado, no tiene nada de particular, pues las calles madrileñas rara vez están desanimadas.

JORGE No le extrañe. Hoy ha sido (se ha verificado,[8] ha tenido lugar) el sorteo extraordinario de la lotería. No juego nunca, porque siempre tengo mala suerte (mala pata, *familiar*) (mala sombra, *popular*).

JUAN Mire Vd. allí cómo el público rodea con algazara a aquel muchacho, y le levanta en hombros.

JORGE Le habrá tocado (correspondido)[9] algún premio de consideración. La lotería siempre ha provocado (dado origen a, dado motivo a, producido) infinidad de (la mar de) escenas a cual más graciosas. Recuerdo el caso de un pariente a quien fui a felicitar[10] (dar la enhorabuena) por su suerte al ganar en un sorteo unos cuantos miles[11] de pesetas. En cuanto me enteré por los periódicos, fui derecho a su casa. Al abrirse la puerta, advertí en su cara un gesto malhumorado, que no anunciaba[12] nada bueno. Apenas despegué los labios para decirle a lo que había venido, cuando me atajó. Aclaró que el favorecido (por la suerte) no había sido él sino su criada, que, por cierto,[13] al enterarse, había salido corriendo,[14] dejando por hacer los quehaceres de la casa. Le había dejado plantado (*familiar*). Total, que había metido la pata (*popular*); menos mal que mi tío no (me) lo tomó a mal.

Notas

1. Different levels of public education in Spain. En las universidades
españolas hay las Facultades (*Schools*) de Ciencias, de Filosofía y
Letras, de Farmacia, de Derecho, de Medicina, de Veterinaria, de
Ciencias Políticas y de Ciencias Económicas, además de Escuelas
Especiales de Ingeniería, y de Arquitectura. Fuera de la Universidad
existen otros centros de estudios de tipo medio, es decir de un nivel
académico que incluye los de segunda enseñanza (o de enseñanza secundaria) y las Escuelas de Peritos (*specialists or technicians*) Industriales
y las del Magisterio para la formación (*training*) de ayudantes de
ingenieros y de maestros de primera enseñanza respectivamente. También son consideradas de grado (tipo) medio las Escuelas de Comercio
que tienen por objeto la formación de peritos en lo concerniente al
comercio. Escuela (Nacional) de Primera Enseñanza: *elementary school.*
Instituto de Segunda Enseñanza: *high school.* Todos los centros mencionados hasta aquí son organismos del Estado.

Colegio es un establecimiento de enseñanza privada tanto de primera
como de segunda enseñanza.
Colegio de jesuitas: *Jesuit school.*

Facultad—*faculty.* Facultad: *school of a university or college.*
Cada Facultad tiene su plan de estudios. *Each school has its curriculum.*
Faculty of a school: el claustro o el profesorado de una escuela.

Claustro: conjunto de los profesores de un centro docente (*an educational institution*) de enseñanza superior o secundaria; tiene asigna-
das funciones relacionadas con el régimen interno de la universidad,
instituto o escuela especial.
El claustro se reúne mensualmente. *The faculty meets once a month.*
Es vocal del claustro. *He is a voting member of the faculty.*

Profesorado: cuerpo docente de un establecimiento de enseñanza.
Esta Facultad tiene un profesorado excelente. *This school has an
excellent faculty.*
El profesorado de esta escuela de idiomas es nativo. *The faculty of
this school of languages is native.*

160   CAPÍTULO XI

Curso—*course. Course (of study)*: **carrera.**
El Sr. X estudia la carrera de medicina; está en el primer año de ella.
Mr. X is taking a medical course; he is in the first year.

Curso (académico): *academic year.* Un alumno de primer, segundo, tercer, etc., curso: *a first-, second-, third-, etc. year student.*

A course: una **asignatura.**
Explicar una asignatura y estudiar una asignatura: *to give a course and to take a course.*
Esta asignatura es incompatible con esta otra. *This course cannot be taken at the same time as this other one.*
Aprobar (en), suspender (en) una asignatura: *to pass, to fail a course.*
[N.B. Aprobó (la) Historia. *He passed history.* El profesor aprueba o suspende a sus alumnos. *The teacher passes or fails his students.*]
Las materias que comprende un plan de estudios se subdividen en asignaturas, que se distribuyen en un número determinado de cursos, cuya totalidad constituye una carrera. *The subjects that are contained in a curriculum are subdivided into courses, which are distributed over a particular number of academic years, whose total constitutes the course (of study).*

Fuera del plan oficial de estudios, la palabra **asignatura** se expresa por **curso** o **cursillo** y **clase(s). Curso** o **cursillo** se emplea para aludir al estudio fuera del plan oficial y que no cuenta para un título: *non-credit course.*
Siguió dos cursos de verano en la Universidad de Salamanca. *He took two summer courses at the University of Salamanca.*
En la Casa de la Cultura de Málaga tiene lugar un cursillo de filología de dos semanas de duración. *A short course in philology, two weeks in duration, is held at the Cultural Center in Malaga.*

Curso se llama también a los estudios ofrecidos por correspondencia.
Se siguen (estudian, toman, enseñan) cursos por correspondencia.

En los centros docentes particulares, la palabra *course* se traduce por **clase(s).**
Tendré que tomar clase(s) de francés en tal academia. *I shall have to take a course in French in such a private school.*
Tomar o dar clases (lecciones) particulares: *to take or give private lessons.*
Clases particulares y en grupo: *private and group lessons.*

LA APERTURA DE CURSO EN LA UNIVERSIDAD   **161**

Ingresar en una escuela: cumplir los requisitos exigidos, y pasar a ser alumno de ella: *to enter a school.* **Entrar en una escuela:** ingresar en ella o meramente trasponer el umbral: *to enter a school or step into a school building.* (Cf. ingresar y entrar en la cárcel, en un convento, en un organismo del Estado.)

Obtener un título académico: *to get a degree* (a partir del bachillerato inclusive). Un título facultativo: *a professional degree* (autorización para ejercer la profesión que el título señala). La Universidad concede (*grants*) o confiere (*confers*) el grado de licenciado o doctor. El Instituto confiere el título de bachiller.

El salón de actos o paraninfo de una universidad: *the assembly hall of a university.*

(Para una breve descripción del Instituto español, véase p. 151, n. 18.)

2. Apertura—abertura.
Apertura es esencialmente inauguración.

Hablamos de la apertura de la Universidad, de las Cortes, del ferrocarril, sesiones, corporaciones, asambleas. *We speak of the opening of the University, of Parliament, of a railroad, meetings, guilds, assemblies.*

Abertura es toda hendidura hecha en alguna cosa.

Por la abertura del muro entra el agua. *The water is coming through the opening in the wall.*

3. Costa—coste—costo.

Fue condenado a pagar una multa y las costas del juicio. *He was ordered to pay a fine and the costs of the trial.*

Aparte de este sentido jurídico, **costa** se usa en expresiones como:

Lo haremos a toda costa. *We will do it at any cost.*

Hizo el viaje a costa de un amigo. *He made the trip at a friend's expense.*

Hizo bromas a costa de un pariente. *He spoke jestingly at the expense of a relative.*

Coste:

El precio de coste: *the cost price.* Se vende a (al) precio de coste. *It is selling at cost price.*

El coste de las obras ascendió a X pesetas. *The cost of the repairs came to X pesetas.*

El coste de los artículos de primera necesidad acarrea la carestía de la vida. *The prices of necessities determine the high cost of living.* (N.B. La carestía de la vida: *the high cost of living;* el coste de vida: *the cost of living.*)

Coste y costo se usan a menudo indistintamente, pero costo parece ser la palabra indicada cuando son cuantiosos los gastos en cuestión.

El costo del pantano excedió con mucho el presupuesto previsto. *The cost of the dam far exceeded the contemplated budget.*

El costo de producción: *cost of production.*

Costo se emplea también como término técnico entre economistas.

4. Restar—quedar—permanecer.

Restar: *to be left (over).* Envuelve una idea de remanente o exceso sobre un límite dado.

¿Cuánto tiempo le resta (queda) de estancia aquí? *How much time has he left (over) (remains) for his stay here?*

En otro sentido restar equivale a la operación de la sustracción.

Reste Vd. dos de cinco. *Subtract two from five.*

Se notará el doble sentido del verbo restar en la frase siguiente:

Si de diez resta (sustrae) Vd. cinco, ¿cuánto resta (queda)? *If you subtract five from ten, how much is left?*

To rest: descansar.

Tendré que descansar largo tiempo hoy. *I shall have to rest for a long time today.*

"To rest" in the sense of "lean": apoyar.

She rested her head on her husband's shoulder. Apoyó la cabeza sobre el hombro de su marido.

Quedar equivale a **restar** en el sentido de *to be left (over).* Para traducir *to remain* en otro sentido distinto de *to be left (over),* se pueden emplear **quedar** y **permanecer.**

Voy a quedarme (permanecer) en casa toda la noche. *I am going to remain (or stay) home all night.*

Permanecer: continuar siendo o estando lo que *ya* es o está. **Quedar** tiene un sentido más amplio que **permanecer;** equivale a aquel verbo, y significa además *iniciar* algo que implica una idea de continuación:

Visitó la Habana, se quedó en la ciudad, y allá permaneció dos años.

A consecuencia de fundirse los plomos, toda la casa quedó a oscuras, y así permaneció durante dos horas. *As a result of the fuses' blowing out, the house became dark, and remained so for two hours.*

Quedó (*y no* permaneció) huérfano desde muy niño. *He was left an orphan in his early childhood.*

LA APERTURA DE CURSO EN LA UNIVERSIDAD　　**163**

5. Hacer caso omiso de—pasar por alto.

Hacer caso omiso de (to disregard): obrar *deliberadamente* no dando la debida o pedida consideración a algo.

Hizo caso omiso de mis advertencias (ruegos). *He disregarded my warnings (supplications).*

Hizo caso omiso del peligro que corría. *He disregarded the danger he was running.*

Pasar por alto (to overlook): no poner (la) atención en algo, bien sea deliberada *o* casualmente.

Inadvertidamente, pasé por alto aquellos detalles. *I inadvertently overlooked those details.*

Por esta sola vez, pasaré por alto la falta en que Vd. ha incurrido. *For this once I shall overlook the error you've made.*

6. Abonar.

¿Se servirá Vd. abonar (acreditar) en mi cuenta corriente la adjunta suma (cantidad)? *Will you please credit the enclosed sum (amount) to my account?*

Le condenaron a abonar (pagar) los daños y perjuicios que había ocasionado. *He was ordered to pay for the damages he had caused.*

Abonaré (pagaré) esta noche el importe de mi cuenta. *I shall pay the full amount of my bill tonight.*

Si él no puede hacer frente a ese gasto, yo lo abonaré (pagaré). *If he cannot meet that expenditure, I shall pay it (make it good).*

La certeza de esa declaración la abonan (garantizan) los hechos que la siguieron. *The truth of that statement is substantiated by subsequent developments.*

7. *Equipment*—equipo; material—*material;* materia.

El material de un laboratorio, una fábrica, una escuela, un ejército, una oficina: *the equipment of a laboratory, factory, school, army, office.*

En estos últimos años, la palabra **equipo** gana terreno usándose cada vez más en el sentido de **material;** así puede reemplazar a esta palabra en la frase precedente.

El Estado trata de dotar (a) sus Universidades con el más moderno equipo científico. *The Government is trying to endow its universities with the most modern scientific equipment.*

No obstante, téngase en cuenta que **equipo** sigue usándose en su sentido tradicional de "ropa y objetos adecuados de que uno se provee para cumplir su misión".

164   CAPÍTULO XI

Equipo de un soldado, cazador, explorador: *outfit of a soldier, hunter, explorer.*

"Material" should be translated carefully.

Zapatos, muebles, objetos hechos con buen o mal material: *shoes, furniture, objects made of good or bad material.*

Materiales de construcción (ladrillos, cal, cemento): *building materials (bricks, lime, cement).*

To gather material for a book: reunir materiales (datos, elementos) para un libro.

Respecto de prendas de vestir, **tela** es la palabra genérica: **paño** indica tela más gruesa o espesa que **el tejido.**

The material of a shirt, underwear: la tela (el tejido) de una camisa o ropa interior.

La tela (el paño) de un abrigo o traje: *the material of an overcoat or suit.*

Materia:

Raw material: materia(s) prima(s).

El zinc es una materia. *Zinc is a substance.*

La materia es indestructible. *Matter is indestructible.*

Índice de materias: *index or table of contents.*

Es un hombre muy capacitado en materia de (en el terreno de, en cuestiones de) estadística. *He is a man who is very well grounded in matters of (in the field of, in questions of) statistics.*

En la escuela, se estudian las materias del plan. *At school, we study the subjects in the curriculum.*

8. Verificar—verificarse.

Verificarse: tener lugar (*to take place*).

La distribución de los premios se verifica durante la ceremonia de la apertura de curso. *The awarding of prizes takes place during the ceremony at the opening of school.* (N.B. En España no se verifican actos [*ceremonies*] oficiales de fin de carrera correspondientes a los celebrados en Estados Unidos.)

Verificar: comprobar (*to verify*).

Comprobaré (verificaré) en el diccionario la verdadera significación de la palabra. *I'll verify the real meaning of the word in the dictionary.*

La comprobación (verificación) de un hecho: *the verification of a fact.*

9. Corresponder.

Corresponder *has a wide variety of meanings.*

A Colón correspondió el honor de descubrir a América. *To Columbus fell the honor of discovering America.*

Yo ya he hablado; ahora le corresponde (toca) a Vd. hacerlo. *I have already spoken; now it's your turn to do so.*

Esta indicación no corresponde aquí; hágala constar a la vuelta (de la página). *This note doesn't belong here; have it appear on the other side (of the page).*

Correspondió a su amor. *She returned his love.*

A los elogios de su amigo correspondió con otros adecuados (con un gesto de agradecimiento). *To his friend's eulogies he responded with other appropriate ones (with a gesture of gratitude).*

Los actos no corresponden a (no se corresponden con) sus palabras. *His acts do not correspond to his words.*

Esta cuenta no corresponde (no concuerda) con la que yo he sacado. *This bill does not tally with the one I've made out.*

Mantengo (sostengo) correspondencia (me carteo, me escribo) con él. *I am in correspondence (correspond) with him.*

10. Dar la enhorabuena—felicitar.

Dar la enhorabuena es de uso más restringido que **felicitar**. Su empleo está señalado para manifestar satisfacción a una persona con motivo de un suceso fausto (*joyous*) para ella.

Doy a (reciba) Vd. mi enhorabuena (felicito a Vd.) por la terminación de su carrera, por haber sido nombrado profesor, por el premio que ha alcanzado su libro, por su matrimonio. *I congratulate you on the completion of your course, for having been appointed a teacher, for the prize which your book won, on your marriage.*

While **dar la enhorabuena** *is used exclusively on the occasion of a joyous event which has occurred,* **felicitar** *has wider uses.*

Felicito a Vd. las Pascuas de Navidad. *I give you my best wishes for Christmas.*

Le felicito por su buen gusto. *I congratulate you on your good taste.*

El uso ha dado un carácter casi exclusivamente pronominal al verbo **congratular;** se apreciará la diferencia existente entre este verbo y el verbo inglés de la misma raíz.

Me congratulo de la mejoría que ha experimentado el enfermo. *I am delighted at the improvement the patient has felt.*

Me congratularé de que así ocurra. *I shall be delighted if things occur in that way.*

11. Centenar—millar.

Estos sustantivos indican con aproximación (*approximately*) **cien (ciento)** y **mil** respectivamente.

Un centenar de libros: cien libros más o menos, sobre (*o* alrededor de) cien libros.

Un millar de hombres: mil hombres aproximadamente.

En plural, estos sustantivos sirven para reflejar la idea de un gran número o cantidad.

Millares (*o* millares y millares) de pesetas.

Centenares (*o* centenares y centenares) de personas.

Ciento, *y no* **mil,** se puede usar en singular como sustantivo.

Un ciento de naranjas.

En tal caso designa el número exacto en contraposición a **centenar.** En plural, **ciento** y **mil,** tanto el uno como el otro, se pueden usar como sustantivos en un sentido muy afín al de **millares** y **centenares.**

Miles (millares) de hombres, cientos (centenares), cientos y cientos (centenares y centenares) de cosas.

12. Encargué a una agencia de publicidad que anunciase (hiciese la propaganda de) mi producto. *I ordered an advertising agency to advertise (to create publicity for) my product.*

Este viento anuncia la proximidad de la tempestad. *This wind indicates the nearness of the storm.*

Todo anuncia que la cosecha será magnífica. *Everything indicates that the crop will be magnificent.*

13. Ciertamente—por cierto.

Ciertamente: seguramente; rechaza la posibilidad de duda: *certainly.*

Sé ciertamente que vendrá. *I know for certain that he will come.*

¿Fue ciertamente él quien cometió esa incorrección? *Was he really the one who committed that breach?*

Por cierto sirve para indicar que se va a añadir algo más o menos referente a lo que se acaba de decir, o sugerido por ello: *come to think of it.*

Anoche llegué tarde a casa; por cierto (que) hacía un tiempo de perros. *Last night I got home late. Come to think of it, it was nasty (weather).*

¿Están todos los convidados? Por cierto (que) no veo a Fulano. *Are all the guests here? Come to think of it, I don't see So-and-so.*

14. Entró corriendo. *He ran in.*

Bajó corriendo. *He ran down.*

Lo hizo corriendo. *He did it hurriedly (in a rush).*

N.B. *To drive (a car):* conducir (un coche): llevar o guiar un coche. *To drive to a place:* ir en coche a algún sitio.

Fuimos en coche al centro. *We drove downtown.*

We're driving to Barcelona tomorrow. Mañana vamos en coche (*y no* conduciremos) a Barcelona.

Para precisar la persona que va al volante (*steering wheel*) se añade el verbo **conducir** en gerundio.

I will drive to Madrid. Iré conduciendo a Madrid.

Ejercicios

■

PRIMERA PARTE

A. CUESTIONARIO

1. ¿Por qué tiene Jorge ansiedad por volver a la Universidad?
2. ¿Por qué había ido Juan a la Secretaría?
3. ¿Por qué quiere saber, antes de estudiar la asignatura, si el profesor de Química es exigente?
4. Puesto que aquella asignatura no es obligatoria, ¿qué podrá hacer?
5. ¿Cómo es, según Jorge, el profesor de Química?
6. ¿Por qué van a ver el tablón?

B. MODISMOS Y GRAMÁTICA

Repaso de los verbos "puntualizar" y "vencer". "Antes de" seguido del infinitivo y "antes (de) que" seguido del subjuntivo (p. 157, l. 9 y p. 168, A. 3).

1. Before I looked at the bulletin board, I did not know that the physics class meets at the same time as the chemistry class. **2.** Before I went to the office to make sure, he told me to straighten out those matters. **3.** It's a pity I cut class so often last year, since I cannot come under the new curriculum this term. **4.** The course is not required, and anyway I am not good in the subject. **5.** If I pass English, I shall be able to meet all the requirements in order to be graduated in June. **6.** He looks like a nice person. Before you enroll this year, I should like you to consult him about the grades you received last year. **7.** If he were eager to return to school, he would pay his registration fees at once. **8.** I am sorry you are fed up with the work, but you have the whole morning before you, and I want you to overcome those difficulties. **9.** Before I had made up my mind to speak to him, I looked at his program on the bulletin board. **10.** If you work earnestly and study the lesson thoroughly, you will understand his lecture.

C. ESTUDIO DE PALABRAS

1. The *faculty* approved the change at its last meeting. This private school has an excellent *faculty*. La *Facultad* de Medicina de esta universidad es muy importante. **2.** I took the *course* last year. Es un estudiante de tercer *curso*. He took a *course* in Italian at the X School of Languages. **3.** Se fijó en la *abertura* de la cueva. ¿Cuándo tendrá lugar la *apertura* del testamento? **4.** The *cost* of the merchandise is greater than last year's. I must consult him at any *cost*. **5.** What *remains* to be done? He is here now, and will *remain* until the day after tomorrow. If you go to the movies, don't *remain* there all afternoon. **6.** I was tired, and he told me to *rest* a while. Tendré que *restar* 125 de 245. **7.** He *disregarded* everything the doctor told him to do. You *overlooked* one name on the list. **8.** Tienen mucho *material* de guerra. Quiere vender el *material* de la escuela. El cazador se compró el *equipo* en los Almacenes X. **9.** He noticed the building *materials* on the street. Nuestro país carece de estas *materias* primas. Vamos a ver en el índice de *materias* del catálogo, si trae un artículo sobre el asunto. **10.** He bought some *material* for an overcoat. The *material* of the shirt is too thin. **11.** El *coste de vida* no ha variado mucho desde el año pasado. Todos se quejan de la *carestía de la vida*.

D. *Escríbanse unas 100 palabras sobre la apertura de clases.*

■ ■

SEGUNDA PARTE

A. CUESTIONARIO

1. ¿Por qué quiere Jorge ir a Correos?
2. ¿Por qué hay por las calles tanto bullicio?
3. ¿Por qué razón no juega Jorge a la lotería?
4. ¿Qué hace el público con un muchacho a quien ha tocado un premio?
5. ¿Qué advirtió Jorge en la cara de su pariente cuando fue a felicitarle?
6. ¿Por qué estaba su pariente de tan mal humor?
7. ¿Qué giros se emplean en el buen hablar en lugar de "en un abrir y cerrar de ojos", "tener mala pata", y "meter la pata"?

B. MODISMOS Y GRAMÁTICA

Repaso de los verbos "oler", "despegar" y "tocar". El empleo del futuro para indicar probabilidad (p. 159, l. 62).

1. She must have left him in the lurch, but I am sure he doesn't mind. **2.** Before I had an opportunity to read the newspapers, he ran in to tell me I had won 3,000 pestas in the lottery. **3.** I had scarcely opened my mouth, when he told me he had forgotten to register the letter. **4.** Anyone can see that this is a holiday. **5.** I am sorry to have to cut you short, but if you continued to talk about it, he would go straight home. **6.** There's nothing unusual about that; they did not want her to leave her household duties undone. **7.** He found out about it in the papers, and, come to think of it, he said he'd do the work gladly. **8.** On second thought, the situation is dangerous; it will give rise to a great many difficulties, one more important than the other. **9.** It must be John; he got here in a jiffy. **10.** I must pick up the mail before he arrives.

C. ESTUDIO DE PALABRAS

1. ¿Cuándo se *verificará* la boda? Tardaron mucho tiempo en la *comprobación* de los detalles. **2.** Mírese mucho el hostelero en tratarles a Vds. como *corresponde*. Saboreaba en el profundo santuario de su corazón cuantas emociones produce una verdadera pasión *correspondida*. Los saludamos muy reverentes; *correspondieron* finos y sueltos a nuestras reverencias. Eso le

170   CAPÍTULO XI

corresponde. **3.** Please accept my *congratulations* for the excellent results you have obtained. I *congratulate* you on your beautiful voice. Me *congratulo* de su interés, **4.** *Come to think of it,* it was raining. We *certainly* cannot help you now. **5.** *Centenares,* digo *millares* de dólares se pierden cada año de esta manera. Entregan un *ciento* de huevos cada mañana. Se destrozó un *millar* de casas. **6.** The whole family *drove* to Segovia. Will you *drive* or will you take the train?

D. TEMA

If I win a prize in the drawing, I shall give up my present job gladly.

Don't be surprised by what I say. I think you will keep on working anyway.

I am sure I don't have to worry about that. I am always unlucky. I have never won a peseta.

The lottery always gives rise to a great many situations, one more curious than the other. Do you remember the case of López, the grocer?

Oh yes. When he read the news in the papers, he left his customers in the lurch, and ran out of his store. I recall how much commotion there was in the entire neighborhood. His friends excitedly raised him upon their shoulders and carried him home.

After two months, he had spent everything. Now, every time you speak of the lottery, he has an ill-humored expression on his face. He even cuts you short. All in all, the money has done him a lot of harm. He is as poor as before and much more unhappy.

XII After School Hours

■

John receives a visit from George.

JOHN Since there is no school tomorrow, we might devote a couple of hours to playing tennis. A little exercise will do us good. I am somewhat out of trim, you may take my word for it, and it won't be hard for you to beat me, no matter how little you may care to 5 try.

GEORGE You anticipated me (you took the very words out of my mouth), as the same idea had also occurred to me. I am enthusiastic (crazy, *colloquial*) about that game. I have liked it (been fond of it) ever since childhood (for years). But, wait a minute; I don't know 10 whether I shall have the morning available (free) (whether I'll be free), since Albert agreed to call me just tomorrow morning. I promised to remove (clear up) his doubts about a translation of a literary selection, which his French teacher assigned (gave) him for homework. It is a nuisance, but I cannot refuse his request. 15 I was at a loss (hard put, *colloquial*) (up against it, *slang*) to find an excuse when I spoke to him. Moreover, he is weighed down (overwhelmed) with work (he has a lot of work on his hands), and I know that, if the situation arose and it were in his power to do so, he would do the same for me. Bearing this in mind (with 20 this in mind), I agreed to help him.

JOHN I see that you will have to wait around for that call. If Albert telephones you, all right; but, if not, we'll carry out our plan(s) without a hitch (our original plan will stand). 25

GEORGE Albert seems a nice fellow to me. At first, he impressed me as (gave me the impression of) being rather a self-satisfied boy, but, in time, I got to like him.

30

172   CAPÍTULO XII

Después de las horas de clase XII

■

Juan recibe la visita de Jorge.

JUAN Ya que no hay clase mañana, podríamos dedicar un par de
horas a jugar al tenis. Un poco de ejercicio nos sentará bien.
Estoy algo desentrenado, créame Vd., y no le será difícil ganarme,
5 a (por) poco que quiera esforzarse.

JORGE Vd. se me ha anticipado[1] (me quitó de la boca las mismas
palabras), pues también se me había ocurrido la misma idea. Me
apasiono por ese juego. Le tengo gran afición (soy muy aficionado
10 a él) desde niño (hace años). Pero, espere a ver, no sé si dispondré
de la mañana (tendré libre la mañana, estaré libre), pues Alberto
ha quedado en[2] llamarme por teléfono precisamente mañana por
la mañana. Prometí sacarle de dudas (aclarar sus dudas) respecto
a (de) una versión (traducción) de un trozo literario, que le ha
15 encargado[3] (puesto) como ejercicio (tarea de casa) el profesor de
francés. Es un fastidio, pero no puedo negarme a[4] su petición[5]
(requerimiento).[6] Me vi en un conflicto (me vi y me deseé, *familiar*)
(me vi negro, *popular*) para buscar una evasiva al hablarle.
Además, está agobiado (abrumado) de trabajo (tiene mucho tra-
20 bajo encima), y sé que, llegado el caso, si estuviese en su mano,
haría otro tanto (lo mismo) por mí (igual conmigo). Teniendo
esto en cuenta (o presente), acepté ayudarle.

JUAN Ya veo que tendrá Vd. que estar pendiente de esa llamada.
Si Alberto le telefonea, bien; pero, en caso contrario,[7] haremos
25 nuestro plan[8] sin ningún inconveniente (el plan primitivo seguirá
en pie).

JORGE Alberto me parece un buen muchacho (una buena persona).
Al principio, me hacía el efecto (daba la impresión) de un chico
algo pagado de sí mismo, pero, con el tiempo, llegué a cobrarle
30 afecto.

JOHN   I also used to dislike him for the self-satisfied air I noticed about him. Then he changed his attitude, and now I don't think of him as I used to, because I'm certain that I judged him thoughtlessly, and that he is far from being what I imagined.

GEORGE   All right, it is agreed that tomorrow I shall let you know 35 one way or the other. And now, though I'm very sorry to have to cut short this pleasant chat with you, I must leave you. I am going to the tailor's to have this vest altered. It's a little loose on me. The funny thing about it is that, when I tried the suit on, it fitted me very well (perfectly); it was almost tight on me. Now 40 it seems that the cloth has stretched, got out of shape, and looks terrible (is a mess, *colloquial*).

JOHN   That can be fixed easily. You just rip the seam, take in the necessary centimeters, and there you are (that's all there is to it).— Suits made to order are preferable. It is rarely necessary to have 45 any alterations made, while ready-made suits are a bother. You almost always have to spend money on them so that they fit well, and, in the long run, they turn out to be dearer than those made to order. And then, too, you can tell the difference in cut between one suit and other at a glance. 50

■ ■

GEORGE   The street lights are already on. It must be near seven. I am late and I am going to hurry off, as I haven't a minute to lose.

JOHN   I'll go down with you. My father neglected to put in a request in Paris to have our mail forwarded to Madrid. He telegraphed 55 Paris, and they answered that he should make the request in writing. I am going to mail this letter asking them to do so as soon as possible. You are going in the same direction as I (you're going my way), and we can go together.

GEORGE   You seem to be in good spirits. From what operetta is that 60 music you are humming? It sounds familiar to me (like something I know).

174   CAPÍTULO XII

JUAN También a mí me resultaba antipático por el aire de suficiencia que advertía en él. Luego cambió su modo de ser, y hoy no le conceptúo[9] como antes, pues me consta que le juzgué a la ligera (ligeramente), y que dista de ser como yo me figuraba.

35 JORGE Bueno, queda convenido que mañana, en uno u otro caso, le avisaré. Ahora y sintiendo mucho tener que cortar esta charla tan amena con Vd., tengo que dejarle. Voy a la sastrería a que me arreglen este chaleco. Me está un poco ancho. Lo raro del caso es que, cuando probé el traje, me sentaba (caía, venía, estaba)
40 muy bien (a las mil maravillas); casi me ajustaba.[10] Ahora parece que la tela ha dado de sí, se deformó, y ha quedado hecha una lástima (una birria, *popular*).

JUAN Esto tiene fácil arreglo. Se descose en seguida, se meten los centímetros necesarios, y ya está (se acabó).—Son preferibles los
45 trajes hechos a (la) medida. Rara vez hay que hacerles algún arreglo, mientras que los trajes ya hechos son un engorro. Siempre, más o menos, hay que gastar dinero con (en) ellos para que queden bien, y a la larga resultan más costosos que los hechos a medida. Además, a simple (primera) vista, se aprecia[11] la diferencia
50 de confección entre uno y otro traje.

■ ■

JORGE Ya está encendido el alumbrado de las calles. Debe de faltar poco para las siete. Se me hace tarde y me voy a escape, pues no tengo minuto que perder.

JUAN Bajaré con Vd. Mi padre ha tenido el descuido[12] de no encargar
55 en París que reexpidiesen a Madrid la correspondencia.—Telegrafió a París, y le contestaron que hiciese el encargo por escrito. Voy a echar esta carta al buzón (correo) pidiendo que lo hagan con la mayor brevedad posible (a la mayor brevedad). Vd. lleva (va en) la misma dirección que yo, y podremos ir juntos.

60 JORGE Parece que está Vd. de buen humor. ¿De qué zarzuela es esa música que canturrea? Me suena a algo conocido.

JOHN   That doesn't surprise me. It's very catchy music, and also has nice words. My sister bought a record of it last night, and played it on the record player until we learned the selection by heart. ⁶⁵ The soprano had a very nice voice.

GEORGE   Look how crowded the streets are at this hour of the day. There is no way of getting (making your way) through these people, who stop right in the middle of the sidewalk at the slightest pretext. ⁷⁰

JOHN   It's just the same in all the big cities, and Madrid wouldn't be an exception to the rule.

John decides to accompany his friend, and they take the bus.

GEORGE   Let us get off here. As you see, we're reaching the end of the line. ⁷⁵

JOHN   That's right. Pull the cord (press the button); we'll get off at the next corner. I guess we have already passed the street.

GEORGE   I don't get clearly what you are saying—you seem to be mumbling under your breath. ⁸⁰

JOHN   It's because your ears are still buzzing from (ringing with) the noise of the motor of the bus. It's the same with me.

JUAN No me choca.[13] Es una música muy pegadiza, y además tiene
bonita letra. Mi hermana compró anoche un disco de ella, y lo
65 estuvo tocando en el tocadiscos hasta que aprendimos la pieza
de memoria. La tiple tenía (una) muy buena voz.

JORGE Fíjese en lo concurridas que están las calles a estas horas. No
hay manera de abrirse paso por entre (a través de) esta gente,
que se para con cualquier pretexto en plena acera.
70

JUAN Igual pasa en todas las ciudades populosas, y Madrid no iba a
salirse de la regla (no iba a ser la excepción).
Juan decide acompañar a su amigo, y toman el autobús.

JORGE Vamos a apearnos aquí. Como ve, estamos llegando al final
75 del trayecto.

JUAN En efecto. Tire del[14] cordón (toque o pulse el timbre); bajaremos
en la próxima bocacalle. Me parece que nos hemos pasado ya
de (que dejamos atrás) la calle.

JORGE No distingo bien lo que dice: parece que habla entre dientes.
80

JUAN Es que a Vd. todavía le zumban (cantan) los oídos del ruido
del motor del autobús. Lo mismo me pasa a mí.

Notas

1. Anticipar—anticiparse a.

Anticipar es hacer algo antes del momento que habíamos fijado para su realización.

> Las circunstancias me aconsejaron anticipar (adelantar) la visita. *Circumstances prompted me to pay the visit ahead of time.*

> El jefe de la oficina anticipó a sus empleados el sueldo del mes. *The manager of the office gave his employees their monthly salary ahead of time.*

Anticipar significa también decir por adelantado.

> Debo anticiparle que Luis sólo estará aquí por unos días. *I ought to tell you beforehand that Louis will be here only a few days.*

Hacer un anticipo (pago parcial hecho por adelantado): *to make an advance payment (partial payment made ahead of time).*

Anticiparse a: significa obrar o hacer gestiones antes que otra persona.

> La policía tuvo noticia de que se preparaban disturbios, y se anticipó a los perturbadores tomando medidas pertinentes para sofocar el intento. *The police had information that riots were being planned, and anticipated the rioters by taking pertinent measures to put down the attempt.*

> Yo me anticipé a Vd. cinco minutos en la visita que ambos hicimos al Sr. X. *I anticipated you by five minutes in the visit which we both paid Mr. X.*

Anticiparse a se usa también en lugar de **anticipar** cuando va seguido de un infinitivo.

> Me anticipé a dar mis excusas por la incorrección hecha (es decir, excusarme espontáneamente, o sea antes de que reclamasen o pidiesen excusas). *I made my excuses beforehand for the breach committed.*

To anticipate se traduce de distintos modos.

> *I am anticipating an agreeable stay in that winter resort.* Veo en perspectiva una agradable estancia en aquella estación invernal.

> *I have anticipated this situation, and shall adopt appropriate measures.* Tengo el caso previsto, y adoptaré las medidas adecuadas.

> *I anticipated your visit.* Tenía prevista su visita (es decir, contaba con ella).

La policía tenía previstos los propósitos de los malhechores, y se anticipó a contrarrestarlos. *The police anticipated the purposes of the criminals, and moved ahead of time to counteract them.*

2. Convenir en—quedar en.

Los dos verbos indican coincidencia de pareceres o bien la aceptación de una obligación (*to agree to*). Se distinguen en que **quedar en** no implica, como **convenir en,** una discrepancia original tan radical. Quien conviene reflexiona; transige y cede más o menos cambiando de parecer.

Después de mucha discusión, convenimos en el precio de la casa. *After much argument we agreed upon the price of the house.*

Quien queda en algo, no hace más que declararse dispuesto a atenerse a ello.

Quedó en llamarme por teléfono al día siguiente. *He agreed to call me on the following day.*

3. Encargar—pedir.

Encargar es sinónimo de **pedir** en el sentido de *to order*. Cuando pedimos algo, deseamos que se nos entregue la cosa en seguida o dentro de poco; cuando encargamos algo, tenemos que esperar a que se encuentre, se construya o se haga.

He encargado un traje al sastre, una mesa al carpintero. *I have ordered a suit from the tailor, a table from the carpenter.*

He encargado (*o* pedido) a la editorial cinco libros. *I have ordered five books from the publishing house.*

To order a meal: pedir una comida. Hace media hora que pedí el desayuno, y todavía no me han servido. *I ordered breakfast half an hour ago, and they haven't served me yet.*

"To order" in the sense of "to command": ordenar, mandar.

El coronel ordenó (mandó) que el regimiento avanzase. *The colonel ordered (commanded) the regiment to advance.*

El oficial X manda un destacamento. *Officer X commands a detachment.*

Le ordeno (mando) que salga. *I order (command) him to leave.*

Encargar significa también encomendar a alguien un servicio de mayor o menor importancia, o el realizar una misión.

Le encargué que, de paso, me comprase un periódico. *I asked him to buy me a paper on the way.*

Le encargué (de) hacerlo. *I commissioned him to do it.*

4. Negar—negarse a; denegar; desmentir.

Negarse a: *to refuse.* Negar: *to deny.*

Me niego a hacerlo. *I refuse to do it.*

Niego el hecho que se me imputa. *I deny the deed which is imputed to me.*

Negar: rechazar una afirmación por conceptuarla falsa.

Ha negado toda participación en el crimen. *He denied any participation in the crime.*

Denegar: no conceder lo que se pide.

El indulto ha sido denegado. *The pardon has been denied.*

Desmentir: demostrar o afirmar la falsedad de algo.

Los círculos oficiales desmienten la información que los periódicos dieron de la entrevista. *Official circles deny the account which the newspapers gave of the interview.*

Esta noticia desmiente la anterior. *This piece of news belies the preceding one.*

5. Petición.

Repitió la romanza a petición (a requerimiento) del auditorio. *He repeated the ballad at the request (at the demand) of the audience.*

Accedió a mi petición (requerimiento) de ser recibido. *He granted my request (demand) to be received.*

La petición de mano: *the engagement.* Con motivo de la petición de mano, el novio da a la novia el anillo de prometida. *On the occasion of the engagement, the young man gives his fiancée an engagement ring.*

Esta palabra tiene también el sentido de la palabra inglesa.

Los vecinos de la calle formularon (hicieron) una petición al Ayuntamiento para que adecentase la barriada. *The neighbors of the street drew up (made) a petition to the city government to clean up the district.*

To make a request for: pedir.

6. Requerimiento—requisito—condición.

Requerimiento (petición): *demand or request.* **Requisito:** *requirement.* **Condición:** *requisite or requirement.* **Requisito** es algo más formulista y concretamente fijado que **condición.**

Los requisitos (las condiciones) que se precisan (necesitan) para ingresar en la Universidad: *the requirements which are needed to enter the University.*

Reúne todas las condiciones necesarias para abrirse camino en la vida. *He has all the necessary requisites to make his way in life.*

7. En caso contrario—de lo contrario.

En caso contrario: implica mera contraposición consecuente (es decir, lo mismo puede ocurrir una que la otra de las dos eventualidades, sin que por eso nos extrañemos o nos preocupemos). Debe distinguirse de **de lo contrario** que da idea de una consecuencia inexorable (es decir, se conceptúa una de dos posibilidades deseable o esencial, y de no ocurrir ella, nos apuraríamos o sufriríamos).

Si de madrugada circula el autobús, lo tomaré; en caso contrario, tendré que venir a pie. *If the bus runs late at night, I'll take it; if not, I'll have to walk.*

Si me queda tiempo, haré el ejercicio; en caso contrario, lo dejaré para mañana. *If I have time left, I shall do the exercise; if not, I shall leave it for tomorrow.*

Aprobaré esta asignatura, pues de lo contrario perdería el curso. *I will pass this course, since I would lose the whole year if I didn't.*

¡Pague Vd., o de lo contrario le denunciaré a los tribunales! *Pay (it); if you don't I will hale you into court.*

8. Plan—plano.

Plan: proyecto, programa de actuación que se piensa realizar. Plano: esquema, dibujo, mapa, o representación gráfica de algo.

El plan quinquenal: *the five-year plan.*

El Estado Mayor acordó un plan de ataque. *The General Staff agreed upon a plan of attack.*

Éste es el plano de la ciudad, de las obras, de la mina, de la máquina. *This is the plan (diagram) of the city, repairs, mine, machine.*

La palabra **plan** es de muy frecuente uso en expresiones familiares.

Éste trae plan. *This fellow has something up his sleeve.*

Esto no es plan: así no se puede seguir. *This is no way of doing things.*

La vida que Vd. lleva no es plan. *The life you are leading will never get you anywhere.*

Vd. descuida mucho el trabajo; no es plan. *You are neglecting your work very much; that will never get you anywhere.*

Se ha puesto en un plan insoportable, desde que ganó el premio. *He has gotten into an intolerable frame of mind since he won the prize.*

Estamos en plan de divertirnos; no nos venga con cosas tristes. *We are out for* (colloquial) *a good time; don't come to us with sad matters.*

No tengo ningún plan esta tarde; iremos adonde Vd. quiera. *I have nothing on* (colloquial) *for this afternoon; we'll go where you like.*

DESPUÉS DE LAS HORAS DE CLASE

181

9. Conceptuar—concebir.

Conceptuar se distingue de **concebir** en que indica siempre la existencia de un factor de evaluación.

No le conceptuaba capaz de realizar esa tarea. *I didn't judge him (think of him as) capable of carrying out that task.*

Conceptúo improcedente la gestión que pretenden hacer. *I judge the step they are seeking to take (to be) improper.*

No puedo concebir que tal cosa ocurra. *I can't conceive that such a thing may occur.*

Lo que concibió como real la fantasía de este autor, vino el tiempo a confirmarlo. *What the fancy of this author (once) conceived as real, time came to confirm.*

Varía mucho la traducción del sustantivo **concepto**.

¿Bajo qué concepto figura Vd. en esa lista? *For what reason do you appear on that list?*

Bajo ningún concepto accederé a esa pretensión. *I shall not accede to that claim from any point of view.*

El Estado recaudó X millones en concepto de contribuciones. *The state collected X millions under the heading of taxes.*

10. Ajustar—*to adjust.*

Ajustar, como verbo intransitivo, significa encajar, venir justo: *to fit,* y venir o quedar apretado: *to fit snugly, to be tight.*

Esta puerta no puede cerrarse con llave, porque no ajusta (encaja) bien. *This door can't be locked with a key because it doesn't fit well.*

El dinero me viene muy ajustado. *My finances are very tight.*

El traje que lleva es demasiado ajustado (se ciñe al cuerpo de una manera muy apretada). *The dress she's wearing is too tight (clings to her body very snugly).*

Ajustar, como verbo transitivo, tiene varios significados. Ajustar una cosa o persona a (o según) otra es acomodarla o adaptarla a otra: *to adjust one thing or person to another.* Ajustarse a las circunstancias: *to adjust oneself to circumstances.*

Siempre me queda dinero, porque me ajusto (me acomodo) a lo que gano. *I always have money left, because I adjust (adapt) myself to what I earn.*

Ajustar un tratado, un contrato, un precio es llegar a un acuerdo respecto de ellos: *to agree on (the terms of) something.*

182   CAPÍTULO XII

Después de mucha discusión, ajustamos el precio en 1000 pesetas (convenimos en él; es decir, llegamos a un precio final de acuerdo con la discusión). *After much discussion, we agreed on a price of 1000 pesetas.*

Ajustar un objeto es hacer que encaje bien: *to make something fit.*

Ajustó la puerta rebajando un poco el borde con un cepillo. *He made the door fit by cutting down the edge a little with a plane.*

Ajustar las cuentas es hacer, concretar o saldarlas: *to total or settle accounts.* (N.B. Este giro se emplea también en sentido figurado.)

Ya te ajustaré las cuentas (me vengaré de ti). *I'll settle (accounts) with you yet.*

"To adjust" in the sense of "to alter": modificar o cambiar.

He adjusted the price and the conditions. Modificó (cambió) el precio y las condiciones.

Tendremos que modificar la tapadera para que ajuste (encaje) bien. *We'll have to adjust the cover so that it fits well.*

N.B. **Ajustar** sólo se emplea en esta acepción cuando se trata de acomodar una cosa a otra.

Ajustó el precio según las exigencias del final de temporada. *He adjusted the price according to the end-of-season demand.*

To adjust, cuando se trata de variar el volumen o cantidad de algo se traduce por **regular.**

Regular (graduar) la llave de agua, la llama de la hornilla de gas: *to adjust (regulate) the water faucet, the flame in the gas stove.*

La mecha de este encendedor es regulable. *The wick in this lighter is adjustable.*

11. Apreciar—*to appreciate*; **aprecio**—**apreciación.**

Apreciar tiene dos acepciones de uso frecuente: la primera, percatarse de las características o cualidades de algo o alguien, frecuentemente a simple vista: *to tell, to see.*

Se aprecia en seguida la calidad de estas mercancías. *You can tell the quality of this merchandise immediately.*

Nada más verlo, aprecié que estaba malhumorado. *Just looking at him, I saw (I could tell) that he was in bad humor.*

En segundo lugar, **apreciar** significa estimar los méritos o buenas cualidades de algo o alguien: *to appreciate.*

Lo que más aprecio en él es su sinceridad. *What I appreciate most in him is his sincerity.*

N.B. *"To appreciate"* in the sense of to be grateful (*to someone for something*): agradecer (algo a alguien).

Le agradezco sumamente su delicada atención. *I am extremely grateful to you for your kind consideration.*

My sincerest appreciation for all you've done for me. Reciba Vd. la expresión de mi mayor gratitud por todo lo que ha hecho por mí.

Aprecio—apreciación. Apreciación es la opinión o juicio emitidos, no superficial sino elaboradamente, como valoración de algo o sobre alguien: *appraisal; reaction.*

Hizo una apreciación muy parcial sobre (acerca de, respecto a, a propósito de, referente a) el acontecimiento. *He made a very partial appraisal of (about, with respect to, with regard to, with reference to) the event.*

¿Cuál fue su apreciación ante mi actitud? *What was his reaction to my attitude?*

Aprecio denota la consideración, respeto o estima en que tenemos algo o a alguien: *regard.*

Siento un aprecio especial por esta joya; siempre la llevó mi madre. *I feel a special regard for this piece of jewelry; my mother always wore it.*

A todo el mundo extrañaba su aprecio hacia (a, por) aquella mujer. *Everyone was surprised by his high regard for that woman.*

12. Descuidar—descuidarse.

Descuidar se emplea como verbo activo (*to neglect*), y como verbo neutro (*not to worry*).

Descuida el trabajo para charlar con los compañeros de (la) oficina. *He neglects his work to chat with his fellow workers at the office.*

Este jardín está muy descuidado. *This garden is very much neglected.*

¡Descuide Vd.! Él no dejará de hacerlo. *Don't worry; he won't fail to do it.*

No se descuide Vd., pues el tren está al llegar. *Don't be negligent, for the train is about to arrive.*

Yo me descuidé mucho, y no asistía a la escuela cuando debía. *I was very neglectful, and did not attend school when I should have.*

N.B. **Descuidado** (*careless*) debe distinguirse de **despreocupado** (*carefree*).

Es un muchacho muy descuidado en el vestir. *He is a very careless boy in his dress.*

Estoy de vacaciones y completamente despreocupado. *I am on a vacation and completely carefree.*

13. Chocar—*to shock*.

Chocar es extrañar superficialmente: *to surprise somewhat* or *a little*.
Me choca que invitase a X a cenar sin decírmelo previamente. *I am
a little surprised that he invited X to supper without telling me beforehand.*
Me chocó la inteligencia del alumno. *The pupil's intelligence surprised
me a little.*
Es chocante que mantenga esa actitud no obstante los peligros que ello
pueda ocasionar. *It's somewhat surprising that he should maintain that
attitude despite the dangers that it may occasion.*

Chocar significa también entrar en colisión con algo o alguien de una
manera violenta: *to collide*.
Después de chocar (entrar en colisión) con un barco de guerra, el barco
mercante fue remolcado al puerto más próximo. *After colliding with
a warship, the freighter was towed to the nearest port.*

Chocar o **tener un choque** con alguien es enfrentarse con una persona
provocando un disgusto o desacuerdo: *to clash* (*have a run in*) *with*.
Choqué (tuve un choque) con el profesor porque me atreví a llevarle
la contraria. *I clashed* (*had a run in*) *with my teacher because I dared
to contradict him.*
Hubo un choque (una colisión) entre los huelguistas y la fuerza pública.
There was a clash between the strikers and the police.

No existe en español una sola palabra que condense en sí las diferentes
modalidades del término *shock*.
His conduct shocked me. Su conducta me escandalizó.
On touching the plug, I got a shock. Al tocar el enchufe, recibí (sufrí)
una sacudida.
To rid me of hiccoughs, he gave me a shock. Para quitarme el hipo,
me dio un susto.
The news of his child's death was a shock to (*shocked*) *him.* La noticia
de la muerte de su niño le hizo el efecto de un rayo (le destrozó al
instante física y moralmente).
His partner's flight with the company funds shocked him. La huida de
su socio con los fondos de la casa le dejó frío (hecho una piedra, de
una pieza) (es decir, le extrañó en sumo grado, dejándole estupefacto
al oír la noticia).
I was shocked when the teacher told me that I had failed in history. Yo
me quedé frío cuando el profesor me dijo que había suspendido en
Historia (es decir, me quedé desilusionado al ver que mis esperanzas
más fundadas fueron de golpe desmoronadas).

La sacudida (es decir, el impacto o estremecimiento psíquico) provocada por el asesinato del presidente se desvaneció paulatinamente. *The shock (that is, the psychological impact or consternation) motivated by the assassination of the president disappeared gradually.*

His conduct is shocking (indecent, shameful). Su conducta es escandalosa (incorrecta, bochornosa).

14. Tirar de.

Para **tirar** vease p. 78, n. 1.

Tirar de: *to pull.*

El caballo tira del carro.   *The horse pulls the cart.*

Tire Vd. de la puerta; no la empuje.   *Pull the door; don't push it.*

Ejercicios

■

PRIMERA PARTE

A. CUESTIONARIO

1. ¿Por qué deciden los dos amigos jugar al tenis?
2. ¿Por qué duda Jorge que tenga libre la mañana?
3. ¿Por qué no ha querido Jorge negarse a la petición de Alberto?
4. ¿Qué impresión tenía Jorge de Alberto cuando le conoció?
5. ¿Por qué tiene Jorge que ir a la sastrería?
6. ¿Qué giros o palabras se emplean en el buen hablar en lugar de "verse y desearse" y "una birria"?

B. MODISMOS Y GRAMÁTICA

Repaso de los verbos que terminan en "-uar". "Si", como equivalente de la palabra inglesa "whether", va seguido del mismo tiempo que en inglés (p. 173, l. 10). "To doubt whether" se traduce por "dudar que" seguido del subjuntivo (p. 186, A. 2.).

1. I doubt whether there will be school tomorrow. Albert has agreed to call me when he finds out. **2.** This translation must be very difficult; he wants me to clear up some of his doubts. **3.** If he had a lot of work on his hands,

I would not refuse his request. **4.** I don't know whether it is advisable to buy a ready-made suit; it doesn't fit as well as a suit made to order. **5.** It is odd that the suit is loose on me now. When I tried it on at the tailor's, it fitted perfectly. **6.** When the case arises, I shall see whether it will be in my power to help you. **7.** He wanted the original plan to stand, but I was overwhelmed with work. **8.** Take my word for it; it is true that a little exercise in the open air will do you good. **9.** The funny thing about it is that in the long run this will prove much cheaper than he says. **10.** He is a self-satisfied young man; I am certain that you did not judge him thoughtlessly.

C. ESTUDIO DE PALABRAS

1. He *anticipated* me, by finding a good excuse. I *anticipated* that difficulty, and have already asked my friend to help me. Le *anticipé* el dinero, porque él hubiera hecho otro tanto por mí. Se *anticipó* a hacerlo, porque quería evitar la dificultad después. **2.** No sé si *convendrá en* aceptar una proposición por el estilo. He *agreed* to call me before he left. **3.** I *ordered* some coffee just before you arrived. Why don't you *order* a desk like this one?—The carpenter can make it in a week. His father *ordered* him to leave the house at once. **4.** He was *commissioned* to represent his government abroad. Le *encargué* devolver el libro a la biblioteca. **5.** *Niega* que está desentrenado. *Se niega a* decir que hay una diferencia de calidad entre ambos coches. **6.** He *denies* that he is enthusiastic about the game. The judge *denied* his request. **7.** Accedieron a nuestro *requerimiento*. I am sure that you will easily meet all the *requirements*. **8.** I shall work at home tomorrow; *if not,* you will find me in the library. You must finish the work tomorrow; *if not,* you will lose your position. **9.** Me dio un *plano* de las minas. They will carry out the *plan* in time. Habían salido en *plan* de divertirse cuando empezó a llover. ¿Tiene Vd. *plan* para esta mañana? **10.** ¿Le *conceptúa* Vd. dotado de las cualidades necesarias para llevar a cabo tal empresa? He *conceived* the plot of the long novel overnight. **11.** Estos zapatos le *ajustan* demasiado. La tapadera *ajusta* bien. Tendrá que *ajustar* su vida a las condiciones económicas de su empleo. Acabaron por *ajustar* el contrato. I can't *adjust* the heat. **12.** Ante todo *aprecio* en Lope las imágenes tan gráficas. *Aprecié* en seguida el estado de ánimo en que se encontraba. He *appreciates* everything you do for him. **13.** Todos tienen en gran *aprecio* al profesor Pérez. No estoy de acuerdo con las *apreciaciones* del profesor acerca del colorido de los cuadros de Velázquez.

D. *Escríbanse unas 100 palabras sobre una prenda de vestir* (an article of wearing apparel) *que se haya comprado o mandado hacer.*

DESPUÉS DE LAS HORAS DE CLASE **187**

■ ■

SEGUNDA PARTE

A. CUESTIONARIO

1. ¿Por qué quiere Jorge irse a escape?
2. Cuando el papá de Juan telegrafió a París, ¿qué le contestaron?
3. ¿Por qué dice Jorge que Juan está de buen humor?
4. ¿Por qué es tan difícil abrirse paso entre la gente?
5. ¿Qué se tiene que hacer antes de bajar del autobús?
6. ¿Por qué no distingue Jorge lo que dice su amigo?

B. MODISMOS Y GRAMÁTICA

Repaso del verbo "pedir", y de los verbos en "-ir" que cambian la vocal de la raíz. El uso del subjuntivo con verbos que implican mandato (p. 175, l. 54 y p. 175, l. 57).

1. I asked him to pull the cord so that we could get off at the next corner.
2. It seems to me that he has already put in a request to have them forward the mail. 3. I do not know whether New York would be an exception to the rule. 4. He must be mumbling under his breath; there is no way of getting clearly what he is saying. 5. I am going to mail the letter at once so that they will receive our answer in writing as soon as possible. 6. They have been playing the same record for an hour, and my ears are still ringing with the melody. 7. Before leaving, the soprano learned the selection by heart. 8. I guess it must be near six because the street lights are on. I am late and shall have to hurry off. 9. If you're going my way, I shall ask the chauffeur to wait for you. 10. When we reach the end of the line, you will see how crowded the park is.

C. ESTUDIO DE PALABRAS

1. He *neglects* his work on the slightest pretext. *Don't worry;* I'll remember the title, for the music sounds very familiar to me. 2. Poco faltaba para las siete, cuando ocurrió la *colisión* entre obreros y centinelas. The *collision* between the truck and automobile caused terrible damage. 3. If you touch that wire, you will get a *shock*. The incidents of the play are *shocking*. They thought that his conduct was indecent, and said it *shocked* them. 4. *Tiró del*

cajón, y sacó los papeles. *Tiró* el pitillo a la calle. **5.** Me *choca* que ella lleve un vestido tan chillón. La sociedad se disolvió con motivo de un *choque* entre los socios. Al salir corriendo de casa, *chocó* con una señora tirándola al suelo.

D. TEMA

I am late, so I am going to hurry off. I want to reach the post office before it closes.

I am going your way. We can take the bus together. I have to get off at the end of the line, but you will reach Cibeles in no time.

It's impossible to make your way through the crowds of people at this hour. People stop in the middle of the sidewalk on the slightest pretext.

You seem to be in good spirits. That doesn't surprise me, of course. You said you were going to the theatre tonight.

Yes, I am going to see a musical comedy. It has catchy melodies. They say that the soprano has a very fine voice.

We have several records of the most popular songs. I've played them so many times that I have learned the words by heart.

Excuse me. This is the post office.

XIII A Very Hard-fought Game of Tennis

■

John and George, who are playing tennis, stop playing (stop the game) for a few minutes.

JOHN We have had a good time on the (tennis) court this morning. This last game was very closely fought due to the many times we were tied (because of the ties we had) all through it. It seemed ₅ we were never going to break the tie.

GEORGE I had an advantage over you in the service; but you in turn surpass me in being able to place the ball better than I,—especially in the backhand (strokes). At the end of the second set, I was ₁₀ getting along well. We were tied at 5-all, and that despite the fact that the score of the first was 6-1. Who would have supposed there would be such a difference in the second!

JOHN The score is the least of things. The important thing is the exercise in the open air, and the fact that we stretched our muscles, ₁₅ since they are rather stiff from this sedentary life we lead. You have to make up for it, when you have an opportunity (chance).

GEORGE You're right about that.—You are somewhat out of trim, but it's obvious that you're a master of the game. In spite of your somewhat awkward performance today, it won't take you long ₂₀ to recover (get back) your old form.

JOHN I formerly was in the habit of playing three hours at a time (at a stretch) without feeling (the effects of) it in the least. I never felt tired.

GEORGE Your racket, it seems to me, has loose strings. It would be ₂₅ wise to renew some of those that are rather worn by now. Why don't you have it fixed (take it in and have it fixed)?

JOHN Go on! (*slang*). It isn't worth while; besides, the wood is a little cracked.—Nowadays they are sold for a song (almost for nothing). They have gone down tremendously in price, and it is more sen- ₃₀ sible to buy a new one. That is what I may (shall) do.

Un partido de tenis muy reñido

■

Juan y Jorge, que se hallan jugando al tenis, dejan de jugar
(dejan el juego) algunos momentos.

JUAN Hemos pasado un buen rato en el campo (campo de tenis,
pista, pista de tenis) esta mañana. Este último partido fue muy
5   reñido por las numerosas veces que hemos estado empatados (por
los empates que tuvimos) a lo largo de (a través de) él. Parecía
que nunca íbamos a salir del empate (desempatar).

JORGE Yo le llevaba una ventaja en el saque; pero Vd., a su vez,
me aventaja[1] en saber dirigir la pelota mejor que yo, y sobre todo
10   en los reveses (golpes de revés).—A lo último del segundo set,
me defendía[2] bien. Estábamos igualados a cinco (a cinco iguales),
¡y eso que el tanteo del primero fue 6-1! ¡Cualquiera suponía
una diferencia así para el segundo!

JUAN El tanteo es lo de menos. Lo importante es el ejercicio al aire
15   libre, y que hayamos estirado los músculos, pues los tiene uno
como encogidos con esta vida sedentaria que llevamos (hacemos).[3]
Hay que desquitarse, cuando se tiene ocasión.

JORGE En eso tiene Vd. razón.—Vd. está un tanto desentrenado, pero
salta a la vista que Vd. domina[4] el juego. A pesar de (no obstante)
20   su actuación[5] algo torpe de hoy, no tardará en recuperar (recobrar)
su antigua[6] forma.

JUAN Yo antes acostumbraba[7] (tenía (la) costumbre de) jugar tres
horas seguidas (de un tirón) sin que por ello me resintiese en lo
más mínimo. Nunca me sentía[8] cansado.

25 JORGE Su raqueta me parece que tiene las cuerdas flojas. Convendría
renovarle algunas que ya están bastante gastadas. ¿Por qué no
manda Vd. arreglarla (no la lleva a arreglar)?

JUAN ¡Qué va! (*popular*). No vale la pena; además tiene la madera
un poco resquebrajada.[9]—Hoy día se venden medio regaladas
30   (medio de balde). Han bajado formidablemente de precio, y tiene
(trae) más cuenta comprar una nueva. Esto será lo que haga (haré).

GEORGE To change the subject; do you remember Mr. Alonso to whom I introduced you about two months ago in the stands at the football field?

JOHN That short gentleman, with blond hair, who said that you couldn't tell I had a foreign accent?

GEORGE Yes, that's he. I met him (ran into him, *colloquial*) the night before last in a cigar store, and immediately (right off) he wanted to tell me several things about his absence from Madrid these last few months. You know how talkative he is, and, well, (it was no use), I had to accompany him to a café, there, a little beyond the Gran Vía, so he could tell me everything he cared to. Just imagine! He went to Africa as a reporter with a scientific party subsidized by the weekly magazine X!

JOHN It seems incredible! The expression "jack of all trades, master of none" can be justly applied to that man. He seems to change jobs with inordinate (unusual) frequency, almost overnight. Hardly two months ago, he was engaged in matters totally unrelated to journalism.

GEORGE In connection with that expedition, some pamphlets were published which reveal the scientific significance of the research work carried out by the members of the expedition. The party encamped in a jungle situated north of the river X, not far from a fort and the trading post. The possibility of an attack by the nomad tribes prompted them to be on their guard so that, in case of need, they could have a place of refuge (a place where to take refuge). They had to suffer an endless number of mishaps. They were even compelled (obliged) to abandon some of their trucks, because they lacked the necessary spare parts.

JOHN Moreover, you must bear in mind the severities of the climate; it is a question of a region subjected to alternations of torrential rains and burning drought.

JORGE Pasando a (hablar de) otra cosa: ¿se acuerda Vd. del Sr. Alonso a quien le presenté hace cosa de dos meses en la tribuna del campo de fútbol?

35 **JUAN** ¿Aquel señor bajo, de pelo rubio, que dijo que no se me notaba[10] (nadie diría que tenía) acento extranjero?

JORGE Sí. El mismo. Le encontré (tropecé con él, *familiar*) anteanoche en un estanco, e inmediatamente (de buenas a primeras) quiso contarme una porción de cosas a propósito de (sobre) su ausencia 40 de Madrid en estos últimos meses. Vd. sabe lo hablador que es, y, nada,[11] tuve que acompañarle a un café que está ahí, pasada la Gran Vía, para que me contase todo lo que tuviese a bien. ¡Figúrese Vd.! ha ido de cronista con una misión científica a África subvencionada por la revista semanal X.

45 **JUAN** ¡Parece mentira! A ese señor se le puede aplicar con justeza aquello de "aprendiz de todo, oficial de nada". Parece cambiar de empleo con frecuencia inusitada,[12] casi de la noche a la mañana. Hace dos meses escasos, se dedicaba a cosas totalmente ajenas al periodismo.

50 **JORGE** En relación con (con motivo de) esa expedición, se publicaron algunos folletos que ponen de manifiesto el alcance científico de los trabajos de investigación efectuados (llevados a cabo) por los expedicionarios. La misión acampó en una selva situada al norte[13] del río X, no lejos de un fuerte y de la factoría.[14] La eventualidad[15] 55 de un ataque de las tribus nómadas les aconsejaba estar sobre aviso[16] para, en caso necesario, tener donde refugiarse (buscar refugio). Tuvieron que sufrir infinidad (un sinfín) de contratiempos. Hasta se vieron precisados (obligados) a abandonar algunos de sus camiones, por faltarles las piezas de recambio 60 necesarias.

JUAN Además, hay que tener presentes los rigores del clima; se trata de una región sometida[17] a (un) régimen alternativo de lluvias torrenciales y sequía abrasadora.

GEORGE Yes, he spoke to me of a very violent storm which broke out there. It was one of those tropical storms in which the rain falls 65 in torrents, and which destroy everything, throwing down even the staunchest trees. It demolished the party's tents, tearing them to pieces (shreds). And as if that were not enough, when the river overflowed, it imperilled them all with death by drowning.

JOHN Obviously, it was no pleasure trip. I hope the picnic we've had 70 in mind for the fifteenth of April will turn out better. The question is to find a car. Let us suppose Benito's uncle doesn't furnish us with (let us have) his, what other way out is there left for us?

GEORGE Don't worry. As a last resort, I'll make peace (I will patch 75 things up) with my brother. We'll take advantage of his car which, old rattletrap (*colloquial*) though it is, will not fail to be of some use. It has new tires and holds the road. Well, if you feel strong enough to renew the game, let's go to it.

80

JOHN Yes, but let us take a glass of orange (pineapple) juice first.

GEORGE I'll have (*literally*, for me) a glass of mineral water and a slice of lemon. My mouth is watering at the very thought of it.

JORGE Sí, me habló de un temporal[18] de gran violencia que se desen-
cadenó allí. Era una de esas tormentas tropicales en que llueve
a torrentes y que lo destrozan todo, derribando[19] hasta los árboles
más corpulentos. A la misión le echó abajo las tiendas, hacién-
dolas pedazos (trizas).[20] Y por si esto fuese poco, el río, al desbordarse, puso a todos en grave trance de perecer ahogados.

JUAN Se ve (se conoce) que no ha sido un viaje de recreo. ¡Ojalá
que la jira que tenemos pensada para el día quince de abril resulte
mejor! La cuestión está en encontrar (un) auto. Pongamos que
el tío de Benito no nos facilita (cede) el suyo, ¿qué otra salida
nos queda?

JORGE ¡No se apure Vd.! En último caso (en último término, en
última instancia), haré las paces (me pondré a bien) con mi
hermano. Aprovecharemos su coche que, no por ser un cacharro
(*familiar*) (estar hecho un cacharro), deja de ser utilizable. Tiene
cubiertas nuevas, y se agarra bien al camino.—Bueno, si Vd. se
siente con fuerzas para reanudar el juego, vamos allá.

JUAN Sí, pero antes tomemos un vaso de zumo (jugo) de naranja
(piña).

JORGE Para mí, un vaso de agua mineral con una rodaja[21] de limón.
Se me hace la boca agua sólo de (o con) pensarlo.

Notas

1. Aventajar—llevar una ventaja—tener una ventaja—sacar una ventaja.
Aventajar (*to surpass*): significa realizar algo con mayor eficacia que otra persona.

No me aventaja en ser tolerante, espléndido. *He doesn't surpass me in tolerance, generosity (in being tolerant, generous).* No hay quien le aventaje en resistencia, velocidad. *No one can surpass him in resistance, speed.* Es un alumno muy aventajado (*frase hecha*). *He is a very apt pupil.*

Llevar una ventaja (*to hold an advantage or to lead*): significa acusar una superioridad *variable* en un momento dado de un proceso.

El ciclista A lleva sobre el ciclista B una ventaja de cinco kilómetros. *Cyclist A holds an advantage of five kilometers over cyclist B; or cyclist A leads cyclist B by five kilometers.* ¿Cuántos tantos me lleva Vd. de ventaja? *How much of an advantage in goals do you hold over me?*

Tener la ventaja (*to have the advantage*): lleva implícita la existencia *invariable* de superioridad.

Vd. tiene sobre mí la ventaja que da la experiencia de los años. *You have the advantage over me that the experience of years brings.* Este modelo tiene sobre este otro varias ventajas, entre ellas, la de ser más barato. *This model has several advantages over this other one, among others, that of being cheaper.*

Sacar la ventaja: *to get the advantage or lead.*

Dos corredores comienzan a correr al mismo tiempo; después de unos minutos, uno saca al otro una ventaja de X metros; le lleva esta ventaja, cuando pasan ante la tribuna. *Two runners start to run at the same time; after a few minutes, one gets an advantage (lead) of X meters over the other; he holds this advantage (lead), when they pass (in front of) the stands.*

2. Defenderse (*to get along*).
Él habla muy bien el español, pero Vd. se defiende mejor. *He speaks Spanish very well, but you get along better.* Con el sueldo que cobro en la oficina, me defiendo (bien). *With the salary I get at the office, I get along (well).*

3. Pasar una vida—llevar una vida—hacer una vida.

La manera más adecuada de traducir *to spend a life* es **pasar una vida.**

Casi toda la vida la pasó en presidio. *He spent almost his entire life in the penitentiary.*

Llevar o hacer una vida: *to lead a life.*

Lleva una vida de perros (azarosa, dura). *He leads a dog's (hard) life.*

Hace (una) vida de ermitaño. *He leads the life of a hermit.* (N.B. **Hacer una vída** lleva implícita la idea de que uno se ha trazado de antemano una línea de conducta a seguir; describe una actitud más consciente y deliberada que **llevar una vida.**)

Darse buena vida (*familiar*): *to take things easy* (colloquial).

Estos días no trabajo; me doy buena vida. *I am not working these days; I'm taking it easy.*

En vida: *during one's lifetime.*

Pereda gozaba, en vida, de gran predicamento entre los escritores de su época. *During his lifetime, Pereda enjoyed great prestige among the writers of his age.*

Con vida: vivo (*alive*).

A duras penas, logró escapar con vida. *With utmost difficulty, he succeeded in escaping with his life* (alive).

Le hallaron malherido pero con vida entre los escombros. *They found him badly hurt but alive amidst the debris.*

Sin vida: *lifeless.*

Le hallaron sin vida en el campo de batalla. *They found him lifeless on the battlefield.*

4. Dominar.

Dominar una materia (matemáticas, lenguas), un juego: *to master a subject* (*mathematics, languages*), *a game.*

La montaña domina la ciudad. *The mountain overlooks the city.*

Desde aquí se domina el valle. *From here you command a view of the valley.*

¡Hay que saber dominarse! *You must know how to control yourself!*

En la vegetación frutal valenciana, domina el naranjo. *The orange tree predominates amidst the fruit-being plants of Valencia.*

En los lienzos de El Greco, dominan los tonos grises. *Gray tones predominate in El Greco's canvases.*

Dominar en los demás sentidos equivale a *to dominate.*

5. *Some translations of "performance".*

El artista ha tenido una brillante actuación. *The performer gave a brilliant performance.*

Los delanteros han actuado (jugado) deplorablemente. *The forwards performed (played) miserably.*

Performance, en relación con espectáculos teatrales, se traduce por **representación.**

Esta noche tendrá lugar la representación 250 de la obra. *Tonight the two hundred and fiftieth performance of the play will take place.*

Los siseos y chiflidos de los espectadores no permitieron continuar representando la obra. *The hissing and booing of the spectators did not permit continuing the presentation of the play.*

Un actor actúa cuando representa su papel. *An actor performs when he plays (performs) his role.*

6. Antiguo—anciano.

Mi antiguo profesor: *my former teacher.*

Esta casa es muy antigua. *This house is very old.*

Los antiguos romanos dominaron el mundo conocido. *The ancient Romans dominated the known world.*

Anciano se dice de la persona de edad avanzada; es el único y exclusivo uso de la palabra. Envuelve un sentido más respetuoso que la palabra **viejo.**

El anciano salió a tomar el sol. *The old gentleman went out to take the sun.*

Asilo de ancianos desamparados: *home for the helpless aged.*

Antigüedad tiene el sentido de *antiquity* y se emplea además en tres acepciones distintas: edad antigua: *ancient times;* objeto de arte antiguo: *antique;* período de tiempo que uno lleva en un organismo (*organization*) o cargo: *seniority.*

El libro traza la evolución del arte desde la antigüedad hasta el Renacimiento. *The book traces the evolution of art from ancient times to the Renaissance.*

Tienda de antigüedades: *antique shop.*

La antigüedad de los empleados determina en gran parte el sueldo que cobran. *The seniority of the employees determines in good part the salary they receive.*

7. Acostumbrar—acostumbrarse.

Acostumbrar (*to be accustomed*); acostumbrarse (*to accustom oneself, to become (get) accustomed*).

Acostumbro (a) tomar café después de las comidas. *I am accustomed to taking coffee after meals.*

No puedo acostumbrarme a este género de vida. *I can't accustom myself to this type of life.*

8. Sentir—sentirse.

Sentir *is used reflexively with adjectives meaning "to feel".*

Me siento muy cansado, mareado, triste, alegre. *I feel very tired, nauseated, sad, glad.*

As a simple verb, it has a diversity of meanings.

Siento rumor de pasos. *I hear a noise of steps.*

Siento decirle que mi bolsillo no me lo consiente. *I am sorry to tell you that my pocketbook does not permit it.*

Siento calor. *I feel hot. (I feel the heat.)*

9. Resquebrajaduras—grietas—hendiduras.

El muro tiene resquebrajaduras, grietas, hendiduras. *The wall has cracks, chinks, breaches.*

Estas palabras indican el espacio libre entre cosas mal ajustadas; son generalmente imperfecciones. La resquebrajadura es la más atenuada de las separaciones que envuelven estas palabras, y se acusa al exterior por una línea. Grieta y hendidura indican respectivamente una mayor separación.

Un jarro resquebrajado; tiene resquebrajaduras. *A cracked pitcher; it has cracks.*

Grietas en la piel, en los labios, ocasionadas por el frío: *chapping of the skin, lips, caused by the cold.*

Después de esos terremotos, se ven grietas en buen número de casas. *After those earthquakes, cracks in a good number of houses are visible.*

Hender un tronco con una hacha (partirlo longitudinalmente por la mitad [en dos]): *to split a trunk (down the middle [in two]) with an axe.*

Through the crack in the door: por la rendija de la puerta (*frase hecha*).

10.

No se le (me, nos, les) notan los años. (Indica que uno aparenta menos de los muchos que tiene.) *One could never tell you're (I am, we are, they are) that old.*

Se le notaba en la cara el profundo disgusto que tenía. *You could tell in his face the profound grief he had.*

¿En qué se me nota que soy francés? *How can you tell I'm French?*

UN PARTIDO DE TENIS MUY REÑIDO

199

11. Modalidades de la palabra **nada.**

No es nada difícil. *It isn't difficult at all.* (No ... del todo: *not altogether, not quite.* No está del todo mal. *It isn't quite [altogether] bad.*) Tres horas llevo dando vueltas a este problema, y, nada, no doy con la solución. *I have been turning this problem over in my mind for three hours, and, well (it's no use), I can't find the solution.*

Esperé hasta las once, y, nada, no vino. *I waited until eleven, and, well (it was no use), he didn't come.*

—¿Cómo pasó Vd. la noche de ayer? —Pues nada, fui al cine. *"How did you spend the evening yesterday?" "Oh, well, I just went to the movies."*

—Creo que podremos hacerlo sin dificultad. —Pues nada, manos a la obra. *"I think we can do it without any trouble." "Well, then, let's just start in."*

12. **Inusitado** (*inordinate* [*unusual*]): se emplea de ordinario con palabras abstractas, lo mismo que *inordinate* en inglés.

Energía, concurrencia, animación, esplendor, velocidad, insistencia, fuerza, valor inusitados: *inordinate* (*unusual*) *energy, number of people, commotion, splendor, speed, insistence, strength, courage.*

La palabra **fenomenal,** que significa *phenomenal,* tiene también un sentido familiar.

Se armó un escándalo fenomenal. *A first-rate scandal broke out.*

Le dio una paliza fenomenal. *He gave him a first-rate thrashing.*

"Unusual" should be translated with care. "Nada ocurrió de particular" (*nothing unusual happened*), y "no tiene nada de particular" (*there is nothing unusual about it [that]*), son frases hechas. En otro casos, se traducirá *unusual* por **poco usual, raro,** o **nada (poco) frecuente,** para decir que algo se sale de lo corriente; y por **como pocos** o **de los que hay pocos,** para indicar que algo sobresale en mérito.

Es poco usual, en estos casos, proceder de esa manera. *In these situations, it is unusual to proceed in that way.*

Es una palabra poco usual (poco frecuente). *It is an unusual word.*

Una conducta nada frecuente: *an unusual way of acting.*

Es un amigo (un libro, gobernante) como pocos (de los que hay pocos). *He is an unusual friend, governor, (it is an unusual book).*

13. **Al norte de—en el norte de.**

Francia está al norte de España. *France is north of Spain.*

Segovia está al norte de Madrid. *Segovia is north of Madrid.*

Oviedo está en el norte (*o* al norte) de España. *Oviedo is in the north of Spain.*

Al norte de (*in the north of, or north of*) significa emplazado en la zona norte o más allá de ella; **en el norte** (*in the north*) tiene solamente el primero de estos significados.

14. Factoría—fábrica.

Factoría denota un establecimiento en que comerciantes extranjeros realizan tratos comerciales con los nativos de una región subdesarrollada: *trading post*. En estos últimos años, **factoría** viene empleándose como sinónimo de **fábrica** (*factory*), distinguiéndose de esta palabra en que reviste una mayor envergadura: *plant*.

> La factoría Altos Hornos de Bilbao es una de las mayores de España. *The Bilbao Blast Furnace Plant is one of the largest in Spain.*

15. Eventual—*eventual*.

Eventuality equivale a **eventualidad**, teniendo los dos de común el sentido de contingencia o posibilidad.

> Me gusta prever todas las eventualidades. *I like to foresee all eventualities (possibilities, contingencies).*

El adjetivo *eventual* no puede traducirse por **eventual** que significa sujeto a contingencia o provisional (*possible, tentative, temporary*).

> La visita del ministro es eventual, pues no se sabe si podrá ajustarse a su recargado programa. *The minister's visit is tentative, since it is not known whether it can fit into his heavy schedule.*

> Ante un eventual triunfo de ese partido, adoptaron estas medidas. *Faced with a possible triumph of that party, they adopted these measures.*

> Han quedado cesantes (en la calle, *familiar*) una veintena de empleados eventuales del Ayuntamiento. *About twenty temporary employees of the municipal government were discharged (fired, colloquial).*

> El tren número tantos circula eventualmente los domingos. *Train number so-and-so runs tentatively on Sundays.*

"Eventual(ly)" must be translated carefully.

> Él ha de ser el leader obligado. *He will be the eventual leader.*

> Ha de ser la solución obligada del problema; no hay otra. *It's the eventual solution of the problem; there is no other.*

> El criminal acabará por caer en manos de la policía. *The criminal will eventually fall into the hands of the police.*

En donde sea posible, *eventually* debe traducirse por **acabar por.**

16. Estar sobre aviso—estar de guardia.

Estar sobre aviso: *to be on one's guard.*

Estoy sobre aviso. *I am on my guard.*

Esté Vd. sobre aviso, pues pretenderá engañarle. *Be on your guard, because he will seek to deceive you.*

Estar de guardia: *to be on guard.*

—Mañana estaré de guardia toda la noche—dice el centinela. *"Tomorrow I shall be on guard all night," says the sentinel.*

17. Someter—*to submit;* estar sometido a—estar sujeto a; sujetar.

En el sentido de proponer algo a la consideración de alguien, **someter** equivale a *to submit.*

El arquitecto sometió el plano a la aprobación del Ayuntamiento. *The architect submitted the plan for the approbation of the city government.* (N.B. *To submit an application to:* elevar una solicitud a [*frase hecha*].)

En otro sentido, **someter** una cosa o persona a algo significa *to subject a person or thing to something.*

Le sometieron a un examen. *They subjected him to an examination.*

El Estado va a someter el plan a una prueba rigurosa. *The Government will subject the plan to a rigorous test.*

En esta última acepción **estar sometido a** (*to be subjected to*) debe distinguirse de **estar sujeto a** (*to be subject to*).

Está sometido a la tutela de la familia. *He is subjected to the supervision of the family.*

Está sujeto al servicio militar. *He is subject to military service.*

En la acepción de **rendir, sojuzgar** (*to subjugate*), **someter** se traduce por *to subdue* o *to subject.*

Tras duros combates se logró someter la región rebelde. *After severe encounters they succeeded in subduing the rebellious region.*

N.B. **Sujetar** es sinónimo de **someter** en este último sentido de dominar o sojuzgar, significando tener a raya: *to hold back or in check.*

Un soberano extranjero sujetó a esas tribus salvajes. *A foreign ruler held those savage tribes in check.*

A diferencia de **someter, sujetar** se emplea también muy frecuentemente en el sentido de tener o coger algo o a alguien, o afianzar (*to make secure*) algo para que no se muevan: *to hold down* or *hold back.*

202   CAPÍTULO XIII

¡Sujete Vd. ese perro! *Hold back that dog!*

Sujetó la placa con cuatro tornillos. *He held down the plaque with four screws.*

Sujetó el sombrero con la mano para que el viento no se lo llevase. *He held his hat down with his hand so that the wind would not carry it off.*

Un sujetapapeles: *a paper clip.*

18. Temporal—tempestad—tormenta—vendaval.

Temporal es un término genérico. Se aplica a cualquier perturbación (*disturbance*) fuerte de la atmósfera o del mar: *storm.* De ordinario, el temporal implica cierta duración, incluso de varios días.

Hay temporales de lluvia (*o* agua), granizo, y nieve. *There are rain, hail, and snow storms.*

Hay temporal en el mar; hoy no pueden pescar. *There is a storm at sea; they can't fish today.*

El temporal de nieve nos ha tenido cinco días incomunicados. *The snow storm kept us isolated for five days.*

Tempestad se refiere principalmente al mar e implica en este caso gran (fuerte) oleaje (*swells*) acompañado de perturbaciones atmosféricas: lluvia, viento y tormenta: *storm at sea.*

Una tempestad, en el litoral británico, destrozó la Armada Invencible. *A storm at sea, off the British coast, destroyed the Invincible Armada.*

Tormenta se refiere exclusivamente a las perturbaciones de corta duración, acompañadas de aparato eléctrico: rayos y relámpagos (*flashes of lightning*) y truenos (*thunderbolts*): *electric storm.*

Durante la tormenta es peligroso guarecerse bajo los árboles. *It is dangerous to seek shelter under trees during an electric storm.*

La tormenta nos sorprendió en medio del campo de golf, y en un dos por tres nos vimos empapados hasta los huesos. *The (electric) storm caught us in the middle of the golf course, and in no time we were soaked to the bone.*

Tormenta se emplea a menudo en sentido figurado.

La decisión autoritaria de la Dirección provocó una verdadera tormenta de protestas. *The authoritarian decision of the management provoked a true storm of protests.*

Vendaval se caracteriza por la fuerza de los vientos a menudo racheados (*gusty*): *wind storm.*

UN PARTIDO DE TENIS MUY REÑIDO **203**

19. Derribar—echar abajo—derrumbar.

Derribar: *to throw down, overthrow, tear down.* Echar abajo (*to break down*): añade al concepto de tirar al suelo, expresado por el verbo **derribar,** una idea complementaria de dejar disgregar o desorganizar la cosa lanzada. En **echar abajo** entra una idea de impulso o de violencia espontánea debido a la emoción o urgencia del caso.

Andando a tientas derribé (*y no* eché abajo) la mesa. *Walking in the dark, I overturned the table.*

El leñador derriba (*y no* echa abajo) los árboles a hachazos. *The woodchopper fells the trees with strokes of his axe.*

El boxeador derribó (*y no* echó abajo) a su contrincante de certero golpe. *The boxer floored his adversary with a well-aimed blow.*

Fue necesario derribar manzanas enteras para proseguir las obras de ensanche. *It was necessary to tear down whole blocks to carry on the work of widening the streets.*

Echar abajo (derribar) la puerta: *to break down (in) the door.*

Echar abajo (derribar) proyectos, ilusiones, el gobierno, un régimen: *to destroy plans, illusions, the government, a regime.*

Derrumbar se emplea generalmente como verbo reflexivo; significa desplomarse estrepitosamente: *to collapse (to crash down).*

La casa se derrumbó (se vino abajo), porque sus vigas carcomidas no resistieron más tiempo. *The house collapsed (crashed down), because the worm-eaten beams couldn't stand any longer.*

La montaña se derrumbó sobre la ciudad. *The mountain crashed down upon the city.*

Van a derribar la casa antes de que se derrumbe (se venga abajo). *They are going to tear down the house before it collapses (comes crashing down).*

20. Hacer trizas—hacer añicos.

Hacer trizas una camisa, un traje, un paraguas, una bandera: *to tear a shirt, a suit, an umbrella, a flag to shreds.*

Hacer añicos un cristal, un jarro, un jarrón, en general, un objeto frágil o delicado: *to break a piece of glass, a pitcher, a vase, in general any fragile or delicate object, into bits.*

Hacer añicos puede también indicar que cualquier cosa ha sido rota en *menudos* fragmentos.

Hacer añicos una casa, un puente, un cuadro, un mueble: *to break a house, a bridge, a picture, a piece of furniture into bits.*

Hacer añicos un sobre: *to tear an envelope to bits.*

21. Trozo—casco (gajo)—rodaja—rueda—raja—lonja—rebanada.

Trozo es cualquier pedazo o parte de algo.

Un trozo (pedazo) de pan, madera, carne, fruta, pescado: *a piece of bread, wood, meat, fruit, fish.*

Un trozo (parte) de un libro: *a selection from a book.*

Cascos o gajos: partes triangulares en que se dividen ciertas frutas. Cascos de naranja, limón, mandarina: *sections of orange, lemon, tangerine.*

Raja, rodaja, rueda, lonja, rebanada indican todas un trozo delgado o fino; varía su empleo según la forma del corte o la naturaleza del producto: *slice.* **Rebanada** de pan; **raja** de melón, sandía (*watermelon*), queso, pescado; **lonja** de jamón, tocino (*bacon*) y carnes curadas; **rodaja** o **rueda** dícense de los cortes redondos o elípticos de tomates, pepinos (*cucumbers*), berenjena (*eggplant*), piñas, por ejemplo, y de embutidos (*meats in casing*) como chorizo, mortadela o salchichón (*kinds of salami or sausage*) y de pescado.

Ejercicios

■

PRIMERA PARTE

A. CUESTIONARIO

1. ¿Por qué fue tan reñido el último partido?
2. ¿En qué le aventajaba Juan a Jorge?
3. ¿Por qué tenía tan encogidos los músculos?
4. ¿Qué acostumbraba Juan hacer antes?
5. ¿Por qué le aconsejó Jorge mandar arreglar la raqueta?

B. MODISMOS Y GRAMÁTICA

Repaso del verbo "jugar". El infinitivo empleado en vez del subjuntivo con los verbos siguientes: "mandar", "dejar", "aconsejar", "prohibir", "permitir", e "impedir" (p. 191, l. 27 y p. 205, A. 5).

1. I advised him to do exercise in the open air and stretch his muscles a little. 2. I shall have the racket fixed unless the wood is cracked. 3. I am sorry I am somewhat out of trim now, but it will not take me long to regain my old form. 4. When you have an opportunity to go to the X Department

Store, you will see that rackets have gone down considerably in price. **5.** It is curious we didn't break the tie until we changed courts. **6.** The score is the least of things. I am sure you will master the game when you learn these fundamental principles. **7.** Good secondhand cars are sold for a song nowadays. **8.** If I played three sets of tennis at a time, I should feel the effects of it for a week. **9.** I never feel in the least tired after playing tennis. **10.** Do you know anyone who does not have a good time on the tennis court?

C. ESTUDIO DE PALABRAS

1. Estos ciclistas *sacaron una ventaja* de dos millas, pero la perdieron dos días después. Me *lleva una ventaja* de cinco puntos. *Tiene* sobre mí *la ventaja* de su experiencia en Sud América. Les *aventajamos* en todo. **2.** He *spent* most of *his life* in the United States. He *led a* hard *life* in the colonies. He *leads* a soldier's *life*. **3.** Se defiende muy bien en Buenos Aires, porque *domina* el español. La terraza del hotel *domina* el Parque Central. *Dominan* estas características en el estilo del autor. **4.** The *performance* of these young players was excellent. That *performance* of "Hamlet" lasted four hours. **5.** These *ancient* civilizations were more developed than we had imagined. Mi *antiguo* jefe tiene todo lo más treinta años. **6.** The *old* beggars were always in front of the cathedral. The charming *old* lady knew many important people in the capital. **7.** I am *accustomed* to getting up at seven every morning. You must *accustom* yourself to this new diet. **8.** If you *feel* nauseated, go home at once. I *feel* the effects of that long walk we took. Desde su cama, *sintió* el canto de los pájaros. **9.** We could see the light through the *crack* in the door. *Chapping* of the lips is very annoying. Es aconsejable reparar cuanto antes las *grietas* en las carreteras para impedir accidentes. Es un jarrón (*vase*) precioso, pero tiene *resquebrajaduras*.

D. *Descríbase en 100 palabras un partido de tenis que se haya presenciado.*

■ ■

SEGUNDA PARTE

A. CUESTIONARIO

1. ¿Dónde conoció Juan al Sr. Alonso?
2. ¿Por qué se había ausentado el Sr. Alonso de Madrid?
3. ¿Por qué puede aplicarse al Sr. Alonso aquello de "aprendiz de todo, oficial de nada"?
4. ¿Cómo era el clima de la región donde la expedición hizo los trabajos de investigación?
5. ¿Qué ocurrió a causa del clima?
6. ¿Por qué va a hacer Jorge las paces con su hermano?

B. MODISMOS Y GRAMÁTICA

*Repaso del verbo "morir". "*Because of*", seguido de un verbo, equivale a "por" y el infinitivo (p. 193, l. 59 y p. 195, l. 77). "*Because of*" traducido por "a causa de" (p. 206, A. 5). El empleo del subjuntivo con "ojalá" (p. 195, l. 70).*

1. I hope that he will let us have the car. It has new tires and holds the road very well. **2.** Because of an endless number of mishaps, they were compelled to make peace with their enemy and change plans almost overnight. **3.** Because of his being so busy, we were compelled to see them alone. **4.** Let us suppose that we cannot obtain spare parts for the trucks in the trading post. Would you advise us to abandon them? **5.** Don't worry, As a last resort, we can ask the people who are subsidizing the expedition to send us more money. **6.** I bumped into him in a cigar store in Fuencarral Street, (a little) beyond the Gran Vía. **7.** It is obvious that he could do anything he cared to, if this were a pleasure trip. **8.** It seems impossible! I hope that the river does not overflow, since that will imperil them all with death by drowning. **9.** He has been working as an usher in the football stands for three years. **10.** The question is to find people who can stand the climate of a region which is subject to terrible heat.

C. ESTUDIO DE PALABRAS

1. *No* es *del todo* lo que me gusta. It doesn't interest me *at all.* **2.** Le escribí repetidas veces, pero, *nada,* no contesta. Este trabajo es muy complicado; tendremos para un par de horas. Pues *nada,* empecemos en seguida. **3.** Nothing *unusual* happened. There is nothing *unusual* about his actions. Do you think this situation is *unusual*? He is an *unusual* man, capable of obtaining the desired result. **4.** New York is *north of* Washington. The best ports are *in the south of* the country. **5.** ¿Cuándo se establecieron las primeras *factorías* de la Compañía de Indias? Las *factorías* Seat cubren una gran extensión de terreno en las inmediaciones de Barcelona. **6.** También se discurrió sobre la *eventualidad* de que él hubiera salido de paseo o en busca de provisiones. La parada del barco en este puerto es *eventual.* They will *eventually* do it. This is the *eventual* solution. **7.** I told them to be *on their guard.* I have to be *on guard* all night. **8.** *Sujetó* los papeles con el libro. They will never *subject* a people accustomed to liberty. **9.** They have begun to *demolish* the elevated. He *smashed down* the door, and ran in to save the child. **10.** I can't wear this skirt; it is torn to *shreds.* He tore the letters to *bits.* **11.** All this happened during the *storm* at sea. The electric *storm* caught us on the highway. His speech provoked a *storm* of opposition. I was in the country during the wind *storm.* **12.** A *section* of orange; a *slice* of bread, melon, ham, sausage.

D. *Escríbanse unas 100 palabras sobre los exploradores de América y los encuentros que tuvieron con los salvajes.*

UN PARTIDO DE TENIS MUY REÑIDO **207**

XIV A Trip to the Escorial

■

Mr. and Mrs. Smith are making preparations for a trip to the Escorial, which they will take in the company of some of their acquaintances.

MR. S.   Ever since I took on (employed) the new assistant in the office, everything is going along just to my liking (better than I could wish for). I can with perfect tranquillity leave matters in his hands. He devotes himself whole-heartedly to his work, and has the entire office routine at his finger tips. This affords me peace of mind, which I did not enjoy before, takes many worries off my mind, and allows me sufficient spare time to devote to my family (to relax at my ease).

MRS. S.   Well, one would scarcely say so. I see that you continue to take your work as seriously (as much to heart) as before.

MR. S.   From now on, things will be different. I hope that my engagements will allow me a few moments of leisure, and I want to share them with you.

(*Someone knocks at the door.*)

MRS. S.   Come in. (*The janitor enters.*)

JANITOR   Excuse me, but there is a leak on the floor below, and perhaps (maybe) there is an open faucet here. It may be the one in the washbasin. When it overflowed, the water, dripping through, drenched the floor.

MRS. S.   Heavens, how absent-minded I am! I must have been the one who unintentionally left the water running. (*The janitor repairs the leak, and leaves.*) As far as that janitor is concerned, what's the use of talking? I never exchange a word with him, because he is an uncouth person.

MR. S.   He does have a nasty (mean, ugly) temper (he is cantankerous, *colloquial;* a grouch, *colloquial*). Wasn't it a piece of luck that we formed a friendship with (are friends of) Mr. and Mrs. Arbos? They've offered more than once to go with us to the Escorial.

Una excursión a El Escorial XIV

■

Los Sres. Smith hacen los preparativos[1] de una excursión a El Escorial, que efectuarán (realizarán) en compañía de alguna de sus amistades.

EL SR. Desde que he colocado[2] (empleado) en la oficina al nuevo auxiliar (ayudante), todo marcha a medida de mis deseos (a pedir de boca). Puedo con toda tranquilidad dejar los asuntos en sus manos. Se dedica en cuerpo y alma al trabajo, y sabe al dedillo todo el mecanismo de la oficina. Esto me proporciona[3] una tranquilidad de espíritu que antes no disfrutaba, me quita de encima preocupaciones, y me deja margen[4] de tiempo suficiente para dedicarlo a la familia (expansionarme a mis anchas).

LA SRA. Pues no se nota; yo veo que sigues tomando tan en serio (tan a pecho) como antes el trabajo.

EL SR. De ahora en adelante, será otra cosa. Espero que mis ocupaciones me consientan[5] algunos ratos de ocio, y quiero compartirlos con vosotros.

(*Alguien llama a la puerta.*)

LA SRA. ¡Adelante! (¡Pase!) (*Entra el portero.*)

EL PORTERO Vds. perdonen, pero en el piso de abajo hay una gotera, y quizá (a lo mejor) es que hay aquí algún grifo abierto. Puede ser el del lavabo.[6] Al rebosar, el agua que cae había encharcado[7] el suelo.

LA SRA. ¡Jesús! ¡Pero qué distraída soy! ¡Habré sido yo que dejé, sin querer, corriendo el agua! (*El portero arregla la gotera y sale.*) Lo que es ese portero, no digamos: nunca cruzo la palabra con él, porque es un maleducado.

EL SR. Efectivamente, tiene mal genio (malas pulgas, *familiar*) (es un cascarrabias, *familiar*).—¿No ha sido una suerte que hayamos trabado amistad (que tengamos amistad) con los Sres. Arbos? No escasas veces se nos han ofrecido para acompañarnos a El Escorial.

MRS. S.   It certainly is (high) time for us to be able to accept that offer; because of you (on your account), we have been putting them off until now. They deserve different treatment from us. They are one of the best mated couples I have known, and she particularly ₃₅ can be very charming company.

■ ■

MR. S.   She speaks English beautifully, and through her refined taste shows herself to be (*literally,* that she is) an esthetic woman.

MRS. S.   She received her elementary education in an English school directed (run) by nuns. As a young girl, she moved to the United ₄₀ States where she lived with her uncle and aunt, who acted as father and mother to her.

MR. S.   As for him, I think he is in no way less genial than she. Then, too, he is very well informed on matters of Spanish history. In contrast to what happens to many people (many of those) who ₄₅ specialize in a subject, and don't deign (consider it beneath them) to discuss it with laymen, this man never refuses to take pains to enlighten you, if necessary. Yet in no case does he sin on the side of pedantry or affectation in his language.

MRS. S.   If we are to go to the Escorial with them, we ought not ₅₀ communicate with them on the spur of the moment like this, but at least a few days in advance. So then, without any further delay, I am going to get in touch with their hotel so that our message is given them.

MR. S.   Once we have made up our minds to take this trip, I shall ₅₅ lay hands on that historical novel again. Yesterday as I was looking through a morning paper at random (haphazardly), I was surprised to see that the work had just been awarded an Academy prize. The plot revolves about the life of Philip II, which the author sketches with broad strokes in a masterly fashion. It is ₆₀ a book which brings out (reveals) the highlights of Spanish history in the XVIth century. Even in the preface, the author insists on (stresses) his purpose not to allow himself to be influenced by any prejudice; and this is what I most admire.

LA SRA. Ya era hora de que pudiésemos aceptar ese ofrecimiento;[8] por tu causa, les hemos estado dando largas hasta ahora. Merecen de nosotros otro comportamiento. Es un matrimonio de los mejor
35 avenidos[9] que he conocido, y particularmente ella sabe hacer muy amable la compañía.

■ ■

EL SR. Habla divinamente[10] el inglés, y, por sus exquisitos gustos, (me) revela que es una mujer espiritual.[11]
LA SRA. Aprendió las primeras letras en una escuela inglesa dirigida[12]
40 (regida) por monjas. De joven, se trasladó a los Estados Unidos donde vivió con unos tíos suyos, que para con ella hicieron las veces de padres.
EL SR. En cuanto a él, creo que no le va a la (en) zaga en amabilidad. Además, es muy entendido en cuestiones de historia de España.
45 Contrariamente a lo que ocurre con muchos de los que se especializan en una materia, y no se dignan (tienen a menos) tratar de ella con profanos,[13] éste nunca rehusa[14] tomarse el trabajo de ilustrar, si es necesario. En ningún caso, sin embargo, peca de pedante ni de amanerado (afectado) en el lenguaje.
50 LA SRA. Si hemos de ir a El Escorial con ellos, no debemos avisarles así de improviso, sino con algunos días de anticipación (antelación) por lo menos. Conque, sin más dilaciones, voy a comunicar con su hotel para que les den aviso de nuestra parte.

55 EL SR. Una vez que hemos decidido hacer este viaje, volveré a echar mano de aquella novela histórica. Ayer, hojeando al azar (al tuntún, *familiar*) un diario de la mañana, me llevé una sorpresa viendo que la obra acababa de ser premiada por la Academia. El argumento[15] (la trama) gira alrededor de la vida de Felipe II,
60 que el autor traza a grandes rasgos y de mano maestra. Es un libro que pone de relieve (acusa) las grandes líneas de la historia española del siglo XVI. Ya en el prefacio (prólogo), el autor insiste en (hace hincapié en) (subraya) su propósito de no dejarse llevar por ningún prejuicio;[16] y esto es lo que más aprecio yo.

UNA EXCURSIÓN A EL ESCORIAL   **211**

MRS. S.   In the monastery, one can get an idea of the king's contri- 65
bution to its construction. He himself went to the length of drawing up the plans for it. They were carried out in accordance with
his directions, which he likewise was careful to have observed to
the letter.

MR. S.   Although people have found fault (many faults) with (pointed 70
out defects [flaws] in) the construction of the Escorial, questioning
its artistic value, it is nevertheless true that it earned real spiritual
distinction for the king. His faith knew no limits, and a conclusive
proof of it is this imposing structure, which, in its solidity, its
firmness, and its massiveness, represents that very faith turned into 75
stone.

MRS. S.   I seem to hear thunder. It looks like rain, and it wouldn't
surprise me a bit if there should be a downpour; or rather there
it is now. And Mary not home yet! If she doesn't take shelter
in a doorway (in some hallway), she won't escape getting soaked 80
to the skin (getting drenched).

MR. S.   Don't worry; she took her rubbers and raincoat, although I
had trouble arguing with her to get her to do it.

85

MRS. S.   There seems to be a draft; I am going to close the window.

MR. S.   You could save yourself that trouble, by changing your seat
or drawing the curtains. Besides, you know how badly the balcony
doors close (*literally*, fit).

65 LA SRA. En el monasterio, podrá uno darse (una) idea (formarse (una) idea) de la aportación (contribución) del rey a la obra. Él mismo llegó al extremo de trazar[17] los planos de ella. Fueron realizados ateniéndose (con arreglo) a indicaciones[18] suyas, que asimismo cuidaba fueran observadas al pie de la letra.

70 EL SR. Si bien se han puesto (muchos) peros (han señalado defectos) a la obra de El Escorial, poniendo en tela de jucio (en duda) su valor artístico, no menos cierto es que le ha valido al rey una categoría[19] netamente espiritual. Su fe no reconoció límite(s), y prueba concluyente de ello es esta imponente construcción, que, 75 por lo sólida, lo firme y lo grande, representa esa misma fe hecha piedra.

LA SRA. Parece que siento tronar. El tiempo está de lluvia (agua),[20] y no será raro (no tendrá nada de particular) que caiga un chaparrón; mejor dicho, ya está cayendo. ¡Y María sin venir! Si no se 80 resguarda en el quicio de una puerta (en algún portal), no se librará de calarse hasta los huesos (ponerse como una sopa, familiar).

EL SR. No te preocupes; ha llevado los chanclos y el impermeable, aunque me costó (trabajo) regañar con ella para conseguir que 85 lo hiciese.

LA SRA. Parece que hay corriente (de aire); voy a cerrar el balcón.

EL SR. Podrías ahorrarte ese trabajo, cambiando de asiento o corriendo[21] las cortinas. Además, sabes lo mal que encajan[22] las puertas del balcón.

Notas

1. Preparación—preparativos—preparado.

Preparación: el acto de preparar.

Requiere una cuidadosa preparación. *It requires careful preparation.*

Preparación para un examen: *preparation for an examination.*

Preparativos: conjunto de acciones individuales conducentes a un estado de preparación.

Los preparativos de una fiesta, ceremonia, combate: *the preparations for a festival, ceremony, combat.*

La preparación (*o* los preparativos, *pero no* las preparaciones) de un viaje: *the preparation (or preparations) for a trip.*

Un preparado químico para la gripe: *a chemical preparation for the grippe.*

2. Véase p. 114, n. 6.

3. Proporcionar—*to proportion; to afford.*

Proporcionar no equivale a *to proportion.*

Me proporcionó trabajo (donde trabajar). *He offered me work (a place in which to work).*

No tengo quien me proporcione esa cantidad. *I have no one to supply me with that sum.*

Me proporcionó ocasión de lucir mis habilidades. *He afforded me an opportunity of displaying my talents.*

Eso me proporciona placer. *That affords me pleasure.*

"To afford" in the sense of "to be able to meet an expense" is not translated by **proporcionar.**

I can't afford these cigars, this trip, this automobile. Mis medios no me permiten estos cigarros, este viaje, este automóvil.

Proporción equivale a *proportion,* y significa además **ocasión.**

Espera una buena proporción (ocasión). *He is waiting for a good chance.*

To proportion: acomodar.

Tendré que acomodar los gastos a los ingresos. *I shall have to proportion my expenditures to my receipts.*

To apportion: distribuir.

Distribuiré mi tiempo. *I shall apportion my time.*

214

4. El margen—la margen.

Su declaración dio margen a torcidas interpretaciones. *His statement left room for distorted interpretations.*

Su actitud no deja margen a (deja lugar a [para]) la menor duda. *His attitude doesn't leave room for the slightest doubt.*

Es tan optimista que no deja margen alguno a la menor contingencia desfavorable. *He is so optimistic that he does not allow for the slightest unfavorable contingency.*

Vive al margen de la ley. *He lives outside the law.*

Es un pueblo que se encuentra en la margen norte del río. *It's a town located on the north bank of the river.*

El uso general es hablar de **el** margen de un pliego u hoja de papel, y **la** margen o **las** márgenes de un río, bahía o camino.

5. Consentir—consentir en.

Consentir: permitir, *to allow*. Consentir en: acceder a, *to consent to*.

No le consiento que hable de esa manera. *I don't allow him to speak in that manner.*

No consienta (tolere) Vd. eso. *Don't allow that.*

El juez y los padres no consintieron aquel casamiento tan desigual. *The judge and parents did not allow such an unequal marriage.*

Los padres consintieron en el casamiento. *The parents consented to the marriage.*

No le consiento venir aquí. *I don't allow him to come here.*

Consintió en (accedió a) venir conmigo; no se opuso. *He consented to come with me; he didn't object.*

Consintió en (accedió a) darle todo el dinero que pedía. *He consented to give him all the money he asked for.*

6. *Kitchen sink:* fregadero. *Dishwasher:* lavaplatos. (Esta palabra se refiere a la persona que lava platos o bien al aparato eléctrico que cumple el mismo cometido.)

7. Charco—charca.

Cuando llueve, los baches del camino se convierten en charcos. *When it rains, the ruts in the road are converted into puddles.*

La víctima yacía en un charco de sangre. *The victim was lying in a pool of blood.*

Pasar el charco (*familiar*): *to cross the big pond* (colloquial), *i.e., the ocean.*

Charca es una extensión de agua notablemente mayor y más profunda que **un charco.**

Las ranas croan al lado de la charca. *The frogs are croaking at the side of the pond.*

Una charca da idea de algo cenagoso (*muddy*) e inmundo (*unclean*), por contraste con **laguna** (*pond*) (pequeño lago natural), o **estanque** (*artificial pool*) (embalse artificial de agua).

En un parque, hay estanques. *In a park, there are artificial pools.*

Piscina: *swimming pool.*

8. Oferta—ofrenda—ofrecimiento.

Oferta: término comercial.

La ley de la oferta y la demanda: *the law of supply and demand.*

Me hizo ofertas inaceptables cuando traté de venderle la casa. *He made me unacceptable offers when I tried to sell him the house.*

Ofrenda: dádiva destinada a la Iglesia, o en conmemoración de un acontecimiento. La ofrenda está hecha a impulsos de un sentimiento de amor o veneración hacia algo elevado.

Los pastores de Belén llevaron ofrendas a Jesucristo. *The shepherds of Bethlehem brought offerings to Jesus.*

Hicieron una ofrenda floral al difunto. *They tendered a floral offering to the deceased.*

Ofrendar la vida a la patria: *to offer one's life for one's country.*

Ofrecimiento: cualquier cosa que se ofrezca desinteresadamente.

Acepté el amable ofrecimiento de mis tíos, y fui a pasar en su casa las vacaciones. *I accepted the kind offer of my uncle and aunt, and went to spend my vacation at their home.*

Aparte de su empleo comercial, **oferta** es sinónimo de **ofrecimiento.** Se distingue de **ofrecimiento** en que éste es esencialmente desinteresado, mientras que la oferta obedece a ciertos motivos específicos, bien sean de índole material o moral. Quien hace un ofrecimiento está generalmente guiado por la mera cortesía. Quien hace una oferta, ve la posibilidad de una ventaja personal ulterior, más o menos próxima; o bien la hace, impulsado por el deseo de devolver un favor recibido.

Como no tenía que hacer, ofrecí a mi padre escribirle a máquina la carta que él pensaba enviar a su amigo. Mi padre aceptó el ofrecimiento muy complacido. *As I had nothing to do, I offered to type for my father the letter which he intended to send his friend. My father very gratefully accepted the offer.*

La oferta de amistad que me hizo obedeció a intentos de congraciarse conmigo con miras egoístas. *The offer of friendship he made me reflected his attempts to ingratiate himself with me for selfish purposes.*

9. Avenirse.

Avenirse es llegar a un mismo punto de coincidencia después de un período de reflexión.

No se avino a mis requerimientos (deseos). *He did not come around to (accede to) my demands (wishes).*

No me avengo a ser tratado de ese modo. *I shall not come around to (consent to) being treated that way.*

Se avinieron con nosotros a considerar las cosas desde el mismo punto de vista. *They came around with us to consider things from the same point of view.*

10. Cantar, hablar, dibujar divinamente: *to sing, speak, draw beautifully.*

Un libro, paisaje, vestido, mujer, cuarto precioso: *a lovely book, landscape, dress, woman, room.*

La voz inglesa *delicious* se aplica sólo a sensaciones gustativas, mientras que **delicioso** en español tiene más amplio sentido.

Un jardín, aroma, muchacha, día delicioso: *a delightful garden, aroma, girl, day.*

The soup is delicious. La sopa es deliciosa (rica).

The colloquialism "simply grand" is translated by **que da gusto.**

Hace un tiempo (sol) espléndido que da gusto (que es una delicia). *The splendid weather (sunshine) we are having is simply grand (is a delight).*

Canta la joven que da gusto. *The young lady's singing is simply grand.*

11. Espiritual tiene en español un sentido derivado, de que la palabra *spiritual* carece en inglés. Si hablamos de una muchacha espiritual, podremos referirnos con tal frase a una de tres cosas: muchacha que cultiva preferentemente todo lo que tienda a sublimar el espíritu; o bien, aludir a su honda inclinación religiosa; o, en fin, referirnos a la marcada predilección que ella siente por apreciar y sentir el lado estético de las cosas. La palabra **espiritual** habrá de traducirse ateniéndose rígidamente al contexto.

Una muchacha espiritual: *a spiritual (idealistic) girl, a religious girl, or an esthetic girl.*

12. Dirigir—administrar.

Dirigir (*to conduct, to control, to direct*): señalar y fijar la línea de desenvolvimiento de un negocio o actividad determinada. Administrar (*to run, to manage*): aplicar las normas establecidas o reglamentación de una empresa o negocio para la consecución de su buena marcha.

Un profesor dirige su clase. *A teacher conducts his class.*

El consejo de administración de una entidad bancaria, industrial o mercantil, dirige pero no administra. *The board of directors of a banking, industrial or mercantile organization directs or controls but does not run or manage.*

Un administrador de fincas urbanas subscribe los contratos de arrendamiento, y cobra el importe de los alquileres; administra pero no dirige la finca. *An agent for real property signs the leases, and collects all the rents; he manages but does not control the property.*

Gobernar una casa (*frase hecha*): *to run a house(hold).*

El jefe es la persona encargada de administrar un negocio, y tiene a sus órdenes las diferentes dependencias: personal de venta, incluyendo los viajantes, oficinistas u otros empleados del establecimiento. *The manager is the person entrusted with the managing (running) of a business, and has the different departments under his control: the sales force including the traveling salesmen, office workers or other employees of the establishment.*

Jefe (encargado) de una tienda, café, comercio: *manager of a store, cafe, business.* **Gerente** de un hotel, gran comercio, teatro, banco; en general, de una empresa en mayor escala: *manager of a hotel, big business, theatre, bank; in general, of an enterprise on a larger scale.*

13. Soy profano en la materia (me es completamente desconocida). *I am utterly ignorant on the subject.*

Esa opinión representa el punto de vista de un profano (persona no técnica en la materia). *That opinion represents the point of view of a layman.*

14. Negarse—rehusar.

Negarse a (*to refuse*): oponerse decidida y terminantemente a algo; es una acción mucho más vehemente que la de **rehusar** o **declinar**. Estos verbos significan meramente **no aceptar**.

Es un niño desobediente; siempre se niega a hacer lo que se le manda. *He is a disobedient child; he always refuses to do what you order him to.*

Sintiéndolo mucho, me veo forzado a rehusar (declinar) su ofrecimiento. *Regretting it very much, I am obliged to decline (refuse) your offer.*

(Para **negarse a** y **negar** véase p. 180, n. 4.)

15. Argumento—*argument*.

Argumento equivale a la palabra inglesa *argument* sólo en el sentido de razonamiento que se emplea para demostrar una proposición.

Adujo (una) infinidad de argumentos que estimaba probatorios de su tesis. *He adduced an endless number of arguments which he considered conclusive for his case.*

En otro sentido, *argument* se traduce por **discusión** o **disputa,** y *to argue* por los verbos **discutir, disputar,** y por **regañar** cuando se trata de pequeñas desavenencias motivadas más bien por la emoción o por el enojo que por la reflexión.

No le discuto su derecho a obrar como ha obrado. *I shan't argue your right to act as you have.*

Discutir con alguien: *to argue with someone.*

Nada de discusiones: o paga Vd., o llamo un guardia. *No arguments; either you pay, or I'll call a policeman.*

Comenzó a disputar (discutir) con el guardia sobre si tenía derecho o no a aparcar (estacionarse) allí. *He began to argue (quarrel) with the policeman about whether he had a right to park there or not.*

No me gusta entrar en disputas con nadie. *I don't like to get into arguments (quarrels) with anybody.*

Los novios siempre están disputando (regañando). *The sweethearts are always arguing (quarreling, squabbling).*

16. Prejuicio: *prejudice.* Perjuicio: *damage* (véase p. 81, n. 6). Tener prejuicios contra alguien: *to be prejudiced against someone.*

17. Trazar—*to trace;* trazar *as a translation of "to draw".*

Trazar: *to draw,* es hacer con útiles de escribir o de pintar, toda clase de líneas: rectas, curvas, rayas, meros garabatos (*scrawls*). Se trazan también diseños (*sketches*), es decir bosquejos (*outlines*) o esquemas (*diagrams*) de cosas como planos o dibujos didácticos.

El alumno trazó el radio del círculo, un triángulo con su altura, una raya con la regla. *The pupil drew the radius of the circle, a triangle with its altitude, a line with a ruler.*

El pintor empezó por trazar (hacer) un bosquejo como trabajo previo al retrato de su mujer. *The painter began by drawing (making) a rough outline as a preparatory piece of work to his wife's portrait.*

To draw en el sentido de copiar o reproducir la figura de algo o alguien con todo detalle en forma de cuadro, se traduce por **dibujar** o **pintar** *y no* por **trazar.**

En el tercer curso del bachillerato, los alumnos dibujan del natural. *In the third year of their baccalaureate course of study, the pupils draw from nature.*

El me dibujó en un dos por tres. *He drew (a picture of) me one, two, three.*

N.B. **Pintar,** en sentido propio, tiene una acepción de que carece en inglés el verbo *to paint:* no lleva consigo necesariamente el uso de colores o pinceles.

El alumno pintó un círculo con tiza en la pizarra (el encerado). *The pupil drew a circle with chalk on the (black)board.*

Pintó al pastel, a lápiz, a pluma, a carbón o con pinceles un cuadro de su hermana. *He drew a picture of his sister in crayon, pencil, pen, charcoal, painted it with brushes.*

En sentido figurado, **trazar** tiene la acepción de describir o exponer *con palabras* las cualidades o rasgos esenciales de algo o alguien.

Trazó un cuadro estremecedor del escenario en que se produjo el crimen. *He drew a frightful picture of the site on which the crime took place.*

Con palabras maestras (con lenguaje magistral) trazó una semblanza realista en extremo del autor. *With masterful words (in consummate language) he drew an extremely realistic thumbnail sketch of the author.*

To trace se traduce al español de diversas maneras.

He traced a map by placing a piece of carbon (tracing) paper between it and the sheet. Calcó un mapa poniendo un papel de carbón (papel de calco) entre el folio y el mismo.

The police traced the criminal's steps (footprints) through the garden. La policía siguió los pasos (las pisadas) del criminal a través del jardín.

N.B. *To trace* puede traducirse por **trazar** en el sentido de **describir.**

He traced the evolution of the country's economy. Trazó la trayectoria de la economía del país.

He traced the guidelines to be followed. Trazó las directrices a seguir.

18. Indicaciones—instrucciones.

Indicaciones: *directions.*

Si Vd. sigue mis indicaciones, no perderá el tren. *If you follow my directions, you won't miss the train.*

La palabra **instrucciones,** empleada también en este sentido, comporta una explicación más minuciosa y estructurada.

El medicamento lleva un prospecto con instrucciones para el uso. *The medicine has a pamphlet with it with directions for use.*

El gobierno dio a su delegación las instrucciones pertinentes. *The government gave its delegation the pertinent instructions.*

19. De categoría.

Una familia de categoría: *a family of distinction.*
Hotel de primera categoría (clase): *a first-rate (first-class) hotel.*
Su puesto es de más categoría que el mío. *His position is one of more distinction than mine.*
Es un bar, restaurante, persona de categoría. *It is a high-class bar, restaurant; he is a person of social distinction (prominence).*

20. El tiempo está de tormenta. *It looks as if a storm is brewing (like a storm).*
El tiempo está de nieve. *It looks like snow.*

21. Correr las cortinas: *to draw the curtains (together or apart).*
Para mayor claridad se dice **abrir** o **descorrer** (*to open*) las cortinas, y **cerrar** o **echar** (*to close*) las cortinas.
Corrí el cristal del autobús para cerrarlo porque me molestaba el aire. *I slid the bus window over to close it, because the draft bothered me.*

22. Encajar.

Encajar en sentido real es ajustar o hacer ajustar una cosa en o con otra: *to fit (into or together).*
La puerta no encaja bien. *The door does not fit well.*
No logró encajar las piezas de madera unas con (*o* en) otras. *He didn't manage to fit the pieces of wood together (into each other).*
Además, se emplea extensivamente, sobre todo en el lenguaje conversacional, con diversos sentidos más o menos figurados y familiares.
En primer lugar, significa venir al caso, ser oportuno: *to fit, to be suitable, to be appropriate.*
Esta frase encaja en el (es adecuada al) contexto. *This sentence fits (is appropriate to) the context.*
Tuvo una intervención que no encajaba en el (no era apropiada al) acto. *The part he played was not appropriate to (did not fit) the ceremony.*
En segundo lugar, **encajar** es asestar un golpe, o inversamente, recibirlo o aguantarlo: *to land a blow, or to take (to absorb) a blow.*
El púgil encajó (asestó, pegó) un puñetazo a su contrincante. *The boxer gave (dealt) his adversary a punch (landed it on him).*
Encajó (recibió, aguantó) el puñetazo, balonazo sin inmutarse (descomponerse). *He absorbed (received, sustained) the punch, the blow from the ball without flinching (losing composure).*

UNA EXCURSIÓN A EL ESCORIAL **221**

Encajar es también hacer oír a uno alguna cosa causándole molestia y enfado.

Estábamos reunidos para discutir unos problemas, cuando llegó Fulano y nos encajó una parrafada inútil que no venía a cuento. *We were gathered to discuss some problems when What's-his-name came and hurled a pointless harangue at us which had nothing to do with the situation (which was irrelevant).*

Y finalmente **encajar** significa hacer tomar una cosa engañando o causando molestia al que la toma: *to palm off on.*

Nadie quería hacer el trabajo y me lo encajaron (endosaron, endilgaron). *Nobody wanted to do the work and they palmed (passed) it off on me.*

Encajarle (endosarle, endilgarle) un billete falso a alguien: *to palm (pass) off a counterfeit bill on someone.*

Ejercicios

■

PRIMERA PARTE

A. CUESTIONARIO

1. ¿Cómo andan las cosas desde que el Sr. Smith ha colocado al nuevo auxiliar?
2. ¿Por qué puede el Sr. Smith depositar en él toda su confianza?
3. ¿Qué es lo que no ha notado la Sra. Smith?
4. ¿Por qué sube el portero?
5. ¿Qué carácter tiene el portero?
6. ¿Dice de él cosas favorables el Sr. Smith?
7. ¿Qué dice la Sra. Smith acerca de los Sres. Arbos?
8. ¿Por qué no había aceptado ir con ellos a El Escorial?

B. MODISMOS Y GRAMÁTICA

Repaso del verbo "reír". Colocación de frases cortas conteniendo pronombres personales (p. 211, l. 34; p. 222, A. 2.; p. 222, A. 6. y p. 222, A. 8).

1. If my leisure time permitted it, I should read the book and make a summary of it. **2.** He doesn't want me to take things so seriously, but, on the other hand, he told me not to put off the matter. **3.** For some time, there has been a leak in the washbasin. I have bought another faucet for you. **4.** I hope that he will take these worries off your hands so that you will have sufficient spare time to relax at your ease. **5.** I am sorry he is such an uncouth fellow. He has such an ugly temper that we never exchange a word with him. **6.** He wants me to devote myself heart and soul to the work. I must have the office routine at my finger tips. **7.** Don't laugh. It is really a piece of luck that we are friends of the family. **8.** When these matters go along to my liking,—what's the use of talking—things will be different. **9.** It's odd you should say she is such charming company. **10.** They are perhaps the best-mated couple I know.

C. ESTUDIO DE PALABRAS

1. What *preparations* have they made to receive the guests? The *preparation* of such a book requires careful research work. **2.** —Oiga: ¿podría *proporcionarme* esa novela de que me hablaba? Llegó octubre, y Manuel empezó a helarse por las noches; por eso, su hermana mayor le *proporcionó* un gabán viejo. Esperaba que alguna vez la suerte le *proporcionaría* el medio de cultivar sus facultades de atleta. **3.** Me *proporcionó* mucho placer. We can't *afford* such a house. **4.** The story takes place on the *banks* of the Hudson. Don't write anything in the *margin*. **5.** They will never *consent* to sharing it with you. Voy a su huerta, es decir, si Vd. me lo *consiente*. Se lamentó después del continuo ruido de la feria que no le había *consentido* pegar los ojos. **6.** Los bueyes bebían en una *charca*. Aun quedaba el *charco* de sangre en el suelo. **7.** He agreed to play the sonata for us, and we gladly accepted that kind *offer*. I cannot accept that *offer*; the price is too high. Había en la iglesia muchas *ofrendas* hechas por los pobres.

D. *Escríbanse unas 100 palabras sobre el trabajo que tiene que hacer el portero de una casa grande.*

■ ■

SEGUNDA PARTE

A. CUESTIONARIO

1. ¿En qué circunstancias aprendió la Sra. Arbos el inglés?
2. ¿Qué dice el Sr. Smith acerca del marido de la Sra. Arbos?
3. ¿Sobre qué versa la novela a que alude el Sr. Smith?
4. ¿Qué parte tuvo el rey Felipe II en la construcción de El Escorial?
5. ¿Por qué empieza la Sra. Smith a preocuparse por su hija María?
6. ¿Por qué va a cerrar el balcón la Sra. Smith?

UNA ESCURSIÓN A EL ESCORIAL **223**

B. MODISMOS Y GRAMÁTICA

Repaso del verbo "valer". El empleo del artículo definido con el nombre de las lenguas excepto cuando sigue inmediatamente al verbo "hablar", y a las preposiciones "de" y "en" (p. 211, l. 37; p. 223, A. 1).

1. Mrs. Arbos speaks English, but she knows Spanish better. **2.** Her husband received his elementary education in Spanish, and does not speak English as beautifully as she speaks French. **3.** He specialized in Spanish; but he was surprised to hear that you could not tell he had a foreign accent. **4.** If you took the trouble to read the book, you would realize that the plot revolves about the sixteenth century. **5.** Before we read the book, the author told us that he had not allowed himself to be carried away by any prejudice. **6.** We asked him to draw up the plans in accordance with very definite instructions. **7.** I doubt whether they will question the decision of the Academy. **8.** It is important that you bring out the highlights of the period. **9.** I am sorry that the weather is cloudy; it wouldn't surprise me a bit if there should be a downpour. **10.** Because I am a layman, he thinks it beneath him to discuss those ideas with me.

C. ESTUDIO DE PALABRAS

1. Tiene una casa preciosa con un jardín *delicioso*. Este plato es muy *rico*. Prepara comidas *que dan gusto*. **2.** The agent *manages* the property for the family. We spoke to the *manager* of the bank about the new branch which was to be opened in that city. The *manager* told the waiter that several customers had complained. **3.** I *refuse* to act as a father to her. He is well informed on the subject, and will, of course, not *refuse* your invitation to give a lecture upon it. **4.** He suggested many interesting *arguments* on the spur of the moment. I don't want to *argue* with you, but I came ten minutes early. **5.** Los arquitectos, por lo común, *trazan* los planos de una construcción con vistas al (en relación con) el presupuesto (*budget*). He *traced* the diagram carefully using carbon paper. The teacher *traced* the history of the movement. **6.** He *drew* the diameter of the circle. Can you *draw* my picture? **7.** You will succeed in avoiding the strike if you follow his *directions* carefully. Follow the simple *directions* to open the can. **8.** *Draw* the curtains *apart*; he doesn't want you to *draw* them *together*. **9.** Buscaré otra pieza de recambio; ésta no *encaja* bien. *Encaje* bien las patas de la silla, porque siempre están sueltas. Esta persona no *encaja* bien en la oficina. El equipo de fútbol *encajó* la derrota. El ladrón se abalanzó sobre él, *encajándole* un golpe mortal. Al pasarse de la señal luminosa, tuvo que aguantar el broncazo (*bawling out*) que le *encajó* el policía.

D. TEMA
(*See Appendix 1.*)

24 Quinton Street
Philadelphia, Pennsylvania
March 20, 19—

Dear Mrs. Smith,

I am writing to let you know that we shall be in Los Angeles the fifteenth of next month.

Looking through the morning paper the other day, I was surprised to read an advertisement which was put in by the Joneses, a couple we know. They are going to California by automobile, and are looking for another couple who would like to go with them.

Mrs. Jones is a lovely woman. Her husband is in no way less genial than she. They both can be charming company.

I was delighted at the opportunity of accompanying them. But I had to argue with John to get him to communicate with them. He eventually did so, however.

I don't have to tell you how glad we shall be to see you both again.

With best regards to your family,

Sincerely,

Jane Doe

UNA EXCURSIÓN A EL ESCORIAL
225

XV Business Conditions at Present

■

Mr. Smith and his banker hold an interview in the latter's office.

MR. S. Tomorrow is New Year's (Day). Everyone gets to thinking that this day is the most appropriate one for changing his way of living. It seems obvious to me that there isn't a soul who doesn't ₅ plan a course of action for himself, inspired with the most inordinate optimism.

BANKER You may be sure that those plans, with which people paint such rosy futures for themselves, don't last long. One immediately falls into one's old ways. A deep-rooted habit sooner or later ₁₀ asserts itself again, and prevails over everything one may do to break (get rid of, eradicate) it.

MR. S. Such things are very characteristic of human nature; they're as old as the hills.

BANKER Take my son, for example (for instance); a year ago he came ₁₅ beaming into my office. And branding (characterizing) me point-blank as a spendthrift, he announced his firm resolution to me to forego half the allowance I gave him every two weeks. I was taken aback as I listened to him, and even more so when, in a grandiloquent tone, he added: "The purpose of my visit is to inform you ₂₀ of my decision to set you an example of economy." I was very hopeful, but disillusionment was not long in coming. Two days later, with some New Year's gifts or other as a pretext, he asked me for the trifling sum of two thousand pesetas, saying he was rather short of funds. His good resolutions about saving had come ₂₅ to naught (had been a flash in the pan). That wasn't so bad (it could have been worse), because he resigned himself to continue receiving the same amount as before (the usual amount), and didn't ask to have it increased.

El estado actual de los negocios

■

El señor Smith y su banquero celebran[1] una entrevista en el despacho[2] de este último.

EL SR. S.　Mañana es el día de Año Nuevo. A todo el mundo le da por creer que este día es el más a propósito para cambiar de (modo de) vida. Me consta que no hay quien no se trace una línea de conducta inspirada en el optimismo más desmedido.

EL BANQUERO　Tenga la seguridad de que esos planes, con que tan felices se las promete la gente, no duran gran cosa. En seguida se vuelve a las andadas. Un hábito arraigado tarde o temprano vuelve a imponerse[3] (sobreponerse), y puede más que todo lo que se haga para quitarlo (desarraigarlo, descartarlo).

EL SR. S.　Son cosas propias de la condición[4] humana; tan viejo es eso como andar a pie.

EL BANQUERO　Mi hijo, pongo por caso (ejemplo), hace ahora un año entró radiante en mi despacho. Y a quemarropa, tildándome (calificándome) de derrochador, me anunció su propósito inquebrantable[5] de renunciar a la mitad del tanto que quincenalmente le pasaba. Me quedé (en) suspenso escuchándole y más cuando en tono altisonante añadió: "Mi visita tiene por objeto comunicarte mi decisión de darte (un) ejemplo de economía." Quedé muy esperanzado, pero el desengaño no se hizo esperar. A los dos días, y a pretexto (con (el) pretexto) de no sé qué aguinaldos, y diciendo que estaba (andaba) algo escaso de fondos, me pidió la friolera de dos mil pesetas. Sus buenos propósitos de ahorro habían quedado en nada (habían sido humo de pajas). Menos mal (y gracias), que se conformó con seguir recibiendo la misma cantidad de antes (de siempre), y no pidió que se la aumentase.

MR. S. Well, coming back to the subject of my mortgage, I am very ³⁰ grateful to you for the agreeable frame of mind in which you greeted my proposition. If it hadn't been for you, I should have been at a loss to carry on (go on with) the enlargement of my factories. As far as my plan is concerned, there are many obstacles in the way. In order to remove them, I would have found it ³⁵ hard to sell at a loss some bonds (holdings), which are low at present.

■ ■

BANKER I have every hope that an improvement will be shown soon in business. I am inclined to believe that the persistent drop, which has brought with it all the strikes that have broken out abroad, ⁴⁰ will disappear.

MR. S. Your hope is fully justified. No means are being spared to put an end to the unrest we are experiencing. Fortunately, the papers have been recording important facts, which they obtained from a reliable (trustworthy) source. Now it seems that even the ⁴⁵ most pessimistic people can have faith that the problem will be solved in short order, for everyone's peace of mind.

BANKER One must not lose sight of a highly significant detail. The governments of the countries most directly concerned have been quick to intervene, by issuing appropriate decrees for the purpose ⁵⁰ of (with a view to) bringing conflicts which may arise between employers and workers to an end.

MR. S. I hope that those efforts will not be futile (to no purpose) (will work out well), and that the governments will attain the end that they are pursuing. Both parties are right to an extent, and ⁵⁵ public opinion hesitates to take sides for or against in this dispute, which jeopardizes the well-being of so many people. It seems that the situation will drag on.

BANKER If things start to look bad and tend to lag on endlessly, it isn't unlikely that the authorities will despair of finding a settle- ⁶⁰ ment and that, in order to get the situation under control, they will decide to take everybody in hand without considerations of any kind.

30 EL SR. S. Pues bien, volviendo al asunto de mi hipoteca, le quedo muy reconocido[6] por la buena disposición (de ánimo) con que Vd. ha acogido mi proposición. Si no hubiese sido por Vd., me hubiera visto imposibilitado para (de) proseguir (llevar adelante) la ampliación[7] de mis fábricas. En lo que se refiere a mi plan, había
35 muchos obstáculos de por medio. Para removerlos[8] se me hacía cuesta arriba[9] malvender unos valores (títulos), que actualmente están en baja.

■ ■

EL BANQUERO Yo abrigo la esperanza de que pronto se acuse[10] una mejoría[11] en los negocios. Me inclino (estoy inclinado) a creer
40 que desaparecerá la persistente baja que trajo consigo (aparejada) tanta[12] huelga como se ha declarado[13] en el extranjero.
EL SR. S. Su esperanza está plenamente justificada. No se escatima ningún medio para poner fin a la zozobra que estamos pasando. Afortunadamente, la prensa registra[14] hechos importantes que ha
45 obtenido de (en) fuente fidedigna (digna de crédito). Ahora parece que aun los más pesimistas podrán confiar[15] en que el problema se resuelva en breve plazo, para tranquilidad de todos.
EL BANQUERO No hay que perder de vista un detalle sumamente significativo. Los gobiernos de los países más directamente in-
50 teresados[16] se han apresurado a intervenir, dictando[17] disposiciones adecuadas con objeto de (con vistas a) poner fin a los conflictos que surjan entre patronos y obreros.
EL SR. S. ¡Ojalá que esos esfuerzos no sean estériles[18] (baldíos) (den buen resultado), y que los gobiernos consigan la finalidad que
55 persiguen! Ambas partes tienen su tanto[19] de razón, y la opinión pública vacila al tomar partido en pro o en contra en esta disputa, que compromete el bienestar de tanta gente. Parece que la situación va para largo.
EL BANQUERO Si las cosas se ponen feas y llevan camino de eterni-
60 zarse, no será difícil que los gobernantes desesperen de encontrar un arreglo, y que, para dominar la situación, se decidan a meter a todo el mundo en cintura sin contemplación (contemplaciones) (consideraciones) de ningún género (de ninguna clase).

EL ESTADO ACTUAL DE LOS NEGOCIOS   **229**

MR. S. It is to be hoped that reason, and good sense (common sense), and even the instinct of self-preservation of all will eventually make them drop any attitude of stubborn hostility, so that it may be possible to steer the problem along a wise course.

BANKER I don't doubt that a way out is to be found, whatever it is. Between us, I'll tell you we ought to be delighted at not being the ones called upon to solve such a thorny (knotty) problem.

MR. S. Well, if you don't mind, I am going. I should like to visit Mr. Álvarez, who is at Dr. Pérez' private hospital. The nurse whispered to me, while he was asleep (dozing) yesterday, that he would shortly be discharged from the hospital.

BANKER I am delighted beyond words. Some news reached me (I heard the news) that his life was hanging by a thread (that he was between life and death) (dying).

MR. S. Last week he did suffer debilitating (terrific, *colloquial*) fever, which has left him as thin as a rail. He couldn't stand up, and could scarcely sit up in bed. He owes his recovery (his having recovered) (his having pulled through) only to his strong constitution.

BANKER Please tell him we all miss him (very much) at the club, and give him my regards (remember me to him) (give him my best wishes). I hope he is completely recovered when they announce the schedule of competitive examinations which he intended to take.

EL SR. S. Es de esperar que la cordura, el buen sentido (el sentido
común), y hasta el instinto de conservación[20] de todos acaben
por hacerles deponer[21] toda actitud de obstinada hostilidad, para
que sea posible encauzar por buenos caminos el problema.

EL BANQUERO No dudo que se ha de encontrar una salida, la que sea.
Aquí (para) entre nosotros (dos), le diré que debemos congratu-
larnos de no ser los llamados[22] a resolver una cuestión tan espinosa
(peliaguda).

EL SR. S. Pues, con (su) permiso, me voy. Quisiera visitar al señor
Álvarez, que está en el sanatorio del Dr. Pérez. Ayer cuando
dormía (dormitaba), la enfermera me dijo al oído que en breve
plazo le darían de alta.

EL BANQUERO Lo celebro (me alegro) en el alma. A mis oídos llegó
(yo tuve) noticia de que su vida estaba pendiente de un hilo (que
él estaba en las últimas) (que agonizaba, estaba en la agonía).

EL SR. S. Efectivamente, la semana pasada había pasado unas fiebres
extenuadoras (bárbaras, *familiar*), que le han dejado delgado como
un alambre. No podía tenerse en pie ni apenas incorporarse[23] en
la cama. Sólo a su complexión robusta, debe el haber recuperado
la salud (haber salido a flote).

EL BANQUERO Tenga Vd. la bondad de decirle que todos le echamos
(mucho) de menos en el círculo, y de darle recuerdos (saludos)
de mi parte. Ojalá que esté totalmente restablecido cuando se
convoquen[24] las oposiciones a las que pensaba presentarse.

Notas

1. Celebrar.

Se celebran ceremonias (bodas, veladas [*evening gatherings*]), reuniones, entrevistas, competiciones deportivas (boxeo, carreras [*races*], fútbol), conciertos, bailes.

En la mayoría de los casos, debe traducirse por *to hold*. **Celebrar** se usa también en la acepción de la palabra inglesa *to celebrate*.

2. Despacho—oficina.

Un **despacho** es un cuarto de trabajo personal, de dimensiones más reducidas que **oficina**, que es una sala donde trabajan simultáneamente varias personas.

Trabajo de oficina: *office work*.

(Véase p. 7, n. 5.)

3. Imponer—*to impose;* depositar—*to deposit*.

Imponer se traduce a veces por *to impose*.

Tendré que imponer mi autoridad, si quiero que se me respete. *I shall have to impose my authority, if I wish to be respected.*

La metrópoli quiere imponer su civilización en la colonia. *The mother country wishes to impose its civilization on the colony.*

Tiene la palabra española ciertos sentidos que deben traducirse cuidadosamente.

La señora impuso a la nueva criada en cocina. *The lady of the house trained the new servant in cooking.*

Me impone (impresiona) la grandeza de las pirámides de Egipto. *The grandeur of the pyramids of Egypt enthralls (impresses) me.*

Él se impuso por sus buenas dotes a todos, y fue elegido presidente. *He prevailed over everyone through his fine natural gifts, and was elected president.*

Acabó imponiéndose el buen sentido, y desistieron de su propósito. *Good judgment eventually prevailed, and they desisted from their purpose.*

Imponer (meter, ingresar) dinero en un banco; retirar (sacar) dinero de un banco: *to deposit money in a bank; to withdraw money from a bank.*

Quería hacer una imposición de X pesetas en la caja de ahorros, pero olvidó su libreta (de banco) (su cartilla). *He wanted to make a deposit of X pesetas in the savings bank, but he forgot his bankbook (passbook).*

El imponente: *the depositor.*

Depositar no es término bancario para traducir *to deposit.*

Depositó una cantidad sobre la mesa, en una caja fuerte. *He placed (deposited) a sum of money on the table, in a safe.*

Depósito de aguas: *reservoir or water tank.*

Depósito judicial: *morgue.*

Depósito (tanque) de gasolina: *gasoline tank (of an automobile or airplane* [avión]).

To impose on: abusar de.

Abusó de la amabilidad, bondad de alguien. *He imposed on someone's amiability, kindness.*

4. Condición; acondicionar—condicionar.
Condición:

No debemos quejarnos de nuestra condición, sino sacar fuerzas de flaqueza para acomodarnos (amoldarnos) a ella. *We should not complain of our lot (station [in life]), but make the best of it in order to adapt ourselves to it.*

Para casarse, debiera pensar en una mujer de su clase y condición. *For marriage, he should think of a woman of his class and station (in life).*

Una cosa (máquina) se halla en buenas (malas) condiciones. *A thing (machine) is in good (bad) condition.*

Acondicionar—condicionar. Acondicionar un salón, una casa, un auto: *to put a parlor, house in order; to put an automobile into good condition.* Condicionar: *to condition.*

El señor X ha condicionado su intervención según (a base de) determinadas garantías. *Mr. X has conditioned his intervention on certain guarantees.*

Nuestra vida está condicionada por las características del medio (ambiente) en que se desenvuelve. *Our life is conditioned by the characteristics of the environment in which it develops.*

5. Quebrantar—quebrar—romper.

Hoy en día, en sentido material, **romper** ha sustituido casi por completo a las palabras **quebrar** y **quebrantar.** Sin ser de uso muy frecuente, sigue usándose **quebrar** para cosas frágiles.

Se quebró la pierna al querer saltar el arroyo. *He broke his leg in trying to jump over the brook.*

La criada dio un golpe al jarrón contra la pared, y lo quebró. *The maid struck the vase against the wall and broke it.*

Se debe notar que, en el castellano de ahora, **romper** se empleería casi siempre en vez de **quebrar** en las frases precedentes. **Quebrantar,** no obstante, sigue usándose en sentido figurado, como en los casos siguientes:

> Quebrantar una palabra, promesa dada, una norma, una costumbre, un secreto, la forma (judicial, parlamentaria), la ley, un voto. (N.B. *To break a date:* faltar a una cita [*frase hecha*]).

Estar quebrantado: *to be broken up,* significa tener quebrantada o destrozada la salud o la moral por resultas de un fuerte impacto (*shock*) físico o psicológico.

6. Reconocer.

Además del sentido de la palabra *recognize,* **reconocer** se usa en el sentido de *to examine.*

> El médico le reconoció detenidamente. *The doctor examined him thoroughly.*

> La aviación efectuó un reconocimiento sobre el frente enemigo. *The air fleet made a reconnaissance over the enemy front.*

7. Ampliar—amplificar.

Hacer una ampliación fotográfica: *to make a photographic enlargement*

Ampliar una casa, cuarto, comercio: *to enlarge a house, room, business.* (Refiriéndose a zapatos, sombreros, guantes, se dice **agrandar.**)

Ampliar los detalles de una información: *to elaborate on the details of an account.* (Véase p. 148, n. 7.)

Amplificar: aplícase exclusivamente al sonido.

> El altavoz amplifica el sonido. *The loudspeaker amplifies the sound.*

8. Remover—to remove.

Remover equivale a *to remove* sólo en algunos casos.

> Estos funcionarios pueden ser removidos a discreción del ministro. *These state employees can be removed at the discretion of the minister.*

> *To remove an obstacle:* remover un obstáculo.

En otros casos, **remover** significa alterar el estado de algo agitándolo: *to stir.*

> Esto no está como antes: alguien ha removido la tierra. *This is not like before; someone stirred up the earth.*

> Como el asunto se había estancado, fue necesario removerlo para una pronta solución. *As the matter had come to a standstill, it was necessary to stir it up for a prompt solution.*

To stir up trouble, scandals: promover disturbios, escándalos. (Para giros más familiares véase p. 23, n. 9.) *To stir the coffee with a spoon:* mover (remover) el café con una cucharilla. *To stir up interest, hatred, passions:* despertar interés, odio, pasiones.

En otros casos, *to remove* se traduce por **quitar.**

It is so warm I am going to remove my coat. Hace tanto calor que voy a quitarme la chaqueta.

They have already removed the announcement which they posted yesterday afternoon on the bulletin board. Ya han quitado el anuncio que fijaron ayer tarde en el tablón.

To remove en el sentido de *take out* equivale a **suprimir** o **quitar.**

Word so-and-so on page so-and-so should be removed (taken out, struck out). Debe suprimirse (quitarse *o* tacharse) la palabra tal en la página cual.

To remove one's hat: descubrirse.

I removed my hat at the passing of the funeral. Me descubrí al paso del entierro.

9. Se me hace cuesta arriba madrugar, tener que trabajar hoy, abandonar la fiesta. *I find it hard to get up early, to have to work today, to leave the festivities.*

10. Acusó asombro al recibir la noticia. *He registered surprise on receiving the news.*

El aspecto de la población acusaba un completo desorden. *The appearance of the town revealed complete disorder.*

El enfermo acusó los efectos de la droga que le suministraron. *The patient showed the effects of the drug which was administered to him.*

Acusamos recibo del libro. *We acknowledged receipt of the book.*

11. Mejora—mejoría—mejoramiento.

Mejora: adición o mejor organización de elementos o procedimientos para obtener el perfeccionamiento de algo.

La compañía ferroviaria va a introducir (hacer) mejoras en el servicio. *The railroad company is going to introduce (put in) improvements in the service.*

Mejoría: un cambio más o menos acentuado en el avance hacia la recuperación de un estado que estimamos normal, o el alejamiento de un estado indeseable.

La mejoría del tiempo atraerá muchos veraneantes a la playa. *The improvement in weather will attract many summer vacationists to the beach.*

Mejoría se usa en especial hablando de enfermedades.

> El enfermo ha experimentado una ligera mejoría. *The patient has felt a slight improvement.*

Mejoramiento es sinónimo de **mejoría. Mejoría** denota un cambio más o menos repentino hacia lo mejor; **mejoramiento,** un proceso gradual y más duradero en tal sentido.

> Un mejoramiento en el nivel de vida de este país viene acusándose en estos últimos tiempos. *An improvement in the standard of living in this country has been perceptible more recently.*

12. Tanto se emplea a veces con un sustantivo en singular aun teniendo éste sentido de plural. Tal giro indica una apreciación subjetiva de dificultad, sorpresa o disgusto ante el inesperado número o cantidad de cosas personas que se le presentan a uno.

> Con tanto coche que circula por las grandes ciudades se contamina el aire. *With so many (all the) cars circulating through large cities, the air becomes contaminated.*

Para producir un efecto parecido mediante uso de **tantos** en plural, puede repetirse la palabra.

> Tantas y tantas muertes ocurren (tanta muerte ocurre) innecesariamente por accidentes de carretera. *So very many deaths occur unnecessarily because of highway accidents.*

Semejante distinción se observa entre **mucho** en singular y **muchos** en plural.

> Hay mucho niño en la calle; hay que conducir con prudencia. *There are a great many children in the street; you must drive cautiously.*

> —Estoy cansado por la mucha maleta que he manejado hoy—dijo el mozo de equipaje. *"I'm tired because of the extra large number of valises I handled today," the porter said.*

13. El incendio que se declaró en la casa no tardó en propagarse a las inmediatas (colindantes). *The fire that broke out in the house was not long in spreading to the neighboring (adjacent) ones.*

> Se ha declarado una epidemia de sarampión. *An epidemic of measles broke out.*

14. Registrar—*to register.*

Registrar:

> Los aduaneros registraron cuidadosamente el equipaje del Sr. X. *The customs officials carefully inspected (searched) Mr. X's baggage.*

> La policía le registró (cacheó) de pies a cabeza. *The police searched (frisked) him from head to foot.*

La policía registró (practicó un registro en) la casa del sospechoso. *The police searched (made a search of) the suspect's house.*
La historia registra todos los hechos de esta magnitud. *History records all facts of this magnitude.*
El capitán del barco registró todas las incidencias en el diario de a bordo. *The (ship) captain recorded all the incidents in the ship's log.*

To register: inscribirse o matricularse. N.B. **Matricularse** es un término más formal que **inscribirse.** Se matricula en asignaturas y cursos en los centros docentes (*educational institutions*) con carácter oficial. En otros casos, es más usual la palabra **inscribirse.**

Muchos estudiantes se han inscrito en (para) un cursillo de natación. *Many students registered for a short course in swimming.*

" *To register an emotion*" in the sense of "*to show*" is translated by **acusar** (véase p. 235, n. 10).

To register a letter: certificar una carta.

15. Confiar—*confide:* **confiado**—*confident.*
Confiar significa tener confianza o fe en: *to trust.*

Confío (en) que no me traicionarás (*o* traiciones). *I trust you will not betray me.*

Confía en absoluto en sus padres. *He trusts his parents absolutely.*

Confiar algo a alguien: *to entrust something to someone.*

El ministro confió al profesor X la tarea delicada de preparar un informe sobre el problema en cuestión. *The minister entrusted the delicate task of preparing a report on the problem in question to Professor X.*

No voy a confiar mi secreto, plan de acción, a mi niño, mi casa a un cualquiera. *I'm not going to entrust my secret, plan of action, my child, house to just anybody.*

To confide in someone se traduce por **abrirse con alguien** para comunicar sentimientos íntimos; y por **hacer confidencias a alguien** en cualquier circunstancia.

Mi hija se abre totalmente (libremente) conmigo. *My daughter confides in me fully (freely).*

Me consta que X no es hombre a quien se puede hacer confidencias. *I'm convinced that X is not a man in whom you can confide.*

Confiado tiene, como primera acepción, la de **imprevisor** (es decir, que no toma ni las más mínimas precauciones aconsejables): *improvident, thoughtless, negligent, (over)trusting, too trusting.*

EL ESTADO ACTUAL DE LOS NEGOCIOS   **237**

Hay que ser confiado para prestar dinero sin ton ni son (a tontas y a locas) como Pepe. Es un verdadero bendito. *You must be too trusting (thoughtless, negligent) to lend money without rhyme or reason (right and left) like Joe. He is a regular easy mark.*

En segundo lugar, **confiado** dícese de quien tiene una excesiva confianza en sí: *overconfident.*

Por ser tan confiado, no preparó bien (no se preparó bien para) el examen, y lo suspendieron (recibió un suspenso, le dieron un suspenso, le catearon o le dieron un cate, *argot estudiantil*). *Because of being so overconfident, he didn't prepare well for the examination, and they failed him (he received a failure, they gave him a failure; they flunked him, student slang).*

Estar confiado también puede significar **estar esperanzado**: *to be hopeful.*

Estaba confiado en que todo le saldría como lo había pensado. *He was hopeful that everything would turn out for him as he had thought.*

To be confident: confiar en, tener confianza en *o* estar seguro de.

I am confident you'll win the match. Confío (tengo confianza) en que Vd. ganará el partido.

Confío plenamente o tengo plena confianza en que Vd. le ganará (vencerá). *I'm quite confident that you'll beat him.*

"To be confident" in the sense of "to be self-confident": estar seguro de sí.

I am confident; I'm not afraid. Estoy seguro de mí; no tengo miedo.

You must be confident to win. Hay que estar seguro de sí para vencer.

16. Interesar.

La traducción de las palabras **interés** e **interesar** requiere cuidadosa atención.

El envío sólo podrá retirarlo personalmente el interesado. *The remittance can be drawn (out) only by the person concerned himself.*

La bala, en su trayectoria, interesó el pulmón, y fue a alojarse en la columna vertebral. *The bullet in its trajectory affected the lung, and lodged in the spinal column.*

Lo hizo interesadamente (por interés). *He did it out of self-interest (for a selfish reason, for a price).*

Lo haré desinteresadamente. *I shall do it with no thought of remuneration (without a price).*

The judge should give his decisions disinterestedly. El juez debe fallar imparcialmente.

Interesar—estar interesado en. El uso corriente ha creado entre **estar interesado en** e **interesar** una diferencia similar a la que parece existir entre *to be interested in* y *to have an interest or interests in.*

¿Está Vd. interesado en alguna empresa cinematográfica? (Esta frase significa una de dos cosas: ¿Contribuye Vd. con su capital a los fines de esta empresa? o ¿Le atrae la atención?) *Have you a (financial) interest in some moving picture enterprise?* or *Are you interested in it?*

Me interesa el cine. (Esta frase, por el contrario, indica sólo que el cine despierta y sostiene mi atención.) *I am interested in the movies.*

Está interesado en esa casa. *He has an interest (interests) in that house or It interests him.*

La casa le interesa. *He is interested in the house.*

Interesarse en (*to be interested in or to have [financial] interests in*)— **interesarse por** (*to be concerned about or to ask about*).

Se interesó por el estado del enfermo, por el bien de sus hijos, por la ausencia de un compañero. *He was concerned about or he asked about the condition of the patient, the childrens' welfare, the absence of his fellow worker.*

Se interesó en el negocio. *He had a financial interest in the business or It interested him.*

17. Tratándose de leyes, fallos o preceptos, **dictar** significa **expedir** o **pronunciar.**

El tribunal y el juez dictan sentencias. *The court and judge pronounce sentence.*

Dios dictó a Moisés en el monte Sinaí los Diez Mandamientos. *God pronounced the Ten Commandments to Moses on Mount Sinai.*

18. Estéril—fútil.

The English adjective "futile" has two different meanings: "trifling" and "ineffectual". In the case of "trifling", "futile" should be translated by **fútil,** *and when it means "ineffectual", by* **estéril.** Estéril: que no produce resultado. Fútil: inconsistente, de leve importancia, no digno de consideración.

Me expuso fútiles pretextos, argumentos, motivos, razones para justificar su actitud. *He advanced futile (trifling) pretexts, arguments, grounds, reasons to justify his attitude.*

Sus intentos fueron tan loables como estériles. *His attempts were as praiseworthy as they were futile (ineffectual).*

19. Página cuarenta y tantos: *page forty-something.*

Treinta y tantos (un número comprendido entre treinta y cuarenta).

Veinte y pico (un poco más de veinte): *twenty odd.*

Son las diez y pico (*o* pasa de las diez). *It is a little after (past) ten.*

20. Conservar—preservar.

Conservar: *to preserve.* Preservar: *to protect.*

Está bien conservado a pesar de la avanzada edad que tiene. *He is well-preserved despite his advanced age.*

Frutas, pescado, carne en conserva son conservados en recipientes de lata o cristal. *Preserved fruit, fish, meat are preserved in receptacles of tin or glass.*

Hay que conservar el orden establecido, que las organizaciones subversivas tratan de minar. *It is necessary to preserve the established order, which the subversive organizations are trying to undermine.*

Preservar de: *to protect (keep) from.*

Esta ropa de lana le preservará (protegerá) del frío. *These woollen clothes will keep (protect) you from the cold.*

La vacuna le preservará de la viruela. *The vaccine will protect you from smallpox.*

21. Deponer.

Al oír aquellas razones, depuso su cólera. *On hearing those arguments, he forgot his anger.*

El testigo depuso (declaró) ante el juez. *The witness gave testimony before the judge.*

Los hombres útiles estaban sobre las armas, pero depusieron sus fusiles al verse cercados (copados) por la tropa. *The able-bodied men were under arms, but laid down their guns on seeing themselves encircled (hemmed in) by the troops.*

Deponer se usa también en el sentido de arrojar de su puesto a una alta autoridad.

El rey fue depuesto por el pueblo. *The king was deposed by the people.*

22. No es Vd. el llamado a intervenir ahora. *You aren't the one (called upon or supposed) to intervene now.*

En esta frase y otras análogas, **llamado** equivale a **más adecuado** o **indicado.**

23. Incorporar—*to incorporate.*

Incorporar tiene como primera acepción la de integrar en un cuerpo, entidad o unidad, una o más personas o cosas.

Incorporar una persona a un grupo, sindicato, sociedad, equipo deportivo: *to make a person a member of a group, union, society, team.*

Incorporarle a uno al ejército (*frase hecha*): *to induct one into the army.*

Incorporarle a uno a la oficina, trabajo, vida económica del país: *To make one (an integral) part of the office, to integrate one into the job, the economic life of the country.*

Incorporar una maquinaria a (en) la fábrica, nuevas instalaciones a (en) la factoría, ideas a (en) un texto, un sindicato débil a uno más fuerte: *to make the machinery (an integral) part of the factory, new facilities (an integral) part of the plant; to incorporate ideas into a text, a weak union into a stronger one.*

Una casa con aire acondicionado incorporado: *a house with air conditioning built in.*

Incorporarse a es integrarse a o en una empresa, sociedad, esfuerzo, club: *to join an undertaking, society, effort, club.*

El país se incorporará al Mercado Común próximamente. *The country will join the Common Market soon.*

N.B. *To join* en el sentido de coincidir con una o más personas en algún lugar con cualquier fin: reunirse con. *He joined his friends at the theater.* Se reunió con sus amigos en el teatro.)

En segundo lugar, **incorporar** es inclinar más o menos el cuerpo de quien está tendido: *to sit someone up.*

La enfermera incorporó a la niña para que pudiese comer más cómodamente. *The nurse sat the child up so that she could eat more comfortably.*

"To incorporate" in the sense of *"to form a legal corporation"* se traduce por **formar una sociedad anónima** (*y no* por **incorporarse**).

Hernández e Hijo, S. A. (Sociedad Anónima): *Hernández and Son, Inc. (Incorporated).*

Van a tratar de formar una sociedad anónima con las compañías que ya les pertenecen. *They are going to try to form a corporation with the companies that already belong to them.*

24. Convocar.

Convocar es de uso más amplio que *to convoke*, equivaliendo a esta palabra en frases como la siguiente.

Se convocó un cónclave de cardenales. *A conclave of cardinals was convoked.*

En otras acepciones hay que traducir **convocar** con mucho cuidado. **Convocar un acto:** fijar la fecha del mismo, establecer las condiciones que deben reunir los participantes y programarlo: *to announce or release the schedule of a public function.*

Se convocan oposiciones, elecciones. *Schedules of competitive (civil service) examinations, elections are being announced.*

La convocatoria de la matrícula está fijada en el tablón de anuncios. *The announcement of registration schedules is posted on the bulletin board.*

Convocar personas: citar a personas determinadas y cualificadas para que participen en un acto o acudan a un centro, indicando lugar, fecha y hora: *to call (together).*

El Decano convocó a los estudiantes a una reunión o conferencia. *The Dean called the students to (called the students together for) a meeting or conference.*

El Señor Ministro de Asuntos Exteriores ha convocado en su despacho al embajador de aquel país. *The Minister of Foreign Affairs has called the ambassador of that country to his office.*

Se convocan las Cortes en sesión extraordinaria. *The Spanish Parliament has been called into special session.*

Ejercicios

■

PRIMERA PARTE

A. CUESTIONARIO

1. ¿Qué resuelve hacer de ordinario la gente el día de Año Nuevo?
2. ¿Por qué vuelven a las andadas?
3. ¿Qué anunció un día el hijo del banquero?
4. ¿Qué fue de sus buenos propósitos?
5. ¿Por qué le quedó tan reconocido el Sr. Smith al banquero?
6. ¿Por qué se le hacía cuesta arriba vender unos valores?

B. MODISMOS Y GRAMÁTICA

Repaso del verbo "volver". "Si" con el pluscuamperfecto de subjuntivo (p. 229, l. 32).

1. If there hadn't been so many obstacles in the way, I should have been much more hopeful. **2.** If he had planned a more intelligent course of conduct for himself, he would have been able to carry on the enlargement of the factory. **3.** Even before he told me he was short of funds, I knew that his good resolutions had come to naught. **4.** If he comes back to the subject of the mortgage, tell him we shall find it difficult to help him. **5.** I am sorry to say that I do not think you will be able to break a habit which is so deep-rooted. **6.** The purpose of our visit is to tell you how grateful we are to you for the kind frame of mind in which you greeted our proposal. **7.** He wanted me to increase the allowance which I gave him every two weeks. **8.** Rest assured that we shall hire a manager who can set the personnel an example of economy. **9.** Take Smith for example; there isn't a soul who doesn't brand him as a fool. **10.** It's as old as the hills.

C. ESTUDIO DE PALABRAS

1. All the typists in the *office* are painting rosy futures for themselves, now that the new manager is taking charge of the branch. We got to thinking that Jones would occupy the president's *office*. **2.** El profesor *impuso* al nuevo alumno en Física. Nos anunció a quemarropa que si no se *imponía* pronto el buen sentido, todo el proyecto fracasaría. Antes que él retirase el dinero, *impuse* una cantidad fuerte. **3.** Hay varios *depósitos* de agua en los alrededores de la ciudad. I am going to the bank to make a *deposit*. **4.** Se conformó con *acondicionar* bien el coche que tiene. All our actions are *conditioned* by the environment in which we live. **5.** Por su baja *condición* social, todos le despreciaban. Resuelto a salir de su estrecha *condición*, cierto día sorprendió a su amo pidiéndole más salario. Is the radio in good *condition*? **6.** He *broke* the date. Don't *break* your word. **7.** Después de Año Nuevo, van a *ampliar* la tienda. El altavoz *amplificó* cien veces el sonido. **8.** *Removió* las aguas con el remo. They cannot *remove* the senator. *Remove* your hat when you enter the room. I asked him to *remove* the chair.

D. *Escríbanse unas 100 palabras sobre los buenos propósitos de la gente el día de Año Nuevo.*

EL ESTADO ACTUAL DE LOS NEGOCIOS **243**

■ ■

SEGUNDA PARTE

A. CUESTIONARIO

1. ¿Qué se inclina a creer el banquero?
2. ¿Por qué dice el Sr. Smith que la esperanza del banquero está plenamente justificada?
3. ¿Por qué vacila la opinión pública al tomar partido en pro o en contra en la disputa?
4. ¿Qué le había dicho la enfermera al Sr. Smith respecto de su amigo Álvarez?
5. ¿Qué noticias habían llegado a los oídos del banquero?
6. ¿Qué quiere el banquero que el Sr. Smith diga al enfermo?

B. MODISMOS Y GRAMÁTICA

Repaso del verbo "enviar". El uso de los pronombres relativos; "que", "el que", "quien", "lo que" (p. 287, l. 39; p. 249, l. 66 y p. 325, l. 42).

1. If the situation of which you are speaking starts to look bad, and tends to lag on endlessly, the government will intervene. 2. The authorities will take everyone in hand in order to get the situation under control, which, to be sure, has occurred in certain countries already. 3. I am delighted beyond words that the new laws have put an end to this conflict. As a result of it, the well-being of so many people had been jeopardized. 4. Your efforts would not have been futile, and you would have achieved your purpose completely, if you had steered the problem along a wiser course. 5. I have every hope that they will drop their attitude of stubborn hostility so that the government may achieve the justified ends it is pursuing. 6. If you don't mind, I am going to leave at once. This situation will probably drag on. 7. His life has been hanging by a thread ever since he has been in the hospital. 8. It is to be hoped that the patient will feel an improvement, and be able to sit up in bed tomorrow. 9. It is important that you send him a letter about the strikes that have broken out recently. 10. The papers have recorded all those plans through which the problem was solved in such short order, for everybody's peace of mind. 11. *Mucha queja* se ha recibido hoy en la oficina de reclamaciones. Hay *tanto libro* mediocre que éste figura entre los más populares. 12. *Confío* en él. *I confide in him. Confié* mi defensa a un buen abogado. 13. Si sigue tan *confiado*, dejando de echar la llave al aparcar

244   CAPÍTULO XV el coche, el mejor día se lo robarán. I'm *confident* you'll be able to do it. If you're *confident*, you won't lose. **14.** Le *incorporaron* al Consejo de Administración. Se compró un televisor con antena *incorporada*. *Se incorporó* en la cama para mirar por la ventana. We will *incorporate* as soon as possible. **15.** He will *join* that union. I *joined* my friends at the restaurant. **16.** El Director ha *convocado* para mañana a las once una reunión del Consejo de Administración. Han enviado por correo una copia de la *convocatoria* de la matrícula del próximo curso a todos los estudiantes ya matriculados el año pasado. Se *convocan* exámenes para el día quince.

C. ESTUDIO DE PALABRAS

1. He *registered* surprise when we spoke of the unrest in that country. We must not lose sight of the fact that the defendant sent him a *registered* letter. Se apresuraron a *registrarle* de pies a cabeza. La prensa *registra* todos los incidentes que trajo consigo la colisión entre huelguistas y la policía. **2.** I am inclined to think that there will be an *improvement* in the patient tomorrow. The landlord has put in *improvements* with a view to raising the rent. **3.** Es un criado muy digno de confianza; nunca haría tal cosa por *interés*. Le ayudará *desinteresadamente* a encontrar una salida. The judge gave his decision *disinterestedly* with respect to the thorny problem. **4.** I am delighted that you are *interested* in the book. Have you an *interest* in the firm? **5.** *Me intereso* mucho *por* el enfermo.—Ojalá que recupere la salud. *Nos interesamos en* la labor del sanatorio. **6.** The efforts of the doctor have not been *futile*; the patient will pull through. No me gustan las cosas *fútiles* que me dijo al oído en aquellas circunstancias. **7.** He is very well *preserved* because of the fact that he has a robust constitution. Hicieron todo por *preservarle* de la enfermedad contagiosa.

D. *Escríbanse unas 100 palabras sobre una conversación que se haya tenido con un enfermo que se haya visitado en un sanatorio u hospital.*

XVI A Crime in Broad Daylight

■

The Smith family, together with Mr. and Mrs. Arbos, are
having (eating) supper in a restaurant of the Escorial; they
have reached the dessert.

MR. A. Will you give me a light please, Mr. Smith? The wick of this
lighter seems to be used up, and it doesn't burn.   5

MR. S. (*Passing his box of matches to him*) Here. Pardon me for not
lighting it (giving you a light) myself, since, with this breeze (wind)
blowing, the match would go out on me if I struck it. Those
jiggers hardly ever work; when they do by chance, it's one in a
thousand. But, say, are you going to begin another package of   10
cigarettes?

MR. A. Yes, unfortunately I am a heavy (inveterate, incessant) smoker,
and I won't be able to give up this bad habit for the rest of my
life (as long as I live). When a man has (is) past forty, he can
only with difficulty break (deviate from) a habit as bad as this   15
one of smoking, which is normally acquired in his younger days.

MR. S. I like to enjoy a good cigar, but I do so rarely. I occasionally
smoke a pipe at home. I also used to smoke to excess formerly,
and I became convinced that I could not do without tobacco.   20
But I had to give it up against my will, ever since the time I was
stricken with (had an attack of, suffered from, caught) pneumonia
which left me on the verge of death.

MARY At one time, I used to smoke a great many cigarettes. When
bridge was in vogue, I used to play every other day. At times, I   25
used to be so engrossed (absorbed) by (in) my cards, that I spent
three or four hours in a row smoking one cigarette after another,
a package a day, I guess. Naturally, I drove my mother frantic
(had mother on edge, *colloquial*) because of that. Moreover,
mother had got to think (got it into her head) that I was losing   30
(money) heavily, although my losses were never of any consequence, not by a long shot. There was no way of convincing her,
and I eventually gave up the game.

Un crimen en pleno día XVI

■

La familia Smith, en unión de los Sres. Arbos, cenan[1] en un
restaurante de El Escorial; se hallan a los postres de la comida.

EL SR. A.　¿Me hace el favor de darme fuego, Sr. Smith? A este
⁵ encendedor parece que se le ha acabado la mecha, y no arde.[2]
EL SR. S.　(*Alargándole su caja de cerillas*) Tome Vd.—Perdone que
no encienda yo mismo (que no le dé lumbre[3] o fuego) pues, con
este aire (viento) que corre, se me apagaría la cerilla[4] al frotarla.
Esos chismes apenas dan resultado (funcionan); si acaso, uno
¹⁰ entre mil. Pero ¡cómo! ¿va Vd. a empezar[5] otro paquete de
cigarrillos (pitillos)?
EL SR. A.　Sí, desgraciadamente soy un fumador empedernido (im-
penitente, sempiterno), y no podré quitar (quitarme de) este vicio
en lo que me reste de vida (mientras[6] viva). Cuando un hombre
¹⁵ ha pasado la cuarentena (de los cuarenta), difícilmente puede
apartarse (desviarse) de un hábito vicioso,[7] como es éste de fumar,
que por lo corriente se adquiere en los años mozos.
EL SR. S.　A mí me gusta saborear un buen (cigarro) puro, pero lo
hago de tarde en tarde. En casa, fumo alguna que otra vez una
²⁰ (la, en, en la) pipa. Yo también fumaba antes con exceso, y llegué
a estar convencido de que no podría pasar (pasarme) sin tabaco.
Pero tuve que dejarlo a la fuerza,[8] desde que me atacó (me dio,
padecí, cogí) una pulmonía que me puso a dos dedos de la muerte.
MARÍA　Yo antes fumaba muchos pitillos. Cuando estaba de moda el
²⁵ bridge, jugaba un día sí y otro no. A veces, estaba tan embebida
(absorta) con (en) las cartas, que me pasaba tres o cuatro horas
seguidas fumando un cigarrillo tras otro, un paquete, creo, diario.
Claro que con eso saqué de quicio (de sus casillas, *familiar*) a mi
madre. Además, a mamá se le había antojado (metido en la
³⁰ cabeza) que yo estaba perdiendo el dinero a manos llenas, aunque
mis pérdidas nunca eran de consideración, ni mucho menos. No
había manera de convencerla, y acabé por dejar el juego.

■ ■

MRS. S.   (What) with the incidents of today's visit, I neglected to speak
to you about something worthy (typical) of a movie or just about 35
that, which I witnessed yesterday. Last night, I was in a fur shop,
when suddenly (all of a sudden) a person who was there took to
flight out of a clear sky. He started to run at breakneck speed,
and a clerk who was waiting on me ran out in pursuit of him,
shouting like a madman: "After him, after him!". The clerk had 40
not taken his eyes off him, because from the first the thief had
aroused his suspicions. Observing him closely, he saw that, with
amazing cleverness, the individual was filching one of those expensive furs, I think it was otter, ermine or mink. As he was
darting out with it, the clerk didn't wait any longer, and left in 45
pursuit of him, followed by all his fellow workers. Although the
culprit made every effort to get away (to run to safety), it didn't
take them long to overtake him. He was arrested, and they found
the skin on him, undamaged.

MARY   This incident had a very bad effect on mother. A lady, who was 50
in the store, and who also witnessed the scene, fainted. In falling,
she struck her head on (against) the foot of a clothes rack. They
had to revive her, by fanning her and applying a flask (jar) of
smelling salts to her nostrils, until at last she came to. Fortunately,
despite the blow she had received, she escaped unharmed. 55

MRS. S.   It seems that the perpetrator of the robbery had a police
record. He had committed robberies of importance, let alone petty
thefts. It made me (feel) as sad as could be to see him trembling
like a leaf as he walked along, surrounded by a crowd of young- 60
sters (kids, *slang*), between two policemen, who were leading him
gripped by the arms.

MRS. A.   I never agree with (I have little (no) use for) those people
who make modern penologists an object of mockery and scorn.
What's more, I believe that these penologists are generally superior 65
to those who discredit them. They exercise great care (zeal) in the
duties entrusted to them (in the tasks they perform).

LA SRA. S.   Con las incidencias[9] de esta visita de hoy, se me había
35   pasado hablarles de algo más bien propio de una película, o poco
menos, y que ayer presencié. Estaba yo anoche en una peletería,
cuando de repente (de pronto, repentinamente) un individuo que
allí se encontraba, se dio a la fuga sin más ni más. Emprendió
(una) vertiginosa carrera, y un dependiente que me atendía[10] salió
40   en su persecución,[11] gritando como un energúmeno:—¡A ése, a
ése! El dependiente no le había quitado (el) ojo de encima, porque
desde el principio el ladrón le había infundido[12] sospechas. Al
observarle de cerca, vio que el individuo escamoteaba (sustraía)
con habilidad pasmosa una piel de las caras, creo que de nutria,
45   armiño o visón. Como salía disparado (familiar) con ella, el
dependiente no aguardó más, y salió en su persecución seguido
de todos sus compañeros. Aunque el malhechor hizo imposibles
por ponerse a (en) salvo, no tardaron en darle alcance.[13] Fue
detenido, y le ocuparon[14] la piel sin ningún desperfecto.
50 MARÍA   A mamá le hizo muy mal efecto este suceso.[15] Una señora que
estaba en la tienda, y que también presenció la escena, se desmayó.
Al caer, dio con[16] la cabeza en (contra) el pie de un perchero.
Tuvieron que reanimarla, dándole (haciéndole) aire y aplicándole
a las narices un frasquito (tarro) de sales, hasta que por fin volvió
55   en sí. Afortunadamente y a pesar del golpe que se había pegado,
resultó ilesa.
LA SRA. S.   Parece que el autor[17] del robo estaba fichado por la policía.
Había cometido no ya[18] pequeñas raterías sino robos de consideración (importancia). ¡Me dio más pena verle temblando como
60   un azogado, cuando iba rodeado de una nube de chiquillos
(chavales, popular), en medio de una pareja de guardias, que le
llevaba agarrado,[19] (cogido) del (por el) brazo . . .!
LA SRA. A.   Yo nunca doy la razón (tengo en poco) a los que hacen
de (a) los penalistas modernos objeto de mofa y escarnio. Es
65   más, creo que generalmente estos penalistas están muy por encima
de quienes los desacreditan. Ponen mucho cuidado (celo) en las
funciones que les están confiadas (encomendadas)[20] (en las tareas
que desempeñan).

UN CRIMEN EN PLENO DÍA   **249**

MR. S. The uninterrupted advance in criminality (growth of crime) is a problem which, well, has come to be a real blind alley for 70 penologists. Thinking they are approaching (attacking) it fully aware of the situation, they very soon find that everything turns out to be an insurmountable (insuperable) obstacle for them.

MR. A. Yes, and to what a degree (an extent)! I have come to the conclusion, and I am not speaking without foundation, that, in 75 the last analysis, everything comes down to a problem of re-education. As a matter of curiosity, you should read the statistics and accompanying explanations which Doctor X published in a well-known magazine. What stands out vividly in that study is that those countries, in which people were understanding, and 80 consequently devoted to the re-education of criminals the attention it deserves, have seen the crime index decrease day by day.

MR. S. The argument that the key to the matter resides (is to be found) above all in re-education is an irrefutable one; this will be a basic element in any solution. 85

EL SR. S. El ininterrumpido avance de la criminalidad es problema
⁷⁰ que ¡vamos! ha llegado a ser un verdadero callejón sin salida para
los penalistas. Creyendo abordarlo (acometerlo) con conocimiento
de causa, se encuentran muy pronto con que todo se les vuelve
obstáculos infranqueables (insuperables).
EL SR. A. Sí, ¡y de qué manera! (¡y hasta qué punto!). Yo he sacado
⁷⁵ en consecuencia, y no hablo sin fundamento, que, en último término, todo se reduce a un problema de reeducación. A título de
curiosidad, deberían leer Vds. la estadística y aclaraciones com-
plementarias que dio a la publicidad el doctor X en una conocida
revista. Lo que resalta vigorosamente en ese trabajo es que aquellos
⁸⁰ países, en los cuales se vio claro, y, por tanto, se dispensó a la
reeducación de delincuentes la merecida atención, han visto disminuir de día en día el índice de criminalidad.
EL SR. S. Es irrecusable (irrebatible) el razonamiento de que la clave[21]
de este asunto estriba (se halla) sobre todo en la reeducación, la
⁸⁵ cual será un elemento[22] básico en toda solución.

Notas

1. *I am accustomed to eating (having or taking) my meals, my breakfast,
my lunch, my supper in that restaurant.* Acostumbro (a) comer (tomar
las comidas), desayunar (tomar o hacer el desayuno), almorzar (tomar
el almuerzo), cenar (tomar la cena), en aquel restaurante.
Comida: *meal in general, or dinner in the afternoon.* Cena: *supper or
evening dinner.* Almuerzo: *lunch.*

2. Arder—quemar.
Arder: este verbo indica que la combustión tiene lugar, y que es per-
ceptible por los sentidos, especialmente por el de la vista.

La vela arde en el candelabro. *The candle in the candlestick is burning.*

Este cigarrillo no arde. *This cigarette is not burning.*

Esta leña no arde porque está muy mojada. *This firewood is not
burning because it's very wet.*

Quemar: este verbo indica destrucción mediante combustión.

La combustión interna del organismo quema las grasas. *The internal
combustion of the organism burns fats.*

Hemos quemado el último cartucho; no podremos resistir más. *We
have burnt the last cartridge; we shall not be able to resist any longer.*

Quemaré las naves tras (de) mí; nadie piense en retroceder. *I shall
burn my bridges behind me; let no one think of turning back.*

El sol quema (pica) hoy. *The sun is burning today.*

3. Lumbre—fuego.
Lumbre es concretamente (*specifically*) el calor y la luz que dimanan
del carbón o la leña (*firewood*) encendidos: *fire.* Se distingue de **fuego,**
que es un término mucho más amplio.

El fuego se declaró a bordo. *The fire broke out on board.*

Enciende la lumbre para hacer la comida (es decir, prende fuego a los
leños o al carbón que están en la chimenea). *He lights the fire to make
the meal (that is, he sets fire to the logs or the coal in the fireplace).*

Ponga las patatas a la lumbre. *Put the potatoes on the fire.*

Hoy en día, aun cuando se usan medios más modernos como la electricidad y el gas, se sigue no obstante oyendo la palabra **lumbre.**

Al enchufar la hornilla eléctrica o al conectarla con la electricidad,
girando la llave (dándole una vuelta a la llave *o* dándole a la llave),
la cocinera dijo que iba a poner la sopa a la lumbre. *As she plugged
in the electric stove or as she connected it with the electric current by
turning a knob, the cook said she was going to put the soup on the fire.*

252   CAPÍTULO XVI

Lumbre se usa en ciertas frases hechas.

A la lumbre de: *by the light of (a fire)*, or *around (a fire)*. Leyó la esquela a la lumbre de la hoguera. *He read the note by the light of the bonfire.*

La lumbre de sus ojos: *the light of her eyes.*

Dar lumbre a un cigarrillo: *to light a cigarette.*

4. Cerilla—fósforo.

En el lenguaje corriente, se usa casi exclusivamente la palabra **cerillas** para indicar toda clase de *matches,* entre o no la cera en su composición. La palabra **fósforo** no es de uso frecuente.

5. Comenzar—empezar.

Comenzar tiene una cierta tonalidad literaria en comparación con **empezar.** Puede reemplazar a este último verbo en casi todos los casos excepto en algunos como los que siguen.

Empezó el paquete de cigarrillos, un pitillo, un melón, la sopa, un pan, un jamón—es decir, cosas que se consumen gradual y progresivamente.

6. Mientras—mientras que.

Mientras significa simultaneidad en el tiempo: *while, as long as.*

Mientras Vd. continúe comportándose así, yo me mantendré firme en mi actitud. *As long as you continue to act in that way, I shall remain firm in my attitude.*

Mientras va a buscar el coche, termine Vd. de arreglar la maleta. *While he is going to get the car, finish preparing the valise.*

Mientras viene, podemos entretenernos jugando al billar. *While he is on the way, we can amuse ourselves by playing billiards.*

Mientras que, en la mayoría de los casos, puede reemplazar a **mientras,** pero su uso es obligatorio cuando se trata de un contraste.

Vd. se confunde: mi traje es azul, mientras que el suyo es negro. *You are confused—my suit is blue, while his is black.*

Estos ejercicios son malos, mientras que los del año pasado son aceptables. *These exercises are bad, while those of last year are passable.*

N.B. **En tanto que** puede sustituir a **mientras que** en los casos en que esta locución lleva consigo la idea de contraste.

Los fenicios se dedicaron al comercio, en tanto que los romanos intentaron organizar políticamente el mundo conocido. *The Phoenicians devoted themselves to commerce, whereas the Romans attempted to organize the known world politically.*

UN CRIMEN EN PLENO DÍA   **253**

7. Vicioso—*vicious.*

Vicioso: que tiene ciertos vicios graves (*dissolute*), o meramente malos hábitos (*self-indulgent*). Ser un vicioso de: *to overindulge in.*

Es un vicioso; bebe y fuma demasiado. *He is self-indulgent; he drinks and smokes too much.*

Es un vicioso del tabaco, de las cartas (es decir, fuma, juega demasiado). *He overindulges in tobacco, cards.*

El hombre vicioso puede terminar cometiendo crímenes. *A dissolute man can end by committing crimes.*

Vicio significa hábito nocivo, debilidad (por), o mala costumbre.

Tiene el vicio del tabaco, café, helado, cine. *He has a weakness for tobacco, coffee, ice cream, the movies.*

Tiene ya por vicio (el) levantarse tarde. *By now, getting up late is a vice with him.*

Vicious debe traducirse cuidadosamente.

A vicious animal: un animal fiero *o* feroz.

Vicious propaganda: propaganda canallesca.

A vicious person: una persona malvada.

A vicious blow: un golpe mortífero.

8. Por la fuerza—a la fuerza—por fuerza.

Por la fuerza: by *force, forcibly* (valiéndose de la fuerza para conseguir algo).

Se impuso a todos por la fuerza. *He imposed himself upon all by force (forcibly).*

Le sacaron de allí por la fuerza. *They got him out of there by force (forcibly).*

A la fuerza: coaccionando violentamente la voluntad: *against one's will.*

Le sacaron de allí a la fuerza. *They got him out of there against his will.*

Los niños tuvieron que comer a la fuerza. *The children had to eat against their will (despite themselves).*

Mandó el juez levantar aquel horrendo sudario, y sin querer mirar, miré a la fuerza. *The judge ordered that awful shroud to be raised, and without wanting to look, I looked despite myself.*

Por fuerza: significa contra la voluntad y es muy análogo a **a la fuerza,** distinguiéndose de esta última expresión en que la coacción no alcanza relieves tan acusados: *unwillingly.* Se usa en ciertas frases hechas.

Si no viene por voluntad, vendrá por fuerza. *If he doesn't come willingly, he will come unwillingly.*

Lo hará de grado o por fuerza. *He will do it willingly or unwillingly.*

9. Incidencia—incidente.

Incidencia e incidente: lo que sobreviene en el transcurso (curso) de un asunto o negocio, y tiene con éste alguna conexión.

Me contó las incidencias (los incidentes) de su viaje por Europa. *He related the incidents of his trip through Europe to me.*

Las incidencias (los incidentes) de este capítulo son notables. *The incidents of this chapter are noteworthy.*

El uso corriente ha asignado a **incidente** un sentido especial. Un **incidente** es la interrupción súbita del normal desenvolvimiento de un proceso.

Hubo incidentes en la capital. *There were disturbances in the capital.*

El incidente del Panay: *the Panay incident.*

Fue una sesión en que menudearon los incidentes. *It was a meeting at which disturbances were frequent.*

El protagonista del incidente fue expulsado del local. *The leader of the disturbance was expelled from the place.*

A la salida del mitin no se registraron incidentes. *No disturbances were recorded after the adjournment of the mass meeting (rally).*

10. Atender—*to attend.*

Atender tiene múltiples acepciones, debiéndose por tanto prestar mucha atención a la hora de traducirlas. **Atender (a)** significa en primer lugar tomar en consideración algo, prestándole la atención debida.

Atender (a) los consejos, avisos, indicaciones, recomendaciones de uno: *to heed (give due attention to) one's advice, warnings, directions, recommendations.*

En segundo lugar, **atender (a) algo o a alguien** significa ocuparse o cuidar de ellos atentamente.

Atender (a) una obligación, un negocio, una invitación, una petición; atender a un enfermo, un cliente: *to attend to an obligation, business matter, invitation, request, patient, customer.*

Por último, el verbo significa dedicar o prestar la atención a algo: *to be concerned with, to concern oneself with.*

Es a la intimidad (o vivencia íntima) del ser humano a la que la novela de hoy atiende en su mayor parte. *What the novel of today is most concerned with are the personal thoughts and feelings (the psychological experiences) of human beings.*

"To attend" in the sense of *"to be present at"*: **asistir a.**

She attended the meeting. Ella asistió a la reunión.

(Para **asistir,** véase p. 270, n. 2.)

UN CRIMEN EN PLENO DÍA

255

11. Persecución.

Persecución: además del sentido de la palabra *persecution*, tiene el de ir en pos de alguien a quien queremos dar alcance (*pursuit*).

La persecución de los que huían duró hasta bien entrada la noche. *The pursuit of those who were fleeing lasted until well into the night.*

El verbo **perseguir** tiene los dos significados correspondientes al sustantivo.

Los Césares romanos persiguieron a los primitivos cristianos. *The Roman Caesars persecuted the early Christians.*

Los fines que persigue no son lícitos. *The ends he is pursuing are not just ones.*

12. La escena me infundió (me dio) lástima, miedo. *The scene aroused my pity, fear.*

13. Dar alcance a—alcanzar.

Dar alcance a: atrapar o prender a alguien o algo que se desplaza, tratando de aumentar la distancia que lo separa de nosotros (*i.e., to catch, to capture or seize after a pursuit*). **Alcanzar** tiene un sentido mucho más amplio, empleándose frecuentemente en sentido figurado: *to attain.* En sentido propio, se distingue de **dar alcance** en que el propósito está plenamente conseguido con el acto de igualar la situación de lo perseguido (*i.e., to overtake or catch up with*).

Tuvo que correr mucho, si quiso dar alcance al último tranvía. *He had to run fast, if he wished to catch the last trolley.*

La policía dio alcance al ladrón que huía. *The police caught the fleeing thief.*

El jockey X quiere alcanzar (*no* dar alcance) al Z antes de llegar a la meta. *Jockey X wishes to overtake (to catch up with) Z before reaching the tape.*

No todos los medios son lícitos para alcanzar su fin. *All means are not fair to attain one's end.*

Alcanzar la felicidad, perfección, victoria: *to attain happiness, perfection, to win the victory.*

14. Ocuparse con—ocuparse en—ocuparse de.

Ocuparse con (*to busy oneself with*): fijar la atención en algo con ánimo de entretenerla.

El niño se ocupó toda la mañana con el juguete. *The child occupied (busied) himself with the toy all morning.*

Me ocupé dos horas con este rompecabezas. *I occupied myself with this puzzle for two hours.*

Ocuparse en (*to engage in*): dedicarse a algo que requiera nuestro esfuerzo y atención.

Le ocuparon en un trabajo superior a sus fuerzas. *They engaged him for a piece of work beyond his strength.*

Actualmente se ocupa en negocios de sedería. *He is at present engaged in the silk business.*

Ocuparse de (*to take care of*): tomar a alguien o algo a su cargo.

Ocúpate de la educación de la niña, y déjame a mí la del muchacho. *Take care of the girl's upbringing, and leave the boy's to me.*

Ocúpate sólo de acompañar a ese pobrecito y de no dejarle hasta que esté completamente tranquilo. *Just take care to accompany the poor thing and not to leave him until he is quite calm.*

¡Pierda Vd. cuidado!; me ocuparé de ello. *Don't worry; I'll take care of it.*

Ocuparse de es también **tratar** o **hablar de**.

Nos ocupábamos de Vd., cuando entró. *We were discussing you, when you came in.*

15. Acontecimiento—suceso.

"**Acontecimiento** es una cosa que forma época, que no se olvida" (Barja): *event.* **Suceso** es cualquier cosa que ocurra: *happening, incident.*

De niño, era para mí un acontecimiento la llegada del miércoles. *Wednesday's arrival was an event for me in (my) childhood.*

Los acontecimientos de la Guerra Mundial: *the events of the World War.*

Estos sucesos pasan todos los días. *These incidents occur every day.*

16. Dar con.

Dio con la rodilla en el suelo. *He struck his knee on the floor.* (Para *to strike*, véase p. 349, n. 10.)

No puedo dar con la solución de este problema. *I cannot find the solution of this problem.*

No doy con el sombrero: ¿dónde lo habré puesto? *I cannot find my hat. Where can I have put it?*

Dio con el bastón al perro rabioso para que no le acometiese. *He struck the mad dog with the cane so that it would not attack him.*

Dio con sus huesos en la cárcel (*familiar*). *He landed in jail* (colloquial).

17. Delito—crimen—falta.

Autor de un crimen, homicidio, del daño: *perpetrator of a crime, murder, the damage.*

Crimen: no es término jurídico empleado en el Código penal. Significa, por lo general, un daño de gravedad infligido a algo o alguien. En tal sentido es sinónimo de **delito.**

Un crimen (delito) de lesa patria: *a crime of high treason.*

Es un crimen (delito) dejarla salir a estas horas de la noche. *It is a crime to allow her to go out at this time of night.*

Delito es además un término técnico. El Código penal establece una distinción entre **delitos** (*crimes, felonies*) y **faltas** (*legal wrongs*), según la cuantía (*extent*) o importancia del daño causado. Las faltas se subdividen a su vez en graves y leves (*términos técnicos*).

Este delito está previsto y definido en el artículo tantos. *This crime is provided for and defined in article number so-and-so.*

Escupir en el metro es una falta leve. *Expectorating in the subway is a misdemeanor.*

La negligencia que puede redundar en grave daño de algo o alguien es una falta grave. *Negligence that may redound to the serious impairment of something or someone's well-being is a legal wrong.*

18. Ya no—no ya.

Se notará la diferencia entre **ya no** (*no longer*) y **no ya** (*let alone*).

Ya no frecuento este café. *I no longer frequent this café.*

Este señor conoce no ya griego y latín sino también sánscrito. *This gentleman knows Sanskrit, let alone Latin and Greek.*

To let alone en el sentido de **no molestar** se traduce por **dejar en paz.**

Estoy ocupado; déjeme en paz. *I'm busy; let me alone.*

19. To seize.

To seize: agarrar, incautarse de. Agarrar: sujetar algo o a alguien fuertemente y con mano cerrada.

Agarraron por los extremos el saco de patatas para cargarlo en el camión. *They seized the sack of potatoes by the ends to load it on the truck.*

Incautarse: apoderarse de algo invocando autoridad para ello.

El gobierno se incautó de sus bienes, documentos, de los buques atracados en el puerto. *The government seized his goods, documents, the boats docked in the port.*

20. Encomendar—recomendar.

El niño quedó encomendado (confiado) a los cuidados de sus tíos. *The child was commended (entrusted) to the care of his aunt and uncle.*

La interpretación de este capítulo queda encomendada al buen criterio del lector. *The interpretation of this chapter is commended to the reader's discernment.*

¿Qué libro puede Vd. recomendarme (aconsejarme) sobre tal materia? *What book can you recommend to me on such a subject?*

Le recomiendo que ande con ojo (*familiar*). *I recommend that you proceed with your eyes open* (colloquial).

Recomendé su hermano al director de la fábrica con vistas al empleo vacante. *I recommended your brother to the director of the factory in connection with the unfilled position.*

Una carta de recomendación: *a letter of recommendation.*

21. Llave—clave.

Meter la llave en la cerradura: *to put the key in the lock.*

La clave (*menos frecuentemente* la llave) de sol, de fa: *the key of G, of F.*

La clave de un misterio, enigma, situación embrollada, de un escrito: *the key to a mystery, enigma, imbroglio, a piece of writing.*

La llave (*y no* la clave) de una puerta: *the key of a door.*

La llave de una caja de seguridad: *the key of a safe.*

La clave de una caja de seguridad: *the combination of a safe.*

22. Elemento.

Elemento es cada una de las partes integrantes o fundamentales de una cosa: *element.*

La familia es el elemento primordial de la sociedad. *The family is the basic element of society.*

La propaganda es uno de los elementos importantes de la comercialización. *Advertising is one of the important elements in marketability.*

Elemento, aun coincidiendo en su núcleo (en lo fundamental) con *element,* tiene sin embargo matices y usos que le son propios.

La composición del expreso consta (es) de 16 elementos (unidades). *The make-up of the express (train) consists of 16 units.*

Elemento se dice de personas en la medida en que las valoramos, desde el punto de vista de su utilidad o capacidad como miembros o componentes de la sociedad en general o de cualquier grupo en particular (club, empresa, o grupo sociológico, por ejemplo).

Fulano es un buen (mal) elemento; (no) hay que contar con él para que forme parte del grupo. *X is good (bad) material (or a good or bad influence) (to work with); you must (not) count on him to be part of the group.*

Es un elemento útil, inútil, valioso, de cuidado, imprescindible. *He is useful, useless, valuable, dangerous, indispensable material for us (to work with).*

Es un elemento muy útil en (para) el club, el banco, el Gobierno. *He is a very useful influence in (for) the club, in the bank, in the Administration (Government).*

Buen elemento se emplea también en sentido irónico: *a person (or influence) one can do without, a fine influence indeed.*

Fulano está hecho un buen elemento (un buen pájaro, una buena pieza, *familiares*) (es decir, perdió el equilibrio social o moral). *X turned out to be a fine influence indeed!*

Elemento es también cada uno de los recursos o medios necesarios o convenientes para la consecución de un fin determinado.

Aquel país dispone de todos los elementos para llegar a la luna. *That country has all the resources available to reach the moon.*

Salió un tren con los diversos elementos necesarios para auxiliar a las víctimas del accidente. *The train left with all the resources (equipment) necessary to help the victims of the accident.*

Dispongo de los elementos suficientes para hacerme con el (apoderarme del) control de la empresa. *I have all the means available to get (gain) control of the company.*

Ejercicios

■

A. CUESTIONARIO

1. ¿Qué pidió el Sr. Arbos al Sr. Smith?
2. ¿Por qué creía el Sr. Arbos que no podría quitarse del vicio de fumar?
3. ¿Por qué no fumaba mucho el Sr. Smith?
4. ¿Jugaba mucho María al bridge?
5. ¿Por qué acabó por dejar el juego?

B. MODISMOS Y GRAMÁTICA

Repaso del verbo "conducir". La traducción de "can" y de "could" por los distintos tiempos del verbo "poder" (p. 247, l. 13 y p. 247, l. 21).

1. I am sure you could do it if you really tried to break that bad habit. **2.** I don't know whether I can play bridge next week; my mother has got it into her head that I am becoming too much absorbed in the game. **3.** The doctor ordered me to do without tobacco ever since that attack of pneumonia I had. **4.** If I continue to lose money heavily in this way, I shall have to give up the game despite myself. **5.** I asked him to give me a light, but there was a breeze and the match went out as soon as he struck it. **6.** He is past fifty, but he continues to play tennis three hours in a row daily. **7.** I used a lighter formerly; but I'm sorry to say it never worked well. **8.** I am an inveterate smoker; I've been smoking cigarettes for twenty years. I smoke a package a day, I guess. **9.** When this cigar goes out, he will light another. **10.** I don't want you to smoke a pipe in the house; it drives me frantic.

C. ESTUDIO DE PALABRAS

1. He will *burn* the letter at once. Look out! Your dress *is burning*. **2.** He *began* another package of cigarettes. The war *began* many years ago. **3.** He is working in earnest now, *while* last year he wasted a lot of time. Many people came in to greet him *while* he was working in the office. **4.** I am opposed to that *vicious* propaganda. What a *vicious* animal! He dealt him a *vicious* blow. Este joven *vicioso* nunca quiere ir a la escuela. **5.** Mi madre quiere que *a la fuerza* quiera a un hombre de bien, sin gracia alguna.—¿De veras?—preguntó con acento indefinible, sonriendo como *a la fuerza*. Calculaba que la señorita debía de saberlo todo *por fuerza*. Tendrá que ir de grado o *por fuerza*. Le echaron del mitin *por la fuerza*. **6.** He set *fire* to the house. Plug in the electric stove, I want to put the soup on the *fire*.

D. TEMA

Is bridge still in vogue in the United States? Don't you know anyone who plays? I used to play every other day, but I lost [money] heavily and eventually gave up the game. Some of my friends still continue to play two or three hours a day. I think it is a bad habit.

I am interested in the game, but I do not find many good players—maybe one out of ten.

Excuse me. My cigarette has gone out. Will you please give me a light?

I am sorry to say my lighter does not work. But there are some matches in the kitchen. I'll go and get them.

■ ■

SEGUNDA PARTE

A. CUESTIONARIO

1. ¿Qué escena presenció la Sra. Smith en la peletería?
2. ¿Qué hicieron cuando se desmayó una señora que estaba en la tienda?
3. ¿Qué le dio pena a la Sra. Smith?
4. ¿Qué dice la Sra. Arbos acerca de la policía?
5. ¿Por qué no pueden los penalistas resolver con facilidad el problema de la criminalidad?
6. ¿Qué es lo que resalta de la estadística publicada por el doctor X?

B. MODISMOS Y GRAMÁTICA

I *Repaso del verbo "disminuir". El uso de "por" en lugar de "para" como equivalente de "in order to", cuando se trata de actos que requieran mucho esfuerzo (p. 249, l. 47). El empleo de los distintos tiempos del verbo "deber" para traducir "ought", y "should" cuando equivale a "ought" (p. 251, l. 77).*

1. They made every effort to arrest the man who had filched the expensive fur. **2.** They are trying to find the man who darted out of the store, shouting like mad. **3.** You should know that the criminal has a police record and that he has committed robberies of importance, let alone petty thefts. **4.** You ought to study the statistics if you want to attack the problem intelligently, and be fully aware of the situation. **5.** They should exercise greater care in the duties they have to perform. **6.** He took to flight out of a clear sky before the clerk could leave in pursuit of him. **7.** In the last analysis therefore, this fact stands out more vividly than you thought. **8.** He struggled to get away, as he walked along between two policemen who were leading him gripped by the arms. **9.** It is true that you never took your eyes off him. **10.** We should have little use for a man who is the object of everyone's mockery and scorn.

II *El empleo del subjuntivo.*

1. When he finally comes to, tell the doctor to examine him. **2.** I don't want you to speak to him of the blow he received. **3.** I don't think you can revive her by fanning her. Apply the smelling salts to her nostrils. **4.** If you had observed him closely, he would have aroused your suspicions. **5.** It is doubtful that the key to the situation will be found so easily.

C. ESTUDIO DE PALABRAS

1. Hubo en el parlamento un *incidente* con motivo del discurso de uno de los diputados. These *incidents* which you have related about your trip are very interesting. **2.** Le ayudaremos en la *persecución* de sus fines. Los pueblos temieron esa *persecución*. **3.** En la carrera pedestre, él *alcanzó* a su rival a doscientos pasos de la meta. Le *dio alcance* al chico que le había hurtado el reloj. **4.** ¿Quién *se ocupó del* problema? *Se ocupó con* el niño hasta que llegamos. *Se ocupa en* la tarea desde hace un mes. **5.** Éstos son los *acontecimientos* más importantes de su reinado. ¿En qué calle pasó el *suceso*? **6.** *Di con* la cabeza en el sofá. Le *dio* al niño *con* el libro. A los dos minutos, *dimos con* la corbata. **7.** This is an excellent book on *crimes* written by a professor of the Law School. It is a *crime* to tell her such a thing. **8.** *Ya no* trabaja en la terraza del café. Sabe *no ya* inglés, sino francés e italiano. **9.** He *seized* the door-knob. The plaintiff wanted to *seize* the defendant's property. **10.** I lost my *key* and cannot open the door. What is the *key* to the problem? **11.** Tengo que *atender* a esa carga antes de volver a casa. Ese novelista *atiende* con preferencia a la problemática (los problemas) de los campesinos (*peasants*). I *attended* the concert. **12.** Éstos son los *elementos* primordiales (*basic*) de su teoría. Este chico es un buen *elemento* como dependiente para el equipo, en el taller. Desde que volvió de aquel país, lleva una vida disoluta; está hecho un (buen) *elemento*. Carece de los *elementos* necesarios para emprender un negocio de tanta envergadura (*breadth*).

D. *Escríbanse unas 100 palabras sobre el avance de la criminalidad en los Estados Unidos.*

UN CRIMEN EN PLENO DÍA

XVII A Slight Case of the Grippe

■

MRS. A.   Has John been in bed (for) a long time? What doctor is attending him?

MRS. S.   He got sick (took to bed) some days ago, and we immediately called Doctor Bru to examine him. He diagnosed the illness as a mild case of the grippe. To counteract it, he prescribed some ⁵ medicines (a patent medicine) for him with a menthol base to be administered by means of (through) an atomizer, and, in addition, a special salve. John is recovering now (he is convalescent) and will be on his feet the day after tomorrow, although he is still somewhat hoarse. You can imagine how eager he is to get out of ¹⁰ bed.

MRS. A.   It's the result of the weather; there is a great (considerable) number (there are lots, *colloquial*) of people stricken. It couldn't be otherwise, since with this bitter (biting) cold, the grippe is ¹⁵ rampant, playing its old tricks on those who neglect to dress warmly.

MARY   The grippe caught John unaware. With the work which he recently assumed, it isn't surprising that a feeling of weakness came over him (he became weakened). But why go into that? ²⁰ Anyone in his place would have fallen easy prey to the disease. We often wanted to make him understand that he had undertaken (taken on, *colloquial*) a task beyond his strength, with all the courses in which he's striving to take examinations in June. But he, obstinate about not yielding (giving in), held his ground (stuck to ²⁵ his guns, *colloquial*), as long as he could. There was no way of making him listen to reason.

MR. S.   Exactly (Just so. That's right). He had become too much engrossed in his books, and didn't let them out of his hands. He even started to abstain from association with his friends, simply ³⁰ refusing to take part in their diversions (sprees, *colloquial*) and pastimes.

Un caso de gripe benigna

■

LA SRA. A. ¿Lleva Juan mucho tiempo en cama?[1] ¿Qué médico le asiste?[2]

LA SRA. S. Cayó enfermo (en cama) días pasados, e inmediatamente hicimos venir (llamamos) al Dr. Bru para que le reconociese.
5 Diagnosticó la enfermedad como un caso de gripe benigna.[3] A fin de contrarrestarla, le recetó unas medicinas (medicamentos) (un específico) a base de mentol para suministrárselas[4] (administrárselas) por medio de (mediante)[5] un vaporizador, y, además, una pomada especial.—Ya se está reponiendo (se está recuperando)
10 Juan, (está convaleciente), y pasado mañana estará en pie,[6] aunque todavía sigue algo afónico (ronco).—¡Y con las ganas que tiene de abandonar[7] la cama!

LA SRA. A. Es fruto[8] del tiempo, hay gran (considerable) cantidad (número) (una enormidad) (un horror, *familiar*) de atacados. No
15 puede ser menos, ya que la gripe, con este frío que corta (pela, *familiar*), rueda por la calle haciendo de las suyas con quien se descuida en abrigarse.

MARÍA A Juan la gripe le ha cogido desprevenido. Con el trabajo que últimamente se echó encima, no es de extrañar que le sobre-
20 viniera una debilidad (se debilitase). ¡No digamos!; cualquiera en su lugar hubiera sido fácil presa de la afección. Repetidas veces quisimos hacerle ver que había emprendido (se había metido en, *familiar*) una tarea superior a sus fuerzas con tanta asignatura de que pretende[9] examinarse en junio. Pero él, obstinado en no
25 ceder (dar el brazo a torcer, *familiar*), se mantuvo firme (siguió en sus trece, *familiar*), mientras pudo. No hubo manera de hacerle entrar en razón.

EL SR. S. ¡Exacto! (Eso es.) (¡Justo!) Se había enfrascado demasiado en los libros, y no los dejaba de la mano. Llegó hasta a abstenerse del
30 trato con sus amigos, negándose en redondo (rotundamente) a participar en sus diversiones (juergas,[10] *familiar*) y pasatiempos.

MRS. S. The worst of it is that he must keep working the whole blessed day in that poorly constructed building where the library is. There is scarcely any light in the reading room, and it is so 35 cramped for space that one hundred people at (the) most can be accommodated.

MARY I believe it doesn't come to one hundred people. It probably has room for eighty—and even then! The dean realized this some time ago, and has his heart set (has his eye, *colloquial*) on the lot next 40 door, to enlarge the present building.

MR. A. The main thing is that the boy be out of danger, and that he should gain strength and not suffer a relapse. In the future, he will just try to strike a happy medium and not go to extremes.

45

MR. S. He cannot say he was misled about what happened to him, because I warned him a sufficient number of times that, by continuing in that way, he would regret it when he least expected to. But he always took my remarks lightly (brushed them aside), and this present annoyance, I trust, will be beneficial for him and serve 50 him as a warning.

■ ■

MARY This coffee has cooled, and it will be necessary to have it heated. (*She motions to the waiter to approach; he comes at once, and she tells him to take the coffee away.*)

MR. S. This coffee is so, so. It is about on a par (on a level) with the 55 wine they served us.

MRS. A. Listen to this; I've heard that they are going to bring to the screen a play of X. For years on the stage, it was favorite entertainment which was in vogue (popular) with Madrid audiences at the end of last century. Few plays, I guess, have had (enjoyed) the 60 popularity of this one. If you take my advice, you will not miss an opportunity like this, which one has all too infrequently, of seeing something distinctly and typically Madrilenian.

LA SRA. S. Lo peor del caso es que tiene que quedar trabajando todo el santo día en aquel caserón destartalado en que está la biblioteca.
35 No hay apenas claridad en la sala de lectura, y es tan escasa de espacio que caben (hay cabida para) cien personas cuando más (a lo sumo).

MARÍA Yo creo que no llega a cien personas. Tendrá cabida para ochenta, y gracias. El decano se ha percatado de esto hace tiempo,
40 y tiene los ojos puestos en el (echado el ojo al, *familiar*) solar de al lado para ampliar el edificio actual.

EL SR. A. Lo esencial es que el muchacho esté fuera de cuidado,[11] que cobre fuerzas y no recaiga (tenga una recaída). En lo sucesivo, ya procurará mantenerse en un justo medio y no caer en extra-
45 limitaciones.

EL SR. S. De esto que le ha pasado, no puede llamarse a engaño, pues bastantes veces le advertí que, siguiendo por ese camino, el día menos pensado tendría que sentir (arrepentirse). Pero él siempre tomó a broma[12] mis observaciones (las echó en saco roto, *familiar*),
50 y este tropiezo de ahora confío que le sea saludable y le sirva de escarmiento.

■ ■

MARÍA Este café se ha enfriado,[13] y habrá que mandar que lo calien-
ten.[14] (*Hace al camarero seña de que se acerque; éste acude en el acto, y ella le dice que se lleve[15] el café.*)
55 EL SR. S. Este café está así, así. Corre parejas (allá se anda) con el vino que nos han servido.

LA SRA. A. Oigan (escuchen) Vds. una cosa: tengo noticia de que se va a llevar a la pantalla una obra de X. Durante años, ha sido sobre la escena (en escena, en la escena) la distracción predilecta
60 que privaba en el público de Madrid a fines del siglo pasado. Pocas obras habrán tenido la aceptación de (o que) ésta. Si Vds. atienden (a) mi consejo, no perderán una ocasión como ésta, que contadas veces se tiene, de ver algo neta y castizamente[16] madrileño.

UN CASO DE GRIPE BENIGNA   **267**

MR. A.   The cast that has been selected is grand (*colloquial*). The roles ₆₅
have been distributed among first-rate (first-class, high-class,
colloquial) actors. Its success can be taken for granted, since the
content of the play is in accordance (in accord) with the tastes
of the general public. Incidents of marked romantic flavor are
plentiful—the hero fighting duels, the heroine giving free play to ₇₀
the whole gamut of her inordinate passions, and so on. Still, the
absurdity of the plot does not prevent the music's more than
making up for such a disadvantage.

MRS. S.   In musical comedies, it is almost always necessary to dismiss ₇₅
the subject matter as hackneyed and full of platitudes. The incidents follow each other without rhyme or reason, as if tossed off
in no time. Doubtless, the genre is declining; it gives every
appearance of dying out.

MR. S.   I differ with my wife's reactions. Although at times the plots ₈₀
do not offer any novelty (are nothing to make a fuss about, *colloquial*), you have to be lenient, since the plot after all is nothing
more or less than a pretext to furnish a point of departure for the
score, and the authors don't always find ways to knit things
together.   ₈₅

MR. A.   Ladies and gentlemen, pardon my forwardness (taking the
liberty), but it is five-thirty, I mean (to say) six-thirty, and I must
liquidate with my lawyer a matter that I have on hand. I am very
late already, and if you don't mind (with your (kind) permission), I
am going to withdraw (leave you).   ₉₀

65 EL SR. A. El reparto que se ha hecho es fantástico (fenomenal, tremendo, *familiares*). Se han distribuido los papeles entre actores de primer orden (de primera categoría, de primera línea, de primera, *familiar*). El éxito se puede dar por descontado, puesto que el contenido de la obra es concorde (está acorde) con los gustos de
70 la generalidad del público. Se prodigan las incidencias de marcado sabor romántico: el protagonista que se bate[17] en duelos, la heroína que da rienda suelta a toda la gama de sus desmedidas pasiones, y así sucesivamente. No obstante, lo absurdo de la fábula no impide que la música compense con creces tal desventaja.
75 LA SRA. S. En las zarzuelas, casi siempre hay que dejar a un lado el asunto por lo trillado y lleno de tópicos.[18] Las peripecias se suceden sin ton ni son, como escritas a vuela pluma. Indudablemente, el género decae; lleva traza(s)[19] de extinguirse.

80 EL SR. S. Yo discrepo de las apreciaciones de mi esposa. Aunque los argumentos a veces no ofrezcan ninguna novedad (no son cosa del otro jueves, *familiar*), hay que ser comprensivos, pues el argumento, en definitiva, no es ni más ni menos que un pretexto para dar pie a la partitura, y los autores no siempre se dan maña para
85 enlazar las cosas.

EL SR. A. Señores, perdonen Vds. la confianza[20] (la libertad que me tomo), pero son las cinco y media, digo las seis y media, y tengo que liquidar con mi abogado un asunto que traigo entre manos. Ya se me hace muy tarde, y, con (el) permiso de Vds., voy a re-
90 tirarme (a dejarles).

Notas

1. En cama—en la cama; cama—lecho.

En cama—en la cama. Se notará la diferencia entre **en cama**, que implica una enfermedad, y **en la cama.**

Tendrá que estar en cama (guardar cama) . . . no sé, un tiempo indefinido. *He will have to be in bed (be confined to bed)—I don't know—an indefinite period of time.*

El Sr. X no madruga; le gusta estar en la cama hasta muy entrada la mañana. *Mr. X does not rise early; he likes to stay in bed well into the morning.*

Meterse en la cama: *to get into bed.*

Cama—lecho. Cama es un mueble (*an article of furniture*). La palabra **lecho** añade a la idea de cama nociones accesorias: emociones, respeto, padecimiento, con que la asociamos bajo ciertas circunstancias.

La cama que se compró en los Almacenes X costó 2000 pesetas. *The bed he bought at X's Department Store cost 2000 pesetas.*

El niño no quiere ir a la cama. *The child does not want to go to bed.*

Los niños no tuvieron valor para acercarse al lecho de muerte de su abuela. *The children didn't have the courage to approach their grandmother's deathbed.*

El lecho del enfermo le recordó su propia enfermedad. *The patient's bed recalled his own illness to him.*

Erguido y quieto como una estatua, permaneció el joven al pie del ensangrentado lecho. *Erect and motionless as a statue, the young man stayed at the foot of the blood-stained bed.*

2. Asistir—*to assist.*

Asistir: *to assist or to attend.*

En la operación que realizó el doctor X, le asistieron (ayudaron) los Drs. Y y Z. *In the operation which Doctor X performed, Drs. Y and Z assisted (helped) him.*

No puedo asistirle (ayudarle) con otra cosa que con mi consejo. *I cannot assist (help) you otherwise than with my advice.*

Asistió a la boda, a la escuela, a la representación. *He attended the wedding, school, performance.* (Para **atender**, véase p. 255, n. 10.)

To attend to: atender a.

3. Benigno—benévolo—benéfico.

Benigno significa *benign* y *mild*.

Mantienen una actitud benigna hacia sus cautivos. *They maintain a benign attitude toward their captives.*

La epidemia reviste, por ahora, caracteres benignos. *The epidemic is taking on a mild character for the present.*

Un clima benigno (moderado, templado): *a mild (moderate, temperate) climate.*

Benévolo aplícase a la persona que acoge las cosas animada de un espíritu de comprensión y tolerancia: *lenient, tolerant, understanding.*

Es un juez sumamente benévolo: siempre trata de atenuar las penas de los condenados. *He is an extremely lenient (understanding) judge: he always tries to attenuate the penalties of the condemned.*

Es un profesor benévolo a la hora de corregir los exámenes. *He is a lenient teacher when it comes to correcting examinations.*

Con ojos benévolos (con ojos de benevolencia) *frase hecha: understandingly.*

Benevolent se puede traducir apropiadamente por **bueno**. Empero, en este sentido, **bueno** se pospone al sustantivo que califica.

Un hombre bueno (es decir, el que obra con un interés recto y desinteresado por los demás): *benevolent.*

Un buen hombre (es decir, un hombre ordinario en todo, incapaz de hacer mal a nadie, e incapaz, al mismo tiempo, de descollar en nada): *a nice, tolerable man.*

Benéfico se usa en dos acepciones principales. Aplícase en primer lugar a instituciones que, con sus obras, acciones o actividades, humanitarias y filantrópicas, persiguen el bien de los demás.

Sociedad benéfica de socorros: *benevolent aid society.*

La beneficencia pública depende administrativamente del Ministerio de la Gobernación. *Public welfare comes under the Ministry of the Interior administratively.*

En segundo lugar, **benéfico** significa **beneficioso** (es decir, que puede producir buenos efectos): *beneficial.*

Esto es benéfico (beneficioso) para la salud. *This is beneficial for the health.*

4. Suministrar.

(Respecto a **administrar**, véase p. 218, n. 12.)

Suministrar es sinónimo de **facilitar**.

¿Quién le suministró (facilitó) los informes? *Who supplied (furnished) him with the information?*

La maquinaria de nuestra imprenta ha sido suministrada (facilitada) por la casa X. *The machinery of our press was supplied (furnished) by the X company.*

En caso de huelga, hay que asegurar el suministro de los artículos de primera necesidad (víveres, combustibles). *In case of a strike, it is necessary to insure the supply of indispensable necessities (foodstuffs, fuel).*

5. Mediante—por medio de.

Mediante denota el medio de que uno se vale para realizar algo. Equivale en este sentido a **con** o **por**.

Fue rescatado mediante la suma de quinientos escudos. *He was ransomed for the sum of five hundred crowns.*

Mediante el uso regular de este tónico, las energías se vivificarán. *Through the regular use of this tonic, energies will be revived.*

Cuando el medio empleado es una cosa u objeto cuya forma, tamaño o características físicas se pueden aprovechar para efectuar algo, **por medio de** puede sustituir a **mediante**. En este caso, **mediante** se traduce por *by means of.*

El aparato funciona mediante (por medio de la) electricidad. *The apparatus functions by means of electricity.*

Levantó el coche mediante (por medio de) una palanca (gato). *He raised the car by means of a lever (jack).*

Los sordomudos se hablan mediante (por medio de) señas. *Deaf-mutes speak to each other by means of signs.*

6. En pie—de pie.

Para expresar la postura vertical de algo o alguien, se dice en sentido propio **de pie** o **en pie**.

Quedó de (o en) pie una hora como si fuera una estatua. *He remained standing for an hour as if he were a statue.*

Al llegar el presidente, todos se pusieron de (o en) pie. *When the president arrived they all stood.*

Puso la silla de (o en) pie tras haberla tumbado (tirado) al pasar. *He stood the chair up(right) after throwing it over as he passed.*

En expresiones metafóricas, se emplea sólo **en pie.**

Una gran parte de la ciudad quedó en pie después del bombardeo. *A large part of the city remained standing after the bombardment.*

Aun queda en pie una deuda de unas dos mil pesetas. *There is still a debt of some two thousand pesetas standing.*

7. Además del sentido de la palabra *to abandon,* **abandonar** tiene el uso siguiente:

Abandoné la casa de mi amigo diciéndole que volvería más tarde. *I left my friend's house telling him that I would come back later.*

Abandonó el salón, cuando la fiesta estaba en su apogeo. *He left the drawing-room, when the festivities were at their height.*

8. Fruto—fruta.

Fruto: término botánico aplicado a la parte de la planta que contiene la semilla. Fruta: fruto *comestible (edible)* por su valor nutritivo. Todas las frutas son frutos pero no recíprocamente.

La bellota es el fruto del roble. *The acorn is the fruit of the oak.*

Le pidió que le sirviese verduras y frutas para postre. *He asked him to serve him green vegetables and fruit for dessert.*

Fructuoso: *fruitful.* Fructífero: *fruit-bearing.*

9. Pretender—*to pretend.*

Pretender a una mujer: requerirla de amores (*to woo a woman*).

Pretender un destino: aspirar a él (*to seek a position*).

No pretenda Vd. terminar el trabajo hoy mismo. *Don't seek (strive) to finish the work today.*

Pretende que lo comprende todo. *He claims he understands it all.*

"To pretend" is translated by **aparentar** *or* **fingir.**

He pretends to understand, but my belief is that it isn't true. Aparenta comprender, pero tengo para mí que no es verdad.

Don't pretend; be sincere. No finja Vd; sea sincero.

10. Juerga.

Juerga (*spree*): palabra del argot corriente, que significa divertirse ruidosamente y de manera algún tanto desordenada.

Correr una juerga (*familiar*) (*to go out on a spree*): divertirse de lo lindo. (**De lo lindo** en esta frase es irónico; equivale a **a más no poder.**)

Ir de juerga: *to go on a spree.*

Un juerguista: *a gay dog.*

11. De cuidado—con cuidado—cuidado con—¡cuidado!

De cuidado: expresión indicadora de que algo o alguien requiere una atención vigilante.

Un hombre, una enfermedad, un asunto de cuidado: *a dangerous man, illness, matter.*

El enfermo está de cuidado. *The patient is in a dangerous condition.*

(Estar) con cuidado: (estar) alerta o preocupado.

Esté Vd. con cuidado (alerta), pues de un momento a otro puede sobrevenir el ataque. *Be careful (alert), since the attack may come at any moment.*

El estado de este asunto me tiene con (sin) cuidado. *This state of affairs has me worried (doesn't worry me).*

Cuidado con seguido de un sustantivo o cláusula se emplea en son de (como) advertencia.

¡Cuidado con mis papeles! *Be careful of my papers.*

Cuidado con que vayas a hacerlo otra vez. *Take care not to do so again.*

¡Cuidado!: interjección que sirve para indicar la proximidad o posibilidad de un peligro: *look out!*

¡Cuidado! Ahí viene un automóvil a toda velocidad (a todo meter, *popular*). *Look out! Here comes an automobile at full speed (burning up the road, slang).*

12. Tomar a broma: *to take lightly.* Hablar en broma: *to speak jokingly.* Estar de broma: *to be in a jocular mood.*

No estoy para bromas. *I am in no mood for jokes.*

Gastar bromas: *to crack jokes; to play jokes on someone.*

Con las armas (de fuego) no hay bromas. *There is no joking with (fire)arms.*

Una broma pesada (*a practical joke*): una broma de muy mal gusto que puede ocasionar perjuicio o daño.

13. Enfriar—refrescar—sentir frío.

En sentido propio, cuando **refrescar** se aplica al ambiente (*atmosphere*) y los seres vivos, indica un descenso *agradable* de la temperatura: *to cool (off), to get (become) cool.* Referente al ambiente, **refrescar** se usa como verbo intransitivo; pero cuando se refiere a los seres vivos, es casi siempre transitivo.

(La noche) está refrescando. *The night is (or it is) getting cool.*

Se sentó a la sombra para refrescarse. *He sat down in the shade in order to cool off.*

Enfriar es de uso mucho más amplio; empléase con el significado de **poner frío,** no siendo siempre obligadamente agradable la baja de (la) temperatura como en el caso de **refrescar.** Quien se refresca se complace en el alivio producido por la reducción del calor. Quien se enfría experimenta una sensación desagradable y a veces efectos nocivos posteriores. La tarde refresca (*cools off*) o se enfría (*gets cold*). N.B. Referente al tiempo, **enfriar** por contraste con **refrescar,** es generalmente transitivo.

Un nadador sufre un enfriamiento (se enfría). *A swimmer has a chill* (*gets chilled*).

Enfriar el agua con hielo: *to chill the water with ice.*

El día se enfrió sensiblemente al ponerse el sol. *The day got considerably colder when the sun went down.*

Sentir frío: *to feel cold* (*of a living being*).

Si siente frío, abríguese bien. *If you feel cold, bundle up.*

14. Acalorar—calentar—caldear.

Acalorar se usa principalmente tratándose de personas. Tiene el sentido de hacerlas sentir (pasar) las molestias o bochornos (efectos sofocantes) del calor.

Se acaloró jugando al tenis. *He got overheated playing tennis.*

El calor del sol a lo largo del camino le acaloró hasta tal punto que creía morir de sed. *The heat of the sun along the road made him suffocate to the point that he thought he would die of thirst.*

En sentido figurado, **acalorar a una persona** es alterar (*perturb*), irritar, e incluso a veces sofocarla (es decir, afectarla hasta el punto de repercutir en su respiración y en el dominio de sí).

Siempre que saca a relucir esos trapos sucios, su pobre mujer se acalora irremediablemente. *Every time he brings out that dirty linen his poor wife helplessly chokes with rage.*

Acalorarse se dice de personas y de las discusiones, conversaciones y ambientes en que ellas intervienen o se encuentran: *to get heated.*

Calentar tiene un uso más amplio y diverso; significa poner caliente: *to heat, to warm* (*up*).

Calentar la comida, la sopa: *to heat the meal, the soup.*

Un motor se (re)calienta. *A motor gets* (*over*)*heated.*

Se acercó a la chimenea para calentarse. *He approached the fireplace to warm up.*

El verbo **calentar** se emplea en varias frases hechas. Calentarse con la idea de hacer una cosa (*algo corriente*): pensar cada vez más en la idea de hacer o conseguir algo: *to warm up to the idea of* (colloquial).

Después de una conversación con algunos amigos se calentó con la idea de empezar los estudios de piloto. *After a conversation with some friends he warmed up to the idea of beginning a course of study for pilots.*

Calentar los ánimos: exaltar o excitar los de las personas que forman parte de un grupo o reunión.

Sus razones, el vino, la discusión calentaron los ánimos de los asistentes. *His words, the wine, the discussion, fired the minds of those attending.*

Calentarle la cabeza a uno es molestarle con una conversación pesada, o llenarle la mente de vagas e irrealizables ilusiones.

Siempre me calienta la cabeza con sus quejas interminables, sus desgracias. *He always gets under my skin with his endless complaints, his misfortunes.*

Le calentó la cabeza con sus cuentos chinos sobre la vida en aquel país. *He turned his head with his tall stories about life in that country.*

Caldear es calentar el *ambiente* de un recinto, poniendo la temperatura *moderadamente* alta, y *manteniéndola* así durante un espacio de tiempo.

Se caldea (*o* se calienta) un teatro, una casa, un local, pensando en el confort (comodidad) de los ocupantes. *We heat (warm, keep warm) a theater, a house, a place, thinking of the comfort of the occupants.*

Caldear *no* se emplea para referirse a personas u objetos. Se calienta (*y no* se caldea) un vaso de café, la comida.

Caldear los ánimos, el ambiente de una reunión es excitarlos, consiguiendo hacerlos a menudo propicios para (*o* a) cierto propósito: *to thaw out, to dispose warmly.*

(N.B. Este giro, menos fuerte que **calentar los ánimos** indica frecuentemente más deliberación por parte de quien quiere conseguir tal efecto.)

15. Llevar—llevarse—tomar.

Llevar (*to take*): transportar algo o a alguien de un sitio a otro.

Llevarse (*to take away*): quitar a alguien o algo del lugar que ocupa, y marcharse con ellos.

El camarero se llevó la silla que sobraba. *The waiter took away the chair that was in excess.*

Llevó la silla adonde hacía falta. *He took the chair where it was needed.*

Traer: *to bring.*

Tráigame Vd. el libro. *Bring me the book.*

"*To take to a place*" *should never be translated by* **tomar** *but by* **llevar.**

He took the ball. Tomó la pelota.

He took the book to the library. Llevó el libro a la biblioteca.

Tomar el tren, el autobús: *to take the train, the bus.*

16. Castizo.

La palabra **castizo** tiene tal variedad de significaciones que es preciso atenerse estrictamente al contexto para traducirla.

El estilo (la prosa) castizo de Valera: *the pure style* (*prose*) *of Valera.* (Esta frase significa que el estilo [la prosa] de Valera es pura y típicamente español.)

Una expresión castiza (*a pure or slang expression*): expresión de puro castellano, o bien un dicho peculiar de los barrios bajos (*o* populares) (*slums*) madrileños.

Los castizos personajes de los sainetes de Carlos Arniches: *the typical low characters of Carlos Arniches' farces.*

17. Pelear—pelearse—batirse—combatir.

Pelearse es disgustarse (*to have a falling out*) o llegar a las manos dos o más individuos por cualquier *motivo de escasa importancia.* A este respecto se distingue de **pelear,** que se reserva para casos más importantes o graves.

Les pusieron una multa a los dos jugadores de fútbol que se pelearon durante el encuentro. *They fined the two soccer players who fought during the match.*

Los boxeadores deben atenerse escrupulosamente a cada artículo del reglamento cuando pelean (se baten) en el cuadrilátero. *Boxers should adhere scrupulously to every regulation of the code when they fight in the ring.*

Peleó (se batió) como un tigre contra los que trataron de agredir a su mujer. *He fought like a tiger against those who tried to attack his wife.*

Pelear, batirse y **combatir** son modalidades de la misma actuación. Entre **batirse** y **pelear** particularmente, es muy estrecha la sinonimia, pero **batirse** comporta frecuentemente la idea de seguir uno un proceder convencional o un plan preconcebido. Por el contrario, **pelear** lleva consigo la de emplear la fuerza física indicada por las circunstancias concretas para triunfar. Así son frases hechas **batirse en duelo** (*to fight a duel*) y **batirse en retirada** (*to fight a withdrawal action*).

Combatir implica el uso de conocimientos, organización, o estrategia para vencer al enemigo o la oposición.

En las academias militares los alumnos estudian las formas de combatir a través de la historia. *In military schools the students study ways of fighting through the centuries.*

Combatir se usa como verbo transitivo o intransitivo.

Combatir al (*o* con el) enemigo, una epidemia, la ignorancia, por la libertad. *To fight (with) the enemy, an epidemic, ignorance, for liberty.*

(Para **batir,** usado como verbo simple, véase p. 349, n. 10.)

18. Tópico—*topic.*
Tópico: lugar común.

El orador repitió hasta la saciedad los manidos tópicos basados en la desigualdad social. *The orator repeated to the point of satiety the hackneyed platitudes based on social inequality.*

La conversación versó sobre los tópicos ordinarios del tiempo. *The conversation dealt with the ordinary commonplaces about the weather.*

Topic: tema.

On what topic are you going to speak? ¿Sobre qué tema va Vd. a hablar?

N.B. En ciertos países de Hispanoamérica, **tópico** se emplea en el sentido de **tema.**

19. Traza—trazo.
Traza: impresión que produce algo o alguien por su aspecto o apariencia.

Este joven tiene buena traza. *This young man makes a good appearance (or impression).*

Traza se usa con el verbo **tener** en el sentido de *to look like.*

He looks like a beggar, teacher, soldier. Tiene traza (*o* trazas) de ser (un) pordiosero, profesor, soldado. Tiene traza (*o* trazas) de pordiosero, profesor, soldado. Tiene la traza (*o* las trazas) de un pordiosero, profesor, soldado.

Tener (llevar) traza(s) de *seguido del infinitivo: to look as if, to give (one) the impression that.*

La situación tiene (lleva) traza(s) de provocar disturbios. *The situation looks as if (gives the impression that) it will create trouble.*

Por las trazas (que lleva): *the way things look.*

Por las trazas (que lleva), la construcción del puente no se acabará nunca. *The way things look, the construction of the bridge will never be completed.*

Traza se emplea también en el sentido de **huella** (*trace, imprint*) en frases como las siguientes.

Siguió las trazas de su padre, llegando a ser un abogado de renombre. *He followed in his father's footsteps becoming a lawyer of renown.*

La cultura árabe dejó profundas trazas en la España de la Edad Media. *Arabic culture left deep imprints on Spain of the Middle Ages.*

N.B. Es importante no confundir **traza** con **trazo**. Trazo: cada movimiento de la mano hecho con útiles de escribir o pintar para hacer rayas, líneas, pinceladas, o éstas mismas.

Este cuadro está pintado con trazos largos y seguros. *This picture is painted with long, sure strokes.*

El novelista describió a grandes trazos las costumbres típicas del pueblo. *The novelist described the typical customs of the people with broad strokes.*

20. Confianza—confidencia.

Confianza: *confidence.* Confidencia: revelación secreta.

La policía supo por una confidencia que el golpe se intentaría aquella noche. *The police learned through a divulged secret that the coup would be attempted that night.*

Cuando éramos condiscípulos, me hacía muchas confidencias. *When we were fellow students, he told me many of his secrets.*

Tener confianza en alguien (poner la confianza en): confiar en.

Tengo confianza en él. *I have confidence in him.*

Dar confianza a: tratar de igual a igual a un inferior.

No dé Vd. confianza a ese niño, porque abusará de su amabilidad. *Don't be confidential with that child, because he will take advantage of your friendliness.*

El jefe de la oficina dio confianza excesiva a sus subordinados, y acabaron perdiéndole el respeto. *The manager of the office became excessively confidential with his subordinates, and they eventually lost respect for him.*

De confianza: se aplica a personas con quienes tenemos cierta intimidad o que creemos dignas de nuestra confianza.

Amigo (persona) de confianza: *an intimate friend.*
Lo dijo así a boca de jarro, como quien dice. Afortunadamente, todo el mundo era de confianza. *He said it on the spur of the moment, so to speak. Fortunately, everybody was on intimate terms.*
Hablar en tono de confianza: *to speak in an intimate tone.*
Las fórmulas de saludo varían en lo social, según el grado de amistad o de confianza de las personas que se cartean. *Forms of salutation vary in social life, according to the degree of friendliness or intimacy between the people writing to each other.*
Tomarse la confianza: sobrepasar los límites de la confianza debida: *to become overfamiliar, to take liberties.*
Empezamos por ser buenos amigos, pero pronto se tomó la confianza, viniendo a visitarme a deshora. Por fin, me vi obligado a cortar en seco (por lo sano) nuestra amistad. *We began by being good friends, but he soon became overfamiliar (took liberties), coming to visit me at the wrong time. Finally I felt obliged to break off our friendship abruptly (cleanly).*

Ejercicios

■

PRIMERA PARTE

A. CUESTIONARIO

1. ¿Qué recetó el doctor Bru cuando vino a reconocer a Juan?
2. ¿Cómo se debilitó Juan?
3. ¿Cómo es la sala de lectura de la biblioteca?
4. ¿Qué es lo esencial, según el Sr. Arbos?
5. ¿Por qué no puede Juan llamarse a engaño?

B. MODISMOS Y GRAMÁTICA

Repaso del verbo "caber". "To have" *traducido por* "tener", "haber", *y* "hacer" + *el infinitivo* (p. 265, l. 11; p. 265, l. 22 y p. 265, l. 4).

1. The doctor had prescribed a patent medicine with a menthol base to be administered by means of an atomizer. **2.** If he is not on his feet the day after tomorrow, we shall have to have the doctor come to examine him.

3. He has assumed so much work recently that he hasn't the time to take part in the usual diversions of his friends. **4.** The doctor does not want him to get out of bed until he recovers completely. He is still hoarse. **5.** If he had not been so obstinate about giving in, this feeling of weakness would not have come over him. **6.** I did not want him to work in that poorly constructed building; it is so cramped for space that fifty people can scarcely be accommodated. **7.** I am sorry he has had a relapse, but the main thing is that he is out of danger. **8.** If you stick to your guns, you will be able to buy the lot at that price. I know you have set your heart on it. **9.** I warned him, and he cannot say that he was misled. **10.** You would have cause to regret it if you brushed aside my advice.

C. ESTUDIO DE PALABRAS

1. He has been *in bed* for a week. Do you like to eat breakfast *in bed* in the morning? **2.** No hubo manera de hacerle *asistir* a la reunión. You must *attend to* your health first. **3.** Esta estación es muy *benigna*. **4.** This medicine has been very *beneficial*. La labor de esta sociedad *benéfica* ha sido muy importante. **5.** Tenía veinticinco años cuando *abandonó* la ciudad donde había nacido. **6.** ¿Hay árboles *fructíferos* en el desierto? Our efforts have been more *fruitful* than he thinks. **7.** The *fruit* of this tree is poisonous. You would not have fallen prey to the illness if you had eaten a great deal of *fruit*. **8.** ¿Sabe Vd. si *pretenderán* ampliar el edificio actual? He *pretended* that the doctor had diagnosed the illness as merely a case of the grippe. **9.** ¡*Cuidado*! por poco cae Vd. ¡*Cuidado con* ese hombre! Este señor es *de cuidado*. **10.** La sociedad se hace cada vez más *benévola* con los excesos de la juventud. Es un hombre *bueno*. Es un centro *benéfico*. **11.** Se comunicaron *por medio de* banderas. El pago se efectuará *mediante* (la) entrega de este vale. **12.** El perro está *de* (*en*) *pie* a la puerta. Hay mil hombres *en pie* de guerra.

D. TEMA

Will he have to stay in bed long, Doctor Smith?

Well, he is still hoarse; but the medicines he has taken have been very beneficial. I think he will be on his feet again the day after tomorrow.

I told him to dress warmly the other night when he went to the library, but he always refuses to wear an overcoat.

There are many people stricken. It's the result of the weather. It couldn't be otherwise with this biting cold.

Unfortunately, John must take examinations in five courses next week.

The worst of it is that they are painting the library. You must warn him that he will have cause to regret it if he works there.

I am sure that he will not take your advice lightly.

∎ ∎

SEGUNDA PARTE

A. CUESTIONARIO

1. ¿Por qué hace María seña al camarero de que se acerque?
2. ¿Por qué puede darse por descontado el éxito de la obra a que alude el Sr. Arbos?
3. ¿Cuáles son los defectos predominantes de la zarzuela como género teatral?
4. ¿Cuál es la defensa de la zarzuela que hace el Sr. Smith?
5. ¿Por qué interrumpe la conversación el Sr. Smith?

B. MODISMOS Y GRAMÁTICA

Repaso del verbo "oír". Omisión de la partícula adverbial "mente" con el primero de dos adverbios (p. 267, l. 63). "Como" empleado en el sentido de "as if" cuando no va seguido de una cláusula (p. 269, l. 77).

1. He wanted us to listen carefully and attentively to a review of a play which was going to be brought to the screen. **2.** "The success can be taken for granted," he announced slowly and happily, "because the cast that has been selected is grand." **3.** As if angered, he repeated that the absurdity of the plot would never prevent the music's more than making up for all defects. **4.** It had given every appearance of dying out before the taste of the general public changed. **5.** One must be lenient with respect to the platitudes one hears. After all, the plot is only a pretext to furnish a point of departure for the score. **6.** It is six-fifteen, I mean, seven-fifteen, and I want you to leave at once. You are late. **7.** I told you not to order coffee here. It's only so, so; it's on a par with the coffee they serve at X's Restaurant. **8.** Pardon my personal intrusion, but it is odd that you do not remember the great success this play enjoyed in the United States two years ago. **9.** I am sorry you tossed off a letter like this; your sentences are hackneyed, and you've repeated a great many platitudes. **10.** You must find ways to knit things together. If you didn't, the incidents would follow each other without rhyme or reason.

282   CAPÍTULO XVII

C. ESTUDIO DE PALABRAS

1. If the night *gets cold*, don't forget to dress warmly. Why go into that?—
The soup did not *get cold*; it was cold when you brought it. We *cooled off*
by swimming in the lake. *Se enfrió* después de jugar al tenis. 2. I want you
to *heat* the soup at once. He began to run and jump to *get warm*. 3. Don't
take the book *away*. He *took* the book, and started to go away. We *took*
the book to the library. He *took* the book *away* from the child. 4. The
soprano gave free rein to the whole gamut of her inordinate passions expressed in the usual *platitudes*. Will he base the speech on that *topic*? 5. The
general public has no *confidence* in those advertisements. Me hizo una *confidencia*. Son todos amigos de *confianza*. 6. La temperatura extremadamente
alta de la sala le *acaloró*. La conversación se *acaloró* peligrosamente. ¿Por
qué se *acaloró* así? Tomó vino para *calentarse*. *Calienta* el sol a mediodía.
Caldean las habitaciones a partir de noviembre. 7. Una banda de chavales
(*kids*) *se peleaba* en el patio. *Pelea* para defender sus derechos. El ejército
se batió en retirada después de *combatir* brillantemente. 8. Tiene *traza(s)* de
(ser un) buen pintor. Él tiene (lleva) *traza(s)* de tener éxito (salir bien o mal).
Si sigue las *trazas* de su profesor, llegará a ser un erudito (*scholar*). Hizo el
retrato con pocos *trazos*.

D. *Escríbanse unas 100 palabras sobre una zarzuela que se haya visto
recientemente en el cine.*

XVIII Final Examinations

■

JOHN   On picking up my examination slips this morning, I couldn't get over my surprise. I shall be able to go on to the next year because of the grades I have received. And to think that I had become accustomed to the idea that the professor of mechanics, who is extremely severe (tough, *slang*), would not prove (to be) ₅ disposed to help me along! Between (*or* what with) one thing and another, the fact is I haven't had a mouthful all morning (long), and I have a ravenous appetite.

MARY   I know from hearsay that that professor's fairness is beyond influence of any sort. He completely rejects any influence people ₁₀ may try to exert to make him deviate from his standards, even though they pull powerful (all sorts of) strings for that purpose. Just recall the case of X, who in spite of having pull (*slang*) (good backers), did not succeed in passing. The success you've had is the result of (your) devoting yourself fully to your studies.   ₁₅

JOHN   Not everything turned out right for me this morning. I was about to leave (on the point of leaving), when the Latin teacher approached (came up to) me. He wanted to ask a favor of me. He said I could help him very much by consenting to make up a ₂₀ committee with other classmates of my year, to which he will delegate things like the office and clerical work which a teacher's job involves. At the risk of getting into deep water, I didn't even attempt to offer the slightest objection to get out of the situation. I told him that he should, of course, count on me. It was unthink- ₂₅ able to speak openly to him and refuse, or to put on a grouchy expression, the more so since the old gentleman, who is well on in years, is in poor health. I think it very natural that he should wish to get a bother off his hands.

Exámenes de fin de curso XVIII

■

JUAN Esta mañana al recoger las papeletas[1] de examen, no salía de mi asombro.[2] Por las calificaciones obtenidas, podré pasar al curso siguiente. ¡Y yo que me había hecho a la idea de que el profesor de Mecánica, que es en extremo severo (un hueso, *popular*), no
5   se mostraría muy propicio[3] a facilitarme el paso! Con uno y con otro, la cosa es que no he probado bocado en toda la mañana, y tengo una hambre canina.

MARÍA De oídas sé que el espíritu equitativo (de justicia) de ese cate-
10 drático está a prueba de cualquier influencia. Rechaza de plano[4] toda influencia que se pretenda ejercer[5] para desviarle de su criterio, aunque para ello se muevan[6] palancas muy poderosas. Recuerda si no el caso de X, que a pesar de tener buenas aldabas (*popular*) (buenos padrinos), no consiguió aprobar. El éxito que
15 has tenido es (el) resultado de haberte dedicado de lleno al estudio.

JUAN No todo me ha salido a derechas[7] esta mañana. Estaba para (a punto de) marcharme, cuando se me acercó (se acercó (llegó) a mí) el profesor de latín. Quería pedirme un favor. Dijo que
20 podría ayudarle mucho, prestándome a integrar[8] con otros compañeros de mi curso una comisión, en la que delegará algo así como el trabajo oficinesco y de papeleo, que trae consigo (lleva anejo) el cargo de profesor. A riesgo de meterme en honduras, ni siquiera intenté oponer el más leve reparo para salir del paso.
25 Le dije que, desde luego, contase conmigo. No era cosa (cuestión) de hablarle claro y negarme, o de poner mala cara,[9] cuanto más que el buen señor, que ya es de edad (está entrado en años), está mal[10] de salud. Encuentro muy natural que quiera quitarse de encima un engorro.

EXÁMENES DE FIN DE CURSO   **285**

MR. S.   I believe you'd have done better to evade that proposal. But ₃₀ now that you have given him your word to help him, and have bound yourself to share the work with your other classmates, you should not back out.

MRS. S.   And George? He told us that he had turned in bad examinations, because his eyesight has been strained. For some time, he ₃₅ has been under the care of an oculist, who, from the first consultation, unreservedly prohibited his reading. But, at least, he hasn't lost the year, I hope.

JOHN   As far as passing goes, he passed all right, although, well, it was by the skin of his teeth. The one who was furious (beside ₄₀ himself) (mad, boiling, *colloquial*) was James. After going through the year twiddling his thumbs, with a disdainful attitude toward the work, he was (sorely) disappointed because he had trusted too much to luck. He was struck dumb on seeing his marks, but he got only his just deserts. And that shows beyond a doubt that ₄₅ the teachers know how to judge the conduct of the students, and give everyone his due.

■ ■

MARY   I personally can tell you that the very day he was introduced to me I formed a bad opinion of him (he struck me as disagreeable). He seems to take pride in being a person of social dis- ₅₀ tinction, and in easily winning everybody's good will, but, far from that, the truth is that nobody can think well of him.

JOHN   Yes, it's true. He keeps aloof, and isn't on friendly terms (chummy, *colloquial*) with anybody; at least he doesn't have anything to do (associate) with anybody of our year. You should ₅₅ have seen him yesterday in the corridors of the University. He walked out, head down, with his marks, and when he became aware of the mocking curiosity with which his fellow-students stared at him, his anger mounted all at once. With a flushed face and bloodshot eyes, he turned furiously towards a group of stu- ₆₀ dents, and uttered a few words of such a nature that they aroused the anger of those who could hear him. Only the timely interference of a teacher, who just happened to be passing by, kept the thing from taking a serious turn.

₃₀ EL SR. S. Creo que hubieras hecho mejor en eludir esa proposición.[11] Pero ya que le has dado palabra[12] de ayudarle, y te has comprometido a compartir el trabajo con los otros compañeros, no debes volverte atrás.

LA SRA. S. ¿Y Jorge? Nos dijo que había hecho malos exámenes, ₃₅ porque tiene la vista cansada. Hace tiempo que está sometido a tratamiento de un oculista, que, desde la primera consulta, le prohibió a rajatabla que leyese. Pero, cuando menos (al menos, por lo menos), espero que no haya perdido el curso.

JUAN Aprobar, sí aprobó, aunque, vamos, ha sido por los pelos. El ₄₀ que estaba furioso (fuera de sí) (negro, echando chispas, *populares*) era Jaime. Después de pasarse el curso mano sobre mano, en actitud displicente hacia (para) el trabajo, se llevó (buen) chasco por confiar excesivamente en la suerte. Se quedó de una pieza al ver las notas, pero no hizo más que llevarse su merecido. Y ello ₄₅ demuestra hasta la evidencia que los profesores saben sancionar la conducta de los estudiantes, y dar a cada cual lo suyo.

■ ■

MARÍA Yo de mí sé decirte que, ya el día en que me lo presentaron, formé de él (un) mal concepto (me cayó antipático). Parece pre- ₅₀ ciarse de persona de buen tono, y de captarse[13] fácilmente las simpatías de todo el mundo, pero, lejos de ser así, lo cierto es que nadie puede tenerle en buen concepto.

JUAN Sí, es verdad. Se mantiene a distancia, y no se lleva bien (no está de buenas, no hace buenas migas, *familiares*) con nadie; por ₅₅ lo menos no trata[14] (alterna) con nadie de nuestro curso. Había que verle ayer en los pasillos de la Universidad (Facultad). Salió cabizbajo con sus notas, y al darse cuenta de la curiosidad burlona con que sus compañeros le contemplaban,[15] su cólera subió de golpe. Con la cara encendida y los ojos enrojecidos (inyectados ₆₀ de sangre), se volvió airadamente hacia un grupo de alumnos, y profirió algunas palabras de tal género que despertaron la irritación[16] de los que pudieron oírle. Sólo la oportuna intervención de un profesor que acertó a pasar (casualmente pasó) por allí, impidió que la cosa pasara a mayores.

EXÁMENES DE FIN DE CURSO   **287**

MARY   The faculty knows each student's weak points (*colloquial*) only 65
too well. There are many students who study only in their spare
time. And since such is the case, with what justification do they
complain, if they repeat a year's work? Do you remember how
James worked in the laboratory? He didn't know what he was
about (where he was at, *colloquial*). (He didn't get anything 70
straight, *colloquial*). Now, naturally, he has to suffer the consequences of all that (to take his medicine, to face the music,
colloquial).

MR. S.   Stop that childish prattle. Let everyone make his own way,
as he pleases. You must go on with your required studies, and get 75
your degree. After all, the purposes with which the other students
enter the University are no business of yours (are beside the point,
have no bearing on the matter).

JOHN   The attitude the Latin teacher showed towards me this morning,
when I told him that the report I was to present to him was un- 80
finished (was still to be done), started me thinking (disturbed me).
He was boiling, but he didn't let even a bit of his anger show.
I shouldn't want him to become antagonistic towards me for
anything in the world.

MARY   It seems to me that must be a matter of absolute indifference 85
to the man. He must have dismissed it from his mind by now.
Don't read a hidden meaning into his words. Where would he be
if, as you're doing, he made a mountain out of a molehill?

MR. S.   Mary is right.—In order to show you that I am highly satisfied 90
with your accomplishment(s) during this year, and so that you
may not have any worries about money matters this summer, I
have left a sum of money in your name at the bank. So you will
have at hand the wherewithal to fill your needs (meet your expenses) during the vacation. 95

JOHN   Thanks ever so much (I'm deeply grateful). In that way, I shall
be able to take the train one of these days and go off to San
Sebastián, as it's been an age since I've set foot there. If I am in
the mood (if I feel like it), I shall go off to Biarritz, which is, you 100
might say, a stone's throw away.

288   CAPÍTULO XVIII

65 MARÍA El profesorado sabe de sobra de qué pie cojea (*familiar*) cada estudiante. Hay muchos estudiantes que sólo estudian a ratos perdidos. Y siendo así, ¿con qué derecho se quejan, si repiten curso? ¿Recuerdas cómo Jaime trabajaba en el laboratorio? No sabía por dónde andaba. (No daba pie con bola, *familiar*). Ahora,
70 ¡claro! tiene que pagar las consecuencias de todo eso (pagar los vidrios (*o* platos) rotos, pagar el pato, *familiares*).

EL SR. S. Dejaos de niñerías. Que cada cual vaya por (siga) su camino,
75 y sea como le dé la gana. Vosotros tenéis que seguir los estudios necesarios, y obtener el título. En fin de cuentas, las miras con que ingresan en la Universidad los demás estudiantes no son de vuestra incumbencia (no vienen a cuento, no hacen al caso).

JUAN Me dio (en) qué pensar (me turbó) la actitud que observó hacia
80 mí esta mañana el profesor de latín, al decirle yo que la memoria que debía presentarle estaba sin (por)[17] hacer. Estaba que ardía, pero no dejó transparentar (traslucirse) ni un ápice de cólera. Por nada del mundo, querría que se enemistase conmigo.

85 MARÍA Me parece que eso le será perfectamente indiferente a ese señor. Ya lo habrá echado en olvido. No atribuyas a sus palabras una segunda intención. ¿Adónde iría a parar si, como tú, viese una montaña donde sólo hay un grano de arena (hiciese de un grano de arena una montaña)?

90 EL SR. S. María tiene razón.—Para mostrarte que estoy (he quedado) altamente satisfecho (satisfecho en alto grado [en grado sumo]) de tus trabajos (tu labor)[18] en este año, y para que este verano no pases preocupaciones por cuestión de dinero, he dejado a[19] tu nombre una cantidad[20] (suma) en el banco.[21] Así, tendrás a mano
95 con qué suplir[22] tus necesidades (hacer frente a tus gastos) durante las vacaciones.

JUAN Te lo agradezco infinito (sumamente, de todo corazón). Así podré tomar el tren un día de éstos y marcharme a San Sebastián, que hace un siglo que no he puesto los pies allí. Si me siento con
100 humor (con ganas), me llegaré a Biarritz, que está, como quien dice, a dos pasos (a un paso) (a un tiro de piedra).

EXÁMENES DE FIN DE CURSO **289**

Notas

1. Papeleta.

Papeleta denota hojas (*sheets of paper*) o impresos (*printed sheets*) destinados a usos concretos como los siguientes.

Papeleta de examen: aquella en que van indicados el nombre del estudiante y la calificación que obtuvo en el examen de cierta asignatura. Esta hoja es emitida oficialmente por un centro docente y firmada por el profesor: *examination slip.*

Papeleta (cédula) de citación (para los quintos): *draft notice (for recruits).*

Papeleta (cédula) de citación (judicial): *summons.*

Le enviaron y recibió una papeleta de citación para su incorporación en el ejército (para tal audiencia con tal fecha). *They sent him and he received a draft notice for his induction into the army (a summons for such-and-such a court at such-and-such a date).*

Papeleta electoral: *election ballot.*

En la urna se depositan las papeletas electorales. *Election ballots are deposited in the ballot-box.*

En el lenguaje figurado **papeleta** se emplea en el sentido de cometido o encargo dado a alguien: *assignment.*

Le ha tocado una papeleta difícil. *He drew a difficult assignment.* (Esta expresión se usa, por ejemplo, refiriéndose a un estudiante que hace un trabajo difícil sobre un tema impuesto por el profesor; también de un diputado obligado a defender o atacar una cuestión peliaguda.)

2. Admirar—*to admire.*

Admirar tiene la acepción de reconocer en algo o alguien cualidades superiores, dignas de elogio: *to admire.*

Admiro el valor de aquellos aviadores, que día tras día arriesgan la vida en combates feroces. *I admire the courage of those aviators who risk their lives day after day in fierce combat.*

Además, **admirar** es llamar la atención a uno las cualidades o características de una persona, cosa o acontecimiento que se le presentan como extraordinarios en buen o mal sentido: *to surprise.* En esta acepción, **admirar** se emplea generalmente bien como verbo pronominal (admirarse de), bien en la forma de que algo le admira a uno.

Se admiró de la extrema suciedad de las calles aun en los barrios más céntricos de la ciudad. *He was surprised by the extreme filth of the streets even in the most centrally located sections of the city.*

Me admira su tranquilidad ante las amenazas de sus vecinos. *I am surprised at his calm in the face of his neighbors' threats.*

3. Propicio.

Propicio: además del significado inglés, esta palabra se usa corrientemente en español para indicar que el ánimo de una persona está favorablemente dispuesto o inclinado o que las circunstancias son favorables a la consecución de lo que nos proponemos o deseamos.

No estaba muy propicio (favorablemente dispuesto) a complacerme. *He was not inclined (disposed) to oblige me.*

Mi padre no aparentó estar propicio a mi sugestión. *My father did not give the impression of being well inclined toward my suggestion.*

Este tiempo no es propicio para una excursión al campo. *This weather isn't favorable for a trip into the country.*

4. De plano.

Confesó (cantó, *popular*) de plano su participación en el crimen. *He confessed (owned up, slang) completely his participation in the crime.*

Se negó de plano (en redondo) a ejecutar aquel acto. *He refused completely (flatly) to perform that act.*

5. Ejercer—ejercitar.

Ejercer una profesión, la medicina, la abogacía, la ingeniería: *to practice a profession, medicine, law, engineering.*

Ejercitarse en tocar el piano, en escribir versos, en hablar español, en el francés, en la esgrima, en el piano: *to practice playing the piano, writing verses, speaking Spanish, French, fencing, the piano.* (Para el verbo **practicar,** véase p. 308, n. 2.)

Ejercer un derecho, una influencia, un poder (hacerlos actuar): *to exercise a right, an influence, a power.*

Ejercitar un derecho, una prerrogativa (*to invoke a right, a prerogative*) es apelar a ellas o invocarlas.

"To exercise" (*that is, to do physical exercise*): hacer ejercicio(s).

Acostumbro (a) hacer ejercicio (o ejercicios) todas las mañanas antes de salir de casa. *I am accustomed to do exercise (to exercise) every morning before leaving the house.*

To exercise one's muscles: ejercitar (*y no* ejercer) los músculos.

6. Mover—desplazar—correr.

Mover: alterar el estado de reposo o quietud de algo o de alguien.

No puedo mover el brazo. *I cannot move my arm.*

No se mueva Vd. *Don't move.*

No puedo mover esta mesa; está adherida al suelo. *I cannot move this table; it is fastened to the floor.*

Desplazar: trasladar una cosa de un *lugar* a *otro*.

Una división motorizada se desplaza rápidamente de un lado a otro del frente de combate. *A motorized division moves rapidly from one side of the line of combat to the other.*

Los planetas se desplazan, describiendo órbitas alrededor del sol. *The planets move, describing orbits around the sun.*

Un viajante tiene que desplazarse continuamente para atender a sus clientes. *A travelling salesman has to move about continually to attend to his customers.*

Un cuerpo que vibra se mueve, pero no se desplaza necesariamente.

To move over: correr.

Corrió la mesa un poco. *He moved the table over a little.*

¡Córrase un poco, y hágame sitio en el banco! *Move over a little, and make room for me on the bench.*

To move out or in: mudar(se) de casa.

To move a piece in chess or checkers: mover una pieza en el ajedrez o en el juego de damas.

7. A derechas.

A derechas se usa preferentemente en frases negativas.

No hace nada a derechas. *He doesn't do anything properly.*

8. Integrar; íntegro.

Integrar significa hacer un conjunto de varios elementos: *to integrate;* además de esta acepción tiene la de formar varios elementos un todo: *to make up, to compose.*

El público estaba integrado, en su mayoría, por campesinos. *The audience was made up of peasants for the most part.*

La comisión estaba integrada por representantes de las diversas industrias. *The committee was made up of representatives of the different industries.*

Sin venir a cuento, empezó a hablar de su biblioteca, que decía integrada por numerosos y valiosos volúmenes. *Without its being to the point, he began to speak of his library which, he said, was made up of numerous and valuable volumes.*

"Integrity" and its Spanish paronym **integridad** are both used in the sense of uprightness, honesty (**probidad, honradez**). *The English adjective "integral" does not have the corresponding meaning of "upright". The Spanish adjective* **íntegro,** *on the other hand, does.* Aplicado a personas, **íntegro** significa honrado o recto: *upright, of integrity.*

Un hombre íntegro es aquel que se caracteriza por su probidad (integridad) y rectitud en todos los órdenes de la vida. *An upright man (a man of integrity) is one who is characterized by his probity (integrity) and rectitude in all aspects of life.*

9. Rostro—cara.

Rostro es de sabor más literario que **cara,** y no se usaría corrientemente en frases como las siguientes.

Lavarse cara y manos: *to wash one's face and hands.*

Se llevó un pelotazo en la cara. *He was struck in the face by a ball.*

En los casos siguientes, **cara** es la única palabra indicada.

Jugarse la vida a cara o cruz: *to stake one's life on the toss of a coin (i.e., on heads or tails).*

Poner buena (mala) cara: *to assume a contented (discontented) expression.*

Se habla también de las caras de una moneda, o sea el anverso y el reverso. *We speak also of the faces of a coin, that is, its obverse and reverse (side).*

El profesor dijo que escribiésemos sólo por una cara (un lado) del papel. *The teacher told us to write on only one side of the paper.*

10. Estar mal de.

Estar mal de dinero (de cuartos, *familiar*): *to be badly off (in a bad way) in regard to money.*

Este país está mal de comunicaciones, de trigo. *This country is badly off (in a bad way) in regard to communications, wheat.*

Esta escuela está mal de libros. *This school is badly off (in a bad way) in regard to books.*

11. Proposición: *proposal (or suggestion)* y *proposition (or business offer).*

Su proposición es tentadora, y la acepto. *Your proposition is tempting, and I accept it.*

La proposición de que fuésemos al cine fue bien recibida. *The proposal that we go to the movies was well received.*

EXÁMENES DE FIN DE CURSO   **293**

12. Salió sin decir (una) palabra (sin despegar los labios, sin decir esta boca es mía, sin decir oxte ni moxte). *He went out without (saying) a word (without opening his mouth, without saying boo).*

No entendí (una) palabra. *I didn't understand a word.*

La letra de una canción: *the words of a song.*

¡Guarde Vd. el secreto y no diga a nadie ni una palabra! *Keep the secret and don't even say a word to anybody!*

En dos palabras *o* en una palabra: *in a word.*

Hemos tenido unas palabras, y desde entonces estamos enfadados. *We had words, and since then we have been angry.*

Sólo la conozco de vista; he cruzado con ella unas palabras, nada más. *I know her only by sight; I just exchanged a few words with her, that's all.*

13. Capturar—captar—cautivar.

La policía capturó (prendió) al criminal. *The police captured (apprehended) the criminal.*

Captar (atraer) la benevolencia, estimación, atención, voluntad de alguien: *to win someone's benevolence, admiration, attention, good will.*

Captar significa también lograr percibir, comprender o reproducir algo: *to catch, to get.*

Capté el doble sentido de la frase. *I caught the double meaning of the sentence.*

No capté bien lo que Vd. me quería dar a entender. *I didn't quite get (catch) what you wanted to make me understand.*

El cuadro (el novelista) captó la hermosura del paisaje. *The painting (novelist) caught the beauty of the landscape.*

To captivate: cautivar.

A todos cautivó su hermosura (es decir, les embelesó los sentidos). *Her beauty captivated all.*

14. Alternar—tratar—tratarse.

Alternar (con) es pasar el tiempo circunstancial y superficialmente con amistades o conocidos en plan de distracción o diversión, saliendo a menudo con ellos: *to associate (with), to spend time (socially) (with), to go out (with).*

Esta chica no alterna (sale) nunca. *This girl never goes out (with people socially).*

El jefe de la empresa se ve obligado a alternar con los clientes (es decir, a invitarlos a cenar, a algún club o espectáculos). *The head of the firm feels obliged to associate socially (go out) with clients (that is, to invite them to dinner, to some club or other, or shows).*

Tratar indica una relación superficial pero habitual: *to come into contact (have dealings or to do) with.*

Apenas trato a (con) los vecinos de arriba, pues casi nunca coincidimos. *I scarcely come into contact with my upstairs neighbors because we almost never run across each other (meet).*

Sólo trato con él cuando nos encontramos en la cafetería. *I come into contact with him only when we meet at the café.*

Tratarse con alguien significa relacionarse con él asiduamente y con cierta intimidad y afecto: *to be close, to know intimately, to be on intimate terms with.*

Me trato con Juan desde la niñez. *John and I have been close (I've known John intimately) since childhood.*

No me trato con esa gente grosera (ineducada). *I'm not on intimate terms with those vulgar (unrefined) people.*

15. Contemplar—*to contemplate.*

Contemplar: *"to gaze at" or "to contemplate" in the sense of "to look at".*

El público se paraba ante los escaparates para contemplar aquellos efectos de luz. *The people stopped in front of the shop-windows to gaze at those lighting effects.*

Desde allí podía contemplar el tráfico de la calle. *From there he could contemplate the street traffic.*

Contemplar significa también atender a algo o alguien con un esmero rayano en (*bordering on*) el afecto.

Contemplar a un enfermo, un desvalido, un licor valioso, una alhaja o cualquier cosa que se estime de consideración: *to dote on (fuss over) a sick person, a helpless person, a valuable liquor or anything one considers of importance.*

"To contemplate" in the sense of "to intend": proyectar.

What do you contemplate doing? ¿Qué proyecta Vd. hacer?

16. Irritar—*to irritate.*

Se notará que **irritar** equivale a *to irritate*, y que además significa despertar la ira de alguien.

Con sus impertinencias, es capaz de irritar hasta a las piedras. *With his outlandish remarks, he is capable of irritating even stones.*

Las plagas de Egipto fueron prueba de la irritación divina contra el Faraón. *The plagues of Egypt were proof of divine wrath against the Pharaoh.*

Oyendo aquella falsa imputación contra él, se irritó sobremanera, y empezó (la emprendió) *familiar*) a golpes con todos. *Hearing that false imputation against him, he became enraged, and proceeded against (went after, colloquial) everyone with blows.*

17. Sustantivo (o pronombre) seguido de **que, por** o **a** y un infinitivo. En estas circunstancias, **que** denota la obligación de ejecutar la acción indicada por el infinitivo; **por,** lo que resta o falta para acabar la acción.

Tengo una cantidad determinada que pagar (me veo obligado a sufragar tal gasto).

Me queda una cantidad determinada por pagar (pagué una parte de la cuenta pero aun no la he abonado totalmente).

Aún está la redacción definitiva del borrador por hacer. *The definitive version of the rough copy is still to be done.*

Mañana tendré dos cometidos que desempeñar casi a la vez. *Tomorrow I'll have two assignments to be done almost at the same time.*

A seguido del infinitivo, bajo estas circunstancias, no denota necesariamente la obligación estricta de efectuar algo sino meramente la conveniencia de hacerlo. Muy a menudo se emplea este giro en frases impersonales con (un) sentido genérico, es decir, que si hay obligación, ésta responde a una norma establecida para todo el mundo.

Éstas son las mensualidades a abonar, las formalidades a atender; un ejemplo a imitar, los libros a consultar. *These are the monthly payments to be met, the procedures to be attended to; an example to be imitated, the books to be consulted.*

La corrección de la preposición **a** en estos casos aún está en tela de juicio. No obstante, es de un empleo muy frecuente hoy en día aun entre autores de primera línea.

18. Labor—*labor;* **trabajos.**
Se notará que **labor** en español es de más amplio uso que *labor* en inglés: significa cualquier clase de trabajo, bien sea manual o intelectual (*labor or work*), y además los resultados tangibles obtenidos (*accomplishments*).

Un peón (jornalero) realiza una labor dura que no requiere especialización. *A laborer (day laborer) does hard labor which does not require specialization.*

La labor de este artista es meritoria. *The work of this artist is meritorious.*

CAPÍTULO XVIII

N.B. En ciertas frases hechas, *labor* se traduce por **trabajo** o **trabajos**. El presidiario fue condenado a trabajos forzados (forzosos). *The convict was condemned to hard labor.*

Capitalismo y trabajo: *capital and labor.*

"Accomplishment" is translated by **labor** *in the sense of work accomplished and by* **consecución** *or* **realización** *in the sense of fulfillment or realization.*

El orador elogió cumplidamente la labor (los trabajos) de (efectuados, realizados por) la Asociación. *The orator duly praised the accomplishments of (work accomplished by) the Association.*

The accomplishment of one's aims: la consecución (realización) de sus fines.

N.B. A diferencia de **trabajo** en singular, la palabra **trabajos** en plural se emplea en los dos sentidos de penalidades sufridas en la realización de un proyecto (pasaron grandes trabajos: *they underwent great hardships*), o bien, el conjunto de los resultados tangibles de un esfuerzo (realizar grandes trabajos: *to achieve great accomplishments*).

19. En nombre de—a nombre de.

En nombre de: en representación o por delegación de alguien. A nombre de: dirigido a.

¡Abrid en nombre de la Ley! *Open in the name of the law.*

Hablo en nombre del Sr. Tal. *I am speaking in the name of Mr. So-and-so.*

Esta carta viene dirigida a mi nombre. *This letter is addressed to me.*

Este cheque está librado a mi nombre. *This check is made out to me (in my name).*

20. Cantidad—cuantía—importe.

"Amount", meaning a sum of money: cantidad (de dinero).

¿Llevaba el cobrador atracado una cantidad (suma) importante? *Was the collector who was held up carrying a large amount (sum) (of money)?*

Tengo que pagar este año una cantidad mayor que la del año pasado. *I have to pay a larger amount this year than last (year).*

"Amount", meaning a numerical figure (**cifra**) *representing the monetary value of something or the total value of several things:* importe.

¿Cuál es el importe de los daños, de los gastos, de esta cuenta, de lo que le debo? *What is the amount of the damage, of the expenses, of this bill, of what I owe you?*

EXÁMENES DE FIN DE CURSO **297**

En otros casos, **cantidad** se traduce por *quantity*.
Las cantidades se expresan por medio de cifras. *Quantities are expressed by means of figures.*

Cuantía—cantidad. **Cantidad** corresponde a un número o importe; **cuantía** alude a la importancia de algo.
¿Cuál es la cuantía de los daños? *What is the extent of the damages?*
Recibió una cantidad (*pero no* una cuantía) de dinero.

21. Banca—banco.
Banca: *banking.*
Operaciones de banca: *banking transactions.*
Casa de banca: *banking house.*
Bank se traduce por **banca** en los **juegos,** y aparte de ellos, por **banco.**
La suerte de aquel jugador hizo saltar la banca. *The luck of that player broke the bank.*
Este banco tiene 100 sucursales en toda España. *This bank has 100 branches in all Spain.*

22. Suplir.
Suplir: *to take the place of, to make up for.* (Para *to supply,* véase p. 272, n. 4.)
Suplió con su buena intención la falta de ayuda material. *He made up for the lack of material aid with his good intention.*
Los soldados suplieron con el entusiasmo lo que las condiciones materiales les negaban. *The soldiers made up in enthusiasm for what material conditions denied them.*
Suplir significa también *to replace.*
¿Quién le suple (sustituye) a Vd. en la oficina (escuela), si se pone enfermo? *Who replaces you (takes your place) in the office (at school), if you get sick?*
Un delegado suplente en una comisión: *an alternate delegate on a committee.*

Ejercicios

■

A. CUESTIONARIO

1. ¿Conocía bien Juan al profesor de Mecánica?
2. ¿Qué dijo de él María?
3. ¿Qué quería el profesor de latín que hiciese Juan?
4. ¿Por qué no quería Juan negarse a su petición?
5. ¿Por qué hizo Jorge malos exámenes?
6. ¿Por qué se llevó Jaime buen chasco?

B. MODISMOS Y GRAMÁTICA

I *Distinción en el empleo de "saber" y "conocer" (p. 285, l. 9 y p. 299,*
A. 1.). *"Tener" como traducción de* "to be", *refiriéndose a las partes del
cuerpo (p. 191, l. 15).*

1. Jane's hair is blonde and her eyes are blue. Don't you know her? 2. The
teacher had the students help him with his clerical work because his health
was poor. 3. I find it natural that a man who has so much influence should
pull all sorts of strings in order to succeed. 4. I missed the train by the skin
of my teeth. You see, I had given him my word to help him until we finished.
5. If he had not spent the year twiddling his thumbs, the English teacher
would have helped him get out of the situation. 6. I don't want to make
you deviate from your standards. 7. I unreservedly prohibited their offering
the slightest objection. 8. He would have become angry if I had told him
frankly that he had received only his just deserts. 9. When he tries to get
the bother off his hands by requesting a favor of you, tell him that you are
extremely busy. Of course, you cannot bind yourself to share the work now.
10. I walked home, and then ate supper immediately. I had a ravenous
appetite because I hadn't had a mouthful all day.

II *El empleo del subjuntivo.*

1. I hope he will give everybody his due. 2. I am sorry he was beside himself
when you met him. 3. I don't believe he is under the care of an oculist.
4. It is not unlikely that he will get into deep water if he refuses to leave now.
5. Do you know a doctor on whom I can rely?

EXÁMENES DE FIN DE CURSO **299**

C. ESTUDIO DE PALABRAS

1. Se mostró poco *propicio* a los estudiantes extranjeros. **2.** *Se ejercita* todos los días en el piano. This fact *exercised* a great influence in the town. I *exercise* every night before going to bed. ¿Dónde *ejerce* el joven abogado? **3.** Not a leaf on the trees *moved*. I saw her *move* her lips. When are you going to *move* out? We could see the light *moving* on the horizon. **4.** On his *face* were indications of the grief he had experienced during his life. His *face* is swollen. Puso buena *cara* cuando se lo dije. **5.** I am sorry we had *words*. Do you like the *words* better than the melody? **6.** El profesor escribió "suspenso" en su *papeleta* de examen. Todavía no contaron las *papeletas* electorales. Acaba de recibir una *papeleta* de citación para su incorporación a las fuerzas armadas. **7.** *Admiro* los sacrificios que hace aquella mujer para mantener unida a su familia. Me *admira* que le hayan condenado bajo estas circunstancias.

D. *Escríbanse unas 100 palabras sobre un profesor o profesora que se haya conocido en la Escuela de Primera Enseñanza.*

■ ■

SEGUNDA PARTE

A. CUESTIONARIO

1. ¿Por qué es antipático Jorge?
2. ¿Qué hizo al ver que los demás estudiantes le miraban con curiosidad burlona?
3. ¿Por qué tienen muchos estudiantes que repetir curso?
4. ¿Por qué se enfadó el profesor de latín?
5. ¿Por qué había dejado el Sr. Smith una cantidad a nombre de Juan?

B. MODISMOS Y GRAMÁTICA

I *El uso y omisión del adverbio "no"* (*p. 287, l. 52; p. 287, l. 55 y p. 289, l. 82*). *"Let" traducido por "que y el subjuntivo" y, en otro sentido, por el verbo "dejar"* (*p. 289, l. 74 y p. 289, l. 82*).

1. He has to repeat the year's work. The truth is that none of the teachers thought well of him. **2.** Nobody wants to associate with him because he is aloof. **3.** Let him take his medicine; the purpose for which he attends the university is obvious. **4.** Let things get serious; then perhaps he will realize that he didn't know what he was about. **5.** If my father lets me go to San

Sebastián one of these days, I'll have enough money on hand to meet all expenses. **6.** I don't want you to form a bad opinion of him, and above all I don't want you to become antagonistic toward him for anything in the world. **7.** After all, if the teachers didn't know each student's weak points, everybody would get his degree. **8.** I have been reading a great deal in my spare time. **9.** I hadn't allowed a bit of anger to show, but he turned furiously toward the man and uttered those words. **10.** His face was flushed and his eyes were bloodshot. "It's none of our business," he shouted. **11.** The amount of the damages was so small that I paid it at once.

II *El empleo del subjuntivo*

1. This prevents him from being on friendly terms with me. **2.** It is unlikely that he will happen to be there at that time. **3.** That statement will start him thinking unless he dismisses it from his mind. **4.** I don't want you to read a double meaning into my words. **5.** It grieves me to think that he is making a mountain out of a molehill in that way.

C. ESTUDIO DE PALABRAS

1. They have *captured* the thief. She *captivated* her hearers. En breve plazo, *captó* la confianza de todos sus colegas. **2.** He *contemplated* committing suicide. Al pasar por delante de la casa de la joven, me detuve y la *contemplé* un instante casi con indiferencia. **3.** Ella estaba sentada allí, haciendo *labores* de aguja. Habló de sus *labores* en los campos. This is a book on capital and *labor*. Ésta es la *labor* del círculo. **4.** Los conquistadores pasaron grandes *trabajos* en el Nuevo Mundo. Fue condenado a *trabajos* forzados. Si nos subvencionase el Gobierno, podríamos realizar grandes *trabajos*. **5.** I presented myself *in my* friend's *name*. He left a sum of money here *in your name*. **6.** Es un pleito de poca *cuantía*. Es un negocio de gran *cuantía*. ¿Quién abonará la *cantidad*? **7.** That *bank* will never fail. Operaciones de *banca* y bolsa. Trabajó en una casa de *banca* ajena, y pronto pasó a otra propia. He broke the *bank* at Monte Carlo. **8.** Después hemos visto que el carácter *suple* en Vd. la falta de experiencia. Su elegancia *suplía* con exceso los deterioros que el vivir muy de prisa pudiera haber causado a su natural hermosura. They will *supply* him with the money. **9.** Ella *alternó* (salió) con varios chicos hasta que se enamoró del que hoy es su marido. Sólo *trato* con él en el comedor de la escuela. *Me trato* con ellas desde hace varios años. **10.** Aquí tiene Vd. una tarjeta que trae las tarifas (*rates*) *a* pagar. Quedan pocos cambios *por* hacer. No tengo nada *que* hacer.

D. *Escríbanse unas 100 palabras sobre las razones por las cuales se asiste a la escuela.*

XIX The Appointment of a New South American Representative

■

This chapter takes place (occurs) in the office of Mr. Smith, who is exchanging impressions (is chatting) with Mr. Pla, a stockholder of the company, to whom he is giving an account of some difficulties which have arisen.

MR. S. I had (*or* received) a letter today from our representative in B. 5
To all appearances, he is in a predicament, since he sees no way of carrying out (carrying on) the negotiations leading up to the achievement of a monopoly for our products. As you can gather from the telegram (the wire) he sent me last Monday, he had, on the preceding day, taken steps conducive to the success of his 10
mission. But, to date, everything has been of no avail (to no purpose); he has done no more than look the situation over.

MR. P. On the face of things, it's an interminable affair. I can't understand how this negotiation can foil (stump, *colloquial*) him so 15
much. It is imperative to ask him to state once and for all what our business can accomplish in that country. If I were you (in your position), I should give him very specific directions for him to follow to the letter, and cut short the proceedings.

MR. S. That's not a bad idea; the more that, in consideration of the 20
overwhelming number of orders that we have to fill within a time limit that brooks no delay once the sales monopoly is secured, it would be a pity to fritter away such a profitable opportunity. The competition which the manufacturers of the country are offering us is ruthless. 25

MR. P. It is obvious that this matter is taking (taking up) (eating up, *colloquial*) a great deal of our time and that it is advisable to proceed differently. For that purpose, we can do nothing better than be extremely tactful (show tact) in appointing new agents for B, by choosing them from among those of proved fidelity (from 30
among those strongly attached, devoted) to the firm.

El nombramiento de un nuevo representante sudamericano

■

Este capítulo se desenvuelve (se desarrolla) en el despacho del Sr. Smith, que cambia impresiones (está de charla) con el Sr. Pla, accionista de la empresa, a quien da cuenta de algunos inconvenientes que han surgido.

5 EL SR. S. Hoy he tenido (recibido) (una) carta de nuestro representante en B. A lo que parece (al parecer), se encuentra en un atolladero, pues no ve camino de llevar a feliz término (llevar adelante) las negociaciones previas[1] (preliminares) a la consecución de la exclusiva para nuestros productos. Según se desprende del telegrama
10 que me puso (mandó, envió) el lunes último, el día anterior había practicado[2] algunas diligencias[3] conducentes al logro de su misión. Mas, hasta la fecha, todo ha sido en vano (en balde); no ha hecho más que tantear el terreno.

EL SR. P. Por las trazas, es cosa de nunca acabar. No concibo que esta
15 gestión se le resista tanto. Urge requerirle[4] para que diga de una vez todo lo que el negocio puede dar de sí en aquel país. Yo, en su lugar, (en su caso) (yo que Vd.) (si yo fuera Vd.), le daría instrucciones muy concretas[5] para que las cumpliese al pie de la letra (a la letra), y abreviaría los trámites.

20 EL SR. S. No está mal pensado; cuanto más que en atención[6] al número abrumador de pedidos que tenemos que servir[7] en plazo perentorio,[8] una vez conseguida la exclusiva de venta, sería lástima desperdiciar tan productiva[9] ocasión. Es despiadada la competencia[10] que nos hacen los industriales del país.

25

EL SR. P. Está visto que este asunto nos lleva (consume) (roba, *familiar*) mucho tiempo y que procede (es aconsejable) actuar de otro modo. Para ello, nada mejor que extremar el (o poner) tacto al designar nuevos agentes para B, eligiéndoles entre aquellos de
30 probada adhesión[11] (entre los adictos,[12] afectos) a la casa.

MR. S. I think so too. I maintain the view as well that, finding ourselves as we do in the dilemma (faced as we are with the alternatives) of changing our personnel, or desisting from (giving up)
our endeavor(s) in the B market and losing money in the bargain ₃₅
(in addition), there is no reason to think about it further. Let us
choose the lesser evil, and decide in favor of the change of agents.

■ ■

MR. P. And who can be placed at the head of the agency?
MR. S. We'll see about that later. To start with, I had thought of
García, whose work in this firm bears evidence of (attests to) his ₄₀
worth. Of course, I refrained from making a decision in respect
to this, and preferred to leave it with the reservation that the
Board of Directors may decide (agree) on something else.
MR. P. I know Mr. García only by sight, but I did know his father
socially at one time. He was a stockbroker who had managed to ₄₅
put by a tidy sum (had made a fortune). An unscrupulous partner,
who turned out to be a thoroughgoing rascal, played a nasty
trick on him by slyly involving (implicating) him in a shady
business, in which he had offered his collaboration in all good
faith. When the scandal broke out (became common gossip), ₅₀
despite the fact that he had exhausted every means to hush up
the matter, García senior suffered a terrible shock, and did not
get his head above water again. This misfortune touched me, as
well as all his intimate friends, to the quick. It's almost three years
now since the hapless Mr. García has been committed to a ₅₅
sanatorium.
MR. S. It is a tragedy, since, as you say, he was a man of unblemished
honesty, incapable of engaging in such schemes (artifices), (rackets,
slang).
MR. P. It was all the work of gossips (slanderers), who had no other ₆₀
end in view than to circulate remarks to besmirch his name. Now
you see why I come to the gentleman's defense. You may well
believe that I am right in affirming that his actions have been very
falsely interpreted (misinterpreted).

₆₅

304   CAPÍTULO XIX

EL SR. S.   Pienso lo mismo. Yo sustento igualmente el criterio de que,
hallándonos como nos hallamos en la disyuntiva (alternativa) de
renovar[13] el personal, o desistir de (renunciar a) nuestro intento
35 en el mercado de B y encima (por añadidura) perder dinero, no
hay[14] para qué pensarlo más detenidamente. Optemos por el mal
menor, y decidámonos por el cambio de agentes.

■ ■

EL SR. P.   ¿Y a quién se puede poner al frente[15] de la agencia?
EL SR. S.   Allá veremos. En un principio (al principio),[16] había pensado
40 en García, cuyo trabajo en esta casa da fe (testimonio) de su valía.
Claro (está) que me guardé de adoptar una resolución a este
respecto,[17] y preferí dejarlo a reserva de que el Consejo acuerde[18]
otra cosa.
EL SR. P.   Al Sr. García yo sólo le conozco de vista, pero sí traté en[19]
45 algún tiempo a (con) su padre. Era agente (corredor) de bolsa
que había conseguido reunir un capital (había hecho fortuna).
Un socio poco escrupuloso, que resultó ser un sinvergüenza de
cuerpo entero,[20] le jugó una mala pasada (le hizo una mala
jugada) envolviéndole (complicándole)[21] arteramente en un nego-
50 cio turbio, al que de buena fe prestó su concurso. Cuando, a
pesar de agotar (apurar) todos los recursos para echar tierra al
asunto, el escándalo se produjo (pasó a ser del dominio público),
García padre sufrió una terrible conmoción,[22] y no volvió a
levantar cabeza. A mí, como a todos sus íntimos, esta desgracia
55 me llegó al alma. Ya va para tres años que el desventurado Sr.
García está recluido en una casa de salud.
EL SR. S.   Es una tragedia, puesto que, como Vd. dice, era un hombre
de acrisolada honradez, incapaz de prestarse a tales manejos
(maniobras, combinaciones) (chanchullos, martingalas, *populares*).
60 EL SR. P.   Todo fue obra de unos murmuradores (malas lenguas), que
no se propusieron otra finalidad que propalar (divulgar, hacer
circular) dichos para manchar su nombre. Ya ve Vd. por qué
salgo en defensa de ese señor. Crea Vd. que estoy en lo cierto al
afirmar que se ha interpretado muy torcidamente (al revés) su
65 actuación.

UN NUEVO REPRESENTANTE SUDAMERICANO   **305**

MR. S. I was not aware of all that. Anyway (anyhow), I have been confirmed in my original idea of leaving the agency in question in the son's charge, since he has at no time failed to measure up to my confidence in him. Moreover, few people can hold a candle to (surpass) him in intelligence and industry. 70

MR. P. Under the circumstances, all the more reason to help him try his luck there. Let us trust that we shall make up for (the) lost time with things going along under his care.

MR. S. It strikes me that way too.—If you don't mind, I am going 75 home. I am rather in need of rest, since I had to spend the night on the train coming from Barcelona yesterday, and I've been spending the entire morning warding off sleep, which comes over me as soon as I sit down. It's all due to a lack of habit, since I stay up all night very seldom. One must have one's mind on 80 everything, and I therefore could not give myself the pleasure of going straight home from the station; and, despite myself (reluctantly), I came over to the office. You know only too well the trouble my absence would create.

EL SR. S. No estaba yo en antecedentes[23] de todo eso. De cualquier
modo (manera), me ratifiqué[24] en mi primitiva idea de dejar a
cargo del hijo la agencia en cuestión, pues en ningún momento
dejó de corresponder a mi confianza en él. Además, pocos le
70   ganan a inteligente y laborioso (le aventajan en inteligencia y
laboriosidad).

EL SR. P. Siendo así, razón de más para ayudarle a probar fortuna
(suerte) allí. Confiemos en que, corriendo las cosas de su cuenta,
nos resarciremos del tiempo perdido.

75 EL SR. S. Así me parece también.—Con su permiso, voy a retirarme
a casa. Estoy algo necesitado de descanso, puesto que ayer tuve
que hacer noche en el tren viniendo de Barcelona, y llevo toda
la mañana resistiendo el sueño, que me entra en cuanto me siento.
Todo es la falta de costumbre, pues trasnocho[25] contadas veces.
80   Tiene uno que estar en todo, y por eso no pude darme el gusto
de ir derecho a casa desde la estación, y, mal que me pesase (a
contrapelo), me vine a la oficina. Vd. sabe de sobra la dificultad
que plantearía mi ausencia.

Notas

1. Previo—anterior—precedente.

Previo: lo que *obligadamente* tiene que preceder a algo. Varía mucho su traducción según el contexto.

Previa entrega del resguardo, recibirá Vd. la cantidad depositada. *Upon presentation of the receipt, you will receive the sum deposited.*

Vd. quedará matriculado previo el pago de los derechos correspondientes. *You will be enrolled upon payment of the proper tuition fees.*

Para ser admitido en esta sociedad, tendrá Vd. que hacer como cosa previa, esto, esto, y esto. *To be admitted to this society, you will have to do so-and-so, as a prerequisite.*

La guardia disparará sin previo aviso sobre toda persona sospechosa que se acerque al cuartel. *The guard will fire without any forewarning upon any suspicious person who approaches the barracks.*

Pido a Vd. su consentimiento previo para devolver el dinero. *I ask your prior consent (consent beforehand) in order to return the money.*

Anterior (*previous, preceding*): que precede en el tiempo o en el espacio; precedente (*preceding*): lo que precede *inmediatamente.*

En las obras anteriores discutió muchos problemas sociales. *In his previous works he discussed many social problems.*

El capítulo anterior (precedente) trata de ese asunto. *The previous (preceding) chapter treats the subject.*

2. Practicar—ejercer—ejercitar.

Practicar deportes, un reconocimiento, investigaciones, la caridad (*to indulge in sports; to carry on an examination, investigations; to practice charity*); dedicarse a la actividad que representan esos sustantivos. Practicar un agujero: *to make a hole.*

Practicar es también sinónimo de **ejercer** y **ejercitar**. Practicar (*más frecuentemente*, ejercer) la medicina, la abogacía, una profesión. Como verbo neutro en este sentido, *to practice* se traduce exclusivamente por **ejercer.**

Aunque ha terminado la carrera, aun no ejerce. *Although he has finished his course, he is not practicing yet.*

Si quiere Vd. aprender a nadar, tendrá que practicar (ejercitarse) tres horas diarias. *If you wish to learn to swim, you must practice three hours daily.*

Se observará que **practicar un deporte** (*to indulge in a sport* or *practice a sport*) tiene el doble sentido de ejercitarse en él para perfeccionarse, o bien entregarse a la actividad que supone.

3. Diligencia.

Puso diligencia en cumplir el encargo.　*He showed diligence in fulfilling the order.*

Diligencia tiene el sentido inglés de prontitud y cuidado en la ejecución de una cosa, y además significa: 1° medida o negociación obligada (*step*); 2° certificación escrita de la efectuación de un requisito (*certificate*); 3° encargo cuya realización se encomienda (*mission*).

El juez practicó en la cárcel algunas diligencias: tomó declaración, efectuó careos, e hizo que reconociesen a un sospechoso en rueda de presos.　*The judge took several (legal) steps in the prison: he heard testimony, confronted witnesses and litigants, and had a suspect recognized in a line-up of prisoners.*

El jefe extendió la diligencia de posesión (cese) del nuevo funcionario a sus órdenes.　*The manager issued the certificate of appointment (dismissal) of the new government employee under his control.*

Fecha de la diligencia: *date of the certificate.*

Le encargué que retirase del banco de la ciudad unos fondos a mi nombre; cumplió fielmente la diligencia (el encargo) que le había encomendado.　*I requested him to draw some money in my name from the bank in the city; he faithfully fulfilled the mission which I had entrusted to him.*

4. Requerir—*to require.*

"To require" in the sense of "to ask" or "request" is now rare in American speech. **Requerir** in this sense is, however, in common use in Spanish.

El juez le requirió para que aclarase algunos datos confusos de la declaración.　*The judge requested (asked) him to clear up some confused data in the testimony.*

Requirió a todos para que guardasen silencio.　*He requested all to keep silent.*

Como encontrara violentada la puerta de su casa, requirió el auxilio de la policía.　*As he had found the door of his home forced, he requested the help of the police.*

Se observará que el régimen del verbo es: requerir a alguien para que haga algo, o requerir algo a alguien. *"To require" is translated by* **requerir** *only in the sense of "to need" or "to necessitate".*

Este enfermo requiere cuidados que Vds. no pueden darle. *This patient requires (needs) care which you cannot give him.*

Esta situación requiere mucho tacto por parte de todos. *This situation requires (necessitates) a great deal of tact on the part of everyone.*

"To require" in the sense of "to demand" or "to exact" may be translated by **exigir**.

El profesor exige de sus alumnos un trabajo abrumador. *The teacher requires (demands) an overwhelming amount of work of his students.*

Requerir de amores (*más corrientemente*, pretender) a una mujer: *to woo (to court) a woman.*

5. Específico—especificado—concreto.
Concreto dícese de lo que denota escuetamente una cosa o persona en sí, sin atender a nada que les sea ajeno, accidental o accesorio: *specific.*

Quiero que Vd. hable de este asunto concreto (en concreto) y no de otra cosa. *I want you to speak on this specific matter and not anything else.*

Sean concretos al desarrollar los temas; no divaguen. *Be specific when you develop the subjects: don't digress.*

Especificado dícese de lo que queda asentado, declarado o enumerado detalladamente: *specified.*

Los trámites a realizar están especificados en el tablón de anuncios. *The procedures to be followed are specified on the bulletin board.*

Específico: lo que es propio o característico de una clase de personas, animales o cosas, sirviendo para distinguirla de las demás de su género: *characteristic, representative.*

Son los rasgos específicos de la juventud de hoy. *They are the characteristic traits of the youth of today.*

Éstas son unas armas específicas para (*o* de) las guerras de guerrillas. *These are characteristic weapons for (or of) guerilla warfare.*

6. Además del sentido de la palabra correspondiente inglesa, **atención** tiene el de *consideration* o *kindness.*

Ha tenido la atención de venir a saludarme. *He showed me the consideration of coming to greet me.*

Es una falta de atención ver en pie a una señora, y continuar sentado sin ofrecerle el asiento. *It is a lack of consideration to see a lady standing, and to remain seated without offering her the seat.*

Le agradezco mucho su atención de traerme este libro. *I am very grateful to you for your kindness (consideration) in bringing me this book.*

7. Servir.

Como verbo transitivo, **servir** significa en primer lugar atender debidamente a la petición o encargo de alguien.

Servir un pedido, una copa (recipiente de vidrio con pie, para licores, vinos, postres y demás) en el bar, una cerveza: *to fill an order, serve a drink in the bar, serve beer.*

El ama de casa va a obsequiar a la familia de su esposo sirviéndole sus platos favoritos. *The lady of the house will entertain her husband's family, serving them their favorite dishes.*

Servir la mesa (*frase hecha*): *to wait on the table.*

Como verbo transitivo **servir** significa también hacer algo en pro, en favor o en ayuda de alguien o algo.

Servir a Dios, a la patria, alguna causa, al rey, a un amigo: *to serve God, one's country, some cause, the king, a friend.*

Como verbo intransitivo, **servir** tiene varios significados. Se traduce por *to do* en el sentido de valer para algo o ser útil.

Una persona o cosa sirve o no sirve. *A person or thing will or won't do.*

Estos neumáticos ya no sirven. *These tires won't do any longer.*

Él no sirve para tal o cual cometido. *He won't do for such a job.*

Servir a (o para) las necesidades de uno: *to meet one's needs.*

Servir de: hacer las veces de, reemplazar algo o a alguien: *to serve or act as.*

Una piedra sirve de martillo; una línea de coches sirve de barrera; una persona sirve de intérprete provisionalmente. *A stone serves as a hammer; a row of cars serves as a barrier; a person serves or acts as an interpreter temporarily.*

Como verbo intransitivo, **servir** es también prestar servicios *domésticos* o hacer el servicio *militar: to work as a domestic or to be in military service.*

Su hija sirve en el Hotel Luz; trabaja allí de camarera. *His daughter is working as a domestic in the Luz Hotel; she is working as a chamber maid.*

Mi sobrino sirve en la marina. *My nephew is serving in the navy.*

N.B. *"To perform services" or "to work" in other capacities is best translated by* **prestar servicio(s)** *rather than by* **servir.**

Este doctor ha prestado servicio(s) en el hospital. *This doctor has worked (served) in the hospital.*

Ella presta servicio(s) en los Almacenes Gómez. *She is working in Gomez' Department Store.*

"To serve" in the sense of to spend a period of time in confinement as a penal sentence: cumplir una condena.

Tiene que cumplir una condena de diez años. *He must serve ten years.*

8. Perentorio—*peremptory.*

Perentorio expresa la urgencia y necesidad apremiante e inaplazable de llevar a cabo una cosa; es una palabra más fuerte que **urgente** y **apremiante:** *imperative, critical, extremely urgent, that does not brook delay.*

A partir de aquellos dolores, la operación se hizo perentoria. *When those pains began, the operation became extremely urgent (brooked no delay).*

El pago inmediato de esta hipoteca es perentorio; de lo contrario perderá la propiedad. *The immediate payment of the mortgage is imperative; otherwise you'll lose the property.*

La situación de la tripulación se hizo cada vez más perentoria, y tuvo al fin que abandonar el barco. *The situation of the crew became more and more critical and finally they had to abandon ship.*

Peremptory: áspero, brusco, tajante, seco.

The captain gave his commands in a peremptory manner. El capitán dio sus órdenes de una manera brusca (áspera, seca).

His peremptory manner, his total disregard for other people's feelings alienated (hurt) everyone. Sus modales bruscos (secos, ásperos), su total desconocimiento de la sensibilidad (los sentimientos) de los demás enajenaron (hirieron) a todos.

9. Producir (*to bring in*).

Esta obligación me produce (rinde) el tres por ciento. *This bond brings me three per cent.*

Un negocio productivo es aquel que produce (rinde) considerables beneficios. *A lucrative business is one which brings in considerable profits.*

10. Competencia—competición.

Competencia: *competition.*

Trata de hacerle competencia al alcalde del pueblo. *He is trying to offer the mayor of the town competition.*

Entre los jugadores, había encarnizada competencia. *There was keen competition among the players.*

Competición (*tournament*): organización de una pugna deportiva. Se celebran actualmente numerosas competiciones deportivas para seleccionar los atletas que han de ir a la Olimpiada. *Numerous tournaments in sports are being held at present to select the athletes who are to go to the Olympics.*
Competición (torneo, concurso) de tenis: *tennis tournament.*

11. Adherencia—adhesión.
Adherencia (*adhesion, adhesiveness*) es una propiedad física de algunos cuerpos que, estando en contacto, oponen cierta resistencia a ser separados.
Para aumentar la adherencia de las etiquetas, se les pone en el dorso una capa fuerte de goma. *In order to increase the adhesiveness of the labels, a strong coat of paste is placed on their backs.*

Adhesión (*adherence*): solidaridad espiritual manifestada hacia alguien o algo cuyo criterio, actitud o fines compartimos.
En el banquete, dieron cuenta de las adhesiones a la sociedad, recibidas de aquellos que no pudieron concurrir. *At the banquet, they reported on the expressions of adherence (loyalty) to the society, received from those who could not attend.*
Le expresé mi sincera adhesión a su política. *I expressed to him my sincere adherence (loyalty) to his policy.*

12. Adicto—*addict;* **droguería—***drugstore.*
Adicto: simpatizante con los proyectos (designios, propósitos) de alguien.
Siempre había sido el Sr. X muy adicto a las ideas liberales. *Mr. X had always been very much in sympathy with liberal ideas.*
El cabecilla y sus adictos (los que le eran adictos) hicieron causa común con los sublevados. *The rebel leader and his sympathizers (those who were in sympathy with him) joined forces (made common cause) with the insurgents.*
Adicto se aplica también a la persona que habitualmente toma drogas, pero en este sentido es un término técnico y no corriente.
Morfinómano: *morphine addict.*
Cocainómano: *cocaine addict.*
He is addicted to drinking (drugs). Se ha dado a la bebida (las drogas).

N.B. **Droguería** no equivale a *drugstore;* en una droguería española se pueden adquirir principalmente artículos de perfumería, pinturas, barnices (*varnishes*), artículos de limpieza (esponjas [*sponges*], jabones, cera, etc.).
Drugstore se traduce por **farmacia.**

13. Renovar—*to renew.*

Renovar: cambiar sensiblemente algo con el fin de infundirle nuevo vigor o de modernizarlo, o sustituirlo por otra cosa nueva: *to renew; to bring up to date; to breathe new life into.*

Renovar el carnet de conducir, el contrato de arrendamiento (sustituir los caducos por otros que están en vigor): *to renew the driving license, the lease.*

Renovar el personal (tratar de darle nueva vida o vigor con nuevos elementos): *to hire fresh staff (to breathe fresh life into the staff).*

Renovar sus conocimientos mediante el estudio (actualizarlos): *to keep one's knowledge up to date.*

Renovar la cocina, un procedimiento (modernizarlos, ponerlos al día): *to bring the kitchen, a method up to date.*

Renovarse es cambiar de mentalidad y postura ante la vida con el fin de enriquecer y actualizar su espíritu: *to keep up to date, to grow, to evolve.*

El profesor debe renovarse (ponerse al día) constantemente si quiere mantener su prestigio. *A teacher should keep up to date (grow) if he wishes to maintain his prestige.*

Las ideas, los métodos de enseñanza deben renovarse para estar al día. *Ideas, methods of teaching must grow (evolve) in order to be up to date.*

"To renew" in the sense of "to resume": reanudar.

Van a reanudar los bombardeos, la discusión. *They are going to renew (resume) the bombardments, the discussion.*

N.B. Reanudar amistades: volver a las que se han interrumpido: *to renew friendships.* Renovar las amistades: adquirir nuevas: *to make fresh friendships (new friends).*

Volver al antiguo sistema: *to revert to (resume) the old system.* Renovar el antiguo sistema: vivificarlo: *to breathe new life into the old system.*

14. *Elliptical uses of* para.
Para *is often used elliptically.*

No tengo para comprar un vestido. *I haven't enough (money) to buy a dress.*

¡Es para volverse loco! *It's enough to drive one crazy!*

¡No hay para ponerse así! *There is no reason to get into such a state.*

No le aguarde Vd., pues está tratando con el Sr. X un asunto, y tiene para largo. *Don't wait for him, for he is discussing a matter with Mr. X, and he has a long siege (long, drawn-out affair) ahead of him.*

Con esa enfermedad, tiene para largo; es de difícil curación. *With that illness, he has a long siege ahead of him; its cure is difficult.*

15. El frente—la frente.

La frente: parte superior de la cara.

El frente: primera línea de combate.

16. Al principio—en un principio—en principio.

Al principio indica la primera etapa de una acción en relación con el intermedio o el final: *at or in the beginning*. **En un principio** expresa el momento o instante en que tiene lugar el primer contacto con algo: ante todo: *to start with*.

Esta lección la explicó el profesor al principio de curso. *The teacher explained this lesson at the beginning of the year.*

En un principio, sería mejor examinar la naturaleza del terreno antes de planear ninguna construcción. *It would be better to examine the nature of the land to start with, before planning any construction.*

En un principio (al principio) este coche no me dio buen resultado; tuve pensamiento(s) de dejarlo. *To start with (in the beginning) this car didn't work well; I had thoughts of giving it up.*

En principio: en teoría, fundamentalmente: *in principle.*

En principio (teóricamente) todos estábamos de acuerdo; lo malo vino a la hora de concretar las resoluciones. *We were all in agreement in principle; the difficulty arose when it came to specify the decisions.*

17. A este respecto—respecto a esto.

A este (ese) respecto denota que nos referimos a un asunto considerándolo global o totalmente. **Respecto a esto (eso)** limita la consideración de una cuestión a un aspecto particular de ella o a un detalle determinado de la misma.

No voy a vender el terreno; a este respecto (en lo que se refiere a este asunto), he tomado ya una posición definitiva. *I'm not going to sell the land; I have already taken a definitive position with respect to (in connection with) this.*

Acepto su oferta gustosamente, pero no puedo convenir en pagar el seis por ciento. Respecto a esto, no estoy dispuesto a transigir. *I accept your offer gladly, but I cannot consent to paying six per cent. In that respect (on that score), I am not ready to compromise.*

18. Acordar.

Acordar como simple verbo transitivo tiene dos significados según sea su sujeto singular o plural. Cuando está en singular, **acordar** significa determinar algo o determinar hacer algo tras reflexión: *to decide (on or in favor of)*. Si tiene por sujeto dos o más personas, **acordar** es ponerse de acuerdo sobre algo y posteriormente tomar una determinación o decisión respecto de ello: *to agree to* or *on,* or *to decide to* or *on.*

El Ministro acordó el nuevo presupuesto que había de ser votado más tarde por las Cortes (determinó el presupuesto, es decir, tomó la decisión final). *The Minister decided on the new budget which was to be voted later by the Cortes.*

Los estudiantes acordaron no protestar contra la decisión del Decano. *The students decided (agreed) not to protest the decision of the Dean.*

Mi socio y yo acordamos un plan de acción distinto al del año pasado (acabamos por estar conformes respecto del plan). *My partner and I agreed on a plan of action different from the last year's.*

El director de la factoría acordó el nuevo sistema de transportes después de leer el informe detallado de los peritos (acabó decidiéndose por él, de acuerdo con la información facilitada). *The director of the plant decided on the new system of transportation after reading the detailed report of the experts.*

Acordarse de algo es traerlo a la memoria.
Se acordó de su niñez en aquella ciudad. *He remembered his childhood in that city.*

19. En algún tiempo—algún tiempo.
En algún tiempo: *at one time.* Algún tiempo: *for some time.*
En algún tiempo, yo pensaba de otra manera. *At one time I thought otherwise.*
Alterné con ella algún tiempo. *I knew her socially for some time.*

20. De cuerpo entero—completo.
De cuerpo entero dícese de *personas* completas en todas las facetas de su actividad, profesión o manera de ser. Se toma en buen o en mal sentido: *perfect, finished, full-fledged.*
Es un hombre, organizador, bribón, canalla de cuerpo entero (es un hombre, organizador completo; es un completo bribón, un completo canalla). *He is a perfect man, organizer, rascal, scoundrel.*

N.B. **Completo,** como sinónimo de **de cuerpo entero,** significa cabal, perfecto, acabado, y también puede tomarse en buen o mal sentido según el contexto o inflexión de la voz, pero se aplica indistintamente a *personas o cosas.*

316

Completo precede generalmente al sustantivo cuando éste es una palabra de significado peyorativo.

Es un completo fracaso, sinvergüenza. *It's a complete failure; he's a complete scoundrel.*

21. *Translations of "to implicate" and "to imply";* **insinuar—***to insinuate.*

To implicate se traduce por **complicar** o **implicar.**

Está complicado (implicado) en el crimen. *He is implicated in the crime.*

To imply se traduce por **implicar** e **insinuar** con la diferencia siguiente: **implicar** significa seguirse lógica y obligadamente de una aseveración; **insinuar** es dar a entender una cosa no haciendo más que indicarla ligeramente.

Estos cambios políticos implican graves consecuencias para el futuro. *These political changes imply grave consequences for the future.*

No lo dijo abiertamente, pero insinuó que no encontraría en él obstáculo alguno para mis propósitos. *He did not say so openly, but implied that I would meet no obstacle to my purpose in him.*

Los soldados obedecieron a la insinuación del general. *The soldiers obeyed the general's implication.*

Como sustantivo, *insinuation* significa **indirecta** o **pulla:** dicho con que indirectamente se zahiere o reconviene a alguien.

¡Vaya pulla (indirecta)! *There's an insinuation for you!*

Tirar (dirigir, lanzar) pullas a uno: *to make insinuations against someone.*

Dirigió (lanzó, tiró) pullas de toda índole contra la persona más correcta del grupo. *He hurled (made) all kinds of insinuations against the most decent person in the group.*

Como verbo, *to insinuate* se traduce por *insinuar maliciosamente.*

El testigo insinuó maliciosamente que el trato en que intervino su socio no era limpio. *The witness insinuated that the deal in which his partner participated was not honest.*

22. Conmoción—*commotion.*

Conmoción: sacudida interior o perturbación violenta del ánimo o del cuerpo: *shock.*

La noticia le causó una conmoción violenta. *The piece of news gave him a severe shock.*

Aparte de este sentido, **conmoción** significa tumulto, levantamiento, alteración de un estado, provincia o pueblo; sirve para traducir la palabra inglesa *upheaval.*

Rusia sufrió una conmoción social de gran amplitud en 1917. *Russia experienced a social upheaval of great proportions in 1917.*

La conmoción sufrida por Francia a mediados del siglo XIX se extendió por el continente. *The upheaval experienced by France in the middle of the XIXth century spread over the continent.*

En el sentido de *disturbance, commotion* puede traducirse por la palabra algo familiar **barullo.**

Cuando el profesor entró en la clase, y vio que todo estaba patas arriba y en desorden, exclamó: —¿Qué barullo es éste? *When the teacher entered the class, and saw that everything was upside down and in disorder, he exclaimed: "What is all this commotion?"*

23. Antecedentes.

Me puso en antecedentes (puso al día) de lo que ocurría, para que no me llamase a engaño luego. *He gave me the background for (brought me up to date on) what was occurring, so that I might not say later I was misled.*

Puede Vd. juzgar por los antecedentes que tiene. *You can judge by the background he has.*

Un individuo de antecedentes poco recomendables: *an individual of disreputable background.*

24. Ratificar.

Ratificar: además del sentido corriente inglés, tiene el de confirmar y mantener algo anteriormente manifestado.

Ratificó ante el juez su declaración sin modificar nada. *He confirmed his testimony before the judge without modifying anything.*

Yo me ratifico en mi actitud. *I am confirmed in my attitude.*

25. Hacer noche—trasnochar; embarcar—embarcarse.

Hacer noche: pasar la noche de una manera transitoria en un sitio no acostumbrado: *to sleep over (out).*

Vamos a hacer noche en Gibraltar y por la mañana (nos) embarcaremos. *We're going to sleep over in Gibraltar, and will embark in the morning.*

N.B. En sentido propio se usa indistintamente **embarcar** o **embarcarse;** en sentido figurado, es la indicada la forma pronominal: embarcarse.

Nos vamos a embarcar en aquella empresa; el abogado está tramitando los expedientes (papeles). *We're going to embark on that undertaking; the lawyer is processing the records (papers).*

Trasnochar significa **hacer noche,** pero fundamentalmente es acostarse a dormir tarde: *to stay up late.*

La televisión nos hace trasnochar a menudo. *Television often keeps us (makes us stay) up late.*

Ejercicios

■

A. CUESTIONARIO

1. ¿Qué se desprende del telegrama puesto por el representante de la casa en B?
2. ¿Qué recomienda el Sr. Pla que haga el Sr. Smith?
3. ¿Por qué le da la razón el Sr. Smith?
4. ¿De qué manera quiere el Sr. Pla que se elija otro agente?
5. ¿Cuál es el mal menor, según el Sr. Smith?

B. MODISMOS Y GRAMÁTICA

Repaso del verbo "elegir". El uso del imperfecto con "desde hacía" o "hacía . . . que"[1].

1. The manufacturers of the country had been offering us ruthless competition for many years, when we finally secured a monopoly for our products. 2. He has been looking over the situation for a few days. 3. Let them choose the lesser evil, and admit that everything has been to no purpose. 4. On the face of things, this had been the alternative for many weeks. 5. If they had shown more tact and made greater efforts, they would not have wasted those profitable opportunities. 6. There was no reason to go into it in further detail; you should have given up the attempt, because you never could have carried it out. 7. I don't know whether they would have followed our instructions to the letter. 8. That's not a bad idea, because he wants us to select a representative from among those devoted to the firm. 9. If I were you, I should tell him that I am in a fix, and give him an account of the difficulties which have arisen. 10. We saw no way of arranging things so that you could fill the orders at once.

C. ESTUDIO DE PALABRAS

1. Se le anunció que el acreedor estaba en su derecho al reclamar la finca, *previos* los trámites legales. *Previa* una larga explicación, le pidió el dinero. Cinco días habían pasado desde el momento en que ocurrió la escena *anterior*. Las amarguras que desde la noche *anterior* venía padeciendo le tenían muy abatido. Las *anteriores* consideraciones me han hecho vacilar. 2. He has

---

[1] Hacía tres años que vivían allí, cuando estalló la guerra. *They had been living there for three years when the war broke out.*

been *practicing* medicine in New York. Where is your brother *practicing*?
3. El juez extendió una *diligencia* ordenando la autopsia del cadáver. El hombre está ya de vuelta de su *diligencia*, que despachó con mucha presteza. **4.** Encendió la pipa; *requirió* pluma y papel, y se aplicó a escribir. Eso *requiere* cuidado. He *requested* me to repeat the incident as accurately as possible. **5.** El señor, a quien se avisó, tuvo la *atención* de venir en seguida. Tenía la *atención* de llevarle alguna de las novelas que continuamente le pedía prestadas. **6.** La *competencia* le ha arruinado. No intervino en la última *competición* de tenis. **7.** Ben adivinaba por instinto un buen amigo en Alberto, y le tenía mucha *adhesión*. Vd. puede contar con mi *adhesión*. El pueblo demostró su *adhesión* a la monarquía. This is due to the *adhesion* of the molecules. **8.** Cubría las trampas (*the malpractices*) de los que le eran *adictos*. He is *addicted* to drugs. **9.** El especialista tendrá que dictaminar (*give an expert opinion*) sobre este caso *concreto*. Las normas del contrato van *especificadas* en el folleto (*pamphlet*) de propaganda. El nombre del saltamontes (*grasshopper*) proviene de la manera *específica* de saltar de estos insectos. **10.** La mujer del dueño *sirve* la mesa. Él *sirvió* provisionalmente de profesor. Quiero que Vd. *sirva* el pedido. Este bolígrafo ya no *sirve*. Ella *sirve* en el hotel. The teacher has *served* in the schools of that city. **11.** Es *perentoria* la salida del ejército hacia los focos (*centers*) de la sublevación. He spoke in a *peremptory* manner. **12.** Va a *renovar* el libro. Nuestra sociedad debe *renovarse* para estar al día. He *renewed* the contract. They will *renew* the attack.

D. *Escríbanse unas 100 palabras dando un resumen de la conversación del capítulo.*

■ ■

SEGUNDA PARTE

A. CUESTIONARIO

1. ¿Por qué vaciló el Sr. Smith en nombrar a García?
2. ¿Por qué sufrió García padre una conmoción terrible?
3. ¿Por qué salió el Sr. Pla en su defensa?
4. ¿Por qué llevaba el Sr. Smith toda la mañana resistiendo al sueño?
5. ¿Por qué no había ido derecho a casa desde la estación?

B. MODISMOS Y GRAMÁTICA

Omisión del artículo indefinido cuando el verbo "ser" va seguido de un nombre de profesión no calificado (p. 305, l. 45).

1. He is a lawyer. With things going along under his care, we shall make up for lost time. **2.** Anyway, I think I am justified in stating that he is a good doctor. **3.** An unscrupulous man had tried to play a nasty trick on him, by involving him in a shady business in Peru. **4.** His work in our branch in Mexico attests to his worth. **5.** We know only too well that he had made a fortune before he was committed to a sanatorium. **6.** He had been offering his collaboration in all good faith for many years when his partner turned out to be a thoroughgoing rascal. **7.** I don't want this to become common knowledge without his having an opportunity to get his head above water again. **8.** I wasn't aware of the fact that you would leave the branch in Uruguay in our charge. **9.** I don't know anybody who is capable of engaging in such schemes. **10.** I want you to know that we have no other end in view than to solve the difficulties which your absence has created.

C. ESTUDIO DE PALABRAS

1. *In this respect*, no one can hold a candle to him. *In respect to this*, all I can say is that you cannot have your mind on everything. **2.** *At one time,* I thought they were slanderers trying to circulate remarks in order to besmirch my name. *For some time*, he was a stockbroker in Chicago. **3.** All the more reason to believe that he was *implicated* in the shady business. He *implied*, without saying it, that he was confirmed in his original idea. **4.** He made *insinuations* against his former friends. Como hemos *insinuado*, el autor no piensa publicar su obra. **5.** *En principio*, así lo haré. *Al principio* de los tiempos, el mundo era un caos. *En un principio*, le mandaré el presupuesto. **6.** *Acordaron* continuar la discusión. El presidente *acordó* el proyecto después de examinar de cerca el costo. **7.** Es un *completo* imbécil. Es un torero *completo*. **8.** A causa de la tormenta, me vi obligado a *hacer noche* en un poblado aislado. Tuvimos que *trasnochar* a causa del ruido del tráfico. **9.** *Embarcamos* en Barcelona. *Nos embarcamos* en un pleito (*lawsuit*).

D. TEMA

Do you know my lawyer, Mr. Jones?

I know him only by sight, but I do know his brother socially. I believe I am justified in saying that the brother is one of the best doctors in this city.

Well, the lawyer has never failed to live up to my confidence in him. In fact, we are thinking of putting him at the head of our branch in Ecuador if he is willing to try his luck there.

Wasn't he implicated in a scandal in which his partner, a foreign stockbroker, turned out to be such a thoroughgoing rascal?

That's true; but we are convinced that he is a man of unblemished honesty, which was indicated very clearly in court. The whole situation was tragic; it touched us all to the quick.

Well, this will give him an opportunity to leave Madrid until the whole affair is buried. It's an excellent idea.

It strikes me that way too. Well, if you don't mind, I shall phone him at once.

UN NUEVO REPRESENTANTE SUDAMERICANO   **321**

XX An Evening Gathering at the Lombas'

■

MISS DÍAZ I knew that you were expecting me, and I didn't want to disappoint you (give you a stand up, *or* stand you up, *slang*), although it was awkward for me to leave because my younger brother has a slight case of laryngitis (tonsilitis). And without tidying myself or anything, looking a sight (*colloquial*), I rushed ₅ out.

MARY Oh my! You take things too seriously; this appointment was no reason for you to leave your little brother unattended. Why didn't you think of letting (it occur to you to let) me know?

MISS D. I preferred not to do so. This visit will make up for the sleep- ₁₀ less night I spent with my brother, who gave me quite a bit of trouble, by beginning to cry because I scolded him.

MARY I'm not good at taking care of children either, because they make me nervous. You must always treat them gently to gain their affection (to win them over), and I haven't any aptitude for that. ₁₅

MISS D. As today was his nurse's day off, I had no one to turn to to stay and take care of (look after) the child. At last, he busied himself with a toy boat, which my aunt gave him this morning when she dropped in at our house. When I gingerly tried to slip out ₂₀ (away) to come here, he noticed it, and began to shout to me, bursting into tears and throwing the house into confusion so that I shouldn't leave.

MARY You should have quieted him. It wasn't necessary to leave in such a hurry. ₂₅

MISS D. It doesn't matter; he'll get over it. No doubt by now, he must be overjoyed with his aunt, who frequently keeps him company.

■ ■

MARY Yesterday, Mrs. Lomba was kind (nice) enough to invite me to a literary gathering held at her mansion. The élite (select few) ₃₀ of high society was (were) included among those attending. In addition to writers of outstanding merit, there were also people

Una velada en casa de los Lomba

■

LA SRTA. DÍAZ Sabía que Vd. contaba conmigo, y, aunque se me hacía violento[1] salir porque mi hermano menor se ha puesto algo malo de anginas (amigdalitis), no quise contrariarla[2] a Vd. (darle un plantón, *familiar*). Y sin arreglarme ni nada, hecha una facha[3]
5 (*familiar*), me eché a la calle.

MARÍA ¡Vaya por Dios! Vd. exagera las cosas; esta cita no era razón[4] para que Vd. dejase desatendido a su hermanito. ¿Cómo no se le ocurrió avisarme?
10 LA SRTA. D. Preferí no hacerlo. Esta visita me compensará[5] de la noche que he pasado en vela (en claro) con mi hermano, que me dio bastante guerra, echándose[6] a llorar porque le regañaba.[7]

MARÍA Yo tampoco valgo para cuidar (de los) niños, porque me ponen nerviosa. Hay que tratarlos siempre por las buenas[8] para
15 conquistar su afecto (engatusarles, *familiar*), y yo no tengo esta habilidad.

LA SRTA. D. Como hoy era el día libre de la niñera, no tenía de quien echar mano[9] para que quedase al cuidado del (mirase por el) niño. Se quedó por fin entretenido con un barquito[10] de juguete,
20 que le regaló esta mañana mi tía, al pasar por casa. Cuando traté de escabullirme (escurrirme) con cautela[11] para venir aquí, él se fijó, y empezó a llamarme a gritos, deshaciéndose en lágrimas y alborotando la casa para que no (me) marchase.

MARÍA Debió Vd. haberle tranquilizado. No había que salir tan pre-
25 cipitadamente.

LA SRTA. D. Es igual; ya se le pasará. Tenga por seguro que a estas horas ya estará la mar[12] de contento con su tía, que le hace compañía con alguna frecuencia.

■ ■

MARÍA Ayer, la señora Lomba tuvo la gentileza (amabilidad) de in-
30 vitarme a una velada[13] literaria celebrada en su palacio. Entre los concurrentes, figuraba lo más principal[14] (selecto) de la buena sociedad. Además de literatos de relevante mérito, había también

of marked prominence in politics. Mr. X opened the festivities, by addressing the guests in a very high-flown speech, which turned out to be unsubstantial and rather mediocre. He tried to describe 35 to us the plans put into practice in order to solve the problem of the slums of Madrid. But he avoided the most pressing questions like the plague, and did not even skim over them.

MISS D. Well, he is as qualified a figure as the best of them in the field 40 of sociology. His writings surpass, if that's possible, those of the most authoritative writers on the subject; which does not prevent (preclude) his being a very poor (miserable) lecturer.

MARY Right after Mr. X, the host, in conventional terms, introduced 45 a poet who has pretentions to being dramatic. The latter didn't have to be coaxed, and read us some silly and cloying verses, which exhausted my patience. Once the poet had finished, they served coffee and cake. At midnight the dancing began which lasted, I shouldn't doubt, until the wee hours of the morning 50 (probably ended at dawn).

MISS D. Didn't your brother go with you?

MARY He took me in the car, but did nothing more than put in an appearance at the function, and then, feigning an unavoidable engagement, left me there with mother. He returned to pick us 55 up at about one in the morning. It was coming down in torrents, and the windshield wiper of the car wasn't working. The upshot of it was that we were going along almost blindly. The only thing we needed to make it complete was to get stuck in a rut, and we came near having that occur. 60

MISS D. As I was on my feet all night, I remember that the rain got heavier at midnight, and that it did not let up until dawn. The sky was overcast until well into the morning, and did not clear up until now.

MARY On getting out of the car, I accidentally stepped into a puddle, 65 and ruined my shoe with the mud, in addition to spattering my stockings and evening dress. I am afraid the stains won't come out. What an evening (I had)! Heaven save me from another like it! But, really, it served me right for going out in such weather.

70

gente de acusado relieve en política.—Dio principio a la fiesta, dirigiendo[15] la palabra a los invitados, el Sr. X con un discurso muy rimbombante, que resultó ser poco sustancioso y bastante mediano.[16] Trató de describirnos los planes llevados a la práctica (puestos en práctica) para solucionar el problema de los barrios bajos de Madrid. Pero pasó como sobre ascuas por las cuestiones más palpitantes, y ni las rozó siquiera.

40 LA SRTA. D. Pues es una personalidad tan capacitada como la que más en el terreno de la sociología. Sus escritos[17] superan, si cabe, a los de los más autorizados tratadistas; lo que no quita (no obsta para) que sea un pésimo conferenciante (conferenciante fatal, *familiar*).

45 MARÍA A continuación del Sr. X, el dueño de la casa presentó, con las frases de rigor, a un poeta que se las da (se las echa) de dramático. Éste no se hizo (de) rogar, y nos leyó algunas poesías[18] sosas y empalagosas, que agotaron mi paciencia. Una vez que hubo terminado el poeta, se sirvió café con dulces.[19] A medianoche, 50 comenzó el baile, que, a no dudar, duraría hasta (las) altas horas de la noche (acabaría de madrugada).

LA SRTA. D. ¿No la acompañó a Vd. su hermano?

MARÍA Me llevó en automóvil, pero se redujo (se limitó) a hacer acto de presencia en la fiesta, y luego, pretextando un compromiso 55 ineludible, me dejó allá con mamá. Volvió a recogernos hacia la una de la madrugada.[20] Llovía a cántaros, y el limpiaparabrisas del auto no funcionaba. Total, que caminábamos casi a ciegas. Lo único que faltaba para echar el completo (*familiar*) era atascarnos en un bache, y en poco estuvo (poco faltó para) que (no) 60 ocurriera.

LA SRTA. D. Como pasé la noche en pie, recuerdo que la lluvia arreciaba a medianoche, y que no escampó hasta el amanecer. El cielo estuvo encapotado hasta bien entrada la mañana, y no se despejó hasta ahora.

65 MARÍA Al bajar del auto, metí sin querer el pie en un charco, y puse el zapato perdido de barro (lodo), además de salpicar las medias y el traje de noche. Temo que las manchas no se quiten. ¡Vaya (una) nochecita! ¡Dios me libre de otra igual! Pero, en realidad, me ha estado bien empleado por salir de casa con semejante 70 tiempo.

Notas

1. Violento—*violent;* violentar.
Violento tiene el sentido que se da en inglés a la palabra *violent*, y además significa que algo o alguien está fuera de su natural estado, situación, o modo de ser o estar. El verbo **violentar** quiere decir **forzar u obligar.**

Nos encontrábamos en una situación violenta porque no había medio de darle a entender que debía callarse. *We found ourselves in an awkward situation, because there was no way of making him understand that he should keep quiet.*

Aquel hombre, de escasa estatura, tenía que adoptar una postura violenta para alcanzar al estante de arriba. *That man, tiny in stature, had to assume an awkward position in order to reach the upper shelf.*

Si no quiere irse, no le violentemos. *If he doesn't wish to go let's not force him.*

Los ladrones violentaron con dinamita (un soplete, una palanqueta) la caja de caudales. *The thieves forced open the safe with dynamite (a blowpipe, crowbar).*

Violentar *also means "to annoy", "to bother", or "to inconvenience".*

Llaman la atención de todo el mundo; tanto que me violenta ir con ellas por las calles. *They attract everyone's attention; so much so that it bothers (annoys) me to walk through the streets with them.*

No quisiéramos violentarle, pero le agradeceríamos infinito que, en lugar de dar su conferencia sobre este tema, la hiciese sobre ese otro. *We should not like to inconvenience you, but we should be greatly indebted to you if, instead of giving your lecture on this subject, you did did so on that one.*

2. Contrariar—decepcionar—desilusionar—defraudar.
Contrariar: causar disgusto o molestia a alguien, contradiciendo u obstaculizando sus deseos, o simplemente no cumpliéndolos. Se dice también de las cosas inanimadas cuando impiden a una persona llevar a cabo sus deseos o proyectos.

Me contrarió (disgustó) mucho al llamarme, diciendo que no podía acudir a la cita. *He disappointed me very much when he called to say that he couldn't keep the appointment.*

Los resultados me contrariaron totalmente. *The results disappointed me completely.*

326

Decepcionar es hacerle a uno perder la confianza, fe o estima que tenía en alguien o algo.

El muchacho decepcionó a su padre por las bajas calificaciones que obtuvo (las malas notas que sacó). *The boy disappointed his father because of the low grades he received (the bad marks he got).*

Desilusionar es hacer venir abajo los pensamientos, las ideas o sueños que uno se había forjado.

Después de su estancia en aquella escuela de arte, se desilusionó con la pintura abstracta por su falta de condiciones (aptitudes) para cultivarla. *After his stay in that art school he became disillusioned (disenchanted) with abstract art because of his lack of capacity (aptitude) to cultivate it.*

Defraudar: destruir o, por lo menos, no llenar o satisfacer las esperanzas que uno tenía puestas en una persona por culpa de su comportamiento inadecuado, o en una cosa, por su carácter defectuoso.

Defraudó las esperanzas de su familia. *He disappointed his family's hopes.*

La pésima actuación del equipo defraudó a todos sus seguidores (aficionados; a la afición, es decir, conjunto de aficionados). *The very poor performance of the team disappointed its adherents (fans).*

Defraudar se distingue de **decepcionar** en que en **defraudar** la frustración se debe a cierta insuficiencia o defecto en la persona o cosa que nos afecta negativamente. Por el contrario, **decepcionar** lleva implícita meramente la idea de que la persona o cosa no reúne las características imaginadas o deseadas. N.B. *To defraud* debe traducirse por **estafar** en la mayoría de los casos, por ser poco frecuente el uso de **defraudar** en esta acepción, limitándose además su sentido a *eludir pagos* ilícitamente.

He defrauded (me of) a considerable sum of money by entering a false figure on the receipt. (Me) estafó (*y no* defraudó) una cantidad considerable de dinero al consignar en el recibo una cifra falsa.

He tried to defraud his neighbors of money through a thousand tricks. Con mil trampas trató de estafar (*y no* defraudar) dinero a sus vecinos.

Defraudó el fisco recurriendo a cualquier medio para no pagar sus contribuciones. *He defrauded the Treasury by resorting to any means in order not to pay his taxes.*

3. Facha.

Facha, palabra familiar, significa aspecto o presencia de una persona. Tiene tan buena facha (presencia) que podrá estar de recepcionista en un hotel. *She has such a good appearance that she can work as a receptionist in a hotel.*

Facha denota también un modo estrafalario de vestir, o bien la persona que lleva tal clase de atuendo.

¿Adónde vas con esa facha (con esa vestimenta estrafalaria)? *Where are you going in that get-up (that outlandish dress)?*

En el carnaval, los chicos suelen ir hechos una facha. *At carnival time the boys usually go dressed looking a sight.*

También se aplica **facha** a la persona que se ha descuidado en vestirse en ciertas circunstancias.

Estaba hecha una facha; acababa de levantarme. *I looked a sight; I had just got up.*

4. Some uses of **razón**.

Dar razón: facilitar todos los detalles concernientes a un asunto.

En las oficinas de la compañía, le darán razón del procedimiento que tendrá que seguir. *In the company's offices, they will give him further details on the procedure he will have to follow.*

Se alquila tal finca. Darán razón en tal o cual sitio. *Such and such property for rent. Further details at such and such a place.*

A razón de: *at the rate of* (véase p. 61, n. 5).

En razón de: atendiendo a (*in view of*).

En razón de las obligaciones contraídas, Vd. tendrá que hacerlo. *In view of the obligations contracted, you will have to do so.*

Puesto en razón (*reasonable*):

Estos precios están muy puestos en razón (razonables). *These prices are very reasonable.*

Atender a razones (*to listen to reason*):

No atiende (se aviene) a razones. *He doesn't listen to reason.*

5. Compensar—*to compensate*.

Compensar a alguien de algo: *to compensate someone for something.*

Eso le compensa de sus pérdidas. *That compensates him for his losses.*

Esta satisfacción me compensa de las penalidades sufridas. *This satisfaction compensates me for the hardships I suffered.*

Compensar algo con otra cosa: *to make up for something by something else.*
Compensaré las horas de fatiga con otras tantas de descanso. *I shall make up for my hours of fatigue by as many of rest.*
Compensaré el tiempo que perdí, trabajando sin descanso los domingos. *I shall make up for the time I missed, by working ceaselessly Sundays.*
En cualquiera de sus modalidades, **compensar** es igualar en opuesto sentido el efecto de una cosa con el de otra.
In the sense of "to give proper remuneration", "to compensate" is best translated by **retribuir,** *and "compensation" by* **retribución.**
Él hace mucho por mí, pero yo le retribuyo adecuadamente por el trabajo. *He does a great deal for me, but I compensate him properly for his work.*
Un funcionario o un particular percibe una retribución mensual por sus servicios. *A government employee or a private individual receives monthly compensation for his services.*
N.B. *Retribution* se traduce par **castigo** o **recompensa.**
The day of retribution: el día del juicio.

6. Echar a—echarse a (*to begin or to start*).
Se usa la modalidad pronominal (*reflexive*) con verbos que suponen la existencia de un estado afectivo (*emotional*).
Echarse a llorar, reír, temblar: *to begin to cry, to laugh, to tremble.*
Echar a se emplea más bien con verbos de movimiento.
Echar a correr, andar, saltar: *to begin to run, to walk, to jump.*

7. Regañar—reprender.
Estos dos verbos tienen de común en su significado "reprocharle a uno su conducta, desaprobando lo que hizo o dijo". **Regañar,** algo familiar en este sentido, es más impetuoso, escandaloso y falto de razonamiento que **reprender.** Con **reprender** la acción puede ser más sosegada y reflexiva. Se regaña más bien a los niños y a las personas de mucha confianza, a menudo por cosas fútiles (*trivial*). Se reprende por motivos más fundados y en tono más formal (*serious*).
El padre exasperado por su hijo fastidioso le regañó desaforadamente. *Exasperated by his annoying son, the father scolded him unrestrainedly.*
Fue reprendido por el jefe por su falta de puntualidad. *He was reprimanded by his superior for lack of punctuality.*

8. Por las buenas.

Por las buenas: extremando la transigencia y la bondad.

Se avino a hacerlo por las buenas (es decir, sin oponer resistencia), porque, en otro caso, llevaría la (las) de perder. *He agreed to do it amicably, because otherwise he would be doomed to lose.*

9. Echar mano a—echar mano de.

Echar mano a: asir, coger o tomar. Echar mano de: utilizar algo o alguien para alcanzar una finalidad propuesta.

Aprovechó un descuido para echar mano al dinero, y salir huyendo. *He took advantage of an unguarded moment to lay his hands on the money, and run out.*

Echó mano de toda su influencia para conseguir una colocación. *He availed himself of all his influence to get a job.*

10. Bote—barca—barco—buque.

Bote: pequeña embarcación movida a remo y capaz para dos o, a lo sumo, varias personas. Barca: embarcación pequeña para pescar o traficar en las costas. **Bote** y **barca** se traducen por *boat.*

Barco y **buque** (*ship*): embarcaciones de máximas dimensiones. Barco (buque) de guerra, de vela: *warship, sailing vessel.*

11. Cautela—Precaución.

Cautela (*stealth*): astucia y sigilo que se emplea para no ser descubierto. Precaución (*caution*): cuidado o reserva para evitar o prevenir inconvenientes.

La tropa avanzó con precaución para no correr ningún peligro. *The troops advanced with caution in order to run no danger.*

La tropa avanzó con cautela para sorprender al enemigo. *The troops advanced with stealth in order to surprise the enemy.*

N.B. La palabra **caución** es de uso nada frecuente en el lenguaje corriente como sinónimo de **precaución**.

12. La mar—el mar.

La mar (*algo familiar*): mucho (*a lot*, colloquial).

Nos reímos la mar; charlamos la mar; me dijo la mar de cosas; tengo la mar de tiempo, preocupaciones, dinero. *We laughed a lot; we chatted a lot; he told me lots of things; I have lots of time, worries, money.*

El buque se hizo a la mar. *The ship put out to sea.*

En alta mar: *on the high seas.*

Mar gruesa: *heavy sea.*

Aparte de algunos casos fijos como los arriba indicados, la tendencia más acentuada es usar la palabra *mar* como sustantivo masculino. El mar Rojo, Mediterráneo, Negro: *the Red, Mediterranean, Black Sea.* Es más fácil aprender a nadar en el mar que en piscina. *It's easier to learn to swim in the sea than in a swimming pool.* Prefiero pasar las vacaciones a la orilla del mar. *I prefer to spend my vacation at the seashore.*

13. Velada—fiesta—guateque—tertulia.

Velada es una reunión nocturna en casa o en alguna sala pública, generalmente con pretensiones culturales, musicales, literarias, artísticas o conmemorativas: *an evening or evening gathering.* **Velada** se usa frecuentemente también en la acepción de aquella parte de la noche que se pasa en compañía de una o más personas en plan de divertirse: *an evening.*

Pasamos una velada estupenda, dando primero un paseo en un barquito, y luego bailando en una sala de fiestas. *We spent a wonderful evening, first taking a ride in a little boat and then dancing in a night club.*

El Ayuntamiento organizó una velada en homenaje a Rubén Darío. *The City Government arranged a gathering* (or *evening*) *as a homage to Ruben Dario.*

Fiesta es una reunión que tiene lugar en la casa o calle, por regla general, con motivo de alguna ocasión fausta (cumpleaños, día del santo, o día del patrono (santo bajo cuya advocación o patrocinio está una localidad [*town*]).

Con ocasión de la Noche Vieja (el día 31 de diciembre) organizamos (hicimos) una fiesta en casa, adornando con serpentinas las paredes, lámparas y muebles. *We gave* (*made*) *a party at home, decorating the walls, lamps and furniture with streamers in celebration of New Year's Eve.*

De ordinario, la fiesta comporta los preparativos de diversión como decoraciones o música. En otra acepción muy corriente, **fiesta** significa diversión o pasatiempo alegre: *diversion.*

El baile es la fiesta que menos me gusta. *Dancing is the diversion that I like least.*

Es un o una aguafiestas (turba el regocijo o agua la fiesta). *He or she is a killjoy* (*he disturbs the fun, or dampens the festivities*).

UNA VELADA EN CASA DE LOS LOMBA   **331**

Guateque: una reunión de poca monta (*modest*) organizada para un número no muy grande de amigos jóvenes de ambos sexos en casa de uno de ellos con el fin de pasar el rato bailando y comiendo cosas ligeras con bebidas: *a party*.

Invité a una veintena de compañeros de clase, chicos y chicas, a un guateque que voy a dar (organizar, hacer) en mi casa el sábado por la noche. *I invited about twenty classmates, girls and boys, to a party which I'm going to give (arrange, make) Saturday night.*

Tertulia: reunión periódica y habitual de personas más o menos mayores en casa o lugares convenidos para discutir o comentar los temas más variados: *regular group get-together.*

Algunas tertulias del siglo XIX celebradas en cafés de la época se hicieron famosas a causa de sus ilustres componentes (*members*).

En sentido figurado, **tertulia** expresa el acto de pasar el rato en charlas superficiales varias personas.

En casa, más de una vez, los quehaceres domésticos quedan por hacer debido a que con frecuencia se está de tertulia (se entretienen los familiares charlando entre sí o con alguien llegado a casa). *At home on more than one occasion household chores are left undone due to the fact that we sit around talking (the members of the family spend time chatting among themselves or with someone who dropped in).*

14. Principal.

Principal, además del significado que se le da en inglés, tiene el de **destacado** o **ilustre.**

Es gente muy principal. *They are distinguished people.*

Piso principal:

Vive en el piso principal (piso que se halla sobre el piso bajo). *He lives on the second floor (one flight above the ground floor).*

15. Corporación—*corporation.*

Hacer uso de la palabra (*to take the floor*): dirigirse al auditorio de una corporación (*body*), organismo, o mitin.

N.B. Corporación: colectividad oficial de individuos que se reúnen con fines culturales, políticos, científicos, etc.: *body.*

El ayuntamiento asistió a la ceremonia en corporación. *The municipal government attended the ceremony in a body.*

El orador analizó los trabajos de la docta corporación. *The orator analyzed the accomplishments of the learned body.*

Corporation: sociedad anónima.

16. Medio—mediano.
Medio (*average*) equivale a **mediano** (*average or mediocre*), pero **mediano** puede usarse como equivalente a *mediocre*, uso que no puede asignarse a **medio**.

Un abogado muy mediano: *a very mediocre lawyer.*

Un hombre de edad media (de mediana edad): *a middle-aged man.*

Un hombre de mediana estatura (de estatura media): *a man of average height.*

Un hombre de mediana cultura es un hombre menos culto de lo que debiera ser. *A man of mediocre culture is a man less cultured than he ought to be.*

Un hombre de cultura media es un hombre que posee el promedio de la cultura de un grupo dado. *A man of average culture is a man who possesses the average culture of a given group.*

La Edad Media (*frase hecha*): *the Middle Ages.*

17. Escrito—escritura.
Escrito: cualquier papel redactado.

Hemos elevado un escrito de protesta al gobernador. *We have drawn up a document of protest to the governor.*

Los escritos del P. Feijoo se leen hoy día. *Father Feijoo's writings are read today.*

Escritura: el arte de escribir.

Lectura y escritura son la base de un programa escolar primario. *Reading and writing are the basis of a primary school program.*

Escritura griega, jeroglífica, cuneiforme: *Greek, hieroglyphic, cuneiform writing.*

Las Sagradas Escrituras: *the Scriptures.*

18. Poema—poesía.
Se usa la palabra **poema** para caracterizar obras de alguna extensión por oposición a **poesía**, que puede ser una composición más corta.

Un poema épico, *y no* una poesía epica.

He escrito alguna que otra poesía durante el viaje. *I wrote an occasional short poem during the trip.*

Además, **poesía** se usa para denominar los géneros en verso por contraste con los géneros de prosa.

No es poesía todo lo que está escrito en verso. *Everything written in verse is not poetry.*

UNA VELADA EN CASA DE LOS LOMBA   **333**

19. Dulce.

Dulce es cualquier producto de pastelería elaborado a base de masa (*dough*), que puede servir para (de) postre: *cake, pastry*. No incluye, por ejemplo, caramelos (*hard candy*), bombones (*chocolate candies*), tabletas de chocolate (*chocolate bars*).

Si comes tantos dulces, vas a engordar. *If you eat so much cake (pastry), you'll get fat.*

N.B. *Sweets* debe traducirse por **golosinas**.

En España los dulces no se venden en la panadería (donde se venden pan y panecillos), sino en la confitería o pastelería donde además se despachan caramelos, bombones y similares. Las distintas clases de dulces más conocidas son las siguientes.

Bizcocho: masa cocida al horno con huevos y azúcar, sin ningún otro ingrediente: *plain cake;* pan que se cuece dos veces para que dure mucho: *biscuit*.

Galleta: masa cocida con otros ingredientes en la fábrica y no en la pastelería, que se conserva seca y crujiente por mucho tiempo: *cracker*.

Tarta: bizcocho a menudo jugoso (empapado en almíbar [*syrup*], café, licor) con capa de nata (*cream*), chocolate, fruta o huevos: *cake or pie*.

Torta es plana, con una capa delgada de masa azucarada y a veces con otra, encima o en medio, de fruta, crema, etc.: *flat cake*.

Pastel: bizcocho preparado con otros ingredientes parecidos a los de la tarta, cocido en porciones individuales: *piece of pastry*.

Pastas o pastelillos: una especie de galletas finas elaboradas a base de masa muy delicada y de buena calidad: *cookies*.

20. Madrugada:

Madrugada: las horas de la noche comprendidas entre la medianoche y el amanecer.

A las tres de la madrugada (o de la mañana): *at three o'clock in the morning*.

Ejercicios

■

PRIMERA PARTE

A. CUESTIONARIO

1. ¿Cómo se echó la Srta. Díaz a la calle?
2. ¿Por qué no se quedó en casa para cuidar de su hermanito?
3. ¿Qué habilidad no tenía María?
4. Cuando la Srta. Díaz trató de escabullirse, ¿qué hizo su hermanito?
5. ¿Qué hacía la tía de la Srta. Díaz con alguna frecuencia?

B. MODISMOS Y GRAMÁTICA

Diferencia en el uso de las preposiciones "por" y "para".

1. Buy a toy for the child. He has a case of tonsilitis, and must stay in bed. 2. She burst into tears and threw the house into confusion, because I tried to slip out without doing the work for him. 3. I left in a hurry for your house, since I knew you were expecting me. I did not wish to disappoint you. 4. If you had treated them gently, you would have won their affection. 5. When he realizes that you will keep him company, he will be overjoyed. 6. That was no reason for you to tell the maid to stay home on her day off. 7. It was awkward for me to leave then. I looked a sight, and did not have time to tidy up. 8. I want this little gift to make up for the sleepless night you spent with the sick little girl who gave you so much trouble. 9. I am sorry you scolded the child; it will make her nervous. 10. He shouted to me before I left, asking me to explain everything to you for him.

C. ESTUDIO DE PALABRAS

1. Se *violentaba* el médico hasta el extremo de comunicar con ella un día sí y otro no. Se quedan mudas y *violentas*, procurando ocultarse mutuamente las íntimas preocupaciones. 2. *En razón de* todo lo que hizo por la familia, le ayudaremos en cuanto nos sea posible. Se vende *a razón de* cincuenta dólares la tonelada. 3. Esta *retribución* no es suficiente. You will suffer the

UNA VELADA EN CASA DE LOS LOMBA   **335**

consequences of your actions when the day of *retribution* comes. **4.** *Echó a andar por la calle abajo.* She *began* to laugh and cry at the same time. **5.** The police will *lay hands upon* him when he least expects it. *Echó mano de su hijo para copiar la carta.* **6.** Tendremos que proceder con *precaución* para evitar esos inconvenientes. Procedió con *cautela*, y se abalanzó sobre el desconocido. **7.** The *sea* is very heavy today. Ever since the opening of the Suez Canal, the Red *Sea* has been very important. **8.** Una vez más *contrarió* a su hija, al olvidar comprarle una muñeca. La chica no tardó en *decepcionarle*; en el fondo era una grosera. Se *desilusionó* con la profesión cuando empezó a ejercerla. *Defraudó* la confianza que teníamos en él. **9.** Tiene *facha* de ser buen chico, pero no te fíes; procura conocerlo a fondo. Con esa *facha de* bohemio no te dejarán entrar en el baile. **10.** *Regañó* a la criada cuando ella dejó caer el jarrón. Le *reprendió* el Director por su falta de ambición.

D. *Escríbanse unas 100 palabras acerca de un niño enfermo que se haya visitado.*

■ ■

SEGUNDA PARTE

A. CUESTIONARIO

1. ¿Cómo dio principio a la fiesta el Sr. X?
2. ¿Qué problemas discutió?
3. ¿Qué dijo la Srta. Díaz de sus escritos?
4. ¿Cómo eran las poesías leídas por el poeta?
5. ¿Cuándo acabó el baile?
6. ¿Por qué tuvieron que caminar a ciegas, cuando abandonaron la fiesta?
7. ¿Qué ocurrió al bajar María del coche?

B. MODISMOS Y GRAMÁTICA

El empleo del subjuntivo con verbos que expresan un estado afectivo (emotional) (*p. 325, l. 67*).

1. I am glad that the windshield wiper was working, because it was raining in torrents when our brother came to pick us up at one o'clock in the morning. **2.** She accidentally stepped into a puddle on getting out of the car; and I am afraid that the stains on her dress won't come out. **3.** I am sorry that they are unwilling to put those plans into practice to solve the problem of our slums. **4.** The upshot of it was that he had to be coaxed until our patience was exhausted. **5.** You ought to have feigned un unavoidable engagement. That way, you wouldn't have had to put in an appearance. **6.** He has been addressing the guests for more than an hour, but he has been avoiding like the plague the most pressing questions. **7.** I want you to read his works, which surpass, if that's possible, the writings of the most qualified people in the field of sociology. **8.** The sky had been overcast for hours and the rain had been getting heavier, when at last they decided to leave. **9.** I am sorry you did not meet many people, because the élite of high society was included among those present. **10.** What a night! Let him go out and catch cold, if he wishes; it will serve him right for taking a walk in such weather.

C. ESTUDIO DE PALABRAS

1. The man who lives on the *first floor* is a writer of outstanding merit. No es aventurado afirmar que aquella mansión había sido construida por una persona *principal* para su exclusivo uso y regalo. **2.** Visitó el Casino (*club*), trabando amistades con algunos individuos de los que pasaban la vida en las salas de aquella *corporación*. He is president of that *corporation*, which does not prevent him from being a very poor business man. **3.** Era tan ilustre dramaturgo (*dramatist*) como físico *mediano*. Su hijo era un pianista algo mejor que *mediano*. Discutió los problemas de la clase *media*. **4.** He has often repeated this idea in his *writings*. I don't recognize this *writing*; it may be Arabic. **5.** There is a great deal of *poetry* in these lines. Milton's *Paradise Lost* is one of the greatest *poems* in English literature. I want to show you a little *poem* I read in the newspaper this morning. **6.** Celebraremos una pequeña *fiesta* en casa por ser el cumpleaños de mi hermano menor. Déjense de *tertulias*, y aplíquese cada cual a su trabajo. Este viaje será una *fiesta* para mi hija. Anoche se celebró una *velada* musical en casa de X. Vamos al cine; Juan y sus amigos organizan un *guateque* esta noche. **7.** Se venden *dulces* y bombones en la confitería o pastelería, y pan, en la panadería. We ordered a piece of *pastry*, some *cookies* and a chocolate *cake*.

D. *Escríbanse unas 100 palabras sobre una velada a que se haya asistido.*

XXI Preparations for Departure

■

MR. S.   I spent the morning rushing about from place to place. First, I went to the bank to cash a check. It wasn't an easy matter, because they put a great number of difficulties in my way. After clearing these up, I returned to the travel agency, where they previously had not accepted (allowed) payment by check, because 5 they demanded it in cash. I had to wait—there were so many people. The clerk at the agency spoke broken English (murdered the English language, *slang*) with a sort of Spanish tang, using foreignisms (foreign expressions) which you could tell were his own creation. 10

MRS. S.   Well, I scarcely had time to pack the trunks. Shortly after John left, I began to feel sharp (severe) pains in a back tooth which was filled not so long ago, when decay had almost destroyed it. As the pain was driving me frantic, I went to the dentist. He told me there was nothing to be done except extract it (take it out). 15 No sooner said than done. He gave me an injection to deaden my gum. In less (time) than it takes to tell, he pulled out my molar, and it was all over.

JOHN   (*Coming in from the street*) What a face the janitor has this morning! Somebody gave him a black eye, and he has a bump 20 this big. I asked him what it was all about, and he told me that early this morning he had caught in the (very) act (caught red-handed) two hoodlums (thieves) breaking in (forcing) the door of apartment A on the first floor. As soon as they saw him, they ordered him not to move, pointing the barrel of a gun at him and 25 saying: "Stay where you are! Turn towards the wall."

MARY   How horrible! How terrible! It's enough to scare the life out of you! I can't understand how the poor man didn't collapse from the fright.

Preparativos de partida

■

EL SR. S. He pasado la mañana dando vueltas¹ de un lado para otro. Primero, fui al banco a cobrar (hacer efectivo) un cheque. No fue cosa fácil, porque me pusieron por delante un montón de inconvenientes. Después de solventarlos, volví a la agencia de
⁵ viajes, donde antes no me habían aceptado (admitido) el pago con (mediante) cheque, por exigírmelo en metálico. Tuve que esperar; ¡había tanto público!² El empleado de la agencia chapurreaba (asesinaba, *popular*) el inglés con un cierto³ dejo español, usando giros exóticos que se notaba eran de su propia cosecha
¹⁰ (*familiar*).

LA SRA. S. Pues yo apenas tuve tiempo para (de) hacer las maletas. A poco de salir Juan, empecé a sentir agudos (vivos) dolores en una muela que me empastaron hace poco, cuando la caries casi la había destruido.⁴ Como el dolor me volvía loca, fui al dentista.
¹⁵ Me dijo que no podía hacerse otra cosa como no fuera extraerla (sacarla). Dicho y hecho: me puso una inyección para anestesiarme la encía. En menos de lo que se dice, me arrancó la muela, y se acabó.

JUAN (*Llegando de la calle*) ¡Vaya cara que tiene el portero esta
²⁰ mañana! Le han puesto un ojo morado, y tiene un chichón así de gordo. Le pregunté qué había sido aquello, y me dijo que de madrugada había sorprendido *in fraganti* (en flagrante) (con las manos en la masa, *familiar*) a dos maleantes (ladrones) violentando (forzando) la puerta del piso⁵ A de la primera planta. En
²⁵ cuanto le vieron, le echaron (dieron) el alto, encañonándole con una pistola y diciéndole: ¡Quieto!⁶ ¡Vuélvase a la pared!

MARÍA ¡Qué horror! ¡Qué atrocidad! ¡Es para morirse! ¡No sé cómo el pobre no se cayó redondo del susto!

JOHN   Well, he was as cool as a cucumber, but he must have been ₃₀ worked up inside (*colloquial*). (He was (cool and) collected in appearance, but must have felt great excitement on the inside.) Seeing that their efforts were fruitless, as they couldn't force the lock, and hearing the night watchman's whistle sound (blow), the malefactors took to their heels (*colloquial*), (but) not without first ₃₅ kicking the lantern that was on the floor, and jumping upon the poor janitor, beating him with a vengeance (unmercifully). He will feel the effects of the blows they dealt him for a long time.

MR. S.   Is it possible they didn't leave any clue to facilitate their arrest?

JOHN   He told me that, by the dim light of the lantern, he thought he ₄₀ recognized in one of the culprits a certain disreputable-looking individual, who used to frequent the saloon on the corner of this street. He had suspected him for some time.

■ ▨

MARY   (*To John*) Tell me how you want me to write this request which you are sending to the University so that they will issue ₄₅ a copy of your record. In which school are your records filed?

JOHN   In the School of Sciences.—Leave a margin to the left as wide as a third of the sheet.

MARY   Shall I use double or single space? (I'll do) just as you like (say). (Whatever you say.) ₅₀

JOHN   It doesn't matter (it is immaterial, it is all the same). But skip a space after my name, and leave another blank in parenthesis where I am to sign. Don't make any errors, because, as you know, they would reject any document at the office which I presented with crossing out, scratching out, corrections, or signs of a word's ₅₅ having been erased with an eraser. Don't do it hurriedly.

MRS. S.   Did you leave an order for them to change our stateroom, and reserve an outside one for us? In the inside ones, you cannot breathe freely, and I get seasick at the slightest rolling (pitching, ₆₀ lurching) of the ship. In January, the same thing happens to the best of them (*colloquial*) (to travelers most experienced in (hardened to) ocean travel).

340   CAPÍTULO XXI

30 JUAN Pues él como si nada; pero la procesión andaría por dentro
(*familiar*). (Él estaba inalterable en apariencia, pero sentiría gran
agitación adentro.)

) Viendo los malhechores que eran infructuosos
sus esfuerzos al no poder hacer saltar la cerradura, y oyendo sonar
(tocar) el pito del sereno,[7] pusieron pies en polvorosa (*familiar*),
35 no sin antes dar una patada[8] a la linterna que había en el suelo,
y abalanzarse[9] sobre el pobre portero, golpeándole[10] con saña
(despiadadamente). Se resentirá[11] por mucho tiempo de (por) los
golpes que le descargaron.

EL SR. S. ¿No habrán dejado alguna huella que facilite su detención?

40 JUAN Me ha dicho que, a la escasa (confusa) luz de la linterna, creyó
reconocer, en uno de los facinerosos, a cierto sujeto de mala
catadura, que frecuentaba la taberna[12] que hace esquina a esta
calle. Venía sospechando de[13] él hace tiempo.

■ ■

MARÍA (*A Juan*) Dime cómo quieres que escriba esta instancia que
45 vas a dirigir a la Universidad para que te extiendan[14] la certificación de estudios. ¿En qué Facultad está archivado tu expediente?

JUAN En la de Ciencias.—Deja a la izquierda un margen de un ancho
igual al (a un) tercio del pliego[15] (folio).

MARÍA ¿Escribo a doble espacio o a uno (a un espacio)? Tú dirás.

50

JUAN No importa (igual da, es lo mismo). Pero salta un espacio
después de mi nombre, y deja otro en blanco entre paréntesis,
donde deba firmar. No cometas (tengas) equivocaciones, pues,
como no ignoras,[16] me rechazarían en la Secretaría cualquier
55 documento que presentase con tachaduras, raspaduras, enmiendas
o señales de haberse borrado con goma alguna palabra. No lo
hagas atropelladamente.

LA SRA. S. ¿Has dado orden[17] de que nos cambien el camarote, y
nos destinen uno exterior? En los interiores, no se puede respirar
60 a pleno pulmón, y yo, con el más leve balanceo (cabeceo, bam-
boleo) del buque, me mareo. En enero, le ocurre lo mismo al
más pintado (*familiar*) (al viajero más experimentado (curtido) en
travesías marítimas).

PREPARATIVOS DE PARTIDA **341**

MR. S. Why, of course. I also went to the consulate to set our papers in order, and everything is ready (arranged, taken care of). I 65 arrived an hour early, since the consulate is open every weekday from ten in the morning on. Unfortunately, the consul couldn't be seen; he is in Valencia. I pumped (sounded out) his secretary, and he did not tell me anything definite, except that he would be back in Madrid any day. 70

MRS. S. I asked them to make out (prepare) our hotel bill, and they have just brought it with all charges included. Here it is.

MR. S. I am going to check it in a moment, to see if there are any 75 errors in it (*literally*, if it contains any errors).

JOHN It is a pity (a shame) that there is no room for my friend Thomas in the car; he could have alternated with father and me at taking the wheel. He will have to make the trip by train, and I don't know whether he will find it easy to get there when we do. 80

MR. S. I am leaving satisfied with my stay in Spain, since I leave my business sailing (going) along smoothly. And then again, our stay here has been fruitful; it has brought us into contact with worth while acquaintances.

EL SR. S. Desde luego, mujer. También he ido al consulado a poner
65   en regla nuestros papeles, y todo está listo (dispuesto, pronto).
     Llegué con una hora de anticipación, puesto que el consulado
     está abierto todos los días laborables (todos los días de entre
     semana) de las diez de la mañana en adelante. Por desgracia, no
     estaba visible el cónsul; se encuentra en Valencia. Tanteé (sondeé)
70   a su secretario, y no me dijo nada en definitiva (en firme) sino
     que, de un día para otro, estaría de vuelta en Madrid.
LA SRA. S. He pedido que nos hiciesen (preparasen) la cuenta[18] del
     hotel, y acaban de traer la factura con todos los gastos comprendidos. Ahí la tienes.
75 EL SR. S. Voy a comprobarla al instante, por si trae algún error.

JUAN Es lástima (una pena) que no haya sitio en el coche para mi
     amigo Tomás; habría podido alternar con papá y conmigo en
     llevar el volante. Tendrá que hacer el viaje en tren, y no sé si le
80   será fácil llegar cuando nosotros.
EL. SR. S. Marcho complacido de mi estancia en España, pues dejo
     mis negocios avanzando viento en popa (familiar). Y, por otra
     parte, nuestra permanencia aquí ha sido fructuosa; nos ha puesto
     en contacto con valiosas amistades.

Notas

1. Dar vueltas—dar una vuelta; volver—devolver.

Dar vueltas tiene tres significados distintos. Significa, en primer lugar, andar buscando algo, como en la frase del texto. En segundo lugar, significa girar (*to revolve*).

> La veleta da vueltas a impulsos del viento. *The weather vane turns according to the force of the wind.*

En tercer lugar, quiere decir discurrir repetidas veces sobre una idea (*to turn over in one's mind*).

> Dando vueltas a la idea, concibió el propósito de ir a visitarle para poner las cosas en su punto, y hacerle saber detalladamente (decirle ce por be, *familiar*) lo que sea del caso. *Turning the idea over in his mind, he conceived the plan of going to visit him to set things right and give him a clear, detailed statement of the case (to relate the matter to him from A to Z, colloquial).*

Dar una vuelta es dar un paseo.

> Dieron una vuelta antes de recogerse. *They took a stroll before retiring.*

Dar (una) vuelta a algo: *to turn something.*

> Dar (una) vuelta a la llave, al grifo (*o* a la llave del agua), al botón de la radio: *to turn the key, the faucet, the radio knob.*

Dar la vuelta a algo: *to go around something.*

> Dar la vuelta al mundo: *to go around the world.*
>
> Doy la vuelta a la casa, y entro por la puerta principal. *I go around the house, and enter by the main entrance.*

To turn around: volverse.

> Se volvió, y señaló con el dedo un cuadro en el fondo de la sala. *He turned around, and pointed to a picture in the back of the room.*

N.B. **Volver:** *to return (in the sense of "to go" or "come back").*

> ¡Vuelva Vd. mañana! *Come back tomorrow.*

Devolver: *to return (in the sense of "to give back").*

> Me devolvió el libro. *He returned the book to me.*
>
> Un viaje de algunos meses me devolverá el equilibrio (la salud). *A trip of a few months will give me back my equilibrium (health).*

2. Público—pueblo—gente—personas.

Público significa *public*, y además se emplea en el sentido de *people*.

¿Se ha fijado Vd. en la circular que reparten entre el público en la Puerta del Sol? *Did you notice the circular they are distributing to the people on the Puerta del Sol?*

Pueblo: *"people" in the sense of "nation" or of the "masses".*

Esto dará como (por) resultado que el pueblo norteamericano comprenda mejor la psicología de los pueblos latinoamericanos. *The result of this will be that the American people will understand the psychology of the Latin American peoples better.*

Partiendo de la base de que el pueblo padecía hambre, se ha llegado a la conclusión de que urge adoptar medidas en este sentido. *On the grounds that the masses were going hungry, they reached the conclusion that it is imperative to adopt measures along these lines.*

Gente(s): un grupo de personas.

¡Mire cómo se agolpa(n) la(s) gente(s) en los balcones! *Look how people are crowding at the windows!*

La gente que usa los autocares saldrá beneficiada, y verá que sus quejas contra las tarifas vigentes han surtido el efecto deseado (han dado fruto). *People using buses will be benefited, and will see that their complaints against the existing rates have achieved the desired effect (have borne fruit).*

In mentioning a specific number, one should usually translate "people" by **personas.**

Caben quince personas. *Fifteen people can be accommodated.*

3. Cierto—un cierto.

Un cierto: *a sort of.* Cierto: *a certain.*

Noté en ellos un cierto malestar. *I noted a sort of uneasiness in them.*

La prensa sin escrúpulos consigue embaucar cierto sector, no siempre reducido, de cándidos lectores. *The unscrupulous press succeeds in deluding a certain section of innocent readers not always limited in number.*

4. Destruir—destrozar.

Lo que se destruye ya no existe; lo que se destroza sigue existiendo aunque en condiciones estropeadas. **Destruir:** dar al traste con una cosa de modo que no queda de ella sino ruinas.

La filoxera había destruido los viñedos. *The phylloxera had destroyed the vineyards.*

El ejército destruyó la ciudad. *The army destroyed the city.*

Destruir se emplea como antónimo de **crear**.

En física, se dice que la materia no se crea ni se destruye. *In physics, we say that matter cannot be created or destroyed.*

Sólo Dios creó el mundo, sólo Dios puede destruirlo. *Only God created the world, only God can destroy it.*

Destrozar: menoscabar, echar a perder o deteriorar una cosa sin llegar a arruinarla completamente.

El médico calificó la fractura de grave y peligrosísima, por estar la tibia destrozada. *The doctor characterized the fracture as serious and most dangerous, because the tibia was shattered.*

Solía llevar un gabán destrozado y lleno de manchas. *He used to wear a dilapidated overcoat, full of stains.*

Rodó por el precipicio, destrozándose el cuerpo entre los espinos y las jaras. *He rolled down the precipice, lacerating his body among the hawthorns and the rock-roses.*

Estar destrozado por una emoción: *to be shattered by an emotion.*

Tener el corazón destrozado: *to be heartbroken.*

5. *Apartment.*

"Apartment" is translated by **piso** *or* **apartamento.** *(In Pérez de Ayala's well-known novel, "La Pata de la Raposa" (II, Chap. I), the hero, Alberto, while speaking to an Englishman, uses the English word "flat" and immediately translates it as* **pisito.**

El inquilino que alquiló este piso ha subarrendado una habitación a un estudiante extranjero. *The tenant who rented this apartment has sublet one room to a foreign student.*

Mudarse de piso: *to move out of an apartment.*

Piso *also means "floor" or "story".*

La casa consta de seis pisos o plantas. *The house is six stories (floors) high.*

El tapiz que cubre el piso de esta habitación cuesta un dineral (un ojo de la cara, *familiar*). *The rug covering the floor of this room costs a (small) fortune (an arm and a leg, colloquial).*

When "apartment" and "floor" are used together, "floor" should be translated by **planta** *and apartment by* **piso.**

Hay seis pisos en cada planta de este bloque de apartamentos. *There are six apartments on each floor of this apartment house.*

En estos últimos años hay cierta confusión respecto de la palabra **apartamento.** Desde hace algún tiempo, denota un piso moderno de

cierto lujo y de reducidas dimensiones, destinado más bien al aloja-
miento por temporadas (*short periods of time*). En contraposición a
piso, apartamento sugiere cierta provisionalidad. Unos recién casados
ponen piso (*y no* apartamento).

Para el veraneo, muchos alquilan o compran un apartamento en la playa.
Many people rent or buy an apartment at the beach for summer vacationing.

En la actualidad, no obstante, se empieza a emplear **apartamento** para
indicar un piso amplio y lujoso para ser habitado de manera perma-
nente.

Muchos madrileños compran apartamentos lujosos y espaciosos a
veinte minutos del centro. *Many people living in Madrid buy luxurious
and spacious apartments twenty minutes from the City center.*

6. Quieto—quedo.

Quieto: que no tiene o hace movimiento.

—¡Quieto!—gritó el agente de tránsito, cuando iba a atravesar la calle
no obstante la señal luminosa. *"Stay where you are!" shouted the
traffic policeman, when he was going to cross the street despite the light.*

El cuerpo permanece quieto. *The body remains motionless.*

En sentido figurado, **quieto** significa **tranquilo** o **pacífico.**

Esta provincia se está quieta desde hace algunos años. *This province
has remained quiet (tranquil) for some years.*

Quedo no es de uso frecuente en el lenguaje hablado: se emplea a veces
como adjetivo sinónimo de **quieto**; como *adverbio* significa en voz baja
o que apenas se oye.

Al cabo de un rato, muy bajo, muy quedo, tan quedo que apenas la oí,
me dijo eso. *After a while, she told me that in a very low, very subdued
voice, so subdued that I scarcely heard her.*

Me abrió quedito sin hacer ruido. *She opened the door for me very
quietly without making a sound.*

7. Sereno.

Sereno: vigilante que ronda de noche por las calles de ciertas cuidades
españolas para velar por (*watch over*) la seguridad del vecindario. En
algunos distritos de Madrid, hay un sereno para cuidar cada manzana.
El sereno tiene las llaves de las puertas de la calle de todas las casas.
Puesto que las puertas de las casas sólo están abiertas hasta las diez
y media u once de la noche según sea invierno o verano respectivamente, hay que batir palmas para llamarle, si se quiere entrar después
de estas horas. El sereno no cobra ningún sueldo; vive de las propinas
que le dan los inquilinos cada vez que les abre la puerta, o hace por

ellos cualquier otro servicio. En algunos casos, los comerciantes de las calles que vigila le pagan un estipendio fijo. El pito del sereno sirve para llamar a sus camaradas o a la policía en caso de peligro. Antiguamente, el sereno andaba por las calles con un farol, cantando en voz alta la hora y el tiempo que hacía. Hoy en día, el empleo es hereditario, pasando de padre a hijo.

In a more general sense "watchman" is translated by (el) **guarda.**

8. Coz—puntapié—patada.
Coz (*f.*) denota el golpe que da el animal con la pata; **puntapié,** el que da el ser humano con el pie. **Patada** abarca los sentidos de los otros dos sustantivos.

Este caballo es malicioso; tenga cuidado; le puede dar (pegar, tirar) una coz (una patada). *This horse can't be trusted; be careful; he can give you a kick.*

El niño llegó tan furioso que golpeó la puerta con (a) puñetazos y patadas (o puntapiés). *The child was so furious when he arrived that he beat the door with punches and kicks.*

¡Me dio más pena verle dar (pegar, tirar) una patada (un puntapié) al perro! *How sorry I was to see him give the dog a kick!*

9. Abalanzarse—balancear; balance—saldo.
Abalanzarse: arrojarse a o sobre algo o alguien sin premeditación.

Abalanzarse *sobre* alguien (lanzarse sobre él): *to hurl oneself upon.*

Abalanzarse *a* un peligro (meterse atropelladamente en él): *to rush into danger.*

Balancear significa equilibrar pesos.

Balanceó los artículos en los platillos de la balanza (o del peso). *He balanced the articles on the trays of the scales.*

Como segunda acepción **balancear** tiene la de hacer mover en los dos sentidos ya hacia adelante, ya hacia atrás, una cosa que oscila o cuelga.

Los niños se balanceaban en el columpio. *The children were swinging in the swing.*

To balance oneself: mantener el equilibrio.

El borracho puede apenas mantener el equilibrio. *The drunkard can scarcely keep his balance (balance himself).*

Balance—saldo. *Balance,* como término económico, se traduce por **balance** y **saldo.**

Balance: operación que consiste en comparar el debe y el haber (*debit and credit*) en las cuentas de un negocio o individuo para determinar su situación.

Quiero saber el balance actual de mi cuenta después de descontar los cheques que extendí (rellené) durante el mes. *I want to find out the present balance in my account after discounting the checks I issued (made out) during the month.*

Saldo: el resultado de un balance que especifica la cantidad que queda en favor o en contra de uno.

Después de hacer (realizar) un balance de cuentas, advertí que me ha quedado un saldo a favor (en contra) de X pesetas. *After drawing a balance, I noted that I had a favorable (unfavorable) balance of X pesetas left.*

10. Golpear—batir—pegar—herir—dar.

Golpear (*to beat*): dar repetidos golpes.

Golpeó con un bastón al perro que se le acercó. *He beat with a cane the dog which approached him.*

Batir (*to beat or pound or to batter*): golpear con fuerza alguna cosa a veces con intención de deformar o destruirla.

Batió los huevos para la tortilla. *He beat the eggs for the pancake.*

El enemigo batió las murallas de la ciudad. *The enemy pounded (battered) the walls of the city.*

Batir en brecha, en ruina, por tierra: *to batter one's way through, to ruins, down to the ground.*

N.B. Batirse (*to fight*): pelear.

Se batieron a muerte. *They fought to the death.*

Pegar (*to spank, to flog*): zurrar, castigar o maltratar dando golpes.

Pegar a un niño: *to spank a child.*

Pegar (o dar) una paliza (*frase hecha*): *to give a thrashing, licking* (colloquial).

To strike (dar un solo golpe) tiene en inglés muchas acepciones distintas. A continuación, se dan las más frecuentes.

La primera cosa que me hirió la vista (los oídos) fue eso. *That was the first thing which struck my eyes (my ears).*

To strike (*against*): dar en.

La bala dio en la reja, en la pared, en el suelo. *The bullet struck (against) the grating, the wall, the floor.*

To strike a part of the body against something: dar de . . . en algo.
Él dio de cabeza, de espaldas, de cogote, de cara, de frente en el suelo,
en el sofá. *He struck his head, his back, the back of his head, his face,
his forehead against the floor, against the sofa.*
To strike something with a thing: dar con una cosa en algo.
He struck the wall with a hammer, with a stick. Dio (pegó) con un
martillo, con un bastón en la pared.
To strike someone with something: darle con algo a alguien.
Le dio (pegó) con la correa. *He struck him with the strap.*
(Nótese que **pegar,** además del sentido de **castigar,** tiene el de dar (*to
strike*) en los ejemplos precedentes.)
To strike someone a blow (or blows) with one's fist, a stick, a club: darle
un puñetazo (de puñetazos), un palo (de palos), un garrotazo (de
garrotazos) a alguien.
Darle una bofetada o un bofetón (de bofetadas o de bofetones) a
alguien: *to slap someone.*
To strike one's attention: llamarle a uno la atención.
Eso es lo que más me llamó la atención. *That is what struck my
attention most.*

11. Resentirse—*to resent.*

Resentirse se emplea *exclusivamente* como verbo reflexivo. Resentirse
(estar resentido) por *o* de algo: *to resent something.*
Se resintió (estaba resentido) por el trato que le dieron. *He resented
(was resentful of) the treatment they showed him.*
Resentirse de un desaire: *to resent a slight.*

To resent en inglés no indica a veces una vehemencia de sentimientos
muy hondamente arraigados; en tal caso debe traducirse por **parecerle
mal a uno.**
No le parezca mal, pero voy a hablarle con el corazón en la mano.
Don't resent it, but I am going to speak to you straight from the shoulder.
Me parece mal la actitud que Vd. adopta para conmigo. *I resent the
attitude which you are adopting toward me.*

To become (be) resentful toward (vexed at) someone: resentirse (estar
resentido) con alguien.
Estoy muy resentido (me resentí) con esa familia porque ha pretendido
desprestigiarme. *I am (became) very resentful toward (vexed at) that
family because they tried to disgrace me.*

350 CAPÍTULO XXI

Estar sentido con (*to be peeved at, to be annoyed with*) equivale a **estar resentido con,** pero indica una actitud menos intensa.

Está muy sentido con Vd., desde que no le invitó aquel día. *He is very much peeved at (annoyed with) you, ever since you didn't invite him that day.*

Guardar resentimiento hacia alguien: *to bear one resentment.*

Por haberle desheredado en favor de su hermano menor, guardaba hondo resentimiento hacia su padre. *He bore his father deep resentment, because he had disinherited him in favor of his younger brother.*

Resentirse se emplea en otros sentidos con las preposiciones **con** y **de.**

Resentirse con (*to feel the effects of, to be affected by*)*:* sentir las malas consecuencias de una cosa.

La industria se resiente con estas huelgas frecuentes. *Industry is feeling the effects of (affected by) these frequent strikes.*

Yo me resentiré con el cambio de clima. *I shall feel the effects of (be affected by) the change of climate.*

Resentirse de: sentir dolores o las consecuencias de algo que ya se ha sufrido anteriormente.

Cada vez que llueve se resiente de su dolencia. *Every time it rains he feels the effects of his ailment.*

Siempre que llueve, me resiento del tobillo que torcí hace tiempo. *Whenever it rains, the ankle I twisted some time ago bothers me.*

Toda mi vida, me resentí de aquella caída. *All my life, I felt the effects of that fall.*

12. Taberna—*tavern.*

Taberna (*saloon; bar*)*:* establecimiento donde se vende (al) por menor (*retail*) y se sirve vino y otras bebidas alcohólicas.

En cuanto saltaron a tierra, los marineros enderezaron los pasos hacia la taberna. *As soon as they went ashore, the sailors directed their steps toward the saloon.*

*It is interesting to note, as H. L. Mencken remarks in "The American Language" (page 292), that since Prohibition (**la ley seca**) "tavern" is one of several words coming into use as a euphemistic variant for "saloon". It has most commonly been used for some two hundred years in the United States, however, in the sense of a "country hotel" or "inn". This meaning is unknown to the Spanish word **taberna.** In the sense of "inn", "tavern" should, therefore, be translated by **posada, mesón** or **venta.***

13. Sospechar—sospechar de.

Sospechar algo: imaginar una cosa por conjeturas fundadas en apariencias o visos (*semblances*) de verdad.

Nunca sospechó tal traición en un amigo a quien había ayudado. *He never suspected (surmised the existence of) such treachery in a friend whom he had helped.*

El niño entró en la sala, sin sospechar nada. *The child entered the room without suspecting anything.*

Yo creo que lo sabe todo, adivina lo que no sabe, y sospecha lo que adivina. *I believe he knows everything, guesses what he doesn't know, and suspects (to be true) what he guesses.*

Sospechar de algo o de alguno: desconfiar de una cosa o persona; creerle a uno culpable.

Sospecha de la honradez de su socio. *He suspects (doubts) his partner's honesty.*

Le habían robado la guitarra, y venía a dar queja al alcalde, sospechando de los bohemios. *Someone had stolen his guitar and, suspecting the gypsies, he was coming to the mayor to lodge a complaint.*

14. Extender (*to issue*).

Extender se emplea en el sentido de *to issue*.

Pusieron en conocimiento de todo el mundo que se implanta la tarjeta de lector, extendida por el bibliotecario, y que habrá que ir provisto de ella para solicitar libros en la biblioteca. *They notified everyone that a reader's card, issued by the librarian, is being instituted, and that it will be necessary to be provided with one in order to request books at the library.*

Para otros casos en que se emplea este verbo, véase p. 84, n. 15.

15. Hoja—folio—holandesa—pliego—cuartilla.

Hoja es cualquier (trozo de) papel destinado a la escritura o imprenta.

La hoja puede estar rayada o en blanco. *The sheet of paper can be lined or blank.*

Una hoja cuadriculada: *a sheet of graph paper.*

Folio es un trozo de papel de ordinario sin líneas, que es un poco más largo (tres o cuatro centímetros) que la holandesa (es decir, el papel usado para las máquinas de escribir).

Pliego: una hoja de papel doblada que se abre en forma de carpeta (*folder*); suele ser liso (sin líneas) y de cierta calidad. Es de uso corriente en las tramitaciones (preparación de documentos oficiales).

Cuartilla es la mitad de un folio. Se usa muy corrientemente en la correspondencia social.

16. Ignorar—*to ignore.*

Ignorar: no saber. *To ignore:* no hacer caso de.

Ignora los nuevos reglamentos. *He does not know the new regulations.*

No hizo caso de mis palabras. *He ignored my words.*

No hacer caso de uno: *to ignore someone.*

N.B. En estos últimos años, **ignorar** empieza a emplearse en el sentido de **no hacer caso de.**

17. El orden—la orden.

En el sentido de mandato (*command*), este vocablo es femenino.

Obedeció a todas las órdenes que le dieron. *He obeyed all the orders they gave him.*

Estar a las órdenes de alguien: *to be under someone's orders* (*at one's service*).

En otros sentidos, **orden** es masculino.

Va a seguir el orden cronológico. *He will follow the chronological order.*

Le metieron en la cárcel por haber alterado el orden público. *He was put into jail for having disturbed the peace.*

El orden de los carnívoros: *the order of carnivorous animals.*

El regimiento emprendió la retirada en buen orden. *The regiment started the retreat in good order.*

Puso en orden los documentos temiendo que se traspapelase uno. *He put his documents in order fearing one might be misplaced.*

N.B. Existe cierta confusión, pero **orden** es generalmente femenino cuando alude a corporaciones militares o religiosas.

Las órdenes militares: *the military orders.*

Las órdenes mendicantes: *the mendicant orders.*

18. Cuenta—factura.

Ambas palabras indican el total de gastos habidos. Se usa **cuenta** cuando ésta se hace instantáneamente. **Factura** se emplea más bien con carácter técnico en los negocios; de ordinario se elabora con todo detalle en papel impreso.

El camarero nos hizo la cuenta en un dos por tres. *The waiter made out the bill in no time.*

Prefiero que me pase (envíe) la factura al despacho y no a casa. *I prefer your letting me have (sending me) the bill at the office and not at home.*

PREPARATIVOS DE PARTIDA

Ejercicios

■

PRIMERA PARTE

A. CUESTIONARIO

1. ¿Cómo pasó el Sr. Smith la mañana?
2. ¿Qué le pasó a su mujer?
3. ¿Qué aspecto tenía el portero, cuando le vio Juan?
4. ¿Qué hicieron los ladrones, cuando los sorprendió el portero?
5. ¿Qué hicieron antes de huir?
6. ¿A quién reconoció el portero?

B. MODISMOS Y GRAMÁTICA

El empleo del infinitivo con verbos que indican percepción mediante los sentidos (p. 341, l. 33). El uso del pronombre indirecto en lugar del adjetivo de posesión (p. 339, l. 17).

1. He saw that disreputable-looking individual run into the saloon on the corner of the street. 2. We heard her say that she had been feeling sharp pains in a molar which had been filled two years ago. 3. As soon as they saw him approach, they covered their faces, ordered him to halt, and pointed the pistol at him. 4. Before they took to their heels, they kicked over a lantern, and beat the man unmercifully. 5. If you hadn't rushed about all morning, you'd have been able to clear up these difficulties. 6. When you see the black eye they gave him and the bump he has on his forehead, you will realize why the pain is driving him frantic. 7. If there were so many people at the bank you should have cashed the check at the travel agency. 8. I am sure they could never break open the lock; they must have tried to force the door of the apartment. 9. If the dentist deadens your gum when he pulls out your tooth, you won't feel the effects of it at all. 10. The police suspect a man who speaks broken English with a sort of Slavic accent.

PREPARATIVOS DE PARTIDA

355

C. ESTUDIO DE PALABRAS

1. Es de advertir que las familias de Elorza y Peñalta eran las más opulentas de la villa, y el *público* encuentra siempre lógico que la riqueza vaya a la riqueza. Ambos eran hombres de orden y muy cautos, incapaces de escandalizar el *público*. Era demasiado temprano para que hubiese mucha *gente* en la plaza. No me gusta alternar con (*associate with*) tal *gente*. There were about ten or twelve *people* in the room. **2.** Todas las tardes el grupo se reúne en *cierto* café del centro. Hay *una cierta* tensión que se revela en ellos. **3.** —La justicia es una ilusión humana; en el fondo, todo es *destruir,*—dijo con amargura. En la casa no encontró más que muebles *destrozados*. La pobre chica debe de tener el corazón *destrozado*. **4.** She has a lovely *apartment* on the third floor. —Está Vd. equivocado. No vivo en el *piso* de la derecha sino en el de la izquierda. **5.** Cuando estuvieron cerca, detuvo el paso y vaciló un instante entre seguir o retroceder. Por fin, adoptó el término medio de estarse *quieto*. Se lo dijo muy *quedo* en el oído. **6.** They *battered* down the wall. Los soldados *se batieron* con valentía. **7.** That will *strike* his attention. She *struck* her head against the ceiling. He *struck* the animal with a stick. That note *struck* his ears at once. The ball *struck* the window. **8.** We *resent* their conduct. He became very *resentful* toward me when I told him what I thought. Está *sentido* conmigo. Si la novela de Galdós *se resiente* del procedimiento dramático, todo su drama *se resiente* del procedimiento novelesco. **9.** He gave the door a *kick*. The horse tried to *kick* the man. **10.** He won't be able to *balance* himself. *Balanceó* la cuna (*cradle*). He has a *balance* of ten thousand pesetas in the bank. They will draw a *balance* at the end of the month.

D. *Escríbanse unas 100 palabras a modo de información periodística sobre un robo.*

■ ■

SEGUNDA PARTE

A. CUESTIONARIO

1. ¿Por qué quería Juan dirigir una instancia a la Universidad?
2. ¿Qué documentos rechazarían en la Secretaría?
3. ¿Por qué quería la Sra. Smith un camarote exterior?
4. ¿Qué dijo el secretario acerca del cónsul?
5. ¿Por qué iba el Sr. Smith a comprobar la cuenta?
6. ¿Qué habría hecho Tomás si hubiese habido sitio en el coche?
7. ¿Por qué dijo el Sr. Smith que se marchaba muy complacido de su estancia en España?

B. MODISMOS Y GRAMÁTICA

El empleo del presente en lugar del futuro (*p. 341, l. 49*).

1. He wanted me to take the wheel so that he could glance through a copy of the record which the office had just issued. **2.** If you had used double space instead of single, you would have been able to make all the corrections. **3.** It's a pity that your business isn't going along smoothly. I am sorry that your stay here hasn't been more fruitful than you say. **4.** I have been trying to sound out his secretary for some time, but he will not tell me anything definite. **5.** When you go to see the consul to have our papers set in order, tell him we should like to leave any day. **6.** Before I wrote the request, he asked me to be there at least an hour early. **7.** We had been on board for two weeks, when I became seasick due to the rolling and pitching of the ship. **8.** We should have gone there on a week day, when the office is open from ten in the morning on. **9.** I told him to leave a margin and skip a line after my name, which he did not do. He left the whole first page blank. **10.** I'll take the book, since I shall be back in Madrid soon.

C. ESTUDIO DE PALABRAS

1. He was sure that the police would never *suspect* him. Did you *suspect* such an attitude in an intelligent man? **2.** I left word for him to come, but he *ignored* my request. *Ignora* si estará visible mañana. **3.** He repeated the general's *orders* to all the other officers. He placed the books on the table in this *order*. **4.** Esta *hoja* en blanco no sirve; necesito una *hoja* cuadriculada. Usaré estas *cuartillas* para mi correspondencia. **5.** The waiter made out the *bill*. He gave me a detailed *bill* which contained everything that I had bought.

D. TEMA

We are going to take a trip to Mexico next month. There is room for you in the car if you wish to come with us.

I should like to take the trip, but I prefer to go by ship.

The sea is unusually heavy in January, and, with the pitching and rolling of the ship, you may become seasick.

It takes only a few days to get there, and I am a very experienced traveler.

Do you know anyone who has taken the trip?

My friend Jones will be back any day. Of course, I'll speak to him. In any case, you know how grateful I am to you for your kind offer.

XXII A City Under Construction

■

MR. S. I have never in my life seen so many streets under construction as in this city. They are tearing up entire streets to lay fresh pavement (to repave), which causes (starts) traffic snarl (jam) after traffic snarl (jam).

MRS. S. But in any case, for better or worse, the traffic moves ahead, 5 and people go about their affairs (business), taking it (all) calmly.

MR. S. Except when they get caught in the middle of traffic at rush hours (at times of greatest congestion). Then they begin to blow their horns, to get red faced with rage, to blurt out gross remarks 10 and curse. But two minutes later they act once again as if nothing had happened—they smile and remember nothing.

MRS. S. People understand that the municipality must be concerned with the maintenance and improvement of public thoroughfares. If the construction is put off excessively, the trouble it causes the 15 public later is greater and it takes (entails) much more time (takes much more time to do).

MR. S. What I don't quite understand is how they can carry on all this without closing the streets (to traffic) with such a flow (stream) of people and cars. 20

MRS. S. You have to be out of your mind to come downtown by car (to drive downtown) instead of taking some means of mass transportation.

Una ciudad en obras XXII

■

EL SR. S. En mi vida, (nunca) he visto tantas calles en obras[1] como
en esta ciudad. Están levantando calles enteras para remozar
(renovar) el pavimento, lo que provoca[2] atasco tras atasco de
(en el) tráfico.
5 LA SRA. S. Pero en cualquier caso, mal que bien, el tráfico sigue
adelante, y la gente va a sus cosas (negocios, asuntos) tomándoselo
con calma.
EL SR. S. Menos cuando se ven cogidos[3] en medio del tráfico en las
horas punta (las horas de mayor afluencia o aglomeración).
10 Entonces empiezan a tocar el claxon (la bocina), a acalorarse,
a soltar tacos y a blasfemar. Pero a los dos minutos están otra
vez como si nada—sonríen y no se acuerdan de nada.
LA SRA. S. La gente comprende que el Ayuntamiento tiene que preocuparse[4] de la conservación (mantenimiento) y mejora de las vías
15 públicas. Si se difieren[5] excesivamente las obras, después, las
molestias que causan al público son mayores y cuestan (suponen)
mucho más tiempo (cuesta mucho más tiempo hacerlas).
EL SR. S. Lo que no acierto a comprender es cómo pueden llevar
todo esto adelante sin cortar las calles (cerrar las calles al tráfico)
20 con tanto tránsito (paso) de gente y de coches.
LA SRA. S. Hay que ser tonto[6] para venir al centro en coche en lugar
de coger un medio de transporte colectivo.

■ ■

MR. S.   All the large cities of the world must face (meet, come face to
face with) the same overwhelming problems in their downtown 25
areas. In my view it is pointless to patch things. The only logical
thing (to do) would be to eliminate vehicular traffic completely
except for public transportation vehicles: taxis, buses, streetcars
and the like.

MRS. S.   Yes, but the (public) officials don't view (consider) the pro- 30
blem as insoluble as you do, although, to my mind, the (absolute)
certainty of what you say is undeniable. And so (therefore) they
are planning to construct underground parking areas and to
increase the number of one-way streets according to the schedule
that has been projected. 35

MR. S.   Along these lines, the Mayor played an interesting part in the
plenary session of the City Council yesterday. Among other things,
he stated that it had been decided to exhaust all possibilities before
peremptory and drastic measures were taken

MRS. S.   To be sure, he doesn't wish to assume responsibility for un- 40
popular measures, risking flat failure thereby in the next elections.
All the more so as he is one of the most outstanding politicians
of the moment.

MR. S.   Look, come to think of it, we won't have time to go to the
veterinarian's to pick up the dog unless we go by taxi. 45

MRS. S.   OK, but hurry, eh. I can't wait (I'm very eager) to see him
again. The poor thing has suffered so much that I feel like crying
every time I think of him.

MR. S.   Yes, I understand your regard for him. Speaking for myself, 50
I took a fancy (a liking) to him also. I'm going to reveal something very confidential to you. The same thing happened to me
as to you. I restrained myself, but it wasn't easy for me at all.

MRS. S.   You don't have to tell me (that); I know only too well that
you were uneasy, but thank God, everything turned out wonder- 55
fully well (marvelously).

EL SR. S.   Todas las grandes ciudades del mundo tienen que enfrentarse
25   con (afrontar, hacer frente a) los mismos agobiantes problemas
        en su centro. Según mi criterio,[7] es inútil poner parches.
        Lo único indicado sería suprimir totalmente el tráfico rodado menos para
        los vehículos de servicio público: taxis, autobuses, tranvías y
        demás.
30 LA SRA. S.   Sí, pero las autoridades no ven el problema tan irresoluble
        como tú, aunque, a mi entender, la evidencia[8] de lo que dices es
        innegable. Por eso, proyectan construir aparcamientos subte-
        rráneos y aumentar el número de calles con (de) sentido único
        (dirección única) según el programa (la programación) previsto.
35
EL SR. S.   En este sentido, tuvo ayer el Alcalde una interesante inter-
        vención[9] en el pleno (sesión plenaria) del Ayuntamiento.[10] Entre
        otras cosas, manifestó que se había decidido agotar[11] todas las
        posibilidades antes de tomar medidas tajantes y drásticas.
40 LA SRA. S.   Ciertamente, no quiere asumir[12] la responsabilidad de
        medidas impopulares, arriesgándose (por ello) a un fracaso
        rotundo[13] en las próximas elecciones. Tanto más cuanto que es
        uno de los políticos más relevantes[14] del momento.
EL SR. S.   Oye; por cierto no nos va a dar (no vamos a tener) tiempo
45   para (de) ir a casa del veterinario a recoger el perro a menos que
        vayamos en taxi.
LA SRA. S.   Vale, pero corriendo, eh. Me impaciento por volver a verlo.
        Ha sufrido tanto el pobrecillo que me entran (dan) ganas de
        llorar cada vez que pienso en él.
50 EL SR. S.   Sí, comprendo el aprecio (en) que le tienes. Por mi parte,
        también me ha caído en gracia. Y te voy a descubrir[15] algo muy
        confidencial: me pasaba lo mismo que a ti. Me refrenaba,[16] pero
        no me era nada fácil.
LA SRA. S.   No hace falta que me lo digas; sé de sobra que estabas
55   inquieto, pero, gracias a Dios, todo ha salido la mar de bien
        (estupendamente).

UNA CIUDAD EN OBRAS   361

Notas

1. Obras (*construction*).

El contratista no sabe cuándo va a terminar las obras. *The contractor doesn't know when he is going to finish the construction.* En obras: en construcción o en reparación (*under construction*). Una plaza en obras (que está en obras, en que se hacen obras) es aquella en que se ha levantado el pavimento con el fin de realizar alguna construcción o reparación. *A square in which there is construction (which is under construction, in which construction is going on) is one in which the pavement has been torn up so that some construction can be done or repairs made.*

2. Provocar.

Provocar algo se emplea por lo menos en tres sentidos distintos. En primer lugar, **provocar algo** es dar pie a o producir una acción o situación que implican alguna violencia y a veces destrucción, o circunstancias conducentes a algo indeseable: *to start, to lead to, to create.*

Provocar un incendio, fuego, siniestro, motín, pelea, revolución, conflicto, protesta, inundación, guerra: *to start or lead to a disastrous fire, fire, disaster, riot, fight, revolution, conflict, protest, flood, war.*

Las cenizas mal apagadas provocaron un incendio en el bosque. *The poorly extinguished ashes started a fire in the woods.*

Las obras en la carretera provocaron un accidente. *The repairs on the highway led to an accident.*

Además **provocar** da a entender que la gestión, acción o situación de algo o alguien origina una reacción o respuesta de cualquier índole, favorable o desfavorable, por parte de otra persona o cosa: *to give rise, to create.*

La sugerencia del mediador (árbitro) provocó un cambio de actitud en las dos partes. *The suggestion of the mediator (arbiter) created a change of attitude in the two parties.*

La nueva ley provocó una alza (o baja) en los valores de la Bolsa, una protesta (o acogida entusiasta) en la opinión pública, una afluencia (o fuga) de capitales extranjeros. *The new law created a rise (or fall) in the equities in the stockmarket, a protest (or enthusiastic welcome) by public opinion, an influx (or flight) of foreign capital.*

Provocar una emoción o cualquier estado de ánimo es mover a ellos o suscitarlos: *to arouse, provoke, stir, produce, create.*

Provocar entusiasmo, interés, ira, irritación, alegría, enojo, risa: *to arouse, to stir enthusiasm, interest, rage, irritation, joy, anger, laughter.*

Sus palabras provocaron (excitaron) la risa (del auditorio) (*o* movieron a risa al público). *His words aroused laughter (in the audience) (or aroused the audience to laughter).*

El libro provocó (suscitó) mucho interés (entre los estudiantes). *The book aroused (stirred) a great deal of interest (among the students).*

Sus payasadas provocaron (la) hilaridad en la sala. *His antics created hilarity in the hall.*

Provocar a alguien es enojar o irritarlo fuertemente.

Me está Vd. provocando (encendiendo la sangre). *You're provoking me (to anger) (making my blood boil).*

Provocar a alguien a una acción o provocarle a que haga algo es incitarle a ello, procurando que reaccione con resolución: *to incite one to do something.*

Me provocó (incitó) a pelear, a la lucha, a protestar, a la protesta, a que me pegase con ellos. *He incited me (urged me on) to fight, to make the struggle, to protest, to make the protest, to fight with them.*

N.B. Se puede incitar a alguien a hacer algo positivo o negativo, indistintamente, mientras que **provocar** se usa casi exclusivamente en el segundo caso.

Le incité (*y no* le provoqué) a terminar su carrera. *I urged him to finish his course of study.*

3. Coger—tomar—recoger.

Coger, en sentido propio, es **tomar.** Se distingue de este último verbo en que puede comportar más esfuerzo; quien coge algo o a alguien les pone la mano encima, cerrando los dedos más o menos firmemente para asegurarse de ellos. Según sea más o menos firme el acto que describe, **coger** se traduce por *to take, to pick (up), to catch, to grasp.* Se coge algo que nos arrojan, que tenemos que arrancar o que agarrar bien para que no se caiga.

Se pinchó el dedo al coger la flor. *He stuck his finger when he picked the flower.*

Cogió la pelota antes que (re)botase en (contra) el suelo. *He caught the ball before it rebounded (bounced) on (against) the floor.*

Coja bien este jarrón; vale un Potosí. *Grasp this vase firmly; it's worth a fortune.*

Nótese que es muy frecuente el empleo de **coger** en su sentido atenuado de **tomar**.

Cogió (tomó) el libro del estante. *He took the book from the shelf.*

Coger (tomar) una calle, camino, senda: *to take a street, road, path.*

Coger tiene gran número de acepciones adicionales, entre las que son corrientes las siguientes. Significa llevarse o apropiarse cosas de nadie (*things which are there for the taking*): *to get.*

Cogió agua de la fuente para llenar su cantimplora. *He got water from the fountain to fill his canteen.*

Cogió un poco de tierra para llenar su maceta. *He got a little earth to fill his flowerpot.*

N.B. *To get* en otros casos se traduce por **conseguir** o **comprar** *y no* por **coger**.

He went to the bakery to get some bread. Fue a la panadería a conseguir o comprar pan (*y no* a cogerlo).

En la acepción de juntar o recoger, **coger** es *to gather*.

Mientras más datos coja, mas fácil se le hará el trabajo. *The more data you gather, the easier the work will become for you.*

Llenó el jarrón con las flores que había cogido. *He filled the vase with the flowers he had gathered.*

N.B. En esta acepción, **coger** se distingue de **recoger,** en que este último verbo fija nuestra atención en la manera cómo efectuamos la actuación o en las circunstancias concretas en que la hacemos.

Recogieron miles de pesetas en la colecta (es decir, tuvieron que ir solicitándolas). *They collected thousands of pesetas in the collection.*

Recogí a mi hermano con el coche delante de su oficina (es decir, lo hice según previa citación). *I picked up my brother with the car in front of his office.*

Al inclinarse (agacharse) a (para) recoger el billete de mil pesetas que se había caído al suelo, sintió una punzada (un dolor agudo) en la espalda (el dorso). *He felt a stitch (sharp pain) in the back as he bent down to pick up the thousand-peseta note that had fallen to the floor.*

Este coche recoge a los alumnos para llevarlos a la escuela (es decir, tiene tal misión). *This car picks up the children to take them to school.*

En el sentido de **agarrar, asir** o **atrapar,** y el de **sorprender** a alguien en el transcurso de una acción causándole embarazo o confusión, **coger** se traduce por *to catch.*

Tarde o temprano, la policía cogerá a ese delincuente. *Sooner or later the police will catch that culprit.*

Lo cogió cuando estaba a punto de caerse. *He caught him as he was about to fall.*

Lo cogió el jefe tomando café fuera de hora. *His superior caught him having coffee at the wrong time.*

Cogerle a uno in fraganti (con las manos en la masa): *to catch one redhanded (in the act).*

N.B. Coger un autobús, tren, avión: meramente tomarlos o bien llegar a tiempo para no perderlos: *to take a bus, train, plane* or *to catch them.*

Para ir a la escuela, cojo el autobús 13. *I take bus 13 to get to school.*

Cogió el tren por los pelos (por poco). *He just caught the train (by the skin of his teeth).*

Coger también tiene la acepción de **captar**: *to get, to catch (in a figurative sense).*

Aquí no se coge bien la emisora de Madrid. *You can't get the Madrid (broadcasting) station well here.*

Esta lente no coge toda la escena. *This lens doesn't catch the whole scene.*

No cogí bien el final de su frase. *I didn't quite catch the end of your sentence.*

Ella coge bien (las explicaciones), dijo el profesor de golf. *She catches on (to the explanations) well, the golf pro said.*

Coger significa ocupar cierta extensión de espacio en frases como éstas:
La huerta coge media falda del monte. *The orchard takes up half the slope of the mountain.*

El armario coge (ocupa) demasiado sitio. *The closet takes up too much space.*

Y finalmente **coger una enfermedad** es contraerla.
Cogió una pulmonía, una(s) fiebre(s), un resfriado, un reúma. *He contracted pneumonia, fever, a cold, rheumatism.*

4. Preocuparse.

Preocuparse tiene tres acepciones principales. En primer lugar, significa **inquietarse**: *to be concerned, worried,* or *to worry.*

No se preocupe Vd. (pierda Vd. cuidado); todo se arreglará. *Don't worry; everything will work out.*

Me preocupa (inquieta) mucho el que la niña todavía no haya vuelto a casa. *I'm worried (concerned) because the child hasn't come home yet.*

En segundo lugar, **preocuparse** significa intervenir más o menos en algo, reconociendo que es de su incumbencia: *to be concerned with something,* or *to see to it that something is done.*

A ver si se preocupa más de (o por) (atiende más a, presta más atención a) sus estudios. *Let's see whether he'll be more concerned with (pay more attention to) his studies.*

Debes preocuparte más de (o por) (prestar más atención a) tu cargo. *You should be more concerned with (pay more attention) to your job.*

Se preocupa ya de que se preparen los expedientes cuanto antes. *He is already seeing to it that the records are prepared as soon as possible.*

El rectorado se preocupa de que todos los estudiantes se alojen en residencias adecuadas. *The President's office sees to it that all the students are accommodated in proper student housing.*

N.B. Preocuparse por la música, el cine, el arte, un deporte (o cualquier pasatiempo por el estilo): ser entusiasta de ellos: *to make a hobby of music, the movies, art, a sport.*

5. Dilatar—aplazar—diferir—posponer.

Dilatar es extender o hacer mayor una cosa en el espacio, o alargar o prolongarla en el tiempo.

El calor dilata los rieles. *Heat expands the rails.*

Las pupilas se dilatan en la oscuridad. *Pupils become dilated in the dark.*

Su renombre se dilató por la nación. *His fame spread through the nation.*

Procure Vd. no dilatar (dilatarse en) los preámbulos; vaya Vd. directamente (derecho) al grano (al meollo de la cuestión). *Try not to extend the preliminaries; get straight (directly) to the point (to the heart of the matter).*

A causa del interés despertado por la conferencia, la discusión se dilató (se prolongó, se alargó) sensiblemente. *Because of the interest aroused by the lecture, the discussion was extended considerably.*

Además, **dilatar** significa tardar, emplear en algo más tiempo del debido, o tardar tanto tiempo en su ejecución que resulta necesario dejarlo para otra ocasión: *to delay.*

No dilates más la entrega de mi certificado. *Don't delay the delivery of my certificate any longer.*

Se dilató el lanzamiento del nuevo producto porque los socios no podían ponerse de acuerdo respecto al envase. *They delayed the launching of the new product because the partners couldn't agree with respect to the packaging.*

En este último sentido de dejar para otra ocasión, son sinónimos de **dilatar, aplazar** y **diferir,** pero no comportan estos dos últimos verbos la idea de lentitud en el proceder. **Aplazar** indica simplemente que algo se hará en una fecha posterior, prefijada o al menos prevista: *to postpone*.

Aplazaron la boda hasta el quince de agosto para que pudiera asistir una hermana residente en América. *They postponed the wedding until the fifteenth of August so that a sister residing in America could attend.* A causa (por culpa) de la lluvia, se aplazó el partido hasta muy entrado el mes siguiente. *Because of the rain, the game was postponed until late the following month.*

N.B. **Posponer** significa fundamentalmente dar menor importancia a alguien o algo respecto a otra persona o cosa: *to subordinate.* No debe posponer su porvenir al casamiento. *You should not subordinate your future to marriage.* Pospone sus intereses a los de su mujer. *He subordinates his interests to those of his wife.*

Es aconsejable traducir *to postpone* por **aplazar** y no por **posponer**, aunque contadas veces se use este último verbo en este sentido. Cuando así se usa, indica la existencia de algo más urgente, que tiene prioridad.

Se pospuso el proyectado desfile de los bomberos porque se declaró un gran incendio. *The planned parade of firemen was postponed because a large fire broke out.*

Diferir tiene un significado más amplio que el de **aplazar**. Equivale a este verbo, pero cuando no se prevé o no se fija el tiempo o fecha de la reanudación de algo, el verbo apropiado es **diferir**: *to put off (indefinitely).*

Las conversaciones sobre el desarme han sido diferidas indefinidamente. *Talks on disarmament have been put off indefinitely.* Difirió la compra del coche por haber perdido una fuerte (gruesa) suma (una fuerte cantidad) en la Bolsa. *He put off the purchase of the car because he had lost a large sum (amount) of money in the stockmarket.*

6. Tonto—bobo—necio.

En el lenguaje corriente es muy estrecha la sinonimia entre **tonto** y **bobo**; se usan como términos de valoración o de reconvención, o como insultos para denotar la falta de inteligencia o discreción de alguien: *foolish, silly, idiotic.* Además, los dos atributos, con un sentido más suave, sirven para criticar festiva (*humorously*) o cariñosamente a cualquier persona cuya actuación nos parece no muy oportuna o incluso encantadora.

No seas bobo (tonto), no digas bobadas (tonterías). *Don't be silly (foolish), don't say silly (foolish) things.*

¡Qué bobo (tonto) eres! Yo no dije eso para ofenderte sino para precaverte. *How silly (foolish) you are! I didn't say that to offend you but rather to warn you.*

Al principio todos se burlaban de él, tomándolo por bobo (tonto). *At first all of them made fun of him, taking him for a fool.*

Cállese, tonto (bobo); hay que guardar la izquierda para adelantar (un coche). *Keep still you fool; you have to keep to the left to pass (a car).*

—Anda, ven, tonta (boba), dame un beso—dijo la mamá a su hija. *"Come on now, you little ninny, give me a kiss," the mother said to her daughter.*

N.B. **Bobo** y **tonto** se usan frecuentemente en diminutivo: **bobito, tontito, tontín,** lo que hace resaltar su carácter afectivo y tierno.

Ven, ven acá, bobita (tontita). *Come here, you little monkey.*

Ambos adjetivos se pueden distinguir en que **tonto** se usa específicamente, a menudo como término técnico, para denotar al retrasado mental que no razona coherente o sensatamente y que no sabe valorar las cosas con exactitud.

El tonto del pueblo: *the town idiot.*

A los ojos del psicólogo, aquel tonto tiene la edad de un niño de diez años. *In the eyes of a psychologist, that weak-minded person is as old (mature) as a child of ten.*

Y **bobo** es la palabra indicada para denotar la persona corta de luces (o entendimiento), extremadamente candorosa (*naive*) o ingenua y que se deja impresionar o engañar fácilmente.

La chica parecía boba, oyendo boquiabierta los cuentos que le contaban. *The girl looked silly, listening open-mouthed to the stories they were telling her.*

Necio dícese de la persona ignorante y lerda (torpe), que es terca (*stubborn*) y suficiente (poseída de sí misma) (*smug*), por lo que resulta antipática y desagradable: *an ass, a conceited ass.*

Es tan necio que se empeña en contradecir al propio catedrático. *He is such a (conceited) ass that he persists in contradicting the teacher himself.*

Es tan necio que no se da cuenta de que está haciendo el ridículo. *He is such an ass that he doesn't realize he is being ridiculous.*

7. Criterio.

Criterio tiene el sentido de norma: *criterion.*

La filosofía del siglo XVIII creyó haber asentado los criterios definitivos de la verdad. *Eighteenth-century philosophy believed that it had fixed the definitive criteria of truth.*

El Gobierno ha dictado los nuevos criterios a seguir en la distribución de fondos a los necesitados. *The Government has issued the latest criteria to be followed in the distribution of funds to the needy.*

Además, **criterio** es el juicio que forma y expresa alguien a base de cierta manera de pensar que le es peculiar: *view, judgement.*

Mi(s) criterio(s) sobre aquel análisis que leímos en la revista no coincide(n) con los tuyos. *My view(s) about that analysis which we read in the magazine does (do) not agree with yours.*

—¿Crees que podrás ir con nosotros este fin de semana? —No, mi papá tiene un criterio fijo (su criterio propio, sus criterios) sobre las diversiones. *"Do you think you'll be able to go with us this week end?" "No, my father has fixed views (his own views) on amusements."*

Cuando consulté con el abogado sobre el choque que sufrí con el coche, me dio sin vacilar su criterio, diciendo que jamás ganaría el pleito. *When I consulted the lawyer on the collision I had with the car, he unhesitatingly gave me his judgement, saying I'd never win the case.*

Debe atenerse rigurosamente al criterio del médico referente a su descanso y horario de trabajo. *He should adhere strictly to the doctor's judgement as to his rest and work schedule.*

8. Evidencia—*evidence.*

Evidencia es la claridad manifiesta que se aprecia en algo, y que produce en nosotros convicción o certeza absoluta: *certainty, obviousness, indubitability.* También, por extensión, significa esta misma convicción o certeza: *certainty, conviction.*

La evidencia de su arbitrariedad se dejó ver otra vez en la última intervención que hizo durante la reunión del Consejo. *The certainty (obviousness) of his arbitrariness was revealed again in the latest part he played during the meeting of the Council.*

Algunos filósofos dicen que ciertas verdades no necesitan de prueba o demostración por la evidencia con que se nos presentan a la mente (porque son evidentes). *Some philosophers say that certain truths need no proof or demonstration because of the certainty with which they present themselves to our minds.*

En otros casos necesitamos (de) la evidencia de los hechos para poder juzgar sobre tal situación. *In other cases we need the certainty (indubitability) of facts to be able to judge such a situation.*

Tener la evidencia de: *to be (perfectly) obvious to someone;* ver con (toda) evidencia: *to seem (perfectly) obvious to someone;* llegar a la evidencia de: *to become obvious to someone.*

Veo con toda evidencia que el problema social es hoy en día el caballo de batalla de la juventud. *It seems perfectly obvious to me that the social problem is the burning issue to youth nowadays.*

Tengo la evidencia de que nuestra criada nos engaña guardándose algún dinero cada vez que va a la compra. *It is obvious to me that our servant deceives us by keeping a little money for herself every time she goes marketing.*

He llegado a la evidencia de que en el fondo todos los hombres son sensibles al elogio. *It has become obvious to me that at heart all men are sensitive to praise.*

Poner algo en evidencia: demostrarlo (*to make clear or evident*).

Se trata sencillamente de poner en evidencia el punto de vista que abriga. *It's simply a question of making clear the point of view he espouses.*

Poner a alguien en evidencia: ponerle en ridículo, desenmascarándole (*to make one look ridiculous*).

Estropeó nuestro plan y nos puso en evidencia. *He ruined our plan and made us look ridiculous.*

Evidence; prueba(s).

Vd. no puede alegar estas acusaciones sin presentar (aportar) pruebas fehacientes. *You can't make these accusations without presenting (adducing) irrefutable evidence.*

Estableceré definitivamente la evidencia del hecho mediante esta fotografía que constituye una prueba al alcance de todos. *I shall establish the certainty of the fact definitively by means of this photograph which is actually a piece of evidence within everyone's grasp.*

9. Intervención.
(Para el verbo **intervenir,** véase p. 48, n. 7.)

Intervención es el acto de tomar parte activa en un acontecimiento, suceso, o proceso que ya está desarrollándose. La palabra castellana no tiene en sí el sentido peyorativo que a menudo tiene su parónimo inglés, por lo que la intervención puede ser positiva o negativa indistintamente: *participation; part (one plays); intervention.*

El ministro tuvo una brillante intervención en la conferencia, justificando la política de su Gobierno. *The minister played a brilliant part in the conference, justifying the policy of his Government.*

La intervención de los estudiantes en la programación de los conferenciantes invitados toma cada vez mayores proporciones. *The participation of students in the scheduling of guest lecturers assumes greater and greater proportions.*

La oportuna intervención del guardameta (portero) evitó un tanto que parecía seguro y que habría sido decisivo por estar el tanteo final igualado. *The timely part played by the goalee avoided a tally that seemed certain and that would have been decisive because the final score was tied.*

N.B. Intervención quirúrgica (*frase hecha*): operación que hace el cirujano.

El médico le hizo una intervención quirúrgica. *The doctor performed a surgical operation on him.*

Mientras que **intervención** se toma en buen o mal sentido: *participation, intervention* or *interference,* **intromisión** sólo tiene el sentido peyorativo: *interference.* **Intromisión** es el hecho o acto de inmiscuirse ilegal o indebidamente en asuntos ajenos.

La intromisión del país en los asuntos internos de otro está contra la Carta de las Naciones Unidas (ONU, Organización de las Naciones Unidas). *The interference of the country in the internal affairs of another is against the Charter of the United Nations.*

La intervención de aquel país en la crisis del Oriente ha resultado eficaz. *The intervention of (part played by) that country in the crisis in the East turned out to be effective.*

10. Ayuntamiento.

Ayuntamiento es la corporación municipal (es decir, el alcalde y los distintos concejales, *members of the City Council*) que rige una ciudad o municipio: *city (municipal) government.* (N.B. **Municipio** incluye además del casco urbano las afueras o suburbios de la ciudad. El municipio de Madrid: *greater Madrid.*)

Ayuntamiento es también el edificio donde tiene su sede la corporación municipal: *City Hall.*

11. Agotar—apurar.

Agotar tiene en cierto modo un sentido negativo; es llegar al fin de algo de modo que nada queda o resta: *to exhaust.* **Apurar,** por el contrario, es *aprovechar* o consumir algo hasta la parte final: *to make full use of; to use to the (bitter) end.*

El libro (la edición) está agotado (*y no* apurado). *The book (edition) is out of print.*

Apurar (*y no* agotar) los zapatos que uno tiene antes de comprarse otros nuevos: *to wear the shoes one has to the (bitter) end (to make full use of them) before buying new ones.*

Apuró (*y no* agotó) el cigarro hasta quemarse los labios, el plato hasta dejarlo limpio. *He smoked the cigarette to the end, until he burnt his lips; he ate the dish clean.*

Agotar su dinero, su tiempo, sus energías, su vida es emplear estas cosas totalmente en algo, dejándole a alguien malparado: *to exhaust one's money, time, energies, life (on something, and thus have nothing left);* **apurar** estas cosas indicaría usar incluso la última parte de ellas: *to use these things to the full.*

12. Asumir—*to assume.*

Asumir se emplea frecuentemente en la acepción de tomar sobre sí o echarse encima una responsabilidad u obligación determinada.

Asumió la carga, el cometido con una sonrisa. *He assumed the burden, the assignment with a smile.*

El actor asume un papel. *The actor assumes a role.*

Asumir (hacerse cargo de) las funciones de(l) director: *to assume the director's duties.*

Asumir se emplea muy rara vez en castellano en el sentido inglés de **presumir** o **suponer**; es, además, dudosa su propiedad en tal acepción.

I assume the lawyer will win the case. Supongo (presumo) que el abogado ganará el pleito.

Asumir se usa rara vez en el sentido de **tomar**; es una acepción que tampoco sancionan los diccionarios españoles.

To assume an air (of indifference), an expression (of anger), a pose, a posture (toward a problem), an attitude: tomar un aire (de indiferencia), una expresión (de ira), una pose, una postura (ante o frente a un problema), una actitud.

To assume a place on the line, at the banquet table, at the window: ocupar su sitio en la cola, en la mesa del banquete, situarse frente o ante la ventanilla.

13. Redondo—rotundo.

En el lenguaje corriente se emplea **redondo** *y no* **rotundo** en sentido propio. Tiene en tal caso el significado de circular o esférico: *round, rotund.*

Una cara, mesa, ruedo de una plaza de toros redondos: *a round face, table, bull ring.*

En sentido figurado, **redondo** quiere decir completo y perfecto: *perfect.*

La comida, fiesta, decoración de la habitación, jugada del equipo, insonorización de la oficina resultaron redondos (perfectos, completos). *The meal, party, decoration of the room, team play, soundproofing of the office turned out to be perfect.*

N.B. **Redondo** se usa en ciertas frases hechas como las siguientes. Cayó (en) redondo al suelo. *He fell straight to the floor.* La caída fue redonda. *The fall was unbroken.*

Rotundo dícese de algo definitivo, tajante, terminante: *unqualified, categorical; flat.*

Una negativa, oposición, un fracaso rotundos: *an unqualified (categorical) refusal, opposition; an unqualified (flat) failure.*

Esta formulación es demasiado rotunda. *This formulation is too categorical.*

N.B. **Redondo** se emplea, aunque pocas veces, como sinónimo de **rotundo.**

En redondo significa circularmente en sentido real, y categóricamente en sentido traslaticio. En este último caso, **en redondo** es sinónimo de **rotundamente.**

Dar la vuelta en redondo a la plaza: *to go around the plaza.*

La bailarina giró en redondo en los brazos de su pareja. *The dancer whirled around in her partner's arms.*

Se negó en redondo (rotundamente) a atenerse a las disposiciones gubernativas. *He flatly refused to adhere to the governmental regulations.*

14. Relevante—*relevant.*
Relevante: prestigioso, muy conocido, que tiene nombre o fama: *prominent, very well known, outstanding.*

Un doctor, hotel, marca de coche relevantes: *a prominent (outstanding) doctor, hotel, make of car.*

No son siempre las personas más relevantes (prestigiosas) de una sociedad los genios verdaderamente creadores sino los que en un momento dado supieron captar la pública atención. *The most prominent people in a society are not always the truly creative geniuses but rather those who managed to gain public acceptance at a particular time.*

To be relevant: venir a cuento.

Hizo algunas observaciones que vinieron a cuento de (*o* con) la conferencia o discusión. *He made a few remarks which were relevant to the conference or discussion.*

Hizo algunas observaciones respecto a la conferencia o discusión que vinieron a cuento. *He made a few relevant remarks with regard to the conference or discussion.*

N.B. **Pertinente** se emplea en este sentido, pero preferentemente en forma negativa.

Su intervención no era pertinente (era impertinente, no venía a cuento) *His participation was irrelevant.*

15. Descubrir.

Descubrir equivale a *to discover* en el sentido de averiguar algo o hallar lo que estaba oculto o era desconocido.

Descubrir un tesoro, un monumento de la antigüedad, un nuevo elemento químico: *to discover a treasure, a monument of antiquity, a new chemical element.*

El detective descubrió que el sospechoso había abandonado la casa a altas horas de la madrugada. *The detective discovered that the suspect had left the house in the wee hours of the morning.*

Además, **descubrir** se emplea en otros sentidos que no corresponden a los de *to discover.* Así en la acepción de manifestar, dar a conocer, revelar o hacer saber en confianza, **descubrir** se traduce por *to disclose or to reveal.*

Nos descubrió el secreto sólo mucho más tarde. *He disclosed the secret to us only much later.*

Le descubrí mi punto de vista pues quería que colaborase conmigo más eficazmente. *I disclosed my point of view to him because I wanted him to collaborate with me more effectively.*

En el sentido de divisar, (llegar a) ver, **descubrir** equivale a *to get a view of, to descry.*

Desde la cumbre de la montaña descubrimos un paisaje grandioso. *From the mountain top we descried a magnificent landscape.*

Cuando significa destapar, quitar la cubierta o tapa de algo, **descubrir** es *to uncover.*

Descubrió la caja, quitando la tapa. *He uncovered the box, taking off the top.*

N.B. **Descubrirse** es quitarse el sombrero: *to bare one's head.*
Todos los transeúntes se descubrieron al paso de la bandera. *All the passers-by bared their heads at the passing of the flag.*

16. Refrenar—*refrain.*

Refrenar: contener, dominar, reprimir (*to restrain, to curb*).

El Gobierno determinó refrenar las otras exigencias del pueblo. *The Government decided to restrain (to curb) the other demands of the people.*

Haría bien en refrenar su apetito si quiere adelgazar (mantenerse en forma, conservar, guardar o mantener la línea). *She would do well to restrain (curb) her appetite if she wishes to get thin, keep in trim, keep her figure.*

Quien no refrena las pasiones tarde o temprano se verá dominado por ellas. *Those who do not curb their passions will find themselves controlled by them sooner or later.*

En casos de represión física, se emplea **contener** *y no* **refrenar.**

Alguien le contuvo, cogiéndole por el brazo; de no ser así habría agredido (atacado) al taxista. *Someone restrained him, catching him by the arm; otherwise he would have attacked the taxi driver.*

La policía tuvo que contener a la multitud de espectadores que acudieron a presenciar el desfile. *The police had to restrain the crowd of spectators who came to witness the parade.*

To refrain from: guardarse de o abstenerse de.

Iba a hacer unas peticiones, pero se guardó (se abstuvo) de hacerlo al ver la mala cara del director. *He was going to make a few requests but he refrained (abstained) when he saw the director's sour face.*

Por favor, guárdese Vd. (bien) de silbar en (o por) los pasillos. *Please refrain from whistling in the halls.*

Ejercicios

■

A. CUESTIONARIO

1. ¿Qué ocasiona tantos atascos de tráfico en la ciudad?
2. ¿Cómo reaccionan los conductores de coches cuando están cogidos en las horas punta?
3. ¿Quién se preocupa de la conservación de las vías públicas?
4. ¿Tienen que cortar las calles con motivo de las obras de reparación?
5. ¿Es aconsejable ir en coche al centro de la ciudad?

B. MODISMOS Y GRAMÁTICA

1. It is important for the municipality to have the streets torn up now; they must be repaired before winter. 2. Any situation that causes (starts) so many traffic jams cannot be taken calmly. 3. I am sorry you were caught in the traffic when you went downtown during the rush hours; the congestion must have been terrible. 4. I saw him get red with rage and blow his horn without stopping. That's how accidents occur. 5. I heard him blurt out those gross remarks, but two minutes later he acted as if nothing had happened. 6. I was glad they had decided not to put off the repairs excessively despite the trouble they would cause. 7. What I don't quite understand is why they must close the street in order to carry on the work. 8. I am glad there are so many means of mass transportation available. 9. I'd never in my life believed that this would have taken so much time. 10. I'll call the department that is concerned with the maintenance of public thoroughfares.

C. ESTUDIO DE PALABRAS

1. The square is under *construction*. Why is *construction* going on here now?
2. El descontento *provocó* una protesta y por último un motín de grandes proporciones. Los resultados de las elecciones *provocaron* un incremento en

la exportación. El discurso del ministro *provocó* escaso interés en el elemento estudiantil. Le *provocaron*, echándole en cara que su hermano había sido puesto a la disposición de la policía de otra ciudad. Trataron de *provocarlos* a amotinarse. **3.** *Cogió* a su madre que había tropezado en la escalera. Pagó al vendedor y *cogió* el periódico. Se fue a la playa a *coger* más arena para la caja con la que juega la niña en el patio. Pasamos la mañana *cogiendo* frambuesas en la cuneta (*soft shoulder*) del camino. Si el jefe los vuelve a *coger* en tertulias, los echará a la calle. La policía le *cogió* justo cuando trató de *coger* el tren de París. Aprendió a bailar en un dos por tres; *cogió* rápidamente el ritmo. El equipaje no *coge* todo el portaequipaje (*automobile trunk*). **4.** *Se preocupa* tanto por su dinero que no sabe disfrutarlo. El Estado *se preocupa de* (*por*) los transportes públicos. Mi hermanito *se preocupa por* los trenes eléctricos; ya tiene un montón de ellos. **5.** Las fiestas se *dilataron* hasta la madrugada. No quiero *dilatar* más la decisión. **6.** They *postponed* the meeting until the following Tuesday. *Pospone* su propio bienestar al de su familia. Because of the situation, the conference has been *put off* indefinitely. **7.** El cantante era tan *necio* que tomó en serio las alabanzas irónicas que le encajaron. Esta mujer se admira de cualquier chuchería; es tan *boba* como una niña pequeña. Tiene una risa *boba* que me crispa los nervios. Es un *tonto*; yo diría un retrasado mental.

■ ■

SEGUNDA PARTE

A. CUESTIONARIO

1. ¿Cuáles son las soluciones radicales al problema del tráfico rodado en las grandes ciudades?
2. ¿Qué otro tipo de solución menos tajante proporcionan las autoridades?
3. ¿En qué sentido se expresó el Alcalde en su última intervención en la reunión del Ayuntamiento?
4. ¿Por qué se siente emocionada la señora?
5. ¿Compartió sus sentimientos su marido?
6. ¿Estaba la señora al tanto de la preocupación de su marido?

B. MODISMOS Y GRAMÁTICA

1. If I had to face such overwhelming problems I'd eliminate vehicular traffic completely. **2.** When will the authorities announce the new schedules with respect to one-way streets? **3.** The teacher asked us to analyze the part he played in the plenary session. **4.** I'm sorry he suggested such peremptory measures; he will meet unqualified opposition when he presents them again. **5.** Unless we pick him up before noon, he'll leave. O.K., but hurry. **6.** You know my warm feeling for him. I'm impatient to see him. **7.** I was sorry you were uneasy, but Jane had taken a liking to the little dog and had treated him wonderfully. **8.** It isn't easy for me to restrain myself. **9.** To my mind, the certainty of what he is saying is undeniable.

C. ESTUDIO DE PALABRAS

1. ¿Hay *criterios* determinados para valorar la música? Según mi *criterio*, no. Tiene *criterios* anticuados referentes al comportamiento de los jóvenes. Hay que acatar el *criterio* de un perito en esta materia. **2.** Los científicos por regla general no llegan a ninguna conclusión con *evidencia*. Veo con *evidencia* que la situación empeorará. No pongo en duda la *evidencia* de sus afirmaciones. Todas sus *pruebas* resultaron falsas; había falsificado los documentos. **3.** La representación de aquel país tuvo una *intervención* eficaz en las últimas sesiones de la ONU. ¿Cuál fue el resultado de la *intervención* quirúrgica que practicaron? **4.** Me veré con él a la puerta del *Ayuntamiento*. El *Ayuntamiento* tomará medidas tajantes para poner fin al desorden. **5.** *Apuró* su fortuna en esa empresa. *Agotó* su fortuna en tales empresas. **6.** *Asumirá* su nuevo cargo en cuanto dimita oficialmente el titular (*incumbent*) actual. I *assume* he knows how pointless it is to patch things. I told him to *assume* his place at the table. **7.** Tiene un apartamento *redondo*. Casi todas las plazas de toros son *redondas*. Me niego *en redondo* a firmar el contrato. Oyó mi negativa *rotunda* sin inmutarse. **8.** Es un abogado *relevante* cuyos honorarios andan por las nubes. His speech is not *relevant*. **9.** Se empeñó en no *descubrirle* su intención. El Alcalde *descubrió* el monumento corriendo las cortinas que lo cubrían. A este paso nunca *descubrirán* la verdad. **10.** Procura *refrenar* tu lengua (*o refrenarte*) al hablar de tales cosas con el jefe. They must *refrain* from spitting in the subway. Someone will have to *restrain* him, or he will attack that man.

XXIII Arguing about Novels

■

MRS. S.   What a terrible thing! You can't guess (*colloquial*) how tiresome (what a dud or flop, *colloquial*) the novel is which that pesty (*literally*, pest of a) cousin of yours recommended to me yesterday. He told me he had been (deeply) touched when he read it (on reading it) (that he had been delighted reading it).   5

MR. S.   Oh, yes, you're referring to Johnny. He's far from (being) a good literary critic (he's anything but a literary critic). He has his good (strong) points but not precisely in the field (area, realm) of esthetics.

MRS. S.   You're telling me. But he was so enthusiastic (he exuded so   10
much enthusiasm) that I let myself be carried away and got the book. And, believe it or not, it's the success of the season.

MR. S.   There's probably some reason for it.

MRS. S.   To be sure, it is a gorgeous edition, although the contents are nothing to marvel at. They have gone the limit in book design.   15
As you see, they've integrated (worked) into the text a series of reproductions in color (reproductions in full color) which speak well for the artistic, if not literary, taste of the publishers.

MR. S.   There's a title for you (what a title)! What the dickens (deuce) can "The Course of the World" mean? I can't make anything of it (make   20
sense, make head or tail [*colloquial*] of it). What is the author possibly getting at by that (where is the author possibly going)?

MRS. S.   Nowhere. I can't get what he may have in mind. The very title now (even the title) is quite (*colloquial*) typical of the author. He seems persistent about searching out ambiguous words (words   25
which have double meanings) in order to put the keenness (sensitivity) of the readers to the test. And actually (really), he succeeds only in slowing up (hampering, impeding) your reading.

■ ■

MR. S.   This tendency is the very modern (very latest) trend.

30

MRS. S.   Right. Even in his prologue, the novelist makes it very (quite) clear that his purpose is to suggest things and not to expound them in full detail.

Discutiendo[1] de novelas

■

LA SRA. S.   ¡Qué horror! no puedes suponerte (*familiar*) lo pesada (el rollo, *familiar*) que es la novela que me recomendó (aconsejó) ayer el pelma (*familiar*) de tu primo. Me dijo que se había emocionado[2] al leerla (con su lectura) (que su lectura le había cautivado).

5

EL SR. S.   Ah, ya, te refieres a Juanito. Dista mucho (está muy lejos) de ser un buen crítico literario (tiene de todo menos de crítico literario). Tiene sus valores,[3] pero no precisamente en el terreno (campo, ámbito) de la estética.

10   LA SRA. S.   A mí vas a decírmelo. Pero estaba tan entusiasmado[4] (rebosaba[5] tanto entusiasmo) que me dejé llevar y adquirí la obra. Y, pásmate, es el éxito de la temporada.

EL SR. S.   Por algo será (debe haber alguna razón para ello).

LA SRA. S.   Ciertamente es una preciosidad de edición, aunque el contenido no es ninguna maravilla. En la presentación[6] han llegado

15   hasta el máximo (o el límite). Como ves, han incorporado al texto una serie de grabados en color (a todo color)[7] que acreditan el buen gusto artístico, ya que no literario, de la (casa) editorial.

EL SR. S.   ¡Vaya título! ¿Qué diablos (diantre) querrá decir "El proceso[8] del mundo"? Yo no acierto a sacar (de él) nada en claro

20   (o en limpio). ¿Adónde pretenderá (querrá) llegar el autor con ello?

LA SRA. S.   A ninguna parte. No puedo averiguar qué tendrá en la cabeza. El mismo título es ya muy propio (peculiar)[9] del autor.

25   Parece empeñado en rebuscar palabras equívocas (o con doble sentido) para poner a prueba la agudeza (finura) de los lectores. Y a la hora de la verdad (realmente), no consigue más que entorpecer (dificultar, obstaculizar) la lectura.

■ ■

EL SR. S.   Esta tendencia es muy de signo[10] moderno (muy de última

30   hora).

LA SRA. S.   Exactamente. Ya en el prólogo el novelista deja bien (en) claro que su intención es sugerir las cosas y no exponerlas con todo detalle.

MR. S.   Yes, so that the reader will feel obliged to contribute something 35
on his part. But, let me tell you that reading this kind of novel
is not exactly child's play (is no delight, is trying for me). When
I read, it's to have a good time (to escape). I spend (expend)
enough effort, I must say, with all the technical paper work which
goes through my hands in the company.   40

MRS. S.   But these novels probably also have their audience. They
must have good sales (a large market) in view of (if you bear in
mind) the large editions that are printed.

MR. S.   Every one to his own taste. There are always people who 45
allow themselves to be intrigued (caught) by any kind of nonsense.
Advertising people (those who are in advertising) start with the
certainty that everything, even any kind of trash, can be sold if
and when (whenever) you create (awaken, stir up) people's interest.
The part that publicity plays in our modern economy is becoming 50
greater and greater. It isn't that I accuse (blame) advertising people
as a group, since frequently their activities are also very useful to
us (are of great help to us; have something to contribute to us;
are of real use to us).

MRS. S.   However that may be, advertising makes life easier for us by 55
revealing large numbers of conveniences, which is no small thing
(in itself) (which is a real achievement or accomplishment). Oh,
excuse me. I had neglected to tell you that your stockbroker left
this telephone message (word by telephone) for you.

MR. S.   (reading) "The market opened (closed) with an uneven trend 60
(in changes) after the drop (fall, decline) in quotations yesterday.
Nevertheless gains (rises, increases) although of slight (small,
minor) significance exceeded losses (drops), which in no case came
to a point." So far this year (month, season) it's the same (same
old) story just repeating itself.   65

₃₅ EL SR. S. Sí, para que el lector se vea obligado a poner algo de su parte.

Pero, permíteme decírte que leer esta clase de novelas no es exactamente un juego de niños (no es ninguna delicia, me resulta mortificante).[11] Yo, cuando leo, es para divertirme (para pasar un rato agradable, un buen rato, evadirme).[12] Ya gasto
₄₀ (consumo) bastante esfuerzo con todo el papeleo técnico que pasa por mis manos en la empresa.

LA SRA. S. Pero también estas novelas deben de tener su público. Tendrán muy buena venta (mucha salida) a la vista (habida cuenta) de las ediciones tan nutridas[13] que tiran (hacen).

₄₅ EL SR. S. De (sobre) gustos no hay nada escrito. Siempre hay quien se deja prender[14] (coger) por cualquier tontería.[15] Los publicitarios (los que se dedican a la publicidad) parten de la evidencia de que todo, incluso cualquier porquería, puede venderse siempre y cuando (siempre que) se provoque (se despierte, se suscite) el
₅₀ interés de la gente. Cada vez es mayor la intervención de la publicidad en la economía moderna. No es que yo acuse (culpe) los publicitarios en bloque, porque también con frecuencia su actuación nos es muy útil (presta una buena ayuda o colaboración, nos viene muy bien).

₅₅ LA SRA. S. Ahora bien, la publicidad nos facilita la vida, descubriéndonos múltiples comodidades, lo que no es poca cosa (lo que es un verdadero logro (acierto) ¡Ah, perdona! Se me había pasado decirte que tu corredor (agente) de Bolsa ha dejado este aviso (nota, recado) telefónico para ti.

₆₀ EL SR. S. (leyendo) "La Bolsa ha abierto (cerrado) con desigual orientación (tendencia) de (en) los cambios después de la baja (caída, descenso) de las cotizaciones de ayer. Sin embargo, las ganancias (alzas, subidas), aunque de escasa (poca, menor) cuantía, superaron a las pérdidas (bajas), que en ningún caso llegaron a un entero.*
₆₅ En lo que va de año (mes, temporada), no hace más que repetirse la misma historia (es el mismo cuento de siempre).

---

*En España el entero equivale a un duro o cinco pesetas

DISCUTIENDO DE NOVELAS　　　　　　　　　**383**

Notas

1. Discutir—discutir de.

Discutir de, acerca de, sobre algo es conversar animadamente dos o más personas manifestando sus puntos de vista, criterios u opiniones discrepantes u opuestas sobre una materia determinada: *to argue* (*over* or *about*).

Discutir, como verbo transitivo, significa someter a análisis entre dos o más personas un tema o proyecto con la intención de enriquecerlos o modificarlos, o de llegar a un acuerdo respecto de ellos, a la luz de los distintos o encontrados puntos de vista: *to discuss.*

Estuvimos toda la tarde discutiendo de los últimos acontecimientos tan animadamente que llegó la hora de la cena y no nos dimos ni cuenta. *(There) we were arguing about (or over) the latest events so animatedly that supper time came and we didn't even realize it.*

Los miembros (componentes) de la comisión han discutido a fondo la cuestión, pero han aplazado cualquier decisión hasta la reunión próxima. *The members of the committee discussed the question thoroughly, but have put off any decision until the next meeting.*

2. Emoción—emocionarse—emotivo—emocionante.

Emocionar es conmover el ánimo, aplicándose a sentimientos de toda índole, penosos o alegres: *to touch* (*deeply*).

Nos emocionó su actitud. *His attitude touched us (deeply).*

Me emocioné mucho al ver a mi hermano después de tantos años de ausencia. *I was very deeply touched when I saw my brother after so many years of absence.*

Cuando despidió a su hijo que se incorporaba a filas, se quedó muy emocionado y no podía reprimir (contener) las lágrimas. *When he said goodbye to his son who was being inducted into the army, he was deeply touched and could not restrain (hold back) his tears.*

Emotivo se aplica a personas que se conmueven o enternecen fácilmente y a situaciones que producen los sentimientos correspondientes de alteración afectiva que conmueve, o de enternecimiento: *emotional (when said of people in the sense of "tender-hearted" or "easily moved"); moving, touching (when said of things).*

Una persona emotiva: *an emotional (tender-hearted) person.*

Fue una escena muy emotiva (conmovedora). *It was a very touching, (moving) scene.*

En el lenguaje ordinario **emoción** expresa una amplia gama de sentimientos que oscilan desde la tristeza a la alegría, pero sin llegar a la intensidad que puede caracterizar el término *emotion* en inglés. Por consiguiente, *emotion* sólo debe traducirse por **emoción** en el sentido de *deep feeling*.

Únicamente en psicología, como término técnico, la palabra **emoción** indica la gran conmoción o alteración orgánica causadas por estados anímicos como la cólera o el miedo.

Era un día de solemnidad y emoción para los parientes de los que acababan de ser licenciados del ejército. *It was a day of solemnity and emotion (deep feeling) for the relatives of those who had just been discharged from the army.*

Leyó con mucha emoción la carta que le anunciaba el nacimiento de su primer nieto. *He read with great emotion (very deep feeling) the letter announcing the birth of his first grandson.*

Es muy difícil encontrar en el español ordinario y no técnico equivalentes de las palabras inglesas *emotion* y *emotional* en su sentido fuerte o intenso. En tal caso, es preferible traducirlas por un circunloquio o simplemente dejarlas sin traducir cuando lo permite el sentido de la frase.

His emotions blinded him. Su estado de excitación le cegó.

He gave vent to his emotion of anger. Dio rienda suelta a su ira.

An outburst of emotion: un arranque de exaltación, excitación, apasionamiento.

An emotional crowd: una muchedumbre apasionada, exaltada, excitada.

Emocionante aplícase a acontecimientos o situaciones que despiertan intenso interés y provocan una fuerte reacción afectiva: *thrilling.*

El partido, la película, la novela, una experiencia, nuestro primer paseo en avión resultaron emocionantes. *The game, the film, the novel, an experience, our first airplane ride turned out to be thrilling.*

3. Valor.

(Para **valor** en el sentido de "valentía", véase p. 100, n. 14.)

Valor también significa *value*.

El valor de esta joya es incalculable. *The value of this jewel is incalculable.*

Esta bisutería tiene para ella un gran valor sentimental. *This costume jewelry has (a) great sentimental value for her.*

Valor se diferencia del parónimo inglés en la acepción de cualidad inherente y característica importante de algo o alguien: *good* (or *strong*) *point, quality, potentiality.*

La honradez, integridad, entereza y gallardía son algunos de los valores del héroe. *Honesty, integrity, fortitude and dignity are some of the strong (good) points (qualities) of the hero.*

Los valores de un pueblo—su honestidad, inteligencia, su capacidad de trabajo y organización—determinan su historia. *The strong (good) points (qualities) of a people—their integrity, intelligence, capacity for work and organization—determine their history.*

Aquel gobierno supo aprovechar los valores del teatro para convertirlo en un medio de propaganda. *That government managed to take advantage of the potentialities of the theater in order to convert it into a medium of propaganda.*

Dicho de personas, **valor** significa figura destacada: *outstanding figure.*

Galdós es uno de los valores de la novelística española. *Galdos is one of the outstanding figures in the Spanish novel.*

En la bolsa, **valor** (*equity*) equivale a toda clase de títulos: acciones (*shares*) y obligaciones (*bonds*).

Los valores de la bolsa han sufrido una baja de varios enteros. *Equities on the stock exchange have undergone a drop of several points.*

4. Entusiasta—entusiástico—entusiasmado.

Entusiasta se aplica a personas o cosas. En el primer caso significa capaz de entregarse apasionadamente a las cosas que le interesan a uno, o de experimentar hondo afecto o aprecio por las personas o cosas que uno quiere: *enthusiastic by nature.*

Es lo contrario de su hermano; éste es apático e introvertido, mientras que él es entusiasta, propenso a dedicarse de lleno a lo que emprende. *He is the opposite of his brother; the latter is apathetic and introverted, while he is enthusiastic (by nature), inclined to devote himself fully to what he undertakes.*

Entusiasta de algo o alguien dícese de la persona que se entrega habitualmente a una actividad concreta que le apasiona, o que es admirador de algo o alguien: *to be an admirer or devotee of something or someone.* A menudo se traduce acertadamente por el giro: *to be one's favorite pastime, hobby, or subject.*

Uno puede ser entusiasta de (la lectura de) cierta clase de obras, el arte, el estudio de ciertas materias, la política, los coches deportivos. (*Reading*) *certain kinds of works, art, the study of certain subjects, politics, sports cars can be one's favorite pastimes.*

Juan es (un) entusiasta de las novelas policíacas. *Mystery novels are John's hobby.*

Hemingway era un gran entusiasta de España. *Hemingway was a great admirer of Spain.*

Me gusta ir a los conciertos con X; es tan entusiasta que contagia a todos el deleite que siente por la música. *I like to go to concerts with X; he is such a devotee that the delight he takes in music infects everyone.*

Entusiasmado dícese de una persona que en un momento dado siente admiración, deleite o alegría acompañados de cierto grado de excitación ante una cosa o situación concreta. Denota un estado transitorio en contraposición a **entusiasta** que supone un estado más bien habitual.

Nos envió una (tarjeta) postal desde Madrid; está entusiasmado con la ciudad. *He sent us a postal card from Madrid; he is enthusiastic (excited) about the city.*

Soy entusiasta del cine y estoy entusiasmado con esta película. *Movies are my favorite pastime and I am enthusiastic (excited) about this picture.*

Soy entusiasta de Picasso y estoy entusiasmado con uno de sus cuadros. *I am an admirer of Picasso and I am enthusiastic (excited) about one of his pictures.*

Cuando la palabra **entusiasta** se refiere a cosas es sinónimo de **entusiástico,** adjetivo que normalmente sólo se utiliza para referirse a cosas.

Una carta, el recibimiento, los aplausos, la felicitación eran entusiásticos (entusiastas). *A letter, the reception, the applause, the congratulations were enthusiastic.*

5. Rebosar.

En sentido propio, **rebosar** dícese del líquido que se sale de un recipiente ya lleno.

El vino rebosó de la jarra. *The wine overflowed the pitcher.*

La jarra rebosó de vino. *The pitcher overflowed with wine.*

La cosecha de aceituna ha sido tan abundante que los depósitos de aceite están a punto de rebosar. *The olive crop has been so abundant that the tanks of olive oil are at the point of overflowing.*

N.B. El río se desborda *y no* rebosa. *The river overflows.*

En sentido figurado, **rebosar** dícese de alguien que experimenta tan plenamente una emoción o sensación que las exterioriza espontáneamente sin poder reprimirlas.

Rebosaba (de) (estaba rebosante de) gozo, felicidad. *He was bubbling over with joy, happiness.*

Rebosar en este sentido se limita a las sensaciones o emociones agradables; cuando no lo son, la palabra indicada es **rezumar**:

Rezuma odio, rencor, ira. *He is oozing hatred, spite, wrath.*

To exude en sentido propio se traduce también por **rezumar**.

Las paredes rezuman humedad. *The walls exude humidity.*

6. Presentación.

Presentación es la apariencia externa que se da a una cosa para hacerla atractiva en su forma, color, adornos, y en general todos sus elementos decorativos. Se traduce de distintas maneras al inglés según la cosa a que se aplique.

Este coche tiene una buena (mala) presentación. *This car has good (poor) styling.*

La presentación de la mesa del banquete era muy elegante. *The setting (decoration) of the banquet table was very elegant.*

Los fabricantes cuidan mucho (ponen mucho cuidado en) la presentación de sus productos; saben que las ventas dependen en gran medida de aquélla. *Manufacturers lavish great care on the styling of their products; they know that sales depend on it in great part.*

La presentación de un libro: *book design.*

La presentación de un escaparate: *window dressing* or *display.*

7. En color—a todo color—de color.

En color se emplea en contraposición a blanco y negro, con relación a cosas que pueden estar presentadas de las dos formas: *color (used with a noun to form compound words); in color.*

Cine, fotografía, (tarjeta) postal, grabado, anuncio, televisión en blanco y negro o en color: *black and white or color movies, photograph, postal card, print, advertisement, television.*

A todo color implica el uso de cualquier combinación deliberada y atractiva de colores en contraposición a **en color,** que puede indicar el mero uso de uno o varios colores: *in full color.*

A veces los publicitarios mandan imprimir sus anuncios en color para hacerlos resaltar en el periódico; es decir, el anuncio aparece en rojo o verde, por ejemplo, mientras que el resto del periódico va en blanco y negro, lo que cuesta mucho menos que una composición a todo color. *Sometimes advertising people have their advertisements printed in color to make them stand out in the newspaper; that is, the advertisement appears in red or green, for example, while the rest of the newspaper is in black and white, which costs much less than composition in full color.*

De color se emplea en todos los casos menos los dos indicados: *colored*. Ella llevaba un vestido de color oscuro, claro, chillón. *She wore a dark, bright, loud colored dress.* Para las copias prefiero papel de color y no blanco. *I prefer colored paper not white for the copies.*

N.B. **Colorado:** rojo. Tiene la cara colorada de estar tanto rato al sol. *His face is red from being in the sun for such a long time.* Ladrillos, manos, vestido colorados: *red bricks, hands, dress.*

8. Proceso—procedimiento—proceder.

(Para **proceso** en el sentido de "causa judicial" véase p. 98, n. 7.)

Proceso es también el conjunto de fases sucesivas de cualquier cosa o la evolución de la misma: *course, process, evolution, (successive) phases.* Se habla del proceso de la vida moderna, la literatura contemporánea, política, ciencia. *We speak of the course (evolution) of modern life, contemporary literature, politics, science.*

El proceso de absorción de oxígeno por las plantas, el proceso de la digestión: *the process of absorption of oxygen by plants, the process of digestion.*

Procedimiento designa el método de hacer o fabricar algo, o la manera cómo uno obra o actúa: *method; procedure; way of doing things (or something).* En la primera acepción debe distinguirse de **proceso** y en la segunda de **proceder.** Proceso (*process*) es la totalidad o conjunto de actividades o etapas sucesivas que integran la fabricación de algo; procedimiento (*procedure, method*), el método o los métodos empleados para realizarla.

La compañía X utiliza un procedimiento secreto para fabricar sus productos. *The X Company utilizes a secret procedure (or method) to manufacture its products.*

Nuestro proceso de fabricación no es complicado gracias a nuestros procedimientos modernos. *Our manufacturing process is not complicated thanks to our modern methods (procedures).*

Los procedimientos que usó aquel artista para pintar son muy varios: al óleo, al pastel, al temple. *The media that artist used in painting are very varied: oil, pastel, tempera.*

El sustantivo **proceder** denota conducta o manera de comportarse, en contraposición a **procedimiento** que tiene un sentido más amplio en esta acepción.

Esos no son procedimientos. *That's no way of doing things.*
Eso no es un buen proceder. *That's not a nice way of acting.*
Sus procedimientos lentos enfurecían a sus colegas. *His slow way of doing things infuriated his colleagues.*

9. Peculiar—*peculiar.*

En varias de sus acepciones **peculiar** coincide más o menos con *peculiar.*
Lo peculiar (propio, característico) de este libro es el punto de vista del autor. *What's peculiar (characteristic) about this book is the point of view of the author.*
Es un asunto muy peculiar (diferente, particular, especial) y quiero que se encargue Vd. de él. *It's a very peculiar matter and I want you to take care of it.*
El poner el grito en el cielo por cualquier cosa (o tontería) es muy peculiar suyo (o de él) (muy propio o característico de él). *It's very typical of (like) him to raise an outcry over anything (any bit of nonsense).*

En el sentido de **extraño,** tirando más bien a **ridículo,** *peculiar* se traduce por **raro, extravagante** u **original.**
He's a very peculiar (odd) fellow (he has peculiarities). Es un tipo muy original (tiene sus manías propias).
Es una persona muy peculiar (muy suya) (es decir, tiene una personalidad muy definida que se sale de lo corriente). *He is an individualist (he has a way all his own).*
She was wearing that very peculiar dress. Llevaba ese vestido tan raro.
That's a peculiar way of acting. Es un proceder muy raro.

10. Signo—*sign.*

Las acepciones de la palabra **signo** coinciden sólo en parte con las de su parónimo inglés *sign.* En el sentido de símbolo, es decir, de una cosa representativa de otra, **signo,** la mayoría de las veces, no se traduce por *sign* sino por *symbol.*
La bandera es signo (símbolo) de la patria. *The flag is the symbol of the fatherland.*
La lógica matemática pretende reducir los conceptos a signos (símbolos) convencionales independientes de cualquier idioma. *Mathematical logic seeks to reduce concepts to conventional symbols independent of any language.*

En el sentido de señal, es decir, de algo indicativo de la existencia o presencia de una cosa, **signo** se puede traducir por *sign.*
El humo es signo (señal) del fuego. *Smoke is the sign of fire.*

El movimiento hacia la política que Vd. menciona es todo un signo de los tiempos. *The movement toward the policy you mention is a real sign of the times.*

N.B. *The multiplication, division, plus and minus signs:* los signos de multiplicación, división, suma y resta (*o* más y menos).

Signo se traduce por *tendency, leaning(s)* cuando denota la orientación de una actitud espiritual en un sentido determinado.

El pensamiento político de este filósofo es de signo socialista. *The political thought of this philosopher is socialist in tendency (has socialist leanings).*

El estilo de aquel autor es de signo clásico. *The style of that author is classical in tendency.*

Tiene (*o* es de) signo conservador. *He has conservative leanings.*

"Sign" in the sense of an announcement designed to bring things to public attention: anuncio, cartel, letrero, rótulo, señal, aviso. **Anuncio** (*announcement, advertisement*) es una palabra genérica. **Cartel** (*billboard*) es un escrito o impreso grande, frecuentemente con dibujos, pegado en sitios públicos. **Letrero** es pequeño, mucho menos complicado que el cartel; trae de ordinario una indicación simple: el nombre de una calle, el horario de una tienda, el que uno no quiera ser molestado. **Rótulo,** como letrero es breve, pero bien presentado, con letras que pueden ser dibujadas por un rotulador (*sign painter*) o impresas. **Señal** se limita a ciertas indicaciones convencionales o arbitrarias, como las señales del ferrocarril (*railroad signals*). **Aviso** (*notice*) sirve la mayoría de las veces para advertir.

Leí el anuncio en el periódico. *I read the announcement (advertisement) in the newspaper.*

Puso un letrero (aviso) en la puerta indicando que el comercio permanecería cerrado hasta septiembre. *He put a sign (notice) on the door indicating that the business would remain closed until September.*

En casi todos los países del mundo se ven carteles anunciando aquel producto en grandes caracteres y a todo color. *You see billboards in big letters and full color advertising that product in almost all countries in the world.*

Un buen conductor debe respetar todas las señales del tráfico. *A good driver must obey all traffic signs (signals).*

En la entrada del museo hay un aviso de que no se admiten perros. *At the entrance to the museum there is a notice to the effect that dogs are not admitted.*

(Para **señal—señas,** véase p. 412, n. 16.)

DISCUTIENDO DE NOVELAS   **391**

11. Mortificar.

Mortificar significa causar pesadumbre, hacer sufrir, o molestar mucho: *to try one's patience; to torment.*

No me mortifiques (hagas sufrir) con tu mala conducta, tus insolencias, tus travesuras, tus cosas. *Don't try my patience with your bad behavior, your insolent ways of acting, your antics, your stories.*

Es mortificante tener que aguantar toda la noche al niño llorando, verse obligado a hacer cosas tan absurdas, tener que soportar el teléfono constantemente. *It's trying to have to stand the child's crying all night, to be obliged to do such absurd things, to have to put up with the telephone constantly.*

Mortificar tiene también la acepción de zaherir o humillar; en tal caso se traduce por *to mortify.*

Le mortificaron (humillaron) echándole en cara sus defectos físicos. *They mortified him by throwing his physical defects up to him.*

Es mortificante (humillante) tener que pedir dinero a ese señor. *It is mortifying to have to ask that man for money.*

Mortificarse: sacrificarse, llegando incluso a posponer su bienestar por el de otros, o bien torturarse a sí mismo, con frecuencia físicamente, por motivos de humillación.

El padre se está mortificando hasta lo indecible por sufragar los gastos de los estudios de sus hijos. *The father is making unspeakable sacrifices to defray the expenses of his children's schooling.*

12. Evadir—evadirse—eludir.

Evadir es sortear (evitar con maña), o eludir una dificultad, problema o situación, dando un rodeo para no tener que enfrentarse directamente con ellos: *to evade.*

En vez de ir derecho al grano, prefirieron evadir (eludir) el problema. *Instead of going straight to the point, they preferred to evade (get around) the problem.*

Algunas personas poco honestas tratan de manipular sus libros (de contabilidad) para evadir (eludir) los impuestos. *Some dishonest people try to manipulate their books in order to evade (get around) their taxes.*

Evadirse, en sentido propio, es huir o fugarse de un recinto en donde se está encerrado.

Varios reclusos se evadieron (huyeron, se fugaron) de la cárcel. *Several inmates escaped (fled) from jail.*

En sentido figurado, **evadirse** es buscar un medio para escapar(se) o liberarse de los problemas, dificultades y responsabilidades de la realidad.

El hombre contemporáneo necesita a veces evadirse (*o evadirse de sus obligaciones*) para encontrar tranquilidad espiritual. *Contemporary man needs at times to escape (or escape from his obligations) in order to find spiritual tranquility.*

El sustantivo **evasión** comparte con el verbo **evadirse** ambas acepciones.

La evasión de un cautivo o preso: *the escape of a captive or prisoner.* La lectura de novelas policíacas sirve de evasión para ellos. *Reading mystery stories serves as an escape for them.*

Eludir quiere decir escapar a alguien que nos persigue, despistándolo (*to elude*), y significa, en segundo lugar, evitar o liberarse de un compromiso o situación comprometida (*to avoid, to get out of*).

Eludió a la policía que le perseguía, ocultándose en un matorral. *He eluded the police who were pursuing him, by hiding in a thicket.*

Eludir una obligación, cometido, el servicio militar: *to avoid (get out of) an obligation, assignment, military service.*

Doblé la esquina para eludir (evitar) a Juan o para eludir (evitar) el encuentro con él. *He turned the corner to get away from (avoid) John or avoid meeting him.*

13. Nutrido.

Nutrido tiene el sentido propio de bien alimentado (*well fed*).

Hay pocos países asiáticos cuyos habitantes estén suficientemente nutridos (alimentados). *There are few Asiatic countries whose inhabitants are sufficiently well fed.*

En sentido figurado, **nutrido** significa numeroso y abundante; sólo se aplica en esta acepción a cosas o personas que forman conjuntos grandes y compactos.

Una nutrida afluencia de coches, aglomeración de casas: *a heavy influx of cars, concentration of houses.*

Fuego nutrido (tiroteo sin cesar): *heavy fire.*

Aplauso nutrido: *unbroken applause.*

Un jardín nutrido de flores, un libro nutrido de notas: *a garden thick with flowers. a book replete with notes.*

Una manada nutrida de ganado: *a thick herd of cattle.*

14. Prender.

Actualmente el verbo **prender** se usa poco en España en el sentido de **coger** o **asir**. En las frases siguientes sería más usual emplear **coger** o **agarrar** en vez de **prender**.

DISCUTIENDO DE NOVELAS   **393**

Prendió la cartera con el dinero y no la quería soltar. *He took hold of the wallet with the money and didn't want to let go of it.* El gato prendió la pelota clavando en ella sus uñas. *The cat grasped hold of the ball digging its nails into it.*

Sin embargo, **prender** se sigue usando en este sentido para aludir a la detención de alguien por parte de la fuerza pública.

Es además corriente el verbo **prender** en frases como las siguientes. Prendió el broche en su vestido, la flor en su pelo. *She pinned the pin on her dress, the flower in her hair.* Una idea, melodía prende (prende en el público, prende muy bien). *An idea, melody catches on (catches on with the public, catches on very well).* La vacuna prendió bien. *The vaccination took* (es decir, produjo el efecto previsto).

Dejarse prender por algo es dejarse cautivar o fascinar por ello: *be(come) fascinated or intrigued by something.* La gente se dejó prender por la destreza del malabarista. *The people became intrigued by the juggler's dexterity.*

Prender fuego al gas, a la chimenea: *to light the gas, the fireplace.*

Prender fuego a la fábrica: *to set fire to the factory.*

15. Tonterías.

En sentido estricto, **tonterías** son las acciones algo extravagantes y sin sentido, propias de la persona falta o escasa de entendimiento. Los niños se reían de las tonterías que hizo en el parque Juanillo, conocido como el tonto del pueblo. *The children laughed at the silly antics which Johnny, who was known as the town idiot, performed in the park.*

Se emplea esta palabra muy frecuentemente en un sentido más lato para ironizar, criticar o ridiculizar suavemente y a veces en tono festivo o cariñoso los hechos y dichos de cualquier persona, que nos parecen poco serios u oportunos: *idiotic, silly or foolish things, nonsense.* No digas, hagas, escribas tonterías. *Don't do, say, write silly (foolish, idiotic) things.*

—Déjate de tonterías (bobadas)—dijo el joven a su novia, que se quejaba porque él no podía verla hasta última hora de la tarde, por estar ocupado en la empresa. *"Stop that foolishness (silliness)," the young man said to his sweetheart, who was complaining because he couldn't see her until late in the afternoon because he was busy at his company.*

—Deja de hacer tonterías—dijo el profesor al alumno que abría y cerraba la tapa del pupitre sin cesar. *"Stop doing those foolish things," the teacher said to the pupil who was opening and closing the top of his desk incessantly.*

Tontería se emplea también para designar acciones o cosas sin importancia.

No es ninguna tontería (no es ningún juego, es algo muy serio). *It's no laughing matter (it's no joke).*
Te he traído unas castañuelas de España; es una tontería (chuchería), pero espero que te agraden. *I've brought you castanets from Spain; it's just a trifle (knicknack) but I hope you'll like them.*

Ejercicios

■

PRIMERA PARTE

A. CUESTIONARIO

1. ¿Cómo encontró la señora la novela que había leído?
2. ¿Quién se la había recomendado?
3. ¿Cómo juzgó el señor las cualidades literarias de su primo?
4. ¿Por qué se dejó influir la señora por los consejos de Juanito?
5. ¿A qué debía la novela su éxito?
6. ¿Qué habrá querido decir el autor al ponerle un título tan curioso?
7. ¿Qué impresión le produce al lector el estilo de la obra?

B. MODISMOS Y GRAMÁTICA

1. I guess he was deeply touched when he read that novel. **2.** I can't get over it! The novel was a flop in my opinion. **3.** Whatever strong points he has, they aren't in the field of literature. He's anything but a critic. **4.** You're telling me. **5.** His boss didn't precisely bubble over with enthusiasm when he spoke to me about him. **6.** There must be some reason for it. **7.** If the publishing house had worked these prints in full color into the text more aptly, it would have been better. **8.** They did go the limit in the book design. That seems quite obvious to me. **9.** There's a title for you! It doesn't speak well for the contents of the book. **10.** What could the author have been getting

DISCUTIENDO DE NOVELAS

at in the novel? **11.** I'm sorry I couldn't make anything of it when I read it. **12.** Actually the style hampers your reading and puts your patience to the test.

C. ESTUDIO DE PALABRAS

1. ¿Por qué *discutir* siempre *de* política? Es mejor evitar disgustos. *Discutieron* el nuevo proyecto de ley desde varios puntos de vista. **2.** El viejo sintió mucha *emoción* al volver a ver la casa donde había sobrevenido el siniestro. The *emotion* of fear often protects man by preventing him from committing dangerous actions. Su madre *se emocionó* en la boda de su única hija. The fans were extremely *emotional* toward the end of the game. Es una persona *emotiva.* Es una escena *emocionante.* Es una escena *emotiva.* **3.** El *valor* de estas mercancías asciende a varios millones. Los *valores* del pintor contrapesan sus defectos. Es el dramaturgo más humano entre los *valores* de la época barroca. **4.** Es (un) *entusiasta* de la música; gasta un dineral en cintas magnetofónicas (*tapes*). Veo con toda evidencia que es Vd. (un) *entusiasta* de Velázquez. I was *enthusiastic* about that performance. It was an *enthusiastic* speech. **5.** La botella *rebosó* de cerveza. *Rebosó* entusiasmo al recibir la noticia. *Rezumó* envidia al ser vencido en el partido final. **6.** La *presentación* de la caja be bombones puede tanto como la calidad en la venta. **7.** *Colored* cardboard can be used to divide the report into its component parts. It's an interesting *color* film. Esta es una reproducción *a todo color* de un cuadro de Velázquez. El color *colorado* de esta fruta denota su madurez. **8.** El *proceso* de la economía nacional ha sido descendente desde el principio de este ejercicio (*period*). Los *procedimientos* que ha implantado el nuevo capataz no hacen más que entorpecer nuestro *proceso* de producción. Este *proceder* es muy raro. **9.** Esta actitud le es muy *peculiar*. He danced in such a *peculiar* way that everyone laughed.

■ ■

SEGUNDA PARTE

A. CUESTIONARIO

1. ¿En qué sentido se puede decir que la obra es modernista?
2. ¿Con qué objeto lee novelas el señor?
3. ¿Tienen aceptación las novelas modernistas de última hora?
4. ¿Cuál es el papel económico de la publicidad en el mundo de hoy?
5. ¿Qué se le había pasado a la señora comunicar a su marido?
6. ¿Cuál ha sido la tendencia de la Bolsa en los últimos días según las noticias recibidas por el señor?

B. MODISMOS Y GRAMÁTICA

1. I wanted him to make clear that he could not expound those very latest trends in full detail. **2.** The reader will have to expend some effort and contribute something on his part when he reads that novel. **3.** The boss has all that paper work pass through my hands. **4.** The book, I must say, probably has a large market; they printed several large editions so far this year. **5.** Reading that kind of novel has been very trying for me; but everyone to his own taste. **6.** There are people who allow themselves to be intrigued by any kind of trash. **7.** It isn't that I want those people to be blamed as a whole. **8.** Modern conveniences make life easier for us, which is no small thing. **9.** I am glad you didn't neglect to leave a telephone message for him at the hotel desk. **10.** He has been repeating the same old story for years. **11.** Although gains exceeded losses, they were of slight significance.

C. ESTUDIO DE PALABRAS

1. Su ira era *signo* de su falta de comprensión. El *signo* clásico de su prosa lo han señalado repetidas veces los críticos. El puño cerrado es *signo* de la fuerza. **2.** There is a *sign* pasted on the wall saying he will be back at 2 o'clock. The *sign* on the door with his name and title is very clearly printed. Prohibido fijar *carteles* La *señal* del tráfico no es muy visible. **3.** El chorrear del agua no me dejó dormir en toda la noche; era *mortificante*. Es *mortificante* tener que aguantar sus censuras infundadas. **4.** Trató con toda clase de alegatos de *evadir* el servicio militar. Para *evadirse* de la fortaleza tuvieron que encaramarse por una muralla empinada. El tenis sirve de *evasión*, liberándome de las preocupaciones diarias. El zorro *eludió* a los galgos que le persiguieron. Hizo imposibles por *eludir* el traslado a otro sitio. **5.** La palidez y flaqueza de estos niños son señales de que están mal *nutridos*. Es una selva tan *nutrida* de árboles que uno no puede extraer sus riquezas. **6.** El guardia civil *prendió* al prófugo después de disparar contra él en el aire. Le *prendieron* una medalla en el pecho como homenaje a su actuación heroica. Este disco *prendió* en seguida en los dos lados del Atlántico. Al *prender* fuego al horno, dejó caer la cerilla. **7.** El niño no deja de hacer *tonterías*. No tome en serio este desperfecto en el paquete; es una *tontería*.

XXIV Looking for an Apartment

■

MR. S. I should prefer to rent an apartment rather than stop (stay, take a room *or* rooms) in a hotel (I should prefer an apartment to a hotel). In the long run (over the long term) it would turn (come) out cheaper (more economical) for us.

MRS. S. Maybe an apartment wouldn't be practical in Madrid since ₅ domestic help is very scarce (tight).

MR. S. With that in view (for that reason) they've made provision for all sorts of conveniences in all the new housing developments. Kitchens are equipped with the whole gamut of electrical appliances: refrigerator, washing machine, dishwasher, and God ₁₀ knows what else (*or* how many other things).

MRS. S. Yes, but operating all those pieces of apparatus is no child's play (is a serious business).

MR. S. Go on! After two days you do it without thinking (realizing it). I shouldn't worry, if I were you. What matters (counts) is that ₁₅ you be relieved of the household chores (jobs).

MRS. S. What's on my mind (what I can't get out of my mind) is the problem of locating an apartment with good means of transportation. It's indispensable that the apartment have good (means of) transportation. ₂₀

MR. S. My hope (dream) has always been to have a place to live in within a few minutes walk from the office.

MRS. S. We'd have to look in (*or* around) the center of town (look *or* look around downtown). ₂₅

398

PATIENT	SERVICES RENDERED	FEE	PT. TO RETURN
Anderson, Alan	OFFICE VISIT	12	
	SPECIAL EXAM.		
	INJECTION		
DATE	MINOR SURG.		
11/10/73	PHYSIOTHERAPY		
	X-RAY	*Cardiolm* 20	
	LAB. *Diet —*	8	
	CBC — Hct — Diff — Hb —	8	
	℞		

JEROME D. GROSS M.D.
21 WEST ELM STREET
CHICAGO, ILLINOIS 60610

TOTAL	48.00	
AMOUNT PAID		
BALANCE	48.00	

24 HOUR TELEPHONE
WHITEHALL 4-3777
(944-3777)

En busca[1] de un apartamento XXIV

■

EL SR. S. Yo preferiría alquilar un apartamento a hospedarme (alojarme) en un hotel (preferiría un apartamento al hotel). A la larga (a largo plazo) nos resultaría[2] (saldría) más barato (económico).[3]

5 LA SRA. S. Puede que no sea práctico un apartamento en Madrid, ya que el servicio[4] está muy escaso (difícil).[5]

EL SR. S. Para eso (por eso) en todas las nuevas urbanizaciones ha sido prevista[6] toda clase de comodidades. Las cocinas están equipadas con toda la gama de electrodomésticos: frigorífico,
10 lavadora, lavaplatos, y Dios sabe qué más cosas (o cuántas cosas más).

LA SRA. S. Sí, pero manejar[7] todos esos aparatos no es ninguna tontería (o es cosa seria).

EL SR. S. ¡Qué va! A los dos días se hace sin sentir (sin darse cuenta).
15 Yo que tú, no me preocuparía. Lo que cuenta es que estés descargada de los quehaceres (las tareas) de la casa.

LA SRA. S. Y lo que yo tengo entre ceja y ceja (lo que no se me aparta de la mente,[8] o no se me quita de la cabeza) es el problema de la localización[9] de un piso con buenos medios de comunicación. Es
20 imprescindible que esté bien comunicado el piso (que tenga buenas comunicaciones o buenos medios de transporte).

EL SR. S. Mi ilusión[10] ha sido siempre tener una vivienda que esté a pocos minutos a pie (o andando) de la oficina.

LA SRA. S. Tendríamos que buscar en (o por) el centro.
25

MR. S.   Yes, but in that case the rent would be considerably higher (would go sky high).

MRS. S.   And if we dispensed with (gave up) the car or at least bought a compact, wouldn't we make up for the increase in rent in that way?   30

MR. S.   What you say is true (you're quite right). Gasoline has gone up so sharply that it's more advisable (better, more practical, more advantageous) to take a taxi.

■ ■

MRS. S.   I liked (was delighted with, enthusiastic about) the Rubios' apartment. Aside from having an attractive layout with all the   35 rooms outside (facing the street), their size (the size of them) is immense.

MR. S.   The bedrooms are (immense), but not the living room. But what impressed me most were the convenient terms (of payment) they were given (offered). You have to pay a moderate down pay-   40 ment when you get the keys to the apartment, and the rest in (convenient) instalments. Besides, the building is free of taxes.

MRS. S.   There's nothing peculiar about that; every day in the news-papers there is (the newspapers carry) a bunch (*colloquial*) of advertisements in big print concerning new apartment houses (*or*   45 buildings). And the competition is so strong that the builders of the developments make every effort (put themselves out) to attract people.

MR. S.   The number of conveniences the buildings are equipped with seems endless. This is done quite intentionally (deliberately, on   50 purpose) in order to lure possible (potential) customers.

MRS. S.   As a matter of fact, built-in closets, master antenna with outlets in all the rooms are mentioned in almost all the advertise-ments. Many apartments have air conditioning, sound proofing   55 (are sound proofed), with parquet floors in all the rooms, except of course in the bathroom and kitchen.

EL SR. S. Sí, pero entonces[11] el alquiler sería sensiblemente superior (más alto) (se pondría por las nubes).

LA SRA. S. Y si nos desprendiésemos (prescindiésemos) del coche, o por lo menos si adquiriésemos un utilitario, ¿no compensaríamos con ello el incremento del alquiler?

EL SR. S. Estás en lo cierto (tienes toda la razón). La gasolina ha subido tan vertiginosamente que vale más (es mejor, interesa más, es más ventajoso) tomar un taxi.

■ ■

LA SRA. S. Me agradó (encantó, entusiasmó) el apartamento de los Rubio. Aparte de tener una distribución atractiva con todas las habitaciones exteriores, el tamaño de las mismas es enorme.

EL SR. S. Los dormitorios, sí, pero la sala (cuarto) de estar, no. Pero lo que más me impresionó fueron las facilidades[12] (de pago) que les dieron (ofrecieron). Hay que abonar una módica entrada a la entrega de la llave, y el resto, a plazos (en cómodos plazos). Además, el inmueble está exento de impuestos (tributos).

LA SRA. S. No tiene nada de particular, pues todos los días viene en el periódico (trae el periódico) una enormidad de (*popular*) anuncios en grandes caracteres sobre nuevos bloques de viviendas. Y es tan fuerte la competencia que los urbanizadores se desviven (se deshacen) por atraerse al público.

EL SR. S. El número de comodidades de que están dotados los inmuebles parece que no tiene fin. Lo hacen con toda intención (deliberadamente, ex profeso) para poner un cebo a los posibles clientes (a los clientes potenciales).

LA SRA. S. Efectivamente en casi todos los anuncios se mencionan armarios empotrados, antena colectiva con enchufe en todas las habitaciones. Muchos pisos tienen aire acondicionado,[13] están insonorizados, con parquet (suelo de parquet) en todas las habitaciones menos, naturalmente, en el cuarto de baño y la cocina.

EN BUSCA DE UN APARTAMENTO   **401**

MR. S. If you like, I'll get in touch with (consult) the Rubios so that
we can forestall (take measures *or* our precautions against) possible snags usual in this kind of thing (*or* investment). You know 60
how cautious (farsighted, prudent) they are.

MRS. S. You always used to say that nobody is a match for him in
business matters (nobody can pull the wool over his eyes).

MR. S. I assure you he can always make a good bargain. In all our 65
business relations he managed to control the situation (was equal
or rose to the occasion). I respect his judgment very much in
money matters. Let's ask them for an appointment. Do you recall
their address?

MRS. S. I'll look (it up) in the phone book. To save time, I'll call to 70
invite them to have supper with us. In any case, I'm eager to see
Mrs. Rubio; she's such a wholesome person. I haven't seen her
for ages (years and years).

EL SR. S. Si quieres, me pondré en contacto con (consultaré a *o* con)
los Rubio para que podamos precavernos (tomar nuestras medidas
60   *o* precauciones) contra las posibles pegas corrientes en este tipo
de cosas (*o* de inversión). Tú sabes lo cautos (previsores, prudentes)
que son.

LA SRA. S. Decías siempre que no hay quien pueda con[14] él (le pueda)
en asuntos de negocios (no hay quien le dé gato por liebre).

65 EL SR. S. Te garantizo que siempre sabe hacer un buen negocio. En
todas nuestras relaciones comerciales supo hacerse con[15] la situación (ha estado *o* se puso a la altura de las circunstancias). Respeto
mucho su criterio en asuntos de dinero. Vamos a pedirles una
cita. ¿Recuerdas sus señas?[16]

70 LA SRA. S. Consultaré la guía telefónica. Para ahorrar[17] tiempo, los
llamaré por teléfono para invitarlos a cenar con nosotros. De
todas formas (en cualquier caso) tengo interés en (por) ver a la
señora de Rubio; es una persona tan sana.[18] Hace siglos (un
montón de años) que no la veo.

Notas

1. Buscar—en (a la) busca de.

El sustantivo **busca** se emplea generalmente con verbos de movimiento: ir, andar, salir en (a la) busca de algo o alguien. En estos casos, **en (a la) busca de** indica que la acción se realiza en un sentido determinado, siguiéndose pistas o indicios concretos que nos orientan.

Voy en busca de mi hermano que estará por ahí bañándose en la piscina. *I'm looking for (going to get, going after) my brother who must be around here (swimming) in the pool.*

Voy a la esquina en busca de un periódico. *I'm going to the corner for (or to get) a newspaper.*

La policía sale en busca del delincuente. *The police are going out after (going to look for) the culprit.*

Por el contrario, el verbo **buscar** indica simplemente la acción de indagar el paradero (*whereabouts*) o la naturaleza de algo o alguien, pero sin implicar forzosamente el matiz de orientación que caracteriza el sustantivo. Se busca (*y no* se va en busca) de lo que se perdió.

Busca infructuosamente el diccionario que se le extravió anteayer. *He is looking fruitlessly for the dictionary which he misplaced the day before yesterday.*

N.B. El sustantivo **búsqueda** se emplea con toda clase de verbos: de movimiento u otros, con o sin preposición.

La búsqueda del criminal, de la solución del problema, de los restos del avión que cayó: *the search for the criminal, the solution of the problem, the remains of the airplane that fell.*

El filósofo anda en busca o a la búsqueda de la verdad. *The philosopher goes in search of the truth.*

2. Resultar—salir.

Resultar, empleado con un adjetivo, describe cómo algo o alguien acaba por ser o estar en un momento determinado; **salir** denota el resultado final de un proceso o una actuación particular.

El día de ayer resultó tranquilo y placentero. *Yesterday turned out calm and pleasant.*

A veces, nuestros amigos más entrañables resultan indiferentes ante nuestros infortunios. *At times our dearest friends turn out to be indifferent to our misfortunes.*

¿Cómo resultó (salió) el pastel, la foto? *How did the cake, picture turn out (come out)?*

El ejército salió (resultó) victorioso. *The army emerged (came out) (turned out) victorious.*

La producción en serie nos salió (resultó) más barata que los antiguos métodos. *Large-scale production came (turned) out (to be) cheaper for us than former methods.*

3. Económico—financiero.

Económico tiene las acepciones fundamentales de *economic* o *economical* en inglés.

Las condiciones, avance, mejoría económicos: *economic conditions, advancement, improvement.*

Es una mujer económica (ahorrativa); evita cualquier gasto indebido. *She is an economical woman; she avoids any unwarranted expense.*

Se compró el bote más económico (barato). *She bought the more economical (cheaper) container.*

En español **financiero** sólo se dice de inversiones o transacciones implicando fuertes cantidades.

El estado financiero de este banco es muy sólido. *The financial state of this bank is very solid.*

Su intervención financiera en la bolsa ha bajado considerablemente en lo que va de año. *His participation (financial activity) in the stockmarket has diminished considerably thus far this year.*

En otros casos, cuando se trata de cantidades no muy importantes, *financial* debe traducirse por **económico** y no por **financiero.**

The financial conditions of that job aren't very attractive. Las condiciones económicas de aquel puesto de trabajo no son muy atractivas.

There's no financial advantage in taking the train; hire a car. No hay ninguna ventaja económica en tomar el tren; alquile Vd. un coche.

Es interesante comparar el uso de **económico** y **financiero** en la frase siguiente:

Tengo (atravieso) una buena o mala situación económica (estoy en buena o mala situación económica) (con esta frase nos referimos a la disponibilidad de recursos que tiene un individuo en un momento determinado). *I am in (I'm going through) a good or bad financial situation.*

La palabra **financiera** sustituiría a **económica,** si la frase precedente fuera pronunciada por un banquero o gran industrial, indicando más bien el estado de sus negocios.

4. Servicio.

Además de los sentidos que comparte con la palabra inglesa *service*, **servicio** tiene otras varias acepciones en español. Significa, en primer lugar, el conjunto de personas asalariadas que atienden a los quehaceres domésticos y similares en viviendas, hoteles, oficinas, barcos, etc.: (*domestic*) *help*.

El servicio empleado en el bar, en el hotel es muy incorrecto. *The help employed in the bar, hotel is very discourteous.*

Es muy difícil conseguir servicio (doméstico) para cuidar de los niños. *It is very difficult to get help to take care of the children.*

Servicio designa también la organización y personal de un organismo estatal, empresa pública o privada, destinados a satisfacer las necesidades del público: *department, public utility.*

El Servicio de Telégrafos sufre muchos retrasos a causa de la huelga. *The Telegraph Department is experiencing many delays because of the strike.*

El nuevo ministro ha emprendido la modernización del Servicio de Correos. *The new minister has undertaken the modernization of the Post Office Department.*

El cuidado de carreteras y puentes está a cargo del Servicio de Obras Públicas. *The care of highways and bridges is in the hands of the Department of Public Works.*

Estas galerías tienen un servicio médico destinado a atender a los clientes y al personal. *This department store has a medical department intended to attend to customers and staff.*

Todos los servicios públicos: teléfono, transportes urbanos, el alumbrado eléctrico, etc., están rigurosamente controlados por el Estado. *All public utilities: telephone, municipal transportation, electric lighting, etc., are strictly controlled by the government.*

N.B. Los servicios de un hotel, bar, restaurante: *the rest rooms of a hotel, bar, restaurant.*

5. Difícil.

Además de la acepción de *difficult*, **difícil** tiene otros significados distintos de los de la palabra inglesa parónima. Dícese de cosas que no son fácilmente asequibles, (es decir, difíciles de conseguir), y de instituciones en las que el número de plazas es estrictamente limitado: *tight.*

Los Colegios Mayores de la Universidad están muy difíciles. *The living quarters for students in the University are very tight.*

Las becas para estudios universitarios están difíciles. *The scholarships for university study are tight.*

Quisiera pedir un préstamo, pero dada la inflación, el dinero está muy difícil. *I should like to request a loan, but due to inflation, money is very tight.*

Difícil significa también no muy probable: *unlikely.*

Es difícil (no es fácil) que un buscavidas como él tenga problemas para hacer carrera en aquella casa. *It's unlikely (not likely) that a go-getter like him will have problems in making a career for himself in that firm.*

6. Prever—proveer.

Además del sentido de ver anticipadamente (*to foresee*), **prever** significa hacer entrar algo en sus planes (*to make provision for*).

La dirección del hotel ha previsto toda clase de comodidades para el verano: piscina, hamacas, sillones, campo de tenis. *The management of the hotel has made provision for all kinds of conveniences for the summer: pool, hammocks, easy chairs, tennis court.*

Prever equivale a *to provide* en el sentido de especificar concretamente.

La ley prevé que tal infracción debe sancionarse con una multa muy fuerte. *The law provides that such an infraction should be punished with a very heavy fine.*

To provide en el sentido de facilitar algo a alguien o equipar una cosa con algo: **proveer.**

La habitación está provista de aire acondicionado (acondicionadores de aire). *The room is provided (equipped) with air conditioning (air conditioners).*

El librero nos proveerá de libros sobre esa materia a medida que salgan a (la) luz. *The book dealer will provide us with books on that subject as they appear.*

7. Manejar—manipular—manosear.

Manejar tiene el sentido físico de utilizar manualmente instrumentos, herramientas o aparatos: *to operate, to handle (in the sense of "to operate").*

Manejar el volante del coche, una aspiradora: *to handle the wheel of a car, a vacuum cleaner.*

Manejar la máquina de escribir, los botones de la televisión, una calculadora, una máquina de coser: *to operate a typewriter, the knobs of the television set, an adding machine, a sewing machine.*

En esta acepción, **manejar** es sinónimo de **manipular;** pero mientras que **manejar** se usa para cualquier clase de máquinas, **manipular** se reserva para las grandes y complicadas.

EN BUSCA DE UN APARTAMENTO   **407**

Se manipulan o se manejan rotativas, la centralilla, las palancas de la locomotora. *We operate rotary presses, a switchboard, the levers of a locomotive.*

Además de este sentido físico, **manejar** tiene el de utilizar con facilidad y asiduidad libros, ideas o conocimientos en un plano intelectual: *to be at home with, to make use of (one's knowledge of), to handle.*

Él maneja estupendamente bien a Cervantes (es decir, conoce su pensamiento y lenguaje, lo puede citar, como resultado de un estudio o lectura prolongados de su obra). *He is remarkably at home with (makes wonderful use of his knowledge of) Cervantes.*

Ortega y Gasset manejó brillantemente la filosofía alemana. *Ortega y Gasset made brilliant use of his knowledge of German philosophy.*

Manejo mucho el diccionario cuando escribo. *I make great use of the dictionary when I write.*

Muchos niños manejan con dificultad las cifras (es decir, tienen dificultad en comprenderlas y utilizarlas). *Many children handle figures with difficulty.*

En sentido figurado y familiar, **manipular** es coger o trastear (*to mess; to potter with*) documentos o escritos con ánimo de engañar o sacar provecho: *to tamper with; to manipulate.*

Le sorprendieron cuando trataba de manipular (trastear) el expediente. *They caught him when he tried to tamper (potter) with the record.*

En el sentido de tocar o traer entre las manos una cosa repetidamente, desluciéndola o deslustrándola en muchos casos, *to handle* se traduce por **manosear.**

Don't handle (keep touching) the vase because your hands are greasy. No manosees el jarrón, que tienes las manos grasientas.

N.B. En sentido figurado, **manosear** un asunto es repetirlo demasiado.

Manosea hasta la saciedad las mismas ideas. *He labors the same ideas to excess.*

En otros casos *to handle* debe traducirse con cuidado.

We handle (take care of, attend to) all the complaints. Atendemos (a) todas las reclamaciones.

Handle (treat) it with care; it's fragile. Trátelo con cuidado; es frágil.

In the laboratory, students are not permitted to handle the apparatus (equipment). En el laboratorio, no está permitido a los estudiantes tocar (poner la mano encima de), manejar (utilizar), manipular (con) (hacer operaciones complicadas con) el instrumental (equipo).

Lopez knows how to handle customers. López sabe manejar (tratar eficazmente con) los clientes.

8. To have in mind—to have on one's mind.

To have in mind: tener en (la) mente; es decir, tener (la) intención de (hacer algo), o bien estar pensando en (algo).

I have in mind buying (I intend to buy) a station wagon. Tengo en (la) mente (pienso) comprar un coche familiar.

What I have in mind for the living room is a modern color. Es un color moderno lo que tengo en (la) mente para la sala de estar.

To have on one's mind; no apartársele algo de la mente, no quitársele algo de la cabeza.

I have had this worry on my mind (this worry has been on my mind) for many years. Desde hace muchos años no se me aparta de la mente (no se me quita de la cabeza) esta preocupación.

9. Localización—localidad—local.

Localización es el acto de determinar el sitio en que se encuentra una cosa o persona: *(act of) locating.*

La localización de la dificultad fue el quid de la cuestión. *Locating the difficulty was the nub of the question.*

Llevó mucho tiempo la localización del escondrijo de los autores del robo. *Locating the hiding place of the perpetrators of the robbery took a lot of time.*

Localidad es cualquier ciudad, pueblo, villa, con excepción de las grandes urbes: *town.*

Los vecinos de esta localidad viven casi todos de la fábrica de zapatos. *Almost all the inhabitants of this town live on the shoe factory.*

(Para **localidad** en el sentido de "entrada de espectáculo", véase p. 115, n. 7.)

Local es un sitio cerrado destinado al servicio del público.

El local de aquel restaurante está muy bien acondicionado. *The premises of that restaurant are very well appointed.*

Los locales de cine de Madrid deben tener puertas de emergencia. *Movie theaters (or houses) in Madrid must have emergency exits.*

Se alquilan locales comerciales exteriores con espacio para amplios escaparates. *They are renting commercial premises facing the street with room for spacious store windows.*

Locale: escenario (es decir, el lugar en donde se sitúa la acción de una obra, o el lugar de un suceso).

The locale of the novel was very exotic. El escenario de la novela era muy exótico.

10. Ilusión.

Ilusión significa *illusion*. Además se emplea con el sentido de un deseo vivo de cuya realización no se tiene certeza: *hope, ambition.*

Tengo mucha ilusión por acabar este año mi carrera y poder casarme. *I have great hopes of finishing my course of study this year and of being able to get married.*

Mi ilusión es estudiar medicina para prestar un servicio a la humanidad. *My ambition is to study medicine in order to render service to mankind.*

Ya he perdido la ilusión de encontrar un ayudante inteligente, de conseguir un bolígrafo que no manche, de (por) aprender a tocar el piano. *I have already lost all hope of finding an intelligent assistant, of getting a ball point pen that doesn't stain, of learning to play the piano.*

11. Entonces—luego.

Entonces significa **en aquel momento** (*then*); mientras que **luego** significa **después** (*later, afterward, after*).

Yo vivía en Nueva York en el verano de 1960, y trabajaba entonces de ayudante en una biblioteca. *I lived in New York in the summer of 1960 and worked as an aid in the library at that time.*

En 1960 estuve en Madrid y luego (me) marché a París. *In 1960 I was in Madrid and later went to Paris.*

Aparte de este sentido temporal, **luego** y **entonces** tienen una acepción ilativa (*inferential*) con significaciones muy próximas. **Luego** significa por consiguiente, y **entonces,** en tal caso, siendo así.

Vd. no indicó el título de la obra que deseaba, luego (y entonces) no hemos podido facilitársela. *You didn't indicate the title of the work you wanted, consequently, (such being the case) we couldn't supply you with it.*

Vd. no tiene cambio; luego (entonces) me pagará mañana. *You don't have change; consequently (or so) (in that case) you'll pay me tomorrow.*

12. Facilidad—*facility*.

Coinciden ambos vocablos en el sentido de ausencia de dificultad.

Parece mentira la facilidad con que solucionó el problema. *The ease (facility) with which he solved the problem seems unbelievable.*

Tiene facilidad para aprender idiomas. *He has facility for learning languages.*

When "facility" or "facilities" is used in the sense of implements, machines, conveniences, devices with which a place is provided or equipped, these words are translated by **instalación** *or* **instalaciones.**

Este campo de golf dispone de unas instalaciones estupendas: un restaurante de primera, una piscina enorme y un magnífico servicio de duchas. *This golf course has wonderful facilities (available): a first-rate restaurant, an enormous pool and a magnificent shower area.*
El hotel ha ampliado sus instalaciones; ya tiene boleras (pistas para jugar a los bolos) y una pista de patinaje. *The hotel has enlarged its facilities; it now has bowling alleys and a skating rink.*

Darle facilidades a uno (*frase hecha*)*:* allanarle el camino a uno en la tramitación de un asunto: *to make it easy for one, to ease one's way.*
En la Oficina de Inmigración me dieron toda clase de facilidades. *They made it easy for me in every way at the Immigration Office.*
Dar facilidades de pago: proporcionar la oportunidad de efectuar el pago cómodamente: *to offer convenient terms.*

13. *Air conditioning.*

Un piso tiene aire acondicionado. *An apartment is air conditioned.*

Un coche, tren tiene (o lleva) aire acondicionado. *A car, train is air conditioned.*

El aire acondicionado funciona bien o mal. *The air conditioning works well or badly.*

Vamos a instalar (poner) aire acondicionado o un acondicionador de aire. *We are going to install or put in air conditioning or an air conditioner.*

Los cines, restaurantes, y en general los locales públicos están refrigerados (o climatizados; o tienen aire acondicionado). *Movies, restaurants and in general public premises are air conditioned (have air conditioning).*

14. *Match.*

He is or isn't a match for me. Él me puede o no me puede. Él puede o no puede conmigo. (N.B. "No hay quien pueda con él" tiene dos significados; significa que "nadie puede vencerle": *no one can gain the upperhand against him;* o bien que "nadie lo puede aguantar o soportar": *no one can put up with him.*)

Los colores, las formas, los muebles cuadran, casan, encajan, o pegan (*familiar*). *Colors, shapes, furniture match go together, jibe (colloquial).*

Este pantalón no le va (cuadra, pega [*familiar*]) a esa camisa (*o* no va [cuadra, pega] bien con esa camisa). *These trousers don't match (go well with) that shirt.*

El color de las cortinas (no) cuadra o (no) casa (dice o va bien o mal) con el tono de la pared. *The color of the curtains does or doesn't match (goes well or badly with) the shade of the wall.*

Juan será un buen partido para su hija. *John will be a good match for your daughter.*

Ella hizo un buen matrimonio. *She made a good match.*

15. Hacerse con—ponerse (estar) a la altura de.

Hacerse con una situación es saber dominar o controlarla: *to handle (control) a situation.*

Cuando los niños empezaron a formar ruido (jaleo, *familiar*) en clase, el profesor no pudo hacerse con la situación, y perdió el dominio de sí (mismo). *When the children began to make noise (raise a rumpus, colloquial) in the classroom, the teacher couldn't handle (control) the situation and lost control of himself.*

Hacerse con una cosa es apoderarse de algo: *to lay hands on, get hold of.*

Se hizo con el dinero y se marchó. *He laid hands on the money and walked off.*

Uno de los socios se hizo al fin con el negocio. *One of the partners finally got hold of the business.*

Ponerse (estar) a la altura de: comportarse adecuadamente, a tenor de las exigencias de una situación: *to rise (be equal) to.*

El presidente del Consejo de Administración supo ponerse (estar) a la altura de la grave situación que se planteó. *The president of the Board of Directors managed to rise (to be equal) to the grave situation which presented itself.*

16. Señal—señas.

Señas son las características de algo o alguien que sirven para distinguirlos. A menudo se emplea en el sentido de *description.*

La policía pudo practicar la detención del malhechor a base de sus señas facilitadas por un testigo ocular del crimen. *The police were able to make an arrest of the culprit on the basis of his description supplied by an eyewitness of the crime.*

Por extensión, las señas de una persona denotan su dirección, el lugar donde vive: *address.*

No podía reexpedir su carta porque se me extraviaron sus señas. *I couldn't forward his letter because I misplaced his address.*

Señal es el indicio natural (*sign*) o convencional (*signal*) de algo o alguien. Cuando es natural el indicio, **señal** es sinónimo de **seña**; cuando el indicio es arbitrario o convencional, la palabra indicada es **señal.**

No da señas (señales) de vida. *He gives no signs of life.*

Esta señal roja indica peligro. *This red signal indicates danger.*

Podemos comunicarnos mediante señas o señales. En tal caso, las **señas** son los gestos, movimientos, ademanes que hace una persona para exteriorizar o poner de manifiesto lo que piensa, siente o quiere. **Señal** es cualquier cosa: objeto, dispositivo o acción convencional, que sirva para darle a entender algo a alguien.

Los indios se comunicaron con señales de humo. *The Indians communicated with smoke signals.*

Los sordomudos se comunican por señas. *Deaf-mutes communicate with each other through signs.*

Estas luces especiales son los dispositivos de que los marineros se sirven para comunicarse por señales. *These special lights are the devices which sailors use to communicate by signals.*

17. Ahorrar—economizar.

Ahorrar es en primer lugar guardar cierta cantidad de dinero para tenerlo disponible en una fecha futura; significa en segundo lugar gastar menos en algo en una ocasión particular, reduciendo con ello los gastos. **Economizar** tiene sólo el segundo de estos sentidos.

Ahorro (guardo) cada mes una parte de mi sueldo, imponiéndola (metiéndola) en el banco. *I save (put aside) a part of my salary each month depositing (putting) it in the bank.*

Economicé (ahorré o me ahorré) el veinte por ciento del coste comprando una docena de botes (latas) a la vez. *I saved twenty percent of the cost by buying a dozen containers (tins) at a time.*

18. Sano.

Sano dícese del ser u organismo que se encuentra en buen estado de salud o que la ha recuperado. Normalmente en este sentido se emplea con **estar.**

Ha pasado una enfermedad larga, pero ya está sano. *He has gone through a long illness, but now is in good health.*

Es un chico sano; nunca tuvo enfermedades. *He is a healthy youngster; he never had any illnesses.* (N.B. Contestando a la pregunta "¿Cómo está alguien?" no se dice "Está sano", si antes no ha estado enfermo. Se contesta, "Está muy bien (de salud)" o "Tiene muy buena salud": *He is in good health.*)

Está más sano que una pera (*frase hecha*). *He's as fit as a fiddle.*

Sano significa también saludable, lo que contribuye a la salud: *healthful.* En tal caso se emplea con el verbo **ser.**

Bañarse, comer fruta, hacer gimnasia a diario es sano. *It is healthful to bathe, to eat fruit, to do gymnastics (exercise) every day.*
Tomar excesivamente el sol no es sano. *It is unhealthy to take too much sun.*

Ser una persona sana dícese de la que no tiene complejos ni segundas intenciones, y que es trabajadora y moralmente digna de confianza: *to be a wholesome (or reliable) person, a person of integrity.*

Es una persona sana; cumple a rajatabla (con todo rigor) sus obligaciones. *He is a reliable person (a person of integrity); he fulfills his obligations with absolute thoroughness.*

Es una chica sana (es decir, tiene buena salud; tiene buen ver; es trabajadora; tiene principios morales). *She is a wholesome girl.*

Sano se dice también de leyes, normas, medidas, ideas, doctrinas para indicar que contribuyen a la salud moral y física de una comunidad.

Las nuevas disposiciones gubernamentales sobre la asistencia social son muy sanas. *The new governmental regulations on social welfare (literally, assistance) are very wholesome.*

Es muy sano insistir en que los estudiantes jóvenes vuelvan por la noche al Colegio a una hora razonable. *It is very wholesome to insist that young students return to school at night at a reasonable hour.*

Ejercicios

■

A. CUESTIONARIO

1. ¿Por qué prefiere el señor un apartamento a un hotel?
2. ¿Qué objeción pone (hace) la señora?
3. ¿Cómo replica a esta objeción el señor?
4. ¿Qué temor abriga la señora frente a los electrodomésticos?
5. ¿Qué le preocupa al señor respecto de los quehaceres domésticos?
6. ¿Por qué vacilan en alquilar un piso en el centro?
7. ¿Por qué piensan comprar un utilitario?

B. MODISMOS Y GRAMÁTICA

1. It is indispensable for them to find an apartment which has good transportation. **2.** Her ambition is to have a kitchen with all modern conveniences. **3.** I bought a dishwasher and refrigerator at the department store; electrical appliances are considerably cheaper than you think. **4.** I'm glad I live only a few minutes walk from the company. **5.** I've been renting this apartment for several summers; I prefer it to the hotel where I used to stop. **6.** I don't believe that you will make up for the increase in rent in the long run. **7.** I wanted my wife to be relieved of household chores. **8.** What you say is true. **9.** It's no child's play to operate those machines. **10.** Domestic help is scarce (tight). **11.** Despite all the new housing developments, locating a good apartment is very difficult; rents have gone sky high.

C. ESTUDIO DE PALABRAS

1. Voy en *busca* de mi coche que dejó mi padre en el garage que hace esquina a Goya y Lagasca. *Busca* un bolígrafo que está por ahí en el salón. La *búsqueda* de una nueva ruta para las Indias llevó a Colón a descubrir a América. **2.** Los tipos de interés en aquel país *resultaron* más subidos de lo que habíamos pensado. El plan *resultó* (o *salió*) acertado en todo. **3.** Al remitir su historial profesional (*record of professional experience*), mencione las condiciones *económicas* que exija como mínimas. Es un coche *económico*, pues consume muy poca gasolina. El estado *financiero* del país resultó ser tan precario que seguía subiendo el coste de vida vertiginosamente. **4.** No se preocupe por el *servicio*; la urbanización le facilitará una chica para arreglar el apartamento. El *servicio* de bomberos cuenta con un equipo modernísimo. Las ganancias de todos los *servicios* públicos se limitan a un porcentaje prefijado. Los *servicios* de propaganda y venta están en nuestra casa central. **5.** Es *difícil* que el tren lleve un retraso de más de media hora. Los apartamentos a precios módicos ya no están *difíciles*. **6.** El coche viene *provisto* de cinturones de seguridad. El reglamento *prevé* que el hotelero no puede cobrar más que los precios anunciados. Han *previsto* todo el equipo que necesitarán en caso de urgencia. **7.** Los mandos de la radio se pueden *manejar* a distancia mediante este dispositivo. Su hija cursó unos estudios de cinco semanas, que facilitó la empresa, para aprender a *manipular* la calculadora. *Maneja* la literatura y la lengua con toda soltura. Yo no rellené un cheque tan grande; alguien habrá *manipulado* mi cartera. **8.** Don't *handle* the slide. Students may not *handle* the equipment. She *handled* the situation with great care. **9.** He *has in mind* going to another city. The accident *is* always *on my mind*. **10.** La *localización* del auto resultó difícil a causa de la neblina. Málaga es una *localidad* importante en la Costa del Sol. Este *local* sería ideal para el banco si estuviera en la planta baja. **11.** Nos rozábamos por los años cincuenta (*in the fifties*); ambos vivíamos *entonces* en aquella ciudad. Colaboramos en la revista bajo el antiguo director; *luego* yo dejé el periodismo para dedicarme a este trabajo. **12.** Es mi *ilusión* perfeccionarme en francés. Tengo mucha *ilusión* por conseguir un empleo en aquella empresa.

■ ■

SEGUNDA PARTE

A. CUESTIONARIO

1. ¿Cómo encontró la señora el apartamento de los Rubio?
2. ¿Qué fue lo que en él le interesó más al señor?
3. ¿Por qué ofrecen hoy día tantas ventajas los urbanizadores?
4. ¿Cuáles son las comodidades que más se anuncian en los periódicos?
5. ¿Con qué objeto quieren ir a ver a los Rubio?
6. ¿Con qué frecuencia solían verlos?

B. MODISMOS Y GRAMÁTICA

1. You have to make a moderate down payment and they give you very convenient terms. **2.** Although we made every effort to lure potential buyers, the competition was too strong and we met too many snags. **3.** I was

416 CAPÍTULO XXIV

delighted with the layout of the rooms, but their size did not impress me. **4.** I want you to see these new apartment houses; they are equipped with endless conveniences. **5.** The restaurant is air-conditioned, but it isn't sound proofed. **6.** I assure you that he will be equal to the situation, when they try to pull the wool over his eyes as they did before. **7.** In any case, I'm eager to get in touch with them before they consider this type of investment. **8.** I don't think that he's a match for those people; they always manage to control situations of this kind. **9.** I haven't been writing to him for years and years, but I still remember his address. **10.** I saw a bunch of advertisements in big print concerning that building.

C. ESTUDIO DE PALABRAS

1. The navy has an important *facility* in the south of the country. Debido a las *facilidades* de pago, muchas personas pueden permitirse el lujo de comprar un apartamento. Vaya Vd. a la Secretaría; le darán *facilidades* para conseguir una copia de su expediente. **2.** Un piso tiene *aire acondicionado*; un barco lo lleva o lo tiene. This *air conditioner* is good if you want to install *air conditioning* that you can adjust individually in every room. **3.** You're no *match* for him. These pieces of furniture don't *match* those you have. He will be a good *match* for her; he is young and well-to-do. **4.** Vd. ha de *hacerse con* la situación y aprender a dominarse (controlarse, contenerse). *Se hizo con* las joyas mientras el dependiente atendía a otro cliente. El profesor supo *ponerse a la altura de* la ocasión, incitando a los estudiantes a dispersarse. **5.** *Economizó* mucho conduciendo un utilitario en Europa. I *save* a large part of my salary. **6.** Hay que atenerse cuidadosamente a las *señales* luminosas; de lo contrario le multan severamente. Voy a buscar sus *señas* en mi cuadernito, creo que habita (en) la calle Larios. Su palidez es (una) *señal* (*seña*) de debilidad. Apenas si dio *señales* (*señas*) de vida cuando le examinaron los médicos, y momentos después hizo *señas* a la enfermera de que se acercase. **7.** Cuando esté *sano*, realizará un viaje a Madrid. *Tiene muy buena salud.* Es *sano* dar paseos largos a primera hora de la mañana cuando el aire es fresco y puro. Es una persona *sana*, poco dada a entregarse a excesos de cualquier índole.

Appendices

1. Letter-Writing

SALUTATIONS

Salutations in Business Letters

English Business Salutations. Dear Sir: or Dear Mr. *(name)*:; Gentlemen: or less commonly, Dear Sirs:; Dear Madam: or Dear Mrs. *(name)*:; Dear Miss *(name)*: . My dear Sir:; My dear Mrs. *(name)*: or My dear Madam:; My dear Miss *(name)*: are more formal than the above.
Encabezamientos comerciales españoles. Muy señor (Sr.) mío:; Muy señores (Sres.) míos:; Muy señora mía:; Señorita: . Para más cortesía se escribe en estos dos últimos casos: Muy distinguida señora (Sra.) mía:; Distinguida señorita: .

Salutations in Social Letters

English Salutations in Social Letters. My dear Sir:; Dear Sir: are extremely formal. In ordinary formal style My dear Mr. *(name)*:; My dear Mrs. *(name)*:; My dear Miss *(name)*: are used. Dear Mr. (Mrs., Miss) *(name)*: are somewhat less formal than the preceding salutations beginning with "My".
Encabezamientos empleados en la correspondencia social española. Son usados todos los encabezamientos comerciales, además de los que siguen. Para personas que desconocemos y a quienes queremos mostrar especial cortesía: Estimado (*o* distinguido, *o* apreciado) señor:. Para personas que conocemos y a quienes queremos mostrar este mismo grado de cortesía escribimos: Estimado (*o* Distinguido) Sr. y amigo:; Estimada (*o* Distinguida) señora y amiga: .

Salutations in Intimate Letters

Intimate Salutations. In intimate correspondence, a comma usually replaces the colon. In order of increasing intimacy, the following salutations may be used: My dear friend,; Dear friend,; Dear John,; Dear Jane,; Jane dear,; Jane Dearest,. Dear friend, and My dear friend, are not so commonly used as the other salutations. In Spanish, on the contrary, Querido amigo: and Mi querido amigo: are in very common use.

Encabezamientos de saludo para personas de confianza en orden de intimidad. Mi distinguido amigo:; (Muy) apreciable (estimado) amigo (mío):; (Mi) querido amigo:; Querida amiga:; Querido Juan:; (Muy) querida Juana:; Inolvidable Juana:.

THE COMPLIMENTARY CLOSE

The Complimentary Close in Business Letters

The Complimentary Close in Business Letters. Yours truly,; Very truly yours,; Yours very truly,; (Very) cordially yours,. From an inferior to a superior: Yours respectfully,; Respectfully yours,. (I remain, I am, Believe me, I have the honor to be, and other similar expressions are no longer used except in very formal letters.)

Fórmulas para concluir una carta comercial. Quedo (soy, me repito, me reitero) (de Vd.) atento (atto.) y seguro servidor (S.S.); (Me repito) afmo. (afectísimo) S.S.; Aprovecho esta ocasión para ofrecerme a sus órdenes, atto. y S.S. Todas estas formas van seguidas a veces de las letras: q. e. s. m. (que estrecha su mano), escritas en una línea aparte. Por ejemplo:

> S.S.S. (*su seguro servidor*)
> q. e. s. m.
> Fulano de Tal

Hoy en día se han simplificado notablemente estas fórmulas, haciéndose de uso habitual las siguientes: Queda (siempre) a su disposición; Aprovecho esta ocasión para enviarle mis más atentos saludos (*o* para saludarle atentamente); (Le saluda *o* Suyo) (muy) atentamente Fulano de Tal.

The Complimentary Close in Social Letters

In formal social letters English salutations are the same as those used in business correspondence. In Spanish, the salutations listed in the preceding paragraph are in general use.

Dirigiéndose a una mujer, la carta puede terminarse, siempre que no exista intimidad, con una de estas dos formas:

> Queda de Vd. S.S.S.
> q. b. s. p. (*que besa sus pies*)
> Fulano de Tal
>
> Queda de Vd. S.S.S.
> q. b. s. m. (*que besa su mano*)
> Fulano de Tal

La primera de estas dos formas se usa para una mujer a quien se quiere mostrar respeto por su edad o categoría. Estas frases resultan actualmente ceremoniosas, siendo sustituidas por otras más simples: Atentamente la saluda *o* Con todo respeto se despide Fulano de Tal.

The Complimentary Close in Intimate Letters

En las terminaciones siguientes, se indican de un modo ascendente grados de intimidad mayor.

Le saluda con toda cordialidad su
   amigo
      Fulano de Tal
Reciba un cordial saludo de su
   amigo
      Fulano de Tal

With best regards,
   Sincerely yours,
   John Doe

Un saludo afectuoso de tu (buen)
   amigo
      Fulano

With warmest regards,
   Sincerely, (*or* Yours,)
    John

Con saludos a todos, recibe un
   abrazo de (te abraza) tu amigo
      Fulano

With regards to all,
   Yours, (*or* Sincerely,)
    John

Se despide cordialmente por hoy tu amigo
    Fulano
	I shall close with kindest (*or* best) regards.
	    Sincerely, (*or* Yours,)
	    John

Todos te envían sus (afectuosos) recuerdos. (Te saluda con afecto)
    Fulano
	Everybody sends you best (*or* most affectionate) regards.
	    With best wishes,
	    Yours,
	    John

Con recuerdos a todos queda a tu disposición
    Fulano
	With regards to all,
	    Faithfully yours,
	    John

Con recuerdos a tu familia, sabes que siempre puedes disponer de tu amigo
    Fulano
	With regards to your family,
	    As ever,
	    John

Afectuosamente (cariñosamente) (le saluda)
    Fulano
	Affectionately,
	    John

Con cariño, tu amiga
    Juana
	With love,
	    Jane

Recibe el cariño (*o* mil besos) de tu amiga
    Juana
	With love (and kisses),
	    Jane

Sevilla, 22 de marzo de 19—

Mi querido amigo: A fines del pasado enero, recibí su carta certificada en la cual adjuntaba el recorte de periódico. También llegó sin novedad a mi poder (a mis manos, a mí) el paquete que me remitió. Le agradezco muy vivamente (le doy las gracias por) su atención al enviármelo.

Le contesté a vuelta de correo, pero no he vuelto a tener noticias (saber más) de Vd. desde entonces. En estos últimos meses, le escribí dos cartas, pero, hasta la fecha, no recibí contestación a ellas. Sentiría infinito que se hubieran extraviado.

En espera de sus noticias le envía un cordial saludo su amigo

José

Seville, March 22, 19—

Dear Richard,

Toward the end of last January, I received your registered letter in which you enclosed the newspaper clipping. The package you sent me also reached me intact. I am extremely grateful (I thank you very much) for you kindness in sending it to me.

I answered you by return mail, but I have not heard from you again since. I wrote you two letters in the last few months, but have not until now received any answer (to them). I should be extremely sorry if they have gone astray.

I send you my best regards and hope to hear from you soon.

Sincerely yours,

Joseph

2. Common Comparisons

A number of expressions are used loosely in the colloquial language to replace the second term of a comparison which the speaker cannot remember offhand. The following are particularly common.

Como un puño: *as can be.* Se usa este giro para indicar una cosa pequeña entre las que deben ser grandes, o una cosa grande entre las que regularmente son pequeñas. Un huevo como un puño: *an egg as big as can be.* Una cabeza como un puño: *a head as small as can be.* Una gota de sangre como un puño: *a drop of blood as big as can be.* Una habitación como un puño: *a room as small as can be.*

Como nunca: *as ever.* Triste, huraño como nunca: *as sad, shrinking as ever.*

Como nadie, ninguno, (hay) pocos, el que más: *than anyone, than anybody, than the best of them.* Toca, canta como nadie, ninguno. *He plays, sings better than anyone, anybody.* Inteligente como pocos, como el que más: *as intelligent as the best of them.*

Más de la cuenta: *more than is good for one.* Bebe, come más de la cuenta. *He drinks, eats more than is good for him.*

aburrirse como una ostra: *to be as bored as a lackey;* or *bored stiff.*

acorralar a alguien como a una fiera: *to corner someone like a rat.*

agarrarle (oprimirle) a uno como con unas tenazas: *to grip (squeeze) someone like a vise.*

ágil como una comadreja,[1] como una ardilla:[2] *as agile as a monkey; as quick as a cat.*

agudo como un cuchillo: *as sharp as a knife, as a razor.*

alegre como una alondra,[3] como unas pascuas, como unas castañuelas;[4] *o* más festivo que unas castañuelas: *as gay as a lark, as a bird; as merry as a schoolboy.*

alejarse como un jabalí[5] perseguido por la jauría:[6] *to make off like a stag with the dogs at its tail.*

alto como la cigüeña,[7] como la torre de una catedral; más alto que una torre: *as tall as a bean pole (stalk), as a church steeple.*

amar (querer) a alguien como a un hermano, como a los ojos de la cara; más que a las niñas de sus ojos, más que a las telas de su corazón: *to love someone like a brother, like one's own flesh and blood; to be as dear to one as life itself.*

amargo como la hiel,[8] como acíbar:[9] *as bitter as gall, as a pill.*

amarillo como la cera, como una momia: *as yellow as wax, as parchment.*

andar (*o* ir) como la hoja caída: *to be like a feather in the breeze.*

andar como oveja descarriada: *to roam about like a stray sheep.*

andar como un reloj: *to run like a clock.*

tener más **años** que un loro: *to be as old as Methuselah.*[10]

aparecer (salir *o* entrar) como un fantasma,[11] como por encanto: *to pop up (out or in) like a jack-in-the-box.*

apretados como sardinas en lata:[12] *squeezed together like sardines.*

más **arisco** que un gato: *as snappish as a cat.*

arrojar a alguien como un trapo sucio a la basura:[13] *to turn someone out like a (stray) dog.*

arrojarse (caer) sobre (tirarse a) alguien como una fiera, como un tigre hambriento: *to spring at someone like a tiger.*

más **arrugado** que una pasa:[14] *as wrinkled as a dried up apple, as a prune.*

---

[1] *weasel*
[2] *squirrel*
[3] *lark*
[4] *castanets*
[5] *boar*
[6] *pack of hounds*
[7] *crane, a bird*
[8] *gall*
[9] *aloes, a drug used as a purgative*
[10] Se dice también "ser más viejo que Metusalén".
[11] *ghost*
[12] *tin can*
[13] *rubbish*
[14] *raisin*

astuto (sutil) como un zorro (un raposo); astuto como un caimán;[15] *o* más fino que los corales: *as sly as a fox.*

aullar como una fiera: *to howl like a wolf.*

azul como el cielo: *as blue as the sky, as cornflowers.*

bailar como una peonza: *to whirl like a top.*

beber como una esponja, como una cuba:[16] *to drink like a fish, like a lord.*

bello como un amor, como un ángel; *o* guapa como la Virgen; *o* hermoso como un ángel, como un querubín,[17] como un sol: *as beautiful as an angel; as lovely as a flower; as handsome as a Greek god.*

más **bendito** que el pan: *as kindly as the sun.*

blanco como la nieve, como la leche, como la azucena;[18] más blanco que el papel: *as white as snow.*

blanco como la pared, como la cera: *as white as a sheet.*

más **blando** que el papel, que un guante: *as soft as butter; as meek as a lamb.*

soltar unas **bolas**[19] como templos; *o* exagerar como un andaluz: *to tell stories* (or *to exaggerate*) *like Baron Munchausen.*

bonita como un sol, como una estrella, como un coral: *as pretty as a picture.*

borracho como una cuba, como un tonel;[20] más borracho que una uva:[1] *as drunk as a lord, as a sailor;* or *dead-drunk.*

bramar como un toro: *to bellow like a bull.*

(ojos) **brillantes** como dos azabaches,[2] como el azabache: *as brilliant as stars.*

(ojos) **brillar** como dos ascuas,[3] como dos brasas:[4] *to shine like live coals, like stars.*

brincar como la ardilla,[5] como un saltamontes:[6] *to jump about like a frog, like a grasshopper.*

más **bruto** que un adoquín:[7] *as dumb as an ox; as thick as mud.*

bueno como el pan: *as good as gold.*

---

[15] *cayman, an American alligator*
[16] *vat*
[17] *cherub*
[18] *white lily*
[19] *fibs*
[20] *barrel*
[1] *grape*

[2] *jet*
[3] *embers*
[4] *red-hot coals*
[5] *squirrel*
[6] *grasshopper*
[7] *paving stone*

caer (una noticia) como una bomba: *to burst (break) like a bombshell.*

caer como chinches,[8] como moscas: *to die like flies.*

caer como en un pozo, como en un abismo: *to fall as if into a bottomless pit;* or *to vanish into thin air.*

caliente como un horno, como la boca de una fragua:[9] *as hot as blazes, as a stove.*

callarse como una piedra, como un muerto, como en misa: *to remain as close-mouthed as a clam.*

cambiar de parecer (girar) como una veleta: *to be as changeable as the wind* (or *weather*).

cándido como una paloma: *as pure as a lily.*

candoroso como un niño: *as pure as a child.*

cantar como un ángel, como una calandria,[10] como un ruiseñor:[11] *to sing like a nightingale, like a bird.*

cantar como una rana,[12] como un sapo:[13] *to sing like a cat.*

cargar sobre alguien como un toro enfurecido: *to charge at someone like a mad bull.*

celoso como un turco: *as jealous as a tiger.*

ciego como un topo:[14] *as blind as a bat.*

claro como la luz (del día), como el agua, como el sol, como el sol que nos alumbra; tan claro que negarlo sería negar la luz: *as clear as day, as daylight, as crystal; as plain as the nose on your face.*

cobarde como una liebre, como un conejo,[15] como una gallina:[16] *as timid as a hare; as scary as a rabbit.*

cobrar más que un torero: *to earn more than a movie star.*

esto es **comer** como en familia: *this is like eating (dining) home.*

comer como un cochino, como una bestia, como un lobo, como por cuatro: *to eat like a hog, like a pig, like a horse.*

como acabado de sacar del horno, como nuevo: *like new.*

como un bribón (pícaro) de siete suelas:[17] *like an unmitigated rascal.*

como cantar a la luna: *like reaching for the moon; like chasing rainbows.*

como castellano viejo:[18] *like a straightforward person.*

como darle voces a un muerto: *like locking the stable door after the horse is gone.*

---

[8] *bed bugs*
[9] *forge*
[10] *calendar lark*
[11] *nightingale*
[12] *frog*
[13] *toad*

[14] *mole*
[15] *rabbit*
[16] *chicken*
[17] *sole*
[18] *inhabitant of the province Castilla la Vieja*

como de cartón,[19] como de papel: *as thin as tissue paper.*

como los dineros del sacristán (cantando se vienen y cantando se van): (*like a gambler's money*), *it's easy come easy go.*

como barco sin timón: *like a ship without a rudder.*

como galán de comedia: *like a matinée idol.*

como hecho de encargo: *as if made to order.*

como hijo de su padre: *like a chip off the old block.*

como las horas de un reloj: *like clockwork.*

como llovido del cielo, como caído de las nubes: *like a gift from heaven, like manna from the sky.*

como niño con zapatos nuevos: *like a child with a new toy.*

como lo oye Vd.; como hay viñas;[20] como tres y dos son cinco: *as sure as fate; as sure as you're born, as you're alive.*

como el pastor del cuento: *like the boy who cried wolf.*

como por la palma de la mano: *as easily as rolling off a log.*

como (el) reo en capilla:[1] *like a condemned man.*

como rufián en corte: *as awkward as a bull in a china shop.*

como todo (cada) hijo de vecino: *like every mother's son of us.*

como de lo vivo a lo pintado (como del día a la noche): *as different as day from night.*

tener más **conchas**[2] que un galápago:[3] *to be as sly as a fox; as slippery as an eel.*

conocer a alguien o algo como su propia mano: *to know someone or something like a (an open) book.*

conseguir algo como mi abuela:[4] *to have as much chance of getting something as the man in the moon.*

más **contento** que unas pascuas, que unas sonajas:[5] *as happy as the day is long; as contented as a cat (licking cream).*

más **coqueta** que la luna: *as coy as a kitten.*

correr como un gamo,[6] como un galgo,[7] como una liebre, como el viento, como (un) loco, como un ciervo,[8] como una gacela, como alma que lleva el diablo: *to run like the wind, like mad, like wildfire, as if the devil were on his trail.*

el vino **corre** como un manantial:[9] *the wine flows like water.*

---

[19] *cardboard*
[20] *vineyard*
[1] *criminal in the death cell*
[2] *shell*
[3] *tortoise*
[4] *grandmother*
[5] *jingles*
[6] *buck of the fallow-deer*
[7] *greyhound*
[8] *deer*
[9] *spring of water*

corrido como una mona;[10] hecho una mona, un mono, un mico:[11] *as shamefaced as a hunter caught in his own trap.*

crecer (subir) como la espuma: *to grow (go, shoot) up like a mushroom.*

creer como artículo de fe: *to believe something as if it were gospel truth.*

cruel como las fieras: *as vicious as a fiend.*

cuadrarle a alguien como a un santo dos (*o* un par de) pistolas: *to suit one as well as a joke suits a tombstone.*

(noticias) **cundir** *o* correr como mancha de aceite: *to spread like wildfire, like fire.*

charlar como una cotorra;[12] *o* chillar como una rata, como un conejo: *to chatter like a jay; to talk as shrilly as a fishwife.*

dar voces como un loco: *to yell like mad, like a savage.*

dar vueltas como una volandera,[13] como un remolino:[14] *to spin like a top, like a dancing dervish.*

defenderse como gato panza[15] (*o* boca) arriba: *to defend oneself like a man with his back to the wall;* or *to defend oneself tooth and nail.*

delgado como un alambre,[16] como una espátula,[17] como un fideo:[18] *as thin as a rail, as a skeleton, as my finger, as a toothpick.*

derecho como un poste, como una vela, como un pino: *as straight as a board.*

desaparecer como por encanto, como por magia, como por ensalmo:[19] *to disappear as if by magic.*

deshacerse como la sal en el agua, como el humo: *to dissolve like foam.*

destacarse como un pegote:[20] *to stand out like a sore thumb.*

desvanecerse como una sombra:[1] *to vanish like smoke.*

difícil como obra de romanos: *a herculean task.*

dócil como un cordero: *as docile (gentle) as a lamb.*

dormir como un lirón,[2] como un tronco, como una piedra, como una marmota:[3] *to sleep like a top, like a log.*

---

[10] *monkey*
[11] *long-tailed monkey*
[12] *magpie*
[13] *grindstone*
[14] *whirlpool*
[15] *belly*
[16] *wire*
[17] *spatula, an implement shaped like a table knife*
[18] *noodle*
[19] *enchantment*
[20] *coarse patch*
[1] *shadow*
[2] *dormouse*
[3] *marmot, a rodent usual in the Pyrenees*

ser **dueño** de su casa como el rey de su corona: *a man's house is his castle.*
dulce como un beso; más dulce que la miel: *as sweet as sugar.*
duro como una roca, como piedra, como un diamante, como cuero: *as hard as a rock, as stone, as nails; as tough as leather.*

echar más humo que una chimenea: *to smoke like a chimney.*
enamorado como un loco: *as moonstruck as a lover.*[4]
más **encarnado** que una cereza, que un tomate: *as rosy as an apple.*
encresparse[5] como una hiena: *to bristle up like a porcupine.*
engreído[6] como gallo de cortijo:[7] *as proud as a peacock.*
errar como alma en pena: *to wander about like a lost soul.*
escaparse como un conejo: *to run away like a rabbit; to sprint like a hare.*
esconder (ocultar) algo como un pecado, como fea mancha, como un delito, como un robo: *to conceal something as if it were a crime; like the family skeleton in one's closet.*
esperar algo como el agua[8] de mayo: *to await something with eager anticipation.* (*Cf. the literary simile "to yearn for something like the parched land for summer's rain."*)
estar como una balsa[9] de aceite: *to be as calm as a lake.*
estar como una bomba: *to be as explosive as a volcano.*
estar como su madre le parió: *to be as naked* (or *innocent*) *as the day he was born.*
estar como el pez en el agua: *to be as snug as a bug* (*in a rug*).
estar como unos tórtolos: *to get along like a pair of love birds, like a pair of turtle-doves.*
estar como tres en un zapato: *to live* (*herded together*) *like cattle.*
estar hecho un abril: *to be as lovely as a June day, like a breath of spring.*
estar hecho (un pollo de) agua: *to be bathed in perspiration.*
estar hecho un almíbar:[10] *to fawn like a spaniel.*
estar hecho un basilisco, un toro: *to be as mad as blazes, as an adder, as a bull.*
estar hecho un cascajo,[11] una (pura) lástima: *to look like a* (*complete*) *wreck.*

---

[4] *The English comparison is just the reverse of the Spanish in idea.*
[5] *to be agitated*
[6] *conceited*
[7] *farmhouse*
[8] *rain*
[9] *pool*
[10] *sirup*
[11] *rubbish*

estar hecho un costal[12] de huesos: *to be as fleshless as a skeleton;* or *to be only skin and bones.*

estar hecho un espectro:[13] *to look like a ghost.*

estar hecho un guiñapo,[14] un Adán,[15] un beduino; estar como una criba: *to look like a tramp, like a beggar; to be as ragged as a scarecrow, as a street urchin.*

estar hecho un mamarracho: *to be as clumsy as a lout.*

estar hecho otro hombre: *to feel like a new man.*

estar hecho una pavesa:[16] *to be as weak as a cat.*

estar hecho una sopa (de agua): *to be as wet as a fish;* or *to be drenched.*

estar hecho un tronco: *to stand there like a log.*

extendido como (las varillas[17] de) un abanico: *spread out like a fan.*

extinguirse (una persona) como una luz que se apaga: *to go out like a flame.*

fácil como coser y cantar: *as easy as pie.*

más **falso** que el alma (la cara) de Judas: *as false as Judas.*

más **feo** que el bu,[18] que un mono: *as ugly as sin, as a scarecrow.*

fiel como un perro: *as faithful as a dog.*

no es tan **fiero** el león como le pintan: *he is not as black as he is painted.*

fino como una seda: *as fine as silk.*

firme como una roca, como un roble: *as solid as a rock; as sturdy as an oak.*

florecer (crecer) como una rosa (las rosas) de mayo: *to blossom like a rose.*

fogoso como un corcel de guerra: *as fiery as a steed.*

franco como un libro abierto: *like an open book.*

fresco como una lechuga; más fresco que una rosa: *as fresh as a daisy, as a rose.*

ser más **fresco** que una lechuga: *to be as impudent as an upstart.*

más **frío** que el mármol; frío como la nieve, como el Polo Norte: *as cold as ice, as frost.*

---

[12] *sack*
[13] *ghost*
[14] *rag, ragamuffin*
[15] Por alusión a la desnudez del primer hombre, significa, en el lenguaje familiar, hombre sucio o haraposo. (Zerolo)
[16] *snuff of a candle*
[17] *fan-sticks*
[18] *bogey-man*

fuerte como un castillo,[19] como un roble: más fuerte que una encina: *as strong as the Rock of Gibraltar, as an ox, as a bull, as Samson.*

fugaz como un relámpago: *o* veloz como un rayo: *as fleet as a falling star;* or *as swift as an arrow.*

gastado como un ochavo:[20] *worn like an old penny; worn down like an old heel.*

gastar como un duque, como una emperatriz: *to spend money like water; to spend like a drunken sailor.*

tener un **genio** como una pólvora; con un genio más picón que un alacrán:[1] *to have a temper like a fiend, like a powder keg.*

gordo (engordar) como un cebón:[2] (*to get*) *as fat as a pig.*

gozoso como unas pascuas: *as pleased as Punch.*

grande como una montaña, como una plaza de toros: *as big as a house, as an elephant, as a ball field.*

grave como una estatua: *as solemn as a judge.*

gritar (chillar) como un energúmeno,[3] como un loco, como un condenado: *to rave* (*and rant*) *like a madman, like mad.*

hablar como un descosido,[4] como catorce, más que una urraca,[5] más que una cotorra:[5] *to talk like a chatterbox, like a machine.*

hablar como el (*o* un) papagayo: *to talk like a parrot.*

hacer algo como Dios manda, como es debido: *to do something* (*to act*) *like a perfect lady, like a perfect gentleman.*

hacer algo como por máquina: *to do something as mechanically as a machine.*

hacer algo como si tal cosa: *to do something as coolly as a cucumber, as if nothing had happened.*

hinchado como un pellejo: *puffed up like a turkey.*

huir de alguien como un salvaje, como de una espada desnuda: *to flee* (*from*) *someone like the plague.*

huraño como un gato: *as ready to shrink away from people as the snail into its shell.*

---

[19] fuerte (firme) como un castillo: *this comparison is also used of people.*

[20] *small brass coin*

[1] *scorpion*

[2] *fattened hog*

[3] *person possessed by a devil*

[4] como un descosido: *this expression is used in a variety of comparisons:* charlar, reír, correr como un descosido.

[5] *magpie*

increíble como ahora llueven albardas:[6] *as incredible as snow in summer; it's like trying to make me believe the moon is made of green cheese.*

indefenso como un niño: *as defenseless as a child.*

más **infeliz**[7] que un mosquito: *as harmless as a fly; as artless as a child.*

inmóvil como una estatua: *as still as a statue.*

inocente como un niño recién nacido: *as innocent as a new-born babe.*

ir (venir, estar) hecho un brazo de mar: *to be dressed up like Astor's pet horse; to be dressed to kill.*

juguetón como una gatita: *as playful as a kitten.*

todo **junto** como al perro los palos: *it never rains, but it pours.*

jurar como un carretero,[8] como un galeote,[9] como un demonio: *to swear like a trooper, like a sailor.*

ligero como un gamo, como una corza:[10] *as fleet as a deer.*

ligero como la llama: *as nimble as fire.*

ligero como una paja, como una aparición: *as light as a feather, as foam.*

limpio como un (el) oro, como un espejo, como una patena,[11] como una plata, como un sol: *as clean as a pin, as a whistle.*

lindo como un Adonis; linda como rosa de mayo: *as handsome as an Adonis; as lovely as Venus.*

más **listo** que una centella, que una ardilla, que el hambre; listo como la pólvora: *as smart as a whip, as paint.*

loco como una cabra; más loco que una cabra: *as crazy as a loon; as mad as a March hare, as a June bug.*

luchar como una fiera: *to fight like a wild cat, like a tiger.*

llano (liso, raso) como la palma de la mano: *as smooth as glass; as flat as a pancake, as the palm of my hand.*

llevar un auto (*más generalmente,* hacer algo) como una seda: *to drive a car (to do something) like a past master.*

llevarse como perros y gatos: *to get along like cats and dogs.*

---

[6] *packsaddles*
[7] en el lenguaje familiar "infeliz" significa bondadoso y simple.
[8] *carter*
[9] *galley slave*

[10] *deer*
[11] *paten, the plate of precious metal on which the host is placed during the Mass.*

llorar como un niño, como una Magdalena, como un chiquillo, como una fuente: *to cry like a baby*.

madrugar más que los periódicos: *to get up with* (*the dawn like*) *the chickens*.

más **malo** que la quina,[12] que Caco:[13] *worse than poison*.

manso como un cordero,[14] como la paloma: *as gentle as a lamb, as a dove*.

matar como a un perro: *to kill like a rat*.

mentir como un bellaco;[15] más que la gaceta: *to lie like a trooper, like an auctioneer*.

menudo como una patata: *as tiny as a pinhead; as small as a peanut*.

meterse (entrar, salir) como Pedro por su casa: *to walk in* (*enter, leave*) *as if one owned the place*.

mirarse en alguno como en un espejo: *to model oneself upon someone as if he were a god*.

miserable como las arañas,[16] como una rata: *as wretched as a pauper*.

moreno como el bronce: *as brown as a berry, as a nut; as swarthy as a Spaniard*.

morir como un perro: *to die like a dog*.

morir como un santo: *to die like a saint*.

más **muerto** que mi abuela: *as dead as a doornail*.

mudo como una pintura: *as silent as the grave*.

nadar como un pez de plomo:[17] *to swim like a rock*.

nadar como la trucha,[18] como un pez: *to swim like a fish*.

más **necio** (más ruin) que su zapato: *as silly as an ass; as gross as a hog*.

negro como la endrina,[19] como el carbón, como la tinta, como el azabache: *as black as pitch, as coal, as ink, as jet*.

tener los **nervios** como las cuerdas de un violín: *to have nerves as taut as a bow string; to be as jumpy as a cat*.

---

[12] *cinchona, a genus of tree yielding the drugs quinine and cinchona bark.*

[13] Célebre bandido de estatura colosal, que vomitaba por la boca torbellinos de humo y llamas; le mató Hércules. Se dice también "ser más ladrón que Caco".

[14] *lamb*

[15] *rogue*

[16] *spiders*

[17] *lead*

[18] *trout*

[19] *sloe, the fruit of the blackthorn*

obscuro como boca de lobo: *as black as night, as pitch; as dark as a cellar, as a dungeon.*

oírle a alguien como quien oye la lluvia, como si hablara en griego (*o* en inglés): *to listen to someone as if what he says goes in one ear and out the other,*[20] *as if he were speaking Greek.*

ojos como puños: *eyes as big as saucers.*

tener los **ojos** como un lince: *to be as sharp-eyed as a lynx.*

opaco como una pared: *as opaque as the sky.*

paciente como un borrico, como Job: *as patient as Job, as a saint.*

pálido como la cera, como un difunto, como un muerto, como un cadáver: *as pale as a ghost, as wax.*

quedar **parado** como una estatua: *to stand as still as a statue.*

parecerse a alguien como una gota de agua a otra: *to look like someone's twin, like someone's double.*

parecido a algo o alguien como un huevo a otro: *as much alike as two peas in a pod.*

pasar (correr) como sobre ascuas, como gato por brasas (ascuas): *to run as if one had hot coals in one's shoes; to flee from (avoid) something like the plague.*

pasear como un lobo (por un cuarto); recorrer una habitación como una fiera enjaulada, *o* como un lobo enjaulado: *to pace up and down (a room) like a caged tiger.*

pegar una cosa como guitarra en un entierro: *to be as suitable as a wedding dress at a funeral.*

pegarse (agarrarse) a algo o alguien como una lapa:[1] *to cling*[2] *to someone or something like a leech.*

más **pelado** que una bola de billar: *as bald as a bat, as a billiard-ball.*

pelear como un héroe en la brecha: *to fight like a hero.*

perezoso como una culebra:[3] *as lazy as a lizard.*

perseguirle a alguien como un maleficio:[4] *to dog someone like a curse.*

pesado como una mosca (un moscón): *as pesty as a fly, as a mosquito.*

más **pesado** que el plomo: *as heavy as lead.*

pesarle a uno como una losa[5] (de piedra), como de plomo: *to weigh one down like a millstone around one's neck.*

---

[20] Existe el giro "entrar por un oído y salir por otro".

[1] *barnacle*

[2] *"To cling to something like a drowning man to a straw" is translated by* "agarrarse de un clavo ardiendo".

[3] *snake*

[4] *spell*

[5] *flagstone*

más **pobre** que una rata, que las ratas: *as poor as a church mouse.*

ponerle a uno como un trapo, como hoja de perejil,[6] como chupa[7] de dómine, como ropa de pascua, como nuevo: *to berate someone as if he were a menial; to treat someone like dirt, like a dishrag.*

ponerle a uno como un guante; más blando que un guante: *to make someone act as humbly as a worm, as meekly as a lamb.*

ponerse como una fiera; hecho un salvaje: *to become as angry as a hornet; as mad as a bull, as hops.*

ponerse como sobre ascuas:[8] *to be on tenter-hooks (like an impatient lover).*

ponerse hecho una desdicha: *to get as dirty as a pig.*

ponerse hecho un veneno: *to get as cross as two sticks, as a (an old) bear (with a sore head).*

proceder (*o* portarse) como un caballero: *to act like a gentleman.*

quedarse como quien ve visiones: *to stand stock-still like a person in a trance.*

quedarse hecho una pieza: *to stand as if stunned, as if electrified.*

quererle a uno como un loco: *to be madly (head over heels) in love with someone; to love someone madly.*

rápido como la luz; raudo como un relámpago; *o* más pronto que la vista: *as fast as light, as greased lightning; faster than the eye can see.*

ir **recto** como la bala, como una flecha: *to travel as straight as a die, as the crow flies.*

redondo como un sol: *as round as an apple.*

regalado (servido) como (*o* a) cuerpo de rey: *treated (served) like a king.*

reír como un loco: *to laugh like a hyena.*

(ojos) **relucientes** como dos ascuas: *glowing like sparks.*

retorcerse como una serpiente, como una víbora: *to writhe like a worm on a hook; to wriggle like a serpent.*

rojo (colorado) como una remolacha,[9] como la grana,[10] como una amapola;[11] *o* encendido como la grana; más rojo que una guindilla:[12] *as red as a beet, as a rose, as an apple.*

---

[6] *parsley*
[7] *waistcoat*
[8] *hot coals*
[9] *beet*
[10] *scarlet*
[11] *poppy*
[12] *red pepper*

romperse (deshacerse) como una burbuja: *to burst like a bubble.*
(pelo)[13] **rubio** como el oro; más rubio que el oro: *as golden as sunlight.*
rugir como un tigre de malas pulgas:[14] *to howl like a mad dog.*

sabe tanto como yo: *he knows as much about it as the man in the moon.*
saber una cosa como el Ave María, como el Padre Nuestro, como el abecé: *to know something like one's own name.*
más **sabio** que Séneca, que Salomón, que Merlín: *as wise as Solomon, as an owl.*
salir (partir) como un rayo, como una flecha, como un torbellino, como un cohete: *to leave like a flash, like a bullet, like an express train, like a house on fire, like a shot out of a gun.*
sano como una manzana; *o* estar como un reloj: *as sound as a bell; as fit as a fiddle.*
seco como un leño, como el esparto:[15] *as dry as dust.*
sencillo como la paloma; *o* ingenuo como un pájaro: *as innocent as a dove.*
sentirse como un chaval de quince años: *to feel like a kid of fifteen.*
ser como el acero: *to be as strong as iron, as pliable as a willow.*
ser como una cera: *to be as gentle as a lamb.*
ser como una esfinge: *to be as expressionless* (or *mysterious*) *as a Sphinx.*
ser como una flor: *to be as lovely as a vision.*
ser como el perro del hortelano, (que ni come las berzas[16] ni las deja comer): *to be like the dog in the manger.*
ser como una pimienta:[17] *to be as keen as a hawk; as sharp as a razor.*
ser como un puño: *to be as tight as a wad.*
sereno como las aguas de un lago, como un cristal: *as calm as a lake, as a sleeping child.*
siniestro como un buho:[18] *as evil-looking as a toad.*
solo como el espárrago;[19] *o* estar como un hongo:[20] *as lonely as a hermit, as a wolf.*

---

[13] "Pelo" (*hair*) *is synonymous with* "cabellos" (*locks*). "Cabello" *is most often reserved for poetic language, while* "pelo" *is used in ordinary style.* Pelo rubio: *blond hair.* Cabellos blondos: *golden locks. It should be noticed, likewise, that* "blondo" *is a poetic term of which* "rubio" *is a more pedestrian equivalent.*

[14] *ill-tempered*
[15] *esparto-grass*
[16] *cabbages*
[17] *pepper*
[18] *owl*
[19] *asparagus*
[20] *mushroom*

APPENDICES

sonar como un trueno: *to resound like thunder.*

más **sordo** que una tapia:[1] *as deaf as a post;* or *to be stone deaf.*

suave como un guante; más suave que la seda; o ser como una malva:[2] *as meek as a lamb.*

tambalearse como un beodo:[3] *to reel like a drunken sailor.*

temblar como un azogado,[4] como la hoja en el árbol, como una gacela:[5] *to tremble like a leaf.*

tener algo (como) en el bolsillo:[6] *to be as good as one's own already.*

tener la casa como una ascua de oro: *to keep one's house as neat as a pin.*

tenerle a alguien como un perro faldero: *to treat someone like a jester, like a lap dog.*

tenue como un soplo, como humo: *as thin (impalpable) as smoke; as sheer as a veil.*

terco como una mula, como un aragonés: *as stubborn as a mule.*

tierno como un cordero: *as tender as a mother.*

tieso como un ajo, como un huso:[7] *as stiff as a poker.*

trabajar como una fiera, como un asno, como un burro: *to work like a Trojan, like a beaver, like a slave, like a horse.*

traer a uno como un dominguillo:[8] *to order someone about like a messenger boy.*

tragárselas como ruedas de molino: *to swallow something hook, line and sinker (like a greenhorn).*

tratarle a alguien como de niño: *to treat someone like a child.*

tratarle a alguien como si fuese de la familia: *to treat someone as if he were one of the family.*

tratarle a alguien peor que a una bestia, como a un perro: *to treat someone like a dog.*

más **travieso** que un mico: *as mischievous as a kitten.*

trepar como un mono: *to climb like a monkey.*

triste como un sepulcro, como una Dolorosa: *as grave as a tombstone.*

unidos como uña y carne: *as thick as thieves.*

---

[1] *mud-wall*
[2] *mallow, a plant used in medicine*
[3] *drunkard*
[4] *a person suffering from mercury poisoning*
[5] *gazelle*
[6] *pocket*
[7] *spindle*
[8] *a toy tumbler*

valer más que el oro (valer más oro que pesa): *to be worth more than anything money can buy (to be worth one's weight in gold).*

venderse como pan bendito, como agua bendita: *to sell like hot cakes.*

venenoso como un sapo:[9] *as poisonous as a snake.*

venir como pintado, como anillo al dedo, como pedrada[10] en ojo de boticario: *to be as welcome as rain, as spring.*

una **verdad** como un templo; es la verdad como la luz: *as true as life, as I am standing here, as God is in heaven.*

viejo como andar a pie, como andar a gatas (para adelante), como el mundo: *as old as the hills, as life, as the world.*

vivir como un príncipe: *to live like a millionaire.*

esto es **vivir** como en familia: *this is like living home with one's family; this has all the comforts of home.*

vivo como una centella; más vivo que unas castañuelas: *as quick as a flash; as lively as a cricket; as smart as paint.*

---

[9] *toad*   [10] *blow from a stone*

3. Literary and Historical Comparisons

Acabarse (una reunión) **como el rosario de la aurora:** *to end in a free-for-all* (colloquial). Este giro familiar significa que los individuos de una reunión se desbandan tumultariamente o que acaba una reunión a porrazos (*blows*). El rosario de la aurora se refiere a la procesión que antiguamente se celebraba, saliendo de la iglesia al rayar el alba y recorriendo las calles, cantando los concurrentes el Santo Rosario.

Como el convidado de piedra: *like a (reproachful) voice from the dead.* Alusión a *El burlador de Sevilla* de Tirso de Molina (1571–1648), en que aparece por primera vez el personaje de don Juan. El espectro de una de las víctimas del protagonista empieza a atormentarle, volviendo de la muerte a la vida en forma de estatua de piedra. El modismo se usa muy a menudo en tono de chanza (*humorous tone*) para aludir a una persona de aspecto demasiado grave o solemne.

Como el gallo de Morón (cacareando y sin pluma): *as gamely as a fighting cock.* La comparación se emplea también con los verbos "quedarse" o "dejarle"; en tal caso "se dice del que se ve despojado de todo cuanto tenía". (Vergara y Martín, *Diccionario geográfico popular de cantares.*) Dejarle a uno como el gallo de Morón: *to take from one everything he has in the world.* Este giro nació, según Vergara y Martín, en la provincia de Morón de la Frontera.

Descalabrado como el hidalgo manchego: *bruised as if he had been beaten.* Se refiere a las desgracias del protagonista de *Don Quijote.* ("Descalabrado" significa herido en la cabeza.)

Más feo que Picio, *o (menos frecuentemente)* **que el sargento de Utrera:** *as ugly as sin. According to Professor Bourland's notes, in his edition of "El sombrero de tres picos", there is an old story of an extremely ugly cobbler by the name of Picio. It is possible that the name is derived from* pez (*pitch*) (*or the adjective* píceo, *associated with it*), *which the cobbler used in his work. According to another source* (Sbarbi, *Diccionario de Refranes*), *the cobbler was condemned to death and pardoned at the last moment while in the death cell. The shock distorted his features horribly, whence the proverbial expression. Professor Bourland also* *suggests that the* sargento Utrera *belongs to Andalusia, as the town name Utrera would suggest, and that he shares his reputation for ugliness with* "el Sargento Cruz, a quien por feo tuvieron que dar los Santos Oleos con una caña."

Esto es irse (ir, echar) como por los cerros de Úbeda: *that is neither here nor there; it is like going to the other end of the world in order to get there. The comparison is sometimes although less often used with other verbs than those indicated.* Ya le he dicho dos o tres piropos y así me ha hecho ella caso como por los cerros de Úbeda. *I told her two or three sweet nothings, and she paid as much attention to me as if I were at the other end of the world.* "Acaso se remonta el origen de esta frase a la época de la Reconquista, aludiendo a que en esos cerros de Úbeda (ciudad de la provincia de Jaén) se libraron los más importantes hechos de armas que mediaron desde la batalla de las Navas (1212) hasta la toma de Úbeda por los cristianos en 1234, y equivale a extraviarse o perderse el que anda por los mencionados cerros. Se dice del que se aparta desmesuradamente del asunto de que se está tratando. En sentido figurado, se emplea para designar o referirse a un sitio o lugar muy remoto y fuera de camino." (Vergara y Martín, *op. cit.*)

Más listo que Cardona: *as sly as a fox.* (*Compare the less frequently used English simile "as resourceful as D'Artagnan"*). Este giro alude "al vizconde de Cardona que, aterrorizado cuando su grande amigo, el infante D. Fernando, fue mandado matar en 1363 por el rey su hermano, huyó precipitadamente desde Castellón a Cardona." (Sbarbi, *op. cit.*) Se dice también "correr más que Cardona".

Tener más orgullo que Calderón en la horca *o* **darse más tono que el señor Rodrigo en la horca:** *to be as proud as a Spanish grandee.* Rodrigo Calderón, primer ministro de Felipe III, fue decapitado en 1621. La serena altivez con que fue al cadalso (*scaffold*) excitó la imaginación popular, y dio origen a esta comparación corriente.

Portarse como un Cid: *to act like a hero.* El Cid, Ruy Díaz de Bivar, es uno de los héroes españoles del siglo XI; desempeñó un papel importante en las guerras entre cristianos y moros. Se dice también "más valiente que el Cid" (*as brave as a lion*).

Saber más que Lepe (*o* **Lepijo y su hijo**): *to be as wise as an owl.* "Dícese por alusión al obispo D. Pedro de Lepe, autor de *Catecismo Católico*." (Zerolo.)

Satisfecho como quien ha puesto una pica en Flandes: *as self-satisfied as if one had realized a life's ambition.* Hoy "usamos esta metáfora principalmente en tono de chanza para zaherir (*mortify*) a alguno que se figura haber dado un gran paso." (Oliver, *Prontuario del idioma.*) Este giro se refiere a los esfuerzos infructuosos de los reyes españoles en Flandes.

Ser como el capitán Araña, (que embarca la gente y se queda en la playa): *this common comparison is used to score a person who urges others to undertake projects, especially dangerous ones, while he himself always attempts to escape them. According to Sbarbi* (op. cit.), *there existed a ship captain by the name of Arana at the end of the XVIIIth century, who recruited Spaniards to fight against insurrectionists in the Spanish colonies in America, although he himself never joined them. The people facetiously changed his name from* Arana *to* Araña (*spider*) *since the word is used in colloquial speech to mean a self-seeking person.* (*Cf.* Iribarren, *El porqué de los dichos.*)

Ser como la maza de Fraga, (que saca polvo debajo del agua): *this comparison is used to describe the performance of a fool who, in his plodding way, accomplishes what more discerning people have declared impossible.* Existe en la ciudad de Fraga una famosa y antigua maza (*mace*) . . . ; se empleaba en la composición del puente de madera por medio de un aparato formado de dos vigas (*beams*) de mucha elevación, adonde subía la maza, desprendiéndose con violento ímpetu por entre las dos vigas, y dando sobre la estaca que se deseaba clavar, lo cual hacía que la composición del puente fuese instantánea. El peso enorme de esta máquina dio origen a la idea de que muchos con su pesadez e importunidad logran hasta lo que parecía imposible. (Sbarbi.)

Ser como el reloj de Pamplona, (que apunta y no da): *to make empty promises.* Atribúyese su origen al recuerdo de un reloj de sol que hay en la catedral de Pamplona.

Ser como el sastre del campillo, (que cosía de balde y ponía el hilo): *to do all the work and be left holding the bag (like an easy mark). A commonly used simile, it dates back to Cervantes.* Campillo, *also frequently written with a capital C, may refer to one of the many towns by that name.*

Verb Forms

THE THREE REGULAR CONJUGATIONS

Infinitive

| hablar | comer | vivir |

Present Participle

| hablando | comiendo | viviendo |

Past Participle

| hablado | comido | vivido |

Indicative Mode

Present

habl **o**	com **o**	viv **o**
habl **as**	com **es**	viv **es**
habl **a**	com **e**	viv **e**
habl **amos**	com **emos**	viv **imos**
habl **áis**	com **éis**	viv **ís**
habl **an**	com **en**	viv **en**

Imperfect

habl **aba**	com **ía**	viv **ía**
habl **abas**	com **ías**	viv **ías**
habl **aba**	com **ía**	viv **ía**
habl **ábamos**	com **íamos**	viv **íamos**
habl **abais**	com **íais**	viv **íais**
habl **aban**	com **ían**	viv **ían**

Preterite

habl é	com í	viv í
habl aste	com iste	viv iste
habl ó	com ió	viv ió
habl amos	com imos	viv imos
habl asteis	com isteis	viv isteis
habl aron	com ieron	viv ieron

Future

hablar é	comer é	vivir é
hablar ás	comer ás	vivir ás
hablar á	comer á	vivir á
hablar emos	comer emos	vivir emos
hablar éis	comer éis	vivir éis
hablar án	comer án	vivir án

Conditional

hablar ía	comer ía	vivir ía
hablar ías	comer ías	vivir ías
hablar ía	comer ía	vivir ía
hablar íamos	comer íamos	vivir íamos
hablar íais	comer íais	vivir íais
hablar ían	comer ían	vivir ían

Imperative Forms

Familiar

habl a (tú)	com e (tú)	viv e (tú)
habl ad (vosotros)	com ed (vosotros)	viv id (vosotros)

Formal

habl e Vd.	com a Vd.	viv a Vd.
habl en Vds.	com an Vds.	viv an Vds.

N.B. All negative imperatives are expressed by the subjunctive.

Subjunctive Mode

Present

habl e	com a	viv a
habl es	com as	viv as
habl e	com a	viv a
habl emos	com amos	viv amos
habl éis	com áis	viv áis
habl en	com an	viv an

Imperfect

habl ase (ara)	com iese (iera)	viv iese (iera)
habl ases (aras)	com ieses (ieras)	viv ieses (ieras)
habl ase (ara)	com iese (iera)	viv iese (iera)
habl ásemos (áramos)	com iésemos (iéramos)	viv iésemos (iéramos)
habl aseis (arais)	com ieseis (ierais)	viv ieseis (ierais)
habl asen (aran)	com iesen (ieran)	viv iesen (ieran)

The Compound Tenses

Indicative

Present Perfect	he hablado
Pluperfect	había hablado
Past Anterior	hube hablado
Future Perfect	habré hablado
Conditional Perfect	habría hablado

Subjunctive

Present Perfect	haya hablado
Pluperfect	hubiese (hubiera) hablado

RADICAL-CHANGING VERBS

Class I

Class I includes verbs in the first and second conjugations.
Changes. *E,* when stressed, becomes *ie; o,* when stressed, becomes *ue.*

contar

Pres. Ind. **cuento, cuentas, cuenta, cuentan**
Pres. Subj. **cuente, cuentes, cuente, cuenten**
Imperative singular **cuenta**

entender

Pres. Ind. **entiendo, entiendes, entiende, entienden**
Pres. Subj. **entienda, entiendas, entienda, entiendan**
Imperative singular **entiende**

Class II

Class II contains only verbs in the third conjugation.
Changes. *E,* when stressed, becomes *ie; o,* when stressed, becomes *ue. E,*
unstressed, becomes *i,* and *o,* unstressed, becomes *u,* when the following
syllable contains an *a, ie,* or *ió.*

sentir

Pres. Part. **sintiendo**
Pres. Ind. **siento, sientes, siente, sienten**
Pres. Subj. **sienta, sientas, sienta, sintamos, sintáis, sientan**
Imperative singular **siente**
Pret. **sintió, sintieron**
Impf. Subj. **sintiese, sintieses, sintiese, sintiésemos, sintieseis, sintiesen (sintiera, etc.)**

dormir

Pres. Part. **durmiendo**
Pres. Ind. **duermo, duermes, duerme, duermen**
Pres. Subj. **duerma, duermas, duerma, durmamos, durmáis, duerman**
Imperative singular **duerme**
Pret. **durmió, durmieron**
Impf. Subj. **durmiese, durmieses, durmiese, durmiésemos, durmieseis, durmiesen (durmiera, etc.)**

Class III

Class III, like Class II, includes only verbs in the third conjugation.
Changes. *E,* when stressed, becomes *i; e,* unstressed, becomes *i,* when the following syllable contains an *a, ie,* or *ió.*

pedir

Pres. Part. **pidiendo**
Pres. Ind. **pido, pides, pide, piden**
Pres. Subj. **pida, pidas, pida, pidamos, pidáis, pidan**
Imperative singular **pide**
Pret. **pidió, pidieron**
Impf. Subj. **pidiese, pidieses, pidiese, pidiésemos, pidieseis, pidiesen (pidiera, etc.)**

IRREGULAR AND ORTHOGRAPHIC-CHANGING VERBS

andar

Pres. Part. **andando**; *Past Part.* **andado**
Pres. Ind. **ando, andas, anda, andamos, andáis, andan**
Pres. Subj. **ande, andes, ande, andemos, andéis, anden**
Impf. Ind. **andaba,** etc.; *Fut.* **andaré,** etc.; *Cond.* **andaría,** etc.
Pret. **anduve, anduviste, anduvo, anduvimos, anduvisteis, anduvieron**
Impf. Subj. **anduviese,** etc.; **anduviera,** etc.
Imperatives **anda, andad**

caber

Pres. Part. cabiendo; *Past Part.* cabido
Pres. Ind. **quepo,** cabes, cabe, cabemos, cabéis, caben
Pres. Subj. **quepa, quepas, quepa, quepamos, quepáis, quepan**
Impf. Ind. cabía, etc.; *Fut.* **cabré,** etc.; *Cond.* **cabría,** etc.
Pret. **cupe, cupiste, cupo, cupimos, cupisteis, cupieron**
Impf. Subj. **cupiese,** etc.; **cupiera,** etc.
Imperatives cabe, cabed

caer

Pres. Part. **cayendo;** *Past. Part.* caído
Pres. Ind. **caigo,** caes, cae, caemos, caéis, caen
Pres. Subj. **caiga, caigas, caiga, caigamos, caigáis, caigan**
Impf. Ind. caía, etc.; *Fut.* caeré, etc.; *Cond.* caería, etc.
Pret. caí, caíste, **cayó,** caímos, caísteis, **cayeron**
Impf. Subj. **cayese,** etc.; **cayera,** etc.
Imperatives cae, caed

conducir

Pres. Part. conduciendo; *Past Part.* conducido
Pres. Ind. **conduzco,** conduces, conduce, conducimos, conducís, conducen
Pres. Subj. **conduzca, conduzcas, conduzca, conduzcamos, conduzcáis, conduzcan**
Impf. Ind. conducía, etc.; *Fut.* conduciré, etc.; *Cond.* conduciría, etc.
Pret. **conduje, condujiste, condujo, condujimos, condujisteis, condujeron**
Impf. Subj. **condujese,** etc.; **condujera,** etc.
Imperatives conduce, conducid

conocer

(Like **conocer, merecer, ofrecer, parecer.**)

Pres. Part. conociendo; *Past Part.* conocido
Pres. Ind. **conozco,** conoces, conoce, conocemos, conocéis, conocen
Pres. Subj. **conozca, conozcas, conozca, conozcamos, conozcáis, conozcan**
Impf. Ind. conocía, etc.; *Fut.* conoceré, etc.; *Cond.* conocería, etc.
Pret. conocí, conociste, conoció, conocimos, conocisteis, conocieron
Impf. Subj. conociese, etc.; conociera, etc.
Imperatives conoce, conoced

continuar

(Like **continuar,** many verbs in **-uar.**)

Pres. Part. continuando; *Past Part.* continuado
Pres. Ind. **continúo, continúas, continúa,** continuamos, continuáis, **continúan**
Pres. Subj. **continúe, continúes, continúe,** continuemos, continuéis, **continúen**
Impf. Ind. continuaba, etc.; *Fut.* continuaré, etc.; *Cond.* continuaría, etc.
Pret. continué, continuaste, continuó, continuamos, continuasteis, continuaron
Impf. Subj. continuase, etc.; continuara, etc.
Imperatives **continúa,** continuad

creer

Pres. Part. **creyendo;** *Past Part.* creído
Pres. Ind. creo, crees, cree, creemos, creéis, creen
Pres. Subj. crea, creas, crea, creamos, creáis, crean
Impf. Ind. creía, etc.; *Fut.* creeré, etc.; *Cond.* creería
Pret. creí, creíste, **creyó,** creímos, creísteis, **creyeron**
Impf. Subj. **creyese,** etc.; **creyera,** etc.
Imperatives cree, creed

dar

Pres. Part. dando; *Past Part.* dado
Pres. Ind. **doy,** das, da, damos, dais, dan
Pres. Subj. **dé,** des, **dé,** demos, deis, den
Impf. Ind. daba, etc.; *Fut.* daré, etc.; *Cond.* daría, etc.
Pret. **di, diste, dio, dimos, disteis, dieron**
Impf. Subj. **diese,** etc.; **diera,** etc.
Imperatives da, dad

decir

Pres. Part. **diciendo;** *Past Part.* **dicho**
Pres. Ind. **digo, dices, dice,** decimos, decís, **dicen**
Pres. Subj. **diga, digas, diga, digamos, digáis, digan**
Impf. Ind. decía, etc.; *Fut.* **diré,** etc.; *Cond.* **diría,** etc.
Pret. **dije, dijiste, dijo, dijimos, dijisteis, dijeron**
Imperatives **di,** decid

448

despegar

(Like **despegar**, verbs in **-gar**)

Pres. Part. despegando; *Past Part.* despegado
Pres. Ind. despego, dcspegas, despega, despegamos, despegáis, despegan
Pres. Subj. **despegue, despegues, despegue, despeguemos, despeguéis, despeguen**
Impf. Ind. despegaba, etc.; *Fut.* despegaré, etc.; *Cond.* despegaría, etc.
Pret. **despegué,** despegaste, despegó, despegamos, despegasteis, despegaron
Impf. Subj. despegase, etc.; despegara, etc.
Imperatives despega, despegad

disminuir

(Like **disminuir**, verbs in **-uir**.)

Pres. Part. **disminuyendo**; *Past Part.* disminuido
Pres. Ind. **disminuyo, disminuyes, disminuye,** disminuimos, disminuís, **disminuyen**
Pres. Subj. **disminuya, disminuyas, disminuya, disminuyamos, disminuyáis, disminuyan**
Impf. Ind. disminuía, etc.; *Fut.* disminuiré, etc.; *Cond.* disminuiría, etc.
Pret. disminuí, disminuiste, **disminuyó,** disminuimos, disminuisteis, **disminuyeron**
Impf. Subj. **disminuyese,** etc.; **disminuyera,** etc.
Imperatives **disminuye,** disminuid

elegir

(Like **elegir**, radical-changing verbs in **-gir**.)

Pres. Part. **eligiendo**; *Past Part.* elegido
Pres. Ind. **elijo, eliges, elige,** elegimos, elegís, **eligen**
Pres. Subj. **elija, elijas, elija, elijamos, elijáis, elijan**
Impf. Ind. elegía, etc.; *Fut.* elegiré, etc.; *Cond.* elegiría, etc.
Pret. elegí, elegiste, **eligió,** elegimos, elegisteis, **eligieron**
Impf. Subj. **eligiese,** etc.; **eligiera,** etc.
Imperatives **elige,** elegid

enviar

(Like **enviar,** many verbs in **-iar.**)

Pres. Part. enviando; *Past Part.* enviado
Pres. Ind. **envío, envías, envía,** enviamos, enviáis, **envían**
Pres. Subj. **envíe, envíes, envíe,** enviemos, enviéis, **envíen**
Impf. Ind. enviaba, etc.; *Fut.* enviaré, etc.; *Cond.* enviaría, etc.
Pret. envié, enviaste, envió, enviamos, enviasteis, enviaron
Impf. Subj. enviase, etc.; enviara, etc.
Imperatives **envía,** enviad

estar

Pres. Part. estando; *Past Part.* estado
Pres. Ind. **estoy, estás, está,** estamos, estáis, **están**
Pres. Subj. **esté, estés, esté,** estemos, estéis, **estén**
Impf. Ind. estaba, etc.; *Fut.* estaré, etc.; *Cond.* estaría, etc.
Pret. **estuve, estuviste, estuvo, estuvimos, estuvisteis, estuvieron**
Impf. Subj. **estuviese,** etc.; **estuviera,** etc.
Imperatives **está,** estad

haber

Pres. Part. habiendo; *Past Part.* habido
Pres. Ind. **he, has, ha, hemos,** habéis, **han**
Pres. Subj. **haya, hayas, haya, hayamos, hayáis, hayan**
Impf. Ind. había, etc.; *Fut.* habré, etc.; *Cond.* habría, etc.
Pret. **hube, hubiste, hubo, hubimos, hubisteis, hubieron**
Impf. Subj. **hubiese,** etc.; **hubiera,** etc.
Imperatives **he,** habed

hacer

Pres. Part. haciendo; *Past Part.* **hecho**
Pres. Ind. **hago,** haces, hace, hacemos, hacéis, hacen
Pres. Subj. **haga, hagas, haga, hagamos, hagáis, hagan**
Impf. Ind. hacía, etc.; *Fut.* haré, etc.; *Cond.* haría, etc.
Pret. **hice, hiciste, hizo, hicimos, hicisteis, hicieron**
Impf. Subj. **hiciese,** etc.; **hiciera,** etc.
Imperatives **haz,** haced

450

ir

Pres. Part. **yendo;** *Past Part.* ido
Pres. Ind. **voy, vas, va, vamos, vais, van**
Pres. Subj. **vaya, vayas, vaya, vayamos, vayáis, vayan**
Impf. Ind. **iba, ibas, iba, íbamos, ibais, iban**
Fut. iré, etc.; *Cond.* iría, etc.
Pret. **fui, fuiste, fue, fuimos, fuisteis, fueron**
Impf. Subj. **fuese,** etc.; **fuera,** etc.
Imperatives **ve, vamos,** id

jugar

Pres. Part. jugando; *Past Part.* jugado
Pres. Ind. **juego, juegas, juega,** jugamos, jugáis, **juegan**
Pres. Subj. **juegue, juegues, juegue, juguemos, juguéis, jueguen**
Impf. Ind. jugaba, etc.; *Fut.* jugaré, etc.; *Cond.* jugaría, etc.
Pret. **jugué,** jugaste, jugó, jugamos, jugasteis, jugaron
Impf. Subj. jugase, etc.; jugara, etc.
Imperatives **juega,** jugad

leer

Pres. Part. **leyendo;** *Past Part.* leído
Pres. Ind. leo, lees, lee, leemos, leéis, leen
Pres. Subj. lea, leas, lea, leamos, leáis, lean
Impf. Ind. leía, etc.; *Fut.* leeré, etc.; *Cond.* leería, etc.
Pret. leí, leíste, **leyó,** leímos, leísteis, **leyeron**
Impf. Subj. **leyese,** etc.; **leyera,** etc.
Imperatives lee, leed

morir

Pres. Part. **muriendo;** *Past Part.* **muerto**
Pres. Ind. **muero, mueres, muere,** morimos, morís, **mueren**
Pres. Subj. **muera, mueras, muera, muramos, muráis, mueran**
Impf. Ind. moría, etc.; *Fut.* moriré, etc.; *Cond.* moriría, etc.
Pret. morí, moriste, **murió,** morimos, moristeis, **murieron**
Impf. Subj. **muriese,** etc.; **muriera,** etc.
Imperatives **muere,** morid

oír

Pres. Part. **oyendo;** *Past Part.* oído
Pres. Ind. **oigo, oyes, oye,** oímos, oís, **oyen**
Pres. Subj. **oiga, oigas, oiga, oigamos, oigáis, oigan**
Impf. Ind. oía, etc.; *Fut.* oiré, etc.; *Cond.* oiría, etc.
Pret. oí, oíste, **oyó,** oímos, oísteis, **oyeron**
Impf. Subj. **oyese,** etc.; **oyera,** etc.
Imperatives **oye,** oíd

oler

Pres. Part. oliendo; *Past Part.* olido
Pres. Ind. **huelo, hueles, huele,** olemos, oléis, **huelen**
Pres. Subj. **huela, huelas, huela,** olamos, oláis, **huelan**
Impf. Ind. olía, etc.; *Fut.* oleré, etc.; *Cond.* olería, etc.
Pret. olí, oliste, olió, olimos, olisteis, olieron
Impf. Subj. oliese, etc.; oliera, etc.
Imperatives **huele,** oled

poder

Pres. Part. **pudiendo;** *Past Part.* podido
Pres. Ind. **puedo, puedes, puede,** podemos, podéis, **pueden**
Pres. Subj. **pueda, puedas, pueda,** podamos, podáis, **puedan**
Impf. Ind. podía, etc.; *Fut.* **podré,** etc.; *Cond.* **podría,** etc.
Pret. **pude, pudiste, pudo, pudimos, pudisteis, pudieron**
Impf. Subj. **pudiese,** etc.; **pudiera,** etc.
Imperatives (lacking)

poner

Pres. Part. poniendo; *Past Part.* **puesto**
Pres. Ind. **pongo,** pones, pone, ponemos, ponéis, ponen
Pres. Subj. **ponga, pongas, ponga, pongamos, pongáis, pongan**
Impf. Ind. ponía, etc.; *Fut.* **pondré,** etc.; *Cond.* **pondría,** etc.
Pret. **puse, pusiste, puso, pusimos, pusisteis, pusieron**
Impf. Subj. **pusiese,** etc.; **pusiera,** etc.
Imperatives **pon,** poned

452

puntualizar

(Like **puntualizar**, verbs in **-zar**.)

Pres. Part. puntualizando; *Past Part.* puntualizado
Pres. Ind. puntualizo, puntualizas, puntualiza, puntualizamos, puntualizáis, puntualizan
Pres. Subj. **puntualice, puntualices, puntualice, puntualicemos, puntualicéis, puntualicen**
Impf. Ind. puntualizaba, etc.; *Fut.* puntualizaré, etc.; *Cond.* puntualizaría, etc.
Pret. **puntualicé,** puntualizaste, puntualizó, puntualizamos, puntualizasteis, puntualizaron
Impf. Subj. puntualizase, etc.; puntualizara, etc.
Imperatives puntualiza, puntualizad

querer

Pres. Part. queriendo; *Past Part.* querido
Pres. Ind. **quiero, quieres, quiere,** queremos, queréis, **quieren**
Pres. Subj. **quiera, quieras, quiera,** queramos, queráis, **quieran**
Impf. Ind. quería, etc.; *Fut.* **querré,** etc.; *Cond.* **querría,** etc.
Pret. **quise, quisiste, quiso, quisimos, quisisteis, quisieron**
Impf. Subj. **quisiese,** etc.; **quisiera,** etc.
Imperatives **quiere,** quered

reír

Pres. Part. **riendo;** *Past Part.* reído
Pres. Ind. **río, ríes, ríe,** reímos, reís, **ríen**
Pres. Subj. **ría, rías, ría, riamos, riais, rían**
Impf. Ind. reía, etc.; *Fut.* reiré, etc.; *Cond.* reiría, etc.
Pret. reí, reíste, **rio,** reímos, reísteis, **rieron**
Impf. Subj. **riese,** etc.; **riera,** etc.
Imperatives **ríe,** reíd

saber

Pres. Part. sabiendo; *Past Part.* sabido
Pres. Ind. **sé,** sabes, sabe, sabemos, sabéis, saben
Pres. Subj. **sepa, sepas, sepa, sepamos, sepáis, sepan**
Impf. Ind. sabía, etc.; *Fut.* **sabré,** etc.; *Cond.* **sabría,** etc.
Pret. **supe, supiste, supo, supimos, supisteis, supieron**
Impf. Subj. **supiese,** etc.; **supiera,** etc.
Imperatives sabe, sabed

salir

Pres. Part. saliendo; *Past Part.* salido
Pres. Ind. **salgo,** sales, sale, salimos, salís, salen
Pres. Subj. **salga, salgas, salga, salgamos, salgáis, salgan**
Impf. Ind. salía, etc.; *Fut.* **saldré,** etc.; *Cond.* **saldría,** etc.
Pret. salí, saliste, salió, salimos, salisteis, salieron
Impf. Subj. saliese, etc.; saliera, etc.
Imperatives **sal,** salid

seguir

Pres. Part. **siguiendo;** *Past Part.* seguido
Pres. Ind. **sigo, sigues, sigue,** seguimos, seguís, **siguen**
Pres. Subj. **siga, sigas, siga, sigamos, sigáis, sigan**
Impf. Ind. seguía, etc.; *Fut.* seguiré, etc.; *Cond.* seguiría, etc.
Pret. seguí, seguiste, **siguió,** seguimos, seguisteis, **siguieron**
Impf. Subj. **siguiese,** etc.; **siguiera,** etc.
Imperatives **sigue,** seguid

ser

Pres. Part. siendo; *Past Part.* sido
Pres. Ind. **soy, eres, es, somos, sois, son**
Pres. Subj. **sea, seas, sea, seamos, seáis, sean**
Impf. Ind. **era, eras, era, éramos, erais, eran**
Fut. seré, etc.; *Cond.* sería, etc.
Pret. **fui, fuiste, fue, fuimos, fuisteis, fueron**
Impf. Subj. **fuese,** etc.; **fuera,** etc.
Imperatives **sé,** sed

tener

Pres. Part. teniendo; *Past Part.* tenido
Pres. Ind. **tengo, tienes, tiene,** tenemos, tenéis, **tienen**
Pres. Subj. **tenga, tengas, tenga, tengamos, tengáis, tengan**
Impf. Ind. tenía, etc.; *Fut.* **tendré,** etc.; *Cond.* **tendría,** etc.
Pret. **tuve, tuviste, tuvo, tuvimos, tuvisteis, tuvieron**
Impf. Subj. **tuviese,** etc.; **tuviera,** etc.
Imperatives **ten,** tened

APPENDICES

tocar

(Like **tocar**, verbs in **-car**.)

Pres. Part. tocando; *Past Part.* tocado
Pres. Ind. toco, tocas, toca, tocamos, tocáis, tocan
Pres. Subj. **toque, toques, toque, toquemos, toquéis, toquen**
Impf. Ind. tocaba, etc.; *Fut.* tocaré, etc.; *Cond.* tocaría, etc.
Pret. **toqué,** tocaste, tocó, tocamos, tocasteis, tocaron
Impf. Subj. tocase, etc.; tocara, etc.
Imperatives toca, tocad

traer

Pres. Part. **trayendo;** *Past Part.* traído
Pres. Ind. **traigo,** traes, trae, traemos, traéis, traen
Pres. Subj. **traiga, traigas, traiga, traigamos, traigáis, traigan**
Impf. Ind. traía, etc.; *Fut.* traeré, etc.; *Cond.* traería, etc.
Pret. **traje, trajiste, trajo, trajimos, trajisteis, trajeron**
Impf. Subj. **trajese,** etc.; **trajera,** etc.
Imperatives trae, traed

valer

Pres. Part. valiendo; *Past Part.* valido
Pres. Ind. **valgo,** vales, vale, valemos, valéis, valen
Pres. Subj. **valga, valgas, valga, valgamos, valgáis, valgan**
Impf. Ind. valía, etc.; *Fut.* **valdré,** etc.; *Cond.* **valdría,** etc.
Pret. valí, valiste, valió, valimos, valisteis, valieron
Impf. Subj. valiese, etc.; valiera, etc.
Imperatives vale, valed

vencer

(Like **vencer**, verbs in **-cer,** preceded by a consonant.)

Pres. Part. venciendo; *Past Part.* vencido
Pres. Ind. **venzo,** vences, vence, vencemos, vencéis, vencen
Pres. Subj. **venza, venzas, venza, venzamos, venzáis, venzan**
Impf. Ind. vencía, etc.; *Fut.* venceré, etc.; *Cond.* vencería, etc.
Pret. vencí, venciste, venció, vencimos, vencisteis, vencieron
Impf. Subj. venciese, etc.; venciera, etc.
Imperatives vence, venced

venir

Pres. Part. **viniendo;** *Past Part.* venido
Pres. Ind. **vengo, vienes, viene,** venimos, venís, **vienen**
Pres. Subj. **venga, vengas, venga, vengamos, vengáis, vengan**
Impf. Ind. venía, etc.; *Fut.* **vendré,** etc.; *Cond.* **vendría,** etc.
Pret. **vine, viniste, vino, vinimos, vinisteis, vinieron**
Impf. Subj. **viniese,** etc.; **viniera,** etc.
Imperatives **ven,** venid

ver

Pres. Part. viendo; *Past Part.* **visto**
Pres. Ind. **veo,** ves, ve, vemos, veis, ven
Pres. Subj. **vea, veas, vea, veamos, veáis, vean**
Impf. Ind. **veía, veías, veía, veíamos, veíais, veían**
Fut. veré, etc.; *Cond.* vería, etc.
Pret. vi, viste, vio, vimos, visteis, vieron
Impf. Subj. viese, etc.; viera, etc.
Imperatives ve, ved

volver

Pres. Part. volviendo; *Past Part.* **vuelto**
Pres. Ind. **vuelvo, vuelves, vuelve,** volvemos, volvéis, **vuelven**
Pres. Subj. **vuelva, vuelvas, vuelva,** volvamos, volváis, **vuelvan**
Impf. Ind. volvía, etc.; *Fut.* volveré, etc.; *Cond.* volvería, etc.

VOCABULARY

Idiomatic expressions are listed under nouns. (For example, "take a walk' appears under **walk**). References to items discussed in the "Notas" and listed in the Index are preceded by *v.* (For example, **appearance:** *v.* "apariencia".) Cross-references to entries in this vocabulary are preceded by *see.* (For example, **asleep:** *see* "fall".)

abandon abandonar
able: be — poder
about acerca de, sobre; — five miles
unas cinco millas; not to know
what one is — no saber por dónde
anda uno; there is something
... — tiene algo de ...
abreast: keep — of estar al corriente
(al tanto) de
abroad al (en el) extranjero
absence ausencia *f.*
absorbed in embebido (absorto) en
(con)
absurd absurdo
absurdity lo absurdo; absurdo *m.*
academy academia *f.*
accent acento *m.*
accept aceptar; atenerse a
accident accidente *m.*
accidentally accidentalmente; sin
querer; por casualidad; acertar
(ie) a
accommodated: be — caber
accompany acompañar
accordance: in — with concorde
(acorde) con; de acuerdo con;
con arreglo a
according: — to según
account cuenta *f.*, información *f.*;
to give an — of dar cuenta de;
not on that — no por eso; on — of
a causa de, con motivo de
accurate puntual
accustom: *v.* "acostumbrar"
achieve conseguir (i), alcanzar
act obrar, comportarse; actuar; — as
a hacer las veces de; servir (i)
de
act acto *m.*
action acción *f.*; —s procedimientos *m.*; course of — línea *f.* de
conducta *f.*
actor actor *m.*
actual: *v.* "actual"
actually a la hora de la verdad,
realmente

adapt: — oneself adaptarse, acomodarse
addicted: be — to darse a
address dirigir la palabra a, dirigirse a
address señas *f.*, dirección *f.*
adequate: *v.* "adecuado"
adhere to atenerse a; sostener
adhesion: *v.* "adhesión"
adjust regular; *v.* "adjust"
administer administrar, suministrar
admit admitir, reconocer
advance: in — por adelantado
advance avanzar; — an opinion
emitir una opinión
advantage ventaja *f.*; take — of
aprovechar
adventure aventura *f.*
advertise anunciar
advertisement anuncio *m.*; put an —
into the newspaper insertar un
anuncio en el periódico
advice consejos *m.*; a piece of —
un consejo; take one's — seguir
(i) los consejos de uno
advisable conveniente; it is — procede; to be more — for one to
tenerle más cuenta a uno
advise aconsejar
affair cosa *f.*; be one's — : *v.* "ser cosa
suya"
affectation afectación *f.*
affection afecto *m.*, cariño *m.*; win
one's — conquistar el afecto de
uno
afford: *v.* "proporcionar"
afraid: be — tener miedo, temer
after después de (que); — all después
de todo, en fin de cuentas; — a
week a los ocho días
afternoon tarde *f.*; in the — por la
tarde
afterward: shortly — a poco rato
again otra vez, de nuevo
against contra
agent administrador *m.*; representante *m.*

ago: two years — hace dos años
agree aceptar; estar de acuerdo; *v.*
"quedar en"
agreeable agradable
aid ayuda *f.*, socorro *m.*, auxilio *m.*;
come to his — acudir en su ayuda
(auxilio)
air aire *m.*; **change of** — cambio de
aires; **in the open** — al aire libre;
take the fresh — tomar el aire (el
fresco); **put on** —**s** darse tono *m.*
air-condition refrigerar, climatizar;
v. "air conditioning"
air conditioner acondicionador *m.*
de aire
air conditioning: *v.* "aire acondicionado"
airplane avión *m.*
Albert Alberto
all todo; **after** —: *see* "after";
— **in** —: *v.* "en fin"; **not at** —:
v. "nada"
allow dejar, permitir; *see* "carry"
allowance tanto *m.*; **give one an** —
pasarle a uno un tanto
almost casi; *v.* "por poco"
alone solo; a solas; **let** — dejar en
paz; *v.* "no ya"
along por; a lo largo de; **to get** — ir
pasando
aloof: **be** — mantenerse a distancia
already ya
alter variar, cambiar, alterar; *v.*
"reformar"
alternative alternativa *f.*; **be faced
with the** — **of** hallarse en la alternativa (disyuntiva) de
although aunque
amazing: *v.* "barbaridad"
ambition: *v.* "ilusión"
amiss: **be** — estar de más; *v.*
"amiss"; **take** — tomar a mal
among entre; — **the most important**
de los más importantes
amount cantidad *f.*; *v.* "importe"
ample *v.* "amplio"
analysis: **in the last** — en último
término

analyze analizar
ancient antiguo
anger cólera *f.*, ira *f.*, irritación *f.*;
allow one's — **to show** dejar trans-
lucirse su cólera
anger enfadar
angry: **make one** — darle rabia a
uno
animal animal *m.*
announce anunciar
annoy molestar
annoying molesto
another otro
answer contestar, responder; *v.*
"acudir"
answer respuesta *f.*, contestación *f.*
antagonistic: **become** — **toward**
enemistarse con
anticipate adelantarse a; *v.* "anticipar"
any cualquier(a); alguno; ninguno;
— **day** un día para otro
anyone (anybody) alguien; cualquiera
anything cualquier(a) cosa; nada;
to be — **but** tener de todo menos
de; **I can't make** — **of it** no
acierto a sacar (de él) nada en
claro (*o* en limpio); **not to be able
to do** — **with** no poder con
anyway de todos modos, de todas
formas, de cualquier modo
apart: **draw** — (*curtains*) descorrer
(cortinas)
apartment: *v.* "apartment" — **house**
bloque *m.* de viviendas
appear parecer, aparecer
appearance: *v.* "apariencia"; **give
every** — **of** llevar trazas de; **have
a fine** — tener buen tipo; **put in
an** — hacer acto de presencia
appetite apetito *m.*; **to give one an** —
abrirle a uno el apetito
apple manzana *f.*
appliance: **electrical** — electrodoméstico *m.*
application solicitud *f.*
apply dirigirse; aplicar; — (**for**): *v.*
"solicitar"

appointment cita *f.*; **make an — with** citarse con

appreciate: *v.* "appreciate"

approach acercarse a

appropriate adecuado, conveniente; a propósito; indicado

approve (of) aprobar (ue)

aptly acertadamente

Arabic árabe

argue: *v.* "informar" y "discutir"; **— with someone** llevarle la contraria a uno

argument *see* "argue"

arise alzarse; surgir; **cases —** se dan casos; **when the case —s** llegado el caso

arm brazo *m.*

around alrededor de, en derredor de; por; por ahí; **walk —** dar una vuelta por; **go —** andar por; dar la vuelta a

arouse despertar (ie); *v.* "infundir"

arrest detener

arrive llegar

article artículo *m.*; **carry an —** traer un artículo

artificial: — jewelry bisutería *f.*

as como; **— soon —** tan pronto como, así que; **— if** como (si); *v.* "ni que"

aside: brush — echar en saco roto

ask pedir (i), preguntar; **— for** pedir

asleep: *see* "fall"

assign encargar

associate (with) alternar (con)

assume echarse encima; **— one's place at the table** ocupar su sitio en la mesa; *v.* "asumir"

assure asegurar, garantizar

assured: rest — that tener la seguridad de que

at a; en; *v.* "at"; **— once** en seguida, inmediatamente

atomizer vaporizador *m.*

attack atacar; **— a problem** abordar (acometer) un problema

attack: have an — of pneumonia darle una pulmonía a uno

attain alcanzar, conseguir (i)

attempt intentar

attempt intento *m.*; **give up an —** desistir de (renunciar a) un intento

attend: *v.* "attend"; *see* "mail"

attention atención *f.*; **strike one's —** llamarle a uno la atención; *v.* "pay"

attentively atentamente

attest (to) dar fe *f.* (testimonio *m.*) (de)

attitude actitud *f.*

attorney: prosecuting — fiscal *m.*

attract atraer; **to — (one's) attention** llamar(le) la atención (a uno)

attractive atractivo; llamativo

attractively: — dressed muy bien presentado

attribute achacar, atribuir; conceder

audience público *m.*, auditorio *m.*; **the radio —** los radioyentes

author autor *m.*

authority autoridad *f.*; gobernante *m.*

automobile automóvil *m.*; **by —** por automóvil

available disponible

avenue avenida *f.*; **First —** la Primera Avenida

average: on the — por término medio

avoid evitar; *see* "plague"

aware: be — of estar en antecedentes de; **fully — of the situation** con conocimiento de causa

away a; **ten miles —** a diez millas

awkward violento; **be — for one** hacérsele violento a uno

back: *v.* "back"; **be —** estar de vuelta; **walk —** volver andando

back out volverse (ue) atrás

bad malo; **things begin to look —** las cosas se ponen feas; **— habit** hábito vicioso

balance oneself mantener el equilibrio

balance saldo *m.*; balance *m.*; *v.* "balance"; **draw a —** hacer (*o* realizar) un balance

ball pelota *f.*; baile *m.*

bank: v. "banco" y "margen"
bar: v. "bar"
bargain ganga f.
base base f.; with a menthol — a base de mentol
base basar, fundar
basket cesto m.
bathroom cuarto m. de baño
batter: v. "batir"
be: it is to — hoped es de esperar
beach playa f.
bear llevar
beat: v. "golpear"
beautiful bello, hermoso
beautifully: v. "divinamente"
because porque; por; — of a causa de
become ponerse, hacerse, venir (llegar) a ser; — of ser de; see "seasick"
bed: v. "cama"; stay in — guardar cama; get out of — abandonar la cama
before antes de (que); delante (de); the whole morning — one toda la mañana por delante
beforehand: a few weeks — con anticipación de algunas semanas; v. "previo"
beg suplicar, rogar (ue)
beggar mendigo m.
begin comenzar (ie), empezar (ie); ponerse a; v. "empezar" y "echar a"
behind detrás (de)
believe pensar (ie), creer
bell: v. "campana"
bell-boy botones m.
below debajo (de); abajo; the floor — el piso de abajo
beneath: think it — one tener a menos
beneficial benéfico
beside al lado de; be — oneself estar fuera de sí
besmirch manchar
better mejor; be — for one to ser mejor que uno
between entre

beyond más allá de; — the Gran Vía pasada la Gran Vía; be delighted — words alegrarse en el alma
big grande
bill cuenta f., factura; v. "bill"; proyecto m. de ley f.; five-dollar — billete m. de cinco dólares m.; make out a — hacer una cuenta
bind oneself comprometerse
bit: a — algo; un ápice; not a — ni pizca; —s: v. "añicos"; it wouldn't surprise me a — if no sería raro que
biting mordaz; — cold frío que corta
black negro; — eye ojo morado
blackboard pizarra f.
blame echar la culpa a, culpar
blank en blanco
blindly a ciegas
block: v. "block"
blond: v. "rubio"
bloodshot inyectado de sangre
blow golpe m.; receive a — pegarse un golpe; come to —s llegarse (venirse) a las manos
blow: — a horn dar bocinazos m.; tocar el claxon o la bocina
blue azul
blurt: — out soltar (ue)
board: on — a bordo
boat: by — por barco, por buque
book libro m.; (telephone) — guía f. de teléfonos m.; — design presentación f. del libro
boring pesado
borrow: v. "tomar prestado"
boss jefe m.
both ambos, los dos
bother engorro m.
bound encuadernado
box-office contaduría f., taquilla f.
boy muchacho m.
brains sesos m.; wrack one's — devanarse los sesos
branch sucursal f.; — of industry rama f. de la industria
brand: — as a tildar de
bravery: v. "valentía"

bread pan *m.*
break: *v.* "romper"; — the bank hacer saltar la banca; — off with someone romper con alguien; — open (a lock) hacer saltar (una cerradura); — out declararse
breakfast desayuno *m.*; eat —: *v.* "desayunar"; eat a good — tener un buen desayuno
breath: mumble under one's — hablar entre dientes
breeze: there is a — corre aire (viento)
bridge bridge *m.*; puente *m.*; to play — jugar al bridge
briefcase cartera *f.*
bright claro; inteligente
brilliant brillante
bring: *v.* "traer"; — out hacer resaltar, destacar, señalar, poner de relieve; — up: *v.* "sacar a relucir"; what circumstances will — lo que las circunstancias dispongan
broadcast radiar, emitir; *v.* "radio"
broadcasting emisión *f.*
broken: speak — English chapurrear el inglés
brother hermano *m.*
brunt peso *m.*; bear the — llevar el peso
brush: — aside: *see* "aside"
bubble: — over with rebosar de
budget presupuesto *m.*
building edificio *m.*; — materials materiales *m.* de construcción *f.*
bulletin board tablón *m.*
bump chichón *m.*
bump into chocar con; tropezar (ie) con
bumper defensa *f.*, parachoque *m.*; catch —s trabar los parachoques
bunch: a — of una enormidad de
burden: be a — on pesar sobre
bureau: information — oficina *f.* de información *f.*
burn: *v.* "quemar"

burst: — out laughing soltar (ue) la carcajada; — into tears deshacerse en lágrimas
bury: — an affair echar tierra a un asunto
bus autobús *m.*; the — runs el autobús pasa
business negocio(s) *m.*; it is no — of ours no es de nuestra incumbencia; on — a mis (sus, nuestros, etc.) negocios; — man hombre de negocios
busy ocupado
but: be anything — tener de todo menos de
buy comprar
buyer comprador *m.*
by por

cake tarta *f.*, chocolate — tarta de chocolate
calculate: —d to encaminado a
call llamar; *v.* "avisar"; — (up) llamar por teléfono
calmly: take — tomar(se) con calma
can poder; saber
can lata *f.*
canal canal *m.*
candle vela *f.*; hold a — to someone ganarle a uno
candy bombón *m.*; dulce *m.*; caramelo *m.*
capable capaz
capital capital *m.* (*money*); capital *f.* (*city*); — and labor: *v.* "labor"
captivate: *v.* "cautivar"
capture: *v.* "capturar"
car coche *m.*
carbon: — paper papel *m.* de carbón
care cuidado *m.*; exercise — poner cuidado; take — of ocuparse de; with things going along under his — corriendo las cosas de su cuenta; under the — of an oculist a tratamiento de un oculista
care to tener a bien
careful cuidadoso; be — to tener (poner) cuidado para

carefully cuidadosamente, con cuidado

carpenter carpintero *m.*

carry llevar; **allow oneself to be carried away by** dejarse llevar de (por); — **an article** traer un artículo; — **on** proseguir (i), llevar adelante; — **out** llevar a feliz término, llevar a cabo

case caso *m.*; causa *f.* (*in law*); **in — of** en caso de; **in any —** de todas formas, en todo caso; **in — it does** por si acaso; **to have a slight —** of estar algo malo de; **when the — arises** llegado el caso

cash: *see* "check"

cashier cajero *m.*; *see* "desk"

cast reparto *m.*; **select the —** hacer el reparto

catch: sorprender; coger; *v.* "catch"; *see* "bumpers" *and* "cold"

catchy pegadizo

cathedral catedral *f.*

cause: have — to regret it tener que sentir

cause causar; provocar; *see* "talk"

ceiling techo *m.*

cent centavo *m.*

center: — of town centro *m.*

century siglo *m.*

ceremonious ceremonioso

ceremony ceremonia *f.*; **not to stand on —** dejarse de cumplidos

certain: *v.* "cierto"; **I am —** me consta

certainly ciertamente; sí que

certainty: *v.* "evidencia"

chair silla *f.*

change cambio *m.*; — **in food** cambio de alimentos; **small —:** *v.* "suelto"

change cambiar (de); *v.* "cambiar"; — **one's mind** cambiar de opinión

chapping grietas *f.*

charge cobrar

charge: take — of hacerse cargo de; **in one's —** al cargo de uno

charming encantador

chauffeur chófer o chofer *m.*

cheap barato; **prove — er** salir (resultar) más barato

check cheque *m.*; **cash a —** hacer efectivo (cobrar) un cheque

check comprobar (ue)

chemistry química *f.*

child niño *m.*; niña *f.* **be no child's play** no ser ninguna tontería

Chile Chile *m.*

choice elección *f.*; **make a good —** hacer buena elección

chocolate chocolate *m.*

choose elegir (i), escoger, optar por

chores quehaceres *m.*

chorus: *v.* "coro"

church iglesia *f.*

cigar puro *m.*, cigarro (puro) *m.*; — **store** estanco *m.*

cigarette cigarrillo *m.*, pitillo *m.*

circle círculo *m.*; — **of people:** *v.* "corro"

circulate propalar

circumstance circunstancia *f.*

city ciudad *f.*; — **government** ayuntamiento *m.*

civil service: take — examinations presentarse a oposiciones *f.*

civilization civilización *f.*

claim reclamar

clap dar palmadas

class clase *f.*; **the — meets** la clase tiene lugar; **cut —** fumarse la clase

clear claro; **make —** dejar en claro

clear up solventar (*a difficulty*); despejarse (*weather*); *see* "doubt"

clearly claramente, a las claras; **get — distinguir**

clerical: — work trabajo oficinesco (*or* de papeleo)

climate clima *m.*

close cerrar (ie); — **the street** cortar la calle

closely de cerca

closet armario *m.*

clothes ropa *f.*; **formal —** traje *m.* de etiqueta

cloudy nubloso, nublado; **the weather is —** el tiempo está de nube

vii

club círculo *m.*; casino *m.* club *m.*
Co. (company) Cía. (compañía *f.*)
coat abrigo *m.*, sobretodo *m.*; chaqueta *f.*
coax: be —ed hacerse (de) rogar
C.O.D.: pay — pagar contra recepción *f.*
coffee café *m.*
coin moneda *f.*
cold frío *m.*; resfriado *m.* (*illness*); catch — resfriarse
cold frío; fresco; get (become) —: *v.* "enfriar"; be very — tener mucho frío; — drink refresco *m.*
collaboration colaboración *f.*; concurso *m.*; offer one's — prestar su concurso
collect cobrar; recoger
collide with chocar con
collision: *v.* "collision"
colony colonia *f.*
color color *m.*; — film película *f.* en color; in full — a todo color
colored de color
combine combinar; reunir
come venir; — back to volver a; *v.* "back"; — down in the world venir a menos; — in entrar; — to naught quedar en nada; — over one sobrevenirle a uno; — to volver en sí; *v.* "reducirse"; — to a head estar que arde; — to think of it: *v.* "por cierto (que)"; — under acogerse a; — to the same thing venir a ser lo mismo; — up to one's expectations colmar sus esperanzas; the bill —s to la cuenta sube (asciende) a; stains don't — out las manchas no se quitan
comedy comedia *f.*; musical — zarzuela *f.*
comfort comodidad *f.*
comfortable: *v.* "comfortable"
comfortably: live — vivir desahogadamente
comment (on) comentar
commentator cronista *m.*

commissioned: be — to: *v.* "encargar"
commit cometer; be —ted to estar recluido en; — suicide suicidarse, quitarse la vida, quitarse del medio
common ordinario: *see* "knowledge"
commotion bullicio *m.*; barullo *m.*
company empresa, compañía; to keep one — hacerle compañía a uno; be very charming — hacer muy amable la compañía
comparison comparación *f.*; there is no — no hay punto de comparación
compelled: be — to verse obligado (precisado) a
competent competente
competition: *v.* "competencia" offer — hacer competencia
complain (about) quejarse (de)
completely por completo, completamente
complication complicación *f.*
component componente *m.*
compromise: *v.* "transacción"
compromise transigir; — on somebody's doing something transigir con que alguien haga algo
conceive: *v.* "concebir"
concern: as far as I am —ed por lo que a mí toca; insofar (so far) as this is —ed en lo que se refiere a esto, lo que es esto; be —ed about or with interesarse por; *v.* "preocuparse"; —ed: *v.* "interesar"
concerning acerca de, sobre
concert concierto *m.*
concerted conjunto
conclude concluir, terminar, acabar
conclusion conclusión *f.*; reach the — that sacar en consecuencia que
condemn condenar
condition condición *f.*; be in good (bad) — estar en buenas (malas) condiciones
condition: *v.* "condicionar"

conduct comportamiento *m.*, conducta *f.*; **course of** — línea *f.* de conducta

conduct conducir, llevar; — **oneself** comportarse

conductor: *v.* "cobrador"

conference conferencia *f.*

confide: — in hacer confidencias a; *v.* "confide"

confidence: *v.* "confianza"; **live up to one's** — corresponder a la confianza de uno; **place one's** — in depositar su confianza en

confident: **be** — (about) tener confianza (en), confiar (en); (self-) **confident** seguro de sí; *v.* "confident"

confirm: *v.* "ratificar"

conflict conflicto *m.*

conform (to) ajustarse (a)

confusion confusión *f.*; **throw into** — alborotar

congestion aglomeración *f.*, congestión *f.*

congratulate: *v.* "felicitar"

congratulation: *v.* "felicitar"; **offer one's** —s dar la enhorabuena; **accept my** —s reciba Vd. mi enhorabuena

consent consentir (ie); *v.* "consentir"

consequence consecuencia *f.*; **suffer the** —s pagar las consecuencias

consider estimar; considerar; *v.* "conceptuar"; — **it true** darlo por verdad

considerably formidablemente; sensiblemente

constant constante

constitution constitución *f.*; complexión *f.*

construction: *v.* "obras"

consulate consulado *m.*

consult consultar (con)

contain traer

container bote *m.*

contemplate: *v.* "contemplar"

contents contenido *m.*

continue continuar, seguir (i)

contract contrato *m.*

contribute: — **something on one's part** poner algo de su parte

control: — **a situation** hacerse con una situación; **get under** —dominar

convenience: *v.* "comodidad"

convenient: *v.* "cómodo"; — **terms** facilidades *f.* (de pago); **for a more** — **time** para mejor ocasión

conversation: *v.* "conversación"

convince convencer; **be** —d **that** estar persuadido de que

cookies pastas *f.* pastelillos *m.*

cool (off): *v.* "refrescar"

copy: *v.* "copia"; **rough** — borrador *m.*

cord cordón *m.*

corner esquina *f.*; rincón *m.*, ángulo *m.*; **the house on the** — **of the street** la casa que hace esquina a la calle; **turn the** — doblar la esquina

corporation: *v.* "corporation"

correction corrección *f.*; **make** — s hacer enmiendas

cost: *v.* "coste"

cost costar (ue)

costume traje *m.*, vestido *m.*

counter mostrador *m.*

country país *m.*, patria *f.*; campo *m.*

couple matrimonio *m.*

courage valor *m.*; **have the** — **to** tener valor para

course: **of** — *v.* "desde luego"

course: *v.* "asignatura"; curso *m.*; **along a wise** — por buenos caminos; — **it will take** rumbo que tomará, curso que seguirá; **take a** — (*school*) estudiar una asignatura; — **of action:** *see* "action"

court: *v.* "tribunal"; **tennis** — campo *m.* (*o* pista *f.*) de tenis *m.*

cover cubrir, tapar: recorrer

crack: *v.* "resquebrajadura"

crack resquebrajar

cramped: — **for space** escaso de espacio

crazy loco

create crear; — **a difficulty** plantear una dificultad
crier pregonero *m.*
crime: *v.* "crimen"
criminal criminal *m.*, delincuente *m.*
critic crítico *m.*
crowd muchedumbre *f.*
crowded concurrido
cruelty crueldad *f.*
cry llorar; gritar
curious curioso, raro; **one more —** **than the other** a cual más curioso; **make one —** hacerle a uno entrar en curiosidad *f.*
curriculum plan *m.* de estudios *m.*; **come under the new —** acogerse al nuevo plan de estudios
curtain cortina *f.*
curve curva *f.*
customer cliente *m.*
cut cortar; — **down** restringir, reducir; *see* "speed"; — **short** atajar

daily diario; **three hours —** tres horas diarias
damage *v.* "daño"
dance baile *m.*; **formal —** baile de gala
danger peligro *m*; **meet a —** afrontar un peligro; **be out of —** estar fuera de cuidado
dangerous peligroso; arriesgado
dart out salir disparado
date fecha *f.*; cita *f.*; **break a —** faltar a una cita; **keep a —** acudir a una cita; **set a —** fijar una fecha
day día *m.*; — **after tomorrow** pasado mañana; — **before yesterday** anteayer; — **of retribution** día del juicio; **a (per) —** diario; **any —** un día para otro; **every other —** un día sí y otro no; **one of these —s** un día de éstos; **the other —** días pasados, el otro día
deaden anestesiar
deafening ensordecedor
deal (with) tratar (de), versar (sobre); — **a blow** descargar un golpe

deal: a great — mucho
dean decano *m.*
dear querido; caro, costoso
death muerte *f.*
debt deuda *f.*; **there is a — standing** queda en pie una deuda
decide decidir, decidirse a
decision decisión *f.*; **give a —** fallar
declare manifestar (ie); *v.* "declarar"
deeply: *see* "touched"
deep-rooted arraigado
defect defecto *m.*
defend defender (ie)
defendant demandado *m.*; acusado *m.*
definite definido; **nothing —** nada en definitiva (en firme)
degree: *v.* "grado"
deliberately intencionadamente
delighted: be — alegrarse, celebrar; **he was — with something** algo le encantó; *v.* "congratularse"
demand exigir
demolish: *v.* "derribar"
demonstration manifestación *f.*
demonstrator manifestante *m.*
dentist dentista *m.*
deny: *v.* "negarse a" (ie)
department departamento *m.*; sección *f.*; ministerio *m.*; — **store** almacenes *m.*
departure partida *f.*
depend (on) depender (de); **that —s** según y conforme
deposit: *v.* "depósito"
derive sacar
deserts: receive one's just — llevarse el merecido
deserve merecer; — **a moment of relaxation** tener bien ganado un momento de esparcimiento
design diseño *m.*; **book —** presentación *f.* del libro
desire desear
desire deseo *m.*
desk pupitre *m.*, escritorio *m.*; **hotel —** conserjería *f.*; **cashier's —** caja *f.*
despite no obstante, a pesar de; — **myself** a pesar mío

detail detalle *m*., pormenor *m*.; **in full** — con todo detalle; **go into further** — pensarlo más detenidamente
detailed detallado
detour rodeo *m*.; **make a** — dar un rodeo
develop desarrollar
development: housing — urbanización *f*.
deviate: make one — **from** desviarle a uno de
devote: — **oneself (to)** dedicarse (a)
devoted (to): *v*. "adicto"
diagnose diagnosticar
diagram esquema *m*.
diameter diámetro *m*.
dickens: what the —! ¡qué (mil) diablos!
die morir (ue); — **out** extinguirse
diet: *v*. "dieta"
difference diferencia *f*.; **what** — **does it make?** ¿qué más da?
different diferente; **things will be** — será otra cosa
difficult difícil; *v*. "hacérsele a uno cuesta arriba"
difficulty dificultad *f*.; **overcome a** — vencer una dificultad; **with much** — a duras penas
direction dirección *f*.; **in the** — **of** en dirección a; **in what** — **does it lie?** ¿hacia dónde cae?; —**s** instrucciones *f*.; indicaciones *f*.; *v*. "directions"
disagreeably desagradablemente
disappoint contrariar; defraudar
discharge despedir (i)
discuss discutir
disgust: *v*. "asco"; **feel** — sentir (ie) asco
disinterestedly imparcialmente
dishwasher lavaplatos *m*.
dismiss despedir (i); *see* "mind"
dispel desvanecer
dispose (of): *v*. "deshacerse"
disposition: *v*. "natural"
disregard: *v*. "hacer caso omiso de"

disreputable-looking de mala catadura
divergent divergente, discrepante
diversion diversión *f*.
divide dividir
do hacer; **I** — **remember** sí que recuerdo, ya recuerdo; — **without** pasar sin; — **tell me!** ¡cuénteme a ver!; — **one a world of good** sentarle (ie) a uno a las mil maravillas; **doesn't it?** ¿no es verdad?
doctor médico *m*., doctor *m*.
dog perro *m*.; **little** — perrito *m*.
dollar dólar *m*.
domestic: — **help** servicio *m*. (doméstico)
door puerta *f*.
doorknob tirador *m*.
double doble *m*.; — **the price** el doble del precio
double: — **space:** *see* "space"; **read a** — **meaning into** atribuir una segunda intención a
doubt duda *f*.; **clear up** —**s** aclarar dudas
doubt dudar
doubtful dudoso
down: — **payment** entrada *f*.; **make a** — **payment** abonar una entrada
downpour chaparrón *m*.
downtown centro *m*.; **go** — ir al centro
drag (on) ir para largo
draw trazar; dibujar; *v*. "draw"; — **apart** descorrer; abrir; — **together** cerrar, echar; *v*. "correr"; — **up** elaborar; — **a balance** hacer *o* realizar un balance
drawing sorteo *m*.
dress vestir(se) (i); (*of shop windows*) *see* "attractively"
dress vestido *m*.
drink bebida *f*.; *v*. "refresco"
drive conducir; ir en coche; ir conduciendo; *v*. "drive"; — **one frantic** volverle loco a uno
driver chófer *o* chofer *m*., conductor *m*.

drop dejar caer; dejar; — an attitude deponer una actitud; — over pasar por
drown ahogar(se)
drug droga *f.*
drunkard borracho *m.*
due (to) debido (a); be — vencer
due: give everyone his — dar a cada cual lo suyo
during durante; — the night en toda la noche; — his life en vida
duty deber *m.*; household duties quehaceres *m.*; perform a — desempeñar una tarea

each cada
eager ansioso; to be — for tener interés *m.* en que; be — to tener ansiedad *f.* por
ear oído *m.*; oreja *f.*; one's —s are ringing with le zumban a uno los oídos de
early temprano; one hour — con una hora de anticipación *f.*
earn ganar
earnest: work in — trabajar de firme (en serio) (a conciencia)
ease: at one's — a sus anchas
easier: make — facilitar
easily fácilmente
easy fácil
eat comer; *v.* "eat"; *see* "breakfast"
economy economía *f.*
Ecuador el Ecuador
edition edición *f.*; print an — hacer (tirar) una edición
editor: *v.* "redactor"
educate instruir, educar
education instrucción *f.*; receive one's elementary — aprender las primeras letras
effect efecto *m.*; feel the —s of resentirse (ie) de; go into — entrar en vigor
effective: *v.* "eficaz"
effort esfuerzo *m.*; make —s practicar diligencias *f.*; make every — (to)

desvivirse, deshacerse, hacer imposibles (lo imposible) (por)
elaborate: *v.* "elaborate"
electric eléctrico; — storm: *v.* "storm"; — stove or range hornilla eléctrica
electrical: — appliance electrodoméstico *m.*
elementary elemental; *see* "education"
elevated ferrocarril aéreo
elevator ascensor *m.*
eliminate suprimir
élite: the — of high society lo más principal (selecto) de la buena sociedad
emotion: *v.* "emoción"
emotional exaltado, apasionado
end terminar, acabar; *v.* "parar"; a street —s in una calle desemboca en
end fin *m.*, final *m.*; finalidad *f.*; have no other — in view no proponerse otra finalidad; same thing in the — *see* "same"; put an — to poner fin a
endless que no tiene fin; an — number of un sinnúmero (sinfín) de, infinidad de
endlessly: *see* "lag"
enemy enemigo *m.*
engage in: *v.* "ocuparse en"; *see* "scheme"
engagement esponsales *m.*; compromiso *m.*
engineer ingeniero *m.*; maquinista *m.*
English inglés *m.*
enjoy gozar (de); *see* "success"
enlargement ampliación *f.*
enough bastante; *v.* "enough"; more than — *v.* "de sobra"
enroll matricularse
enter entrar (en); *v.* "ingresar"
enthusiasm entusiasmo *m.*
enthusiastic entusiasta; entusiástico; *v.* "enthusiastic"; be — about apasionarse por
entire entero; the — todo el

entrust encomendar (ie)
environment medio (ambiente) *m*.
equal: be — to estar a la altura de
equally igualmente
equip: — with dotar de
equipment: *v*. "equipo"
error: *v*. "error"; gross — error de bulto
escape: *v*. "escapar"
establishment establecimiento *m*.
Europe Europa *f*.
even aun, aún, hasta; siquiera; incluso; — when aun cuando
evening tarde *f*., noche *f*.
eventual: *v*. "eventual"
ever nunca, jamás; — since desde que
every cada, todo; — two weeks cada dos semanas, quincenalmente
everybody todo el mundo
everyone cada uno; todo el mundo
everything todo; — which todo lo que
everywhere por (en) todas partes
evidently por lo visto
evil mal *m*.
examination examen *m*.; civil service — see "civil service"; take an — sufrir (un) examen, examinarse
examine reconocer, examinar
example ejemplo *m*.; take this for — esto, pongamos por caso; set an — dar (un) ejemplo; serve as an — servir (i) de ejemplo
exceed superar a
excellent excelente
exception excepción *f*.; be an — to the rule salirse de la regla
excessively excesivamente
exchange cambiar; not to — a word with no cruzar la palabra con
excited agitado
excitedly con algazara
excuse: *v*. "excusar"
excuse evasiva *f*.
exercise ejercicio *m*.
exercise hacer ejercicio; *v*. "ejercer"; see "care"
exhaust dejar rendido; agotar

expect contar (ue) con; pensar (ie); esperar; when you least — it cuando menos se piensa, el día menos pensado
expectation: *v*. "esperanza"; come up to one's —s colmar las esperanzas de uno
expedition expedición *f*.
expend gastar, consumir
expense gasto *m*.; go to an — to repair something meterse en gastos de reparaciones con algo; meet the — hacer frente al gasto
expensive caro, costoso
experience experimentar; pasar
experienced experimentado
expert experto *m*.
expire vencer
explain explicar
expose: *v*. "exponer"
exposure: southern — orientación *f*. al mediodía
expound exponer
express expresar
expression giro *m*., locución *f*., expresión *f*.; gesto *m*.
extension: *v*. "prórroga"
extent: to such an — hasta tal punto
extreme: go to any — to desvivirse por
extremely extremadamente
eye ojo *m*.; close one's —s to hacer la vista gorda ante; in everyone's —s a los ojos de todo el mundo; keep one's —s open abrir mucho los ojos; not to take one's —s off one no quitarle a uno el ojo de encima; strike one's —s herirle (ie) la vista a uno

face: *v*. "cara"; on the — of things por las trazas
face: see "alternative"; — a problem enfrentarse con, afrontar, hacer frente a un problema; — the street dar a la calle
facility: *v*. "facility"

fact hecho *m.*; in — efectivamente; as a matter of — en efecto; the — that el hecho de que
factory: *v.* "fábrica"
faculty: *v.* "profesorado"
fail dejar de; *v.* "fail"
faith fe *f.*; in all good — de buena fe
fall caer; — asleep dormirse (ue)
familiar familiar; sound — sonar (ue) a algo conocido
family familia *f.*
fan aficionado *m.*
fan dar aire
far: *v.* "far"; as — as he is concerned por lo que le toca; thus — this year en lo que va de año; as — as I know que yo sepa; — from it ni con mucho, ni mucho menos
fare pasaje *m.*, billete *m.*
farther: is it —? ¿hay más?
fast rápido; your watch is — adelanta su reloj
fat gordo, grueso; get — engordar
father padre *m.*
fatigue cansar, fatigar
faucet grifo *m.*
favor favor *m.*, servicio *m.*; be in — of ser partidario de, estar por; request a — of someone interesar de alguien un favor
fear miedo *m.*
fed: be — up with estar harto (hastiado) de
fee(s) honorarios *m.*; registration — derechos *m.* de matrícula *f.*
feel: *v.* "sentir" (ie); see "effects"; experimentar
feeling: warm — for (someone) afecto que uno le tiene a alguien; see "weakness"
feign fingir, aparentar (ie); pretextar
fellow individuo *m.*
few pocos
field campo *m.*; terreno *m.*
fifteenth: the — of the month el quince del mes
fifty cincuenta

filch sustraer, escamotear
fill llenar; colmar; see "order", "tooth", "tank"
film película *f.*; color — película en color
finally finalmente, por último; *v.* "al fin"
financial financiero, económico
find hallar, encontrar (ue), dar con; — out (about) enterarse de, informarse de
fine multa *f.*; *v.* "fine"
fine: *v.* "multar"
fine fino; fantástico, estupendo; bueno
finger dedo *m.*; have at one's — tips saber al dedillo
finish terminar, acabar
fire: put on the — poner a la lumbre; set — to poner fuego a; *v.* "fire"
fire poner en la calle, echar; (*a gun*): *v.* "disparar"
firm casa *f.*
first primero; at — al principio, primero; come — ser lo primero
first-rate de primer orden
fit sentar (ie), caer, venir, estar; ajustar
fix reparar, arreglar
fix: be in a — estar en un atolladero
flag bandera *f.*
flight: take to — darse a la fuga
float: see "loan"
floor piso *m.*, planta *f.*; first — principal *m.*
flop (*slang*) rollo *m.* (*familiar*)
flow vaivén *m.*
flower flor *f.*
flushed encendido
follow seguir (i); — (*in succession*) suceder; as —s como sigue
following siguiente
food alimento *m.* alimentación *f.*
fool engañar
fool tonto *m.*; he's no — no tiene pelo de tonto
foolish tonto, torpe; it is — to: *v.* "no es cuestión de"

foot pie *m.*; **be on one's feet** estar en pie

football fútbol *m.*

for: **we have been doing something — some time** hacemos algo desde hace algún tiempo

force forzar (ue), violentar; *v.* "violentar"

forego renunciar (a), prescindir de

forehead frente *f.*

foreign extranjero, exótico

foreignism giro exótico

forget olvidar, olvidarse de

form formar

form forma *f.*; **his old — su** antigua forma

formal: *v.* "formalista"

former antiguo

formerly antes, antiguamente

fortunately afortunadamente

fortune fortuna *f.*; **make a — hacer** fortuna; **cost a — costar** (ue) un dineral

forward reexpedir (i)

forward: **move — seguir** (i) adelante

founded: **be — on** obedecer a

frame: **— of mind** disposición *f.* de ánimo *m.*

frankly francamente

frantic loco; **drive one — volverle** (ue) a uno loco

French francés *m.*

fresh fresco; **take the — air** tomar el fresco

friend amigo *m.*; **be —s of** tener amistad *f.* con

friendly: **not to be on — terms with** no estar bien con

friendship amistad *f.*

fritter away desperdiciar

front: **in — of** enfrente de; delante de

fruit: *v.* "fruta"

fruitful fructuoso

full: **in — color** a todo color

fully: *see* "aware"

fundamental fundamental

funds fondos *m.*; **short of — escaso** de fondos

funny: *v.* "gracia"; **the — thing about it** lo raro del caso

fur piel *f.*

furiously airadamente

furnish facilitar

furniture muebles *m.*; **piece of — mueble** *m.*

futile: *v.* "estéril"

future porvenir *m.*; **make a — for oneself** labrarse un porvenir; **paint a rosy — for oneself** prometérselas muy felices

gain ganancia *f.*

game juego *m.*; partido *m.*; partida *f.*

gamut gama *f.*

gasoline gasolina *f.*

gather reunir(se); **— around** formar corro alrededor de

gathering velada *f.*, tertulia *f.*

general general *m.*

general general

genial simpático; **be in no way less — than one** no irle a la zaga en amabilidad a uno

geniality simpatía *f.*, amabilidad *f.*

gentleman caballero *m.*, señor *m.*

gently por las buenas

get: *v.* "get"; conseguir (i), obtener; llegar, ir; coger; **— about alone** andar solo; **— along** ir pasando; **— along well** defenderse (ie) bien; entenderse (ie) bien; **— away** escapar(se); **— by** ir tirando; **— clearly** distinguir; **— in touch with** comunicar con, ponerse en contacto con; **— into** subir a; **— off** bajar (de); **— one to** conseguir (i) que uno; **— red with rage** congestionarse; **one —s to thinking** le da por creer a uno; **— out of** salir de; **— up** despertarse (ie); levantarse; **I can't — over it!** ¡Qué horror!; **What is he getting at?** ¿Adónde pretende llegar?

gift regalo *m.*

girl muchacha *f.*, joven *f.*

give dar; regalar; — in ceder; — up renunciar (a)
glad contento; be — (that) alegrarse de (que); I am — to see you ¡tanto gusto en verle!
gladly con gusto, gustoso
glance vistazo *m.*
glance dar un vistazo a; — through leer por encima
glass vaso *m.*; — on top of the table cristal *m.* del tablero
glove guante *m.*
go ir, andar; — along seguir (i) (andar) por; — down bajar; — into entrar en; — on! ¡qué va!; — out apagarse; — out (of) salir (de); — up subir; alzarse; — with acompañar; construction is going on las obras se hacen; why — into that? ¡no digamos!
good bueno; a — half hour media hora larga; — heavens! ¡por Dios!; be — in estar fuerte en; make — abonar; hacer efectivo
good: do one — sentarle (ie) bien a uno; do one a world of — sentarle (ie) a uno a las mil maravillas; get some — out of adelantar con; sacar provecho de; what's the — of?: *v.* "good"
gosh! ¡caray!
government gobierno *m.*; estado *m.*
grade calificación *f.*; grado *m.*
graduate: be —d graduarse
grand fantástico, estupendo, formidable; simply —: *v.* "que da gusto"
grant conferir (ie); take for —ed dar por descontado
grateful: be — (for) quedar reconocido (por)
great grande
greet saludar; — a proposal acoger una proposición
grief: *v.* "disgusto"
grieve: be —d to think that darle pena a uno pensar que
grip agarrar

grippe gripe *f.*
grocer comerciante de ultramarinos *m.*
gross: — error error *m.* de bulto; — remark taco *m.*
ground: — floor piso bajo
group grupo *m.*
guard: *v.* "guard"
guess adivinar; suponerse (*familiar*); I — creo; I — it must be three o'clock serán las tres
guest invitado *m.*
guidebook guía *f.*
gum encía *f.*
gun fusil *m.*; stick to one's —s seguir (i) en sus trece

habit hábito *m.*; bad —: *v.* "vicio"; break a — quitar un hábito
hackneyed trillado
hair: *v.* "pelo"
half medio
half mitad *f.*
hallway: *v.* "hall"
halt: order one to — darle (echarle) a uno el alto
ham jamón *m.*
hamper dificultar, obstaculizar; entorpecer
hand mano *f.*; get off one's —s quitarse de encima; have at — tener a mano; have on one's —s tener encima; merchandise on — existencias *f.*; on the other — en cambio; take in — meter en cintura; take off one's —s quitarle de encima a uno
handle: *v.* "handle" (I)
hanging: — by a thread pendiente de un hilo
happen pasar, suceder, ocurrir; — to acertar (ie) a; as if nothing had —ed como si nada
happily felizmente
hard duro; be — put estar apurado; be — put to verse y desearse para; — life vida arrastrada; work — trabajar duramente (de firme)

harm: *v.* "daño"
harm hacer daño a, perjudicar
hat sombrero *m.*; remove one's —
descubrirse
have tener; haber; (*cause*) hacer; —
to tener que; — someone do something mandar hacer algo a uno;
I don't — to excuse
havoc estrago *m.*
head cabeza *f.*; at the — of al frente
de; get one's — above water
levantar cabeza; get it into one's
— metérsele a uno en la cabeza
get it out of your —! ¡que se te
quite de la cabeza!; put at the —
poner al frente; things are coming
to a — la cosa está que arde
headlines titulares *m.*
health salud *f.*; be in poor — estar
mal de salud
hear oír; oír decir que
hearer oyente *m.*
heart corazón *m.*; — and soul en
cuerpo y alma; learn by —
aprender de memoria; have one's
— set on tener los ojos puestos en
heat calor *m.*; adjust the — regular *o*
graduar la calefacción; turn the —
on encender (ie) la calefacción
heat: *v.* "calentar"
heaven cielo *m.*; for — knows how
long desde hace Dios sabe cuánto;
good —s! ¡Jesús!
heavily: to lose money — perder (ie)
dinero a manos llenas
heavy pesado; — sea: *v.* "mar"; —
traffic circulación intensa; — work:
v. "faena"; to get heavier (*rain*)
arreciar
heel: take to one's —s poner pies en
polvorosa
hello ¡hola!; ¡diga! (*telephone*); say
— to saludar
help: *v.* "help" y "remedio"
here aquí; — is (are) aquí tiene Vd;.
right — aquí mismo
hesitate (to) vacilar (en)
high alto; — price precio alto

(subido); go sky — ponerse por
las nubes
highlights grandes líneas *f.*
highway carretera *f.*
hill: as old as the —s tan viejo como
andar a pie
hire colocar; admitir
history historia *f.*
hoarse afónico
hold tener; *v.* "celebrar"; — the road
agarrarse bien al camino
holiday día *m.* de fiesta *f.*, día
festivo
home hogar *m.*; at — en casa; go —
ir a (para) casa; make yourself at
— hágase Vd. cuenta de que está
en su casa; stay — quedarse en
casa; walk — volver (ue) a pie a
casa
homework deberes *m.*, tarea *f.* de (*o*
para) casa
honesty honradez *f.*
honor honor *m.*, honra *f.*
hope esperar; I — that ¡ojalá que!;
it is to be —d es de esperar
hope esperanza *f.*; to have every —
that abrigar la esperanza de que
hopeful: be — quedar esperanzado
horizon horizonte *m.*
horn bocina *f.*; blow one's — dar
bocinazos *m.*, tocar el claxon *o* la
bocina
hospital sanatorio *m.*, hospital *m.*
hostility hostilidad *f.*
hot caliente
hotel hotel *m.*; — desk conserjería
f.
hour hora *f.*; good half — media hora
larga; at this — a estas horas;
take an — to: *v.* "tardar"; in the
wee —s of the morning a las altas
horas de la noche
house casa *f.*; apartment — bloque
m. de viviendas; set up — poner
casa; wear something around the —
andar con algo por casa
household: — duties or chores tareas
f. (quehaceres *m.*) de la casa

housewife ama *f.* de casa, mujer *f.* de su casa

housing: — **development** urbanización *f.*

how ¿cómo?; ¡qué!; *v.* "por dónde" y "how"; — **much?** ¿cuánto?

however sin embargo, no obstante

howling clamoroso

huff: be in a — darse a todos los diablos

humor: *v.* "humor"

hundred ciento (cien)

hurry apresurarse, darse prisa; — **off** irse a escape

hurry prisa *f.*; **be in a** — **to** tener prisa por; **in a** — apresuradamente, precipitadamente; **there is no particular** — no corre ninguna prisa

husband marido *m.*, esposo *m.*

idea idea *f.*; **that's not a bad** — no está mal pensado; **have an** — **that** tener idea de que

if si; — **I were you** yo en su lugar, si yo fuera Vd.; — **not:** *v.* "en caso contrario"; **as** — como (cual) si; como; *v.* "ni que"

ignore no hacer caso de; *v.* "ignorar"

ill malo, enfermo; **seriously** — de cuidado

ill-humored malhumorado

illness enfermedad *f.*

imagine imaginarse, figurarse; **just** — **whether:** *v.* "fíjese si"

impatient: be — **to** impacientarse por

imperil: — **with death by drowning** poner en trance de perecer ahogado

implicate: *v.* "complicar"

imply: *v.* "insinuar"

importance importancia *f.*; consideración *f.*

important importante; **one more** — **than the other** a cual más importante; **among the most** — de los más importantes

impossible imposible; **it seems** —! ¡parece mentira!; **practically** — punto menos que imposible

impress impresionar

improve mejorar

improvement: *v.* "mejora"

in en; (*after a superlative*) de; dentro de

incident: *v.* "incidente"

inclined: be — **to** inclinarse a

include incluir, encerrar (ie); (*in a letter*) remitir adjunto; **be** —**d** figurar

incorporate formar una sociedad anónima

incorrectly incorrectamente

increase aumentar

increase incremento *m.*; **be on the** — ir en aumento

indecent indecente

indefinitely indefinidamente

indicate indicar

indication indicio *m.*

indifferent indiferente

indispensable imprescindible

individual individuo *m.*

individual individual

individually individualmente

industry industria *f.*

inferior: not to be — **to one in** no irle en (a la) zaga a uno en

influence influencia *f.*, influjo *m.*, **exercise an** — ejercer una influencia

information: *v.* "informes"

informed: be well — **about** ser muy entendido en

inordinate inusitado; desmedido

inside dentro; — **of** dentro de

insinuation pulla *f.*; *v.* "insinuation"

insist: *v.* "insistir"; — **that** insistir en que

insofar as: *see* "concern"

install instalar, poner

instalment: buy on the — **plan** comprar a plazos; — **period** plazo *m.*

instruction: *v.* "dirección"; indicación *f.*; **follow the** —**s** cumplir las indicaciones

insult insultar

intellectual intelectual
intelligent inteligente
intend pensar (ie); tener (la) intención de
interest interés *m.*
interest: *v.* "interesar"
interesting interesante
interference intromisión *f.*
interior interior *m.*
interpreter intérprete *m.*
interrupt interrumpir
intervene: *v.* "intervenir"
interview entrevistarse con
intrigued: to allow oneself to be — dejarse prender *o* coger
introduce presentar
intrusion: pardon my personal — perdonen Vds. la confianza
investment inversión *f.*
inveterate empedernido
invitation invitación *f.*
involve: *v.* "complicar"
issue extender (ie)
Italian italiano

jail cárcel *f.*; put into — meter en la cárcel
jam: traffic — atasco *m.* de tráfico *m.*
James Jaime
Jane Juana
janitor portero *m.*
January enero *m.*
Japan el Japón
jeopardize comprometer
jewelry: artificial — bisutería *f.*
jiffy: in a — en un abrir y cerrar de ojos, en un dos por tres, en un santiamén
job empleo *m.*; be quite a — costar (ue) mucho trabajo
join unir, juntar; unirse a; reunirse con; incorporarse (a); *v.* "join"
judge juez *m.*
judge juzgar; conceptuar; judging by, *or* to — by a juzgar por
jump saltar, brincar
June junio *m.*

just precisamente; no ... más que; acabar de; — look ¡ah, mira!; — now ahora mismo; — imagine: *see* "imagine"
just equitativo, justo
justified justificado; be — in stating estar en lo cierto al afirmar

keep guardar; retener; — on seguir (i); — one company hacerle compañía a uno; — one's eyes open abrir mucho los ojos; — right llevar la derecha; — one waiting hacerle esperar a uno
key: *v.* "llave"
kick puntapié *m.*, patada *f.*; coz *f.*; *v.* "kick"
kick over dar una patada a
"kid" tomar el pelo a
kilometer kilómetro *m.*
kind especie *f.*, clase *f.*
kind: be — enough to tener la bondad (la amabilidad) de
kitchen cocina *f.*
knit together enlazar
knock: — at the door llamar a la puerta
know saber, conocer; — how saber; I — only too well demasiado sé; let — avisar; so far as I — que yo sepa; want one to — advertirle (ie) a uno
knowledge: become common — pasar a ser del dominio público

labor: *v.* "labor"
laborer peón *m.*
lady mujer *f.*, dama *f.*, señora *f.*
lag: — on endlessly eternizarse
lake lago *m.*
landlord casero *m.*, propietario *m.*
language lengua *f.*, idioma *m.*
lantern linterna *f.*
large grande; — -scale production producción *f.* en serie *f.*
last durar
last último; — week la semana pasada; at — : *v.* "por fin"

late: *v.* "tarde"; **I am —** se me hace tarde; **— in the afternoon** a última hora de la tarde; **two minutes — er** a los dos minutos
latest de última hora
laugh reír (se); **begin to —** echarse a reír
laughing: **— matter** cosa *f.* de juego *m.*
laughter risa *f.*
laundry lavandería *f.*
law ley *f.*
lawyer abogado *m.*
lay: **— hands upon:** *v.* "echar mano a"
layman profano *m.*
layout distribución *f.*
lead llevar; *v.* "llevar una ventaja"; estar al frente de; **— a life:** *v.* "llevar una vida"
leaf hoja *f.*
leak gotera *f.*
lean on apoyarse en
learn aprender, saber; **— by heart** aprender de memoria
least: at **—** por lo menos, al menos; **not in the —** no ... en lo más mínimo; **that's the — of things** es lo de menos
leave dejar, salir, partir; **— undone** dejar por hacer
lecture conferencia *f.*
leisure: **— time** ratos *m.* de ocio *m.*
lend prestar
lenient comprensivo
less menos; **— er** menor
lesson lección *f.*; **give —s** dar clase (s)
let permitir, dejar; **— him go** que vaya; **— know** avisar, participar; *v.* "comunicar"; **— one in on** comunicarle a uno; **— (one) have** ceder, facilitar
letter carta *f.*; letra *f.*; **registered —** carta certificada; **to the — a** la letra, al pie de la letra

liberty libertad *f.*
library biblioteca *f.*
lie mentir (ie); **where does it —?** ¿hacia dónde cae?
life vida *f.*; *v.* "life"; **never in my — en** mi vida (nunca); **take one's — qui**tarse la vida
lift levantar
light luz *f.*; **will you please give me a —?** ¿me hace Vd. el favor de un poco de fuego?; **street —s** alumbrado *m.* de la calle *f.*
light alumbrar; encender (ie); **— a cigarette** echar (encender [ie]) un pitillo; **obey traffic —s** atenerse a las señales luminosas
light claro
lighter encendedor *m.*
lightly: **take —** tomar a broma
like gustarle a uno; caerle simpático a uno; **I'd — to very much** por mi parte, encantado
like: **be —** parecerse a; **what is it —?:** *v.* "¿cómo es?"
like como; **— this** así
likely fácil
likewise asimismo; **do —** hacer otro tanto
liking: **someone takes a — to a person or thing** una persona o cosa le cae en gracia a alguien; *v.* "caer en gracia"; **to one's — a** pedir de boca; a medida de los deseos de uno
limit límite *m.*; **be the —** ser el colmo; **go the —** llegar hasta el límite (*o* el final)
limit limitar
line renglón *m.*; línea *f.*; (*of poetry*) verso *m.*; **end of the —** final *m.* del trayecto; **drop a —** poner unas líneas
lip labio *m.*
list lista *f.*; **price —**: *v.* "nota"
listen to escuchar
literature literatura *f.*
little pequeño

little poco; a — un poco de

live vivir; — comfortably vivir desahogadamente; see "confidence"

living: earn a — ganarse la vida; — room cuarto *m.* o sala *f.* de estar

loan: *v.* "préstamo"; float a — emitir un empréstito

lobby: *v.* "hall"

locating localización *f.*; — an apartment localización de un piso

lock cerradura *f.*; break open a — hacer saltar una cerradura

lock echar la llave; — the door cerrar (ie) la puerta con llave

logical: *v.* "lógico"

long largo; — time largo (mucho) tiempo; how —? ¿cuánto tiempo?; in the — run a la larga, a largo plazo; know for a — time conocer de antiguo; take — to tardar mucho en

look (at) mirar; — attractive parecer llamativo; — bad ponerse feo; — for buscar; — like a nice person tener cara de buena persona; — out! ¡cuidado!; — over the situation tantear el terreno; — a sight estar hecho una facha; — splendid tener excelente aspecto; — through hojear

look: take a — at dar un vistazo a

loose ancho

lose perder (ie)

loss pérdida *f.*; be at a — to verse en un conflicto para

lot solar *m.*

lots of la mar de, infinidad de, una barbaridad de

lottery lotería *f.*

loud chillón

lovely precioso; — to amable con

low bajo; the —er the better cuanto más bajo mejor

luck suerte *f.*; a piece of — una suerte; try one's — probar (ue) fortuna (suerte)

lunch: *v.* "almorzar" (ue)

lunch almuerzo *m.*; — time hora del almuerzo; have — almorzar (ue)

lurch: leave one in the — dejarle a uno plantado

lure poner cebo *m.* a

machine máquina *f.*; aparato *m.*

mad loco; shout like — gritar como un energúmeno

magazine revista *f.*

magnificent magnífico

maid criada *f.*, chica *f.*, mail echar al correo (al buzón)

mail correo *m.*, correspondencia *f.*; attend to the — despachar la correspondencia

main principal; the — thing lo esencial

maintenance conservación *f.*, mantenimiento *m.*

make hacer; — an error: *v.* "error"; — one understand darle a entender a uno; — oneself understood hacerse comprender; — up for: *v.* "compensar"; — up for lost time resarcirse del tiempo perdido

man hombre *m.*; young — joven *m.*

manage: — to do something saber hacer algo; *v.* "arreglárselas" y "dirigir"

manager jefe *m.*; *v.* "gerente"

mania manía *f.*

manual manual

manufacturer industrial *m.*

many muchos; so — tantos; too — demasiados; *v.* "de más"; a great — un sinnúmero de

March marzo *m.*

march desfilar

margin: *v.* "margen"

market: a large — muy buena venta, mucha salida

marriage matrimonio *m.*

marry casarse (con)

mass: — transportation transporte colectivo

master: *v.* "dominar"

match: *v.* "cerilla"; **be a — for someone** poder con alguien; **strike a —** frotar una cerilla
mated: best- — couple matrimonio de los mejor avenidos
material: *v.* "material"
mathematics matemáticas *f.*
matter asunto *m.*; cosa *f.*; **as a — of fact** efectivamente; **it's no laughing —** no es cosa de juego
matter importar; **not to — much** no importar gran cosa; **it really doesn't —** no tiene mucha importancia
maybe a lo mejor
mean querer decir; **I — digo; — for:** *v.* "destinar"
meaning significado *m.*; **read a double — into:** *see* "double"
means medios *m.*, recursos *m.*; **— of transportation** medio *m.* de transporte *m.* **by — of:** *v.* "mediante"; **by no —:** *v.* "de ningún modo"
measure medida *f.*
mechanic mecánico *m.*; *v.* "operario"
medicine medicina *f.*; medicamento *m.*; **patent —** específico *m.*; **practice —:** *v.* "ejercer"; **take one's —** pagar los vidrios rotos
meet: *v.* "meet"; *see* "expenses"; "danger"; "class"
meeting: *v.* "meeting"
melody melodía *f.*
melon melón *m.*
member socio *m.*, miembro *m.*; **— of the bar:** *v.* "bar"
mental mental
menthol mentol *m.*
merchandise mercancía *f.*; **— on hand** existencias *f.*
merely meramente
merit mérito *m.*
mess lío *m.*; *v.* "armar"
message recado *m.*; **leave a —** dejar un encargo; **leave a — that** dejar recado de que; **leave a — so that** dejar un aviso para que; **telephone**

— aviso *m.* telefónico, aviso (recado) por teléfono
method método *m.*
Mexico Méjico *m.*
middle: in the — of en medio de
mile milla *f.*
mind mente *f.*, ánimo *m.*; **bear in —** tener en cuenta, tener presente; **change one's —** cambiar de opinión *f.*; **dismiss from one's —** echar en olvido; **frame of —** disposición *f.* de ánimo; **have in —** tener en (la) mente; **have on one's —** no apartársele algo de la mente, no quitársele algo de la cabeza; *v.* "mind"; **have one's — on everything** estar en todo; **make up one's — to** tomar la resolución de; **peace of —** tranquilidad *f.*; **slip one's —** írsele de la memoria a uno; **to my —** a mi entender
mind tomar a mal; importarle a uno; **if you don't —** con (su) permiso; **he wouldn't — a bit!** ¡bueno se iba a poner!
Ministry ministerio *m.*; **— of the Interior** Ministerio de la Gobernación
minute minuto *m.*; **a few —s walk from** a pocos minutos a pie (*o* andando) de; **any —** de un momento a otro; **two —s later** a los dos minutos
miserable: have a — time of it: *v.* "pasar (un) mal rato"
mishap contratiempo *m.*
misled: say one has been — llamarse a engaño
miss perder (ie); echar de menos; *v.* "miss"
misstep: make a — dar un paso en falso
mistake: *v.* "error"
mistaken: be — equivocarse, estar equivocado
mockery mofa *f.*
moderate módico
modern moderno

molar muela *f.*
molecule molécula *f.*
molehill: *see* "mountain"
moment momento *m.*; **on the spur of the** — así de improviso; *see* "relaxation"
money dinero *m.*; **short of** — escaso de fondos; **sum of** —: *v.* "cantidad"
monopoly exclusiva *f.*
month mes *m.*
monthly mensual
mood: get into such a — ponerse así
more más; — **and** — cada vez más; — **than enough**: *v.* "de sobra"; — **than make up for** compensar con creces
morning mañana *f.*; *v.* "madrugada"; **in the wee hours of the** — a (las) altas horas de la noche; **in the** — por la mañana; **have the** — **before one** tener la mañana por delante
mortgage hipoteca *f.*
most: at — todo lo más, cuando más
mother madre *f.*
motion: — to someone to hacerle seña a uno de que
motion movimiento *m.*
motive: *v.* "móvil"
motor motor *m.*; — **trouble** desarreglo *m.* del motor
mountain montaña *f.*; sierra *f.*; **make a** — **out of a molehill** hacer de un grano de arena *f.* una montaña
moustache bigote *m.*
mouth boca *f.*; **not to open one's** — no despegar los labios
mouthful bocado *m.*; **not to have a** — no probar (ue) bocado
move mover (ue); *v.* "move"; — **into** instalarse en; — **on** circular; *see* "forward"
movement movimiento *m.*
movies cine *m.*
much mucho; **how** —? ¿ cuánto?; **not** ... — **no** ... gran cosa; **so** — tanto

mule mulo *m.*; —**back**: *v.* "back"
mumble murmurar; — **under one's breath** hablar entre dientes
municipality municipio *m.*
muscle músculo *m.*
museum museo *m.*
music música *f.*
musical musical; — **comedy** zarzuela *f.*
must tener que; deber de (*probability*); **I** — **say** (*used for stress*) ya

name nombre *m.*; **in my** —: *v.* "en mi nombre"
nasty: play a — **trick on** jugar (ue) una mala pasada a
native natural *m.*
natural natural; **find it** — **that** encontrar (ue) natural que
naught: come to — quedar en nada
nauseated: feel — marearse
navy marina *f.*
near cerca de, junto a; **it is** — **six** poco falta para las seis
need necesitar, hacerle falta a uno
need necesidad *f.*
neglect: to — **to** pasársele (*followed by an infinitive*); *v.* "descuidar"
negotiation negociación *f.*
neighborhood vecindad *f.*: vecindario *m.*
nerve nervio *m.*; **get on one's** —**s** crisparle a uno los nervios
nervous nervioso; **make one** — ponerle nervioso a uno
never nunca, jamás
new nuevo
New York Nueva York
news noticias *f.*; **a piece of** — una noticia; **let one in on a piece of** — comunicarle una noticia a uno
newspaper periódico *m.*: *v.* "prensa"
next próximo; — **week** la semana que viene; — **month** el mes que viene, el mes entrante
nice: look like a — **person** tener cara de buena persona

night noche *f.*; **last —** anoche; **spend a sleepless —** pasar una noche en vela; **what a —!** ¡vaya nochecita!
no: *v.* "no"
nobody nadie
noise ruido *m.*
noon mediodía *m.*
nor ni; **— I either** ni yo tampoco
north norte *m.*; *v.* "al norte de"
nostrils narices *f.*
not: *v.* "no"
note nota *f.*
nothing nada; **— of the kind!:** *v.* "de ningún modo"; **as if — had happened** como si nada
notice: *v.* "fijarse en" y "notar"
notify: *v.* "avisar"
novel novela *f.*
now ahora; **just —** ahora mismo
nowadays hoy (en) día
number número *m.*; **an endless — of** la mar de, un sinnúmero de, infinidad de

obey obedecer; **— the traffic lights** atenerse a las señales luminosas
object objeto *m.*
object: *v.* "object"
objection: *v.* "objeción"; **not to offer the slightest —** no poner el más leve reparo
oblige obligar, precisar; complacer; **be —d to** verse obligado (precisado) a
observe observar
obstacle obstáculo *m.*
obstinate terco; **— about** obstinado en
obtain obtener
obvious: **it is — that** se ve que, se conoce que, salta a la vista que; **it seems quite — to me** veo con toda evidencia
occasional alguno . . . que otro
occupy ocupar
occur ocurrir
o'clock: **at . . . —** a las . . .
October octubre *m.*
oculist oculista *m.*

odd raro; **it's —** tiene gracia
odds; **by all —** a todas luces
off: **day —** día libre
offer: *v.* "ofrenda"
offer ofrecer; ofrecerse para; *v.* "ofrendar" y "oponer"; *see* "congratulation"
offhand así de momento
office: *v.* "office"; **school —** secretaría *f.*
officer oficial *m.*, jefe *m.*
often a menudo; **how —** : *v.* "how"
OK vale
old viejo; *v.* "antiguo"; **— as the hills** tan viejo como andar a pie
on sobre, en; **from ten o'clock —** de las diez en adelante; **the street lights are —** el alumbrado de la calle está encendido
once una vez; **at —** en seguida
one uno; **that's the —** el mismo; **at — o'clock** a la una; **— -way street** calle *f.* de dirección única *o* de sentido único
only sólo, solamente; **no . . . más que**
open abrir; (*a play*) estrenarse; **not to — one's mouth** no despegar los labios
opening: *v.* "apertura"; (*play*) estreno *m.*
operate manejar
opinion: *v.* "parecer"; **advance an —** emitir una opinión; **form a bad — of** formar mal concepto de
opportuneness: *v.* "oportunidad"
opportunity: *v.* "ocasión"; **give an —** dar ocasión; **have an — to** tener ocasión de; **take advantage of an —** aprovechar una ocasión
oppose: *v.* "oponerse a"
opposite opuesto, contrario; **come in the — direction** venir en dirección contraria
opposition oposición *f.*
orange naranja *f.*
orchestra : **— ticket** localidad *f.* *o* entrada *f.* de patio de butacas

order: *v.* "pedir" (i)

order: *v.* "orden"; **fill the —** servir (i) el pedido; **in — to** para (que); **in short —** en breve plazo; **made to —** hecho a (la) medida; **set in —** poner en regla (orden); **out of —** descompuesto (estropeado)

ordinary: *v.* "ordinario"

original original; primitivo

other otro

otherwise de lo contrario; **it couldn't be —** no podía ser menos

ought deber

our nuestro; el nuestro

out fuera (de); afuera; **one — of fifty** uno entre cincuenta

outcry: raise an — poner el grito en el cielo

outlet salida *f.*

outside exterior

outside fuera

outstanding relevante

over encima de, sobre; por encima de; *see* "get over"

overcast encapotado

overcoat gabán *m.*, sobretodo *m.*

overcome vencer

overflow desbordarse

overjoyed: be — estar la mar de contento

overlook: *v.* "pasar por alto"

overnight de la noche a la mañana

overwhelm agobiar, abrumar

overwhelming agobiante

package paquete *m.*

page página *f.*

pain dolor *m.*, pena *f.*

pain doler (ue); dar pena a

paint pintar

pair par *m.*

paper papel *m.*; (*newspaper*) periódico *m.*; documento *m.*; **— work** papeleo *m.*; **the —s:** *v.* "prensa"; **morning —** periódico de la mañana

par: is about on a — with allá se anda con, corre parejas con

paradise paraíso *m.*

pardon perdonar

Paris París *m.*

park parque *m.*

park estacionar(se)

part parte *f.*; **— one plays:** *v.* "intervención"; **take — in** tomar parte en, intervenir en; **spare —** pieza *f.* de recambio *m.*; **take no — at all** no intervenir para nada

particular: *see* "hurry"

partner socio *m.*

pass pasar; **— a course:** *v.* "asignatura"; **be past fifty** pasar de los cincuenta

paste pegar

pastry: piece of — pastel *m.*

patch: — things poner parches *m.*

patent: — medicine específico *m.*

patience paciencia *f.*; **exhaust one's —** agotar la paciencia de uno

patient paciente

patient enfermo *m.*

pay: *v.* "pagar"

pay paga *f.*

payment pago *m.*; **make a down —** abonar una entrada; **make good a —** hacer efectivo un pago

peace paz *f.*; **make — with** ponerse a bien con, hacer las paces con

peculiar raro, extraño

pencil lápiz *m.*; **rough — copy** borrador hecho a lápiz

people: *v.* "gente"; **there are — who** hay quien

per: *see* "pound"

peremptory: *v.* "peremptory"

perfectly perfectamente; a las mil maravillas

perform actuar, representar

performance actuación *f.*; representación *f.*, función *f.*

period punto *m.*; período *m.*; **installment — plazo** *m.*

permit permitir; *v.* "consentir" (ie)

persist persistir, empeñarse

person persona *f.*

personal personal

personally personalmente; **I — know** yo de mí sé

personnel personal *m.*

Peru el Perú

petty: — thefts pequeñas raterías

phone llamar por teléfono, telefonear

photograph fotografía *f.*

physics física *f.*

pick up recoger

picture cuadro *m.*; retrato; **(moving) —** película *f.*; **show a —** proyectar (echar) una película; **take a —** sacar una fotografía

piece pedazo *m.*; **a — of furniture** un mueble; **a — of news** una noticia; *see* "luck"

pipe pipa *f.*; **smoke a —** fumar en (la) pipa

pistol pistola *f.*

pitching cabeceo *m.*

pity: it's a — es lástima

placard cartel *m.*

place lugar *m.*, sitio *m.*; local *m.*; **take —** tener lugar, verificarse, producirse

place: *v.* "colocar"; *see* "confidence"

plague: avoid like the — pasar como sobre ascuas por

plaintiff demandante *m.*

plan: *v.* "plan"; **draw up the —s** trazar los planos; **on the instalment —** a plazos *m.*

plan proyectar; trazar

plaque placa *f.*

platitude: *v.* "tópico"

play jugar (ue); tocar (*a musical instrument*); *see* "trick"; **part one —s** *v.* "intervención"

play obra *f.*; drama *m.*; pieza *f.*; **be no child's —** no ser ninguna tontería

player jugador *m.*

please sírvase Vd., tenga Vd. la bondad de; por favor

pleasure: *v.* "gusto"; **— trip** viaje *m.* de recreo *m.*

plenary plenario

plot argumento *m.*, trama *f.*

plug in enchufar

pneumonia pulmonía *f.*

poem: *v.* "poema"

poetry poesía *f.*

point: *v.* "punto"; **furnish a — of departure for** dar pie a; **know one's weak —s** saber de qué pie cojea uno; **strong —:** *v.* "valor"

point: — a pistol at someone encañonarle a uno con una pistola; **— out** señalar

pointless inútil

poisonous venenoso

police policía *f.*; **have a — record** estar fichado por la policía

policeman guardia *m.*; **traffic —** agente *m.* de circulación *f.*

politeness cortesía *f.*; **observe all due —** guardar la debida consideración

poor pobre; malo; **be in — health** estar mal de salud *f.*

poorly: — constructed destartalado

popular popular

portable portátil

portal: *v.* "portada"

position empleo *m.*, cargo *m.*; postura *f.*; **be in a — to** estar en condiciones de; **apply for a —** solicitar un puesto

possible posible; **as soon as —** cuanto antes, lo más pronto (antes) posible; **if that's —** si cabe; **do everything — to** hacer (lo posible) por

post office casa *f.* (edificio *m.*, oficina *f.*) de correos

postpone: *v.* "postpone"

posture: *v.* "posture"

potential potencial

pound libra *f.*; **per —** la libra

power: *v.* "poder"; **if it is in my —** si está en mi mano

practically: be — impossible to ser punto menos que imposible

practice: *v.* "practicar"

practice: put into — llevar a la práctica
precisely precisamente
predicament compromiso *m.*; put in a — poner en un compromiso
prefer preferir (ie)
prejudice prejuicio *m.*
preliminary preliminar
preparation: *v.* "preparación"
preparatory preparatorio; — school academia *f.*
prescribe recetar
present presentar
present presente; among those — entre los concurrentes; at — actualmente; be — at asistir a, presenciar
preserve: *v.* "conservar"
president presidente *m.*
press prensa *f.*
press apretar (ie); — a pistol against one encañonarle a uno con una pistola
pressing: — question cuestión palpitante
presume: *v.* "presumir"
pretend: *v.* "fingir"
pretext pretexto *m.*
prevent impedir (i); this does not — it from being no obsta (quita) que sea
prey: fall — to ser fácil presa *f.* de
price precio *m.*, go down in — bajar de precio
principle principio *m.*
print grabado *m.*; in big — en grandes caracteres *m.*
print traer; imprimir; — an edition hacer (*o* tirar) una edición
private: — lesson clase *f.* particular; — school escuela *f.* privada
prize premio *m.*
probable probable
problem problema *m.*
product producto *m.*
production producción *f.*
profession profesión *f.*
professor catedrático *m.*

profit: *v.* "ganancia"
profitable productivo
program horario *m.*; programa *m.*; teacher's — horas *f.* de clase de un profesor
prohibit prohibir
project proyecto *m.*
promise promesa *f.*; to show a great deal of — prometer mucho
propaganda propaganda *f.*
proper debido
property propiedad *f.*
proposal proposición *f.*
protect proteger
protest protestar
prove probar (ue); — to be resultar; *v.* "probar" y "resultar"
provoke provocar
public público *m.*; the general — la generalidad del público
publishing house casa *f.* editorial, editorial *f.*
puddle: *v.* "charco"
pull: *v.* "tirar de"; — (all sorts of) strings mover (ue) palancas, tocar resortes; — through salir a flote; — the wool over one's eyes darle gato por liebre a alguien
pull: have — tener buenas aldabas
punctual: *v.* "puntual"
purpose propósito *m.*, finalidad *f.*; achieve a — conseguir (i) una finalidad; the — of my visit is mi visita tiene por objeto; the — for which las miras con que; be to no — ser en vano (en balde)
pursue: *v.* "perseguir"; — an end perseguir (i) una finalidad
pursuit persecución *f.*
put: *v.* "poner"; — off diferir (ie). dejar; dar largas a; — to the test poner a prueba

qualified capacitado
quality: *v.* "calidad"
question pregunta *f.*; cuestión *f.*; the — is to la cuestión está en;

that is out of the — eso ni pensarlo (suponerlo)
question poner en tela de juicio, poner en duda; interrogar
quick: touch to the — llegarle a uno al alma
quickly rápidamente
quiet: *v.* "quedo"; — **street** calle *f.* de poca circulación
quite: be — **a job to** costar (ue) mucho trabajo; **for** — **a while** desde hace (un) rato; **what I don't** — **understand** lo que no acierto a comprender

racket raqueta *f.*; jaleo *m.*; **raise a** —: *v.* "armar"
radio radio *f.*; — **set** aparato *m.* de radio; **on (over) the** — por radio
rage furia *f.*, ira *f.*; **vent one's** — descargar su ira; **be the** — hacer furor *m.*; **get red with** — congestionarse
rain lluvia *f.*
rain llover (ue)
raise levantar, alzar; aumentar; *v.* "armar"; — **objections** hacer objeciones *f.*
random: at — al tuntún, al azar
range hornilla *f.*
rascal sinvergüenza *m.*
rate: *v.* "rate"
ravenous canino
reach llegar; ir; — **a compromise** llegar a una transacción
read leer
reader lector *m.*
reading lectura *f.*; — **room** sala *f.* de lectura
ready pronto
ready-made hecho
realize: *v.* "darse cuenta de"; **want one to** — advertirle (ie) a uno
really efectivamente; de veras; *see* "matter"
reason razón *f.*; **the** — **for** el porqué de; **all the more** — **to** razón de más para; **be no** — **for** no ser

razón para; **that's the** — **why** de ahí que; **there must be some** — **for it** por algo será; **there was no** — **to** no había para qué
reasonable razonable
recall recordar (ue), acordarse (ue) de
receive recibir
recently recientemente; desde algún tiempo a esta parte; — **out of school** recién salido de la escuela
recess: — **between classes** intermedio *m.* de clases
recognize reconocer
recommendation recomendación *f.*
record: *v.* "registrar"
record hoja *f.* de estudios; **have a police** — : *see* "police"; **play a** — tocar un disco
recover reponerse
red: get — **with rage** congestionarse
reduction reducción *f.*, rebaja *f.*
refer to referirse (ie) a, aludir a
refrain guardarse de; *v.* "refrain"
refrigerator frigorífico *m.*
refuse: *v.* "negarse a"
regain recuperar, recobrar
regards: best — **to:** *see* Appendix II
region región *f.*
register: *v.* "acusar" e "inscribirse"; — **a letter** certificar una carta
registration: — **fee** derechos *m.* de matrícula *f.*
regret sentir (ie)
regulate regular
rein: give free — **to** dar rienda suelta a
relapse: have a — tener una recaída
relate referir (ie), relatar
related to: *v.* "relacionado con"
relevant: be — venir a cuento; *v.* "relevant"
relax: *v.* "esparcir"; expansionarse
relaxation: *v.* "esparcimiento"; **have earned a moment of** — tener bien ganado un momento de esparcimiento *m.*
relentless despiadado

relieved: be — of estar descargado de
reluctantly a regañadientes
rely on contar (ue) con
remain: *v.* "quedar"; — to be done quedar por hacer
remark observación *f.*; dicho *m.*; gross — taco *m.*
remedy remedio *m.*
remedy poner remedio a
remember recordar (ue), acordarse (ue) de
remit remitir
remove: *v.* "quitar"
renew renovar; reanudar; *v.* "renew"
rent alquiler *m.*; increase in — incremento del alquiler
rent alquilar
repair reparar, arreglar; *v.* "repair"
repairs reparaciones *f.*; obras *f.*
repeat repetir (i)
report: *v.* "informe"
represent representar
representative representante *m.*
reputation: *v.* "fama"
request: *v.* "requerir"
request: *v.* "petición"; instancia *f.*; put in a — encargar
require: *v.* "exigir" y "requerir"; a course that is not —d una asignatura que no es obligatoria
requirement: *v.* "condición"; meet a —: *v.* "meet"
research: — work trabajos *m.* de investigación *f.*
resemble parecerse a
resent: *v.* "resentirse"
resentful: *v.* "resentirse"
resistance resistencia *f.*; offer — oponer resistencia
resolution resolución *f.*; good —s buenos propósitos
resort: as a last — en último caso
respect respeto *m.*; in this —: *v.* "respecto"; with — to respecto de
rest descansar; *v.* "apoyar"; — assured tener la seguridad
restaurant restaurante *m.*
restrain contener; *v.* "refrenar"

result resultado *m.*; as a — of por resultas de; be the — of ser fruto *m.* de
retribution: *v.* "retribution"
return: *v.* "devolver"
review reseña crítica, crítica *f.*
revise refundir
revive reanimar; (*a play*) hacer la reposición de
revolve about girar alrededor de
rhyme rima *f.*; without — or reason sin ton ni son
rich rico; *v.* "rich"
ridiculous ridículo; make one appear — ponerle a uno en ridículo
right: — station estación *f.* conveniente; be — tener razón *f.*; serve one — estarle bien empleado a uno
right: —! ¡de acuerdo!; — here aquí mismo; — before one's eyes delante de los ojos de uno
right derecho *m.*; at the — a la derecha
ring sonar (ue); — for llamar; ears —: *see* "ear"; — the bell: *v.* "bell"
rise: give — to dar origen *m.* (motivo *m.*) a, producir
river río *m.*
road camino *m.*; hold the — agarrarse al camino
robbery robo *m.*
robust robusto
rolling balanceo *m.*
room habitación *f.*, cuarto *m.*; *v.* "room"; — for sitio *m.* para
rosy: *see* "future"
rough: *see* "copy"
routine: office — la buena marcha de la oficina, mecanismo *m.* de la oficina
row: three hours in a — tres horas seguidas (*or* de un tirón)
ruin: *v.* "echar a perder"
rule regla *f.*; be an exception to the — salirse de la regla
rumor rumor *m.*; there are —s that corren rumores de que

rumpus algarabía *f.*; **raise a —:** *v.* "armar"

run: a — in one's stockings carrera *f.* (punto *m.*) en las medias; **in the long —** a la larga, a largo plazo **take a — (over) to** hacer una escapada a

run: *v.* "correr"; *see* "bus"; **— in:** *v.* "correr"; **— over** arrollar

run: in the long — a la larga

running:—water agua *f.* corriente

rush ajetreo *m.*; **— hours** horas *f.* de punta; horas de mayor afluencia

rush about dar vueltas de un lado para otro

ruthless despiadado

sailor marinero *m.*

salary: *v.* "salario"

sale venta *f.*; liquidación *f.*; **put on — poner** a la venta

saleslady dependienta *f.*

saloon: *v.* "taberna"

salt sal *f.*; **smelling —s** sales

same mismo; **come to the — thing in the end** venir a ser lo mismo

sanatorium casa *f.* de salud *f.*; **commit to a — recluir** en una casa de salud

sausage chorizo *m.*; mortadela *f.*; salchichón *m.*

save ahorrar, economizar; *v.* "save"; (*rescue*) salvar

say decir; **what do you — to?** ¿qué le parece si?; **I must — (*used for stress*)** ya; **let them — what they like** digan lo que digan

scale: *see* "large"

scandal escándalo *m.*

scarce escaso

scarcely: *v.* "apenas si"

scene escena *f.*; *v.* "armar"

schedule programación *f.*

scheme manejo *m.*; **engage in such —s** prestarse a tales manejos

school escuela *f.*; *v.* "escuela"; **return**

to — volver (ue) a clase *f.*; **there is no — tomorrow** no hay clase mañana

scold regañar

score tanteo *m.*; (*music*) partitura *f.*

scorn rechazar

scorn escarnio *m.*

screen pantalla *f.*; **bring to the — llevar** a la pantalla

sea: *v.* "mar"

seasick: become — marearse

season temporada *f.*; (*of the year*) estación *f.*; **end-of- — sale** liquidación *f.* de fin de temporada

seat asiento *m.*; **take a — tomar** asiento; **get —s (*theatre*)** sacar entradas *f.*

seated: be — tomar asiento, sentarse (ie)

secondhand de segunda mano

second-rate de segundo orden

secretary secretario *m.*

section: — of orange casco *m.* de naranja; *v.* "información"; **Want-Ad — sección** *f.* de Bolsa *f.* del Trabajo

secure conseguir (i)

see ver; **anyone can — that** se conoce que

seek pretender, buscar

seem parecer

seize: *v.* "incautarse"

select seleccionar, elegir (i)

selection selección *f.*; pieza *f.*; trozo *m.*

self-control: lose one's — perder (ie) el dominio sobre sí

self-satisfied pagado de sí mismo, infatuado

sell vender

senator senador *m.*

send enviar, mandar

sensational ruidoso, sensacional

sensible: *v.* "razonable"

sensitive: *v.* "sensible"

sentence frase *f.*

serenity serenidad *f.*

serious grave, serio; **if things get —** si las cosas pasan a mayores

serious-minded: *v.* "formal"

seriously: be **— ill** estar de cuidado; **take things —** tomar las cosas en serio (a pecho)

serve servir (i); prestar servicio(s); *v.* "servir"; **— as (a)** servir (i) de; **— someone right:** *see* "right"

session sesión *f.*

set: radio **—:** *v.* "radio"; **— of tennis set** *m.* de tenis; **turn on a radio —** poner en marcha un aparato de radio

settle saldar

seven: it is **— fifteen** son las siete y cuarto

several varios

shadow: dispel the slightest **— of doubt** desvanecer la más ligera sombra de duda

shady: **— business** negocio turbio

shall: **— we?** ¿quiere Vd.?

share compartir; *v.* "participar de"

sharp agudo, vivo; **at five —** a las cinco en punto; **— curve** curva cerrada

sheer: *v.* "de puro"

ship: *v.* "buque"

shirt camisa *f.*

shock: *v.* "escandalizar"

shoe zapato *m.*

shoot fusilar; **— oneself** pegarse un tiro

shop tienda *f.*; taller *m.*

shop-window escaparate *m.*

shopping: go (out) **—** ir (salir) de compras

short corto; (*of people*) bajo; **— of money** escaso de fondos; **cut one — atajarle a uno**

shoulder espalda *f.*; hombro *m.*; **raise on one's —s** levantar en hombros

shout gritar, dar gritos; **— to someone** llamarle a gritos a uno

show mostrar (ue); enseñar; *see* "anger"; "picture"; **— in(to)** hacer pasar a

shower ducha *f.*; **take a —** tomar (darse) una ducha

shreds: *v.* "trizas"

sick enfermo; **get —** enfermar; **make one —** darle a uno la lata; **— man** enfermo *m.*

side: **— street** calle *f.* lateral

side lado *m.*; **on the other — of the street** en la otra acera; **split one's —s with laughter** desternillarse de risa

sidewalk acera *f.*; **— café** terraza *f.* de un café

sight vista *f.*; **by —** de vista; **look a — estar** hecho una facha; **lose — of** perder (ie) de vista; **not to be able to stand the — of** no poder ver (ni pintado)

sign seña *f.*; indicador *m.*; *v.* "sign"

sign firmar

significance cuantía *f.*

simple simple, sencillo

since desde que (*temporal*); puesto que (*causal*); **ever —** desde que

sincere sincero

sing cantar

single (*unmarried*) soltero; **— space:** *see* "space"

sit sentarse (ie); **— down** sentarse, tomar asiento; **— up** incorporarse

situation situación *f.*, caso *m.*; **get out of a —** salir del paso; **look over the —** tantear el terreno

sixteen diez y seis *o* dieciséis

sixteenth diez y seis *o* dieciséis

size: *v.* "tamaño"

skin piel *f.*; **by the — of one's teeth** por los pelos

skip: *see* "space"

sky cielo *m.*; **go — high** ponerse por las nubes; **out of a clear —** sin más ni más

sky-high por las nubes

slanderer murmurador *m.*

Slavic eslavo

sleep dormir (ue); **be unable to — all night** no poder pegar los ojos en toda la noche

sleepless: — night noche *f.* que pasa uno en vela (en claro)

slice: *v.* "slice"

slide diapositiva *f.*

slight escaso

slight desairar

slightest el más leve; **at the — pretext** con cualquier pretexto *m.*

slip out escurrirse, escabullirse

slowly lentamente

slums barrios bajos *m.*

small: which is no — thing lo que no es poca cosa

smash down: *v.* "echar abajo"

smelling salts sales *f.*

smile sonreírse

smiling risueño

smoke fumar

smoker fumador *m.*

smoothly: go along — avanzar (ir) viento en popa

snag pega *f.*

so tan; así; **— - —** así, así; **— much more . . . as** tanto más . . . cuanto que; **— that** para que, de modo que; **do —** hacerlo

social social

socially: know — tratar (con)

society sociedad *f.*; **high —** buena sociedad

sociology sociología *f.*

sold: — out agotado

soldier soldado *m.*

solution solución *f.*

solve resolver (ue)

some alguno; unos

someone alguien

something algo

somewhat algo

son hijo *m.*

sonata sonata *f.*

song canción *f.*; **sell for a —** vender medio regalado (medio de balde)

soon pronto; **as — as** en cuanto

soprano tiple *f.*

sorry: to be —: *v.* "sentir" (ie)

sort clase *f.*, especie *f.*; **a — of:** *v.* "un cierto"; **something of the —** algo por el estilo, cosa parecida

soul alma *f.*; **heart and — en cuerpo y alma; there isn't a —** no hay quien

sound sonar (ue); **— familiar:** *see* "familiar"; **— out** tantear, sondear

sound proofed: be — estar insonorizado

soup sopa *f.*

south sur *m.*; *v.* "norte"

southern meridional

space espacio *m.*; **cramped for —** escaso de espacio; **use double or single —** escribir a doble o a simple espacio; **skip a —** saltar un espacio

Spanish español

spare: — parts piezas *f.* de recambio *m.*; **— time** margen *m.* de tiempo *m.*; **in one's — time** a ratos perdidos

speak hablar; **— about** hablar de; **— well for** acreditar

specialize especializarse

speech discurso *m.*

speed velocidad *f.*; **cut down one's —** acortar la marcha

spelling ortografía *f.*

spend: *v.* "gastar"

spirits: be in good — estar de buen humor

spit escupir

splendid espléndido, esplendoroso; **look —** tener excelente aspecto

spring primavera *f.*

spur: on the — of the moment así de improviso

square plaza *f.*

stain mancha *f.*; **the — doesn't come out** la mancha no se quita o no sale

stand: football — tribuna *f.* de fútbol *m.*

stand estar (quedar) en pie; (*tolerate*) soportar; *see* "sight"; **— out** destacarse, resaltar

standard: — **of living** plan *m.* de vida
f.; **make one deviate from one's —s**
desviarle a uno de su criterio
start comenzar (ie), empezar (ie);
— **at** arrancar de; — **in:** *v.*
"armar"; — **one thinking** darle a
uno que pensar
state afirmar, declarar, asegurar
state estado *m.*
statement: *v.* "declaración"
station estación *f.*; **broadcasting** —
emisora *f.*; **gasoline** — surtidor *m.*
de gasolina *f.*
statistics estadística *f.*
stay estancia *f.*
stay: *v.* "quedar"; — **on** seguir (i),
continuar; — **in bed** guardar
cama
steam heat calefacción *f.* central
steer: — **a problem** encauzar un
problema
step: take —s tomar medidas *f.*, hacer
gestiones *f.*
step into meter el pie en
stick palo *m.*
stick: — **to one's guns** seguir (i) en
sus trece
still todavía, aun, aún
still silencioso; *v.* "quedo"
stockbroker agente *m.* de bolsa *f.*
stocking media *f.*
stop: *v.* "parar"; **without —ing** sin
cesar; — **(at a hotel)** hospedarse,
alojarse
stop parada *f.*
store tienda *f.*; **cigar** — estanco *m.*;
department — almacenes *m.*
storm temporal *m.*, tempestad *f.*; *v.*
"storm"
story fábula *f.*; **short** — cuento *m.*;
repeat the same old — repetir (i)
la misma historia
stove hornilla *f.*
straight derecho
straighten out puntualizar
straits: financial — estrecheces económicas
stream vaivén *m.*

street calle *f.*; **close the** — cortar la
calle; **tear up the** — levantar la
calle; **side** — calle lateral
street callejero
stretch estirar
stricken: people — atacados *m.*
strictly estrictamente
strike huelga *f.*; **go on** — declararse
en huelga
strike: *v.* "strike"; *see* "match"; **it**
—s me that way too también me
parece
strings: pull (all sorts of) — tocar
resortes *m.*, mover (ue) palancas *f.*
stroll vuelta *f.*; **go out for a** — salir
a dar una vuelta; **take a** — dar una
vuelta
strong fuerte; — **point** valor *m.*
struggle lucha *f.*
stubborn terco, obstinado
student estudiante *m.*
study estudiar
stupid estúpido, tonto
style estilo *m.*
subject: *v.* "someter"
subject: — **to** sometido a
subject materia *f.* (*in school*); tema
m.; asunto *m.*
subsidize subvencionar
subway metro *m.*
succeed lograr, conseguir (i), acertar
(ie); tener éxito; — **in** lograr, conseguir (i)
success éxito *m.*; **enjoy** — tener
aceptación *f.*; **a howling** — un
éxito clamoroso
such (a) tal
Suez Suez
suffer sufrir, padecer
sufficient suficiente, bastante
suggest sugerir (ie)
suicide suicidio *m.*; **commit** — suicidarse, quitarse la vida
suit traje *m.*
sum cantidad *f.*, suma *f.*; — **of money**
cantidad
summary resumen *m.*
summer verano *m.*

Sunday domingo *m.*; **on** —s los domingos

sunny soleado

supper cena *f.*; **eat** —: *v.* "cenar"

supply facilitar; — **one with something** facilitar algo a alguien

support mantener; *v.* "sostener"

suppose suponer; **let us** — **that** pongamos que

sure seguro; **be** — **that** estar seguro de que; **make** — cerciorarse; **to be** — por cierto

surely ¡claro (que)...!

surpass superar; *v.* "aventajar"

surprise sorprender, extrañar; **don't be** —**d by** no le extrañe

surprise sorpresa *f.*; **register** — acusar sorpresa

suspect: *v.* "sospechar"

suspicion sospecha *f.*

sustain sostener

swim nadar

swing: **be in full** — estar en plena actividad

swollen henchido

table mesa *f.*

tact tacto *m.*; **show** — **in** poner tacto al

tailor sastre *m.*; **at the** —**'s** en la sastrería

take: *v.* "tomar"; quedarse con; — **away** llevarse; quitar; — **a street** tomar por una calle; — **one for more than twenty** echarle arriba de veinte años a uno; — **long to** tardar mucho en; — **ten minutes to** tardar diez minutos en; — **time** costar (ue) tiempo; — **up** ocuparse de

talk discurso *m.*, charla *f.*; **cause a lot of** — dar mucho que hablar

talk hablar; **what's the use of** —**ing?** ¡no digamos!

talkative hablador

tank depósito *m.*; **fill the** — llenar (cargar) el depósito

task: *v.* "tarea"

taste gusto *m.*; **everyone to his** — de (sobre) gustos no hay nada escrito

taxi taxi *m.*

teach: *v.* "enseñar"

teacher profesor *m.*

tear romper; — **to shreds**: *v.* "trizas"; — **up streets** levantar calles

tear lágrima *f.*; **burst into** —s deshacerse en lágrimas

telephone teléfono *m.*; — **message** aviso *o* recado telefónico, nota telefónica; **dial** — teléfono automático

telephone llamar por teléfono, telefonear

television televisión *f.*

tell decir; *v.* "notar"; — **of (about)** contar (ue) de; **you don't have to** — **me!** ¡no me diga, por Dios!; **you're** —**ing me!** ¡a mí va a decírmelo!

temper: **ugly** — mal genio

ten diez

tend to tender (ie) a; llevar camino de

tennis tenis *m.*

tense tiempo *m.*

tense tirante

term semestre *m.*; término *m.*; **agree on the** —**s of a loan** concertar (ie) un empréstito; **come to** —**s (on)** concertar; **convenient** —**s** facilidades *f.* de pago; **not to be on friendly** —**s with** no estar bien con

terrible terrible

test: **put to the** — poner a prueba

text texto *m.*

than que; de; de lo que

thank for agradecer, dar las gracias por; **thank you** gracias

that ese, aquel

theatre teatro *m.*

theatrical teatral

theft: **petty** —s pequeñas raterías

there allí, allá; — **is** hay; — **was** había

therefore por eso, por (lo) tanto, por consiguiente

thief ladrón *m.*

thin delgado

thing cosa *f.*; **the funny — about it** lo raro del caso; **come to the same — in the end** venir a ser lo mismo; **the main —** lo principal; **which is no small —** lo que no es poca cosa

think pensar (ie); **— of** pensar en (de); **— well of one** tenerle a uno en buen concepto; **one gets to —ing** le da a uno por creer; **— it beneath one to** tener a menos

third tercero

thirty treinta

this este

thorny espinoso; peliagudo

thoroughfare vía *f.*

thoroughgoing: a — rascal un sinvergüenza de cuerpo entero

thoroughly a fondo

thought pensamiento *m.*; **on second — bien** mirado

thoughtlessly a la ligera, ligeramente

thread hilo *m.*; **hanging by a —** pendiente de un hilo

three tres; **be well after —** pasar con mucho de las tres

thrilling emocionante

through por; mediante

throw: *v.* "echar"

thumb: twiddling one's —s mano sobre mano

thus así; **— far:** *see* "far"

ticket billete *m.*; entrada *f.*; *v.* "ticket"; **orchestra —** localidad *f.* (*o* entrada *f.*) de patio de butacas; **get a —** sacar (comprar) un billete o una entrada

tidy up asearse, arreglarse

tie empate *m.*; **break the —** desempatar

tight (*scarce*): *v.* "difícil"

time tiempo *m.*; vez *f.*; hora *f.*; **at a —** seguidos; **at one —** en algún tiempo; **at the same —** al mismo tiempo, a la vez; **be — to** ser hora de; **every —** cada vez; **for some —** algún tiempo; **have a good —**

divertirse (ie), pasar buen rato; **in — a** tiempo; **in no —** en un dos por tres; **keep good —** andar bien, ser puntual; **long —** mucho tiempo; **on — a** tiempo; **take —** costar (ue) tiempo

timidly tímidamente

tip propina *f.*; **on the — of one's tongue** en la punta de la lengua; **at one's finger —s** al dedillo

tire cubierta *f.*

tired cansado

title título *m.*; **there's a — for you!** ¡Vaya título!

to: *v.* "to"

tobacco tabaco *m.*

today hoy

together juntos; **draw —** (*curtains*) echar, cerrar (ie)

tomato tomate *m.*

tomorrow mañana

tongue lengua *f.*

tonight esta noche

tonsilitis amigdalitis *f.*

too demasiado; **— much** (*adjective*) demasiado

tooth diente *m.*; **fill a —** empastar un diente; **pull out a —** sacar un diente

top: *v.* "top"; **— of a bus** imperial *f.* de un autobús

topic tema *m.*

torrent torrente *m.*; **the rain is falling in —s** llueve a cántaros

toss: — about dar vueltas; **— off a letter** escribir a vuela pluma una carta

touch tocar; **— to the quick:** *see* "quick"

touch: get in — with comunicar con, ponerse en contacto con

touched: be (deeply) —: *v.* "emoción"

tow llevar al (a) remolque, remolcar

toward hacia

town pueblo *m.*; **center of —** centro *m.*

toy juguete *m.*

trace calcar; trazar; *v.* "trace"

trading post factoría *f.*
traffic circulación *f.*; tráfico *m.*; —
 jam atasco *m.* de tráfico; **vehicular**
 — tráfico rodado
train tren *m.*; **change —s** cambiar de
 línea *f.*
transaction: *v.* "operación"
translation traducción *f.*
transportation: have good — estar
 bien comunicado, tener buenas
 comunicaciones, tener buenos medios de transporte; **mass —** transporte colectivo
trash: any kind of — cualquier
 porquería *f.*
travel viajar
travel: — agency agencia *f.* de
 viajes *m.*
traveler viajero *m.*
treat tratar (de); versar sobre
treatment trato *m.*
treaty tratado *m.*
tree árbol *m.*
tremendous formidable
trend tendencia *f.*; *v.* "signo"
trial juicio *m.*
trick: play a nasty — on one jugarle
 (ue) una mala pasada a uno
trigger gatillo *m.*; **press the —**
 apretar (ie) el gatillo
trim: out of — desentrenado
trip viaje *m.*; **pleasure —** viaje de
 recreo *m.*; **take a —** hacer un viaje
trolley tranvía *m.*
troop tropa *f.*
trouble molestia; *v.* "trouble"; **take
 the — to** tomar(se) el trabajo de;
 give — dar que hacer; dar guerra
truck camión *m.*
true verdadero; **be —** ser verdad, ser
 cierto; **what you say is —** Vd. está
 en lo cierto
truth verdad *f.*; **the — is that** lo cierto
 es que
try tratar (de), probar (ue), intentar,
 procurar; **— on** probar (ue)
trying mortificante
Tuesday martes *m.*

tune in sincronizar
turn: *v.* "volverse"; **— on** (*radio*)
 poner en marcha; (*heat*) encender
 (ie); **— out to be:** *v.* "resultar"
twelve doce
twenty veinte
twice el doble de
twiddle: twiddling one's thumbs: *see*
 "thumbs"
two dos; **— and a half years** dos años
 y medio
type tipo *m.*
type escribir a máquina
typewriter máquina *f.* de escribir
typist mecanógrafo *m.*

ugly feo; **— temper** mal genio
unable: be — no poder
unavoidable inevitable; ineludible
unblemished: — honesty acrisolada
 honradez
uncouth ineducado, maleducado
undeniable innegable
under bajo; **— construction** en obras
understand entender (ie), comprender;
 v. "explicarse"; **make oneself understood** hacerse entender
understanding inteligencia *f.*; **reach
 an —** llegar a una inteligencia
undone: leave — dejar sin (por)
 hacer
uneasy inquieto
unemployment paro *m.* (forzoso)
unfinished sin terminar
unfortunate desgraciado
unfortunately por desgracia
unintelligent poco inteligente
union sindicato *m.*
United States Estados Unidos *m.*
university universidad *f.*
unless a menos que, a no ser que
unlikely difícil
unlucky: be — tener mala suerte
unmercifully con saña; despiadadamente
unqualified rotundo
unreservedly a rajatabla
unrest malestar *m.*; zozobra *f.*

unscrupulous poco escrupuloso
until hasta, hasta que; wait — esperar a que
unusual: v. "de los que hay pocos"; there is nothing — about it no tiene nada de particular
unwilling: be — to no estar dispuesto a
up: the first floor — el primer piso de encima
upset deshacer, echar a rodar (ue)
upshot: the — of it was that total que
up-to-date del día
Uruguay el Uruguay
use usar, servirse (i) de; — . . . in (or to) emplear . . . en
use empleo m.; have little — for tener en poco; what's the — of talking? ¡no digamos!
usher acomodador m.
usual de siempre; corriente
utter proferir (ie), pronunciar

vacation vacaciones f.; be on a — estar de vacaciones
variety variedad f.
vase jarrón m.
vegetable legumbre f.
vehicular: — traffic tráfico m. rodado
vent descargar
venture aventurar
versed: be well- — in estar versado en
very muy
vicious: v. "vicious"
view vista f.; get a — abarcar una vista; have no other end in —: see "end"; with a — to con vistas a
virtue virtud f.
visible visible
visit visita f.
vividly vigorosamente
vogue moda f.; be in — estar de moda
voice voz f.

wager: v. "apostar" (ue)
wages: v. "salario"

wait (for) esperar; — on despachar; keep one —ing hacerle esperar a uno
waiter camarero m.
walk andar; — along ir, andar; — back volver (ue) andando; — around dar una vuelta por; — out tomar la puerta; — up subir (por)
walk paseo m.; a few minutes — from a pocos minutos a pie (o andando) de; take a — dar un paseo
wall pared f., muro m., muralla f.
want querer
Want-Ad Section: see "section"
war guerra f.
warm: v. "calentar" (ie)
warm caliente
warmly: dress — abrigarse
warn advertir (ie)
washbasin lavabo m.
waste perder (ie); malgastar; desperdiciar
watch reloj m.; by my — por mi reloj; set a — poner en hora un reloj
watchmaker relojero m.
water agua f.; get into deep — meterse en honduras
way manera f., modo m.; camino m.; in this —: v. "de este modo" find one's — encontrar (ue) el camino; go one's — llevar la misma dirección que uno; find —s to darse maña para; have a — with people tener don m. de gentes; have (get) one's — salirse con la suya; in the — de por medio; it strikes me that — así me parece; make one's — through abrirse paso m. por entre; on the — here al venir; be on the — to estar camino de; that — así; there are no two —s about it no hay que darle vueltas; there is no — to no hay manera de; we saw no — of no vimos camino de
weak débil; see "point"
weakness: feeling of — debilidad f.

wear llevar, vestir (i); — around the house andar por casa con
weather tiempo *m.*
wedding boda *f.*
wee: *see* "hour"
week semana *f.*; ocho días; last — la semana pasada; next — la semana que viene; two —s quince días
week day día *m.* de entre semana
weight peso *m.*
well bien; pues; as — as además de; — then entonces; it is — after three pasa con mucho de las tres
well-being bienestar *m.*
well-to-do acomodado
what lo que; —? ¿qué?; ¿cuál?
whatever (*adjective*) cualquiera; — (*pronoun*) cualquier(a) cosa
wheel rueda *f.*; volante *m.*; take the — llevar el volante
when cuando
where donde; —? ¿dónde?
whether si; doubt — dudar que; — ... or — ... que ... o que ...
which que; el cual; lo que, lo cual
while: *v.* "mientras"
while rato *m.*; for quite a — desde hace buen rato; wait a — espere Vd. un poco
whole entero; as a — en bloque
why ¿por qué?; si
wife mujer *f.*, esposa *f.*, señora *f.*
willing: be — estar dispuesto
win ganar; tocarle (corresponder) a uno; — one's affection conquistar el afecto de uno
window ventana *f.*; *v.* "balcón"
windshield wiper limpiaparabrisas *m.*
windstorm vendaval *m.*
winter invierno *m.*
wire alambre *m.*; telegrama *m.*
wise sabio; along a — course por buenos caminos
wish querer, desear

with con; — me conmigo; have money — one: *v.* "llevar encima"
without sin; — stopping sin cesar
witness testigo *m.*
witness presenciar
woman mujer *f.*
wonder preguntarse
wonderful estupendo, maravilloso
wonderfully estupendamente
wood madera *f.*
wool: pull the — over one's eyes darle gato por liebre a alguien
word: *v.* "palabra"; —s (*of a song*) letra *f.*; be delighted beyond —s alegrarse en el alma; break one's — quebrantar su palabra; leave — (for) avisar (para que); (you may) take my — for it créame Vd.
work trabajo *m.*; *v.* "labor" *f.* y "faena"; obra *f.*; have three hours' — tener para tres horas; repeat a year's — repetir (i) curso
work trabajar; dar buen resultado; funcionar; andar; — as a trabajar de; — hard trabajar duramente; — (*integrate*) into incorporar a; — out elaborar
worker: *v.* "trabajador"
workingman: *v.* "obrero"
world mundo *m.*; do a — of good sentarle (ie) a uno a las mil maravillas; come down in the — venir a menos; not for anything in the — por nada del mundo
worn out rendido, molido
worry preocuparse; don't — ¡pierda Vd. cuidado!, ¡no se apure Vd.!
worry preocupación *f.*
worst el peor; at — en el peor de los casos; the — of it is lo peor del caso es
worth: buy fifty cents' — of comprar cincuenta centavos de
worth: be — valer
worth valía *f.*
worth while: *v.* "cosa seria"
wrack: — one's brains devanarse los sesos

write escribir

writer escritor *m.*, literato *m.*

writing: *v.* "escritura"; **in —** por escrito

wrong: *v.* "equivocarse de"; **go to the —** store equivocarse de tienda

year año *m.*; curso *m.*; **last —** el año pasado; **many —s ago** hace muchos años; **repeat the —'s work** repetir (i) curso; **—s and —s** un montón de años

yes sí; **oh —!** ¡ah ya!

yesterday ayer

yet todavía; **and —:** *v.* "y eso que"

you Vd.; tú; le; ti; **if I were —** si yo fuera Vd.

young joven

youth juventud *f.*

INDEX

echar a perder—estropear, p. 6 n. 3; echar abajo—derribar—derrumbar, p. 204 n. 19; echar mano a—echar mano de, p. 330 n. 9
Editor—*editor*, p. 48 n. 6
Editorial: el editorial—la editorial, p. 48 n. 6
Education in Spain: discussion of, p. 151 n. 18 and p. 160 n. 1
Efectivamente, p. 152 n. 21; efectivo—*effective*, p. 49 n. 9
Eficaz: English translation of, p. 49 n. 9
Ejemplar—copia, p. 148 n. 8
Ejercer—ejercitar, p. 291 n. 5; ejercer—practicar—ejercitar, p. 308 n. 2
Elaborar—*elaborate*, p. 148 n. 7
Elaborate: various English connotations of, *elaborate*—elaborar, p. 148 n. 7
Elemento: various uses of, p. 259 n. 22
Eludir—evadir—evadirse, p. 392 n. 12
Embarcar—embarcarse, p. 318 n. 25
Emoción; emocionar; emotivo; emocionante, p. 384 n. 2
Empeñarse en—insistir en, p. 20 n. 2
Empezar—comenzar, p. 253 n. 5
Empréstito—préstamo, p. 47 n. 5
En: used as a translation of *"at"* and *"for"* with **"comprar"**, **"vender"**, etc., p. 135 n. 11; en algún tiempo—algún tiempo, p. 316 n. 19; en cama—en la cama, p. 270 n. 1; en caso contrario—de lo contrario, p. 181 n. 17; en color—a todo color—de color, p. 388 n. 7; en el norte de—al norte de, p. 200 n. 13; en fin—por fin—al fin, p. 64 n. 13; en nombre de—a nombre de, p. 297 n. 19; en pie—de pie, p. 272 n. 6; en principio—en un principio—al principio, p. 315 n. 16; en razón de—a razón de, p. 328 n. 4
Encajar: various uses of, p. 221 n. 22
Encargar—pedir, p. 179 n. 3
Encomendar—recomendar, p. 259 n. 20
Encontrar—verse—conocer—reunir—coincidir, p. 34 n. 2
End: various translations of, p. 36 n. 8
Enfriar—refrescar—sentir frío, p. 274 n. 13
Enough: Spanish elliptical equivalents for, p. 314 n. 14
Enseñar—dedicarse a la enseñanza, p. 152 n. 20
Enthusiastic: Spanish equivalents for, p. 386 n. 4
Entonces—luego, p. 410 n. 11
Entrada—billete—localidad—ticket, p. 115 n. 7
Entrar: entrar—ingresar, p. 160 n. 1

Entretener—divertir, p. 63 n. 11
Entusiasta—entusiástico—entusiasmado, p. 386 n. 4
Equipment—equipo, p. 164 n. 7
Equipo: various uses of, p. 164 n. 7
Equivocación—falta—error, p. 137 n. 16
Equivocarse de, p. 146 n. 1
Error—equivocación—falta, p. 137 n. 16
Error—oversight—mistake, p. 137 n. 16
Escandalizar: as a translation of *"to shock"*, p. 185 n. 13
Escape—escapar de, p. 149 n. 12
Escape—escape from, p. 149 n. 12
Escrito—escritura, p. 333 n. 17
Escritura: various uses of; escritura—escrito, p. 333 n. 17
Escuela—facultad, p. 160 n. 1
Espalda—lomo, p. 79 n. 2
Esparcimiento: as a translation of *"relaxation"*, p. 116 n. 8
Esparcir: as an equivalent of *"to relax"*, p. 116 n. 8
Específico—especificado—concreto, p. 310 n. 5
Esperanza—expectación, p. 50 n. 14
Espiritual: various uses of, p. 217 n. 11
Estación—temporada, p. 24 n. 15
Estados Unidos: used with a singular or plural verb, p. 85 n. 17
Estanque—piscina—charco—charca—laguna, p. 215 n. 7
Estar: estar de guardia—estar sobre aviso, p. 202 n. 16; estar de más, p. 9 n. 9; estar mal de, p. 293 n. 10; estar que arde, p. 49 n. 10; estar sobre aviso—estar de guardia, p. 202 n. 16; estar sometido a—estar sujeto a, p. 202 n. 17
Estéril—fútil, p. 239 n. 18
Estropear—echar a perder, p. 6 n. 3
Evadir—evadirse—eludir, p. 392 n. 12
Eventual—*eventual*, p. 201 n. 15
Eventually: common translation of, p. 201 n. 15
Evidence: various translations of; *evidence*—evidencia, p. 369 n. 8
Excusar—*excuse*, p. 150 n. 15
Exigir: as a translation of *"to require"*, p. 309 n. 4
Expect: Spanish equivalents for, p. 50 n. 14
Expectación—*expectation*, p. 50 n. 14
Explicarse, p. 99 n. 9
Exponer—*expose*, p. 21 n. 4
Expose: various Spanish equivalents for, p. 21 n. 4
Exposure: various translations of, p. 21 n. 4

Help, p. 80 n. 3

Hendidura—resquebrajadura—grieta, p. 199 n. 9

Herir—golpear—batir—pegar—dar, p. 349 n. 10

Hoja—pliego—folio—holandesa—cuartilla, p. 352 n. 15

Hojear—leer por encima, p. 82 n. 8

Hold: translated by "celebrar", p. 232 n. 1

Hombre: used as an exclamation, p. 9 n. 10

Honorario—salario—sueldo—paga—pago—jornal, p. 85 n. 18

How: followed by adjectives or adverbs in interrogative sentences, p. 64 n. 15; used in requesting directions, p. 130 n. 1; used in exclamatory sentences, p. 64 n. 15

Humor—*humor*, p. 99 n. 10

If not, p. 181 n. 7

Ignorar—*ignore*, p. 353 n. 16

Ilusión: various translations of, p. 410 n. 10

Implicar—*imply*, p. 317 n. 21

Implicate—imply, p. 317 n. 21

Imponer—*impose*, p. 232 n. 3

Importe—cuantía—cantidad, p. 297 n. 20

Impose—imponer, p. 232 n. 3

Improvement: various translations, p. 235 n. 11

In: in one's name, p. 297 n. 19; *in pencil; in ink; in crayon; in oil*, p. 121 n. 19; translated by "a", "de" and "en" with *"manner"* and *"way"*, p. 97 n. 5

Incautarse—agarrar, p. 258 n. 19

Incidencia—incidente, p. 255 n. 9

Incidente—incident, p. 255 n. 9

Incluido—inclusive—incluso, p. 60 n. 3

Inconveniente—objeción, p. 23 n. 11

Incorporate: Spanish equivalents of; *incorporate—incorporar*, p. 240 n. 23

Indicaciones—instrucciones, p. 220 n. 18

Indicado—lógico, p. 82 n. 10

Inferir—*infer*, p. 137 n. 18

Inform: various translations of, p. 8 n. 8

Información: información—informe(s); información—referencia, p. 51 n. 17

Informar—avisar—comunicar—participar, p. 8 n. 8

Information, p. 51 n. 17

Informe(s)—información, p. 51 n. 17

Infundir: as a translation of *"to arouse"*, p. 256 n. 12

Ingresar—entrar, p. 160 n. 1

Inscribirse: as a translation of *"to register"*, p. 236 n. 14

Insinuar, p. 317 n. 21

Insinuation—insinuación, p. 317 n. 21

Insistir en—empeñarse en, p. 20 n. 2

Instituto: description of, p. 151 n. 18

Instrucciones—indicaciones, p. 220 n. 18

Íntegro, p. 292 n. 8

Integrar: various uses of, p. 292 n. 8

Interés: various uses of, p. 238 n. 16

Interesar: interesar—estar interesado en, p. 238 n. 16; interesarse en—interesarse por, p. 238 n. 16

Interest: have an interest (interests) in—be interested in, p. 238 n. 16

Intervención: various translations of, p. 370 n. 9

Intervene: various Spanish equivalents for, p. 48 n. 7

Intervenir—*intervene*, p. 48 n. 7

Inusitado, p. 200 n. 12

Ironic expressions, p. 36 n. 7

Irritar: different uses of, p. 295 n. 16

Jefe—gerente, p. 218 n. 12

Join: various translations of, p. 240 n. 23

Jornal—salario—sueldo—honorario—paga—pago, p. 85 n. 18

Jornaleros—trabajadores—obreros—operarios—peones, p. 86 n. 19

Juerga: colloquial uses of, p. 273 n. 10

Just like, p. 101 n. 16

Key: various translations of, p. 259 n. 21

Kick: various translations of, p. 348 n. 8

Labor—trabajo—trabajos, p. 296 n. 18

Labor—work, p. 296 n. 18

Laborer—worker—workingman, p. 86 n. 19

Laguna—estanque—piscina—charco—charca, p. 215 n. 7

Late: various Spanish translations of, p. 34 n. 1

Lead a life—spend a life, p. 197 n. 3

Lecho—cama, p. 270 n. 1

leer por encima, p. 82 n. 8

Legal terminology, p. 98 n. 7

Let: let alone, p. 258 n. 18; *let know*, p. 8 n. 8

Life: spend (lead) a life, p. 197 n. 3

Like: just like, p. 101 n. 16; used in the expression *"what is someone or something like?"*, p. 131 n. 3

Loan: Spanish equivalents for, p. 47 n. 5

Legal Almanac No. 43

LIVING TOGETHER: UNMARRIEDS AND THE LAW

by IRVING J. SLOAN, J.D.

1980 Oceana Publications, Inc.
Dobbs Ferry, New York

Library of Congress Cataloging in Publication Data

Sloan, Irving J.
     Living together.

     (Legal almanac; no. 43)
     Bibliography: p.
     Includes index.
     1. Unmarried couples--Legal status, laws, etc.--
United States--Popular works.   I. Title.
KF538.Z9S55   346.73'0163   79-27193
ISBN 0-379-11131-4

52274

81-13943

346.01
SLU

TABLE OF CONTENTS

INTRODUCTION

These couples live in private homes, apartments, condominiums and mobile trailers. They reside in the big cities, in the small towns, even in village hamlets and on farms. Both parties are professional workers or wage earners, and they may be working together in businesses or offices of their own, or they may be working on their own in separate positions or jobs in different places. They may indeed even be retired from their careers. Their lifestyle may be way out or it may be very conventional. They may be a man and a woman, two men, or two women.

In any case, they are unmarried and have chosen to be so (homosexual couples have no choice about it; case and statute law denying such couples the right to marry, have consistently been upheld as constitutional. However, the claim for the right of members of the same sex to marry would probably be assured under the proposed Equal Rights Amendment which would establish a stricter prohibition against discriminatory treatment along sexual lines). Beyond this, the traditional definition of marriage was given in one of the only two reported cases on same sex marriage: *"Marriage is and always has been a contract between a man and a woman. 'Marriage' may be defined as the status or relation of a man and a woman who have been legally united as a husband and wife. It may be more particularly defined as the voluntary union for life of one man and one woman as husband and wife."* The Uniform Marriage and Divorce Act recognizes this reasoning. Although same sex marriage is not expressly prohibited by the Act, an official comment states that *"in accordance with established usage, marriage is required to be between a man and woman."*

In 1970, eight times as many unmarried couples (heterosexual) were living together as in 1960. Today, six times as many couples live together sans marriage than in 1970, and the number continues to grow. The Bureau of the Census recognized this phenomenon when it included in its 1976 *Current Population Report* a section, "Unrelated Adults Sharing Two-Person Households," reporting the nonmarital status of these households. In that year, the number of unmarried cohabitants exceeded 1,320,000 (See Appendix C).

This trend is largely the result of increased social acceptance of cohabitation without marriage. Beyond this, various individual factors contribute toward the trend. Young couples may live together until one is in a position to adequately support the other in a marriage. Some may be hesitant to marry and would rather live with someone for a period of time. The elderly may choose to cohabit since Social Security benefits, based on a former spouse's earnings, terminate upon remarriage. Those who receive old age assistance, based on their own previous work experience, receive full benefits regardless of marital status. Yet, widows and widowers who only receive the Social Security benefits based on the earnings of their deceased spouses, receive a 50% cut in benefits upon remarriage. If they choose to cohabitate, they retain their prior social security benefits and receive a greater monthly payment. Fear of losing alimony payments in the case of divorced status of one of the partners and tax benefits are two very popular reasons why couples choose to cohabitate without marriage.

But whatever the reason, the fact is that people who would not have considered living together as unmarried partners in the past now openly cohabit without marriage. And whatever the implications it has for the institution of marriage, nonmarital cohabitation is increasingly prevalent and is increasingly being recognized as a theoretically defensible and practically acceptable lifestyle.

Our courts have traditionally regarded nonmarital relationships with disfavor. When disputes have arisen concerning the rights of ownership of property acquired during what the courts viewed as an illicit relationship, they have had to struggle with the conflict between their duty to provide peaceful arbitration of disputes, preventing unjust resolutions, and their perceived responsibility to preserve morality by not sanctioning a practice which was and probably remains morally offensive to a large segment of society.

Many judges have expressed their moral revulsion toward the practice. In a 1959 case, the Florida Supreme Court said: *"We are here confronted with a situation in which good morals would offer no brief in behalf of either party. In fact, if it were possible we would be inclined to dismiss them both with the*

*Shakespearean denunciation 'A plague on both your houses'!
However, we are compelled by precedent to reverse the decree
of the Chancellor. We do so reluctantly because the appellant
Joe is lucky that he isn't in jail for the crime of adultery and in
our view the manner in which he concluded the affair is
reprehensible. By the same token the appellee Julia Mae has
little in the way of good morals to commend her to the
conscience of equity."*

The Arizona Supreme Court reflected an extension of this
attitude which characterized most courts when it stated:
*"Generally the conscience of the court is not aroused to invoke
equitable powers to rescue those from the results of their illegal
practices when that is the only basis for granting relief. The
parties here not only violated the permanent established public
policy of all society but also violated the expressed criminal
statutes of the state of Arizona.... We cannot establish the
precedent of assisting those who deliberately choose to substi-
tute illegal cohabitation for lawful wedlock, especially when
the only basis for such assistance is the mere fact that they have
chosen such a status."*

Marvin v. Marvin, the California case which has become the
landmark case in the field of the law of unmarried cohabitation, launched the slow but certain movement on the part of the
law toward doing justice for unmarried partners when justice
should be done, as much for its judicial recognition of the "new
morality" as for the law it expounded: *"The mores of society
have indeed changed so radically in regard to cohabitation that
we cannot impose a standard based on alleged moral considerations that have apparently been so widely abandoned by
so many."* The *Marvin* court thereby opened the way for courts
to deal with problems of nonmarital cohabitation on the merits
of the substantive issue or question, shall we permit one partner
to suffer an injustice and another partner to enjoy an unjust
enrichment merely because of moral disapproval of the nature
of the relationship?

As we noted at the outset, cohabitation is increasing slowly
but gradually. Indeed, the government report cited earlier
projected that cohabitation would become an acceptable
alternative to marriage in the 1980's.

But California is not America, nor is Oregon, which has gone even further as we shall see later in this volume, in recognizing and accepting this living arrangement, and most states have not yet recognized cohabitation as an alternative to marriage and have not granted rights to cohabiting partners. As a matter of fact, even the *Marvin* opinion felt a compelling need to reassure that its tolerance in no way reflected a diminishment of the court's convictions about legal marriage: *"Lest we be misunderstood, however, we take this occasion to point out that the structure of society itself largely depends upon the institution of marriage, and nothing we have said in this opinion should be taken to derogate from that institution. The joining of the man and woman in marriage is at once the most socially productive and individually fulfilling relationship that one can enjoy in the course of a lifetime."*

But given the fact that it is *Marvin's* rhetoric and not its law that is its main claim to fame, litigation is still necessary to determine what rights unmarried cohabitants possess. Our purpose in this volume is to indicate what those rights and what the possible remedies may be.

Chapter 1

PRELIMINARY NOTE: "RECOGNIZED" MARRIAGES

Ceremonial Marriage

The lawful union of a man and woman by a formal ceremony, which joins both parties in a relationship that may be terminated only by death or divorce is a ceremonial marriage. The spouses in such a marriage are entitled to a variety of legal protections by the state. These include the right to live together in marital cohabitation and, in a state which recognizes community property, each spouse is entitled to equal ownership of the property secured by either spouse during the marriage. The children of the marriage are recognized by the state as legitimate, and both parties assume the obligations of marital and child support. There is a right to life obligations of marital and child support. There is a right to file joint income tax returns both on the federal level and in those states which impose income taxes. Upon divorce, the spouses have the right to support for the children and spouse, and child custody. Upon death, the surviving spouse may recover damages for wrongful death, where appropriate, and will be entitled to social security benefits based on the decedent's employment record.

Common Law Marriage

The term common law marriage is frequently mistakenly used to refer to meretricious cohabitation. In states where common law marriages are recognized as valid (Alabama, Colorado, Georgia, Idaho, Kansas, Montana, Ohio, Oklahoma, Pennsylvania, Rhode Island, South Carolina, Texas and the District of Columbia), they are valid as legal marriages. While the requirements of a common law marriage vary greatly according to state, they generally include criteria such as continued cohabitation for a specific period of time, acknowledgment of a family relationship, and reputation as husband and wife in the community. Whether the requirements are met or not is a question of fact that is determined in court. Since judicial determination is requisite to a legally binding common law marriage, the validity of the marriage is usually not determined until a dispute arises between the parties.

1

Once a common law marriage is judically determined to be valid, the marriage is the legal equivalent of a traditional civil marriage. The status of the individuals is the same and so their rights as far as property, alimony and death benefits are determined by their status as marital partners.

A relationship of cohabitation may rise to the status of a common law marriage only in those jurisdictions that recognize their validity and then only if the particular state requirements of a common law marriage are fulfilled.

Putative Marriage

A putative marriage is one in which at least one of the partners has a good faith belief that the relationship existing between them is a valid marriage. It should be noted that while both men and women may be either putative or meretricious spouses, it is more convenient to refer to the putative or meretricious spouse as "she" because this is the posture in which most of the cases are decided.

No marriage ceremony is necessary to show a putative marriage. Even a good faith belief that a common law marriage was valid is sufficient to make the believer a putative wife.

In short, unlike legal marriage, which is defined by statute, the putative persons are those who erroneously believe themselves married. Frequently the belief arises from an attempted ceremonial marriage which is later found to be invalid. All eight of the community property states have devised some form of protection for the putative spouse. In a number of states the only requisite for putative spouse status is a good faith belief that one is validly married. Such belief has been found both where the marriage was void or voidable, and where one party had procured a secret divorce.

In almost all states the putative wife has the same rights to property accumulated during the putative marriage as a legal wife has. This means that in community property states she can recover an equitable share of the property accumulated during the relationship even though she has no statutory right to such a share. However, if the marriage is terminated because of adultery, incurable sanity, or extreme cruelty, the innocent

2

spouse has been awarded more than one-half of the "putative property."

If no such property is available for distribution, the putative spouse may be awarded a lump sum representing the reasonable value of the household services rendered by the putative spouse in excess of the value of maintenance and support furnished by the other party. No case has awarded the putative spouse permanent alimony and it is likely that no such right exists. And when the relationship is terminated by death, the surviving putative spouse has been awarded all the putative property as well as a spousal share of the decedent's separate property. The putative spouse may be accorded the right to bring suit for the wrongful death of the deceased partner, and to recover worker's compensation death benefits as a surviving widow. In those states where children born of void or voidable marriages are deemed legitimate, putative spouses have the same rights and obligations toward their children as do legally married persons.

Chapter 2

NONMARITAL COHABITANTS AND THEIR PROPERTY RIGHTS (I)

Meretricious Spouses

A man or woman who cohabits with another knowing that the relationship does not constitute a valid marriage is a meretricious spouse. Either of the spouses or both may be meretricious. For example, if a prior marriage of either is still valid, and both know this, both are meretricious spouses. If only one is aware of the invalidity of the present marriage, that party is a meretricious spouse. The "innocent" partner is not tainted by the knowledge of his or her partner.

This nonmarital relationship is unlike the legal and common law marriage. It is a status arranged by the parties without the state's approval and without the need of a divorce decree to terminate the relationship.

Unlike the ceremonial marriage, common law marriage and the putative spouse, the rights and obligations of the cohabitants are limited. If the couple resides in a state which does not recognize cohabitation as a legal relationship, they are not entitled to the same legal protections afforded the legal or common law spouses. So the general rule has been that the meretricious spouse is not entitled to share property accumulated during the relationship if there was no express agreement to that effect. In short, cohabitation alone, unlike marriage, does not give the nonmarital partner an interest in property accumulated during the relationship. The courts left the parties in the position in which they might have placed themselves. In doing so, they were denying that the reasonable expectations deserving equitable consideration could exist where no agreement to share was present. In short, the mere fact that a meretricious relationship existed had been held a sufficient basis for denying recovery. However, it will be the thrust of this chapter to indicate how the courts have in fact found theories to provide recovery to prevent unjust enrichment when the factual setting warranted it. But before turning to this discussion, a few

4

more words about the statutory regulations dealing with meretricious relationships are in order.

In the United States, unmarried cohabitation is not prohibited in thirty-three jurisdictions (see Appendix B). In the remaining seventeen states which prohibit cohabitation, criminal penalties range from a maximum jail sentence of six months to three years and/or maximum fine of $100 to $1,000. Most of these statutes, however, are not enforced.

New Hampshire recognizes cohabitation as a legal marriage if the parties cohabitate and acknowledge each other as husband and wife for a period of three years. This statute contains elements similar to acknowledgment and holding out as was found in the common law marriage. Yet, the common law marriage has no time period requirement and cohabitants are not required to secure a divorce prior to the three year limitation. After three years, the relationship is legal and the cohabitants will be entitled to equal shares of the property. New Hampshire thereby relieves the problems that follow the death of one partner by providing that cohabitation for the preceding years will allow the other party to be treated as the decedent's surviving spouse.

Some states provide cohabitants with the right of an equal share of the property, regardless of the status of the parties. Indiana and Montana both adopted the Uniform Marriage and Divorce Act, Section 307 (Alternative A, as amended 1973): *"The court will divide all property of the parties....regardless of the source or the form in which title is held."*
In the states that have no statutory protection for meretricious spouses, the courts look at property and contract law to balance the harms and interests of all parties for a fair distribution of the property.

Personal Property Rights of Nonmarital Spouses

A nonmarital partner has a legal right to his or her personal property acquired before and during the nonmarital relationship. Personal assets that were purchased by one or both cohabitants belong to the one with title. If either party wants something back if there is a termination of the relationship, a written agreement is required.

5

For example, whoever's name is on the automobile registration and title certificate is the owner of the automobile and is liable for insurance payments. If both parties sign the auto loan agreement, both are liable for the loan payments. If the man defaults after he leaves, the woman is liable.

Since a gift is a transfer of possession with the intention to give up rights to the item, the courts will infer the gratuitous intention in determining who has title to the gift.

Bank savings and checking accounts may be individual or joint, depending upon the preference of the unmarried cohabitants.

If the man wants his nonmarital spouse to have his property when he dies, he needs a will. A will is a written instrument not to take effect until death, is revocable until death, and makes disposition of property. If he dies during the nonmarital relationship without leaving a will, his property passes by intestacy and the state statute will determine who shares his property. Since most states' (remembering the exceptions of New Hampshire, Indiana and Montana) intestate list of successors include blood relatives, the nonmarital female spouse will receive no property. It is therefore necessary for the male partner to have a will to convey property to his spouse if that is his intention.

Real Property

Unmarried cohabitants have the same rights to real property acquired during the meretricious relationship as other joint owners. There are three forms of ownership of real property that are available to everyone. First, an individual may purchase property in his name only, thus retaining title in himself. The second is joint tenancy, which includes the right of survivorship. The two parties are joint owners and each owns an undivided half share in the property. Upon the death of the joint owner, the surviving owner receives the whole property.

Tenancy in common is another form of property ownership but without the right of survivorship. The two owners each have an undivided one-half ownership in the property, but the property remains in their separate estates at death. For

6

example, the nonmarital couple owns property as tenants in common and one dies without a will, intestate. The surviving spouse shares the property with the decedent's survivors.

But what happens when the lines of ownership-title are not so clear and determining? This invokes the doctrine of trusts.

Where a party furnishes all or part of the consideration for the purchase of property, personal or real, but title to the property is in the other party, courts have employed the doctrines of resulting and constructive trusts to determine ownership. A leading treatise on the law of trusts describes a resulting trust: *"Where one pays the consideration for a transfer of real or personal property, but has the title taken in the name of another, it is presumed or inferred that the payor intended the grantee to be a trustee for the payor."*

On the other hand, a constructive trust is the formula through which the *"conscience of equity"* finds expression. When property has been acquired in such circumstances that the holder of the legal title may not in good conscience retain the beneficial interest, equity converts him into a trustee.

Let us see how this trust doctrine serves or can serve as an equitable remedy for meretricious spouses, usually if not always the woman, who stand to lose out in a property distribution at the end of the relationship since she has no rights based on the relationship alone as would a marital spouse.

Resulting Trusts

The typical case occurs when the non-titled party contributes funds to the purchase of real property, and subsequently claims an equitable interest. So a remedy available to a meretricious spouse who has provided all or a portion of the purchase price to acquire property placed in the name of the other spouse is a resulting trust. The contribution must have been out of funds or other property of value. Services rendered of any kind would not be acceptable. In such case, the meretricious spouse is entitled to a share of the property proportionate to his or her contribution. For example, assume that H, a meretricious husband, acquires property and places title in his own name. If his meretricious wife, W, contributed half of the purchase

7

price, a court of equity would decree that H holds one-half interest in the property as trustee for W.

The basic requirement for imposition of a resulting trust is that the spouse seeking its imposition must have contributed consideration either before or at the time of purchase. Later contributions or improvements are not enough. Nor is a resulting trust available to a nonmarital spouse whose only claim to an interest in property is that services were performed that increased its value. In a leading California case in 1962, *Keene v. Keene* (371 P 2d 329), plaintiff, a meretricious spouse, had lived with the defendant for eighteen years. Although she contributed neither money nor property of value when the property was acquired, she did work on the defendant's ranch and ran his household. When the farm was sold, defendant used the proceeds to purchase a furniture business. Again, the complaining spouse did not give financial assistance. The court held that a resulting trust was not established in the ranch because legal title was in the defendant before the inception of the meretricious relationship. No trust could be imposed on the furniture business. The only consideration the claimant could point to as contributed by her in the acquisition of the business was a purported increase in the value of the ranch due to her services. The court stated that *"the labor of a farm hand... also 'increases the value' of the ranch... where he works; yet it is manifest that he thereby acquires no interest in the property itself or in the proceeds of its sale..."* The difficulty with this analogy is that an employee would be salaried and he would have no expectation of acquiring an interest in the business property because of his services. A meretricious spouse, on the other hand, ordinarily receives no "salary" other than support and maintenance and may reasonably expect to be compensated for services that increase the value of the other spouse's property. Nevertheless, the rule was that such an indirect contribution by the nonmarital cohabitant was not enough.

A Wyoming case is worth noting here because it points up the importance of the moral viewpoint of the court in denying recovery as well as showing the limitations of the trust theory for recovery for nonmarital cohabitants. In that case the couple illicitly cohabited for almost eight years. The man owned a rooming house and tavern where the woman worked as a hostess, singer and housekeeper. When the cohabitation ended, the woman sued alleging an implied promise to pay for her services. The Supreme Court of Wyoming upheld the trial court's refusal to compensate the woman for her services: *"Not only does the relationship as husband and wife negate that of a master and servant, but such cohabitation, being in violation of principles or morality and chastity, and so against public policy, the law will not imply a promise to pay for services rendered under such circumstances."*

While the law normally implies a promise to pay from the rendition and acceptance of services, courts have held that a contrary presumption is created by illicit relations between the parties. Beyond this, courts require proof of resulting trusts to be "beyond a reasonable doubt" or even "clear, explicit, unequivocal, precise, convincing and indubitable." Furthermore, recovery has been denied where the claimant failed to establish the precise amount of the purchase price contributed by each party. Finally, because trust doctrine recognizes only actual monetary contributions toward the acquisition of property, as we have seen, and then only upon a strong showing of proof, it is still of limited use even since the *Marvin* case which has attempted to show the way toward liberal employment of implied agreements of all kinds.

Constructive Trusts

However, if an unmarried cohabitant is induced to transfer title to property held in her own name to the other spouse, a constructive trust may more readily be available as a remedy. In addition to this transfer of property requirement, the meretricious nonmarital cohabitant must prove that it was induced by actual or constructive fraud. Where actual fraud is shown, a trust will be imposed even though the parties are dealing at "arms' length".

Where no actual fraud can be proven, constructive fraud is sufficient to support the imposition of a trust. But if constructive fraud is relied upon, a confidential relationship must be shown to have existed between the title holder and the person seeking to impose the trust.

While many courts have, of course, held that a meretricious

relationship alone does not give rise to a confidential relationship, the meretricious situation has at least not been a bar to establishing a relationship of confidence. There must be a showing that a relationship of trust did exist in fact, and that the relationship was used to obtain unfair advantage by a breach of this trust. Although the fact that a meretricious relationship exists is evidence that an attitude of love exists between the parties, the particular facts in each case govern. If the meretricious spouse is successful in establishing that a confidential relationship with her partner existed, it will become the fiduciary's task to prove that he acted faithfully.

Equitable Lien

Where a constructive trust is not available to the meretricious spouse because of the absence of both fraud and a confidential relationship, an equitable lien may be available for relief as it has been all along, even before the *Marvin* case. Both the constructive trust and the equitable lien are imposed to prevent unjust enrichment. But while the constructive trust gives the plaintiff equitable ownership of the property and transforms the legal owner into a trustee, the equitable lien merely imposes a lien on the property. The title and ownership are retained by the holder of legal title, while the property is charged as security for the outstanding debt. There is no need to find a confidential relationship when imposing an equitable lien. Although fraud may exist, it is also unnecessary.

"Business" Partnerships

If the evidence establishes an express partnership between the nonmarital cohabitants, the courts on occasion have applied the established law of partnership. In a 1960 Arizona case, an elderly couple lived together for ten years. Initially both parties contributed rental residential property, using the profits for their support and the acquisition of additional property. The Arizona Supreme Court held that the agreement to acquire property and divide profits established the essential elements of a partnership. In the present decade, courts have found an implied partnership based on the circumstances surrounding the relationship. This doctrine has the sounds of the implied contract approach which, as we shall soon see, the famed *Marvin v. Marvin* case urged as one of the possible ways to allow a nonmarital spouse to recover a share of the property at the end of a meretricious relationship. And, like most of the "innovative" proposals much-touted in that much celebrated case, we can note that its theory of implied agreement from the conduct of the parties was hardly one that originated with it. The Arizona decision here was rendered in 1960. Nevertheless, this approach is even now, after *Marvin*, a prevailing approach used by the courts. Certainly it is more difficult to prove an implied partnership between illicit cohabitants than between ordinary people in business simply because of the courts' reluctance to still sanction the illicit relationship in those states where it remains illicit. Beyond this, unless the couple has organized a commercial venture for profit, the partnership approach is rarely successful in resolving disputes.

Joint Business Enterprise

Another road to travel in attempting to give a meretricious spouse an interest in property acquired during the meretricious relationship is to prove an express agreement between the nonmarital cohabitants that all future earnings and all property acquired thereafter shall be owned jointly, such an agreement will give each spouse an equitable undivided one-half interest in that property. If that agreement provides that the accumulated property is to be in the name of one spouse, that spouse is deemed to hold an undivided one-half interest in trust for the other. In cases where the meretricious spouse sued for an accounting and partition of property held in joint ownership by both spouses, the courts have reasoned that the nonmarital spouses stand on equal footing in the courts' eyes with two businessmen engaged in a business enterprise, both relationships (husband and wife; business partners) being subject to the basic laws of property, trusts and contracts which traditionally apply to marketplace transactions.

Of course what the courts were doing and continue to do, in order to avoid the social stigma of enforcing an agreement between an illictly cohabitating man and woman, is to rationalize that such a meretricious relationship could be viewed as a joint business enterprise, somewhat akin to

11

partnership which any two persons (two women, two men, for example) might undertake.

All this points to the conclusion that there were always several practical theories and remedies for the meretricious spouse in the matter of property rights even before the "pioneering" *Marvin* case. It will become evident in our later discussion of this case that the case essentially relied upon *existing* remedies, legal and equitable, calling upon the trial court to let the plaintiff nonmarital cohabitant at least attempt to prove that she had an agreement or contract which could be enforced under any one of several theories.

It was, as one pair of legal commentators put it, the "rhetoric" in *Marvin v. Marvin* more than the law that makes this case worthy of all the attention it has received: *"The rhetoric was avant garde in the sense that the court took cognizance of the obvious fact that more and more couples, in California and elsewhere, were engaged in nonmarital cohabitation, and that such a change of mores warranted a reconsideration of public policy regarding their rights inter se, including the rules to be applied where there was the prospect of unjust enrichment.... So California called a spade a spade, and the court refused to categorize the particular relationship as 'meretricious' and by use of the label to leave the parties where it found them. Many other courts, in California and elsewhere, had done the same thing, absent all the fanfare, and there already existed several theories upon which recovery by Michelle could be based which were in the mainstream of American contract law. In the long run, except for rhetorical or propaganda purposes, it is this mainstream of the law pertaining to contracts and quasi-contracts that will effect and determine future decisions in specific cases."* (Foster & Freed, "Marvin v. Marvin: New Wine in Old Bottles," 5 *Family Law Reporter* 4001, 1979). But this is getting ahead of our "story."

Community Property and Dower

Community property and dower are conferred only upon married couples and not nonmarital cohabitants. In dower states, if the husband draws up a legal and binding will leaving his property to all but his wife, the dower statute will automatically grant a half interest of the estate to the wife. But such dower rights are limited to the parties of a lawful ceremonial marriage.

The eight community property states provide that assets obtained by a spouse during the marriage becomes the property of the marital community (one-half of what one spouse earns or buys belong to the other spouse). When the marriage ends through death or divorce, the court determines what assets are community property and divides it up between the parties, regardless of what the parties intended. The property acquired during the marriage must be purchased through the joint efforts of both spouses. If one spouse contributed cash, the other spouse could contribute cash or services for the purchase of community property.

For a period of time, from 1973 to 1976, California did confer community property rights to nonmarital cohabitants as well as to ceremonial, common law and putative spouses. *In re Marriage of Carey*, rendered in 1973 applied community property principles to all relationships of a "familial nature" regardless of whether the relationship was meretricious. The court used broad statutory interpretation of California's 1970 Family Law Act which eliminated fault or guilt as the determining factors in the division of property upon termination of the marriage relationship. The court reasoned that once guilt or fault was removed from determining division of community property, there was no difference between meretricious and putative spouses. Since putative spouses received one-half of property acquired during the relationship under the Act, the court held unmarried cohabitants were entitled to community property, if they maintained an actual family relationship. But this was too much even for *Marvin v. Marvin*, the decision noted for its "innovative" results on behalf of meretricious spouses, which relied upon the dissent in *Carey* which stated that no broad definition of actual family relationship existed to include nonmarital cohabitants. Furthermore, the Act did not include standards to determine nonmarital cohabitation as a family relationship. *Marvin*, as well as other subsequent California cases declined to give recovery to the complainant spouse on the basis of community property rights.

In those states where there is no community property rights for either legal spouses or nonmarital cohabitants, the courts must look to contract law in order to do justice to both nonmarital spouses by providing a fair remedy that would protect their property rights.

Chapter 3

NONMARITAL COHABITANTS AND THEIR PROPERTY RIGHTS (II)

In this chapter we will direct our attention to the application of contractual doctrines of law as the prevailing approach or theory for allowing nonmarital spouses (almost always women, therefore, our use of the "she" pronoun throughout the discussion!) to recover their fair share of the property acquired and/or accumulated during the meretricious relationship.

Marvin v. Marvin*

It was noted in the Introduction that the California case of *Marvin v. Marvin* has become the landmark case in the field of unmarried cohabitation law. The point we emphasized there was that the great significance of the case was as much for its rhetoric as for its law (see the discussion in Chapter 2), meaning by that that the decision opened the way for courts to deal with the issues of nonmarital cohabitation on the substantive issue of doing justice to the parties and not be diverted from that function by emphasizing the moral judgment of the relationship.

Here, however, we will address ourselves to the law which the *Marvin* decision expounded not because it opened up any new grounds for permitting recovery (except the theory of quantum meruit which has been rejected by most if not all legal writers as well as subsequent cases), but because it reviews and urges any one of several existing theories of recovery under sound contract law which would make the nonmarital and even illicit relationship irrelevant in offering recovery (except for the issue of consideration, which will be discussed in detail later).

Michelle Triola and Lee Marvin began living together in October 1964. In her lawsuit Michelle alleged that she and defendant Lee Marvin *"entered into an oral agreement"* that while *"the parties lived together they would combine their efforts and earnings and would share equally any and all property accumulated as a result of their efforts whether*

---

*18 *Cal.* 3d 660, 557 P.2d 106, 134 *Cal. Rptr.* 815 (1976) *individual or combined."* Furthermore, they agreed to *"hold themselves out to the general public as husband and wife"* and that *plaintiff would further render her services as a companion, homemaker, housekeeper and cook to... defendant."*

In October of 1964 Lee Marvin was legally married to Betty Marvin; Betty subsequently obtained a final decree of dissolution. Michelle knew of Lee's marriage and its dissolution. She admitted that she at no time believed that she was married to Lee. She contended, however, that the pooling agreement had been ratified by the conduct of both parties in continuing to live together following the Marvins' divorce. Michelle fully performed her part of the alleged agreement (Lee Marvin's argument that the contract was unenforceable because of the Statute of Frauds was rejected by the court, which noted that most of the cases enforcing agreements between nonmarital partners had involved oral agreements).

On May 8, 1970, Michelle obtained a court order changing her surname from "Triola" to "Marvin". On May 11, 1970, she and Lee Marvin separated. He paid her $800 per month from the date of separation until November 1, 1971, when he stopped making the payments.

Michelle filed suit on February 22, 1972, seeking one-half the property standing in Lee Marvin's name that was acquired during the relationship. The trial court granted Lee's motion for a judgment on the pleadings, denying Michelle's motion to amend her complaint. The action was thereafter dismissed.

The California Court of Appeals affirmed the dismissal on the ground that Michelle would be unable to amend her complaint so as to state a cause of action. The court said it was following a series of California cases stating that the meretricious relationship itself formed the consideration for the agreement, therefore, the agreement was void and unenforceable.

The California Supreme Court reversed and remanded the case for trial. It concluded that Michelle's complaint did state a cause of action for breach of an express pooling agreement and furthermore that she could amend her complaint to state other causes of action such as implied contract, quasi-contract, or

16

resulting trust (concerning this latter theory, see *infra*, pp. 13-16).

It was noted that the fact that a man and woman live together without marriage, and engage in a sexual relationship, does not in itself invalidate agreements made between them relating to their earnings, property or expenses. Neither is such an agreement invalid merely because the parties may have contemplated the creation or continuation of a nonmarital relationship when they entered into it. Agreements between nonmarital partners fail only to the extent that they rest upon a consideration of meretricious sexual services. A contract does not fail if it is *"involved in"* or made *"in contemplation"* of a nonmartial relationship.

The Court very pointedly notes that it will not enforce contracts between nonmarital partners where the consideration was expressly founded upon an illicit sexual services. "In sum, a court will not enforce a contract for the pooling of property and earnings if it is explicitly and inseparably based upon services as a paramour." But, the Court goes on to say, even if sexual services are part of the contractual consideration, any *severable* portion of the contract supported by independent consideration will still be enforced.

The opinion candidly and boldly points out that virtually all agreements between nonmarital partners can be said to be "involved" in some sense in the fact of their mutual sexual relationship, or to "contemplate" the existence of the relationship. To view the matter otherwise would invalidate all agreements between nonmarital partners. Clearly, the Court was not about to make that kind of a ruling.

While the following passage from the opinion might be viewed as part of the "rhetoric" of the decision, it is nevertheless a reflection of a judicial attitude which in the long run may have the most important impact on the law of living together in time to come: *"In summary, we base our opinion on the principle that adults who voluntarily live together and engage in sexual relations are nonetheless as competent as any other persons to contract respecting their earnings and property rights. Of course, they cannot lawfully contract to pay for the performance of sexual services, for such a contract is, in essence, an agreement for prostitution and unlawful for that reason. But*

17

they may agree to pool their earnings and to hold all property acquired during the relationship in accord with the law governing community property; conversely they may agree that each partner's earnings and the property acquired from those earnings remains the separate property of the earning partner. So long as the agreement does not rest upon illicit meretricious consideration, the parties may order their economic affairs as they choose, and no policy precludes the courts from enforcing such agreements."

In short, as far as Michelle Marvin's case is concerned, all the Court was deciding here was that she was entitled to go to trial to prove that she had an agreement with Lee to divide up the property accumulated during their relationship and, beyond that, an agreement to support her. Its decision was also saying that the trial court erred in not letting her put forth her evidence by granting defendant Lee's motion for judgment on the pleadings.

The decision then goes on to offer the proposition that once the courts have come to enforce an express contract between nonmarital partners unless it rested upon an unlawful consideration, thereby applying a common law principle to contracts, it had the obligation to also apply the common law principle that holds that implied contracts can arise from the conduct of the parties. If an express agreement will be enforced, there is no legal or just reason why an implied agreement to share the property cannot be enforced, argued the Court. Quoting an earlier case, the opinion points out that if the man and woman "were not illegally living together... it would be a plain business relationship and a contract would be implied."

In conclusion, the opinion calls for the same contract principles for nonmarital partners living in sin, as it were, as are applied to business partners. To put it another way, the *Marvin* court concluded that nonmarital partners ought to be treated as any other unmarried persons and under that principle nonmarital partners are entitled to have the principles of implied contract and/or the benefit of equitable remedies.

The *Marvin* decision (remember, that all through this discussion we are talking about the California Supreme Court decision not what was finally awarded at the subsequent trial some two years later!) held that property acquired by Lee Marvin during his cohabitation with Michelle might be apportioned with them

18

even if there was no express agreement. An implied-in-fact agreement might be found to exist if the conduct of the parties evidenced the appropriate intent to pool and share Lee's earnings during their relationship, or in the alternative, there might be an implied agreement of partnership, joint venture, or a resulting trust. Note that all these remedies have always been available as we discussed in the previous chapter here.

One of the theories of the law which has always worked against the woman where marital partners were concerned has been the judicial presumption that domestic (and marital) services are donated by the woman to the man. The basis for this presumption was that the woman donated her services in return for the man's duty to support her.

Changing times have brought about attempts today to place a price tag on the services of a wife. Economists estimate the value of a homemaker's services in excess of $13,000. The reason that a housewife's serves are so valuable is that they free the man from expenses for a maid, driver, cook, hostess, and party caterer to name a few. Also, her services are seen as a direct contribution to the male's career and income capacity- a man living with a woman in a stable relationship is supposedly less suicidial, less criminal, and healthier physically and men-tally.

Some twenty-two states by statute or decision now take into account services rendered as a spouse, mother, homemaker, and contributor to the career or career potential of the other spouse in setting alimony or making an equitable distribution of marital property. Even in the case of a nonmarital partner, *Marvin* demonstrates that the presumptions as to gifts of services or money are not written in stone. The decision, in rejecting any presumption as to a gift of services by Michelle to Lee, noted that there was no more reason to presume that services are contributed as a gift than to presume that funds are contributed as a gift. The decision concludes that the best presumption is that unmarried cohabitants intended to deal fairly with one another. In effect, this presumption for fair dealing replaces the presumption of a gift of services, so that even if the relationship is familial, recovery may be had on the theory of an implied agreement or to prevent unjust enrichment. This means that a party retaining a benefit, not presumed to have been gratuitous, may be seen as unjustly enriched.

What the *Marvin* decision is saying both as part of its rhetoric and its law, is that the time has come to stop abusing the application of the doctrine of consideration or the gratuitous use of the law of gifts (law), and that the courts should control their righteous indignation and accept the world about them and determine that fair dealing for nonmarital partners is a policy whose day has come.

The Impact of Marvin v. Marvin

Both trial courts in *Marvin* took the traditional position that a woman living with a man to whom she is not married is *per se* involved in a meretricious relationship, and that the state should not enforce contracts made under those "immoral" circumstances.

The California Supreme Court did not decide that Michelle Marvin was entitled to any part of Lee's property. It simply ruled that at least in California the doctrine of meretricious relationship was no longer valid. Therefore, Michelle was now entitled to prove that she had the contract she claimed she had. She could recover if she could prove that the give and take, marriage-like nature of their relationship had been such that there was an implied contract between the couple to share everything.

As a *Harvard Law Review* case commentator put it, "*Marvin* is important, but it doesn't do what everyone said it does." On the day of the decision, the *San Francisco Examiner* ran a headline on page one: "50-50 RIGHTS ORDERED FOR UNWED COUPLES." Despite the misleading headline, the *Examiner's* story correctly concluded that the court had "said in effect that the property rights of unmarried persons stem from the general principles of contract and equity laws..." The *San Francisco Chronicle's* coverage the following morning was headed simply "Big Ruling on Unmarried Couples" and stressed private agreement as the basis for the holding. The *New York Times'* headline sacrificed accuracy to wit: "'I Do' Does Not Have To Be In Writing." More misleading was *Time* magazine's account, which included the following key (wrong-headed) sentence: "The landmark decision, handed down last week, states that cohabitation without marriage gives both parties the right to share property if they separate."

20

Outside of California, *Marvin* has had a minimal fall-out insofar as the law of the case is concerned. State courts do often follow one another's leads, but not always and when they do, it takes time. On a touchy moral issue, more conservative states are likely to ignore California and in those seventeen or more states where unmarried cohabitation is still illegal, the courts will continue to find it difficult to enforce a contract or an implied contract based on an illicit relationship. We noted earlier that in 1977 the Georgia Supreme Court held that a woman who lived with a man eighteen years was not entitled to property because the relationship was based on an "immoral consideration."

In New York, the famed stage producer on Broadway, David Merrick, married and divorced one month later a woman with whom he continued to live for seven years, during which time they had a child. The New York court gave the woman nothing when they broke up. Her lawyer was quoted as saying that "If you're not married in New York, when you split up, you get nothing except the property that is in your name. The only exception may be if you sign an explicit contract beforehand... The *Marvin* case means nothing here."

And even in California, a jury has to be persuaded that there was a contract or that a contract was implied by the conduct of the parties. In other words, unlike married couples who acquire an interest in the marital property by dint of their *status*, unmarried partners have only *contract* rights or perhaps equitable rights if certain circumstances warranting invoking such rights can be proven.

And since *Marvin* court's ruling was based on contract and implied-contract principles, not marital law, it would seem to suggest a successful suit between homosexual couples where one homosexual mate could sue the other the way Michelle Marvin sued Lee. Two cases decided after *Marvin* dealt with this issue and in both cases (California and New York) the courts denied that there was a cause of action. However, it is conceivable that a factual setting could be established which would invoke the equitable remedy of a trust of one kind or another. The moral predilections of the judges will probably

21

continue to be an important factor in these kinds of same sex cases for some time to come.

In *Carlson v. Olson* (256 N.W. 2d 249) the Supreme Court of Minnesota upheld the trial court's finding an implied agreement to share the accumulated property. In this case, Oral Olson had paid for the acquisition of the property in question with the exception of one thousand dollars supplied by Laura Carlson's mother for a remodeling project. During the time the couple lived together, Olson worked outside the home while Carlson assumed the duties of homemaker. There was no express agreement as to the division of their property in the case of separation. The Minnesota court looked to the conduct of the parties and found an implied agreement to share the property equally. The conduct of the parties that evidenced the agreement was their living together for over twenty-one years, raising a son to maturity, and holding themselves out to the public as husband and wife. In addition to all this, their home and some personal property were held in joint tenancy.

The court's opinion in this case relied heavily on *Marvin* for its reasoning, and helps dispell some of the vagueness of *Marvin* by establishing another set of similar circumstances under which an implied agreement has been found. In both cases, the conduct that demonstrated the agreement consisted of the parties living together for a significant period of time and holding themselves out to the public as husband and wife. It is still a question, however, whether the courts will extend the principles of contract to protect the property interests of nonmarital partners who live together for a shorter length of time or do not present themselves as husband and wife.

In our opinion, it is not likely that such short term relationships will be protected at all without an express agreement. Since we have been urging and arguing all along that a written contract at the outset of any nonmarital cohabitation arrangement is the best protection against inequitable results at the time of some distant dissolution of the relationship, certainly we must contend that the courts will presume no agreement to give one of the partners the other's property or earnings in the event of a breakup under a short term living together situation.

An Oregon case, *Beal v. Beal* (577 P. 2d 507), decided in 1978, is another strong example of the influence of the *Marvin* case. Citing *Marvin*, the Oregon Supreme Court said: *"We believe a division of property accumulated during a period of cohabitation must be begun by inquiring into the intent of the parties, and if an intent can be found, it should control that property distribution. While this is obviously true when the parties have executed a written agreement, it is just as true if there is no written agreement. The difference is often only the sophistication of the parties. Thus, absent an express agreement, courts should closely examine the facts in evidence to determine what the parties implicitly agreed upon.*

"...the living arrangement itself is evidence that the parties intended to share their resources." Holding that this factor together with evidence that the nonmarital spouse contributed her entire income to maintenance of the household, that the couple had a joint savings account (but a separate checking account), the Court found that the parties intended to pool their funds for payment of their obligations and should be considered equal co-tenants. *"We hold that courts, when dealing with the property disputes of a man and a woman who have been living together in a nonmarital domestic relationship, should distribute the property based upon the express or implied intent of those parties."*

Another case which followed *Marvin s* reasoning was *Dosek v. Dosek* in 1978. Here the Connecticut Superior Court granted relief to the plaintiff, who had lived with the defendant in a nonmarital relationship. The court found that the parties had had a marriage-type of relationship in all respects except for the ceremony. The nonmarital spouse had changed her name to that of the defendant male partner and a child had been born of their union. They held themselves out to the public as husband and wife, and lived a life which indicated all of the elements of a traditional and conventional family. Under these factors the court found that the conduct of the parties evidenced an intention to share and share alike as in any marriage relationship.

The Appeals Court in Illinois in *Hewitt v. Hewitt* in 1978 rejected the argument that public policy forbade the granting of relief to the plaintiff, who had lived in nonmarital union with the defendant, and held that relief could be granted upon the theories of oral contract, implied contract, equitable relief upon misrepresentation, and constructive trust. The court found, however, that there had been a marriage, except for the license and ceremony. The parties lived together for 15 years, and defendant had misled plaintiff to believe that they had in fact established a valid common law union. She sought "an equal share of the profits and properties accumulated by the parties" in the time they had lived together. She argued that she had helped him establish his career as a dentist, that they had acted publicly as though they were husband and wife and that as a result of their efforts he was earning more than $80,000 a year and had accumulated large amounts of property. While the trial circuit court below had thrown out the suit, the appellate court, as noted at the outset, overturned that decision by holding that she was entitled to seek a settlement. But the Illinois Supreme Court in late 1979, in fact just before this volume went to press, over-ruled the Appellate decision holding that couples who share a sexual relationship but do not marry may not sue each other for a property settlement when the relationship terminates. The decision noted that following such property settlements would undermine the state's commitment to the institution of marriage and in effect reinstitute the common law marriage which Illinois outlawed in 1905. The Illinois Supreme Court repeatedly cited the *Marvin* case and rejected it as the law for Illinois. *"The issue, realistically, is whether it is appropriate for this court to grant a legal status to a private arrangement substituting for the institution of marriage sanctioned by the state."* The decision cited the fairly recently enacted Illinois Marriage and Dissolution of Marriage Act which states as one of its purposes was to *"strengthen and preserve the integrity of marriage and safeguard family relationships."* What the Illinois court has done here is interpret the conduct of the parties and from that determine the intentions and expectations of the couple. It in effect has rejected the enforcement of even express agreements between nonmarital cohabitants on the apparent ground that to do so is to threaten the marriage institution. Nonmarital cohabitants in Illinois, at least for the time being, will require special advice from Illinois attorneys as to how they can protect themselves if

24

they can at all. The likelihood is that a number of "conservative" courts in other states will seize upon this precedent rather than *Marvin*. Nevertheless, the particular facts and circumstances of each case may yet save recovery for the complaining spouse if her attorney scrutinizes the factual setting thoroughly enough to distinguish it from *Hewitt*.

A New York case, *McCall v. Frampton*, also decided in 1979, refused to give recovery to the nonmarital female spouse, McCall, who sued the rock star, Peter Frampton, seeking accounting of his earnings from the time of their cohabitation in 1973 and an equal division of those earnings, change of title of certain real property to show joint ownership, and awarding of his future earnings. She alleged that Frampton requested her to leave her husband and employment and to live with him "and that she would thereafter share with him all his earnings and benefits," that she relied upon these representations, that she did leave her husband (but never divorced him and that was one of the facts that did her case in) and her employment, began to live with him and "used for the benefit of both all her resources and efforts, leaving her without funds or resources of her own."

The New York court distinguished the nonmarital spouse's case here from *Marvin* and the other cases which allowed recovery because "the contract between plaintiff and defendant, as pleaded in the complaint, is void and unenforceable as a matter of public policy. Taking the allegations of the complaint as true for the purpose of this motion, it is patent that plaintiff leads as the consideration for this agreement the commission of adultery on her part, viz., that she leave her husband and live with defendant and become associated with him." In short, the contract was in derogation of her existing marriage; she was guilty of the Penal Law which forbids adultery. Indeed, the court made it plain that "The papers submitted on this motion leave no doubt that there was an illicit sexual relationship between the parties." On the law, then, the case is not essentially inconsistent with the *law* of *Marvin*. Said that court: "This court, as alleged, is clearly opposed to sound morality..." *Marvin*, too, made it clear that that court would not approve or enforce a contract based on sexual consideration.

25

The Nevada Supreme Court rejected a woman's claim that a "Marvin-type" relationship existed between her and her lover entitling her to a property division when their relationship ended. As a meretricious spouse, she alleged an agreement existed between her and her paramour that they would pool their resources and form a partnership. As evidence of the implied partnership she offered his letters containing numerous expressions of "love" and asked the court to conclude that the parties engaged in an express or implied contract to pool funds for an implied relationship. The Court concluded that love letters were not sufficient to establish an implied contract and so she was not entitled to a division of the property. Again, what we see here is still another argument for writing out an agreement and not to depend upon the court finding such agreement as implied from the conduct of the parties.

The *Marvin* case breaks new ground in its response to the legal problems of the unmarried. Perhaps its most important accomplishment is to permit in California, and in other states that follow its lead, the legal realization of a prediction about the future of marriage made in 1972 by Dr. Jessie Bernard*: *"Not only does marriage have a future, it has many futures. There will be, for example, options that permit different kinds of relationships over time for different stages in life, and options that permit different life styles or living arrangements according to the nature of the relationships... It is not, however, the specific forms the options will take that is important, but rather the fact that there will be options, that no one kind of marriage will be required of everyone, that there will be recognition of the enormous difference among human beings which modern life demands and produces. It will come to seem incongruous that everyone has to be forced into an identical mold."*

This would suggest that *Marvin's* decision to preserve the option of nonmarital cohabitation on a social and moral par with marriage may ultimately lead not to the destruction of marriage, but to its revitalization. Not everyone will look at the impact of this decision in just this way. But whatever anyone's point of view may be about the decision, it is certain that the legal ramifications of nonmarital cohabitants' property rights upon the termination of their relationship will continue to change and expand, and will never be the same again even in the most conservative jurisdictions which for the foreseeable future will not follow *Marvin* except to the extent that *Marvin* itself relied on existing remedies, which the courts were always willing to invoke when the equities of the factual setting required that justice be done regardless of the moral issues which tend to becloud nonmarital cases.

Chapter 4
NEED FOR WRITTEN AGREEMENT

What is most important to bear in mind after all that has been said so far in this volume is that the rights of cohabitants are still based in *contract*, thereby excluding the recognition of rights that are traditionally associated with the *status* of marital partners. It is highly improbable that the courts will in the foreseeable future recognize a nonmarital relationship as having the same legal status as marital partners. Remember, too, that a majority of the states continue not to recognize rights between nonmarital cohabitants in the absence of an express agreement. Finally, note that even with the decriminalization of sexual relations between consenting adults (that is, heterosexual relations; homosexual sex is still verboten and classified at least as a misdemeanor where it is not a felonious act), and jurisdictions may still consider cohabitation to be immoral and against public policy and refuse to extend the principles of implied contract and equitable remedies on that basis. Having a written contract to present to the court gives you at the very least a fighting chance.

Couples who want to live together on a long-term basis without a legal marriage, for whatever reasons their right to privacy affords them, should have some kind of legally enforceable understanding regarding the division of property, future support obligations, and care and raising of children in the event of dissolution (we will deal with these latter two matters in Part II of this volume which follows this chapter). While the gist of the *Marvin* case is that the courts should establish the standard of a reasonable expectation of a fair deal as what nonmarital partners have in mind when they begin their cohabitation relationship, the plain fact of the matter if they do not want a traditional marriage relationship yet want legal assurance that their expectations will be met, they just better put in writing by drawing up a contract. Although it will not be totally fool-proof, a written contract will go a long way toward minimizing upredictable and often inequitable treatment in the courts.

Advantages of Written Agreement

The first clear advantage of a written agreement is its adaptability to the needs and expectations of the parties. It should be noted that people who illicitly cohabit cover a wide spectrum of society, spanning both class and age barriers. The typical stereotype is the college-age, counter-culture type, but the cases reveal that at least among those couples who end up in court, the length of the cohabitation is usally ten years with joint assets sometimes exceeding $50,000. And bear in mind the increasingly common practice of unmarried senior citizens living together to avoid a reduction in Social Security benefits.

If both parties have independent incomes, the agreement could specify the extent to which the incomes would be pooled. If the parties plan to become business partners, the agreement could delineate their respective rights and duties. Further, if either party intends to assume a domestic role, the agreement could assign value to those services. In the event of a dispute, an agreement could provide for arbitration. Fifteen states have adopted the Uniform Arbitration Act. Finally, the parties in contemplation of the dissolution of their relationship through death, might plan the distribution of their estates. The possibilities are legion. The point is that with a planned agreement parties contemplating cohabitation without marriage could draw up an agreement which would meet their needs and expectations while avoiding the unpredictable and inadequate determination of a court.

The obstacle to the enforcement of agreements between cohabitants is, as we have discussed in earlier chapters, the defense of illegality. States following *Marvin* will sever illegal consideration where possible, but as we have noted time and again, this element must be carefully handled in the agreement. Illicit cohabitation is still illegal in most states, and against public policy in some others. Again, a contract is unenforceable when all or part of the consideration is conduct which is illegal or contrary to public policy. However, with notable exceptions, court have enforced such agreements, avoiding the defense of illegality by finding that the agreement was free of illicit consideration (but the Oregon State Supreme Court in, *Latham v. Latham*, went beyond *Marvin* and all other contemporary cases by abandoning the severence technique

29

and squarely held that an agreement for equal division of property acquired during the relationship was not void as against public policy regardless of the fact that the primary consideration was the assumption of the "amenities of married life" including sexual intercourse). Indeed, as far back as 1934, the United States Supreme Court observed in one case that "Equity does not demand that its suitors have led blameless lives."

By initially agreeing to the disposition of acquired property, one nonmarital party will not be able to contend that what began as an illicit relationship has since matured into a common law marriage in those states where such marriages are still recognized. If a common law marriage is established, disposition of property is prescribed by divorce law, which could mean a sizeable increase in an individual's claim. So if one party suspects the disposition of property under the divorce law would be more generous, she could take the offensive by petitioning for divorce. On the other hand, if a party seeks a partition and settlement of property, the other, who suspects that divorce laws provide a more generous disposition of property, could raise the existence of a common law marriage as a defense. The doctrine of common law marriage will seldom provide conclusive determinations of the rights in property acquired during illicit cohabitation and will surely give rise to numerous judicial headaches. A well-drawn agreement would foreclose the possibility that the issue would ever be raised.

Issue of Unfair or Unconscionable Contracts

The likelihood of nonmarital contracts between nonmarital cohabitants being unfair or unconscionable is much greater in personal relations than in the business world, where the parties are dealing at "arm's length." When emotions are involved, one party may use the emotional relationship to take unfair advantage of the other. Because many women have not received adequate education regarding property values and legal processes and have been encouraged to depend on men to take care of these matters for them, the risk exists that some women may simply sign whatever contract the man presents to them without any negotiation at all. But in response to this, it

30

should be noted that courts have always had the means to handle such problems and have become accustomed to dealing with problems of unconscionability in commercial contract law. Also, courts have developed special standards for dealing with contracts between persons in confidential relationship and these standards could and would be applied to these contracts as well. No doubt the Women's Liberation Movement and its like will influence "liberated" form contracts!

Chapter 5

CHILDREN OF NONMARITAL COHABITANTS

Historically

The matter of children who are born to unmarried cohabitants is no small matter for either the parents or the children. Such children are in the eyes of the law illegitimate. While "bastards" remain both a legal and social characterization of these children who are born out of wedlock, we will refer to them as illegitimate children throughout our discussion here.

All societies generally have sanctioned procreation only within some form of marriage, a socially recognized and regulated relationship between the sexes which legitimatizes births and denotes some responsibility for the rearing of children. Births out of wedlock are more condemned than relationships between unmarried persons. But the form and the degree of this condemnation has always varied from society to society as well as from time to time and among different classes within the same society.

Even in some primitive societies where premarital intercourse is common and sanctioned by tribal law, the same freedom is not necessarily extended to procreation. Various punative measures have been imposed on unmarried mothers, and their children have suffered social as well as legal disabilities. In feudal society the illegitimate child remained with its mother, especially if the mother was of a servile status. In the case of an illegitimate offspring of a mixed union, however, the place of birth became a deciding factor in determining the free status of the child.

English Common Law

Under the common law of England an illegitimate child was regarded as *filius nullius*, "son of no one," or *filius populi*, "son of the people," and the rights and duties relating to the parent-child relationship had no application to such a child. Yet, from early days in England, the illegitimate child was treated as a free person, whatever the parents' status, and the child could acquire property and acquire a surname by reputation. The practical import of illegitimacy mainly concerned restrictions on inheritance of property.

Development of American Statutory Law

With the exception of Connecticut the American colonies followed the common law on illegitimacy. Over the years the out-of-wedlock child's position, though much improved, has remained second-class compared to the legitimate's. As in England, the mother is legal custodian. Mother and child may inherit from each other, and in a growing number of states the child may inherit from the mother's collateral, as well as lineal, ancestors and descendants. In the absence of acknowledgment of paternity or intermarriage of the parents, statutes do not usually permit intestate inheritance from the father. Of course, fathers who have a legally valid will, can leave their estates to practically anyone. So when we talk about an illegitimate child's right to inheritance, we are not talking about their right to receive property under wills. If named a beneficiary in a will (except in a few states), the illegitimate child collects along with everyone else.

The Special Problems of Unwed Fathers

Support

As we have already indicated, under the common law, fathers had no privileges and no duties toward illegitimate children. There was no duty on him to support such a child or to give it his name. On the other hand, the mother had the duty to support it. She could be found guilty of criminal neglect if she failed to support her illegitimate child.

Now, however, in most states a paternity suit can be brought under statutes to provide support, a name and even a possible inheritance. Furthermore, anyone burdened with a child's support can sue maternal grandparents and/or social welfare agencies. The mother does not have to be involved.

In a number of states, paternity suits may not provide any relief to nonmarital cohabitants. Those paternity statutes predate the present ideas of nonmarital relationships and such statutes assumed that no relationship existed between plaintiff-mother and defendant father. Conceiving the child between them is seen as a transient sex act. So if a couple lives together for several years, have a child, and then break up and the father leaves without any intention to provide support for his illegitimate child, a paternity suit to force him to share in the obligations would probably be barred by a relatively short statute of limitations barrier. Therefore, if the nonmarital relationship continues for any considerable length of time, paternity suits may not be helpful. Again, the best road to travel is to have a written acknowledgment of paternity added to any written agreement the nonmarital couple may have if and when a child is born of the union. Better still is to have a clause in the original written agreement which we have been urging along should be made at the very outset of the relationship which clause deals with the obligations of the male partner in the event of the birth of children during the relationship.

Adoption

For the mother of an illegitimate child who is consenting to adoption, the legal procedure is simple enough. A short consent form acknowledging that she freely and willingly agrees to turn the child over to a designated agency for adoption is pretty much all that is involved.

It is the father who confronts problems in the matter of adoption of his own child born out of wedlock. At a time when nonmarital relationships are openly carried out so that fathers do not as in the past conceal their identities, their rights to keep their own offspring are increasingly being invoked.

In an Illinois case, a couple lived together for eighteen years as nonmarital partners. Illinois does not recognize common law marriage. The mother dies and the State took the two children as its wards by taking custody of them and arranged to place them for adoption. The Illinois Supreme Court upheld the common law principle that unwed fathers have no more rights to their children than if they were total strangers. The father appealed to the United States Supreme Court on the ground of sex discrimination. The nation's highest court agreed

34

that the father was denied equal protection of the laws. It held that the interest of a man "in the children he has sired and raised, undeniably warrants deference and... protection." However, the high court recognized that the state has the right to separate children from an unfit parent.

When the case was retried the state tried to prevent the father's case by claiming he was unfit because of his "immoral" living arrangement with the decedent mother. The Illinois statute on adoption defines unfitness to include abandonment, extreme neglect, extreme and repeated physical cruelty, and open and notorious fornication. While the state did not ultimately succeed in keeping this father from getting his children, the point is that because he was "only" a father he had to make quite an expensive and time-consuming struggle to realize his goal.

The trend among the states has been to include all unwed fathers into the class of parents entitled to have the right to consent over the adoption of their illegitimate children. But only those fathers who have actually helped raise the child and who have an actual parental relation are usually afforded equal parental rights.

The important point to note here is that notwithstanding the broadening of the nonmarital father's right to be notified if the nonmarital mother consents to adoption so that he may come into court and make his claim if he wants to keep his illegitimate child, the state will possibly if not probably argue that he is "unfit." However, the courts are tending to hold that if the *only* evidence of "unfitness" is that he did not marry the mother, the father can keep his child. But if it is shown that the father not only did not marry, but further that he abandoned the child, failed to support, acknowledge, or care for the child, such a father will not be permitted to have it.

If the mother dies and directs in her will that a guardianship be in someone other than the father, that provision will be given more weight by the courts than if the parents were legally married.

In short, nonmarital cohabitation is a dubious matter for fathers who want to keep their children when the mother consents for their adoption or dies. It is even questionable whether the man can protect himself with any provision in a written agreement between him and his nonmarital spouse. If children are truly important to him, legal marriage is the road to take.

Custody

What chance does a father have in a custody fight when a nonmarital relationship breaks up? Considering the difficulties a married father has in getting custody of his "legitimate" children, it should come as no surpise to learn that there are no reported cases of a custody fight between breaking-up nonmarital partners over their illegitimate children. Now it is true that the law is changing and the courts are coming to place contesting parents on an equal footing, and to hold that the best interests of the child may very well be to place it with the father where the facts show the mother to be unfit. But not only is this happening almost rarely, where it is being so held is divorce cases where, of course, we are talking about a legal marriage and legitimate children. The law is not yet ready to do for nonmarital couples what it is only now beginning to do for "moral" parents.

As a matter of fact, what is more commonly reported in the cases are the situations where a mother who has custody of her legitimate children of a legal marriage has entered into a nonmarital relationship with a man (and, as we will note, sometimes with another woman) after the divorce. In these cases, it is the divorced father seeking to get custody of the children from the mother on the ground that she has become unfit by dint of her illicit relationship and, more than that, is providing an immoral environment for the children.

An Illinois court found an ex-wife who allowed her *married* paramour to move in with her and her children enough to justify the loss of custody of her two children. The important thing to note here is that this involved an adulterous relationship which in the first place meant it was a criminal act, but more than that, it involved "an affront to a specific marriage relationship and an affront to the institution of marriage itself." The court concluded that both the "emotional" and "moral" health of the children were at stake.

36

Many courts, however, have held that change of custody was not warranted by a mother's living with her boyfriend in the presence of her children. In one case, the court said: *"The evidence before the trial court showed no possible conditions or environmental elements adverse to the normal development of these children other than that the mother was living with a man not her husband. There was no evidence at all as to any import of this relationship upon the younger child."* What the courts appear to be saying is that cohabitants of the mother *per se* is not sufficient to disturb custody. Evidence of bad effects must be presented and proved. It is also clear that there must be no element of adultery present in the relationship.

Even where courts say that they are taking custody away from a mother because of the "immoral and improper atmosphere of cohabiting with another man and bearing his illegitimate child," other elements of disapproval of the situation are usually involved so it is not essentially the nonmarital setting which upsets even those courts not yet sharing "progressive" views such as those of the Illinois courts. In one case, for example, the court at the outset expressed its distaste for the life style of the mother which consisted of a nonmarital relationship while having custody of her young children. Yet other elements of disapproval entered the decision when it related that the mother had used marijuana in front of the children, had failed to provide religious training or proper medical and dental care, and that the mother's nonmarital spouse had an unstable employment record. The point is that even if the mother had married the man in order to hold on to the custody of her children, the court would have taken them away from her and awarded them to her former husband, the father. In fact the court said and did just this in such a case.

What all this adds up to is that the unwed father in nonmarital relationships are not going to get custody of children born out of the relationship because custody is not a remedy available to him. The only certain protection or assurance he can have in the matter is to include in a written agreement between him and the woman he enters into a nonmarital relationship with a clause something like: *"It is hereby agreed that we shall cohabit for an indefinite period of time subject to the following terms:... That both of us shall have*

37

joint custody of any children and the woman shall have their care and control unless otherwise agreed." Since it is most improbable that the woman is going to agree to give up custody in advance, the man can try to negotiate sole custody, but here is the compromise and probably the best he will get!

Chapter 6

SUPPORTING THE NONMARITAL COHABITANT

The bottom line is that nonmarital cohabitants are not entitled to future support when their relationships end. Compensation, such as alimony, is only awarded when the court has evidence of a legal marriage.

Having said that, it should be noted that if there was an express (written or oral) agreement for support after the termination of the nonmarital relationship, the male defendant has a responsibility for the support of the woman during and after cohabitation. Furthermore, an implied agreement will be enforced based on the conduct of the parties. This is one of the holdings of *Marvin v. Marvin*, and a number of jurisdictions have been following it.

As we indicated earlier in this volume, the legislatures have decriminalized nonmarital sexual activity and where they have not they do not enforce the statute outlawing it. In 1972 the United States Supreme Court held that the constitutional guarantees of sexual privacy were extended to single people. As a result, the courts use equitable standards to provide compensation for interpersonal agreements.

However, these protections only relate to present and past services. To repeat, nonmarital cohabitants are not entitled for future support when the relationship ends. And again, the wisest "remedy" as noted throughout this volume is for the parties to anticipate issues which might be disputed by writing an agreement at the outset of the relationship. Beyond that, the agreement should be reviewed and possibly revised every so often through the years in order to be certain that it reflects inevitable changing attitudes and needs of the partners.

Alimony Modification and/or Termination

A common and important question is, what happens when an ex-wife moves in with a nonmarital spouse? Is she entitled to continue to receive alimony or support payments from the former husband? If the policy justification for alimony is not punishment, but rather it is to continue a duty of support to the spouse who has presumably been abandoned, then termination of the abandonment and substitution of a new source of support would justify termination of alimony rights when the former wife gains support from other sources.

Yet in Nevada the Supreme Court held that under the terms of a property settlement which obligated the husband to pay the wife monthly alimony until her death or remarriage, the wife's cohabitation with another man did not provide sufficient grounds for termination of the husband's obligation. The Court rejected the latter's argument that his ex-wife had "remarried" within the meaning of the agreement since she was cohabitating in a relationship that had existed for several years. The husband's contention that the wife's living arrangement was a "de facto marriage" was rejected because Nevada does not recognize common law marriages. Clearly, then, Nevada does not view alimony as merely a support measure.

On the other hand, the trend among many state courts has been to consider the "extent" of the unmarried couple's relationship rather than its legal status when deciding the issue of continued support. But where it can be shown that the couple's primary reason for not marrying is their belief that they would each fare better financially if each remained single, the courts are likely to discontinue alimony from the ex-husband of the female nonmarital spouse.

In a recent Maine case, the Maine District Court looked at the extent of the unmarried couple's relationship. Drawing on case law from several states, the court decided that a divorced mother was not entitled to continued support where she and her nonmarital spouse shared a house, pooled their financial resources and had a relationship which had "all the practical attributes" of marriage. Commenting that the only thing lacking was legal confirmation of their "marriage," the court found that the facts did not justify the former husband's continuing his obligation to provide support.

In short then, where a former wife chooses to cohabitate with a nonmarital spouse, the issue arises whether she has need of alimony. If it is shown that the wife is being supported in whole or in part by her paramour, the former husband may come into court for a determination of whether the alimony should be terminated or at least reduced. A number of cases, however, have indicated that although alimony rights might terminate during the period of a shared living arrangement, they could be revived when the shared living arrangement terminated.

The New York court awarded alimony to a nonmarital spouse in an extraordinary interpretation of the facts. In that fairly recent case the evidence showed that the couple owned joint accounts, filed joint tax returns and took title jointly to their home. The couple visited the man's parents in Pennsylvania every year for two or four weeks, where the woman was *held out* to be the man's wife. Citing a similar New York case, the court said that since the couple held themselves as husband and wife in Pennsylvania where common law marriages are still valid, the marriage would be deemed valid in New York. In reality, the court was not actually awarding alimony to what it perceived to be a nonmarital spouse but by curious reasoning what it perceived to have been a validly married woman.

The cases make a distinction between "cohabitation" and "holding out." Something more than a common residence has to be shown. In a California case the court held that a situation where the boyfriend used the former spouse's car and made some financial contribution toward the mortgage payment did not constitute a "holding out" as required by the California statute to support a termination of alimony with full restitution. Not incidentally, the couple here only lived together thirty days.

Cohabitation by a party is considered in terms of changed financial circumstances in these cases. Support is not contingent upon continued chastity. The real issue is whether the cohabitation has affected the woman's need for support by virtue of either her receiving support from her paramour or her using the funds to support him. In short, a former wife owes no duty of chastity to her former husband. This premise also has been applied in cases in which adultery was engaged in after the execution by the parties to a separation agreement. Subsequent chastity is an event sufficiently foreseeable so that a husband could expressly make support payments contingent upon the continued chastity of his former wife if such is to be the bargain of the parties. Courts hold that such activity on the part of a

41

divorced woman is not so contrary to public law as to, as a matter of law, imply such a *dum causta* clause in every separation agreement.

Adulty plus cohabitation raises a rebuttable presumption that a woman is receiving support from the live-in paramour. Receipt of outside support is deemed a sufficient change in circumstances to warrant a modification of the court order as would any significant change in the income of either party.

All this is not viewed by the courts as a condonation of conduct that may be offensive to moral standards, but rather, as a New Jersey court put it, "...is in keeping with the obligation of the court to recognize and implement the legal purposes of post-judgment support and alimony."

Chapter 7

TAXATION WITHOUT MARITAL RELATION

Nonmarital cohabitants are not entitled to marital tax rights since they are not protected in the Internal Revenue Code.

Joint Tax Returns

Although married couples are not required to file joint income returns, the choice to do so is available. Internal Revenue Code, Section 6013 (A) permits husband and wife to file single or joint tax returns. If a state recoginzes common law marriages, the common law spouse will be considered the taxpayer's spouse. The definition of a couple in the Internal Revenue Code is a husband and wife whose relationship is recognized by the stat, Viz. ceremonial or common-law. The marital rights of a spouse are not extended to unmarried cohabitants unless recognized by the state statute.

Income taxes are on a graduated scale. The more money one earns the higher bracket he or she is in, so the percentage of tax increases. As a result of this graduated scale, high income persons try to find ways to split their tax liability. The most effective way to get the benefits of an income split is the joint income tax return. But, as indicated earlier, the joint income tax return is available to married couples, not unmarried couples. Married couples, of course, are not required by law to file jointly. They have a choice: jointly or separately, whichever saves them more tax money. Where there is a substantial difference between the income of one taxpayer and the income of his spouse, the joint tax return is usually a saving device because it splits the higher income between two taxpayers and thereby lowers the percentage taxed.

On the other hand, there are, according to one tax expert, at least 36 sections in Subtitle A of the Internal Revenue Code that cause married couples to pay higher taxes than unmarried couples with the same income. The methods employed in these sections may be broken into roughly four groups: imposition of higher tax rates; denial of equal deductions; credits or exemptions; substitution of one spouse in place of the other; and penalty on inter-spousal relationships.

It would be beyond our competency and our purpose in this volume to spell out the methods used in these four groups which penalize married couples as compared to unmarried cohabitants in connection with income tax liabilities. However, the denial of equal deductions will serve as one example as to how this can work. Married couples, whether they file jointly or separately, get only one standard deduction if they do not itemize their deductions. Since the Internal Revenue Service considers unmarried cohabitants single tax, each get his or her own standard deduction.

Here is how it can work out: Assume that Lou Nadel and Gladys Sherwin have no dependents during 1978 and have annual income and deductions, as follows:

Income	Lou Nadel	Gladys Sherwin
Wages	$25,000	$20,000
Stock Dividends	500	-
Bank Interest	500	1,000
Net Long Term Capital Gain	500	-
Total Income	$26,500	$21,000
Itemized Deductions	$ 5,000	$ 1,800

If they were:

What we have here, then, is saving of $1,889 as an unmarried couple over the liability if Lou and Gladys were a married couple filing jointly.

Dependents

Unmarried cohabitants are not entitled to claim each other as dependents. Internal Revenue Code, Section 152 defines dependents as blood relatives, relatives by marriage, and non-relatives who live with the taxpayer and are a member of the taxpayer's household. Now it would seem that this last category would cover the nonmarital spouse. In a case where the nonmarital male partner put down his meretricious spouse as a dependent, the court raised the question, "Is the language used in Section 152 of the Code to be construed literally so as to embrace an individual living in illicit intimacy with a taxpayer? "The court decided that Congress never intended to cut the tax bill of a person maintaining "an illicit relationship in conscious

44

violation of the criminal law," and Congress would never have intended "to countenance, if not to aid and encourage, a condition universally regarded as against good public morals. So, although the language of the code seems to include dependent nonmarital spouses as tax exemption dependents, the Internal Revenue Service and the courts refuse to give a literal reading to the statute and allow the tax saving. However, the other side of this is that the nonmarital spouse qualify as dependents if the reltionship between her and the taxpayers does not violate state law.

But an illustration how strictly the Tax Court interprets this section appeared in *Ensminger v. Commissioner*, T.C.M. 224 (1977) and *Peacock v. Commissioner*, T.C.M. 30 (1978). The taxpayers (nonmarital spouses) who were denied dependency as a result of Section 152, argued that the state statute violated their right to privacy, is vague and, therefore, unconstitutional. Even if the state statute was vague and unenforceable, the Tax Court looked at the legislative intent of the Section: "A person who is not a close relative but is living with the taxpayer may not be claimed as a dependent, if the relationship between the taxpayer and the individual is an illegal one under the applicable local law." Therefore, only in those states where nonmarital cohabitation is recognized as a legal relationship can there be a proper dependency deduction in these meretricious relationships.

Federal Estate and Gift Tax

When a taxpayer dies, if he owns more than the exempt minimum amount of property, his estate is liable for a federal tax. The estate of a married person is entitled to a marital deduction. This "marital deduction" takes out the taxable estate the share (up to one-half) which is inherited by a surviving spouse. This means that the estate is split in half and so only one-half is taxed. Since less cash and property passes, it passes at a lower bracket. The marital deduction obviously gives a real tax break to the estate of the person who dies married. The nonmarital relationship does not benefit from this for the obvious reason that the marital deduction requires a legal marriage. This is also true in community property states where when one spouse dies only one-half of the estate is automatically included in the estate and taxed. Since the more in your estate, the higher the percentage of tax, it is clear that we have still another tax disadvantage for the nonmarital couple.

When a husband and wife draw up a written agreement on property rights, any transfer of property under the terms of the agreement between spouses in settlement of their marital or property rights are inferred to be for an adequate and full consideration and are exempt from a gift tax. But, again, nonmarital cohabitants are not spouses and cannot qualify for this treatment under the Internal Revenue Code.

Needless to say, state inheritance taxes likewise favor the legally married spouse and there, too, the nonmarital cohabitant is at a disadvantage because the tax laws impart standards based on moral standards rather than equitable consideration.

This suggests the "rhetoric" of *Marvin v. Marvin*, namely, that the courts should balance the rights and interests of all parties. If one party is unjustly enriched the court should consider the other party's rights. Morality should have nothing to do with it except where a clearly illicit sexual consideration is the basis for the relationship. Indeed, even this exception made by Marvin may not be cause for denying recovery to a nonmarital partner to avoid unjust enrichment for the defendent cohabitant. The Oregon court in *Latham v. Latham* 54 P. 2d144, squarely held that even where an agreement between the cohabitants was based on the condiseration of "living with defendant, caring for and keeping after him, and furnishing and providing him with all of the amenities of married life, "such agreement was not void as against public policy (meaning it was not "immoral"). Once a state, as did Oregon, had no statutory prohibition against cohabitation, the court would not view meretricious relationships as illegal and therefore there was no reason to uphold the rights of either or both parties.

In determining questions of property, custody, support and tax liabilities of cohabitants, the trend is in the direction of imparting standards based on equitable rather than moral standards. But as we have seen throughout this volume time and time again, the nonmarital partner cannot count on that trend to provide equal justice relative to the protection given to marital partners in a conventional and "legal" marriage. Until that time comes, nonmarital partners must anticipate their need for protection by entering into the relationship with a realistic understanding of the limitations but with some measure of action to minimize those limitations by legal papers drawn up with the supervision of an attorney.

Civil Rights

A number of recently decided cases evidence the fact that the nonmarital relationship on the one hand will not prejudice the unwed couple's civil rights not to be protected against discriminatory practices both in the public and private sectors, but on the other hand, there still remain rights which are preserved for those holding the status of a legal marriage which nonmarital couples cannot take advantage of in any case.

The Virginia Supreme Court reversed a trial court's refusal to admit a woman to the District of Columbia bar by denying her a certificate of "honest demeanor or good moral character" on the ground that her living arrangement with a nonmarital partner would lower the public's opinion of the bar as a whole. The higher court held that while the state might require high standards of qualifications, such as good moral character of proficiency in its law, before it admits an applicant to the bar, "*the qualifications in order to pass constitutional muster, must have a rational connection with the applicant's fitness or capacity to practice law.*" The court noted that while in this case the woman's living arrangement may be unorthodox and unacceptable to some segments of society, this conduct bears no rational connection to her fitness to practice law. Therefore, it cannot serve to deny her the certificate.

In another case in the District of Columbia, the U.S. Court of Appeals held that unwed couples applying jointly for a loan on their combined income could not be denied the mortgage on the ground that they were unmarried. Lending banks, the court held, can only make decisions on the basis of combined income and not on moral attitudes. The Equal Credit Opportunity Act prohibits creditors from discrimination against applicants on the basis of sex or marital status.

A recent Califorina case refused to extend the *Marvin* ruling into areas "totally removed from the property rights setting in which that case was decided" when it held the fact that a man and woman who have lived together for four years and have all the "trappings" of a marriage except the formality of ceremony does not mean that the marital communication privilege should be extended to "cohabitants who have established a marriage-like relationship." Appealing his conviction for making a false bomb report, the male nonmarital partner asserted that the trial court erred in not applying the marital communication privilege so as to preclude his "live-in paramour" from testifying concerning bomb threats he allegedly made in her presence. The court went on to comment that it is up to the legislature to determine whether meretricious relationships, because of their "commonness in today's society or for other policy reasons, deserve the statutory protection afforded the sanctity of marriage."

This last case demonstrates that if even in California the courts are still finding occasions to invoke morality and/or public policy to limit the rights of nonmarital cohabitants even while a Virginia Supreme court refused to allow the morality of nonmarital relationships to serve as a factor in denying civil rights to a nonmarital spouse, the law of living together is indeed a developing body of law charged with unpredictability if not inconsistency so that those couples who take up this living arrangement should do so with a "buyer beware" attitude of consumers!

Appendix A

MODEL NONMARITAL COHABITANTS PROPERTY DISTRIBUTION ACT

Be it Enacted by the Legislature of the State of _____.

Section 1. Section _____ (Name of State) Statutes, is created to read: _____ Short title. This act may be cited as the "Nonmarital Cohabitants Property Distribution Act."

Section 2. Legislative intent. It is the finding of the legislature that cohabitation between unmarried persons of the opposite sex is a common lifestyle. This lifestyle is increasingly prevalent and increasingly accepted in modern society. It should be governed by appropriate legal and equitable remedies in the distribution of property upon dissolution of such a relationship. Concepts of guild and sin as a bar to recovery have become anachronisms.

Inequitable property distributions have been the rule rather than the exception in the resolution of disputes between unmarried cohabitants. Accordingly, it has become necessary to fashion judicial remedies to meet the needs of these persons when they separate. Recent decisions in other states, such as *Marvin* v. *Marvin* and *Carlson* v. *Olson*, have recognized these trends. It is the intent of the legislature to fashion a new set of rules to be applied to cohabitants. The decisions in *Marvin* and *Carlson* may serve as guides in judicial interpretation of these new rules.

Section 3. Cohabitation agreements.

(1) If there has been an actual or ostensible family relationship of a reasonable duration evidenced by cohabitating adults of the opposite sex who have acknowledged and accepted mutual rights, duties and obligations toward one another, then, in the absence of any agreement to the contrary, the property of the cohabitation is subject to distribution in a manner analogous to the distribution of marital property. Proof of such a relationship can be demonstrated by evidence that others perceived or had reason to perceive the parties' relationship as familial.

(2) Where there is an agreement between the parties, either

49

express or implied, the courts shall enforce that agreement except to the extent that it is founded explicitly on the consideration of meretricious sexual services. Where sexual services are part of the contractual consideration, any severable portion of the agreement suported by independent consideration, any severable portion of the agreement supported by independent consideration shall be enforced.

(3) The performance of domestic housekeeping services shall be accorded reasonable economic value and shall be considered compensable independently. These services also shall be deemed adequate consideration for an express or implied contract between the parties.

(4) The courst shall presume that the parties intended to deal fairly with one another and, in the absence of any contrary agreement, shall enforce the reasonable expectations of the parties.

(5) Doctrines which may be used by the courts to effectuate equitable distribution of property among the parties may include, but are not limited to, express and implied contract, agreement of partnership or joint venture, constructive or resulting trust, and equitable remedies such as quantum meruit.

Appendix B

STATE SEX & COHABITATION LAWS

	Outlaws Fornication	Outlaw Cohabitation
Alabama	No	Yes
Alaska	No	Yes
Arizona	No	Yes
Arkansas	No	No
District of Columbia	Yes	Yes
Florida	Yes	Yes
Georgia	Yes	Yes
Idaho	Yes	Yes
Kansas	No	Yes
Ketucky	No	No
Louisiana	No	No
Maryland	No	No
Massachusetts	Yes	Yes
Michigan	No	Yes
Minnesota	No	No
Missouri	No	Yes
Montana	No	No
Nevada	No	No
New Jersey	No	No
New York	No	No
North Carolina	No	Yes
Oklahoma	No	No
Pennsylvania	No	No
Rhode Island	Yes	Yes
South Carolina	Yes	Yes
Tennessee	No	No
Texas	No	No
Utah	Yes	Yes
Vermont	No	No
Virginia	Yes	Yes
Wisconsin	Yes	Yes

NOTE: In the following states, all private sex acts between consenting adults, including homosexuals, are legal: California, Colorado, Connecticut, Delaware, Hawaii, Illinois, Indiana, Iowa, Maine, Nebraska, New Hampshire, New Mexico, North Dakota, Ohio, Oregon, South Dakota, Washington, West Virginia, Wyoming

Appendix C

BUREAU OF CENSUS, U.S. DEPT. OF COMMERCE, CURRENT POPULATION REPORTS, MARITAL STATUS AND LIVING ARRANGEMENTS, SERIES P-20, NO. 306

As indicated above, the number of households containing primary individuals has increased by about 40 percent since 1970. During the same period the number of primary individuals who shared their living quarters with a person of the opposite sex approximately doubled (table F).

In 1976, 1.3 million persons lived in the 660,000 two-person households in which the household head shared the living quarters with an unrelated adult of the opposite sex. Seven of every 10 of these households had a male primary individual reported as the head, representing about one-half of all two-person households headed by a male primary individual. Thirty-five percent of all female primary individuals in two-person households lived with a person of the opposite sex in 1976. Seventy-two percent of the male primary individuals and 48 percent of the female primary individuals who lived with a person of the opposite sex were under 45 years old. Data in table 6 of this report show that similar proportions of men and women, about 48 percent of the men and 43 percent of the women, who headed households containing one other unrelated member of the opposite sex were reported as having never been married.

Although the increase in this type of living arrangement is notable and relevant to the study of household and family formation, caution should be exercised in interpreting the magnitude of the statistics. In order to maintain a proper perspective, it should be noted that among primary individuals in 1976, 89 percent lived alone, 9 percent lived in two-person households, and the remaining primary individuals lived in three-or-more-person households. Thus, in a general sense, unrelated adults of the opposite sex sharing living quarters as a household represent only about 4 percent of all primary individuals and only about 1 percent of all household heads. Moreover, data users who make inferences about the nature of the relationships between unrelated adults of the opposite sex who share the same living quarters should be made aware that the data on this subject are aggregates which are distributed over a spectrum of categories including partners, resident employees, and roomers.

Two-Person Primary Individual Households, by Age and Sex of Household Members: 1976 and 1970

(Numbers in thousands)

Sex and age of household head (primary individuals)	1976			1970[1]			Ratio (sharing): 1976/1970
	Primary individuals in 2-person households	Sharing with unrelated person of opposite sex		Primary individuals in 2-person households	Sharing with unrelated person of opposite sex		
		Number	Percent		Number	Percent	
Total..............	1,479	660	44.6	991	327	33.0	2.0
Male..............	901	460	51.1	488	174	35.7	2.6
Under 25 years.....	298	108	36.2	144	21	14.6	5.1
25 to 44 years.....	425	222	52.2	163	43	26.4	5.2
45 to 64 years.....	127	85	66.9	104	59	56.7	1.4
65 years and over..	51	45	88.2	77	51	66.2	0.9
Female.............	578	200	34.6	504	153	30.4	1.3
Under 25 years.....	199	47	23.6	126	8	6.3	5.9
25 to 44 years.....	155	48	31.0	94	17	18.1	2.8
45 to 64 years.....	123	68	55.3	127	64	50.4	1.1
65 years and over..	101	38	37.6	157	64	40.8	0.6

[1] 1970 Census of Population--PC(2)-4B, Persons by Family Characteristics.

Appendix D

MUTUAL RELEASE BETWEEN NONMARITAL PARTNERS

This mutual realease AGREEMENT is entered into this.... day of......, 19..., by and between.............and.......................

WE are entering into a nonmarital cohabitation relationship with no intent to acquire any rights or obligations with respect to any income, property or support that might otherwise accrue to either of us by reason of this TEMPORARY union.

THEREFORE, WE give these, our MUTUAL and COMPLETE releases, eacht to the other.

WE hereby WAIVE any and ALL rights or interests in the property or income of the other that might arise in any manner by reason of our cohabitation or the rendition of services one to the other.

ADDITIONALLY, WE WAIVE specifically any and ALL rights to support, maintenance, child custody or child support that may arise in any manner from our association.

WE further AGREE that we are not now married nor shall we ever claim that we are legally married unless subsequent to the date of execution by us of this instrument WE enter into a duly licensed formal marriage.

Should any dispute or legal cause of action arise between us relating to this or any subsequent AGREEMENT between us, WE hereby AGREE that the same may be determined only by an arbitrator selected by the Americal Arbitration Association. WE hereby relinquish any right we may have to have any hearing before such arbitrator. The arbitrator's decision, it is hereby AGREED, shall be BINDING, FINAL and NOT SUBJECT TO APPEAL. The arbitrator shall not have the right or the power to award as part of his determination of any dispute any cost or expense incurred by either of us relating to the dispute or the hearing before the arbitrator, except the arbitrator's fees and a hearing reporter's charges.

DATED.........   SIGNED ....
                        ....

Appendix E

MARVIN v. MARVIN
557 P.2d 106

TOBRINER, Justice.

During the past 15 years, there has been a substantial increase in the number of couples living together without marrying.[1] Such nonmarital relationships lead to legal controversy when one partner dies or the couple separates. Courts of Appeal, faced with the task of determining property rights in such cases, have arrived at conflicting positions: two cases (*In re Marriage of Cary* (1973) 34 Cal.App.3d 345, 109 Cal. Rptr. 862; *Estate of Atherley* (1975) 44 Cal.App.3d 758, 119 Cal.Rptr. 41) have held that the Family Law Act (Civ.Code, § 4000 et seq.) requires division of the property according to community property principles, and one decision (*Beckman v. Mayhew* (1975) 49 Cal.App.3d 529, 122 Cal.Rptr. 604) has rejected that holding. We take this opportunity to resolve that controversy and to declare the principles which should govern distribution of property acquired in a nonmarital relationship.

We conclude: (1) The provisions of the Family Law Act do not govern the distribution of property acquired during a nonmarital relationship; such a relationship remains subject solely to judicial decision. (2) The courts should enforce express contracts between nonmarital partners except to the extent that the contract is explicitly founded on the consideration of meretricious sexual services. (3) In the absence of an express contract, the courts should inquire into the conduct of the parties to determine whether that conduct demonstrates an implied contract, agreement of partnership or joint venture, or some other tacit understanding between the parties. The courts may also employ the doctrine of quantum meruit, or equitable remedies such as constructive or resulting trusts, when warranted by the facts of the case.

In the instant case plaintiff and defendant lived together for seven years without marrying; all property acquired during this period was taken in defendant's name. When plaintiff sued to enforce a contract under which she was entitled to half the property and to support payments, the trial court granted judgment on the pleadings for defendant, thus leaving him with all property accumulated by the couple during their relationship. Since the trial court denied plaintiff a trial on the merits of her claim, its decision conflicts with the principles stated above, and must be reversed.

1. The factual setting of this appeal.

[1] Since the trial court rendered judgment for defendant on the pleadings, we must accept the allegations of plaintiff's complaint as true, determining whether such allegations state, or can be amended to state, a cause of action. (See *Sullivan v. County of Los Angeles* (1974) 12 Cal.3d 710, 714–715, fn. 3, 117 Cal.Rptr. 241, 527 P.2d 865; 4 Witkin, Cal.Procedure (2d ed. 1971) pp. 2817–2818.) We turn therefore to the specific allegations of the complaint.

Plaintiff avers that in October of 1964 she and defendant "entered into an oral agreement" that while "the parties lived together they would combine their efforts and earnings and would share equally any and all property accumulated as a result of their efforts whether individual or combined." Furthermore, they agreed to "hold themselves out to the general public as husband and wife" and that "plaintiff would further render her services as a companion, homemaker, housekeeper and cook to . . . defendant."

Shortly thereafter plaintiff agreed to "give up her lucrative career as an entertainer [and] singer" in order to "devote her full time to defendant . . . as a companion, homemaker, housekeeper and cook;" in return defendant agreed to "provide for all of plaintiff's financial support and needs for the rest of her life."

Plaintiff alleges that she lived with defendant from October of 1964 through May of 1970 and fulfilled her obligations under the agreement. During this period the parties as a result of their efforts and earnings acquired in defendant's name substantial real and personal property, including motion picture rights worth over $1 million. In May of 1970, however, defendant compelled plaintiff to leave his household. He continued to support plaintiff until November of 1971, but thereafter refused to provide further support.

On the basis of these allegations plaintiff asserts two causes of action. The first, for

---

1. "The 1970 census figures indicate that today perhaps eight times as many couples are living together without being married as cohabited ten years ago." (Comment, in re Carry: *A Judicial Recognition of Illicit Cohabitation* (1974) 25 Hastings I.J. 1226.)

declaratory relief, asks the court to determine her contract and property rights; the second seeks to impose a constructive trust upon one half of the property acquired during the course of the relationship.

[2] Defendant demurred unsuccessfully, and then answered the complaint. Following extensive discovery and pretrial proceedings, the case came to trial.[2] Defendant renewed his attack on the complaint by a motion to dismiss. Since the parties had stipulated that defendant's marriage to Betty Marvin did not terminate until the filing of a final decree of divorce in January 1967, the trial court treated defendant's motion as one for judgment on the pleadings augmented by the stipulation.

After hearing argument the court granted defendant's motion and entered judgment for defendant. Plaintiff moved to set aside the judgment and asked leave to amend her complaint to allege that she and defendant reaffirmed their agreement after defendant's divorce was final. The trial court denied plaintiff's motion, and she appealed from the judgment.

2. *Plaintiff's complaint states a cause of action for breach of an express contract.*

In *Trutalli v. Meraviglia* (1932) 215 Cal. 698, 12 P.2d 430 we established the principle that nonmarital partners may lawfully contract concerning the ownership of property acquired during the relationship. We reaffirmed this principle in *Vallera v. Vallera* (1943) 21 Cal.2d 681, 685, 134 P.2d 761, 763, stating that "If a man and woman [who are not married] live together as husband and wife under an agreement to pool their earnings and share equally in their joint accumulations, equity will protect the interests of each in such property."

In the case before us plaintiff, basing her cause of action in contract upon these precedents, maintains that the trial court erred in denying her a trial on the merits of her contention. Although that court did not specify the ground for its conclusion that plaintiff's contractual allegations stated no cause of action,[3] defendant offers some four theories to sustain the ruling; we proceed to examine them.

2. When the case was called for trial, plaintiff asked leave to file an amended complaint. The proposed complaint added two causes of action for breach of contract against Santa Ana Records, a corporation not a party to the action, asserting that Santa Ana was an alter ego of defendant. The court denied leave to amend, and plaintiff claims that the ruling was an abuse of discretion. We disagree; plaintiff's argument was properly rejected by the Court of Appeal in the portion of its opinion quoted below.

No error was committed in denial of plaintiff's motion, made on the opening day set for trial, seeking leave to file a proposed amended complaint which would have added two counts and a new defendant to the action. As stated by plaintiff's counsel at the hearing, "[T]here is no question about it that we seek to amend the Complaint not on the eve of trial but on the day of trial."

In *Hayutin v. Weintraub*, 207 Cal.App.2d 497, 24 Cal.Rptr. 761, the court said at pages 508–509, 24 Cal.Rptr. at page 768 in respect to such a motion that had it been granted, it "would have required a long continuance for the purpose of canvassing wholly new factual issues, a redoing of the elaborate discovery procedures previously had, all of which would have imposed upon defendant and his witnesses substantial inconvenience . . . and upon defendant needless and substantial additional expense. . . . The court did not err in denying leave to file the proposed amended complaint." (See also: *Nelson v. Specialty Records, Inc.*, 11 Cal.App.3d 126, 138–139, 89 Cal.Rptr. 540; *Moss Estate Co. v. Adler*, 41 Cal.2d 581, 585, 261 P.2d 732; *Bogel v. Thrifty Drug Co.*, 43 Cal.2d 184, 188, 272 P.2d 1.) "The ruling of the trial judge will not be disturbed upon appeal absent a showing by appellant of a clear abuse of discretion. [Citations.]" (*Nelson v. Specialty Records, Inc., supra*, 11 Cal.App.3d at p. 139, 89 Cal.Rptr. at p. 548.) No such showing here appears.

3. The colloquy between court and counsel at argument on the motion for judgment on the pleadings suggests that the trial court held the 1964 agreement violated public policy because it derogated the community property rights of Betty Marvin, defendant's lawful wife. Plaintiff, however, offered to amend her complaint to allege that she and defendant reaffirmed their contract after defendant and Betty were divorced. The trial court denied leave to amend, a ruling which suggests that the court's judgment must rest upon some other ground than the assertion that the contract would injure Betty's property rights.

Croslin v. Scott (1957) 154 Cal.App.2d 767, 316 P.2d 755 reiterates the rule established in *Trutalli and Bridges*. In *Croslin* the parties separated following a three-year nonmarital relationship. The woman then phoned the man, asked him to return to her, and suggested that he build them a house on a lot she owned. She agreed in return to place the property in joint ownership. The man built the house, and the parties lived there for several more years. When they separated, he sued to establish his interest in the property. Reversing a nonsuit, the Court of Appeal stated that "The mere fact that parties agree to live together in meretricious relationship does not necessarily make an agreement for disposition of property between them invalid. It is only when the property agreement is made in connection with the other agreement, or the illicit relationship is made a consideration of the property agreement, that the latter becomes illegal." (154 Cal.App.2d at p. 771, 316 P.2d at p. 758.)

[5] Numerous other cases have upheld enforcement of agreements between nonmarital partners in factual settings essentially indistinguishable from the present case. (*In re Marriage of Foster* (1974) 42 Cal.App.3d 577, 117 Cal.Rptr. 49; *Weak v. Weak, supra,* 202 Cal.App.2d 632, 639, 21 Cal.Rptr. 9; *Ferguson v. Schuenemann* (1959) 167 Cal.App.2d 413, 334 P.2d 668; *Barlow v. Collins, supra,* 166 Cal.App.2d 274, 277–278, 333 P.2d 64; *Ferraro v. Ferraro* (1956) 146 Cal.App.2d 849, 304 P.2d 168; *Cline v. Festersen* (1954) 128 Cal.App.2d 380, 275 P.2d 149; *Profit v. Profit* (1953) 117 Cal.App.2d 126, 255 P.2d 25; *Garcia v. Venegas, supra,* 106 Cal.App.2d 364, 235 P.2d 89; *Padilla v. Padilla* (1940) 38 Cal.

App.2d 319, 100 P.2d 1093; *Bacon v. Bacon* (1937) 21 Cal.App.2d 540, 69 P.2d 884.)[5]

[6] Although the past decisions hover over the issue in the somewhat wispy form of the figures of a Chagall painting, we can abstract from those decisions a clear and simple rule. The fact that a man and woman live together without marriage, and engage in a sexual relationship, does not in itself invalidate agreements between them relating to their earnings, property, or expenses. Neither is such an agreement invalid merely because the parties may have contemplated the creation or continuation of a nonmarital relationship when they entered into it. Agreements between nonmarital partners fail only to the extent that they rest upon a consideration of meretricious sexual services. Thus the rule asserted by defendant, that a contract fails if it is "involved in" or made "in contemplation" of a nonmarital relationship, cannot be reconciled with the decisions.

The three cases cited by defendant which have *declined* to enforce contracts between nonmarital partners involved consideration that *was* expressly founded upon an illicit sexual services. In *Hill v. Estate of Westbrook, supra,* 95 Cal.App.2d 599, 213 P.2d 727, the woman promised to keep house for the man, to live with him as man and wife, and to bear his children; the man promised to provide for her in his will, but died without doing so. Reversing a judgment for the woman based on the reasonable value of her services, the Court of Appeal stated that "the action is predicated upon a claim which seeks, among other things, the reasonable value of living with decedent in meretricious relationship and bearing him

5. Defendant urges that all of the cited cases, with the possible exception of *In re Marriage of Foster, supra,* 42 Cal.App.3d 577, 117 Cal.Rptr. 49, and *Bridges v. Bridges, supra,* 125 Cal.App.2d 359, 270 P.2d 69, can be distinguished on the ground that the partner seeking to enforce the contract contributed either property or services additional to ordinary homemaking services. No case, however, suggests that a pooling agreement in which one partner contributes only homemaking services is invalid, and dictum in *Hill v. Estate of Westbrook*

(1950) 95 Cal.App.2d 599, 603, 213 P.2d 727, states the opposite. A promise to perform homemaking services is, of course, a lawful and adequate consideration for a contract (see *Taylor v. Taylor* (1954) 66 Cal.App.2d 390, 398, 152 P.2d 480)—otherwise those engaged in domestic employment could not sue for their wages—and defendant advances no reason why his proposed distinction would justify denial of enforcement to contracts supported by such consideration. (See *Tyranski v. Piggins* (1973) 44 Mich.App. 570, 205 N.W.2d 595, 597.)

two children . . . .. The law does not award compensation for living with a man as a concubine and bearing him children. . . . As the judgment is, at least in part, for the value of the claimed services for which recovery cannot be had, it must be reversed." (95 Cal.App.2d at p. 603, 213 P.2d at p. 730.) Upon retrial, the trial court found that it could not sever the contract and place an independent value upon the legitimate services performed by claimant. We therefore affirmed a judgment for the estate. (*Hill v. Estate of Westbrook* (1952) 39 Cal.2d 458, 247 P.2d 19.)

In the only other cited decision refusing to enforce a contract, *Updeck v. Samuel* (1964), 123 Cal.App.2d 264, 266 P.2d 822, the contract "was based on the consideration that the parties live together as husband and wife." (123 Cal.App.2d at p. 267, 266 P.2d at p. 824.) Viewing the contract as calling for adultery, the court held it illegal.[6]

[7] The decisions in the *Hill* and *Updeck* cases thus demonstrate that a contract between nonmarital partners, even if expressly made in contemplation of a common living arrangement, is invalid only if sexual acts form an inseparable part of the consideration for the agreement. In sum, a court will not enforce a contract for the pooling of property and earnings if it is explicitly and inseparably based upon services as a paramour. The Court of Appeal opinion in *Hill*, however, indicates that even if sexual services are part of the contractual consideration, any *severable* portion of the contract supported by independent consideration will still be enforced.

6. Although not cited by defendant, the only California precedent which supports his position is *Heaps v. Toy* (1942) 54 Cal.App.2d 178, 128 P.2d 813. In that case the woman promised to leave her job, to refrain from marriage, to be a companion to the man, and to make a permanent home for him; he agreed to support the woman and her child for life. The Court of Appeal held the agreement invalid as a contract in restraint of marriage (Civ.Code, § 1676) and, alternatively, as "contrary to good morals" (Civ.Code, § 1607). The opinion does not state that sexual relations formed any part of

The principle that a contract between nonmarital partners will be enforced unless expressly and inseparably based upon an illicit consideration of sexual services not only represents the distillation of the decisional law, but also offers a far more precise and workable standard than that advocated by defendant. Our recent decision in *In re Marriage of Dawley* (1976) 17 Cal.3d 342, 551 P.2d 323, offers a close analogy. Rejecting the contention that an antenuptial agreement is invalid if the parties contemplated a marriage of short duration, we pointed out in *Dawley* that a standard based upon the subjective contemplation of the parties is uncertain and unworkable; such a test, we stated, "might invalidate virtually all antenuptial agreements on the ground that the parties contemplated dissolution . . . but it provides no principled basis for determining which antenuptial agreements offend public policy and which do not." (17 Cal.3d 342, 352, 551 P.2d 323, 329.)

Similarly, in the present case a standard which inquires whether an agreement is "involved" in or "contemplates" a nonmarital relationship is vague and unworkable. Virtually all agreements between nonmarital partners can be said to be "involved" in some sense in the fact of their mutual sexual relationship, or to "contemplate" the existence of that relationship. Thus defendant's proposed standards, if taken literally, might invalidate all agreements between nonmarital partners, a result no one favors. Moreover, those standards offer no basis to distinguish between valid and invalid agreements. By looking not to such uncertain tests, but only to the consideration underly-

the consideration for the contract, nor explain how—unless the contract called for sexual relations—the woman's employment as a companion and housekeeper could be contrary to good morals.

The alternative holding in *Heaps v. Toy*, supra, finding the contract in that case contrary to good morals, is inconsistent with the numerous California decisions upholding contracts between nonmarital partners when such contracts are not founded upon an illicit consideration, and is therefore disapproved.

ing the agreement, we provide the parties and the courts with a practical guide to determine when an agreement between nonmarital partners should be enforced.

[8] Defendant secondly relies upon the ground suggested by the trial court: that the 1964 contract violated public policy because it impaired the community property rights of Betty Marvin, defendant's lawful wife. Defendant points out that his earnings while living apart from his wife before rendition of the interlocutory decree were community property under 1964 statutory law (former Civ.Code, §§ 169, 169.2) [7] and that defendant's agreement with plaintiff purported to transfer to her a half interest in that community property. But whether or not defendant's contract with plaintiff exceeded his authority as manager of the community property (see former Civ.Code, § 172), defendant's argument fails for the reason that an improper transfer of community property is not void *ab initio*, but merely voidable at the instance of the aggrieved spouse. (See *Ballinger v. Ballinger* (1937) 9 Cal.2d 330, 334, 70 P.2d 629; *Trimble v. Trimble* (1933) 219 Cal. 340, 344, 26 P.2d 477.)

[9, 10] In the present case Betty Marvin, the aggrieved spouse, had the opportunity to assert her community property rights in the divorce action. (See *Babbitt v. Babbitt* (1955) 44 Cal.2d 289, 293, 282 P.2d 1.) The interlocutory and final decrees in that action fix and limit her interest. Enforcement of the contract between plaintiff and

defendant against property awarded to defendant by the divorce decree will not impair any right of Betty's, and thus is not on that account violative of public policy.[8]

[11] Defendant's third contention is noteworthy for the lack of authority advanced in its support. He contends that enforcement of the oral agreement between plaintiff and himself is barred by Civil Code section 5134, which provides that "All contracts for marriage settlements must be in writing . . . ." A marriage settlement, however, is an agreement in contemplation of marriage in which each party agrees to release or modify the property rights which would otherwise arise from the marriage. (See *Corker v. Corker* (1891) 87 Cal. 643, 648, 25 P. 922.) The contract at issue here does not conceivably fall within that definition, and thus is beyond the compass of section 5134.[9]

[12] Defendant finally argues that enforcement of the contract is barred by Civil Code section 43.5, subdivision (d), which provides that "No cause of action arises for . . . [b]reach of a promise of marriage." This rather strained contention proceeds from the premise that a promise of marriage impliedly includes a promise to support and to pool property acquired after marriage (see *Boyd v. Boyd* (1964) 228 Cal. App.2d 374, 39 Cal.Rptr. 400) to the conclusion that pooling and support agreements not part of or accompanied by promise of marriage are barred by the section. We conclude that section 43.5 is not reasonably

7. Sections 169 and 169.2 were replaced in 1970 by Civil Code section 5118. In 1972 section 5118 was amended to provide that the earnings and accumulations of *both* spouses "while living separate and apart from the other spouse, are the separate property of the spouse."

8. Defendant also contends that the contract is invalid as an agreement to promote or encourage divorce. (See 1 Witkin, Summary of Cal.Law (8th ed.) pp. 390–392 and cases there cited.) The contract between plaintiff and defendant did not, however, by its terms require defendant to divorce Betty, nor reward him for so doing. Moreover, the principle on which defendant relies does not apply when the marriage in question is beyond redemption (*Glick-*

man v. Collins (1975) 13 Cal.3d 852, 858–859, 120 Cal.Rptr. 76, 533 P.2d 204); whether or not defendant's marriage to Betty was beyond redemption when defendant contracted with plaintiff is obviously a question of fact which cannot be resolved by judgment on the pleadings.

9. Our review of the many cases enforcing agreements between nonmarital partners reveals that the majority of such agreements were oral. In two cases (*Ferguson v. Schuenemann, supra,* 167 Cal.App.2d 413, 334 P.2d 668; *Cline v. Festersen, supra,* 128 Cal.App.2d 380, 275 P.2d 149), the court expressly rejected defenses grounded upon the statute of frauds.

susceptible to the interpretation advanced by defendant, a conclusion demonstrated by the fact that since section 43.5 was enacted in 1939, numerous cases have enforced pooling agreements between nonmarital partners, and in none did court or counsel refer to section 43.5.

[13, 14]   In summary, we base our opinion on the principle that adults who voluntarily live together and engage in sexual relations are nonetheless as competent as any other persons to contract respecting their earnings and property rights. Of course, they cannot lawfully contract to pay for the performance of sexual services, for such a contract is, in essence, an agreement for prostitution and unlawful for that reason. But they may agree to pool their earnings and to hold all property acquired during the relationship in accord with the law governing community property; conversely they may agree that each partner's earnings and the property acquired from those earnings remains the separate property of the earning partner.[10] So long as the agreement does not rest upon illicit meretricious consideration, the parties may order their economic affairs as they choose, and no policy precludes the courts from enforcing such agreements.

[15]   In the present instance, plaintiff alleges that the parties agreed to pool their earnings, that they contracted to share equally in all property acquired, and that defendant agreed to support plaintiff. The terms of the contract as alleged do not rest upon any unlawful consideration. We therefore conclude that the complaint furnishes a suitable basis upon which the trial court can render declaratory relief. (See 3 Witkin, Cal.Procedure (2d ed.) pp. 2335–2336.) The trial court consequently erred in granting defendant's motion for judgment on the pleadings.

3. *Plaintiff's complaint can be amended to state a cause of action founded upon theories of implied contract or equitable relief.*

As we have noted, both causes of action in plaintiff's complaint allege an express contract; neither assert any basis for relief independent from the contract. In *In re Marriage of Cary, supra,* 34 Cal.App.3d 345, 109 Cal.Rptr. 862, however, the Court of Appeal held that, in view of the policy of the Family Law Act, property accumulated by nonmarital partners in an actual family relationship should be divided equally. Upon examining the *Cary* opinion, the parties to the present case realized that plaintiff's alleged relationship with defendant might arguably support a cause of action independent of any express contract between the parties. The parties have therefore briefed and discussed the issue of the property rights of a nonmarital partner in the absence of an express contract. Although our conclusion that plaintiff's complaint states a cause of action based on an express contract alone compels us to reverse the judgment for defendant, resolution of the *Cary* issue will serve both to guide the parties upon retrial and to resolve a conflict presently manifest in published Court of Appeal decisions.

[16]   Both plaintiff and defendant stand in broad agreement that the law should be fashioned to carry out the reasonable expectations of the parties. Plaintiff, however, presents the following contentions: that the decisions prior to *Cary* rest upon implicit and erroneous notions of punishing a party for his or her guilt in entering into a nonmarital relationship, that such decisions result in an inequitable distribution of property accumulated during the relationship, and that *Cary* correctly held that the enactment of the Family Law Act in 1970 overturned those prior decisions. Defendant in response maintains that the prior decisions

---

10.   A great variety of other arrangements are possible. The parties might keep their earnings and property separate, but agree to compensate one party for services which benefit the other. They may choose to pool only part of their earnings and property, to form a part-

nership or joint venture, or to hold property acquired as joint tenants or tenants in common, or agree to any other such arrangement. (See generally Weitzman, *Legal Regulation of Marriage: Tradition and Change* (1974) 62 Cal. L.Rev. 1169.)

merely applied common law principles of contract and property to persons who have deliberately elected to remain outside the bounds of the community property system.[11] *Cary*, defendant contends, erred in holding that the Family Law Act vitiated the force of the prior precedents.

As we shall see from examination of the pre-*Cary* decisions, the truth lies somewhere between the positions of plaintiff and defendant. The classic opinion on this subject is *Vallera v. Vallera, supra,* 21 Cal.2d 681, 134 P.2d 761. Speaking for a four-member majority, Justice Traynor posed the question: "whether a woman living with a man as his wife but with no genuine belief that she is legally married to him acquires by reason of cohabitation alone the rights of a co-tenant in his earnings and accumulations during the period of their relationship." (21 Cal.2d at p. 684, 134 P.2d at p. 762.) Citing *Flanagan v. Capital Nat. Bank* (1931) 213 Cal. 664, 3 P.2d 307, which held that a nonmarital "wife" could not claim that her husband's estate was community property, the majority answered that question "in the negative." (21 Cal.2d pp. 684–685, 134 P.2d 761.) *Vallera* explains that "Equitable considerations arising from the reasonable expectation of the continuation of benefits attending the status of marriage entered into in good faith are not present in such a case." (P. 685, 134 P.2d p. 763.) In the absence of express contract, *Vallera* concluded, the woman is entitled to share in property jointly accumulated only "in the proportion that her funds contributed toward its acquisition." (P. 685, 134 P.2d p. 763.) Justice Curtis, dissenting, argued that the evidence showed an implied contract under which each party owned an equal interest in property acquired during the relationship.

The majority opinion in *Vallera* did not expressly bar recovery based upon an implied contract, nor preclude resort to equitable remedies. But *Vallera's* broad assertion that equitable considerations "are not present" in the case of a nonmarital relationship (21 Cal.2d at p. 685, 134 P.2d 761) led the Courts of Appeal to interpret the language to preclude recovery based on such theories. (See *Lazzarevich v. Lazzarevich* (1948) 88 Cal.App.2d 708, 719, 200 P.2d 49; *Oakley v. Oakley* (1947) 82 Cal.App.2d 188, 191–192, 185 P.2d 848.)[12]

Consequently, when the issue of the rights of a nonmarital partner reached this court in *Keene v. Keene* (1962) 57 Cal.2d 657, 21 Cal.Rptr. 593, 371 P.2d 329, the claimant forwent reliance upon theories of contract implied in law or fact. Asserting that she had worked on her partner's ranch and that her labor had enhanced its value, she confined her cause of action to the claim that the court should impress a resulting trust on the property derived from the sale of the ranch. The court limited its opinion accordingly, rejecting her argument on the ground that the rendition of services

---

11. We note that a deliberate decision to avoid the strictures of the community property system is not the only reason that couples live together without marriage. Some couples may wish to avoid the permanent commitment that marriage implies, yet be willing to share equally any property acquired during the relationship; others may fear the loss of pension, welfare, or tax benefits resulting from marriage (see *Beckman v. Mayhew, supra,* 49 Cal.App.3d 529, 122 Cal.Rptr. 604). Others may engage in the relationship as a possible prelude to marriage. In lower socio-economic groups the difficulty and expense of dissolving a former marriage often leads couples to choose a nonmarital relationship; many unmarried couples may also incorrectly believe that the doctrine of common law marriage prevails in California, and thus that they are in fact married. Consequently we conclude that the mere fact that a couple have not participated in a valid marriage ceremony cannot serve as a basis for a court's inference that the couple intend to keep their earnings and property separate and independent; the parties' intention can only be ascertained by a more searching inquiry into the nature of their relationship.

12. The cases did not clearly determine whether a nonmarital partner could recover in quantum meruit for the reasonable value of services rendered. But when we affirmed a trial court ruling denying recovery in *Hill v. Estate of Westbrook, supra,* 39 Cal.2d 458, 247 P.2d 19, we did so in part on the ground that whether the partner "rendered her services because of expectation of monetary reward" (p. 462, 247 P.2d p. 21) was a question of fact resolved against her by the trial court—thus implying that in a proper case the court would allow recovery based on quantum meruit.

gives rise to a resulting trust only when the services aid in acquisition of the property, not in its subsequent improvement. (57 Cal.2d at p. 668, 21 Cal.Rptr. 593, 371 P.2d 329.) Justice Peters, dissenting, attacked the majority's distinction between the rendition of services and the contribution of funds or property; he maintained that both property and services furnished valuable consideration, and potentially afforded the ground for a resulting trust.

[17] This failure of the courts to recognize an action by a nonmarital partner based upon implied contract, or to grant an equitable remedy, contrasts with the judicial treatment of the putative spouse. Prior to the enactment of the Family Law Act, no statute granted rights to a putative spouse.[13] The courts accordingly fashioned a variety of remedies by judicial decision. Some cases permitted the putative spouse to recover half the property on a theory that the conduct of the parties implied an agreement of partnership or joint venture. (See *Estate of Vargas* (1974) 36 Cal.App.3d 714, 717–718, 111 Cal.Rptr. 779; *Sousa v. Freitas* (1970) 10 Cal.App.3d 660, 666, 89 Cal.Rptr. 485.) Others permitted the spouse to recover the reasonable value of rendered services, less the value of support

received. (See *Sanguinetti v. Sanguinetti* (1937) 9 Cal.2d 95, 100–102, 69 P.2d 845.)[14] Finally, decisions affirmed the power of a court to employ equitable principles to achieve a fair division of property acquired during putative marriage. (*Coats v. Coats* (1911) 160 Cal. 671, 677–678, 118 P. 441; *Caldwell v. Odisio* (1956) 142 Cal.App.2d 732, 735, 299 P.2d 14.)[15]

Thus in summary, the cases prior to *Cary* exhibited a schizophrenic inconsistency. By enforcing an express contract between nonmarital partners unless it rested upon an unlawful consideration, the courts applied a common law principle as to contracts. Yet the courts disregarded the common law principle that holds that implied contracts can arise from the conduct of the parties.[16] Refusing to enforce such contracts, the courts spoke of leaving the parties "in the position in which they had placed themselves" (*Oakley v. Oakley, supra,* 82 Cal. App.2d 188, 192, 185 P.2d 848, 850), just as if they were guilty parties "in pari delicto."

Justice Curtis noted this inconsistency in his dissenting opinion in *Vallera*, pointing out that "if an express agreement will be enforced, there is no legal or just reason why an implied agreement to share the property cannot be enforced." (21 Cal.2d

---

13. The Family Law Act, in Civil Code section 4452, classifies property acquired during a putative marriage as "quasi-marital property," and requires that such property be divided upon dissolution of the marriage in accord with Civil Code section 4800.

14. The putative spouse need not prove that he rendered services in expectation of monetary reward in order to recover the reasonable value of those services. (*Sanguinetti v. Sanguinetti, supra,* 9 Cal.3d 95, 100, 69 P.2d 845.)

15. The contrast between principles governing nonmarital and putative relationships appears most strikingly in *Lazzarevich v. Lazzarevich, supra,* 88 Cal.App.2d 708, 200 P.2d 49. When Mrs. Lazzarevich sued her husband for divorce in 1945, she discovered to her surprise that she was not lawfully married to him. She nevertheless reconciled with him, and the Lazzareviches lived together for another year before they finally separated. The court awarded her recovery for the reasonable value of services rendered, less the value of support received, until she discovered the invalidity of the mar-

riage, but denied recovery for the same services rendered after that date.

16. "Contracts may be express or implied. These terms, however, do not denote different kinds of contracts, but have reference to the evidence by which the agreement between the parties is shown. If the agreement is shown by the direct words of the parties, spoken or written, the contract is said to be an express one. But if such agreement can only be shown by the acts and conduct of the parties, interpreted in the light of the subject-matter and of the surrounding circumstances, then the contract is an implied one." (*Skelly v. Bristol Sav. Bank* (1893) 63 Conn. 83, 26 A. 474, 475, quoted in 1 Corbin, Contracts (1963) p. 41.) Thus, as Justice Schauer observed in *Desny v. Wilder* (1956) 46 Cal.2d 715, 299 P.2d 257, in a sense all contracts made in fact, as distinguished from quasi-contractual obligations, are express contracts, differing only in the manner in which the assent of the parties is expressed and proved. (See 46 Cal.2d at pp. 735–736, 299 P.2d 257.)

681, 686, 134 P.2d 761, 764; see Bruch, *Property Rights of De Facto Spouses Including Thoughts on the Value of Homemakers' Services* (1976) —— Family L.Q. ——, ——.) And in *Keene v. Keene, supra,* 57 Cal.2d 657, 21 Cal.Rptr. 593, 371 P.2d 329, Justice Peters observed that if the man and woman "were not illegally living together . . . : it would be a plain business relationship and a contract would be implied." (Diss. opn. at p. 672, 21 Cal.Rptr. at p. 602, 371 P.2d at p. 338.)

Still another inconsistency in the prior cases arises from their treatment of property accumulated through joint effort. To the extent that a partner had contributed *funds* or *property*, the cases held that the partner obtains a proportionate share in the acquisition, despite the lack of legal standing of the relationship. (*Vallera v. Vallera, supra,* 21 Cal.2d at p. 685, 134 P.2d at 761; see *Weak v. Weak, supra,* 202 Cal.App.2d 632, 639, 21 Cal.Rptr. 9.) Yet courts have refused to recognize just such an interest based upon the contribution of *services.* As Justice Curtis points out "Unless it can be argued that a woman's services as cook, housekeeper, and homemaker are valueless, it would seem logical that if, when she contributes money to the purchase of property, her interest will be protected, then when she contributes her services in the home, her interest in property accumulated should be protected." (*Vallera v. Vallera, supra,* 21 Cal.2d 681, 686–687, 134 P.2d 761, 764 (diss. opn.); see Bruch, op. cit. *supra,* —— Family L.Q. ——, ——; Article, *Illicit Cohabitation: The Impact of the Vallera and Keene Cases on the Rights of the Meretricious Spouse* (1973) 6 U.C. Davis L.Rev. 354, 369–370; Comment (1972) 48 Wash.L. Rev. 635, 641.)

Thus as of 1973, the time of the filing of *In re Marriage of Cary, supra,* 34 Cal.

App.3d 345, 109 Cal.Rptr. 862, the cases apparently held that a nonmarital partner who rendered services in the absence of express contract could assert no right to property acquired during the relationship. The facts of *Cary* demonstrated the unfairness of that rule.

Janet and Paul Cary had lived together, unmarried, for more than eight years. They held themselves out to friends and family as husband and wife, reared four children, purchased a home and other property, obtained credit, filed joint income tax returns, and otherwise conducted themselves as though they were married. Paul worked outside the home, and Janet generally cared for the house and children.

[18] In 1971 Paul petitioned for "nullity of the marriage." [17] Following a hearing on that petition, the trial court awarded Janet half the property acquired during the relationship, although all such property was traceable to Paul's earnings. The Court of Appeal affirmed the award.

Reviewing the prior decisions which had denied relief to the homemaking partner, the Court of Appeal reasoned that those decisions rested upon a policy of punishing persons guilty of cohabitation without marriage. The Family Law Act, the court observed, aimed to eliminate fault or guilt as a basis for dividing marital property. But once fault or guilt is excluded, the court reasoned, nothing distinguishes the property rights of a nonmarital "spouse" from those of a putative spouse. Since the latter is entitled to half the "quasi marital property" (Civ.Code, § 4452), the Court of Appeal concluded that, giving effect to the policy of the Family Law Act, a nonmarital cohabitator should also be entitled to half the property accumulated during an "actual

---

17. The Court of Appeal opinion in *In re Marriage of Cary, supra,* does not explain why Paul Cary filed his action as a petition for nullity. Briefs filed with this court, however, suggest that Paul may have been seeking to assert rights as a putative spouse. In the present case, on the other hand, neither party claims the status of an actual or putative spouse. Un-

der such circumstances an action to adjudge "the marriage" in the instant case a nullity would be pointless and could not serve as a device to adjudicate contract and property rights arising from the parties' nonmarital relationship. Accordingly, plaintiff here correctly chose to assert her rights by means of an ordinary civil action.

family relationship." (34 Cal.App.3d at p. 353, 109 Cal.Rptr. 862.) [18]

Cary met with a mixed reception in other appellate districts. In *Estate of Atherley, supra,* 44 Cal.App.3d 758, 119 Cal.Rptr. 41, the Fourth District agreed with *Cary* that under the Family Law Act a nonmarital partner in an actual family relationship enjoys the same right to an equal division of property as a putative spouse. In *Beckman v. Mayhew, supra,* 49 Cal.App.3d 529, 122 Cal.Rptr. 604, however, the Third District rejected *Cary* on the ground that the Family Law Act was not intended to change California law dealing with nonmarital relationships

[19, 20] If *Cary* is interpreted as holding that the Family Law Act requires an equal division of property accumulated in non-

marital "actual family relationships," then we agree with *Beckman v. Mayhew* that *Cary* distends the act. No language in the Family Law Act addresses the property rights of nonmarital partners, and nothing in the legislative history of the act suggests that the Legislature considered that subject.[19] The delineation of the rights of nonmarital partners before 1970 had been fixed entirely by judicial decision; we see no reason to believe that the Legislature, by enacting the Family Law Act, intended to change that state of affairs.

But although we reject the reasoning of *Cary* and *Atherley,* we share the perception of the *Cary* and *Atherley* courts that the application of former precedent in the factual setting of those cases would work an unfair distribution of the property accumu-

18. The court in *Cary* also based its decision upon an analysis of Civil Code section 4452, which specifies the property rights of a putative spouse. Section 4452 states that if the "court finds that either party or both parties believed in good faith that the marriage was valid, the court should declare such party or parties to have the status of a putative spouse, and shall divide, in accordance with Section 4800, that property acquired during the union . . . ." Since section 4800 requires an equal division of community property, *Cary* interpreted section 4452 to require an equal division of the property of a putative marriage, so long as one spouse believed in good faith that the marriage was valid. Thus under section 4452, *Cary* concluded, the "guilty spouse" (the spouse who knows the marriage is invalid) has the same right to half the property as does the "innocent" spouse.

   Cary then reasoned that if the "guilty" spouse to a putative marriage is entitled to one-half the marital property, the "guilty" partner in a nonmarital relationship should also receive one-half of the property. Otherwise, the court stated, "We should be obliged to presume a legislative intent that a person, who by deceit leads another to believe a valid marriage exists between them, shall be legally guaranteed half of the property they acquire even though most, or all, may have resulted from the earnings of the blameless partner. At the same time we must infer an inconsistent legislative intent that two persons who, candidly with each other, enter upon an unmarried family relationship, shall be denied any judicial aid whatever in the assertion of otherwise valid property rights." (34 Cal.App.3d at p. 352, 109 Cal.Rptr. at p. 866.)

This reasoning in *Cary* has been criticized by commentators. (See Note, op. cit., *supra,* 25 Hastings L.J. 1226, 1234–1235; Comment, *In re Marriage of Carey* [sic]: *The End of the Putative-Meretricious Spouse Distinction in California* (1975) 12 San Diego L.Rev. 436, 444–446.) The Commentators note that Civil Code section 4455 provides that an "innocent" party to a putative marriage can recover spousal support, from which they infer that the Legislature intended to give only the "innocent" spouse a right to one-half of the quasi-marital property under section 4452.

   We need not now resolve this dispute concerning the interpretation of section 4452. Even if *Cary* is correct in holding that a "guilty" putative spouse has a right to one-half of the marital property, it does not necessarily follow that a nonmarital partner has an identical right. In a putative marriage the parties will arrange their economic affairs with the expectation that upon dissolution the property will be divided equally. If a "guilty" putative spouse receives one-half of the property under section 4452, no expectation of the "innocent" spouse has been frustrated. In a nonmarital relationship, on the other hand, the parties may expressly or tacitly determine to order their economic relationship in some other manner, and to impose community property principles regardless of such understanding may frustrate the parties' expectations.

19. Despite the extensive material available on the legislative history of the Family Law Act neither *Cary* nor plaintiff cites any reference which suggests that the Legislature ever considered the issue of the property rights of nonmarital partners, and our independent examination has uncovered no such reference.

lated by the couple. Justice Friedman in *Beckman v. Mayhew, supra,* 49 Cal.App.3d 529, 535, 122 Cal.Rptr. 604, also questioned the continued viability of our decisions in *Vallera* and *Keene;* commentators have argued the need to reconsider those precedents.[20] We should not, therefore, reject the authority of *Cary* and *Atherley* without also examining the deficiencies in the former law which led to those decisions.

The principal reason why the pre-*Cary* decisions result in an unfair distribution of property inheres in the court's refusal to permit a nonmarital partner to assert rights based upon accepted principles of implied contract or equity. We have examined the reasons advanced to justify this denial of relief, and find that none have merit.

[21] First, we note that the cases denying relief do not rest their refusal upon any theory of "punishing" a "guilty" partner. Indeed, to the extent that denial of relief "punishes" one partner, it necessarily rewards the other by permitting him to retain a disproportionate amount of the property. Concepts of "guilt" thus cannot justify an unequal division of property between two equally "guilty" persons.[21]

Other reasons advanced in the decisions fare no better. The principal argument seems to be that "[e]quitable considerations arising from the reasonable expectation of

. . . . benefits attending the status of marriage . . . are not present [in a nonmarital relationship]." (*Vallera v. Vallera, supra,* 21 Cal.2d at p. 685, 134 P.2d 761, 763.) But, although parties to a nonmarital relationship obviously cannot have based any expectations upon the belief that they were married, other expectations and equitable considerations remain. The parties may well expect that property will be divided in accord with the parties' own tacit understanding and that in the absence of such understanding the courts will fairly apportion property accumulated through mutual effort. We need not treat nonmarital partners as putatively married persons in order to apply principles of implied contract, or extend equitable remedies; we need to treat them only as we do any other unmarried persons.[22]

[22] The remaining arguments advanced from time to time to deny remedies to the nonmarital partners are of less moment. There is no more reason to presume that services are contributed as a gift than to presume that funds are contributed as a gift; in any event the better approach is to presume, as Justice Peters suggested, "that the parties intend to deal fairly with each other." (*Keene v. Keene, supra,* 57 Cal.2d 657, 674, 21 Cal.Rptr. 593, 603, 371 P.2d 329, 339 (dissenting opn.); see *Bruch,* op. cit., *supra,* —— Family L.Q. ——, ——.)

---

20. See *Bruch,* op. cit., *supra,* —— Family L.Q. ——; Article, op. cit., *supra,* 6 U.C. Davis L.Rev. 354; Comment (1975) 6 Golden Gate L.Rev. 179, 197–201; Comment, op. cit., *supra,* 12 San Diego L.Rev. 4356; Note, op. cit., *supra,* 25 Hastings L.J. 1226, 1246.

21. Justice Finley of the Washington Supreme Court explains: "Under such circumstances [the dissolution of a nonmarital relationship], this court and the courts of other jurisdictions have, in effect, sometimes said, 'We will wash our hands of such disputes. The parties should and must be left to their own devices, just where they find themselves.' To me, such pronouncements seem overly fastidious and a bit fatuous. They are unrealistic and, among other things, ignore the fact that an unannounced (but nevertheless effective and binding) rule of law is inherent in any such terminal statements by a court of law. The unannounced but inherent rule is simply that the party who has title, or in some instances who is in possession, will

enjoy the rights of ownership of the property concerned. The rule often operates to the great advantage of the cunning and the shrewd, who wind up with possession of the property, or title to it in their names, at the end of a so-called meretricious relationship. So, although the courts proclaim that they will have nothing to do with such matters, the proclamation in itself establishes, as to the parties involved, an effective and binding rule of law which tends to operate purely by accident or perhaps by reason of the cunning, anticipatory designs of just one of the parties." (*West v. Knowles* (1957) 50 Wash.2d 311, 311 P.2d 689, 692 (conc. opn.).)

22. In some instances a confidential relationship may arise between nonmarital partners, and economic transactions between them should be governed by the principles applicable to such relationships.

[23] The argument that granting remedies to the nonmarital partners would discourage marriage must fail; as *Cary* pointed out, "with equal or greater force the point might be made that the pre-1970 rule was calculated to cause the income producing partner to avoid marriage and thus retain the benefit of all of his or her accumulated earnings." (34 Cal.App.3d at p. 353, 109 Cal.Rptr. at p. 866.) Although we recognize the well-established public policy to foster and promote the institution of marriage (see *Deyoe v. Superior Court* (1903) 140 Cal. 476, 482, 74 P. 28), perpetuation of judicial rules which result in an inequitable distribution of property accumulated during a nonmarital relationship is neither a just nor an effective way of carrying out that policy.

In summary, we believe that the prevalence of nonmarital relationships in modern society and the social acceptance of them, marks this as a time when our courts should by no means apply the doctrine of the unlawfulness of the so-called meretricious relationship to the instant case. As we have explained, the nonenforceability of agreements expressly providing for meretricious conduct rested upon the fact that such conduct, as the word suggests, pertained to and encompassed prostitution. To equate the nonmarital relationship of today to such a subject matter is to do violence to an accepted and wholly different practice.

We are aware that many young couples live together without the solemnization of marriage, in order to make sure that they can successfully later undertake marriage. This trial period,[23] preliminary to marriage, serves as some assurance that the marriage will not subsequently end in dissolution to the harm of both parties. We are aware, as we have stated, of the pervasiveness of nonmarital relationships in other situations.

The mores of the society have indeed changed so radically in regard to cohabitation that we cannot impose a standard based on alleged moral considerations that have apparently been so widely abandoned by so many. Lest we be misunderstood, however, we take this occasion to point out that the structure of society itself largely depends upon the institution of marriage, and nothing we have said in this opinion should be taken to derogate from that institution. The joining of the man and woman in marriage is at once the most socially productive and individually fulfilling relationship that one can enjoy in the course of a lifetime.

[24–26] We conclude that the judicial barriers that may stand in the way of a policy based upon the fulfillment of the reasonable expectations of the parties to a nonmarital relationship should be removed. As we have explained, the courts now hold that express agreements will be enforced unless they rest on an unlawful meretricious consideration. We add that in the absence of an express agreement, the courts may look to a variety of other remedies in order to protect the parties' lawful expectations.[24]

The courts may inquire into the conduct of the parties to determine whether that conduct demonstrates an implied contract or implied agreement of partnership or joint venture (see *Estate of Thornton* (1972) 81 Wash.2d 72, 499 P.2d 864), or some other tacit understanding between the parties. The courts may, when appropriate, employ principles of constructive trust (see *Omer v. Omer* (1974) 11 Wash.App. 386, 523 P.2d 957) or resulting trust (see *Hyman v. Hyman* (Tex.Civ.App.1954) 275 S.W.2d 149). Finally, a nonmarital partner may recover in quantum meruit for the reasonable value

---

23. Toffler, Future Shock (Bantam Books, 1971) page 253.

24. We do not seek to resurrect the doctrine of common law marriage, which was abolished in California by statute in 1895. (See *Norman v. Thomson* (1898) 121 Cal. 620, 628, 54 P. 143; *Estate of Abate* (1958) 166 Cal.App.2d 282, 292, 333 P.2d 200.) Thus we do not hold that plaintiff and defendant were "married," nor do we extend to plaintiff the rights which the Family Law Act grants valid or putative spouses; we hold only that she has the same rights to enforce contracts and to assert her equitable interest in property acquired through her effort as does any other unmarried person.

of household services rendered less the reasonable value of support received if he can show that he rendered services with the expectation of monetary reward. (See *Hill v. Estate of Westbrook, supra,* 39 Cal.2d 458, 462, 247 P.2d 19.) [25]

[27] Since we have determined that plaintiff's complaint states a cause of action for breach of an express contract, and, as we have explained, can be amended to state a cause of action independent of allegations of express contract,[26] we must conclude that the trial court erred in granting defendant a judgment on the pleadings.

The judgment is reversed and the cause remanded for further proceedings consistent with the views expressed herein.[27]

WRIGHT, C. J., and McCOMB, MOSK, SULLIVAN and RICHARDSON, JJ., concur.

CLARK, Justice (concurring and dissenting).

The majority opinion properly permits recovery on the basis of either express or implied in fact agreement between the parties. These being the issues presented, their resolution requires reversal of the judgment. Here, the opinion should stop.

This court should not attempt to determine all anticipated rights, duties and remedies within every meretricious relationship—particularly in vague terms. Rather, these complex issues should be determined as each arises in a concrete case.

The majority broadly indicates that a party to a meretricious relationship may recover on the basis of equitable principles and in quantum meruit. However, the majority fails to advise us of the circumstances permitting recovery, limitations on recovery, or whether their numerous remedies are cumulative or exclusive. Conceivably, under the majority opinion a party may recover half of the property acquired during the relationship on the basis of general equitable principles, recover a bonus based on specific equitable considerations, and recover a second bonus in quantum meruit.

The general sweep of the majority opinion raises but fails to answer several questions. First, because the Legislature specifically excluded some parties to a meretricious relationship from the equal division rule of Civil Code section 4452, is this court now free to create an equal division rule? Second, upon termination of the relationship, is it equitable to impose the economic obligations of lawful spouses on meretricious parties when the latter may have rejected matrimony to avoid such obligations? Third, does not application of equitable principles—necessitating examination of the conduct of the parties—violate the spirit of the Family Law Act of 1969, designed to eliminate the bitterness and acrimony resulting from the former fault system in divorce? Fourth, will not application of equitable principles reimpose upon trial courts the unmanageable burden of arbitrating domestic disputes? Fifth, will not a quantum meruit system of compensation for services—discounted by benefits received—place meretricious spouses in a better position than lawful spouses? Sixth, if a quantum meruit system is to be allowed, does fairness not require inclusion of all services and all benefits regardless of how difficult the evaluation?

When the parties to a meretricious relationship show by express or implied in fact agreement they intend to create mutual obligations, the courts should enforce the agreement. However, in the absence of

25. Our opinion does not preclude the evolution of additional equitable remedies to protect the expectations of the parties to a nonmarital relationship in cases in which existing remedies prove inadequate; the suitability of such remedies may be determined in later cases in light of the factual setting in which they arise.

26. We do not pass upon the question whether, in the absence of an express or implied contractual obligation, a party to a nonmarital relationship is entitled to support payments from the other party after the relationship terminates.

27. We wish to commend the parties and amici for the exceptional quality of the briefs and argument in this case.

agreement, we should stop and consider the ramifications before creating economic obligations which may violate legislative intent, contravene the intention of the parties, and surely generate undue burdens on our trial courts.

By judicial overreach, the majority perform a nunc pro tunc marriage, dissolve it, and distribute its property on terms never contemplated by the parties, case law or the Legislature.

69

MARVIN v. MARVIN
Trial Court Judgement & Opinion

SUPERIOR COURT OF THE STATE OF CALIFORNIA
FOR THE COUNTY OF LOS ANGELES

MICHELLE MARVIN, aka
MICHELLE TRIOLA,
  Plaintiff,

vs.

LEE MARVIN,
  Defendant.

LEE MARVIN,
  Cross-Complainant,

vs.

MICHELLE MARVIN, aka
MICHELLE TRIOLA,
  Cross-Defendant.

CASE NO. C 23303

MEMORANDUM OPINION

April 18, 1979

The Supreme Court in *Marvin v. Marvin* (1976) 18 C.3d 660, 665, 134 Cal.Rptr. 815, 557 P.2d 106, decided that an unmarried person may recover from a person, with whom the former had lived, in accordance with any written contract between them unless the agreement "rest(s) on an unlawful meretricious consideration." (p. 684.) That court also determined that a nonmarital partner may recover if the conduct of the couple was such that a trial court could imply therefrom either "an implied contract, agreement of partnership or joint venture, or some other tacit understanding between the parties."

(pp. 665, 682.) Lacking evidence which would support any such finding, "(T)he courts may also employ the doctrine of quantum meruit, or equitable remedies such as constructive or resulting trusts, when warranted by the facts of the case." (pp. 665, 677, 682, 684.)

Finally, the Supreme Court declared that a nonmarital partner may recover in quantum meruit for the reasonable value of household services less the reasonable value of support received. (p. 684.) The action was remanded to the Superior Court where evidence has been taken in implementation of the above described decision. The last mentioned remedy, quantum meruit, need not be considered here inasmuch as the plaintiff has dismissed her fourth and fifth causes of action based on such ground.

The first three causes of action, amended to reflect the remedies described by the Supreme Court, allege contractual, express and implied and equitable bases for judgment in favor of plaintiff.

In order to comply with the Supreme Court mandate, the trial court collected all available evidence which might bear on the relationship established after defendant allegedly promised plaintiff half of his property or which might serve as a basis for a tacit agreement or for equitable relief.

FACTS

In June, 1964, the parties met while they both were working on a picture called "Ship of Fools," he as a star and she as a stand-in. (She also was employed as a singer at the "Little Club" in Los Angeles.) A few days after their first meeting, they lunched together, then dined together. In a short time they saw each other on a daily basis after work. Sexual intimacy commenced about 2 weeks after their first date. During these early meetings, there was much conversation about their respective marital problems. The defendant said that, although he loved his wife and children, communication between him and his spouse had failed and he was unhappy. Plaintiff

71

said that her marriage had been dissolved but her husband sought reconciliation.

Plaintiff testified that defendant told her that as soon as two people sign "a piece of paper," (meaning a marriage certificate) they waved that paper at each other whenever any problem arose instead of attempting to settle the problem. Defendant allegedly said that a license is a woman's insurance policy and he did not like that. Defendant further stated to plaintiff that when two people loved each other, there is no need for a license. Plaintiff declared that she told him that she did not necessarily agree with him.

Plaintiff testified that she hoped to secure a part in "Flower Drum Song" and was to journey to New York City for that purpose, but defendant did not want her to go as, he said, it was hard to conduct a romance at long distance. She did not go to New York. She rented an apartment for approximately one month. Defendant stayed with her from time to time.

In October, 1964, the plaintiff rented and moved into a house. The defendant moved in with her although he also maintained a room at a nearby hotel and occasionally stayed at the home where he had lived with his wife and children. Plaintiff told defendant that they were not "living together." His response was, "What does it mean when your blouse and my suit come back (from) to the cleaners together?" He inquired, "Does it mean that I live here?" She testified that she replied, "Well, I guess it does."

Defendant allegedly repeated again and again, his opinion that a piece of paper, a marriage certificate, is not needed by people in love. Plaintiff testified that at first she thought he was crazy and asked him to explain. She did not think it would work without the "paper." Defendant responded that marriage was lacking in communication and that he was unhappy about it.

The defendant went to San Blas, Mexico in November or December of 1964 for sport fishing. He later invited plaintiff to join him, which she did. There, the defendant allegedly told her that he was unhappily married, that he might be terminating his marriage, and that he and plaintiff could be together. She testified that she doubted his words. He declared again that a woman does not need a piece of paper, a marriage certificate, for security. He repeated his belief that whenever there was a misunderstanding, each waved the paper at each other instead of working hard at clearing up the misunderstanding. He allegedly said that he would never marry again because he did not like that kind of arrangement. He declared that he was almost positive that his marriage was not going to mend and asked whether plaintiff and defendant could share their lives. She inquired as to his meaning. He replied that after the divorce he would be left with only "the shirt on his back (and alimony)" but would she like to live on the beach. She initially responded she was going to New York. Two days later she asked defendant if he really thought living together without marriage would work out. He said that it would and she agreed to live with him.

Then defendant allegedly uttered the words which plaintiff contends constitute a contractual offer. He said, "what I have is yours and what you have is mine." She then accepted the alleged offer but declared that she had her own career and she did not want to depend on anyone. Defendant said that he had no objection to her career, that they still could share and build their lives. She told him that she loved him, that she would care for him and their home, and that she would cook and be his companion. She offered to learn how to fish, a sport of which he was quite fond, although she got seasick. He said that she would get over her seasickness.

The defendant was intoxicated in San Blas a "few times" to the point of losing control. She said that in subsequent years, 1965 and 1966, he lost control whenever he drank. She testified that she asked him to stop drinking and that he did not do so.

73

Defendant vigorously denies telling plaintiff, "what I have is yours and what you have is mine;" he declared that he never said he would support her for life and that he never stated "I'll take care of you always." He further denies saying that a marriage license is a piece of paper which stood in the way of working out problems. He testified that he decided to get a divorce from his wife after he arrived at his beach house, many months after his return from San Blas. During the examination of defendant under Evidence Code, Section 776, counsel for plaintiff read from defendant's deposition wherein defendant declared that he wanted a relationship of no responsibility and that the plaintiff agreed thereto.

The defendant rented and later purchased a house on the Malibu beach. Plaintiff moved in, bringing a bed, stereo equipment and kitchen utensils. A refrigerator and washing machine were purchased. She bought food, cooked meals for defendant, cleaned house (after the first year, she had the periodic help of a cleaning woman). On occasion, the couple had visitors and they in turn went together to the homes of friends. In the circle of their friends and their acquaintances in the theatrical world, the plaintiff was reputed not to be defendant's wife.

In the six years of their relationship, they did considerable traveling, over 30 months away from the beach house, for the most part on various film locations. Plaintiff usually accompanied the defendant except for the seven months devoted to the filming of "Dirty Dozen" in England (she visited him for about a month) and an exploratory trip to Micronesia preliminary to filming "Hell in the Pacific."

Plaintiff testified that her acquaintance with the theatre began in 1957 as a dancer. She danced with several troupes. She states that she was a featured dancer in a group organized by Barry Ashton, who produced shows in Las Vegas. She further alleges that she was also a singer from about 1957 and appeared in nightclubs in several states and abroad. Her compensation was usually

74

"scale", ranging from $285 to $400 a week. As to motion pictures, she served as a "stand-in" or in background groupings until her appearance in "Synanon" (shortly after working in "Ship of Fools" where she met defendant) in which she spoke some lines but was not a featured performer.

After the parties moved into the beach house, plaintiff continued to have singing engagements, encouraged by the defendant who would frequently attend, bringing friends and buying drinks for them to lengthen their stay and thereby increase plaintiff's audience.

A decorator was hired to work on the beach house and, after some structural changes, a substantial amount of furniture was purchased. Plaintiff worked with the decorator; both consulted defendant on occasion as to the purchases and alterations.

In 1966, defendant contacted a friend in Hawaii and secured a singing engagement for plaintiff. Before she left for Hawaii Santana Records, Inc., was organized by defendant and defendant paid for the recordation of four songs by plaintiff under the Santana label. With the assistance of her manager, Mimi Marleaux, plaintiff visited disc jockeys in Hawaii and promoted the record.

In that same year, 1966, defendant went to London to make a picture entitled, "Dirty Dozen." During his stay in England he wrote eight letters to plaintiff wherein he expressed affection for the plaintiff and looked forward to her coming to London. In one letter, Exhibit 13, he portrays an imaginary scene wherein he was "found guilty of robbing a 33-year-old cradle" and he answers the judge, "absolutely guilty, your honor. ... Yes sir, I accept life with her, thank you your honor and the court. Will the jury please get out of that cradle!"

After the filming of "Dirty Dozen" and the parties' return to Malibu, Miss Marleaux allegedly was present in the Malibu house when defendant said, after plaintiff told Marleaux she was sorry she let her (Marleaux) down (by the slump in her career), "I don't know what you're worrying about. I'll always take care of you. . . ."

While in Hawaii, plaintiff alleges that there was a ninth letter wherein defendant demanded that she give up her career, cut short her promotion of her record in Hawaii and come to London and if she did not, the relationship would be ended. At one point in the suit, plaintiff declared that she could not locate the letter. She now contends that it was destroyed by defendant. Miss Marleaux recollects a telephone call by defendant to the same effect but defendant introduced bills which indicate he made no such call.

In March of 1967, defendant testified that he told plaintiff that she would have to prepare for separation and that she should learn a trade. The plaintiff responded that if he left her, she would reveal his fears, his worries to the public and his career would be destroyed. She also threatened suicide.

In 1967, the plaintiff accompanied defendant to Baker, Oregon, where the latter made a film called "Paint Your Wagon." The parties rented a house in Baker and established a joint bank account. Plaintiff signed most of the checks drawn on that account.

The plaintiff returned to Los Angeles while "Paint Your Wagon" was still being filmed in Oregon in order to confer with one of the defendant's attorneys, Louis L. Goldman. She asked him whether it would be any trouble to change her name to "Marvin" as their different names were embarrassing to her as well as defendant in a place like Baker. Goldman said if the change was approved by defendant, it was agreeable with him. She then requested him to arrange with defendant for the placement of some property or a lump sum in her name. She declared to him that she did not know whether the relationship would last forever, that she had talked to defendant about conveying the house to her but that he had absolutely no. She requested Goldman to persuade defendant to do something for her. Goldman later telephoned plaintiff to inform her that defendant had refused to agree to any of her requests.

Goldman testified that plaintiff told him that neither she nor defendant wanted to get married, that each wanted to be free to come and go as they please and to terminate the relationship if they wished. The subject of defendant's frequent intoxication was discussed.

On cross-examination, plaintiff testified that they were "always very proud of the fact that nothing held us. We weren't — we weren't legally married." After the breakup she declared to an interviewer: "We used to laugh and feel a great warmth about the fact that either of use could walk out at anytime."

Following the completion of "Paint Your Wagon" (after additional work in Los Angeles), defendant made a picture entitled, "Hell in the Pacific" on the island of Palau in Micronesia. The parties again opened a joint account on location and drew funds therefrom for payment of food, clothing, etc. The plaintiff issued the greater number of checks.

She alleges that defendant introduced her as "Mrs. Marvin" although most of the American community on the island knew that they were not married, including the crew filming the picture and the cast. The defendant denies that he so introduced her.

The parties returned to Palau for a second sojourn. The parties enjoyed the fishing and the defendant supervised and assisted in the completion of a fishing boat which he hoped would vitalize the Palauan fishing industry. The parties talked to an architect about building a house, part of which they could occupy and part of which could be rented to visitors of Palau for the fishing.

Marriage was far from the thoughts of the parties. On the second visit to Palau plaintiff testified that defendant asked her to marry him but she thought he was joking and laughed. A few weeks later plaintiff allegedly asked defendant to marry her and *he* laughed.

On Palau, the parties met Richard Doughty, a member of the Peace Corps fishery department. Doughty testified that he had sexual relations with plaintiff approximately twenty times, on the island, and additional times later in Los Angeles and Tucson. Plaintiff vigorously denied this and claimed that Doughty was a homosexual, offering supporting witnesses. This in turn was vigorously denied by Doughty who also offered witnesses who would rebut such a charge. Doughty's testimony was corroborated by Carol Clark who testified that plaintiff admitted to her that she (plaintiff) had "an affair" with him.

Doughty's testimony is weakened by his denial of such relationship when defendant's counsel, A. David Kagon, first questioned him prior to the trial. He explained that he decided to tell the truth at the trial because he did not wish defendant to be railroaded and because he now was more willing to accept responsibility after he had recovered from a serious illness.

La Verna Hogan, wife of the production manager of "Hell in the Pacific," accompanied plaintiff on a trip from Palau to Hawaii. They stayed overnight in Guam where plaintiff told Mrs. Hogan that she was to meet two men in Hawaii. Mrs. Hogan asked plaintiff why she was going to meet them in view of her relationship with defendant and plaintiff responded, "We (plaintiff and defendant) have an understanding. He does his thing and I do mine." Plaintiff denies any such Hawaiian meeting.

In 1969, defendant filmed "Monte Walsh" on locations approximately two hours from Tucson. He rented a house in Tucson for the ten to twelve weeks of shooting. Doughty secured employment in "Monte Walsh" as a dialogue coach and lived with the parties. A joint bank account was again opened and funded by Edward Silver, defendant's business manager. Plaintiff signed most of the checks.

At the end of the shooting of the pictures, "Hell in the Pacific," "Paint Your Wagon" and "Monte Walsh," the Palau, Baker and Tucson Joint bank accounts were closed and the balances transferred to defendant's account.

Plaintiff had a separate account in Malibu in which defendant's business manager deposited $400 per month for her personal use.

The plaintiff testified that in May, 1970, defendant left the Malibu beach house upon her request. Later, she was told by defendant's agent, Mishkin, that defendant wished that they separate (Mishkin had referred to a "divorce" but testified that he was mistaken in his use of the term). The plaintiff later sought and found defendant in La Jolla. There he told her, plaintiff alleges, that he would not give up drinking, that it was part of his life and that his relationship with plaintiff was no longer enjoyable because of her frequent admonitions as to his drinking.

In May, 1970, plaintiff went to the office of defendant's attorney, Goldman. He informed her that defendant wanted her out of the house and out of his life and that defendant would pay her $833 per month (net after deduction of taxes from a gross of $1050) for five years. Plaintiff testified that she told Goldman she could not exist on such a stipend. Goldman responded that defendant could not afford to pay more because of the alimony which he paid to his former wife. Plaintiff testified that she replied that defendant had promised to take care of her for life. Goldman, however, testified that she had simply thanked him for the arrangement and said that $833 would be enough for her needs.

She returned to the beach house but finally departed after an emotional confrontation with defendant and his attorneys, Goldman and Kagon. Checks for $833 each began to arrive. According to defendant, the payments were made on condition that she removed herself from his life and not discuss with anyone anything she learned about defendant during their relationship. Defendant said that plaintiff thought this was fair. According to the plaintiff, the checks were stopped when defendant saw an item about him in one of the Hollywood columns. Defendant did send one more check but again stopped payment because, plaintiff declares, defendant was angered by her suit against Roberts. She told her attorney (then Howard L. Rosoff) to dismiss the action but, when no more checks came, she reversed her instructions. According to

Goldman, plaintiff said she had nothing to do with the item in the column (re defendant's marriage to Pamela breaking up). He testified that she also said that she would not do it again and to give her another chance. Goldman replied that defendant "was at the end of the road."

The plaintiff filed an application dated March 26, 1970 to change her name to Michelle Triola Marvin. The verified application declared that she had been known professionally as "Marvin" and that she used the name in her acting and singing career.

Plaintiff stated in her deposition[1] that she never used the name "Marvin" professionally. She now declares that she meant (in her application) that she used "Marvin" *during* her career but only socially.

The plaintiff also declared in her deposition[2] that she had asked for a written agreement as to property shortly after moving into the beach house. Defendant allegedly said an agreement was being prepared but they did not need any papers. The plaintiff said they did. Plaintiff said nothing further about the nonappearance of an agreement during 1968, 1969 and 1970.

The defendant stated in his deposition[3] that he wanted a relationship of no responsibility and that the plaintiff agreed with him.

On trips out of town, plaintiff was introduced on occasion as Michelle Marvin to avoid embarrassment in hotels, but defendant contends he never introduced her as *Mrs.* Marvin. Bills were rarely addressed to Mrs. Lee Marvin, but rather to Michelle Marvin. In the Malibu community and the actor-producer circles in which they moved, the couple's relationship was known not to be that of husband and wife.

The plaintiff testified that she never told the defendant that she would hold herself out as his wife, that the par-

---

[1] P. 79, lines 24-25; p. 81, lines 1-8.
[2] P. 64, line 10; p. 72, line 19.
[3] P. 22, line 10; p. 24, line 28; p. 25, lines 1-18; p. 26, lines 1-16.

ties never used the terms "husband and wife," those words were not in their vocabulary and that they never used the word "homemaker."[4]

Defendant testified that in the winter of 1969 plaintiff wanted him to finance a European trip at $10,000-$15,000 per month as the price for separation. Later, she offered to "get out of your (his) life for $50,000" and he would never hear from her again. Still later, she requested $100,000. Plaintiff denies that she made any such offer.

Rather than review the great number of allegations by plaintiff as to defendant's drinking to excess, it is enough to observe that defendant admits that he was frequently intoxicated. It is a reasonable inference therefrom that in such condition he needed care and that plaintiff provided it.

TESTIMONIAL INCONSISTENCIES

The weight of the testimony of the plaintiff is lessened by several inconsistencies.[5]

Plaintiff claims to have had considerable help from Gene Kelly in the procurement of employment in "Flower Drum Song" in New York City. He however, denied that he hired plaintiff. He further testified that he never talked to plaintiff about "Flower Drum Song" in 1963 or 1964 and that at that time the play was not being performed in New York City. In later testimony plaintiff altered her allegation of employment by Kelly to an offer of letters of introduction by him. She also modified her declaration that she was going to New York City to appear in "Flower Drum Song" to say that she did not know whether it was then being performed on Broadway.

Plaintiff's contention of many weeks of employment of Playboy clubs in Chicago, Phoenix, Miami, New York City, San Francisco and three other clubs and repeated

---

[4] P. 720, lines 3-28; p. 722, lines 6-8, Transcript.

[5] Defendant's closing brief lists a number of alleged inconsistencies, pp. 1 and 2.

81

in Chicago, Phoenix and San Francisco is countered by evidence from Playboy records of only one engagement, in Phoenix, and then for only two weeks. In fact, Noel Stein testified that the San Francisco club did not open until years after plaintiff's alleged engagement there. As for her allegation of employment by "Dino's Lodge" for 24 weeks in 1961 and 1962; its manager from 1958 on, Paul Wexler, declares that he recollects no employment of her by "Dino's Lodge" before 1965.

The testimony of plaintiff as to her right to compensation from Bobby Roberts, the producer of Monte Walsh, contains three variations as to the type of compensation sought. At first she was to receive a Rolls Royce, then a 10% finders fee and lastly 50% of the producer's fee in return for informing Roberts as to the availability of the Monte Walsh script. Also, she testified that she met Roberts and Landers in their offices on or about March 15, 1968[6] whereas she was in Palau from Christmas of 1967 to April or May of 1968.[7]

According to the records of Sears Roebuck, an account had been opened in the name of Lee Marvin (Exhibit 117; the application was signed by Betty Marvin, defendant's former wife). Plaintiff testified, however, that an account was opened by her with defendant present in the name of "Mr. and Mrs. Marvin" or Lee Marvin. Sears records do not list her on any application nor as an authorized signator (Exhibit 119).

Plaintiff testified that she "never had an apartment while I was with Lee." However, Exhibit 151 dated May 1, 1965 and signed by plaintiff is a lease of an apartment at 8633 West Knoll Drive, West Hollywood. Plaintiff contends she signed the lease on behalf of her manager, Mimi Marleaux, and that she, the plaintiff, had no belongings there nor did she make any rent payments. Yet, testimony by Marleaux reveals that plaintiff did

---

6 Exhibit 41, pp. 13-15.

7 V. 10, p. 1312, lines 12-13; upon the refusal of Roberts to make any payment, plaintiff sued him but settled the case for $750; this sum did not go into any account of the defendant.

have some clothes in the apartment and that she, Marleaux, had only stayed a month or two in the apartment. On cross-examination, plaintiff admitted that she may have paid the rent and on direct rebuttal she testified that she did pay the rent two or three times. Exhibit 186 indicates that a Continental Bank signature card signed on December 28, 1965 bore the West Knoll address as plaintiff's residence. At a later time, that address was crossed off and that of the Malibu Beach house was inserted.

Plaintiff testified that she asked defendant for a written agreement to protect her rights. The defendant responded that it was not necessary and she believed him. In her deposition, however, she stated that she continued to request such agreement.[8]

LAW

Is There An Express Contract?

An express contract must be founded on a promise directly or indirectly enforceable at law. (1 Corbin on Contracts, §11.) Every contract requires, *inter alia* the mutual consent of the parties. (Civil Code §§ 1550, 1565.)

A review of the extensive testimony clearly leads this court to the conclusion that no express contract was negotiated between the parties. Neither party entertained any expectations that the property was to be dividied between them.

Further, before mutual consent can exist, an intent to contract must be present. Also, the meaning of the agreement must be ascertainable and both parties must have the same understanding of its meaning. *Merrit & Co.* (1959) 176 C.A. 2d 719, 1 Cal. Rptr. 500. The basic statement on which plaintiff relies is the one which she says (and defendant denies) was made by defendant at San Blas — "What I have is yours and what you have is mine."

---

8 1972 Deposition, p. 67, line 28; n. 68, lines 1-12.

Considering the circumstances from which it allegedly sprung, the lack of intent to make a contract is immediately apparent. In 1964-1965 defendant was married; he had considerable unresolved financial problems; he had repeatedly informed plaintiff that he did not believe in marriage because of the property rights which a wife thereby acquires. Plaintiff could not have understood that phrase to accord the same rights to one who was *not* defendant's wife. If those words had been spoken, they were not spoken under circumstances in which either party would be entitled to believe that an offer of a contract was intended. (See *Fowler v. Security Pacific Bank* (1956) 146 C.A.2d 37, 47, 303 P.2d 565.)

In addition, the meaning of the phrase is difficult to ascertain,. Does it mean a sharing of future as well as presently owned property? Does it mean a sharing of the *use* of property or is title to be extended to both parties? Does it mean that all property is shared even though the relationship may be terminated in a week or weekend? These are all unanswered questions. It is more reasonable to conclude that the declaration is simply hyperbole typical of persons who live and work in the entertainment field. It was defendant's way of expressing his affection for the plaintiff. As the defendant testified, in his business terms of affection are bandied about freely; one "loves" everyone and calls everybody "sweetheart."

Also, after hearing defendant's views on marriage and noting his antagonism against a person acquiring any rights by means of a certificate of marriage, it is not reasonable to believe that plaintiff understood that defendant intended to give her such rights even without a certificate. Without intent to contract and with no clearly ascertainable meaning of the contractual phrase, no express contract exists.

During a meeting with Marleaux in the fall of 1966 and in the presence of the defendant, the plaintiff told Marleaux that she (plaintiff) was sorry she had let Marleaux down by not pursuing her career. Defendant

84

then allegedly stated, "I don't know what you're worrying about. I'll always take care of you."

Corbin has this to say about remarks of that sort: "The law does not attempt the realization of every expectation that has been induced by a promise; the expectation must be a reasonable one. Under no system of law that has ever existed are all promises enforceable. The expectation must be one that most people would have, and the promise must be one that most people would perform." (Corbin on Contracts, p. 2 [West Pub. Co. 1852].) Surely plaintiff had no expectation that defendant would extend such care to her after separation, remembering defendant's antagonism to such automatic rights in a wife if the relationship failed (and to which she testified).

In addition, the phrase "I'll always take care of you" leaves many questions unanswered: Does defendant mean that plaintiff has the right to care even if separation is caused by plaintiff? What level of care? What if plaintiff marries, does the care continue? An offer as indefinite as this cannot be the basis of an enforceable contract (*Apablasa, supra* at 723).

Further, the alleged promise lacks mutuality: the plaintiff made no enforceable promise in response. Even if, *arguendo*, she had promised to forego her career, defendant could not have legally enforced such promise. (See *Mattei v. Hopper* (1959) 51 C.2d 119, 122, 330 P.2d 625.) Actually, plaintiff's career, never very brisk-paced, was sputtering and not because of any act of defendant; it came to an end unmourned and unattended by plaintiff who made no attempt to breathe life into it.

Doubt is cast upon the Marleaux testimony as to the alleged promise. The statement was allegedly made in the presence of Marleaux. The plaintiff testified that she remembers the event very clearly and that it was very important in her life. Yet in plaintiff's deposition of October, 1978, she was asked whether anyone other than the defendant was present and she responded, "I can't recall if anyone was present." (Deposition, p. 66, lines 19-23, read into the trial record at Vol. 30, p. 5490, lines 25-28, p. 5491, lines 1-3.)

The phrase, "Yes sir, I accept life with her, thank you, Your Honor, and the court" contained in Exhibit 13 (a letter written from London in 1966) adds no legal basis for a contract. It was a letter portraying an imaginary court scene from which one can infer the affection of defendant for plaintiff but from which one certainly cannot believe an offer of a contract was intended. (See *Fowler v. Security Pacific Bank, supra.*)

IS THERE AN IMPLIED CONTRACT?

The conduct of the parties after the San Blas conversation certainly does not reveal any implementation of any contract nor does such conduct give rise to an implied contract. No joint bank accounts were established and no real property was placed in joint tenancy or tenancy in common. Plaintiff used a separate bank account for her allowance of $400 per month, her earnings from the Hawaii engagement and her settlement of the Roberts suit. When defendant bought real property, he placed it in his own name. Their tax returns were separate.

In plaintiff's letter to defendant dated November 2, 1971, (Ex. 67) she describes her activities after their separation, thanks defendant for his "financial help" (monthly payments for five years) and says nothing about any contract or agreement. In Ex. 155, a page from a book by plaintiff's counsel, he declares that plaintiff only asked him how to enforce defendant's promise to make payments pursuant to the five-year arrangement. Nothing was said then to counsel about any agreement to divide property. Plaintiff's attorney sent a letter to defendant's attorney, demanding recommencement of the payments for the five-year period. Plaintiff was quoted in an interview recorded in the Brenda Shaw article (Ex. 37) as follows: "We were always very proud of the fact that nothing really held us. We both agreed, and we were really pleased with the fact that you work harder at a relationship when you know that there is nothing really holding you." This evidence bars the finding of any contract.

The very fact that plaintiff pursued a claim for compensation from Roberts makes it plain that she expected no part of any earnings of defendant from the picture. Otherwise, why would she commence a lawsuit to recover a finder's fee or half of a producer's fee when she would have rights to half of the million dollars paid to defendant for the picture?[9]

The evidence does not support plaintiff's contention that she gave up her career in order to care for defendant and on his demand that she do so.

She claimed that defendant demanded that plaintiff give up her career and join him in London or else the relationship would end. Looking at the facts, she did go to London but remained only a few weeks. She declares that she returned because defendant was drinking heavily, and it was then too late to resume promotion of her record. Yet in her 1978 deposition she stated that she returned because her manager wanted her to come home to promote her record and in fact she did attempt to do so, but discovered that the radio stations were not interested. As for loss of momentum, in the promotion of her record by reason of her London trip, witnesses for defendant as well as one for plaintiff testified that no loss occurred. Contrary to any ultimatum, a witness for defendant declared that the latter expressed hope that she would have a successful career.

Plaintiff testified that the ultimatum was delivered to her by letter.[10]

However, her witness, Marleaux, declared that it came by way of telephone. One must doubt that the defendant issued an ultimatum (allegedly in the missing letter)

After plaintiff and defendant separated, plaintiff testified she heard from Roberts many times. In her deposition (April 15, 1972, p. 44, lines 9-15) she said she never heard from Roberts after separation. Another inconsistency.

[10]The letter has been allegedly destroyed by defendant although at first the plaintiff declared that it was missing.

demanding that plaintiff come to London when he writes in Ex. 12, "only a month and a half to go, w(h)oopee," indicating that plans for her coming to London had already been made by the parties.

The plaintiff's testimony as to defendant's drinking habits would indicate that he was virtually awash with alcohol. Yet during this same period, defendant starred in several major films, all demanding of him physical stamina, a high degree of alertness and verbal as well as physical concentration. Her portrayal of large-scale and all pervasive inebriation raises doubt as to her accuracy of observation.

An implied as well as an express agreement must be founded upon mutual consent. Such consent may be inferred from the conduct of the parties. Proof of introductions of plaintiff as Mrs. Marvin, and the occasional registrations at hotels as Mrs. Marvin and evidence of a relationship wherein plaintiff furnishes companionship, cooking and home care do not establish that defendant agreed to give plaintiff half of his property. Those services may be rendered out of love or affection and are indeed so rendered in a myriad of relationships between man and woman which are not contractual in nature. They may be consideration for a contract to receive property but the other elements of such contract remain to be established. Discussion of an equitable basis for an award because of homemaking services is to be found in a later portion of his opinion.

The change of name to Marvin appears to have had one motivation to avoid embarrassment when traveling. It ended the awkwardness occurring when, for example, plaintiff's passport was examined in customs. Coming at a time so close to the date of separation and after some indication of difficulties between the parties, the change of name does raise a question whether plaintiff sought relief from embarrassment or whether she wished to acquire the right to use defendant's name after separation.

The evidence of a contract as to property may be imputed from a change in the manner of holding, such as joint tenancy bank accounts, but not such joint accounts as were set up on the various filming locations (Tucson, Baker, Palau). These accounts were transient, employed solely for the convenience of attending to current needs away from California. The disposition of funds remaining after the film was completed underlined the single purpose of the accounts: upon completion the funds were placed not in a joint account in Los Angeles but in defendant's separate account.

Plaintiff's use of charge accounts certainly does not establish that defendant by his alleged consent to such use intended that half of his property be given to plaintiff.

Registering at hotels as Mr. and Mrs. Marvin does not indicate that defendant intended to give plaintiff one-half of the property. Such evidence may assist in proving a relationship which on its surface resembles marriage in areas away from home, but relationships resembling marriage may exist without any property arrangements. Hence more must be proved by a preponderance of evidence, that is, that plaintiff used the charge accounts *because defendant had agreed to give her half of the property.*

Plaintiff proved that she acted as companion and homemaker, that she prepared a number of defendant's meals and that she cleaned house or supervised a cleaning woman. That she did so in consideration of a contract, express, implied, or tacit, with respect to disposing of property, remains unproven. The existence of such property agreement has not been established by the requisite preponderance of the evidence. The decision of *In re Marriage of Cary* (1973) 34 Cal.App. 3d 345, 109 Cal.Rptr. 862 and *Estate of Atherley* (1975) 44 Cal.App. 3d 758, 119 Cal.Rptr. 41 afford no comfort to the plaintiff as their facts distinguish them from the instant case. *In Cary,* the disputed property was placed in the joint names of both parties, joint income tax returns were filed, money was borrowed and business was conducted as husband and wife. In *Atherley,* both parties pooled earnings accumulated for 13 years and bought property as joint tenants. Both worked and contributed funds to the construction of improvements on land bought with such earnings. None of these facts were established in this case: there was no pooling of earnings, no property was purchased in joint names, and no joint income tax returns were executed. Joint accounts set up on filming locations were only used as convenient and transient methods of payment of bills with the balance returned to the separate account of the defendant when the film was completed.

As for pooling of earnings, the bulk of plaintiff's compensation for singing was used to pay her musician and arrangers. When she did achieve a net income in the Hawaiian engagement, she placed the money in her separate account. Defendant's income was deposited in his own bank account and used to buy property in his own name. This case therefore bears little resemblance either to *Cary* or *Atherley*.

Finding no contract, the testimony of Doughty is not evaluated as that relates to an alleged breach of contract.

It is clear that the parties came together because of mutual affection and not because of mutual consent to a contract. Nothing else, certainly no contract, kept them together and, when that affection diminished, they separated.

EQUITABLE REMEDIES

If no contract, express or implied, is to be found, the Supreme Court adjures the trial court to ascertain whether any equitable remedies are applicable. The high court suggests constructive and resulting trusts as well as quantum meruit. The court also declares: "Our opinion does not preclude the evolution of additional equitable remedies to protect the expectations of the parties to a nonmarital relationship in cases in which existing remedies prove inadequate; the suitability of such remedies may be determined in later cases in light of the factual setting in which they arise."[11]

---

[11] *Marvin v. Marvin*, supra, p. 684, footnote 25.

The plaintiff has, by her dismissal of her fourth and fifth causes of action — both for quantum meruit — removed that remedy from the court's consideration.

If a resulting trust is to be established, it must be shown that property was intended by the parties to be held by one party in trust for the other and that consideration was provided by the one not holding title to purchase the property. As Witkin puts it, there must be "circumstances showing that the transferee (holder of title) was not intended to take the beneficial interest."[12]

No evidence has been adduced to show such consideration having been provided by the plaintiff to buy property.[13] It may be contended that as the defendant did not need to expend funds to secure homemaking services elsewhere, she thereby enhanced the financial base of the defendant and enabled him to increase his property purchases. (See Bruch, *supra,* p. 123.) Such alleged enhancement, however, would appear to be offset by the considerable flow of economic benefits in the other direction. Those benefits include payments for goods and sevices for plaintiff up to $72,900 for the period from 1967-1970 alone (Ex. 194). Exhibit 196 indicates that living expenses for the parties were $221,400 for the period from 1965 to 1970. Among such benefits were a Mercedes Benz automobile for plaintiff, fur coats, travel to London, Hawaii, Japan, Micronesia, and the pleasures of life on the California beach in frequent contact with many film and stage notables. Further, defendant made a substantial financial effort to launch plaintiff's career as a recording singer. No equitable basis for an expansion of the resulting trust theory is afforded in view of this evidence.

A constructive trust, pleaded in the second cause of ac-

---

[12] 7 Witkin, Summary of Calif. Law, §123, p. 5481.

[13] Such establishment must be by clear and convincing proof. (G. G. Bogert and G. T. Bogert, Handbook of the Law of Trusts, §74 at p. 279 (5th edition 1973); *Moulton v. Moulton* (1920) 182 Cal. 185, 187 p. 421; Bruch, Property Rights of DeFacto Spouses, 10 Family Law Quarterly, p. 101.)

tion, is "equity's version of implied-in-law recovery" (see Bruch, *supra,* 125) based on unjust enrichment. This is a trust imposed to force restitution of something that in fairness and good conscience does not belong to its owner. (See Bruch, *supra,* p. 125). However, the defendant earned the money by means of his own effort, skill and reputation. The money was then invested in the properties now held by him. It cannot be said in good conscience that such properties do not belong to him.

As Witkin points out, such a trust is an equitable remedy imposed where a person obtains property by fraudulent misrepresentation or concealment or by some wrongful act.[14] No such wrongdoing can be elicited from the facts of this case.

Plaintiff contends that the Supreme Court by its opinion in *Martin v. Marvin, supra,* requires that plaintiff receive a reasonable proportion of the property in defendant's name because of her performance of the homemaker-companion-cook and other wife-like functions even though no contract, express or implied, exists and even though no basis for a constructive or resulting trust can be found. To accede to such a contention would mean that the court would recognize each unmarried person living together to be automatically entitled by such living together, and performing spouse-like functions, to half of the property bought with the earnings of the other nonmarital partner. This is tantamount to recognition of common law marriages in California. As they were abolished in 1895, the Supreme Court surely does not mean to resurrect them by its opinion in *Marvin v. Marvin.*[15] The trial court's understanding of *Marvin v. Mar-*

---

[14] Civil Code, §§2223, 2224; 7 Witkin, Summary of Calif. Law, §§131, 132, pp. 5487, 5488.

[15] Footnote 24 of *Marvin v. Marvin,* supra, expressly denies any intent to revive the relationship: "We do not seek to resurrect the doctrine of common law marriage, which was abolished in California by statute in 1985. (See *Norman v. Thomson* (1898) 121 Cal. 620, 628, [54 F. 143]; *Estate of Abate* (1958) 166 Cal. App. 2d 282, 292 [333 P. 2d 200].) Thus we do not hold that plaintiff and defendant were "married," nor do we extend to plaintiff the rights which the Family Law Act grants

vin is that if there is mutual consent or proof of the mutual intent of the parties, by reason of their conduct or because of surrounding circumstances, to share the property or if the plaintiff directly participated in the procurement of or the nurturing of investments, or if there has been mutual effort (which will be discussed later) ihe property should be divided. None of these conditions pertains here.

While the Supreme Court directs under certain circumstances a fair apportionment of property even though there is no express of implied contract, it has imposed a condition, that such property be "accumulated through mutual effort." (p. 682.) Plaintiff declares that her work as homemaker, cook and companion constituted "mutual effort."

The two cases cited as examples of mutual effort, *In re Marriage of Cary* (1973) 34 Cal.App. 3d 345, 109 Cal.Rptr. 862 and *Estate of Atherley* (1975) 44 Cal.App. 3d 758, 119 Cal.Rptr. 41, reveal considerably more involvement on the part of the woman in the accumulation of property. In the first plae, Paul Cary and Janet Forbes (in *Cary, supra*) held themselves out to be husband and wife. That is not the case here. The reputation of the parties in the community in which they settled was not that they were a married couple. Not only did Cary and Forbes purchase a home, but they also borrowed money, obtained credit, and filed joint income tax returns. Four children were born to the couple. The children's birth certificates and school registration recorded them as Paul and Janet Cary. None of these facts are present in the instant case.

In *Atherley,* the parties, Harold and Annette, lived together for 22 years; after 14 years Harold divorced a prior wife *ex parte* in Juarez, Mexico and then married Annette in Reno, Nevada. Both were employed and pooled

valid or putative spouses; we hold only that she has the same rights to enforce contracts and to assert her equitable interest in property acquired *through her effort* as does any other unmarried person." (emphasis added)

their earnings in various bank accounts. They had been advised by a Los Angeles attorney that the Mexican divorce was valid. Both contributed services to the construction of improvements on land purchased by them. Funds used to purchase both land and materials can be traced to their accumulated earnings. Two bank accounts were established with funds accumulated by Harold and Annette. Upon the sale of an improved parcel, a promissory note representing part of the sales price was held in joint tenancy. None of these facts is present in the instant case.[16]

In this case we have all assets bought solely with the earnings of the defendant. The plaintiff had no net earnings except from the Hawaiian engagement and those funds went into her own account. Plaintiff secured $750 from the settlement of her suit against Roberts and those funds also did not go into defendant's account. There were, on the other hand, funds that were expended by defendant to further plaintiff's career. The defendant also persuaded a friend to employ plaintiff in Hawaii. He brought people to hear her sing and bought drinks to keep them in attendance. It was the plaintiff who stopped trying to sell her record and get singing engagements. The evidence does not establish that such cessation was caused by defendant.

It would be difficult to deem the singing career of plaintiff to be the "mutual effort" required by the Supreme Court. Certainly, where both wanted to be free to come and go without obligation, the basis of any division of property surely cannot be her "giving up" her career for him. It then can only be her work as cook, homemaker and companion that can be considered as plaintiff's contribution to the requisite "mutual effort." Yet, where $72,000 has been disbursed by defendant on behalf of plaintiff in less than six years, where she has

---

[16] Mere possession of property or the holding of title is not a determinant if standing alone. See *Marvin v. Marvin, supra,* footnote 21, p 682.

enjoyed a fine home and travel throughout the world for about 30 months, where she acquired whatever clothes, furs and cars she wished and engaged in a social life amongst screen and stage luminaries, such services as she has rendered would appear to have been compensated. Surely one cannot glean from such services her participation in a "mutual effort" between the parties to earn funds to buy property as occurred in *Cary* and *Atherly, supra.*

The Supreme Court doubtless intended by the phrase "mutual effort" to mean the relationship of a man and woman who have joined together to make a home, who act together to earn and deposit such earnings in joint accounts, who pay taxes together, who make no effort to gain an advantage by reason of the association, (such as informing a producer of a script for a fee and taking defendant's name without his consent), who have children if possible and bring them up together. *Cary* and *Atherly* in fact demands more of the partners; they require participation in money-earning activities Plaintiff's fund-raising put money in her own account.

To construe "mutual effort" to mean services as homemaker, cook and companion and nothing else [17] would be tantamount to the grant of the benefits of the Family Law Act to the nonmarital partner as well as to the married person. This the Supreme Court has refused to do. Therefore, one must seek and find in each case those additional factors which indicate the expenditure of "mutual effort," such as those present in *Cary* and *Atherley*. Such factors are not present in this case.

The court is aware that Footnote 25, *Marvin v. Marvin, supra,* p. 684, urges the trial court to employ whatever equitable remedy may be proper under the circumstances. The court is also aware of the recent resort of plaintiff to unemployment insurance benefits to sup-

---

[17] This is not to gainsay that an express or implied contract may be valid and enforceable where the consideration is ordinary homemaking services. (*Marvin. v. Marvin, supra,* footnote 5, p. 670)

port herself and of the fact that a return of plaintiff to a career as a singer is doubtful. Additionally, the court knows that the market value of defendant's property at time of separation exceeded $1,000,000.

In view of these circumstances, the court in equity awards plaintiff $104,000 [18] for rehabilitation purposes so that she may have the economic means to re-educate herself and to learn new, employable skills or to refurbish those utilized, for example, during her most recent employment [19] and so that she may return from her status as companion of a motion picture star to a separate, independent but perhaps more prosaic existence.

DATED: April 17, 1979

s ARTHUR K. MARSHALL
JUDGE OF THE SUPERIOR COURT

---

[18] Plaintiff should be able to accomplish rehabilitation in less than two years. The sum awarded would be approximately equivalent to the highest scale that she ever earned as a singer, $1,000 per week, for two years.

[19] While part of the funds may be used for living expenses, the primary intent is that they be employed for retraining purposes.

Appendix G
HEWITT v. HEWITT
62 Ill. App. 3d 861

Mr. JUSTICE TRAPP delivered the opinion of the court:

Plaintiff appeals from the order of the trial court dismissing her complaint which prayed that the court grant to her a just, fair share of the property, earnings, and profits of the defendant, order a proper provision for support and maintenance of plaintiff and their minor children, or, in the alternative, divide the joint tenancy property of the parties and impress a trust on other property acquired through the joint efforts of plaintiff and defendant.

Plaintiff's initial pleading was a complaint for divorce alleging a marriage in Iowa in June 1960, their subsequent cohabitation as husband and wife until September 1975, and the birth of three children. The trial court heard evidence on defendant's motion to dismiss. His memorandum opinion found that plaintiff conceded that there was no marriage ceremony as alleged in the complaint, that the parties had never lived together in the State of Iowa and that there was no common-law marriage which the court might recognize.

The trial court also found that defendant admitted the paternity of the children, that the only question upon that issue was that of child support, and that it was unnecessary to require a separate action to be brought under the Paternity Act. (Ill. Rev. Stat. 1975, ch. 106 3/4, par. 51 *et seq.*) The court further found that certain property was held in joint tenancy and plaintiff was directed to amend her pleadings to make her complaint more definite and certain as to the nature of the property in joint tenancy.

The order on appeal was directed to an amended count which contained the following allegations: That prior to June 1960, the parties were residents of Illinois attending Grinell College in Iowa, that plaintiff became pregnant, and that on or about such date the defendant told plaintiff that they were husband and wife and that they would thereafter live together as such; that no formal marriage ceremony was necessary and that defendant stated that he would thereafter share his life, future earnings, and property with plaintiff; that the parties immediately announced their marriage to their respective parents, thereafter lived together as husband and wife and that in reliance upon defendant's representations she devoted her entire efforts to assisting in the completion of defendant's professional education and the establishing of his successful practice of pedodontia; that such professional education was assisted financially by the parents of plaintiff; that plaintiff assisted defendant in the practice of his profession by virtue of her special skills and that although plaintiff was given a payroll check for such services the monies were placed in the family funds and used for family purposes. It is further alleged that defendant is a successful professional man with an income of $80,000 per year who has acquired property both in joint tenancy and as separate property, and that the assistance and encouragement and industry of the plaintiff were directed to the acquiring of such property and professional pecuniary advancement of defendant.

It is alleged that plaintiff furnished defendant with every assistance that a wife and mother could give, including social activities designed to enhance defendant's social and professional reputation. Plaintiff further alleges that for 17 years defendant represented to her and to all the world that they were husband and wife and that she has relied upon such representations to her detriment, and that she should be entitled to equal division of the property whether in joint tenancy or in the sole name of defendant.

It is alleged that the court should enforce the implied contract evidenced by the conduct of the parties; that plaintiff relied upon defendant's representation that they were partners within the family relationship; and that defendant knowing that the alleged marriage was not legal nevertheless continued to assure plaintiff that she was his wife and continued to hold himself out as husband of the plaintiff to secure the benefits to be gained through the services, devotion, thrift, and industry of plaintiff invested in the family relationship so that the property of the defendant should be impressed with a trust to protect plaintiff from the frauds and deception of the defendant.

The order of the trial court on appeal found that the law and public policy of the State requires the claims of plaintiff to be based upon a valid legal marriage; that there was no such legal marriage shown by the facts alleged; and that the allegations failed to state a cause of action recognized in Illinois upon a theory of implied contract, joint venture, or partnership. The order does not expressly speak to the allegation of an express oral contract, but we will presume that the ruling would be the same.

In argument, defendant has referred to plaintiff as a meretricious spouse living in a meretricious relationship. The adjective should be examined in its precise meaning, *i.e.*, "Of, pertaining to, befitting or of a character of a harlot" (Shorter Oxford English Dictionary (1934)), or, "Of or relating to a prostitute" (Webster's New Collegiate Dictionary (1973)). Neither is it correct to refer to plaintiff as a concubine which is defined as "1: a woman living in a *socially recognized* state of concubinage ° ° ° MISTRESS." (Emphasis supplied.) Webster's New Collegiate Dictionary (1973).

The well-pleaded facts contradict the terms in showing that the parties lived, and for a time, enjoyed a most conventional, respectable and ordinary family life. The single flaw is that for reasons not explained, the parties failed to procure a license, a ceremony, and a registration of a marriage. Upon the present pleading nothing discloses a scandal, an affront to family living or society, or anything other than that the parties were known as husband and wife. We refuse to weigh defendant's claim in the context of such epithets.

All parties agreed that no court of review in Illinois has examined claims arising under comparable circumstances. See cases collected in Annot., 31 A.L.R. 2d 1255 (1953), and its supplements.

Defendant argues that plaintiff's claims must be defeated upon the grounds of public policy in that all rights must rest upon a valid marriage contract within the provisions of the Illinois Marriage and Dissolution of Marriage Act, effective October 1, 1977. Section 102 of that Act (Ill. Rev. Stat. 1977, ch. 40, par. 102) states that:

"[I]ts underlying purposes ° ° ° are to:

(1) provide adequate procedures for the solemnization and registration of marriage;

(2) strengthen and preserve the integrity of marriage and safeguard family relationships; ° ° ° "

The provisions of the Act do not undertake to prohibit cohabitation without such solemnization of marriage. Its section 201 provides:

"A marriage between a man and a woman licensed, solemnized and registered as provided in this Act is valid in this State."

Upon the facts pleaded, plaintiff has for more than 15 years lived within the legitimate boundaries of a marriage and family relationship of a most conventional sort. The record does not suggest that the parties relationship came within the proscription of prohibited marriages. Ill. Rev. Stat. 1977, ch. 40, par. 212.

Public policy suggests inquiry within the criminal statutes. The Criminal Code of 1961, article 11, section 11—7, makes adultery an offense. (Ill. Rev. Stat. 1977, ch. 38, par. 11—7.) Since neither party has had a living spouse, that statute has no significance. The statute defines as an offense·

"(a) Any person who cohabits or has sexual intercourse with another not his spouse commits fornication if the behavior is open and notorious." (Ill. Rev. Stat. 1977, ch. 38, par. 11—8(a).)

The Committee Comments state that the basic premise of the article which includes the statute penalizing fornication includes as its purpose:

"° ° ° (3) protection of the public from open and notorious conduct which disturbs the peace, tends to promote breaches of the peace, or openly flouts accepted standards of morality in the community; and, (4) protection of the institution of marriage and normal family relationships from sexual conduct which tends to destroy them. ° ° °." (Ill. Ann. Stat., ch. 38, art. 11, Committee Comments, at 290 (Smith-Hurd 1972).)

Such Comments further state:

"The Article is not intended to proscribe any sexual conduct between consenting adults unless such conduct adversely affects one of the key interests sought to be protected." (Ill. Ann. Stat., ch. 38, art. 11, Committee Comments, at 291 (Smith-Hurd 1972).)

In *People v. Cessna* (1976), 42 Ill. App. 3d 746, 356 N.E.2d 621, the court had occasion to delimit behavior which was "open and notorious." The court stated:

"Clearly the adulterous conduct proscribed by this provision is not that which is essentially private or discreet. (*People v. Potter*, 319 Ill. App. 409, 49 N.E.2d 307.) Behavior which is 'open and notorious' by definition means that such behavior is prominent, conspicuous and generally known and recognized by the public. The prohibition of open and notorious adultery is meant to protect the public from conduct which disturbs the peace, tends to promote breaches of the peace, and openly flouts accepted standards of morality in the community. (See Ill. Ann. Stat., ch. 38, par. 11—1 *et seq.*, Committee Comments—1961, at 290 (Smith-Hurd (1972).) What is of marked interest is the scandalous effect of the behavior and its affront to public decency and the marital institution. Notoriety of the adultery must extend not only to the sexual intercourse or the cohabitation but also to the fact of the absence of a marital relationship between the parties where one party is known to be married. ° ° ° " (42 Ill. App. 3d 746, 749, 356 N.E.2d 621, 623.)

Within such standards the facts pleaded do not suggest a criminal offense which offends public policy. Rather, the family relationship was conventional without an open flouting of accepted standards. From the facts pleaded and the evidence heard it may reasonably be inferred that the want of a marriage ceremony was first disclosed by defendant's motions to plaintiff's complaint for divorce.

Plaintiff has alleged that she was induced and persuaded to live and cohabit with the defendant as an adult by reason of his assurances that a marriage ceremony was not required, and the representations and promises that they would live as husband and wife sharing the benefits resulting from his professional career which she aided through procuring financial assistance, as well as her role and services as companion, housewife and mother. The practical question is whether she should be denied all claims by reason of the absence of a marriage ceremony.

Plaintiff urges that this court adopt the rationale of the Supreme Court of California stated in its well-publicized opinion, *Marvin v. Marvin* (1976), 18 Cal. 3d 660, 557 P.2d 106, 134 Cal. Rptr. 815. Under the name Michelle Marvin that plaintiff alleged that she had lived with defendant for seven years without a marriage ceremony under an express oral contract that they would share equally in any property accumulated by their efforts while living together; that they should be known as husband and wife; that defendant would provide for plaintiff's needs for life and that plaintiff would forego her career to devote her time to defendant as a companion, homemaker and cook, and that she had so performed her duties until defendant forced her to leave. Plaintiff prayed a declaratory judgment to determine her contract and property rights and the declaration of a constructive trust in one-half of the property accumulated while the parties lived together. Of the cases examined, *Marvin* includes facts most clearly comparable to those present here, although Marvin was known to be married to another during the first three years of the relationship with Michelle.

That trial court entered a judgment for defendant upon the pleadings without assigning reasons.

As here, Marvin argued that the character of their relationship was immoral and violated public policy. While no courts of review in Illinois have considered such relationship, California courts had examined a number of instances concerning agreements to share accumulated property by unmarried persons cohabiting together. Reviewing such cases, the court said:

"Although the past decisions hover over the issue in the somewhat wispy form of the figures of a Chagall painting, we can abstract from those decisions a clear and simple rule. The fact that a man and woman live together without marriage, and engage in a sexual relationship, does not in itself invalidate agreements between them relating to their earnings, property, or expenses. Neither is such an agreement invalid merely because the parties may have contemplated the creation or continuation of a nonmarital relationship when they entered into it. Agreements between nonmarital partners fail only to the extent that they rest upon a consideration of meretricious sexual services. Thus the rule asserted by defendant, that a contract fails if it is 'involved in' or made 'in contemplation' of a nonmarital relationship, cannot be reconciled with the decisions." 18 Cal. 3d 660, 670, 557 P.2d 106, 113, 134 Cal. Rptr. 815, 822.

The court continued:

"The principle that a contract between nonmarital partners will be enforced unless expressly and inseparably based upon an illicit consideration of sexual services not only represents the distillation of the decisional law, but also offers a far more precise and workable standard than that advocated by defendant." 18 Cal. 3d 660, 672, 557 P.2d 106, 114, 134 Cal. Rptr. 815, 823.

The court said that the authorities demonstrate:

"° ° ° that a contract between nonmarital partners, even if expressly made in contemplation of a common living arrangement, is invalid only if sexual acts form an inseparable part of the consideration for the agreement. In sum, a court will not enforce a contract for the pooling of property and earnings if it is explicitly and inseparably based upon services as a paramour. ° ° °." 18 Cal. 3d 660, 672, 557 P.2d 106, 114, 134 Cal. Rptr. 815, 823.

The court concluded:

"So long as the agreement does not rest upon illicit meretricious consideration, the parties may order their economic affairs as they choose, and no policy precludes the courts from enforcing such agreements." 18 Cal. 3d 660, 674, 557 P.2d 106 116, 134 Cal. Rptr. 815, 825.

Defendant argues that plaintiff has engaged in improper conduct, and in effect, should be punished by denial of relief. This argument may be answered as in *Marvin*:

"Indeed, to the extent that denial of relief 'punishes' one partner, it necessarily rewards the other by permitting him to retain a

102

disproportionate amount of the property. Concepts of 'guilt' thus cannot justify an unequal division of property between two equally 'guilty' persons." (18 Cal. 3d 660, 682, 557 P.2d 106, 121, 134 Cal. Rptr. 815, 830.)

He also argues that any claim of plaintiff to equity should be barred by the doctrine of "unclean hands." However, as stated in *West v. Knowles* (1957), 50 Wash. 2d 311, 316, 311 P.2d 689, 692-93:

> "Under such circumstances [the dissolution of a nonmarital relationship], this court and the courts of other jurisdictions have, in effect, sometimes said, 'We will wash our hands of such disputes. The parties should and must be left to their own devices, just where they find themselves.' To me, such pronouncements seem overly fastidious and a bit fatuous. They are unrealistic and, among other things, ignore the fact that an unannounced (but nevertheless effective and binding) rule of law is inherent in any such terminal statements by a court of law.
>
> The unannounced but inherent rule is simply that a party who has title, or in some instances who is in possession, will enjoy the rights of ownership of the property concerned. The rule often operates to the great advantage of the cunning and the shrewd, who wind up with possession of the propety, or title to it in their names, at the end of a so-called meretricious relationship. So, although the courts proclaim that they will have nothing to do with such matters, the proclamation in itself establishes, as to the parties involved, an effective and binding rule of law which tends to operate purely by accident or perhaps by reason of the cunning, anticipatory designs of just one of the parties."

Here, plaintiff prays relief not only under allegations of an express oral contract, but also seeks recovery upon allegations supporting implied contract, equitable relief upon allegations of misrepresentation, and as constructive trust. Upon determination that plaintiff states a cause of action upon an express oral contract we observe no reasons of public policy to conclude that other forms of relief framed upon appropriate allegations of fact and proved before the trier of fact should not be available to plaintiff.

In *Marvin*, the court unanimously determined that the plaintiff's complaint stated a cause of action upon an express contract. The court continued, with one dissent expressing belief that it was unnecessary, to examine in *dicta* those other forms of relief which might be available to plaintiff and upon consideration of the existing authorities in that State said:

> "But, although parties to a nonmarital relationship obviously cannot have based any expectations upon the belief that they were

married, other expectations and equitable considerations remain. The parties may well expect that property will be divided in accord with the parties' own tacit understanding and that in the absence of such understanding the courts will fairly apportion property accumulated through mutual effort. We need not treat nonmarital partners as putatively married persons in order to apply principles of implied contract, or extend equitable remedies; we need to treat them only as we do any other unmarried person." (18 Cal. 3d 660, 682, 557 P.2d 106, 121, 134 Cal. Rptr. 815, 830.)

And continued:

"We conclude that the judicial barriers that may stand in the way of a policy based upon the fulfillment of the reasonable expectations of the parties to a nonmarital relationship should be removed. As we have explained, the courts now hold that express agreements will be enforced unless they rest on an unlawful meretricious consideration. We add that in the absence of an express agreement, the courts may look to a variety of other remedies in order to protect the parties' lawful expectations.

The courts may inquire into the conduct of the parties to determine whether that conduct demonstrates an implied contract or implied agreement of partnership or joint venture (see *Estate of Thornton* (1972) 81 Wash.2d 72, 499 P.2d 864), or some other tacit understanding between the parties. The courts may, when appropriate, employ principles of constructive trust (see *Omer v. Omer* (1974), 11 Wash. App. 386, 523 P.2d 957) or resulting trust (see *Hyman v. Hyman* (Tex. Civ. App. 1954) 275 S.W.2d 149). Finally, a nonmarital partner may recover in quantum meruit for the reasonable value of household services rendered less the reasonable value of support received if he can show that he rendered services with the expectation of monetary reward." 18 Cal. 3d 660, 684, 557 P.2d 106, 122-23, 134 Cal. Rptr. 815, 831-32.

We conclude that the reasoning followed in *Marvin* is particularly persuasive upon the allegations here pleaded wherein plaintiff has alleged facts which demonstrate a stable family relationship extending over a long period of time.

It would be superficial to conclude that by this determination this court has revived or restored a form of common law marriage now forbidden by statute. It is apparent that the matters to be alleged and the facts to be proved here are substantially, if not enormously, different.

The value of a stable marriage remains unchallenged and is not denigrated by this opinion. It is not realistic to conclude that this determination will "discourage" marriage for the rule for which defendant contends can only encourage a partner with obvious income-

104

producing ability to avoid marriage and to retain all earnings which he may acquire. One cannot earnestly advocate such a policy.

It has been documented that:

> "The 1970 census figures indicate that today perhaps eight times as many couples are living together without being married as cohabited ten years ago." Comment, *In re Cary: A Judicial Recognition of Illicit Cohabitation*, 25 Hastings L.J. 1226 (1974).

It has been concluded that reasons for such way of life include the economic forces of loss of pension or welfare rights and the impact of income taxes, as well as personal reasons. While the court cannot now predict what the evidence will prove, the courts should be prepared to deal realistically and fairly with the problems which exist in the life of the day.

We conclude that upon the record it neither can be said that plaintiff participated in a meretricious relationship nor that her conduct so affronted public policy that she should be denied any and all relief.

The judgment of the trial court is reversed and the cause remanded for further proceedings not inconsistent with the views expressed.

Reversed and remanded.

MILLS, P. J., and CRAVEN, J., concur.

Appendix H

HEWITT v. HEWITT
Illinois Supreme Court

MR. JUSTICE UNDERWOOD delivered the opinion of the court:

The issue in this case is whether plaintiff Victoria Hewitt, whose complaint alleges she lived with defendant Robert Hewitt from 1960 to 1975 in an unmarried, family-like relationship to which three children have been born, may recover from him "an equal share of the profits and properties accumulated by the parties" during that period.

Plaintiff initially filed a complaint for divorce, but at a hearing on defendant's motion to dismiss, admitted that no marriage ceremony had taken place and that the parties have never obtained a marriage license. In dismissing that complaint the trial court found that neither a ceremonial nor a common law marriage existed; that since defendant admitted the paternity of the minor children, plaintiff need not bring a separate action under the Paternity Act (Ill. Rev. Stat. 1975, ch. 106 3/4, par. 51 *et seq.*) to have the question of child support determined; and directed plaintiff to make her complaint more definite as to the nature of the property of which she was seeking division.

Plaintiff thereafter filed an amended complaint alleging the following bases for her claim: (1) that because defendant promised he would "share his life, his future, his earnings and his property" with her and all of defendant's property resulted from the parties' joint endeavors, plaintiff is entitled in equity to a one-half share; (2) that the conduct of the parties evinced an implied contract entitling plaintiff to one-half the property accumulated during their "family relationship"; (3) that because defendant fraudulently assured plaintiff she was his wife in order to secure her services, although he knew they were

not legally married, defendant's property should be impressed with a trust for plaintiff's benefit; (4) that because plaintiff has relied to her detriment on defendant's promises and devoted her entire life to him, defendant has been unjustly enriched.

The factual background alleged or testified to is that in June 1960, when she and defendant were students at Grinnell College in Iowa, plaintiff became pregnant; that defendant thereafter told her that they were husband and wife and would live as such, no formal ceremony being necessary, and that he would "share his life, his future, his earnings and his property" with her; that the parties immediately announced to their respective parents that they were married and thereafter held themselves out as husband and wife; that in reliance on defendant's promises she devoted her efforts to his professional education and his establishment in the practice of pedodontia, obtaining financial assistance from her parents for this purpose; that she assisted defendant in his career with her own special skills and although she was given payroll checks for these services she placed them in a common fund; that defendant, who was without funds at the time of the marriage, as a result of her efforts now earns over $80,000 a year and has accumulated large amounts of property, owned either jointly with her or separately; that she has given him every assistance as a wife and mother could give, including social activities designed to enhance his social and professional reputation.

The amended complaint was also dismissed, the trial court finding that Illinois law and public policy require such claims to be based on a valid marriage. The appellate court reversed, stating that because the parties had outwardly lived a conventional married life, plaintiff's conduct had not "so affronted public policy that she should be denied any and all relief" (62 Ill. App. 3d 861, 869), and that plaintiff's complaint stated a cause of action on an express oral contract. We granted leave to appeal. Defendant apparently does not contest his obligation to support the children, and that question is not before us.

The appellate court, in reversing, gave considerable weight to the fact that the parties had held themselves out as husband and wife for over 15 years. The court noted that they had lived "a most conventional, respectable and ordinary family life" (62 Ill. App. 3d 861, 863) that did not openly flout accepted standards, the "single flaw" being the lack of a valid marriage. Indeed the appellate court went so far as to say that the parties had "lived within the legitimate boundaries of a marriage and family relationship of a most conventional sort" (62 Ill. App. 3d 861, 864), an assertion which that court cannot have intended to be taken literally. Noting that the Illinois Marriage and Dissolution of Marriage Act (Ill. Rev. Stat. 1977, ch. 40, par. 101 et seq.) does not prohibit nonmarital cohabitation and that the Criminal Code of 1961 (Ill. Rev. Stat. 1977, ch. 38, par. 11—8(a)) makes fornication an offense only if the behavior is open and notorious, the appellate court concluded that plaintiff should not be denied relief on public policy grounds.

In finding that plaintiff's complaint stated a cause of action on an express oral contract, the appellate court adopted the reasoning of the California Supreme Court in the widely publicized case of *Marvin v. Marvin* (1976), 18 Cal. 3d 660, 557 P.2d 106, 134 Cal. Rptr. 815, quoting extensively therefrom. In *Marvin*, Michelle Triola and defendant Lee Marvin lived together for 7 years pursuant to an alleged oral agreement that while "the parties lived together they would combine their efforts and earnings and would share equally any and all property accumulated as a result of their efforts whether individual or combined." (18 Cal. 3d 660, 666, 557 P.2d 106, 110, 134 Cal. Rptr. 815, 819.) In her complaint she alleged that, in reliance on this agreement, she gave up her career as a singer to devote herself full time to defendant as "companion, homemaker, housekeeper and cook." (18 Cal. 3d 660, 666, 557 P.2d 106, 110, 134 Cal. Rptr. 815, 819.) In resolving her claim for one-half the property accumulated in defendant's name during that period the California court held that "The courts should enforce express contracts between nonmarital partners except to the extent that the contract is explicitly founded on the consideration of meretricious sexual services" and that "In the absence of an express contract, the courts should inquire into the conduct of the parties to determine whether that conduct demonstrates an implied contract, agreement of partnership or joint venture, or some other tacit understanding between the parties. The courts may also employ the doctrine of quantum meruit, or equitable remedies such as constructive or resulting trust, when warranted by the facts of the case." (18 Cal. 3d 660, 665, 557 P.2d 106, 110, 134 Cal. Rptr. 815, 819.) The court reached its conclusions because:

> "In summary, we believe that the prevalence of nonmarital relationships in modern society and the social acceptance of them, marks this as a time when our courts should by no means apply the doctrine of the unlawfulness of the so-called meretricious relationship to the instant case. ***

The mores of the society have indeed changed so radically in regard to cohabitation that we cannot impose a standard based on alleged moral considerations that have apparently been so widely abandoned by so many." 18 Cal. 3d 660, 683-84, 557 P.2d 106, 122, 134 Cal. Rptr. 815, 831.

It is apparent that the *Marvin* court adopted a pure contract theory, under which, if the intent of the parties and the terms of their agreement are proved, the psuedo-conventional family relationship which impressed the appellate court here is irrelevant; recovery may be had unless the implicit sexual relationship is made the explicit consideration for the agreement. In contrast, the appellate court here, as we understand its opinion, would apply contract principles only in a setting where the relationship of the parties outwardly resembled that of a traditional family. It seems apparent that the plaintiff in *Marvin* would not have been entitled to recover in our appellate court because of the absence of that outwardly appearing conventional family relationship.

The issue of whether property rights accrue to unmarried cohabitants can not, however, be regarded realistically as merely a problem in the law of express contracts. Plaintiff argues that because her action is founded on an express contract, her recovery would in no way imply that unmarried cohabitants acquire property rights merely by cohabitation and subsequent separation. However, the *Marvin* court expressly recognized and the appellate court here seems to agree that if common law principles of express contract govern express agreements between unmarried cohabitants, common law principles of implied contract, equitable relief and constructive trust must govern the parties' relations in the absence of such an agreement. (18 Cal. 3d 660, 678, 557 P.2d 106, 118, 134 Cal. Rptr. 815, 827; 62 Ill. App. 3d 861, 867-68.) In all probability the latter case will be much the more common, since it is unlikely that most couples who live together will enter into express agreements regulating their property rights. (Bruch, *Property Rights of De Facto Spouses, Including Thoughts on the Value of Homemakers' Services*, 10 Fam. L.Q. 101, 102 (1976).) The increasing incidence of nonmarital cohabitation referred to in *Marvin* and the variety of legal remedies therein sanctioned seem certain to result in substantial amounts of litigation, in which, whatever the allegations regarding an oral contract, the proof will necessarily involve details of the parties' living arrangements.

Apart, however, from the appellate court's reliance upon *Marvin* to reach what appears to us to be a significantly different result, we believe there is a more fundamental problem. We are aware, of course, of the increasing judicial attention given the individual claims of unmarried cohabitants to jointly accumulated property, and the fact that the majority of courts considering the question have recognized an equitable or contractual basis for implementing the reasonable expectations of the parties unless sexual services were the explicit consideration. (See cases collected in Annot., 31 A.L.R.2d 1255 (1953) and A.L.R.2d Later Case Service supplementing vols. 25 to 31.) The issue of unmarried cohabitats' mutual property rights, however, as we earlier noted, cannot appropriately be characterized solely in terms of contract law, nor is it limited to considerations of equity or fairness as between the parties to such relationships. There are major public policy questions involved in determining whether, under what circumstances, and to what extent it is desirable to accord some type of legal status to claims arising from such relationships. Of substantially greater importance than the rights of the immediate parties is the impact of such recognition upon our society and the institution of marriage. Will the fact that legal rights closely resembling those arising from conventional marriages can be acquired by those who deliberately choose to enter into what have heretofore been commonly referred to as "illicit" or "meretricious" relationships encourage formation of such relationships and weaken marriage as the foundation of our family-based society? In the event of death shall the survivor have the status of a surviving spouse for purposes of inheritance, wrongful death actions, workmen's compensation, etc.? And still more importantly: what of the children born of such relationships? What are their support and inheritance rights and by what standards are custody questions resolved? What of the sociological and psychological effects upon them of that type of environment? Does not the recognition of legally enforceable property and custody rights emanating from nonmarital cohabitation in practical effect equate with the legalization of common law marriage—at least in the circumstances of this case? And, in summary, have the increasing numbers of unmarried cohabitants and changing mores of our society (Bruch, *Property Rights of De Facto Spouses Including Thoughts on the Value of Homemakers' Services,* 10 Fam. L.Q. 101, 102-03 (1976); Nielson, *In re Cary: A Judicial Recognition of Illicit Cohabitation,* 25 Hastings L.J. 1226 (1974)) reached the point at which the general welfare of the citizens of this State is best served by a return to something resembling the judicially created common law marriage our legislature outlawed in 1905?

Illinois' public policy regarding agreements such as the one alleged here was implemented long ago in *Wallace v. Rappleye* (1882), 103 Ill. 229, 249, where this court said: "An agreement in consideration of future illicit cohabitation between the plaintiffs is void." This is the traditional rule, in force until recent years in all jurisdictions. (See, *e.g., Gauthier v. Laing* (1950), 96 N.H. 80, 70 A.2d 207; *Grant v. Butt* (1941), 198 S.C. 298, 17 S.E.2d 689.) Section 589 of the Restatement of Contracts (1932) states, "A bargain in whole or in part for or in consideration of illicit sexual intercourse or of a promise thereof is illegal." See also 6A Corbin, Contracts sec. 1476 (1962), and cases cited therein.

It is true, of course, that cohabitation by the parties may not prevent them from forming valid contracts about independent matters, for which it is said the sexual relations do not form part of the consideration. (Restatement of Contracts secs. 589, 597 (1932); 6A Corbin, Contracts sec. 1476 (1962).) Those courts which allow recovery generally have relied on this principle to reduce the scope of the rule of illegality. Thus, California courts long prior to *Marvin* held that an express agreement to pool earnings is supported by independent consideration

and is not invalidated by cohabitation of the parties, the agreements being regarded as simultaneous but separate. (See, *e.g., Trutalli v. Meraviglia* (1932), 215 Cal. 698, 12 P.2d 430; see also Annot., 31 A.L.R.2d 1255 (1953), and cases cited therein.) More recently, several courts have reasoned that the rendition of housekeeping and homemaking services such as plaintiff alleges here could be regarded as the consideration for a separate contract between the parties, severable from the illegal contract founded on sexual relations. (*Kozlowski v. Kozlowski* (1979), 80 N.J. 378, 403 A.2d 902; *Marvin v. Marvin* (1976), 18 Cal. 3d 660, 670 n.5, 557 P.2d 106, 113 n.5, 134 Cal. Rptr. 815, 822 n.5; *Tyranski v. Piggins* (1973), 44 Mich. App. 570, 205 N.W.2d 595, 597: contra, *Rehak v. Mathis* (1977), 239 Ga. 541, 238 S.E.2d 81.) In *Latham v. Latham* (1976), 274 Or. 421, 547 P.2d 144, and *Carlson v. Olson* (Minn. 1977), 256 N.W.2d 249, on allegations similar to those in this case, the Minnesota Supreme Court adopted *Marvin* and the Oregon court expressly held that agreements in consideration of cohabitation were not void, stating:

"We are not validating an agreement in which the only or primary consideration is sexual intercourse. The agreement here contemplated all the burdens and amenities of married life." 274 Or. 421, ———, 547 P.2d 144, 147.

The real thrust of plaintiff's argument here is that we should abandon the rule of illegality because of certain changes in societal norms and attitudes. It is urged that social mores have changed radically in recent years, rendering this principle of law archaic. It is said that because there are so many unmarried cohabitants today the courts must confer a legal status on such relationships. This, of course, is the rationale underlying some of the decisions and commentaries. (See, *e.g., Marvin v. Marvin* (1976), 18 Cal. 3d 660, 683, 557 P.2d 106, 122, 134 Cal. Rptr. 815, 831; *Beal v. Beal* (1978), 282 Or. 115, 577 P.2d 507; Kay & Amyx, *Marvin v. Marvin: Preserving the Options,* 65 Cal. L. Rev. 937 (1977).) If this is to be the result, however, it would seem more candid to acknowledge the return of varying forms of common law marriage than to continue displaying the naivete we believe involved in the assertion that there are involved in these relationships contracts separate and independent from the sexual activity, and the assumption that those contracts would have been entered into or would continue without that activity.

Even if we were to assume some modification of the rule of illegality is appropriate, we return to the fundamental question earlier alluded to: If resolution of this issue rests ultimately on grounds of public policy, by what body should that policy be determined? *Marvin,* viewing the issue as governed solely by contract law, found judicial policy-making appropriate. Its decision was facilitated by California precedent and that State's no-fault divorce law. In our view, however, the situation alleged here was not the kind of arm's length bargain envisioned by traditional contract principles, but an intimate arrangement of a fundamentally different kind. The issue, realistically, is whether it is appropriate for this court to grant a legal status to a private arrangement substituting for the institution of marriage sanctioned by the State. The question whether change is needed in the law governing the rights of parties in this delicate area of marriage-like relationships involves evaluations of sociological data and alternatives we believe best suited to the superior investigative and fact-finding facilities of the legislative branch in the exercise of its traditional authority to declare public policy in the domestic relations field. (*Strukoff v. Strukoff* (1979), 76 Ill. 2d 53; *Siegal v. Solomon* (1960), 19 Ill. 2d 145.) That belief is reinforced by the fact that judicial recognition of mutual property rights between unmarried cohabitants would, in our opinion, clearly violate the policy of our recently enacted Illinois Marriage and Dissolution of Marriage Act. Although the Act does not specifically address the subject of nonmarital cohabitation, we think the legislative policy quite evident from the statutory scheme.

The Act provides:

"This Act shall be liberally construed and applied to promote its underlying purposes, which are to:

(1) provide adequate procedures for the solemnization and registration of marriage;

(2) strengthen and preserve the integrity of marriage and safeguard family relationships." (Ill. Rev. Stat. 1977, ch. 40, par. 102.)

We cannot confidently say that judicial recognition of property rights between unmarried cohabitants will not make that alternative to marriage more attractive by allowing the parties to engage in such relationships with greater security. As one commentator has noted, it may make this alternative especially attractive to persons who seek a property arrangement that the law does not permit to marital partners. (Comment, 90 Harv. L. Rev. 1708, tion of Marriage Act, our legislature considered and rejected the "no-fault" divorce concept that has been adopted in many other jurisdictions, including California. (See Uniform Marriage and Divorce Act secs. 302, 305.) Illinois appears to be one of three States retaining fault grounds for dissolution of marriage. (Ill. Rev. Stat. 1977, ch. 40, par. 401; Comment, *Hewitt v. Hewitt, Contract Cohabitation and Equitable Expectations Relief for Meretricious Spouses*, 12 J. Mar. J. Prac. & Proc. 435, 452-53 (1979).) Certainly a significantly stronger promarriage policy is manifest in that action, which appears to us to reaffirm the traditional doctrine that marriage is a civil contract between three parties—the husband, the wife and the State. (*Johnson v. Johnson* (1942), 381 Ill. 362; *VanKoten v. VanKoten* (1926), 323 Ill. 323.) The policy of the Act gives the State a strong continuing interest in the institution of marriage and prevents the marriage relation from becoming in effect a private contract terminable at will. This seems to us another indication that public policy disfavors private contractual alternatives to marriage.

Lastly, in enacting the Illinois Marriage and Dissolution of Marriage Act, the legislature adopted for the first time the civil law concept of the putative spouse. The Act provides that an unmarried person may acquire the rights of a legal spouse only if he goes through a marriage ceremony and cohabits with another in the good-faith belief that he is validly married. When he learns that the marriage is not valid his status as a putative spouse terminates; common law marriages are expressly excluded. (Ill. Rev. Stat. 1977, ch. 40, par. 305.) The legislature thus extended legal recognition to a class of nonmarital relationships, but only to the extent of a party's good-faith belief in the existence of a valid marriage. Moreover, during the legislature's deliberations on the Act *Marvin* was decided and received wide publicity. (See Note, 12 J. Mar. J. Prac. & Proc. 435, 450 (1979).) These circumstances in our opinion constitute a recent and unmistakeable legislative judgment disfavoring the grant of mutual property rights to knowingly unmarried cohabitants. We have found no case in which recovery has been allowed in the face of a legislative declaration as recently and clearly enacted as ours. Even if we disagreed with the wisdom of that judgment, it is not for us to overturn a party's erode it. *Davis v. Commonwealth Edison Co.* (1975), 61 Ill. 2d 494, 496-97.

Actually, however, the legislative judgment is in accord with the history of common law marriage in this country. "Despite its judicial acceptance in many states, the doctrine of common-law marriage is generally frowned on in this country, even in some of the states that have accepted it." (52 Am. Jur. 2d 902 *Marriage* sec. 46 (1970).) Its origins, early history and problems are detailed in *In re Estate of Soeder* (1966), 7 Ohio App. 2d 271, 220 N.E.2d 547, where that court noted that some 30 States did not authorize common law marriage. Judicial criticism has been widespread even in States recognizing the relationship. (See, *e.g.*, *Baker v. Mitchell* (1941), 143 Pa. Super. 50, 54, 17 A.2d 738, 741, "a fruitful source of perjury and fraud ***"; *Sorensen v. Sorensen* (1904), 68 Neb. 500, 100 N.W. 930.) "It tends to weaken the public estimate of the sanctity of the marriage relation. It puts in doubt the certainty of the rights of inheritance. It opens the door to false pretenses of marriage and the imposition on estates of suppositious heirs." 7 Ohio App. 2d 271, 290, 220 N.E.2d 547, 561.

In our judgment the fault in the appellate court holding in this case is that its practical effect is the reinstatement of common law marriage, as we earlier indicated, for there is no doubt that the alleged facts would, if proved, establish such a marriage under our pre-1905 law. (*Cartwright v. McGown* (1887), 121 Ill. 388.) The concern of both the *Marvin* court and the appellate court on this score is manifest from the circumstance that both courts found it necessary to emphasize marital values ("the structure of society itself largely depends upon the institution of marriage" (*Marvin v. Marvin* (1976), 18 Cal. 3d 660, 684, 557 P.2d 106, 122, 134 Cal. Rptr. 815, 831) and to deny any intent to "derogate from" (18 Cal. 3d 660, 684, 557 P.2d 106, 122, 134 Cal. Rptr. 815, 831) or "denigrate" (*Hewitt v. Hewitt* (1978), 62 Ill. App. 3d 861, 868) that institution. Commentators have expressed greater concern: "[T]he effect of these cases is to reinstitute common-law marriage in California after it has been abolished by the legislature." (Clark, *The New Marriage*, Willamette L.J. 441, 449

(1976).) "[*Hewitt*] is, if not a direct resurrection of common-law marriage contract principles, at least a large step in that direction." Reiland, *Hewitt v. Hewitt: Middle America, Marvin and Common-Law Marriage*, 60 Chi. B. Rec. 84, 88-90 (1978).

We do not intend to suggest that plaintiff's claims are totally devoid of merit. Rather, we believe that our statement in *Mogged v. Mogged* (1973), 55 Ill. 2d 221, 225, made in deciding whether to abolish a judicially created defense to divorce, is appropriate here:

"Whether or not the defense of recrimination should be abolished or modified in Illinois is a question involving complex public-policy considerations as to which compelling arguments may be made on both sides. For the reasons stated hereafter, we believe that these questions are appropriately within the province of the legislature, and that, if there is to be a change in the law of this State on this matter, it is for the legislature and not the courts to bring about that change."

We accordingly hold that plaintiff's claims are unenforceable for the reason they contravene the public policy, implicit in the statutory scheme of the Illinois Marriage and Dissolution of Marriage Act, disfavoring the grant of mutually enforceable property rights to knowingly unmarried cohabitants. The judgment of the appellate court is reversed and the judgment of the circuit court of Champaign County is affirmed.

Appellate court reversed;
circuit court affirmed.

Appendix I

McCALL v. FRAMPTON
Opinion of the New York Supreme Court
Westchester County

May 1979

Justice Gagliardi — This is an action brought by plaintiff to recover damages for breach of an oral contract allegedly made between plaintiff and defendant in 1973 and to impose a constructive trust upon real property. Defendant has not joined issue but has made this motion for judgment of dismissal pursuant to section 3211 of the Civil Practice Law and Rules.

The complaint alleges three causes of action. In the first cause of action plaintiff alleges, inter alia, that in and prior to 1972 plaintiff "had expertise and was engaged in the business of promotion and management of musicians involved in that phase of the music business known popularly as 'Rock and Roll' or 'Rock' and, during that period, besides doing so for compensation engaged in those activities without compensation for others"; that plaintiff met defendant in 1972 when defendant was a member of the musical group known as "Humble Pie" and when plaintiff was married to the group's manager (a Mr. Brigden); that in 1973 defendant "requested that McCall leave her then husband and her then employment . . . and that she become associated with and work with Frampton in the promotion of Frampton as a musician representing to McCall that if she did so they would be equal partners in all proceeds from his employment in that field"; that in reliance upon these representations plaintiff left her husband and her employment and went to live with defendant, "thereafter devoting all her resources, time and effort to the promotion and success of Frampton in his endeavors"; that beginning in 1973 plaintiff, at defendant's request, used all of her financial resources to support herself and defendant, and engaged in performing various services for defendant "including, but not limited to, public relations and promotion work; aiding in costuming of Frampton and his associates;

...anaging Frampton's personal finances and traveling with Frampton during tours conducted by him"; that at various times, from 1973 to 1978, defendant acknowledged plaintiff's efforts both in public and in private and shared his receipts from his business with plaintiff, as well as bank accounts and other credit sources, and that both charged expenses incurred for the benefit of each to accounts maintained; in sum, that the parties were equal partners from 1973 through July, 1978.

In the second cause of action plaintiff alleges that in 1976 plaintiff, at defendant's request, "shopped for and selected a house and realty for the joint use of both" located in Croton-on-Hudson, County of Westchester, upon the representation by defendant that the house would be purchased and held for the benefit of both parties and that title thereto would be held jointly by plaintiff and defendant; that in December 1976 defendant did purchase the house selected by plaintiff, but did so in his name alone, representing to plaintiff that this was done for business reasons; that "[i]n reliance upon Frampton's representations and the trust and confidence McCall then had in him and as a result of the undue influence exercised by Frampton upon her, McCall permitted said property to be so acquired"; that, by reason of these allegations defendant "should be deemed to hold said house and real property in trust for McCall and for the mutual benefit of plaintiff and defendant."

In the third cause of action plaintiff alleges that in 1973 defendant requested her to leave her husband and employment and to live with him "and that she would then thereafter share with him all his earnings and benefits"; that plaintiff relied upon these representations, did leave her husband and her employment, began to live with defendant "and used for the benefit of both all her resources and efforts, leaving her without funds or resources of her own"; that defendant accepted these benefits from plaintiff during periods when his earnings were "nonexistent or nominal"; that defendant, until July, 1978, ratified and confirmed the agreement with plaintiff and shared with plaintiff all of their joint benefits and earnings and resources that "[i]n or about July, 1978, without McCall's approval or consent Frampton unilaterally terminated this arrangement, taking for his sole benefit those benefits, resources and earnings and leaving McCall bereft of any."

The complaint then prays the court to grant the following relief: On the first cause of action, an accounting of defendant's earnings from 1973 to date and a judgment equally dividing those earnings between the parties; on the second cause of action, a judgment that the real property in Croton-on-Hudson is held by defendant for the equal benefit of both parties and directing that the record title of the property be changed to show joint ownership; and on the third cause of action, "a judgment directing that Frampton account to McCall for his earnings from 1973 to date and that Frampton pay to McCall one-half thereof and a portion of his earnings from the date of such judgment thereafter in an amount to be fixed by the court . . ."

Defendant now makes this motion to dismiss all three causes of action on the ground that each "is insufficient as a matter of law and fails to state a valid cause of action against defendant" (CPLR 3211 (a) (7)) and on the ground that enforcement of the causes of action would violate the public policy of the State of New York, the Statute of Frauds, and would be "contrary to the doctrine of laches" (CPLR 3211 (a) (5)).

In support of this motion to dismiss, defendant by affidavit of counsel seeks to bring before the court certain factual background material concerning the relationship between the parties during the years when they lived together. (Defendant denies the existence of any business or partnership agreement, claims that plaintiff's services were not needed to further his career, and insists that there was only a male-female relationship between them, from which plaintiff benefited economically.)

Plaintiff, in her opposing papers, objects to the submission of factual background data by defendant's counsel on the ground that counsel does not possess personal knowledge of the relationship between the parties. She then proceeds in her own affidavit to present a counter-version of the events in question and asks that the court give notice if the motion is to be considered as one for summary judgment. (CPLR 3211 (c) states, in part: "Whether or not issue has been joined, the court, after adequate notice to the parties, may treat the motion as a motion for summary judgment.") In such case, plaintiff asks leave to submit additional papers. In reply, defendant submits his own personal affidavit in which he incorporates by reference all of the factual material contained in his counsel's affidavit.

This court will not consider this as a motion for summary judgment. The sole question presented is whether the complaint states a cause of action against defendant and whether it can withstand the challenge brought on the ground of the Statute of Frauds and on the ground of public policy. "As such, we accept, as we must, each and

every allegation forwarded by the plaintiff without expressing any opinion as to the plaintiff's ability to ultimately establish the truth of these averments before the trier of the facts." (219 Broadway Corp. v. Alexander's, Inc., — N.Y. 2d —, N.Y.L.J., March 14, 1979, p. 1. col. I, at p. 18, col. 1.) If the complaint can withstand defendant's challenge, then the resolution of contested factual issues must await trial. (It should be noted that defendant's papers in support of this motion do not make any argument concerning the doctrine of laches, mentioned in the notice of motion, and laches will not be considered by the court.) The court, however, in examining the sufficiency of the complaint, does bear in mind that certain facts stand as uncontroverted.

In support of her argument that the complaint should not be dismissed, plaintiff relies principally upon the following cases: Marvin v. Marvin (18 Cal. 3d 660); Dosek v. Dosek (Conn.Super Ct, decided Oct. 4, 1978, reported in 4 Family Law Reporter, Oct. 31, 1978, p. 2828); McCullon v. McCullon (410 N.Y.S. 2d 226 [Sup. Ct., Erie County 1978]); Hewitt v. Hewitt (62 Ill. App. 3d 861); Carlson v. Olson (256 N.W. 2d 249 [Minnesota 1977]). These cases are all distinguishable on their facts from the instant case, for there is no allegation herein, in the complaint or in the supporting papers, that plaintiff and defendant ever intended to marry each other, that they held themselves out to the public as husband and wife, or that the plaintiff and defendant were ever free to marry each other. There is no allegation that plaintiff ever changed her surname to that of defendant. (Apparently no children were born as a result of the sexual relationship between the parties.)

In Marvin v. Marvin, (supra), the California Supreme Court, applying and developing the law of that forum (a community property state), held that contracts between non-marital partners should be enforced to the extent that the contract was not explicitly founded on the consideration of unlawful sexual services, despite the arguments to the contrary based on public policy. That court also held that in the absence of express contract, the court should enquire into the conduct of the parties to determine whether that conduct demonstrated the existence of an implied contract, partnership or joint venture. It further held that the court may also employ the doctrine of quantum meruit or equitable remedies such as constructive or resulting trust. The plaintiff was held to have the right to try to establish her case at trial. It is clear, however, that plaintiff, Michelle Marvin, and defendant, Lee Marvin, did agree to hold themselves out as husband and wife and that she did assume his surname. It is also clear that during the time of their living together Lee Marvin was divorced from his former wife and the relationship between the parties ceased to be adulterous so that they could then have contracted a valid marriage.

In Dosek v. Dosek, (supra), the court did grant relief to the plaintiff, who had lived with defendant in a nonmarital relationship. The court found that the parties had had a marriage-type relationship in all respects exept for the ceremony. The plaintiff had changed her name to that of the defendant and a child had been born of their union. They held themselves out to the public as husband and wife and live a life which manifested all of the hallmarks of a traditional and conventional family.

In McCullon v. McCullon, (supra), the court granted relief to the plaintiff on two theories. The parties had lived together for 28 years and had held themselves out as husband and wife. She used his name, and they held joint accounts and filed joint tax returns. Title to realty was taken jointly as tenants by the entirety. She wore a wedding ring and three children were born of their union. On the motion for temporary alimony, support and counsel fees, the court held in favor of plaintiff on the ground that the parties had in fact contracted a valid common law marriage in the State of Pennsylvania, where they had spent significant periods of time, and that this valid common law union was to be recognized fully in New York. Upon considering the question whether relief could be granted in New York, absent the finding of the existence of a valid common law union, the court noted, as did the Marvin court, the rapid shift in the role of women, the widespread incidence of non-marital unions and changing mores, and stated that these relationships should be recognized to the extent necessary to prevent injustice and to fulfill the expectations of the parties.

In Hewitt v. Hewitt (supra) the court, following Marvin, rejected the argument that public policy forbade the granting of relief to the plaintiff, who had lived in non-marital union with the defendant, and held that relief could be granted upon the theories of express oral contract, implied contract, equitable relief upon misrepresentation, and constructive trust. The court found, however, that there had been a marriage, except for the license and ceremony. The parties lived together for 15 years, and defendant had misled plaintiff to believe that they had in fact established a valid common law union. There was no question of adultery.

In Carlson v. Olson (supra) the court allowed an equal partition of both real and personal property upon the separation of the parties, who had lived together in non-marital union. There was no element of adultery. The parties just had not married. They had lived together for 21 years, holding themselves out to the public as husband and wife. A son was raised to majority. The court relied upon Marvin and held that principles of property law were not sufficient in rendering justice to the parties. Partition was found to be an appropriate vehicle and the court relied upon the theory of irrevocable gifts between the parties.

This court holds that the motion to dismiss all three causes of action of the complaint herein is granted. In the first place, the contract between plaintiff and defendant, as pleaded in the complaint, is void and unenforceable as a matter of public policy. Taking the allegations of the complaint as true for the purpose of this motion, it is patent that plaintiff leads as the consideration for this agreement the commission of adultery on her part, viz., that she leave her husband and live with defendant and become associated with him. This contract was, therefore, in derogation of her existing marriage and involved, as an integral part thereof, in derogation of her existing marriage and involved, as an integral part therefore, in derogation of her existing marriage and in-

volved, as an integral part thereof, conduct prohibited by section 255.17 of the Penal Law:" A person is guilty of adultery when he engages in sexual intercourse with another person at a time when he has a living spouse, or the other person has a living spouse. Adultery is a class B misdeamor." (The papers submitted on this motion leave no doubt that there was an illicit sexual relationship between the parties. There is no indication that plaintiff has ever been divorced from her husband. Apparently, defendant was divorced from his wife during the time when the parties lived together.)

Pursuant to CPLR 3018(b), "facts showing illegality by statute or common law" is a recognized affirmative defense. Although the defense of illegality is not included among defenses listed in CPLR 3211(a)(5), this defense, which is commonly called the defense of public policy, is a ground for dismissal pursuant to CPLR 3211(a)(7), failure of the pleading to state a cause of action (see Siegel, Practice Commentaries, McKinney's Cons. Laws of N.Y., Book 7B, CPLR 3211:36, p. 40; 3211:29, p. 33; 4 Weinstein-Korn-Miller, N.Y. Civ. Prac., paragraph 3211:25; Radnay v. Schor, 41 Misc. 2d 789).

It is settled that agreements against public policy are unlawful and void (Sternman v. Metropolitan L. Ins., Co., 170 N.Y. 13; Levin v. Levin, 253 App. Div. 758; Courtney v. Riordan, 192 Misc. 53; Roddy-Eden v. Berle, 202 Misc. 261; Strum v. Truby, 245 App. Div. 357). This rule is not based on a desire to benefit the party who breached an illegal contract, but on a desire to protect the common weal, the general welfare of society being damaged by the very making of such a contract. By refusing to enforce such a contract and leaving the parties without a legal remedy for breach, society is protected by discouraging the making of contracts contrary to the common good (see Attridge v. Pembroke, 235 App. Div. 101; Radnay v. Schor, supra). Even if the defense of illegality is not raised in the answer, a court may, nevertheless, refuse to enforce a contract, if it finds that the contract is violative of public policy (see Klein v. D. R. Comenzo Co., 207 N.Y.S. 2d 739).

To define public policy is often difficult, for it is a concept which is flexible. The Court of Appeals has recently addressed this point in an opinion by Judge Jasen (Matter of Sprinzen v. Nomberg, ___ N.Y. 2d ___, decided March 27, 1979):

"Controversies involving questions of public policy can rarely, if ever, be resolved by the blind application of sedentary legal principles. The very nature of the concept of public policy itself militates against an attempt to define its ingredients in a manner which would allow one to become complacent in the thought that these precepts which society so steadfastly embraces today will continue to serve as the foundation upon which society will function tomorrow. Public policy, like society, is continually evolving and those entrusted with its implementation must respond to its everchanging demands."

With full awareness that courts must be conscious of the difficulties which may arise in applying the doctrine of public policy and must be careful to avoid rigidity and an overdependence on individual opinions as to the demands of the common good, there being no public policy save that which is in accord with the constitution and laws of the state (see Messersmith v. American Fidelity Co., 232 N.Y. 161; Straus & Co. v. Canadian Pacific Ry. Co., 254 N.Y. 407; Reger v. National Assn. of Bedding Mfrs. Group Ins. Trust Fund, 83 Misc. 2d 527, 541), it is the opinion of this court that the contract, as alleged by plaintiff, is clearly subject to the defense of illegality. It is contrary to the public policy of this state, which recognizes the state of marriage and the protection thereof as essential to the welfare of our society. It requires, in its performance, the commission of adultery, which remains a crime in this state (see Penal Law, sec. 255.17, supra). This contract, as alleged, is clearly opposed to sound morality and is based on the illicit association of the parties. Thus it is void and unenforceable (see Veazey v. Allen, 173 N.Y. 359; Locke v. Pembroke, 280 N.Y. 430; Rhodes v. Stone, 63 Hun 624; Vincent v. Moriarty, 31 App. Div. 484; Matter of Carol B., 81 Misc. 2d 284).

As has already been discussed herein, the cases upon which plaintiff relies in opposition to dismissal are distinguishable on their facts. As to the doctrine of public policy, this court is not bound in the consideration of this case by the opinions of courts of other jurisdictions, and, insofar as the views of the courts in Marvin, Dosek, McCullon, Carlson, and Hewitt, supra, differ herefrom, this court rejects them.

Although all three causes of action are to be dismissed on the ground of public policy, it is clear that the second cause of action is defective on the further ground that it fails to set forth the elements necessary to establish a constructive trust. Plaintiff seeks to obtain a one-half interest in real property located in Croton-on-Hudson. Legal title is in the name of defendant alone. There is no allegation of any writing that would satisfy the real property Statute of Frauds, section 5-703 of the General Obligations Law.

The elements necessary to establish a constructive trust are well settled: (1) a confidential relationship; (2) a promise arising therefrom; (3) reliance on such a promise; (4) a breach of that promise; and (5) unjust enrichment therefrom (see Carreno v. Carreno, N.Y.L.J., Aug. 13, 1976, pp. 1 and 9 [Supreme Court, Suffolk County], affd. on opn. at Special Term, 56 A.D. 2d 859; Fischer v. Wirth, 38 A.D. 2d 611; Marum v. Marum, 21 Misc. 2d 474). Other cases cite a transfer of property in reliance upon the promise as a necessary element for recovery (see Sharp v. Kosmalski, 40 N.Y. 2d 119; Janke v. Janke, 47 A.D. 2d 445, affd. 39 N.Y. 2d 766; Foreman v. Foreman, 251 N.Y. 237). Where the aggrieved party did not have title to any interest in the real property, but did make a financial investment in the purchase or preservation of the property, courts have granted relief by means of imposing an equitable lien upon the realty (see Verity v. Verity, 21 Misc. 2d 385, affd. 10 A.D. 2d 729, affd. 10 N.Y. 2d 1073; Colwell v. Zolkosky, 29 A.D. 2d 720). Once the elements of a constructive trust have been established, the court, in the exercise of its equitable powers, can direct a reconveyance of property to the person in whose favor the trust operates, provided that that person had previously had an ownership interest (see Sinclair v. Purdy, 235 N.Y. 245; Leary v. Corvin, 181 N.Y. 222). It is just this full relief which plaintiff seeks herein, asking the court to direct defendant to deed over to her a one-half interest in the real property in Croton-on-Hudson.

Considering the second cause of action as pleaded in the light most favorable to the plaintiff, it is nevertheless patent that no case is pleaded for the establishment of a constructive trust, even by means of an equitable lien. Plaintiff alleges that she picked out the house at the request of defendant with the understanding that defendant would then purchase the house selected by plaintiff for their mutual use and enjoyment and that defendant agreed to take title jointly with plaintiff. Defendant did take title to the house selected, but did so in his own name alone. Although plaintiff alleges "undue influence" and that she "permitted" the property to be so acquired by defendant, this does not supply anything of substance. There is no allegation that plaintiff ever had any legal interest in the realty, that she ever conveyed any interest therein to defendant, that she contributed any moneys toward the purchase of the property. In short, there is no allegation of any unjust enrichment. At most, the pleading sets forth an unfulfilled expectation of plaintiff and nothing more. Even if plaintiff could allege that she and defendant were married to each other at the time when the alleged real estate transaction took place, there would still be no grounds pleaded for the imposition of a constructive trust (see Carreno v. Carreno; Fischer v. Wirth, supra).

Finally, it is necessary to comment upon defendant's contention that the alleged oral partnership contract is void and unenforceable pursuant to the Statute of Frauds, section 5-701 of the General Obligations Law (Agreements required to be in writing) which states, in pertinent part:

"a. Every agreement, promise or undertaking is void, unless it or some note or memorandum thereof be in writing, and subscribed by the party to be charged therewith, or by his lawful agent, if such agreement, promise or undertaking:

1. By its terms is not to be performed within one year from the making thereof or the performance of which is not to be completed before the end of a lifetime."

Although it is just such a contract of partnership which is pleaded, and indefinite partnership apparently intended to last until the death of one of the parties, and although there is no allegation in the complaint or supporting papers of any writing sufficient to satisfy the Statute of Frauds, it is clear that once partnership activity has commenced, the Statute of Frauds will not serve to defeat all recovery under the oral partnership. (See Sanger v. French, 157 N.Y. 213: It is doubtful that the Statute of Frauds has any application to oral partnership agreements, certainly not when the contract has been wholly or partially executed. A partner can be called to account, although he cannot be compelled to continue the partnership. Partnership is treated as a partnership at will. Also, Krinsky v. Winston, 32 A.D. 2d 552; Wahl v. Barnum, 116 N.Y. 87; Traphagen v. Burt, 67 N.Y. 30; Green v. LeBeau, 281 App. Div. 836; Zuckerman v.

114

Linden, 207 Misc. 702; Pinner v. Leder, 115 Misc. 512, aff'd 200 App. Div. 894; Boxill v. Boxill, 201 Misc. 386; Crane, Bromberg, Law of Partnership, section 23, p. 110.) Thus, plaintiff's seeking of an accounting for the years when allegedly the parties were living and working together pursuant to the oral partnership agreement cannot be defeated by an appeal to the Statute of Frauds. It is settled, however, that no action lies to compel one party to a partnership to continue to remain so. This is the relief which plaintiff in effect seeks in her third cause of action, wherein she asks the court to direct defendant to continue to pay her in the future (and indefinitely) a portion of his earnings. Viewing the third cause of action as based on the alleged oral partnership, it is clear that plaintiff has failed to state a cause of action, without the necessity to rely upon the Statute of Frauds, for no one can be forced to remain a partner against his will (see Partnership Law, section 62: DeMartino v. Pensavale, 56 A.D. 2d 589; Netburn v. Fischman, 81 Misc. 2d 117; Bayer v. Bayer, 215 App. Div. 454; Ben-Dashan v. Plitt, 58 A.D. 2d 244, 248; 43 N.Y. Jur., Partnership, section 184).

For the reasons stated above, the motion to dismiss the complaint is granted as to all three causes of action. Plaintiff's request for leave to replead is denied.

Submit order and judgment of dismissal on notice.

BIBLIOGRAPHY

LAW REVIEW ARTICLES

Arns, Roberts, "In re Carey," 9 *University of San Francisco Law Review* 186 (Summer 1974).

_____, "In re Estate of Thorton," 48 *Washington Law Review* 635 (May 1973).

Branca, John G., "A Practitioner's Guide to the Wages of Sin: Marvin v. Marvin," 52 *Los Angeles Bar Journal* 502 (April 1977).

Brunch, Carol S., "Property Rights of De Facto Spouses and Thoughts on the Value of Homemakers' Services," 10 *Family Law Quarterly* 101 (1976).

Casad, R.C., "Unmarried Couples and Unjust Enrichment: From Status to Contract and Back Again?" 77 *Michigan Law Review* 62 (November 1978).

Chapot, Suzanne J., "Continuing Controversy: Assessing the Still Uncertain Status of the Meretricious Spouse in California," 6 *Golden Gate Law Review* 179 (1975).

Coolidge, Stanley A., "Rule of the Putative and Meretricious Spouse in California," 50 *California Law Review* 866 (1962).

Folberg & Buren, "Domestic Partnership: A Proposal for Dividing the Property of Unmarried Families," 12 *Williamette Law Journal* (1976).

Foster & Freed, "Marvin v. Marvin: New Wine in Old Bottles," 5 *Family Law Reporter* 4001 (1978).

_____, "Nonmarital Partners: Sex and Serendipity," 1 *Journal of Divorce* 195 (1978).

Glendon, Mary Ann, "Marriage and the State: The Withering Away of Marriage," 62 *Virginia Law Review* 663 (May 1976).

Goodsitt, Sol, "Family Code and Challenge of the 70's," 54 *Marquette Law Review* 19 (Winter 1971).

Hallisey, David, "Illegitimate Child and Equal Protection," 19 *University of Michigan Law Review* 543 (Spring 1977).

Kay & Amyx, "Marvin v. Marvin, Preserving the Options," 65 *California Law Review* 937 (1977).

Lavarato, Louis A., "Elements of Common Law Marriage," 11 *Drake Law Review* 64 (December 1961).

Levin, B., "Judicial Enforcement of Cohabitation Agreements," 12 *Creighton Law Review* 499 (Winter 1978-1979).

Luther, Florence J., and Luther, Charles W., "Support and Property Rights of the Putative Spouse," 24 *Hastings Law Journal* 311 (1973).

Lyness, Judith L.; Lupety, Milton E.; and Davis, Keith E.; "Living Together: An Alternative to Marriage," 34 *Journal of marriage and Family* 305 (May 1972).

McNaughton, George T., "Property Rights Between Unmarried Cohabitants," 50 *Indiana Law Journal* 389 (1975).

Pinncolis, Barry, "Illicit Cohabitation," 6 *California Davis Law Review* 354 (1973).

Robbins, Janice E., "Marvin v. Marvin," 11 *Suffolk University Law Review* 1327 (1977).

Weitzman, Lenore J., "Legal Regulation of Marriage:- A Proposal for Individual Contracts and Contracts in Lieu of Marriage," 62 *California Law Review* 1169 (1974).

Weyrauch, S., "Informal and Formal Marriage: An Appraisal of Trends in Family Organizations," 28 *University of Chicago Law Review* 88 (1960).

Wilkinson, Harvie J., and White, Edward G., "Constitutional Protection for Personal Life Styles," 62 *Cornell Law Review* 563 (1977).

LAW REVIEW CASE COMMENTS ON
"DOMESTIC RELATIONS - COHABITATION"

14 *California Wester Law Review* 485 (1978).
46 *Cincinnati Law Review* 924 (1977).
55 *Detroit Journal of Urban Law* 475 (1978).
 6 *Florida State University Law Review* 1393 (1978).
90 *Harvard Law Review* 1708 (1977).
25 *Hastings Law Journal* 1226 (1974).
29 *Hastings Law Journal* 73 (1977).
24 *Loyola Law Review* 128 (1978).
13 *New England Law Review* 452 (1978).
 8 *New Mexico Law Review* 81 (1977-78).
27 *Oregon Law Review* 139 (1977).
12 *San Diego Law Review* 536 (1975).
11 *San Francisco Law Review* 318 (1977).
30 *Stanford Law Review* 359 (1978).
52 *Tulane Law Review* 188 (1977).
23 *Wayne Law Review* 1305 (1977).

INDEX